JN298243

論点・裁判実務 series 1

実務に学ぶ

民事訴訟の論点

滝澤孝臣 [編著]

青林書院

はしがき

　青林書院の編集部から初心者に向けた実務書の刊行について相談を受けたのは，ついこの間のことである。実務書である以上，専門書でなくてはならないと考えると，初心者に向けた実務書というのは矛盾めいて感じられなくもない。しかし，事件に初めて立ち向かう実務家にとって，当該事件の解決に必要な理論を知るには，これまでの勉強の延長といった側面もあるため，そう不便は感じないが，当該事件の解決に必要な実務を知るには，これまでの勉強の延長で足りるのか否かも不確かで，何を紐解いて良いかも甚だ心許ない。当該実務を紹介した実務書は決して少なくないが，いずれも専門的に過ぎて，初心の実務家が当該実務に入門するには，敷居が高い。

　そのようなことを考えると，初心者に向けた実務書というのも，それなりに存在理由があるのではないかと思うに至り，本企画に与らせて頂くことにした。もっとも，思いつきといった程度の企画にとどまるので，申し訳ないが，事件に初めて立ち向かう実務家が当該事件の解決に必要な実務を知るためには，まずもって，当該事件に関係する裁判を知ることではないかと考えた。裁判，すなわち，実務ということである。もとより裁判を知るためには，その根底にある理論を知らなければならないが，実務家にとって，理論は，これに依拠すれば足りるというものではなく，これを自らの考えとして克服しなければならないものである。理論を知るためには，克服すべきハードルは高いが，克服して当然であって，実務は，これを前提としてはじめて成り立ち得るものであると考えると，初心の実務家においても，理論を知った上で，裁判を知ることが事件解決のスタートということになるはずである。

　そこで，本企画では，初心の実務家に向けた実務の紹介に当たって，当該実務の根底にある理論については，執筆者各位が実務家として一般的に理解しているところを前提に記述することとし，そのため，特に参考文献として

引用することもなく，専ら当該実務に関係する裁判について，それが当該実務に実際どのように関係しているのかといった視点から記述して貰うことを主眼とした。もとより，関係する裁判がない場面もあるので，必ずしも全体を貫徹するものとはなっていないが，実務家の一般的な理解を知って貰うことが何よりも肝要であると考えたからである。少なくとも，記述に際しては，執筆者各位に本企画の趣旨を尊重して頂き，そのスタイルを統一させて頂いたので，本企画の趣旨は読者各位に自ずと体得して頂けるのではないかと考える。これを契機に，改めて理論書を紐解かれて，理論の再認識をして頂くことも，もとより本企画の予定するところである。

　本書は，そのような本企画の第1陣として，民事訴訟全般を対象として，民事訴訟の実務を紹介するものである。その紹介に際しては，論点を中心に記述する方式としたため，民事訴訟の実務を体系づけて理解して貰うにはあるいは十分でないかも知れないが，論点と論点との間に介在する問題については，読者各位がそれぞれの論点について紹介されたところを架橋して理解して頂けると思うので，この点は危惧していない。また，論点の構成は，本書の目次をご覧頂ければ一目瞭然であって，読者各位が本書で知りたいと思われる事項も，目次に集約されているのではないかと考えている。更に細かい事項については，その論点について記述されたところをお読み頂ければお分かりになるのではないかと考え，本書では，事項索引を設けていない。それも意味があってのことであるので，ご了承頂きたい。

　なお，本書は，初心者向けを標榜しているが，文字通りの初心者に限定したものではない。否，実務に精通した熟練者についても，初心に立ち返るといった気持ちを忘れていない熟練者については，以上のような本企画ないし本書の記述は，問題の基本を確認し直す，あるいは，再認識するといった意味で，少なからずお役に立つのではないかと自負しないわけではない。それがまた，本企画の原点でもあるからである。

　本書に引き続き，個々の民事訴訟の分野について，当該訴訟の実務が刊行される予定である。本書は，その全体のなかで，いわば総論的な1冊ということになるが，後続する各論的な数冊についても，初心者のみならず，初心を忘れない熟練者が，それぞれお手にとって頂けると幸いである。

はしがき

　本書は，先の相談に与らせて頂いてから比較的短期間のうちに，刊行まで漕ぎ着けることができた。個人的なことを言って恐縮であるが，その結果，編者の定年退官を前に本書の印刷が完了した。「裁判官は，一にも勉強，二にも勉強，三にも……」と考え，公務の合間に，自分なりに勉強に励んできたつもりである。その勉強によって蓄えられたのは，所詮，管見にとどまるが，その管見を披露する機会にも恵まれた。本企画も，その第1陣である本書の編集も，その延長にあるが，在職中のそのような勉強の仕上げがこの「民事訴訟の実務」であるというのも，初心者から何時になっても脱却できないでいる編者にとって感慨深いものがある。執筆者各位には，編者の個人的な事情も考慮して頂き，寸暇を返上して執筆に当たって頂いた。感謝して止まないところである。

　また，本書をスピーディーに刊行できたのは，青林書院の編集部に本書の刊行を最優先に取り組んで頂いたお陰である。これまでに，色々とご迷惑をおかけし，現在も，ご迷惑をおかけしている最中にあるが，本企画ないし本書の刊行に寄せる編者の思いに最大限のご配慮を頂いた。お礼を申し上げる言葉が尽きない。

　　平成24年7月　定年退官を前にして

　　　　　　　　　　　　　　　　　　　　編者　滝　澤　孝　臣

編集者・執筆者紹介

編　集　者

滝澤　孝臣（知的財産高等裁判所判事）

執　筆　者

髙部眞規子（知的財産高等裁判所判事）
井上　泰人（知的財産高等裁判所判事）
吉川　愼一（大阪高等裁判所判事）
村上　正敏（東京地方裁判所判事）
吉野俊太郎（那覇地方裁判所判事補）
住友　隆行（東京地方裁判所判事）
片山　博仁（東京地方裁判所判事）
石丸　将利（大阪地方裁判所判事）
三角　比呂（東京地方裁判所判事）
山口　和宏（東京地方裁判所判事）
進藤　光慶（東京地方裁判所判事）
飯野　里朗（東京地方裁判所判事）
滝澤　孝臣（知的財産高等裁判所判事）
西澤健太郎（東京地方裁判所判事補）
村田　　渉（司法研修所教官）

新谷　貴昭（大阪地方・家庭裁判所堺支部判事）
平野　　望（山口地方・家庭裁判所下関支部判事補）
本多　知成（東京地方裁判所判事）
関口　剛弘（仙台地方裁判所判事）
武笠　圭志（裁判所職員総合研修所教官）
中島　朋宏（仙台高等裁判所判事）
齋藤　　巌（知的財産高等裁判所判事）
日暮　直子（東京地方裁判所判事）
内野　俊夫（東京地方裁判所判事）
川神　　裕（東京地方裁判所判事）
富澤賢一郎（東京地方裁判所判事）
荒井　章光（知的財産高等裁判所判事）

（執筆順）

凡　例

１．用字・用語等

本書の用字・用語は，原則として常用漢字，現代仮名づかいによったが，法令に基づく用法，及び判例等の引用文は原文どおりとした。

２．関係法令

関係法令は，原則として平成24年6月末日現在のものによった。

３．法令の引用表示

本文解説中における法令条項は，原則としてフルネームで引用した。

カッコ内における法令条項のうち主要な法令名は，後掲の「主要法令略語表」によった。

４．判例の引用表示

本文解説中における判例を前提とした記述部分には，各項目末に掲載の「参照判例」を参照できるように「→【判例○】参照」と記載した。

「参照判例」における判例の引用は，原則として次のように行った。その際に用いた略語は，後掲の「判例集等略語表」によった。

年号は，明治は「明」，大正は「大」，昭和は「昭」，平成は「平」と略記した。

〔例〕　昭和45年6月24日最高裁判所大法廷判決，最高裁判所民事判例集24巻6号587頁
　　　→　最大判昭45・6・24民集24巻6号587頁

〔例〕　平成15年5月28日東京地方裁判所判決，金融・商事判例1190号54頁
　　　→　東京地判平15・5・28金判1190号54頁

〔主要法令略語表〕

一般法人	一般社団法人及び一般財団法人に関する法律	手	手形法
		特許	特許法
会更	会社更生法	破	破産法
会社	会社法	非訟	非訟事件手続法
家手	家事事件手続法	不登	不動産登記法
行訴	行政事件訴訟法	弁護	弁護士法
刑訴	刑事訴訟法	民	民法
憲	日本国憲法	民再	民事再生法
戸	戸籍法	民執	民事執行法
公証	公証人法	民訴	民事訴訟法
裁	裁判所法	民訴規	民事訴訟規則
借地借家	借地借家法	民訴費	民事訴訟費用等に関する法律
商	商法		
少審規	少年審判規則	民調	民事調停法
人訴	人事訴訟法	民保	民事保全法
信託	信託法	労審	労働審判法
仲裁	仲裁法		

〔判例集等略語表〕

大	大審院	法学	法学
大連	大審院聯合部	民集	大審院及び最高裁判所民事判例集
最大	最高裁判所大法廷		
最一小	最高裁判所第一小法廷	刑集	大審院及び最高裁判所刑事判例集
最二小	最高裁判所第二小法廷		
最三小	最高裁判所第三小法廷	裁判集民事	最高裁判所裁判集民事
高	高等裁判所	裁時	裁判所時報
地	地方裁判所	高民集	高等裁判所民事判例集
家	家庭裁判所	下民集	下級裁判所民事裁判例集
支	支部	訟月	訟務月報
判	判決	金判	金融・商事判例
決	決定	金法	旬刊金融法務事情
民録	大審院民事判決録	判時	判例時報
新聞	法律新聞	判タ	判例タイムズ
判決全集	大審院判決全集		

目　次

第1章　総　則

◆1　通　則

1　民事訴訟における信義則
〔髙部眞規子〕　*3*

- I　訴訟上の信義則について学ぶのはどうしてか……*3*
- II　訴訟上の信義則について問題となるのはどのような点か……*3*
  - 1．訴訟上の権能の濫用の禁止　*4*
  - 2．訴訟上の禁反言　*4*
  - 3．訴訟上の権能の失効　*4*
  - 4．訴訟状態の不当形成の排除　*4*
- III　訴訟上の信義則について実務はどう取り扱っているか……*4*
  - 1．訴訟上の権能の濫用の禁止　*4*
  - 2．訴訟上の禁反言　*8*
  - 3．訴訟上の権能の失効　*8*
  - 4．訴訟状態の不当形成の排除　*9*
- IV　訴訟上の信義則について注意しておくのはどのような点か……*9*

■参照判例■　*10*

2　民事裁判権
〔井上　泰人〕　*18*

- I　民事裁判権について学ぶのはどうしてか……*18*
- II　民事裁判権について問題となるのはどのような点か……*19*
  - 1．民事裁判権に対する憲法上の制約　*19*

　　　　2．民事裁判権に対する国際法上の制約　*19*
　Ⅲ　民事裁判権について実務はどう取り扱っているか……*20*
　　　　1．外国等を被告とする場合　*20*
　　　　2．未承認国を被告とする場合　*22*
　　　　3．外交官を被告する場合　*23*
　　　　4．領事官を被告とする場合　*23*
　　　　5．我が国の領域にいる米国軍隊の構成員を被告とする場合　*24*
　　　　6．民事裁判権を行使できない場合の処理　*24*
　　　　7．裁判権免除を看過してされた判決の効力　*25*
　Ⅳ　民事裁判権について注意しておくのはどのような点か……*25*
　■参照判例■　*26*

3-1　法律上の争訟①

〔髙部眞規子〕　*29*

　Ⅰ　法律上の争訟について学ぶのはどうしてか……*29*
　Ⅱ　法律上の争訟について問題となるのはどのような点か……*30*
　Ⅲ　法律上の争訟について実務はどう取り扱っているか……*30*
　　　　1．法律上の争訟の意義　*30*
　　　　2．法律上の争訟に当たらない類型　*31*
　Ⅳ　法律上の争訟について注意しておくのはどのような点か……*35*
　■参照判例■　*35*

3-2　法律上の争訟②　宗教法人をめぐる紛争と法律上の争訟

〔髙部眞規子〕　*39*

　Ⅰ　宗教法人をめぐる紛争と法律上の争訟について
　　　学ぶのはどうしてか……*39*
　Ⅱ　宗教法人をめぐる紛争と法律上の争訟について
　　　問題となるのはどのような点か……*40*
　Ⅲ　宗教法人をめぐる紛争と法律上の争訟について
　　　実務はどう取り扱っているか……*41*
　　　　1．宗教上の地位についてその存否の確認を求めるにすぎない
　　　　　　もの　*41*
　　　　2．他に具体的な権利又は法律関係をめぐる紛争があり，その当否を

　　　　判定する前提問題として特定人につき宗教法人における地位の存
　　　　否を判断する必要がある場合　*42*
　　3．宗教上の紛争に関する判例の立場　*44*
Ⅳ　宗教法人をめぐる紛争と法律上の争訟について
　　注意しておくのはどのような点か……*44*
■参照判例■　*45*

◆2　裁 判 所

4-1　裁判管轄①

〔髙部眞規子〕　*49*

Ⅰ　裁判管轄について学ぶのはどうしてか……*49*
Ⅱ　裁判管轄について問題となるのはどのような点か……*49*
　　1．管轄の種類　*49*
　　2．管轄権の調査　*50*
Ⅲ　裁判管轄について実務はどう取り扱っているか……*50*
　　1．職分管轄　*50*
　　2．事物管轄　*50*
　　3．土地管轄　*51*
　　4．併合請求における管轄　*54*
　　5．合意管轄　*54*
　　6．応訴管轄　*57*
　　7．専属管轄　*57*
　　8．管轄権の調査　*57*
Ⅳ　裁判管轄について注意しておくのはどのような点か……*58*
■参照判例■　*59*

4-2　裁判管轄②　移送

〔髙部眞規子〕　*65*

Ⅰ　移送について学ぶのはどうしてか……*65*
Ⅱ　移送について問題となるのはどのような点か……*65*
　　1．管轄違いによる移送　*65*
　　2．裁量移送　*65*

　　　　3．移送の場合の効果　66
　　Ⅲ　移送について実務はどう取り扱っているか……66
　　　　1．管轄違いによる移送　66
　　　　2．裁量移送　68
　　　　3．必要的移送　69
　　　　4．移送の裁判　69
　　Ⅳ　移送について注意しておくのはどのような点か……70
　■参照判例■　70

5　国際裁判管轄

〔髙部眞規子〕　74

　　Ⅰ　国際裁判管轄について学ぶのはどうしてか……74
　　Ⅱ　国際裁判管轄について問題となるのはどのような点か……74
　　　　1．民事訴訟法の改正　74
　　　　2．問題の所在　75
　　Ⅲ　国際裁判管轄について実務はどう取り扱っているか……75
　　　　1．契約上の債務に関する請求を目的とする訴え　75
　　　　2．財産権上の訴え　76
　　　　3．事務所又は営業所における業務に関する訴え　76
　　　　4．不法行為地の裁判籍　76
　　　　5．消費者契約に関する訴え　77
　　　　6．労働契約に関する訴え　77
　　　　7．併合請求の裁判籍　77
　　　　8．専属管轄　78
　　　　9．合意管轄　78
　　　　10．特別の事情による却下　78
　　　　11．管轄の審理　78
　　Ⅳ　国際裁判管轄について注意しておくのはどのような点か……79
　■参照判例■　79

◆3　当事者

6　当事者能力
〔吉川　愼一〕　*82*

Ⅰ　当事者能力について学ぶのはどうしてか……*82*
Ⅱ　当事者能力について問題となるのはどのような点か……*82*
Ⅲ　当事者能力について実務はどう取り扱っているか……*83*
Ⅳ　当事者能力について注意しておくのはどのような点か……*84*
■参照判例■　*85*

7　当事者適格
〔吉川　愼一〕　*87*

Ⅰ　当事者適格について学ぶのはどうしてか……*87*
Ⅱ　当事者適格について問題となるのはどのような点か……*87*
　　1．判断基準　*87*
　　2．訴訟担当　*88*
Ⅲ　当事者適格について実務はどう取り扱っているか……*88*
　　1．訴訟担当の種別　*88*
　　2．法定訴訟担当　*88*
　　3．任意的訴訟担当　*89*
　　4．団体的訴訟担当　*90*
Ⅳ　当事者適格について注意しておくのはどのような点か……*90*
■参照判例■　*91*

8　共同訴訟
〔吉川　愼一〕　*94*

Ⅰ　共同訴訟について学ぶのはどうしてか……*94*
Ⅱ　共同訴訟について問題となるのはどのような点か……*94*
　　1．共同訴訟人独立の原則（通常共同訴訟）　*94*
　　2．必要的共同訴訟　*95*
Ⅲ　共同訴訟について注意しておくのはどのような点か……*97*
■参照判例■　*98*

| 9 | 同時審判 |

〔吉川　愼一〕　*101*

Ⅰ　同時審判について学ぶのはどうしてか……*101*

Ⅱ　同時審判について問題となるのはどのような点か……*101*

Ⅲ　同時審判について実務はどう取り扱っているか……*102*

Ⅳ　同時審判について注意しておくのはどのような点か……*102*

■参照判例■　*103*

| 10 | 訴訟参加 |

〔吉川　愼一〕　*104*

Ⅰ　訴訟参加について学ぶのはどうしてか……*104*

Ⅱ　訴訟参加について問題となるのはどのような点か……*104*

　　1．補助参加　*104*

　　2．独立当事者参加　*106*

Ⅲ　訴訟参加について実務はどう取り扱っているか……*107*

　　1．補助参加　*107*

　　2．独立当事者参加　*107*

Ⅳ　訴訟参加について注意しておくのはどのような点か……*108*

　　1．補助参加　*108*

　　2．独立当事者参加　*108*

　　3．共同訴訟参加・共同訴訟的補助参加　*109*

■参照判例■　*109*

◆4　訴訟代理人

| 11 | 訴訟代理権 |

〔吉川　愼一〕　*113*

Ⅰ　訴訟代理権について学ぶのはどうしてか……*113*

Ⅱ　訴訟代理権について問題となるのはどのような点か……*113*

　　1．法令による訴訟代理人　*113*

　　2．訴訟委任による訴訟代理人　*113*

Ⅲ　訴訟代理権について実務はどう取り扱っているか……*114*

1．法令による訴訟代理人　*114*
　　　2．訴訟委任による訴訟代理人　*114*
　Ⅳ　訴訟代理権について注意しておくのはどのような点か……*115*
■参照判例■　*116*

第2章　訴訟手続

◆1　訴えの提起

12　訴訟物

〔村上　正敏＝吉野俊太郎〕　*121*

　Ⅰ　訴訟物について学ぶのはどうしてか……*121*
　Ⅱ　訴訟物について問題となるのはどのような点か……*121*
　　　1．通　　則　*121*
　　　2．給付訴訟の場合　*121*
　　　3．確認訴訟の場合　*122*
　　　4．形成訴訟の場合　*122*
　Ⅲ　訴訟物について実務はどう取り扱っているか……*122*
　　　1．給付訴訟の場合　*122*
　　　2．確認訴訟の場合　*123*
　　　3．形成訴訟の場合　*125*
　Ⅳ　訴訟物について注意しておくのはどのような点か……*126*
■参照判例■　*126*

13　訴　額

〔村上　正敏＝吉野俊太郎〕　*131*

　Ⅰ　訴額について学ぶのはどうしてか……*131*
　Ⅱ　訴額について問題となるのはどのような点か……*131*
　　　1．経済的利益の額　*131*
　　　2．併合請求の場合　*132*
　Ⅲ　訴訟物について実務はどう取り扱っているか……*134*
　　　1．金銭の給付請求　*134*

2．土地の明渡請求　*135*
3．所有権移転登記請求　*136*
4．事業認定処分の取消請求　*138*

Ⅳ　訴額について注意しておくのはどのような点か……*139*

■参照判例■　*140*

14　訴えの種類（確認・給付・形成）

〔住友　隆行〕　*142*

Ⅰ　訴えの種類について学ぶのはどうしてか……*142*

Ⅱ　訴えの種類について問題となるのはどのような点か……*142*

1．給付の訴え　*142*
2．確認の訴え　*143*
3．形成の訴え　*143*

Ⅲ　訴えの種類について実務はどう取り扱っているか……*143*

1．給付の訴え　*143*
2．確認の訴え　*146*
3．形成の訴え　*148*

Ⅳ　訴えの種類について注意しておくのはどのような点か……*150*

■参照判例■　*151*

15-1　訴えの形式①　現在と将来

〔片山　博仁〕　*156*

Ⅰ　訴えの形式（現在と将来）について学ぶのはどうしてか……*156*

Ⅱ　訴えの形式（現在と将来）について問題となるのはどのような点か……*156*

Ⅲ　訴えの形式（現在と将来）について実務はどう取り扱っているか……*157*

1．現在給付の訴え　*157*
2．将来給付の訴え　*158*

Ⅳ　訴えの形式（現在と将来）について注意しておくのはどのような点か……*160*

■参照判例■　*160*

15-2　訴えの形式②　本訴と反訴
〔片山　博仁〕　163

- Ⅰ　訴えの形式（本訴と反訴）について学ぶのはどうしてか……163
- Ⅱ　訴えの形式（本訴と反訴）について問題となるのは
  どのような点か……163
- Ⅲ　訴えの形式（本訴と反訴）について実務は
  どう取り扱っているか……164
  - 1．反訴の態様　*164*
  - 2．反訴の要件　*164*
  - 3．反訴の手続　*167*
- Ⅳ　訴えの形式（本訴と反訴）について注意しておくのは
  どのような点か……168
- ■参照判例■　*168*

16　訴えの変更
〔片山　博仁〕　170

- Ⅰ　訴えの変更について学ぶのはどうしてか……170
- Ⅱ　訴えの変更について問題となるのはどのような点か……170
- Ⅲ　訴えの変更について実務はどう取り扱っているか……171
  - 1．訴えの変更の態様　*171*
  - 2．訴えの変更の要件　*172*
  - 3．訴えの変更の手続　*173*
- Ⅳ　訴えの変更について注意しておくのはどのような点か……174
- ■参照判例■　*175*

17　訴えの制限（二重起訴・再訴の制限）
〔石丸　将利〕　177

- Ⅰ　訴えの制限について学ぶのはどうしてか……177
- Ⅱ　訴えの制限について問題となるのはどのような点か……177
  - 1．重複する訴えの提起の禁止（重複訴訟の禁止，
    二重起訴の禁止）　*177*
  - 2．再訴の禁止　*178*

Ⅲ 訴えの制限について実務はどう取り扱っているか……178
　1．重複訴訟の禁止について　178
　2．再訴の禁止について　185
Ⅳ 訴えの制限について注意しておくのはどのような点か……187
■参照判例■　187

18　訴訟費用

〔石丸　将利〕　192

Ⅰ 訴訟費用について学ぶのはどうしてか……192
Ⅱ 訴訟費用について問題となるのはどのような点か……192
　1．訴訟費用の概念及び種類　192
　2．訴訟費用の負担　194
　3．訴訟費用額の確定手続　195
Ⅲ 訴訟費用について実務はどう取り扱っているか……196
　1．訴訟費用の負担　196
　2．訴訟費用額の確定手続　197
Ⅳ 訴訟費用について注意しておくのはどのような点か……198

◆2　口頭弁論

19　訴訟指揮権

〔三角　比呂〕　199

Ⅰ 訴訟指揮権について学ぶのはどうしてか……199
Ⅱ 訴訟指揮権について問題となるのはどのような点か……199
　1．訴訟指揮権の主体　200
　2．訴訟指揮権の内容　200
　3．訴訟指揮権の行使　201
Ⅲ 訴訟指揮権について実務はどう取り扱っているか……202
Ⅳ 訴訟指揮権について注意しておくのはどのような点か……204
■参照判例■　204

20　弁論の併合・分離

〔山口　和宏〕　207

- Ⅰ　弁論の併合・分離について学ぶのはどうしてか……207
- Ⅱ　弁論の併合・分離について問題となるのは
  どのような点か……207
  1．併合審理　207
  2．弁論の併合　207
  3．弁論の分離　208
  4．弁論の併合・分離の運用　208
- Ⅲ　弁論の併合・分離について実務はどう取り扱っているか……208
  1．併合審理　208
  2．弁論の併合　208
  3．弁論の分離　210
  4．弁論の併合・分離の運用　210
- Ⅳ　弁論の併合・分離について注意しておくのは
  どのような点か……212

■参照判例■　213

21　手続の中断・受継

〔進藤　光慶〕　215

- Ⅰ　手続の中断・受継について学ぶのはどうしてか……215
- Ⅱ　手続の中断・受継について問題となるのは
  どのような点か……215
  1．中断が生ずる場合　215
  2．受継すべき者　217
- Ⅲ　手続の中断・受継について実務はどう取り扱っているか……217
  1．中断の効果　217
  2．中断事由が発生した場合の手続　217
  3．受継申立ての手続　218
  4．中断中でも可能な訴訟行為　218
  5．訴訟代理人がいる場合の例外　218
- Ⅳ　手続の中断・受継について注意しておくのは

どのような点か……219
　　1．一身専属的な権利に関する訴訟の終了　219
　　2．倒産処理手続との関係　219
　■参照判例■　222

22　弁論主義
〔三角　比呂〕　226

Ⅰ　弁論主義を学ぶのはどうしてか……226
Ⅱ　弁論主義について問題となるのはどのような点か……226
　　1．弁論主義の根拠とその適用領域　226
　　2．弁論主義の3原則　228
Ⅲ　弁論主義について実務はどう取り扱っているか……228
　　1．弁論主義の機能　228
　　2．弁論主義の第1原則が適用される事実　229
　　3．主張責任　231
　　4．裁判上の自白の拘束力　231
　　5．弁論主義の第3原則の内容とその例外　234
Ⅳ　弁論主義について注意しておくのはどのような点か……235
　■参照判例■　235

23　釈　明　権
〔飯野　里朗〕　240

Ⅰ　釈明権について学ぶのはどうしてか……240
Ⅱ　釈明権について問題となるのはどのような点か……241
　　1．釈明権の行使　241
　　2．釈明権の範囲　242
　　3．釈明義務の範囲　243
Ⅲ　釈明権について実務はどう取り扱っているか……243
Ⅳ　釈明権について注意しておくのはどのような点か……244
　　1．証拠申出に関する釈明義務　244
　　2．証拠申出に関して釈明義務を認めた判例　245
　■参照判例■　246

24 同時履行の抗弁権

〔滝澤　孝臣〕　249

Ⅰ　同時履行の抗弁権について学ぶのはどうしてか……249

Ⅱ　同時履行の抗弁権について問題となるのは
どのような点か……250

　1．同時履行の抗弁権の要件　250
　2．同時履行の抗弁権の効果　252

Ⅲ　同時履行の抗弁権について実務はどう取り扱っているか……253

　1．同時履行の抗弁権の要件　253
　2．同時履行の抗弁権の効果　254

Ⅳ　同時履行の抗弁権について注意しておくのは
どのような点か……256

■参照判例■　256

25-1 相殺の抗弁①　相殺の要件

〔滝澤　孝臣〕　262

Ⅰ　相殺の要件について学ぶのはどうしてか……262

Ⅱ　相殺の要件について問題となるのはどのような点か……262

　1．相殺の当事者　263
　2．債務の同種性　263
　3．弁済期の到来　263
　4．相殺の許容性　263

Ⅲ　相殺の要件について実務はどう取り扱っているか……263

　1．相殺の当事者　263
　2．債務の同種性　266
　3．弁済期の到来　266
　4．相殺の許容性　266

Ⅳ　相殺の要件について注意しておくのはどのような点か……269

■参照判例■　270

25-2 相殺の抗弁②　相殺の方法

〔滝澤　孝臣〕　276

Ⅰ　相殺の方法について学ぶのはどうしてか……276

Ⅱ　相殺の方法について問題となるのはどのような点か……276
　　1．相殺の方法　276
　　2．相殺の態様　276
　　3．相殺の時期　277
　Ⅲ　相殺の方法について実務はどう取り扱っているか……277
　　1．相殺の方法　277
　　2．相殺の態様　278
　　3．相殺の時期　279
　Ⅳ　相殺の方法について注意しておくのはどのような点か……283
　■参照判例■　283

25-3　相殺の抗弁③　相殺の効果

〔滝澤　孝臣〕　285

　Ⅰ　相殺の効果について学ぶのはどうしてか……285
　Ⅱ　相殺の効果について問題となるのはどのような点か……285
　　1．債務の消滅　285
　　2．相殺充当　285
　　3．付遅滞の時期　286
　　4．既判力の発生　286
　Ⅲ　相殺の効果について実務はどう取り扱っているか……286
　　1．債務の消滅　286
　　2．相殺充当　287
　　3．付遅滞の時期　287
　　4．既判力の発生　288
　Ⅳ　相殺の効果について注意しておくのはどのような点か……289
　■参照判例■　290

26　時機に後れた攻撃防御方法

〔髙部眞規子〕　292

　Ⅰ　時機に後れた攻撃防御方法について学ぶのはどうしてか……292
　Ⅱ　時機に後れた攻撃防御方法について
　　　問題となるのはどのような点か……293
　Ⅲ　時機に後れた攻撃防御方法について

　　　　実務はどう取り扱っているか……293
　　　1．時機に後れて提出されたこと　293
　　　2．当事者の故意又は過失　296
　　　3．訴訟の完結を遅延させること　296
　　Ⅳ　時機に後れた攻撃防御方法について
　　　　注意しておくのはどのような点か……297
　■参照判例■　297

◆3　証拠調べ

27　職権探知・職権調査
〔西澤健太郎〕　301
　　Ⅰ　職権探知・職権調査について学ぶのはどうしてか……301
　　Ⅱ　職権探知・職権調査について問題となるのは
　　　　どのような点か……301
　　　1．職権探知について　302
　　　2．職権調査について　302
　　　3．職権探知と職権調査の関係　302
　　Ⅲ　職権探知・職権調査について実務はどう取り扱って
　　　　いるか……302
　　　1．職権探知について　302
　　　2．職権調査について　304
　　　3．職権探知と職権調査とは，どのような関係に立つのか　305
　　Ⅳ　職権探知・職権調査について注意しておくのは
　　　　どのような点か……306
　■参照判例■　306

28　不要証事実
〔西澤健太郎〕　307
　　Ⅰ　不要証事実について学ぶのはどうしてか……307
　　Ⅱ　不要証事実について問題となるのはどのような点か……307
　　　1．裁判上の自白について　308

2．顕著な事実について　*308*
　Ⅲ　不要証事実について実務はどう取り扱っているか……*308*
　　1．裁判上の自白について　*308*
　　2．顕著な事実について　*311*
　Ⅳ　不要証事実について注意しておくのはどのような点か……*312*
　■参照判例■　*313*

29　自由心証

〔西澤健太郎〕　*316*

　Ⅰ　自由心証について学ぶのはどうしてか……*316*
　Ⅱ　自由心証について問題となるのはどのような点か……*316*
　　1．自由心証主義の下で，裁判官は実際にどのように事実認定を行うのか　*316*
　　2．自由心証主義の下で，事実を認定するめに必要な証明度はどの程度か　*317*
　　3．自由心証主義には，どのような限界があるのか　*317*
　　4．自由心証主義には，どのような例外があるのか　*317*
　Ⅲ　自由心証について実務はどう取り扱っているか……*317*
　　1．自由心証主義の下では，裁判官はどのように事実認定を行うのか　*317*
　　2．事実を認定するめに必要な証明度はどの程度か　*318*
　　3．自由心証主義には，どのような内在的制約があるのか　*319*
　　4．自由心証主義の例外としては，どのようなものがあるのか　*319*
　Ⅳ　自由心証について注意しておくのはどのような点か……*321*
　■参照判例■　*321*

30　弁論の全趣旨

〔村田　渉〕　*323*

　Ⅰ　弁論の全趣旨について学ぶのはどうしてか……*323*
　Ⅱ　弁論の全趣旨について問題となるのはどのような点か……*324*
　　1．弁論の全趣旨の意義　*324*
　　2．弁論の全趣旨の具体的内容　*324*
　　3．弁論の全趣旨による事実認定とその制約　*324*
　　4．弁論の全趣旨の内容明示の必要性　*324*

　　　　　　　　　　　目　　次　　　　　　　　xxiii

　　Ⅲ　弁論の全趣旨について実務はどう取り扱っているか……*325*
　　　　1．弁論の全趣旨の意義　*325*
　　　　2．弁論の全趣旨の具体的内容　*325*
　　　　3．弁論の全趣旨による事実認定の方法とその制約　*327*
　　　　4．弁論の全趣旨の内容明示の必要性　*329*
　　Ⅳ　弁論の全趣旨について注意しておくのはどのような点か……*329*
　　■参照判例■　*330*

31　経 験 則
〔新谷　貴昭〕　*333*

　　Ⅰ　経験則について学ぶのはどうしてか……*333*
　　Ⅱ　経験則について問題となるのはどのような点か……*334*
　　　　1．経験則の機能　*334*
　　　　2．経験則の蓋然性　*334*
　　　　3．経験則の専門化と認定方法　*336*
　　Ⅲ　経験則について実務はどう取り扱っているか……*336*
　　Ⅳ　経験則について注意しておくのはどのような点か……*337*
　　■参照判例■　*338*

32　採証法則
〔新谷　貴昭〕　*345*

　　Ⅰ　採証法則について学ぶのはどうしてか……*345*
　　Ⅱ　採証法則について問題となるのはどのような点か……*345*
　　Ⅲ　採証法則について実務はどう取り扱っているか……*346*
　　　　1．証拠能力　*346*
　　　　2．自由心証主義と証明力　*347*
　　　　3．証拠共通の原則　*348*
　　　　4．適時提出主義　*349*
　　　　5．唯一の証拠方法　*349*
　　Ⅳ　採証法則について注意しておくのはどのような点か……*350*
　　■参照判例■　*351*

33　損害の裁量的算定

〔新谷　貴昭〕　357

Ⅰ　損害の裁量的算定について学ぶのはどうしてか……357
Ⅱ　損害の裁量的算定について問題となるのは
　　どのような点か……358
Ⅲ　損害の裁量的算定について実務はどう取り扱っているか……359
　　1．民事訴訟法248条適用の要件　359
　　2．民事訴訟法248条適用の効果　361
　　3．民事訴訟法248条の適用場面　361
　　4．判決理由記載の程度　362
Ⅳ　損害額の裁量的認定において注意しておくのは
　　どのような点か……363
■参照判例■　363

34　証拠調べ（概要）

〔平野　望〕　368

Ⅰ　証拠調べについて学ぶのはどうしてか……368
Ⅱ　証拠調べについて問題となるのはどのような点か……368
Ⅲ　証拠調べについて実務はどう取り扱っているか……369
　　1．証明の意義，対象　369
　　2．証拠調べに関する各種の原則　370
　　3．証拠調べ各論　371
Ⅳ　証拠調べについて注意しておくのはどのような点か……376
■参照判例■　377

35　文書提出命令

〔平野　望〕　380

Ⅰ　文書提出命令について学ぶのはどうしてか……380
Ⅱ　文書提出命令について問題となるのはどのような点か……380
Ⅲ　文書提出命令について実務はどう取り扱っているか……381
　　1．文書提出義務　381
　　2．文書提出命令の審理手続　387

　　　　3．文書提出命令に従わない場合等の効果　*388*
　Ⅳ　文書提出命令について注意しておくのはどのような点か……*389*
■参照判例■　*389*

36　証拠保全・証拠収集手続

〔平　野　　望〕　*398*

　Ⅰ　証拠保全・証拠収集手続について学ぶのはどうしてか……*398*
　Ⅱ　証拠保全・証拠収集手続について問題となるのは
　　　どのような点か……*398*
　Ⅲ　証拠保全・証拠収集手続について実務は
　　　どう取り扱っているか……*399*
　　　1．証拠保全　*399*
　　　2．証拠収集手続　*402*
　Ⅳ　証拠保全・証拠収集手続について注意しておくのは
　　　どのような点か……*408*
■参照判例■　*408*

◆4　訴えの終了（判決によらない終了）

37　裁判上の和解

〔本　多　知　成〕　*412*

　Ⅰ　裁判上の和解について学ぶのはどうしてか……*412*
　Ⅱ　裁判上の和解について問題となるのはどのような点か……*413*
　　　1．訴訟上の和解が認められない訴訟形態　*413*
　　　2．共同訴訟における一部当事者による和解　*413*
　　　3．訴訟上の和解の無効・取消し・解除　*413*
　　　4．裁判上の和解の執行等　*413*
　Ⅲ　裁判上の和解について実務はどう取り扱っているか……*413*
　　　1．訴訟上の和解が認められない訴訟形態　*413*
　　　2．共同訴訟における一部当事者による和解　*414*
　　　3．裁判上の和解の無効・取消し・解除　*414*
　　　4．裁判上の和解の執行等　*415*

Ⅳ 裁判上の和解について注意しておくのはどのような点か……416
■参照判例■ 416

38 請求の放棄・認諾

〔本多　知成〕　419

Ⅰ 請求の放棄・認諾について学ぶのはどうしてか……419
Ⅱ 請求の放棄・認諾について問題となるのはどのような点か……419
　　1．請求の放棄・認諾の当事者　419
　　2．請求の放棄・認諾が認められない訴訟形態　419
　　3．訴訟要件の有無と認諾の要否　420
　　4．請求の放棄・認諾の効力　420
　　5．請求の放棄・認諾の無効等　420
　　6．請求の放棄・認諾の内容　420
Ⅲ 請求の放棄・認諾について実務はどう取り扱っているか……420
　　1．請求の放棄・認諾の当事者　420
　　2．請求の放棄・認諾が認められない訴訟形態　421
　　3．訴訟要件の有無と認諾の要否　421
　　4．請求の放棄・認諾の効力　421
　　5．請求の放棄・認諾の無効等　422
　　6．放棄・認諾の内容　422
Ⅳ 請求の放棄・認諾について注意しておくのはどのような点か……423
■参照判例■ 423

39 訴えの取下げ

〔本多　知成〕　425

Ⅰ 訴えの取下げについて学ぶのはどうしてか……425
Ⅱ 訴えの取下げについて問題となるのはどのような点か……425
　　1．訴えの取下げの要件　425
　　2．請求の減縮　426
　　3．訴えの取下げ及び同意の瑕疵　426
　　4．訴え取下契約の効力　426
　　5．訴え取下げの効果　426

　　　　6．訴え取下げの擬制　*426*
　Ⅲ　訴えの取下げについて実務はどう取り扱っているか……*426*
　　　　1．訴えの取下げの要件等　*426*
　　　　2．請求の減縮　*428*
　　　　3．訴えの取下げ及び同意の瑕疵　*428*
　　　　4．訴え取下契約の効力　*429*
　　　　5．訴え取下げの効果　*429*
　　　　6．訴え取下げの擬制　*430*
　Ⅳ　訴えの取下げについて注意しておくのはどのような点か……*431*
■参照判例■　*431*

第3章　判　　決

◆1　判決の対象

40-1　処分権主義①　処分権主義一般

〔関口　剛弘〕　*437*

　Ⅰ　処分権主義について学ぶのはどうしてか……*437*
　Ⅱ　処分権主義について問題となるのはどのような点か……*437*
　　　　1．処分権主義が認められる理由と問題となる場面　*437*
　　　　2．訴訟の開始段階における処分権主義　*438*
　Ⅲ　処分権主義について実務はどう取り扱っているか……*439*
　Ⅳ　処分権主義について注意しておくのはどのような点か……*439*

40-2　処分権主義②　請求の特定

〔関口　剛弘〕　*440*

　Ⅰ　請求の特定について学ぶのはどうしてか……*440*
　Ⅱ　請求の特定について問題となるのはどのような点か……*440*
　Ⅲ　請求の特定について実務はどう取り扱っているか……*441*
　　　　1．請求の特定の位置づけ　*441*
　　　　2．訴訟物の同一性の判断基準　*441*

3．訴訟物の特定の要素　*442*
　Ⅳ　請求の特定について注意しておくのはどのような点か……*443*

40-3　処分権主義③　一部請求の可否
〔関口　剛弘〕　*444*

　Ⅰ　一部請求の可否について学ぶのはどうしてか……*444*
　Ⅱ　一部請求の可否について問題となるのはどのような点か……*444*
　Ⅲ　一部請求の可否について実務はどう取り扱っているか……*445*
　Ⅳ　一部請求の可否について注意しておくのはどのような点か……*446*
　■参照判例■　*446*

40-4　処分権主義④　申立事項と判決事項
〔関口　剛弘〕　*448*

　Ⅰ　申立事項と判決事項について学ぶのはどうしてか……*448*
　Ⅱ　申立事項と判決事項について問題となるのはどのような点か……*448*
　Ⅲ　申立事項と判決事項について実務はどう取り扱っているか……*449*
　　　1．量と質からの判断　*449*
　　　2．判例の考慮ファクター　*449*
　　　3．具体例　*450*
　Ⅳ　申立事項と判決事項について注意しておくのはどのような点か……*452*
　■参照判例■　*452*

40-5　処分権主義⑤　形式的形成訴訟
〔関口　剛弘〕　*455*

　Ⅰ　形式的形成訴訟について学ぶのはどうしてか……*455*
　Ⅱ　形式的形成訴訟について問題となるのはどのような点か……*455*
　Ⅲ　形式的形成訴訟について実務はどう取り扱っているか……*455*
　Ⅳ　形式的形成訴訟について注意しておくのはどのような点か……*456*

■参照判例■　*457*

40-6　処分権主義⑥　範囲を限定しない債務不存在確認の訴え
〔関口　剛弘〕　*458*

- I　範囲を限定しない債務不存在確認の訴えについて学ぶのはどうしてか……*458*
- II　範囲を限定しない債務不存在確認の訴えについて問題となるのはどのような点か……*458*
- III　範囲を限定しない債務不存在確認の訴えについて実務はどう取り扱っているか……*459*
- IV　範囲を限定しない債務不存在確認の訴えについて注意しておくのはどのような点か……*459*

40-7　処分権主義⑦　範囲を限定した債務不存在確認の訴え
〔関口　剛弘〕　*460*

- I　範囲を限定した債務不存在確認の訴えについて学ぶのはどうしてか……*460*
- II　範囲を限定した債務不存在確認の訴えについて問題となるのはどのような点か……*460*
- III　範囲を限定した債務不存在確認の訴えについて実務はどう取り扱っているか……*460*
- IV　範囲を限定した債務不存在確認の訴えについて注意しておくのはどのような点か……*462*

■参照判例■　*462*

40-8　処分権主義⑧　訴訟の終了
〔関口　剛弘〕　*463*

- I　訴訟の終了について学ぶのはどうしてか……*463*
- II　訴訟の終了について問題となるのはどのような点か……*463*
- III　訴訟の終了について実務はどう取り扱っているか……*464*
- IV　訴訟の終了について注意しておくのはどのような点か……*465*

◆2 判決の種類

41 終局判決
〔武笠　圭志〕　*466*

- Ⅰ　終局判決について学ぶのはどうしてか……*466*
- Ⅱ　終局判決について問題となるのはどのような点か……*466*
  - 1．終局判決の時期　*466*
  - 2．全部判決と一部判決　*466*
  - 3．仮執行宣言の必要性　*467*
- Ⅲ　終局判決について実務はどう取り扱っているか……*467*
  - 1．終局判決の時期　*467*
  - 2．全部判決と一部判決　*468*
  - 3．仮執行宣言の必要性　*470*
- Ⅳ　終局判決について注意しておくのはどのような点か……*471*

■参照判例■　*472*

42 訴訟判決
〔武笠　圭志〕　*473*

- Ⅰ　訴訟判決について学ぶのはどうしてか……*473*
- Ⅱ　訴訟判決について問題となるのはどのような点か……*473*
  - 1．訴訟要件　*473*
  - 2．本案判決と訴訟判決の関係　*474*
  - 3．訴訟判決の効力　*475*
- Ⅲ　訴訟判決について実務はどう取り扱っているか……*475*
  - 1．訴訟要件（特に，訴えの利益について）　*475*
  - 2．訴訟判決と本案判決の関係　*480*
  - 3．訴訟判決の効力　*481*
- Ⅳ　訴訟判決について注意しておくのはどのような点か……*481*

■参照判例■　*481*

43 中間判決
〔中島　朋宏〕　*488*

- Ⅰ　中間判決について学ぶのはどうしてか……*488*

Ⅱ　中間判決について問題となるのはどのような点か……488
　　　1．中間判決の対象となし得る事項　488
　　　2．中間判決の効力　489
　　　3．中間判決の手続及び不服申立て　489
　Ⅲ　中間判決について実務はどう取り扱っているか……490
　　　1．中間判決の対象となし得る事項　490
　　　2．中間判決の効力　494
　　　3．中間判決の手続及び不服申立て　495
　Ⅳ　中間判決について注意しておくのはどのような点か……496
　■参照判例■　497

44　外国判決

〔中島　朋宏〕　503

　Ⅰ　外国判決について学ぶのはどうしてか……503
　Ⅱ　外国判決について問題となるのはどのような点か……503
　Ⅲ　外国判決について実務はどう取り扱っているか……504
　　　1．外国判決の承認の意義及び手続等　504
　　　2．外国判決の承認の要件　506
　Ⅳ　外国判決について注意しておくのはどのような点か……512
　■参照判例■　513

◆3　判決の効力

45　既判力

〔齋藤　巌〕　520

　Ⅰ　既判力について学ぶのはどうしてか……520
　Ⅱ　既判力について問題となるのはどのような点か……521
　　　1．既判力の作用　521
　　　2．既判力の客観的範囲　521
　　　3．既判力の時的限界　521
　　　4．既判力の主観的範囲　522
　Ⅲ　既判力について実務はどう取り扱っているか……522
　　　1．既判力の作用について　522

2．既判力の客観的範囲　*523*
3．既判力の時的限界　*528*
4．既判力の主観的範囲について　*530*

Ⅳ　既判力について注意しておくのはどのような点か……*535*

■参照判例■　*535*

46　形　成　力

〔齋藤　巌〕　*541*

Ⅰ　形成力について学ぶのはどうしてか……*541*

Ⅱ　形成力について問題となるのはどのような点か……*541*

Ⅲ　形成力について実務はどう取り扱っているか……*541*

1．形成の訴えについて　*541*
2．形成力の意義・効果について　*542*
3．法律関係の変動の時期　*543*
4．既判力との関係について　*544*
5．対世的通用性の理論的根拠について　*544*

Ⅳ　形成力について注意しておくのはどのような点か……*545*

47　執　行　力

〔齋藤　巌〕　*546*

Ⅰ　執行力について学ぶのはどうしてか……*546*

Ⅱ　執行力について問題となるのはどのような点か……*546*

Ⅲ　執行力について実務はどう取り扱っているか……*547*

1．債務名義の概要　*547*
2．執行力を有する判決　*548*
3．執行力の客観的範囲　*548*
4．執行力の主観的範囲　*549*

Ⅳ　執行力について注意しておくのはどのような点か……*551*

■参照判例■　*551*

第4章 上　訴

◆1　上訴の利益

48　上訴権者

〔日暮　直子〕　555

Ⅰ　上訴権者について学ぶのはどうしてか……555
Ⅱ　上訴権者について問題となるのはどのような点か……555
　1．上訴当事者適格　555
　2．上訴における不服（上訴の利益）　555
　3．上訴における不服（上訴の利益）の有無の判断基準　556
Ⅲ　上訴権者について実務はどう取り扱っているか……556
　1．上訴当事者適格　556
　2．上訴における不服（上訴の利益）　557
　3．上訴における不服（上訴の利益）の有無の判断基準　557
Ⅳ　上訴権者について注意しておくのはどのような点か……558
■参照判例■　558

◆2　上訴の効力

49　上訴不可分の原則

〔内野　俊夫〕　561

Ⅰ　上訴不可分の原則について学ぶのはどうしてか……561
　1．上訴の意義と効力　561
　2．上訴の効力と上訴審の審判の対象との関係　561
　3．上訴不可分の原則について学ぶ理由　562
Ⅱ　上訴不可分の原則について問題となるのはどのような点か……563
　1．上訴不可分の原則の意義　563
　2．判決の個数　563

3．上訴不可分の原則について問題となる点　*563*

Ⅲ　上訴不可分の原則について実務はどう取り扱っているか……*564*

1．原告1名が被告1名に対し実体法上1個の請求権を訴訟物として提起した給付の訴えの場合　*564*
2．原告1名が被告1名に対し実体法上複数の請求権を訴訟物として提起した給付の訴えの場合（請求の併合の場合）　*564*
3．共同訴訟の場合　*566*

Ⅳ　上訴不可分の原則について注意しておくのはどのような点か……*568*

■参照判例■　*568*

50　不利益変更禁止の原則

〔川神　裕〕　*571*

Ⅰ　不利益変更禁止の原則について学ぶのはどうしてか……*571*

Ⅱ　不利益変更禁止の原則について問題となるのはどのような点か……*572*

1．不利益変更禁止の原則の適用範囲（例外）　*572*
2．不利益か否かの判断基準　*573*
3．相殺の抗弁と不利益変更禁止　*573*
4．複数の請求が併合されている場合と不利益変更禁止　*573*

Ⅲ　不利益変更禁止の原則について実務はどう取り扱っているか……*573*

1．不利益変更禁止の原則の適用範囲（例外）　*573*
2．不利益か否かの判断基準　*575*
3．相殺の抗弁と不利益変更禁止　*576*
4．複数の請求が併合されている場合と不利益変更禁止　*576*

Ⅳ　不利益変更禁止の原則について注意しておくのはどのような点か……*578*

■参照判例■　*578*

◆3　執行停止

51　執行停止の裁判

〔富澤賢一郎〕　582

- Ⅰ　執行停止の裁判について学ぶのはどうしてか……582
- Ⅱ　執行停止の裁判について問題となるのはどのような点か……583
    1. 執行停止の裁判の要件　583
    2. 執行停止の裁判の内容　584
    3. 執行停止の裁判の手続　584
    4. 担保の提供　584
- Ⅲ　執行停止の裁判について実務はどう扱っているか……584
    1. 執行停止の裁判の要件　584
    2. 執行停止の裁判の内容　585
    3. 執行停止の裁判の手続　587
    4. 担保の提供　588
- Ⅳ　執行停止の裁判について注意しておくのはどのような点か……590

■参照判例■　591

第5章　特別手続

◆1　再審手続

52　再審事由

〔荒井　章光〕　595

- Ⅰ　再審事由について学ぶのはどうしてか……595
- Ⅱ　再審事由について問題となるのはどのような点か……596
    1. 再審事由　596
    2. 再審の補充性　596
- Ⅲ　再審事由について実務はどう取り扱っているか……596

1．再審事由に係る民事訴訟法338条１項の規定　*596*
　　2．再審手続について　*598*
　Ⅳ　再審事由について注意しておくのはどのような点か……*599*
■参照判例■　*599*

◆2　手形訴訟手続

53　手形判決
〔荒井　章光〕　*601*

　Ⅰ　手形判決について学ぶのはどうしてか……*601*
　Ⅱ　手形判決について問題となるのはどのような点か……*602*
　Ⅲ　手形判決について実務はどう取り扱っているか……*602*
　　1．手形訴訟の要件　*602*
　　2．手形訴訟の特色　*603*
　Ⅳ　手形判決について注意しておくのはどのような点か……*605*

◆3　少額訴訟手続

54　少額訴訟判決
〔荒井　章光〕　*606*

　Ⅰ　少額訴訟判決について学ぶのはどうしてか……*606*
　Ⅱ　少額訴訟判決について問題となるのはどのような点か……*606*
　Ⅲ　少額訴訟判決について実務はどう取り扱っているか……*607*
　　1．少額訴訟の要件　*607*
　　2．少額訴訟手続の特色　*608*
　Ⅳ　少額訴訟判決について注意しておくのはどのような点か……*611*

◆4　督促手続

55　支払督促
〔荒井　章光〕　*612*

　Ⅰ　支払督促について学ぶのはどうしてか……*612*

Ⅱ　支払督促について問題となるのはどのような点か……*612*
Ⅲ　支払督促について実務はどう取り扱っているか……*613*
　　1．支払督促の要件　*613*
　　2．支払督促手続　*613*
Ⅳ　支払督促について注意しておくのはどのような点か……*617*
■**参照判例**■　*617*

判例索引……*619*

第1章

総　則

- ◆1　通　則
- ◆2　裁判所
- ◆3　当事者
- ◆4　訴訟代理人

1 民事訴訟における信義則

◆1 通　則

I　訴訟上の信義則について学ぶのはどうしてか

　権利の行使は信義に従い誠実にこれをしなければならず（民1条2項），民事訴訟においても，当事者は，信義に従い誠実に民事訴訟を追行しなければならない（民訴2条）。

　信義則が私法行為に適用されるのみならず（民1条2項），訴訟行為にも適用される結果，当事者は，まず，行為規範として，信義に従い誠実に民事訴訟を追行しなければならず，また，裁判規範として，信義則に違反する訴訟行為は，裁判所によって却下されるか，訴訟行為本来の効力が否定されることになる。

II　訴訟上の信義則について問題となるのはどのような点か

　民事訴訟法2条は，当事者は，信義に従い誠実に民事訴訟を追行しなければならないことを規定する。民事訴訟においても，信義誠実の基準が妥当することは，明文の規定の解釈に当たっての基準であるとともに，明文を欠く場合の個別問題の処理の基準とされる。その内容は広く，また明確とはいえないため，個別具体的に妥当な解決を調整するための評価規範としては機能する反面，法的安定性や予測可能性を害する危険も指摘されている。

　そこで，信義則の適用については，学説により類型化され，客観化することが目指された結果，訴訟上の信義則違反とされる類型には，以下の4つがあるとされている。

1．訴訟上の権能の濫用の禁止

訴えの提起や訴訟における主張といった訴訟上の権能の行使が，信義則に反し，濫用とされる場合である。

2．訴訟上の禁反言

当事者の従前の訴訟行為等と矛盾する訴訟行為が，信義則に反し，許されない場合である。

3．訴訟上の権能の失効

訴訟上の権能をあまりに長期間行使しなかったために，その行使が，信義則に反し，失効する場合である。

4．訴訟状態の不当形成の排除

当事者が意図的に訴訟状態を不当に形成することが，信義則に反し，許されないとする場合である。

Ⅲ　訴訟上の信義則について実務はどう取り扱っているか

1．訴訟上の権能の濫用の禁止

(1) 訴権の濫用の場合

訴訟上の権能の濫用が禁止される類型にもいくつかあるが，まず，訴権の濫用の場合が挙げられる。

訴権の濫用は，原告が訴訟物についての紛争解決を求める正当な利益を有しない場合であり，訴え自体が許されない。→【判例①】参照

ただし，理論上は，提訴期間，実体権の濫用，不法行為の違法性，判決の効力などのその他の制度や要件の問題に還元できるものにおいて，あえて「訴権の濫用」という語が使われている場合もある。また，逆に，「訴権の濫

用」ではなく，実体法上の「権利の濫用」という形式で，訴えを却下した事案もある。→【判例②③】参照

　同様のことは，訴訟の提起の場面だけではなく，上訴の場面にも当てはまる。→【判例④】参照

　のみならず，確定判決上の権利といえども信義に従い誠実に行使すべきであって，これを濫用してはならないから，確定判決の執行の場面でも，信義誠実の原則に反し権利濫用とされる場合がある。→【判例⑤】参照

(2)　前訴と後訴

　前訴と訴訟物を同じくする後訴は既判力に反することから許されないことは，明文の規定があり，既判力は判決主文に包含するものについて生じる（民訴114条）。既判力に反しない場合であっても，当事者間で既に前訴で争点とされ判決理由中で判断もされている場合には，訴訟上の信義則が問題となり得る。前訴と訴訟物を異にする後訴の提起について，後訴の請求又は後訴における主張が前訴のそれの蒸し返しにすぎない場合，後訴の請求又は後訴における主張は，信義則に照らして許されないとされた事例がある（→【判例⑥⑦】参照）が，他方，訴訟上の信義則に反するものではないとされた事例もある（→【判例⑧】参照）。

　そして，このように後訴の請求又は後訴における主張が信義則に照らして許されないか否かは，①前訴及び後訴のそれぞれの内容，②当事者の訴訟活動，前訴において当事者が行い得たと認められる訴訟活動，③後訴の提起又は後訴における主張をするに至った経緯，訴訟により当事者が達成しようとした目的，④訴訟をめぐる当事者双方の利害状況，当事者間の公平，⑤前訴確定判決による紛争解決に対する当事者の期待の合理性，⑥裁判所の審理の重複，⑦時間の経過などの諸事情を考慮して，「後訴の提起又は後訴における主張を認めることが正義に反する結果を生じさせることになるか否か」といった事情を総合考慮して決すべきである。

(3)　一部請求と残部請求

　一部請求と残部請求についても，信義則によって画される。

すなわち，金銭債権の数量的一部請求訴訟で判決が確定した後に原告が残部請求の訴えを提起することは，実質的には前訴で認められなかった請求及び主張を蒸し返すものであり，前訴の確定判決によって当該債権の全部について紛争が解決されたとの被告の合理的期待に反し，被告に二重の応訴の負担を強いるものというべきである。したがって，金銭債権の数量的一部請求訴訟で敗訴した原告が残部請求の訴えを提起することは，特段の事情がない限り，信義則に反して許されない。→【判例⑨】参照

また，1個の債権の一部であっても，そのことを明示して訴えが提起された場合には，訴訟物となるのは債権のうち当該部分のみに限られ，その確定判決の既判力も当該部分のみについて生じ，残部の債権に及ばないから，1個の債権の一部をもってする相殺の抗弁自体は，許容されるが，1個の債権が訴訟上分割して行使された場合には，実質的な争点が共通であるため，ある程度審理の重複が生ずることは避け難く，応訴を強いられる被告や裁判所に少なからぬ負担をかけるうえ，債権の一部と残部とで異なる判決がされ，事実上の判断の抵触が生ずる可能性もないではない。したがって，明示的一部請求訴訟を提起している場合において，当該債権の残部を自働債権として他の訴訟において相殺の抗弁を主張することは，債権の分割行使をすることが訴訟上の権利の濫用に当たるなど特段の事情の存しない限り，許される。→【判例⑩】参照

そして，1個の債権の一部をもって相殺の抗弁が許容されるか否かは，①債権の発生事由，②一部請求がされるに至った経緯，③その後の審理経過等にかんがみ，債権の分割行使による相殺の主張が訴訟上の権利の濫用に当たるといえるか否かを総合して判断すべきである。

(4) 不当訴訟

訴え提起の違法性の判断基準については，民事訴訟を提起した者が敗訴の確定判決を受けた場合において，その訴えの提起が相手方に対する違法な行為といえるのは，当該訴訟において提訴者の主張した権利又は法律関係が，事実的，法律的根拠を欠くものであるうえ，提訴者が，そのことを知りながら又は通常人であれば容易にそのことを知り得たといえるのにあえて訴えを

提起したなど，訴えの提起が裁判制度の趣旨目的に照らして著しく相当性を欠くと認められるときに限られるとするのが，最高裁判例の立場である。→【判例⑪〜⑭】参照

　法的紛争の当事者が当該紛争の終局的解決を裁判所に求めることは，憲法上保障されている裁判を受ける権利の行使であるうえ，専門的な判断を要する事項について，訴訟提起時における特許権者の判断が後に誤りであったことが判明した場合に，常に損害賠償責任を負うものとすると，裁判制度の自由な利用が著しく阻害される結果となり，妥当ではない。法的紛争の当事者が当該紛争の終局的解決を裁判所に求め得るということは，法治国家の根幹にかかわる重要な事柄であって，裁判を受ける権利は最大限に尊重されなければならず，訴えの提起が不法行為を構成するか否かを判断するに当たっては，いやしくも裁判制度の利用を不当に制限する結果とならないよう慎重な配慮が必要である。そして，法的紛争の解決を求めて訴えを提起することは，原則として正当な行為であり，提訴者が敗訴の確定判決を受けたという一事によって，直ちに当該訴えの提起をもって違法ということはできないからである。訴えを提起する際に，提訴者において，自己の主張しようとする権利等の事実的，法律的根拠について，高度の調査，検討が要請されると解するならば裁判制度の自由な利用が著しく阻害される結果となって，妥当ではない。

　裁判例において，訴え提起の違法性を肯定する方向に働く要素としては，①提訴者において権利の不存在を認識していること，②提訴者にいたずらに相手方を民事訴訟の被告の座に据え，あえて相手方に財産的出捐をなさしめ，あるいは精神的苦痛等を加えることを目的とするとか，相手方の批判的言動を威嚇したり別訴を有利に進行させるなど，不当な意図が存在していたこと，③提訴者があえて虚偽の供述をするなど虚偽の証拠を提出したこと，④提訴者における事実関係確認の懈怠，⑤請求が不相当に高額であることなどがある。

　他方，訴え提起の違法性を否定する方向に働く要素としては，①証拠評価や法的評価が専門的な判断を要するものであること，②一定の証拠を提出しており，主張自体も一見不合理ではないこと，③事実の歪曲等が認められな

いことなどがある。

(5) 忌避申立ての濫用

訴訟上の権能の濫用を禁止するそのほかの類型として，訴訟遅延させるための忌避申立ては，忌避申立ての濫用として許されず，期日指定の申立てについても，濫用的な申立ては，却下される。

2．訴訟上の禁反言

(1) 矛盾する訴訟行為

当事者の訴訟行為が，その者の従前の訴訟行為と矛盾する場合に，矛盾する訴訟行為が信義則上訴訟行為の無効を主張し得ないとして，禁止されることがある。相手方の信頼を害するからである。→【判例⑮～⑱】参照

逆に，信義則に違反しないとされたものもある。→【判例⑲～㉑】参照

信義則上，主張できないかどうかは，①後行の矛盾した行為を認めることによって相手方に生じる不利益と，②矛盾した訴訟行為が禁じられることによってその者に生じる不利益等に，③そのような行為に至った事情等を総合して判断される。

信義則の適用は，一方の矛盾挙動に対する相手方の信頼保護の要否に係るから，たとえ先行行為に矛盾する挙動があっても，後の行為の方が真実であり，矛盾の程度や相手方の不利益の程度もひどくなく，他の方法での救済の可能性がある等の事情によっては，信義則違反は認められない。

(2) 弁済を受領した者による債権の消滅の否認

自ら正当な権利者であるとして弁済を受領した者が，債権の消滅を争い損害の発生を否認して請求を争うことは，信義則上許されない。→【判例㉒㉓】参照

もっとも，その場面の信義則は，民法上の信義則とも訴訟上の信義則ともいえないのではないかという見解もある。

3．訴訟上の権能の失効

長期間の経過によって，相手方の信頼を保護するため，権能の行使が信義則によって制限される申立期間の定めのない異議権などで問題になる。訴権の不行使による失効を認めた例もある。→【判例㉔】参照

もっとも，権利保護の途を閉ざしてしまうところから，慎重であるべきとされている。

4．訴訟状態の不当形成の排除

(1) 法人格否認等

当事者の一方が意図的に一定の訴訟上の状態を作り出して，ある訴訟法理の不当な適用ないし適用回避を図ることは，認められない。→【判例㉕】参照

(2) 管轄の盗取

管轄選択権についても，訴訟上の信義則が適用され，濫用の場合は，管轄の盗取として許されないし，約款上の管轄の合意に基づく請求が信義則に反する場合もある。→【判例㉖㉗】参照

Ⅳ 訴訟上の信義則について注意しておくのはどのような点か

信義則は，実体法のみならず，訴訟法のうえでも，様々な場面で具体的な事案の妥当な解決のために有用である。訴訟上の信義則の適用の可否は，様々な事情が総合考慮されて判断されるべきものであるが，それだけに，訴訟上の信義則が法的安定性や予測可能性を害することがないよう，具体的事案において現れた諸事情をきめ細かく分析して，その適用を客観化していくべきである。また，相手方の信頼や，提訴者の憲法上保障された裁判を受ける権利との関係も考慮するべき場合がある。

〔髙部　眞規子〕

参照判例

【判例①】

最一小判昭53・7・10民集32巻5号888頁は，①有限会社の経営の実権を握っていた者が，第三者に対し自己の社員持分全部を相当の代償を受けて譲渡し，会社の経営を事実上上記第三者に委ね，その後相当期間を経過しており，②しかも上記譲渡の当時社員総会を開いて承認を受けることが極めて容易であったなど，判示の事実関係の下において，上記譲渡人が上記社員持分譲渡を承認する社員総会決議及びこれを前提とする役員選任等に関する社員総会決議の不存在確認を求める訴えを提起するのは，訴権の濫用として許されないとする。

【判例②】

最二小判平18・7・7民集60巻6号2307頁は，戸籍上ＡＢ夫婦の嫡出子として記載されているＹが同夫婦の実子ではない場合において，①Ｙと同夫婦との間に約55年間にわたり実親子と同様の生活の実体があったこと，②同夫婦の長女Ｘにおいて，Ｙが同夫婦の実子であることを否定し，実親子関係不存在確認を求める本件訴訟を提起したのは，同夫婦の遺産を承継した二女Ｃが死亡しその相続が問題となってからであること，③判決をもって実親子関係の不存在が確定されるとＹが軽視し得ない精神的苦痛及び経済的不利益を受ける可能性が高いこと，④同夫婦はＹとの間で嫡出子としての関係を維持したいと望んでいたことが推認されるのに，同夫婦は死亡しており，Ｙが養子縁組をして嫡出子としての身分を取得することは不可能であること，⑤Ｘが実親子関係を否定するに至った動機が合理的なものとはいえないことなど判示の事情の下では，上記の事情を十分検討することなく，Ｘが同夫婦とＹとの間の実親子関係不存在確認請求をすることが権利の濫用に当たらないとした原審の判断には，違法があるとする。

【判例③】

最二小判平18・7・7判時1966号58頁も，戸籍上Ｘと亡夫との夫婦の嫡出子として記載されているＹがＸの実子ではない場合において，①ＹとＸとの間には，ＸがＹに対して実親子関係不存在確認調停を申し立てるまでの約51年間にわたり実親子と同様の生活の実体があり，その間，ＸはＹがＸの実子であることを否定したことがないこと，②判決をもって実親子関係の不存在が確定されるとＹが軽視し得ない精神的苦痛及び経済的負担を受ける可能性が高いこと，③ＸがＹに対して実親子関係不存在確認を求め

る本件訴訟を提起したのは，上記調停の申立てを取り下げて約10年が経過した後であり，Xが本件訴訟を提起するに至ったことについて実親子関係を否定しなければならないような合理的な事情があるとはうかがわれないことなど判示の事情の下では，上記の事情を十分検討することなく，XがYとの間の上記実親子関係不存在確認請求をすることが権利の濫用に当たらないとした原審の判断には，違法があるとする。

【判例④】
　最三小判平6・4・19判時1504号119頁は，特許出願の拒絶査定を是認する審決に対する取消訴訟において，その係属中に特許出願が取り下げられた場合には訴えの利益が失われるのに，特許出願人が，請求棄却の判決の言渡し後に自らこのような状態を現出させたうえ，訴えの却下を求めて上告することは，上訴権の濫用に当たるとする。

【判例⑤】
　最一小判昭37・5・24民集16巻5号1157頁は，自動車事故により傷害を受けた者が，将来営業活動不能による損害賠償を命ずる確定判決を得た後，負傷が快癒し，電話を引くなどして堂々と営業している反面，加害者が上記賠償義務の負担を苦にして自殺するなどの事故があったにもかかわらず，上記判決確定後5年を経て，加害者の相続人である父母に対し強制執行をする等の事情があったとすれば上記の強制執行は権利の濫用に当たらないとはいえないとする。

【判例⑥】
　最一小判昭51・9・30民集30巻8号799頁は，農地の買収処分を受けた甲が，その売渡しを受けた乙に対し，乙から同農地を買い戻したことを原因として所有権移転登記手続請求訴訟を提起し，請求棄却の判決を受け，これが確定した後，さらに，買収処分の無効を原因として乙及びその承継人に対し，売渡しによる所有権移転登記及びこれに続く所有権移転登記の抹消に代わる所有権移転登記手続請求の訴えを提起した場合において，①甲が，前訴においても，買収処分が無効であり，上記買戻しの契約は買収処分の無効による農地返還を実現する方法として締結したものであると主張していて，後訴が実質的に前訴の蒸し返しであり，②かつ，前訴において後訴の請求をすることに支障はなく，③さらに，後訴提起時は買収処分後20年を経過していた等判示の事情があるときは，甲の後訴の提起は，信義則に反し許されないとする。

【判例⑦】
　最一小判昭52・3・24金判548号39頁は，後訴における被告の主張及び反訴請求が，先に被告が提起した，上記反訴と訴訟物を異にする前訴の実質上の蒸し返しであり，かつ，原判示の事情があるときは，後訴における被告の主張及び反訴請求は，信義則に反し許されないとする。

【判例⑧】
　最一小判昭59・1・19判時1105号48頁は，原告が，前訴において，登記原因たる贈与の事実を否定して所有権移転登記の抹消登記手続を求め，負担付贈与契約の成立を理由とする請求棄却の判決を受けた場合に，上記贈与の負担である生活費の支払が前訴係属以前から行われていないときであっても，上記判決の確定後の不履行を理由に贈与契約を解除して上記不動産につき所有権移転登記手続を求める後訴を提起することは，前訴において仮定的に上記契約の解除を主張することが容易であったとか，それが期待されていたとはいい難く，かつ，後訴提起までは上記贈与契約成立時から4年余，前訴確定時から約10か月の期間しか経過していないなど判示のような事情の下においては，信義則に違反するものとはいえないとする。

【判例⑨】
　最二小判平10・6・12民集52巻4号1147頁は，金銭債権の数量的一部請求訴訟で敗訴した原告が残部請求の訴えを提起することは，特段の事情がない限り，信義則に反して許されないとする。

【判例⑩】
　最三小判平10・6・30民集52巻4号1225頁は，1個の債権の一部についてのみ判決を求める旨を明示して訴えを提起している場合において，当該債権の残部を自働債権として他の訴訟において相殺の抗弁を主張することは，債権の分割行使をすることが訴訟上の権利の濫用に当たるなど特段の事情の存しない限り，許されるとする。

【判例⑪】
　最三小判昭63・1・26民集42巻1号1頁は，訴えの提起は，提訴者が当該訴訟において主張した権利又は法律関係が事実的，法律的根拠を欠くものであるうえ，同人がそのことを知りながら又は通常人であれば容易にそのことを知り得たのにあえて提起したなど，裁判制度の趣旨目的に照らして著しく相当性を欠く場合に限り，相手方に対する違法な行為となるとする。

1 民事訴訟における信義則

【判例⑫】

　　最一小判平11・4・22判時1681号102頁は，甲と乙とが乗車中の自動二輪車の交通事故により死亡した甲の相続人が，捜査機関が甲を運転者と認定したことを知りながら，乙を運転者と主張して乙に対して損害賠償請求訴訟を提起した場合であっても，上記主張に沿う事故直前の目撃者らの供述があり，現場の状況，自動二輪車の損傷状況などの客観的証拠からは運転者を特定することが必ずしも容易ではないなど判示の事情の下においては，乙に対する上記訴訟の提起は違法な行為とはいえないとする。

【判例⑬】

　　最二小判平21・10・23判時2063号6頁は，特別養護老人ホームの入所者に対して虐待行為が行われている旨の新聞記事が同施設の職員からの情報提供等を端緒として掲載されたことにつき，同施設を設置経営する法人が，虐待行為につき複数の目撃供述等が存在していたにもかかわらず，虐待行為はなく上記の情報は虚偽であるとして同職員に対し損害賠償請求訴訟を提起した場合であっても，①虐待行為をしたとされる職員が一貫してこれを否認していたこと，②情報提供者である職員の目撃状況についての報告内容につき同施設の施設長は矛盾点があると感じていたこと，③入所者の身体に暴行のこん跡があったとの確たる記録もなく，後に公表された市の調査結果においても個別の虐待事例については証拠等により特定するには至らなかったとされたことなど判示の事実関係の下においては，同訴訟の提起は違法な行為とはいえないとする。

【判例⑭】

　　最二小判平22・7・9判時2091号47頁は，本訴の提起が不法行為に当たることを理由とする反訴について，本訴に係る請求原因事実と相反することとなる本訴原告自らが行った事実を積極的に認定しながら，本訴原告において記憶違いや通常人にもあり得る思い違いをしていたことなどの事情について認定説示することなく，本訴の提起が不法行為に当たることを否定した原審の判断には，違法があるとする。

【判例⑮】

　　最一小判昭34・3・26民集13巻4号493頁は，訴訟手続が必要的共同訴訟人の1人の死亡により中断した場合に，上記死亡者について受継手続をなすべき者が他の共同訴訟人の中にありながら何らその手続をとらないままに控訴申立てを始め控訴審における一切の訴訟行為をなした場合においては，共同訴訟人らは上告審においてその訴訟行為の無効を主張すること

は許されないとする。

【判例⑯】
　最一小判昭41・7・14民集20巻6号1173頁は，訴状に被告として表示されている者が裁判所に対する訴状の提出後その送達前に死亡した場合において，相続人が，異議を述べずに被告の訴訟を承継する手続をとり，第1，2審を通じて，自ら進んで訴訟行為をしたなど判示のような訴訟の経過の下では，相続人において，本件訴状の被告が死者であるとして，上告審において自らの訴訟行為の無効を主張することは，信義則上許されないとする。

【判例⑰】
　最二小判昭48・7・20民集27巻7号890頁は，仮差押えに対し，その目的物件が営業譲受けにより自己の所有に帰したと主張して第三者異議訴訟を提起，追行していた者が，その後上記営業譲受けを理由として仮差押債権者より提起された訴訟においてその事実を否認しても，上記否認が事実に合致し，かつ第三者異議訴訟が休止満了により取下げとみなされたときには，これを信義則に違反するとはいえないとする。

【判例⑱】
　最三小判昭51・3・23判時816号48頁は，甲が，本訴及び反訴における乙の主張に沿って，売買契約の解除，取消しの主張を撤回し，上記契約上の義務を履行したうえ，乙に対し売買の目的物の引渡し等を求める再反訴を提起した後に，乙が先に自ら否認した上記解除，取消しの主張を再反訴請求を争うための防御方法として提出することは，訴訟上の信義則に反し許されないとする。

【判例⑲】
　最一小判平7・11・9判時1557号74頁は，甲が禁治産者乙の後見人に就職する前に乙のために無権限で訴えを提起したうえ弁護士に対する訴訟委任をし，これに基づいて判決がされた場合には，甲が乙の姉であって後見人に就職する前から事実上後見人の立場で乙の面倒を見てきたものであり，このような甲の態度について家族の他の者が異議を差し挟んでおらず，甲と乙の利害が相反する状況もなかったなど原判示の事情があったとしても，後見人に就職した甲が自己の無権代理行為の効力を再審の訴えにおいて否定することは，信義則に反して許されないとはいえないとする。

1　民事訴訟における信義則

【判例⑳】

　最三小判平17・2・15判時1890号143頁は，株主総会の決議を経ずに役員報酬が支払われたことを理由として当該報酬相当額の賠償を求める株主代表訴訟において，被告とされた役員らが同訴訟提起後に当該報酬につき株主総会の決議を経たことを主張することは，当該決議に同訴訟を同役員らの勝訴に導く意図があったとしても，それだけでは訴訟上の信義則に反して許されないものとはいえないとする。

【判例㉑】

　最一小判平20・3・27判時2003号155頁は，業務上の過重負荷と従業員Aの基礎疾患とが共に原因となってAが急性心筋虚血により死亡した場合において，①Aは，虚血性心疾患の危険因子となる家族性高コレステロール血症にり患し，冠状動脈の2枝に障害があり，陳旧性心筋梗塞の合併症を有していたこと，②使用者は，原審（控訴審）において初めて過失相殺の主張をしたが，第1審の段階ではAが家族性高コレステロール血症にり患していた事実を認識していなかったことがうかがわれることなど判示の事情の下では，使用者の不法行為を理由とする損害賠償の額を定めるに当たり，上記過失相殺の主張が訴訟上の信義則に反するとはいえないとする。

【判例㉒】

　最三小判平16・10・26判時1881号64頁は，Xとともに相続した預金債権のうちのXの法定相続分に当たる部分について何らの受領権限もないのに受領権限があるものとして金融機関から払戻しを受けていながら，その払戻しに係る金員についてXが提起した不当利得返還請求訴訟において，一転して，上記払戻しは民法478条の弁済として有効であるとはいえず，Xが上記金融機関に対してXの法定相続分に当たる預金債権を有していることに変わりはなく，Xには不当利得返還請求権の成立要件である「損失」が発生していないと主張するに至ったなど判示の事情の下では，Yが上記主張をしてXの不当利得返還請求を争うことは，信義誠実の原則に反し許されないとする。

【判例㉓】

　最二小判平23・2・18判時2109号50頁は，簡易生命保険契約の保険金受取人であるXが，無断で保険金等の支払を受けたY₁及びY₂に対し不法行為に基づく損害賠償を請求する場合において，Y₁及びY₂が，①郵便局員から上記保険金等の支払請求権がXに帰属する旨の説明を受けていなが

ら，Xに無断で，X名義の支払請求書兼受領証を作成するなどして，支払請求手続を執ったこと，②上記保険金等の支払を受けた後，Xは，日本郵政公社に上記保険金等の支払を請求したが拒絶されたことなど判示の事情の下では，上記支払が有効な弁済とはならず，Xが依然として上記保険金等の支払請求権を有しているとしても，Y_1及びY_2がXに損害が発生したことを否認してXの損害賠償請求を争うことは，信義誠実の原則に反し許されないとする。

【判例㉔】
　最一小判昭63・4・14判タ683号62頁は，原告が35年余にわたり訴訟進行の措置をとらなかったため信義則上もはや訴訟を追行する権能を失ったなどとして訴えを却下した判決を是認した。

【判例㉕】
　最二小判昭48・10・26民集27巻9号1240頁は，株式会社の代表取締役が，会社が賃借している居室の明渡し，延滞賃料等の債務を免れるために，会社の商号を変更したうえ，旧商号と同一の商号を称し，その代表取締役，監査役，本店所在地，営業所，什器備品，従業員が旧会社のそれと同一で，営業目的も旧会社のそれとほとんど同一である新会社を設立したにもかかわらず，上記商号変更及び新会社設立の事実を賃貸人に知らせなかったため，賃貸人が，上記事実を知らないで，旧会社の旧商号であり，かつ，新会社の商号である会社名を表示して，旧会社の債務の履行を求める訴訟を提起したところ，新旧両会社の代表取締役を兼ねる者が，これに応訴し，1年以上にわたる審理の期間中，商号変更，新会社設立の事実についてなんらの主張もせず，かつ，旧会社が居室を賃借したことを自白するなどの事情の下においては，その後に至って同人が新会社の代表者として，新旧両会社が別異の法人格であるとの実体法上及び訴訟法上の主張をすることは，信義則に反し許されないとする。

【判例㉖】
　札幌高判昭41・9・19判時470号45頁は，約束手形の振出人に対する請求について，自己に便利な裁判所に管轄を生じさせるためだけの目的で，本来訴訟追行の意思のないその裁判所の管轄に属する裏書人に対する請求を併せ提訴したと認められる場合，本来管轄の振出人に対する請求をその裁判所に併合提訴することは，民事訴訟法によって与えられる管轄選択権の濫用として許されないとする。

【判例㉗】
　広島高決平9・3・18判タ962号246頁は，保険約款に裁判管轄に関する特約がある場合において，事故死に基づく保険金請求において転落死が被保険者の重大な過失によるかどうかが争点となる場合には，保険会社が上記特約に基づき専属的合意管轄を主張することは，民事訴訟における信義誠実の原則にもとるものとする。

2 ◆1 通　則

民事裁判権

Ⅰ　民事裁判権について学ぶのはどうしてか

　我が国の憲法は，裁判を受ける権利について「何人も，裁判所において裁判を受ける権利を奪はれない。」(憲32条)と規定し，併せて，「すべて司法権は，最高裁判所及び法律の定めるところにより設置する下級裁判所に属する。」(憲76条1項)と規定している。

　ここにいう「司法権」のうち，裁判所に与えられた「一切の法律上の争訟を裁判し，その他法律において特に定める権限」(裁3条1項)を裁判権ともいうが，民事裁判権とは，このような「裁判権のうち刑事に係るもの以外のものをいう。」(外国等に対する我が国の民事裁判権に関する法律〔以下「対外国民事裁判権法」という。〕1条)とされている。したがって，民事裁判権の主体は，憲法に基づいて設置された裁判所という国家機関であり，民事裁判権の行使は，国家の有する三権(立法権，行政権及び司法権)のうちの一つである司法権の行使の一環であって，国家権力の行使にほかならない。また，民事裁判権は，「一切の法律上の争訟を裁判」する作用，すなわち民事訴訟手続をその中核とするが，「その他法律において特に定める権限」の行使も民事裁判権の行使であることに変わりはない。したがって，民事訴訟手続のほか，民事執行手続，民事保全手続，倒産手続及び家事審判手続を含む各種の非訟事件手続は，いずれも民事裁判権の行使の一つとして位置づけられる。

　しかし，裁判所は，あらゆる場合に常に民事裁判権を行使できるものではなく，その行使には自ずと限界がある(すなわち，裁判を受ける権利にも限界がある。)。そこで，民事裁判権にはどのような限界があるのかを知っておく必要がある。

Ⅱ　民事裁判権について問題となるのはどのような点か

1．民事裁判権に対する憲法上の制約

　民事裁判権は，裁判所による憲法上の司法権の行使の一環であるが，その行使が国家権力の行使にほかならないことから，憲法自身が民事裁判権の行使について制約を設けているとされる場合がある。これは，主に司法権の限界として議論されてきた論点であるが，例えば，国会における法律案の審議手続の有効性の判断や，村議会における出席停止の懲罰の有効性の判断などは，憲法が規定する国会や地方自治体と裁判所との関係から，民事裁判権が及ばないとされたものであるといえる。→【判例①②】参照

　また，判例は，天皇を被告として提起された民事訴訟について，憲法で定められた天皇の地位にかんがみ，天皇には民事裁判権が及ばず，訴状を却下すべきであるとしている。→【判例③】参照

　以上のほかにも，司法権の概念や，裁判所法3条1項にいう「法律上の争訟」に当たらないことから民事裁判権が及ばないとされた事案も少なからずあるが，この点については本書次項目「3-1　法律上の争訟①」を参照されたい。

2．民事裁判権に対する国際法上の制約

　我が国の憲法は，「日本国が締結した条約及び確立された国際法規は，これを誠実に遵守することを必要とする。」（憲98条2項）と規定するほか，「裁判官その他の公務員は，この憲法を尊重し擁護する義務を負ふ。」（憲99条）と規定しているから，民事裁判権の行使に当たる裁判官は，憲法を尊重・擁護する義務を履行する一環として，憲法が命ずるとおり，国際法（条約及び国際慣習法等）を誠実に遵守しなければならない。したがって，裁判所は，国際法が我が国の民事裁判権を制約している場合にはこれを行使してはならないことになる。

　国家は，国際法上，立法管轄権，執行管轄権及び司法管轄権を有するとさ

れているが，民事裁判権は，このうち司法管轄権に対応する。そして，このような民事裁判権に対する国際法上の制約には，特定の事件に対して民事裁判権を行使できないことを意味する対物的制約と，特定の者に対して民事裁判権を行使できないことを意味する対人的制約とがあるとされている。しかし，このうち対物的制約は，事件に対する我が国の司法管轄権の有無，すなわち国際裁判管轄権の有無という問題に帰着する（本書項目「5　国際裁判管轄」参照）。

　民事裁判権の対人的制約は，当事者の選択，訴状等の送達，期日への呼出し，証拠調べの実施及び裁判の承認・執行の各局面で問題となる。以下では，これらのうち，主に特定の者を被告として我が国で民事訴訟を提起することができるか否かについて説明する。

Ⅲ　民事裁判権について実務はどう取り扱っているか

1．外国等を被告とする場合

(1)　民事裁判権からの免除と絶対免除主義

　「対等なる者は，対等なる者に対して支配権を持たない（Par in Parem non habet imperium）」という法格言に基づき，主権国家は，国際法上，いずれも平等であると観念されている結果，ある国家（内国）が他の国家（外国）に対して一方的に自国の国家権力を行使することは，国際法に違反することになる。民事裁判権の行使も，国家権力の行使にほかならないから，例えば外国が原告となり若しくは応訴したか，又は内国不動産に関する訴訟などの例外的な場合を除き，外国がその行為や財産について内国の民事裁判権を強制されないこと（民事裁判権からの免除）は，国際慣習法上の確立した原則であると考えられてきた。

　そうだとすると，上記の例外に当たらない限り，我が国の裁判所は，外国に対して民事裁判権を行使することはできないこととなり，したがって，我が国の裁判所に対して外国を被告とする民事訴訟を提起することはできないということになる（絶対免除主義）。→【判例④】参照

換言すると，外国と内国の私人との間の紛争（事件）は，上記の例外に当たらない限り，もっぱら国際法に基づき，外国と内国との国家間の国際裁判を含む外交的な手段で解決すべきものであるということになる。

(2) **制限免除主義と対外国等民事裁判権法**

　しかしながら，絶対免除主義によると，例えば外国による通商活動に関する紛争について，外国は私人を提訴できるのに私人が外国を提訴できないという不公平があり，結局は国家による通商活動の発展にも支障を来すことになる。そこで，特に第二次世界大戦後，各国は，裁判例や立法を通して，国家の行為を主権的行為とそれ以外の私法的ないし業務管理的な行為に分け，後者については裁判権免除を認めないとする考え方を相次いで採用するようになった（制限免除主義）。

　そして，我が国でも，現在は，判例上も制限免除主義が受け入れられるようになり，この場合の外国には外国国家の行政区画も含まれると理解されている結果，例えば準消費貸借契約や労働契約に関する訴訟においては，これらの主体に対しても我が国の民事裁判権が及ぶとされるに至った。→【判例⑤〜⑦】参照

　このような流れと軌を一にして，国際連合は，「国及びその財産の裁判権からの免除に関する国際連合条約」を作成し，我が国も，この条約の批准に併せて，対外国民事裁判権法を制定した。同法によれば，外国，その機関，行政区画，主権的な権能を行使する権限を付与された団体及びこれらの代表者（以上を「外国等」という。同法2条）は，民事裁判権に服することについての同意をするなどした場合（同法5条・6条）のほか，商業的取引の当事者となった場合にその商業的取引に関する裁判手続（同法8条），労働契約に関する裁判手続（同法9条），外国等が責任を負うべきものと主張される行為による我が国における人の死傷又は有体物の滅失等によって生じた損害又は損失の金銭による塡補に関する裁判手続（同法10条），不動産に係る権利利益等に関する裁判手続（同法11条），裁判所が関与を行う財産の管理又は処分に係る権利利益に関する裁判手続（同法12条），我が国で保護される知的財産権に関する裁判手続（同法13条），外国等が構成員となっている団体の資格等に関す

る裁判手続（同法14条）及び外国等が所有し又は運航する船舶（軍艦等を除く。）の運航についての紛争に関する裁判手続（同法15条）からは，いずれも免除されないこととされた。

　ただし，絶対免除主義から制限免除主義に移行したからといって，国際慣習法上，外国の主権的行為については依然として民事裁判権からの免除が認められることに変わりはなく，対外国民事裁判権法も，外国等が原則として我が国の民事裁判権から免除される旨を規定している（同法4条）。→【判例⑤】参照

2．未承認国を被告とする場合

　我が国の判例は，我が国による国家承認がない限りある団体の国際法上の法主体性を認めない，いわゆる国家承認に関する創設的効果説（これに対して，国家承認を待たずに国際法上の法主体性を認める見解を，宣言的効果説という。）に親和的な態度を示している。→【判例⑧】参照

　仮に，上記の創設的効果説を徹底させると，北朝鮮，台湾，北クブルス（北キプロス）及びマルタ騎士団といった未承認国は，我が国から見るとそもそも主権国家ではないから，我が国との間で外交関係を有することができず，我が国の私人との間の紛争を，国際裁判を含む外交的な手段で解決することはできないことになる。他方，未承認国は，対外国民事裁判権法にいう「外国等」にも該当しないことになるから，民事裁判権からの免除を享有しないことになろう。

　したがって，紛争（事件）について我が国が国際裁判管轄権を有する限り，我が国の私人は，未承認国を外国に所在する私人ないし法人でない社団（民訴29条・33条）とみなし，憲法上の裁判を受ける権利に基づき，我が国の裁判所に対して未承認国を被告とする民事訴訟を提起できると考えるほかない。そして，このような未承認国に対する訴状の送達は，マルタ騎士団のようにイタリア当局を介して送達が期待できる場合を除き，外国においてすべき送達をすることができないと認めるべき場合（民訴110条1項3号・108条）に該当すると考えるのが自然である。したがって，未承認国のうち北朝鮮等を被告とする訴状の送達は，当該未承認国に住所を有する私人を被告とする場合と

3. 外交官を被告する場合

　接受国（内国）にあって派遣国（外国）を代表して外交関係を処理するものを外交使節団といい，その長又は外交使節団の外交職員を外交官というが，外交官については，「国を代表する外交使節団の任務の能率的な遂行を確保する」（外交関係に関するウィーン条約前文）ため，接受国の民事裁判権からの免除が認められている。具体的には，①接受国の領域内にある個人の不動産に関する訴訟（その外交官が使節団の目的のため派遣国に代わって保有する不動産に関する訴訟を含まない。），②外交官が，派遣国の代表者としてではなく個人として，遺言執行者，遺産管理人，相続人又は受遺者として関係している相続に関する訴訟，③外交官が接受国において自己の公の任務の範囲外で行う職業活動又は商業活動に関する訴訟の各場合を除くほか，民事裁判権からの免除が保障されている（同条約31条1項）。

4. 領事官を被告とする場合

　接受国（内国）にあって国際法が認める範囲内で派遣国（外国）とその国民の利益保護などの領事任務に当たるものを領事機関といい，そのうち領事任務を遂行する者を領事官，その事務的又は技術的業務のために雇用されている者を事務技術職員というが，これらについても，「領事機関が自国のために行う任務の能率的な遂行を確保する」（領事関係に関するウィーン条約前文）ため，接受国の民事裁判権からの免除が認められている。ただし，領事官及び事務技術職員が民事裁判権の免除を享有するのは，領事任務の遂行に当たって行った行為のうち，①領事官又は事務技術職員が派遣国のためにする旨を示すことなく締結した契約に係る民事訴訟，②接受国において，車両，船舶又は飛行機により引き起こされた事故による損害について第三者が提起する民事訴訟の各場合を除くものに限られており（同条約43条1項），外交官に比較してかなり狭い。

　もっとも，各国の領事官及び領事館職員のうち，米国及び英国について

は，二国間条約により，公の資格で行った領事職務の範囲内の行為についてのみ民事裁判権が免除されるが（日米領事条約11条1項(a)・2項，日英領事条約14条1項(a)・2項(a)），旧ソヴィエト連邦諸国については，逆に広汎な民事裁判権の免除が認められている（日ソ領事条約18条・27条）。

5．我が国の領域にいる米国軍隊の構成員を被告とする場合

我が国の領域にいる米国軍隊の構成員は，その公務の執行から生じる事項について，我が国においてその者に与えられた判決の執行手続には服さないが（日本国とアメリカ合衆国との間の相互協力及び安全保障条約第6条に基づく施設及び区域並びに日本国における合衆国軍隊の地位に関する協定18条5項(f)），それ以外には，我が国の民事裁判権の免除を享有しないこととされている（同条9項(a)）。

6．民事裁判権を行使できない場合の処理

訴状で被告とされる者に対して我が国の民事裁判権が及ばない場合（民事裁判権からの免除を享有している場合），我が国の裁判所は，民事裁判権の行使の一つである訴状の送達もできないから（民訴138条1項・2項），受訴裁判所が訴え却下判決（民訴140条）をするまでもなく，受訴裁判所の裁判長は，訴状を却下しなければならないことになる（民訴137条2項）。→【判例③④】参照

しかし，裁判所は，訴えが不適法でその不備を補正することができないときは，訴状で被告とされている者に対して訴状を送達しなくても訴え却下判決（民訴140条）ができると考えられており，現に，判例は，民事裁判権からの免除が認められる外国の主権的行為に関する民事訴訟において，裁判長による訴状却下命令をせず，訴え却下判決をした原審の判断を容認している。→【判例⑤⑨】参照

したがって，被告に対して我が国の民事裁判権が及ばない場合，判例は，裁判長による訴状却下命令のほか，訴状を被告とされる者に送達することなく受訴裁判所による訴え却下判決をするという処理も許容しているものと考えられる。

7．裁判権免除を看過してされた判決の効力

　被告とされる者が外交官等であって民事裁判権からの免除を享有するのに，それを看過して訴状が送達され，応訴もなかったために請求認容の本案判決がされてこれが確定してしまった場合，このような判決は，法定の再審事由に当たらないために再審の対象とはならないものの（民訴338条1項），そもそも無効であって判決効を生じないと考えられている（無効判決）。

　そのため，仮に上記判決に基づいて強制執行が開始されたとしても，被告とされた者は，執行文の付与に関する異議を申し立てることができるし（民執32条1項），強制執行により被告とされる者の所有物が売却されたとしても，買受人は，売却対象物の所有権を取得しないものと考えられる。→【判例⑩】参照

　もっとも，外交官等の民事裁判権が免除される者に対する請求認容の本案判決やそれに基づく強制執行の実施は，国際法上の対抗力を有すべき根拠が見当たらないから，それ自体，国際法上違法なものとして当該外交官等の派遣国に対する我が国の国家責任を発生させるおそれがある。この場合，上記派遣国と我が国との間の外交上の問題，さらには国際裁判に発展するおそれも否定できない（国際司法裁判所規程36条2項，外交関係に関するウィーン条約についての紛争の義務的解決に関する選択議定書1条・2条参照）。

Ⅳ　民事裁判権について注意しておくのはどのような点か

　以上のように，民事裁判権の対人的制約には，様々な場合があるから，訴えを提起するに当たり，事件について誰を被告とすべきか，仮に外国等又は外交官等が被告とされる場合に，訴訟物となる請求権が民事裁判権からの免除の対象にならないか否かについては，慎重な検討を要する。

　また，被告とされるべき者が外国等又は外交官等であって，民事裁判権が及ばない場合，そこで問題となっている紛争は，もっぱら国際法に基づき，内国と外国との国家間における国際裁判を含む外交的な手段で解決するほか

ない。このように，民事裁判権の限界は，同時に，国内法と国際法との分水嶺にもなっていることにも留意する必要がある。

〔井 上 泰 人〕

参照判例

【判例①】
　最大判昭37・3・7民集16巻3号445頁は，裁判所の法令審査権は，国会の両院における法律制定の議事手続の適否には及ばないと解すべきであるとする。

【判例②】
　最大判昭35・10・19民集14巻12号2633頁は，地方公共団体の議会の議員に対する出席停止の懲罰議決の適否は裁判権の外にあるとする。

【判例③】
　最二小判平元・11・20民集43巻10号1160頁は，天皇は日本国の象徴であり日本国民統合の象徴であることにかんがみ，天皇には民事裁判権が及ばないものと解するのが相当である，したがって，訴状において天皇を被告とする訴えについては，その訴状を却下すべきものであるが，本件訴えを不適法として却下した第1審判決を維持した原判決は，これを違法として破棄するまでもないとする。

【判例④】
　大決昭3・12・28民集7巻1128頁は，「凡そ国家はその自制に依るのほか他国の権力作用に服するものに非ざるが故に不動産に関する訴訟等特別理由の存するものを除き民事訴訟に関しては外国は我国の裁判権に服せざるを原則とし只外国が自ら進んで我国の裁判権に服する場合に限り例外を見るべきことは国際法上疑を存せざる所にして此の如き例外は条約を以て之が定を為すか又は当該訴訟に付若は予め将来に於ける特定の訴訟事件に付外国が我国の裁判権に服すべき旨を表示したるが如き場合に於て之を見るものとす」としたうえで，訴状の送達をすることができない場合（現行民訴138条2項）に当たるとして，第1審裁判所の裁判長による訴状差戻

命令（現行民訴137条2項）を是認した。

【判例⑤】

最二小判平14・4・12民集56巻4号729頁は，外国国家の主権的行為については，国際慣習法上，民事裁判権が免除されるとしながらも，外国国家に対する民事裁判権免除に関しては，いわゆる絶対免除主義が伝統的な国際慣習法であったが，国家の活動範囲の拡大等に伴い，国家の私法的ないし業務管理的な行為についてまで民事裁判権を免除するのは相当でないとの考えが台頭し，免除の範囲を制限しようとする諸外国の国家実行が積み重ねられてきているとの認識を示し，米国軍隊の航空機の発着の差止め等を請求した訴えを却下した（民訴297条・140条）原審の判断を是認した。

【判例⑥】

最二小判平18・7・21民集60巻6号2542頁は，外国国家は，主権的行為以外の私法的ないし業務管理的な行為については，我が国による民事裁判権の行使が当該外国国家の主権を侵害するおそれがあるなど特段の事情がない限り，我が国の民事裁判権から免除されないとする。

【判例⑦】

最二小判平21・10・16民集63巻8号1799頁は，米国の州によって同州港湾局の我が国における事務所の現地職員として雇用され，解雇された者が，雇用契約上の権利を有する地位にあることの確認及び解雇後の賃金の支払を求めて提起した訴訟について，同事務所には我が国の厚生年金保険等が適用され，その業務内容は同州港湾施設の宣伝等であり，財政上の理由による同事務所の閉鎖が解雇理由とされていたなど判示の事実関係の下では，同人の解雇は私法的ないし業務管理的な行為に当たるところ，これを肯定しながら，上記訴訟が復職を主題とするものなど同州の主権的権能を侵害するおそれのある特段の事情があるから同州は我が国の民事裁判権から免除されるとした原審の判断には，違法があるとする。

【判例⑧】

最一小判平23・12・8判時2142号79頁は，一般に，我が国について既に効力が生じている多数国間条約に未承認国が後に加入した場合，当該条約に基づき締約国が負担する義務が普遍的価値を有する一般国際法上の義務であるときなどは格別，未承認国の加入により未承認国との間に当該条約上の権利義務関係が直ちに生ずると解することはできず，我が国は，当該

未承認国との間における当該条約に基づく権利義務関係を発生させるか否かを選択することができるものと解するのが相当であるとする。

【判例⑨】
　最三小判平8・5・28判時1569号48頁は，不適法なことが明らかであって，当事者のその後の訴訟活動により訴えを適法とすることがまったく期待できない訴えにつき，口頭弁論を経ずに，訴えを却下するか又は上記却下判決に対する控訴を棄却する場合には，訴状において被告とされている者に対し，訴状，控訴状又は判決正本を送達することを要しないとする。

【判例⑩】
　最三小判昭43・2・27民集22巻2号316頁は，甲が乙と通謀のうえ，第三者丙に対する金銭債権に関する債務名義を騙取しようと企て，丙の住所を真実に反して乙方丙として，丙に対する支払命令及び仮執行宣言付支払命令の申立て等の訴訟行為をし，裁判所が上記申立てに応じてした裁判の正本等の訴訟書類を乙において丙本人のように装って受領し，その裁判を確定させた場合においては，当該債務名義の効力は，丙に対して及ばないとして，当該債務名義に基づく強制執行により丙の不動産を競落した競落人は，丙に対してその所有権を対抗できないとする。

3-1 法律上の争訟①

◆1 通則

I 法律上の争訟について学ぶのはどうしてか

　憲法32条にいう裁判を受ける権利は，憲法76条1項にいう司法権と密接不可分な概念であり，あくまで具体的な権利義務をめぐる紛争解決のために保障されるものである。裁判を受ける権利に関わる重要な概念として，「法律上の争訟」概念がある。

　裁判所法3条1項は，裁判所が，法律上の争訟を裁判する権限を有することを規定する。裁判所の行う司法権の作用は，事実に法規を適用することによって，争いを解決することであり，民事訴訟は，権利関係をめぐる紛争を解決するためのものであるから，訴えによって定立されている請求が本案判決の対象となり得ることが必要である。したがって，原告の請求は，「法律を適用して判断すべき，具体的な権利・法律関係の存否の主張」をするものでなければならない。法律上の争訟に当たらない場合は，当該事件が司法権の範囲に属さないゆえに訴えの利益を欠き不適法となる。

　このように，民事訴訟には，権利保護の資格が必要とされているところ，争いの中には，法規の適用によっては解決できず，裁判になじまない事項，すなわち，「法律上の争訟」でないものがある。例えば，XとYの学説のどちらが優れているか，Xの絵画とYの絵画のどちらが美しいか，Aという神とBという神のどちらが正しいかといった，学問上，審美上，宗教上の争いは，「法律上の」争訟とはいえず，司法権の作用の対象とはならない。

II 法律上の争訟について問題となるのはどのような点か

　法律上の争訟に当たらない場合は，当該事件が司法権の範囲に属さないゆえに訴えの利益を欠き不適法となる。したがって，「法律上の争訟」の意義は何かが問題となる。

　法律上の争訟に当たらない場合としては，以下のとおり，いくつかの類型があるが，判例上最も多く現れている宗教団体の内部紛争の事例については，次項目「3-2　法律上の争訟②　宗教法人をめぐる紛争と法律上の争訟」に譲ることとし，本項目では，その余の類型について，権利保護の資格を欠くのは，どのような場合かを検討する。

① 単なる事実の存否
② 抽象的な法令の解釈
③ 統治行為
④ 団体の自治に関する事項

III 法律上の争訟について実務はどう取り扱っているか

1．法律上の争訟の意義

　裁判を受ける権利は，あくまで具体的な権利義務をめぐる紛争解決のために保障されるものである。→【判例①】参照

　法律上の争訟性の有無は，あらゆる訴えについて，その適法性を判断する際の最初の関門である。法律上の争訟（裁3条1項）とは，当事者間の具体的な権利義務ないし法律関係の存否に関する紛争であって，かつ，それが法令の適用によって終局的に解決できるものをいう。→【判例②】参照

　裁判所が現行の制度上与えられているのは司法権を行う権限であり，そして司法権が発動するためには具体的な争訟事件が提起されることを必要とする。よって，当事者の具体的権利義務に関する紛争を離れて，裁判所に対

し，抽象的に法令の違憲，無効の確認を求める訴えは，法律上の争訟に当たらない。→【判例③】参照

2．法律上の争訟に当たらない類型

(1) 単なる事実の存否をめぐる争い

「具体的な権利義務ないし法律関係の存否」に関する紛争でなければならないから，まず，単なる事実の存否の確認を求めることは，証書真否確認の訴え（民訴134条）を除き，許されない。したがって，例えば，一定の金員の借受債務に対し「平成24年4月15日，20万円を弁済した」との事実の確認を求めるとの請求の趣旨が，現在の権利又は法律関係の存否の確認を求めるものとは到底解されない場合には，その訴えは不適法であり，却下されなければならない。→【判例④】参照

具体的相続分それ自体を，実体法上の権利関係ということはできず，遺産分割審判事件と別個に具体的相続分の価額又は割合の確認を求める訴えの利益はない。→【判例⑤】参照

(2) 法令の効力をめぐる争い

法律問題であっても，具体的利益紛争とは無関係に，法令の効力や解釈，例えば法令の違憲性の確認を求める訴えは，許されない。→【判例⑥⑦】参照

(3) 統治行為

(a) 三権分立と統治行為

立法・行政の専権で，司法審査に服さない事項（いわゆる統治行為）も，三権分立との関係で，法律上の争訟とはいえない。

日本国憲法は，立法，行政，司法の三権分立の制度を確立し，司法権はすべて裁判所の行うところとし（憲76条1項），また裁判所法は，裁判所は一切の法律上の争訟を裁判するものと規定し（裁3条1項），これによって，民事，刑事のみならず行政事件についても，事項を限定せずいわゆる概括的に司法裁判所の管轄に属するものとされている。さらに，憲法は一切の法律，

命令，規則又は処分が憲法に適合するかしないかを審査決定する権限を裁判所に与えた（憲81条）結果，国の立法，行政の行為は，それが法律上の争訟となる限り，違憲審査を含めてすべて裁判所の裁判権に服することとなったのである。

しかし，憲法の三権分立の制度の下においても，司法権の行使についておのずからある限度の制約は免れないのであって，あらゆる国家行為が無制限に司法審査の対象となるものと即断すべきでない。直接国家統治の基本に関する高度に政治性のある国家行為は，たとえそれが法律上の争訟となり，これに対する有効無効の判断が法律上可能である場合であっても，かかる国家行為は裁判所の審査権の外にあり，その判断は主権者たる国民に対して政治的責任を負うところの政府，国会等の政治部門の判断にまかされ，最終的には国民の政治判断に委ねられているものと解すべきである。この司法権に対する制約は，結局，三権分立の原理に由来し，当該国家行為の高度の政治性，裁判所の司法機関としての性格，裁判に必然的に随伴する手続上の制約等にかんがみ，特定の明文による規定はないけれども，司法権の憲法上の本質に内在する制約と理解すべきものである。

(b) **立法との関係**

したがって，まず，立法との関係では，例えば，議会の解散のように，直接国家統治の基本に関する高度に政治性のある国家行為は，司法権の限界の外にあり，解散の無効を前提とした請求も同様である。→【判例⑧】参照

また，議会の予算議決は，単にそれだけでは住民の具体的な権利義務に直接関係なく，首長において，その議決に基づき，課税その他の行政処分を行うに至って初めて，これに直接関係を生ずるに至るのであるから，議会の予算議決があったというだけでは，未だ具体的な権利義務に関する争訟があるとはいえず，「法律上の争訟」に当たるということはできない。→【判例⑨】参照

(c) **行政との関係**

また，行政との関係では，例えば，航空機の離着陸の規制そのもの等，空港の本来の機能の達成実現に直接にかかわる事項自体については，空港管理権に基づく管理と航空行政権に基づく規制とが，空港管理権者としての国土

交通大臣と航空行政権の主管者としての国土交通大臣のそれぞれ別個の判断に基づいて分離独立的に行われ，両者の間に矛盾乖離を生じ，空港を国営空港とした本旨を没却し又はこれに支障を与える結果を生ずることがないよう，いわば両者が不即不離，不可分一体的に行使実現されている。換言すれば，空港における航空機の離着陸の規制等は，これを法律的にみると，単に空港についての営造物管理権の行使という立場のみにおいてされるべきもの，そして現にされているものとみるべきではなく，航空行政権の行使という立場をも加えた，複合的観点に立った総合的判断に基づいてされるべきもの，そして現にされているものとみるべきものである。

したがって，空港の供用に伴う騒音等により被害を受けているとし，人格権又は環境権に基づく妨害排除又は妨害予防の請求として，一定の時間帯につき空港を航空機の離着陸に使用させることの差止めを求める請求の趣旨は，空港の設置・管理主体たる国に対し，いわゆる通常の民事上の請求として上記のような不作為の給付請求権があると主張してこれを訴求する請求は，事理の当然として，不可避的に航空行政権の行使の取消変更ないしその発動を求める請求を包含することとなるものといわなければならず，通常の民事上の請求として私法上の給付請求権を有するとの主張が成立すべきいわれはない。よって，狭義の民事訴訟の手続により一定の時間帯につき本件空港を航空機の離着陸に使用させることの差止めを求める請求にかかる部分は，不適法というべきである。→【判例⑩】参照

そのほか，国又は地方公共団体がもっぱら行政権の主体として国民に対して行政上の義務の履行を求める訴訟は，不適法である。→【判例⑪】参照

他方，国が建物の所有者として有する固有の利益が侵害されることを理由としてその取消しを求める訴えは法律上の争訟に当たる。→【判例⑫】参照

(4) 団体の自治に関する事項のうち，司法審査に服さないもの

(a) 宗教法人の内部紛争

宗教法人の内部紛争に関する最高裁判例は，極めて多い。そこでは，信教の自由や結社の自由といった憲法上の権利と，国家の裁判権が拮抗し，当該事件が，裁判所法3条1項の「法律上の争訟」に該当するか否かという争点

を生むことになる。

　宗教法人の内部紛争については，極めて多くの判例があるので，次項目「3-2　法律上の争訟②　宗教法人をめぐる紛争と法律上の争訟」において，別途詳述する。

(b)　議会の内部問題

　宗教上の問題以外にも，議会など，団体の内部問題は，市民法秩序と直接関係しない問題に限っては，団体内部の規範による自立的判断に任せられ，司法審査の対象とならないという部分社会論が前提とされる。

　例えば，国会・地方議会の議員の出席停止決議については，団体の意思決定に裁判権は及ばない。→【判例⑬】参照

　他方，町議会が議員に対し同人が町所有の土地を不法に占拠しているとして議員辞職勧告決議等をしたことが，同人に対する名誉毀損に当たるとして国家賠償を請求する訴えは，裁判所法3条1項にいう「法律上の争訟」に当たる。→【判例⑭】参照

(c)　政党の内部問題

　また，政党員除名処分による党所有建物の明渡しは，処分の当否についての裁判所の審理には，内部問題にとどまる限り政党の規範・条理に基づき適正手続で行われたかに限られる。→【判例⑮】参照

(d)　大学の意思決定

　部分社会論が当てはまる場合として，その他，大学があり，大学の単位不認定は，団体の意思決定に裁判権は及ばない。→【判例⑯】参照

(e)　そ の 他

　技術士国家試験の合格，不合格の判定は，司法審査の対象とならない。→【判例⑰】参照

　また，検察審査会の議決に対しても，行政訴訟の提起が許されない。→【判例⑱】参照

Ⅳ 法律上の争訟について注意しておくのは どのような点か

　以上のとおり，裁判所法3条の裁判所の権限事項としている「法律上の争訟」とは，法規の適用によって解釈し得べき当事者間の具体的な権利義務ないし法律関係の存否に関する紛争をいうものである。裁判所において解決できる問題か否かを検討して訴訟を提起すべきである。

〔髙部　眞規子〕

参照判例

【判例①】
　最大判昭35・12・7民集14巻13号2964頁は，憲法32条は，訴訟の当事者が訴訟の目的たる権利関係につき裁判所の判断を求める法律上の利益を有することを前提として，かかる訴訟につき本案の裁判を受ける権利を保障したものであって，上記利益の有無にかかわらず常に本案につき裁判を受ける権利を保障したものではないとする。

【判例②】
　最三小判昭56・4・7民集35巻3号443頁は，訴訟が具体的な権利義務ないし法律関係に関する紛争の形式をとっており，信仰の対象の価値ないし宗教上の教義に関する判断は請求の当否を決するについての前提問題にとどまるものとされていても，それが訴訟の帰すうを左右する必要不可欠のものであり，紛争の核心となっている場合には，当該訴訟は，裁判所法3条にいう法律上の争訟に当たらないとする。

【判例③】
　最大判昭27・10・8民集6巻9号783頁は，最高裁判所は，具体的事件を離れて抽象的に法律，命令等が憲法に適合するかしないかを決定する権限を有するものではないとする。

【判例④】
　　最三小判昭39・3・24判夕164号64頁は，一定金額を弁済した事実の確認を求める訴えは，不適法であるとする。

【判例⑤】
　　最一小判平12・2・24民集54巻2号523頁は，民法903条1項により算定されるいわゆる具体的相続分の価額又はその価額の遺産の総額に対する割合の確認を求める訴えは，確認の利益を欠くものとして不適法であるとする。

【判例⑥】
　　前掲【判例③】最大判昭27・10・8は，我が裁判所は具体的な争訟事件が提起されないのに将来を予想して憲法及びその他の法律命令等の解釈に対し存在する疑義論争に関し抽象的な判断を下すような権限を行い得るものではないとし，その理由について，最高裁判所は法律命令等に関し違憲審査権を有するが，この権限は司法権の範囲内において行使されるものであり，この点においては最高裁判所と下級裁判所との間に異なるところはないとする。

【判例⑦】
　　最二小判平3・4・19民集45巻4号518頁は，福岡地方裁判所及び福岡家庭裁判所の各甘木支部を廃止する旨を定めた最高裁判所規則について，上記支部の管轄区域内に居住する者が，具体的な紛争を離れ，抽象的に上記規則の憲法違反を主張してその取消しを求める訴訟は，裁判所法3条1項にいう法律上の争訟に当たらないとする。

【判例⑧】
　　最大判昭35・6・8民集14巻7号1206頁は，衆議院解散の効力は，訴訟の前提問題としても，裁判所の審査権限の外にあるとする。

【判例⑨】
　　最一小判昭29・2・11民集8巻2号419頁は，村議会の予算議決の無効確認を求める訴えは不適法であるとする。

【判例⑩】
　　最大判昭56・12・16民集35巻10号1369頁は，①民事上の請求として一定の時間帯につき航空機の離着陸のためにする国営空港の供用の差止めを求

める訴えは，不適法であり，②現在不法行為が行われており，同一態様の行為が将来も継続することが予想されても，損害賠償請求権の成否及びその額をあらかじめ一義的に明確に認定することができず，具体的に請求権が成立したとされる時点においてはじめてこれを認定することができ，かつ，上記権利の成立要件の具備については債権者がこれを立証すべきものと考えられる場合には，かかる将来の損害賠償請求権は，将来の給付の訴えを提起することのできる請求権としての適格性を有しないとする。

【判例⑪】
　最三小判平14・7・9民集56巻6号1134頁は，①国又は地方公共団体がもっぱら行政権の主体として国民に対して行政上の義務の履行を求める訴訟は，不適法であるとし，②宝塚市が，宝塚市パチンコ店等，ゲームセンター及びラブホテルの建築等の規制に関する条例8条に基づき同市長が発した建築工事の中止命令の名あて人に対し，同工事を続行してはならない旨の裁判を求める訴えは，不適法であるとする。

【判例⑫】
　最二小判平13・7・13訟月48巻8号2014頁は，地方公共団体の長が情報公開条例に基づいてした建築工事計画通知書の公開決定に対して，国が建物の所有者として有する固有の利益が侵害されることを理由としてその取消しを求める訴えは，法律上の争訟に当たるとする。

【判例⑬】
　最大判昭35・10・19民集14巻12号2633頁は，地方公共団体の議会の議員に対する出席停止の懲罰議決の適否は裁判権の外にあるとする。

【判例⑭】
　最三小判平6・6・21判時1502号96頁は，町議会が議員に対し同人が町所有の土地を不法に占拠しているとして議員辞職勧告決議等をしたことが，同人に対する名誉毀損に当たるとして国家賠償を請求する訴えは，裁判所法3条1項にいう「法律上の争訟」に当たるとする。

【判例⑮】
　最三小判昭63・12・20判時1307号113頁は，①政党が党員に対してした処分は，一般市民法秩序と直接の関係を有しない内部的な問題にとどまる限り，裁判所の審判権が及ばないとし，②政党が党員に対してした処分の当否は，政党の自律的に定めた規範が公序良俗に反するなどの特段の事情

のない限り上記規範に照らし，上記規範を有しないときは条理に基づき，適正な手続に則ってされたか否かによって決すべきであるとする。

【判例⑯】
　最三小判昭52・3・15民集31巻2号234頁は，大学における授業科目の単位授与（認定）行為は，一般市民法秩序と直接の関係を有するものであることを肯認するに足りる特段の事情のない限り，司法審査の対象にならないとする。

【判例⑰】
　最三小判昭41・2・8民集20巻2号196頁は，技術士国家試験の合格，不合格の判定は，司法審査の対象とならないとする。

【判例⑱】
　最一小判昭41・1・13裁判集民事82号21頁は，検察審査会の議決に対しては，行政訴訟の提起が許されないと解すべきであるとする。

3-2 法律上の争訟② 宗教法人をめぐる紛争と法律上の争訟

◆1 通 則

I 宗教法人をめぐる紛争と法律上の争訟について学ぶのはどうしてか

　裁判を受ける権利は，憲法76条１項にいう司法権と密接不可分な概念であり，あくまで具体的な権利義務をめぐる紛争解決のために保障されるものである。

　裁判所法３条１項は，裁判所が，「法律上の争訟」を裁判する権限を有することを規定している。裁判所の行う司法権の作用は，事実に法規を適用することによって，争いを解決することであり，民事訴訟は，権利関係をめぐる紛争を解決するためのものであるから，訴えによって定立されている請求が本案判決の対象となり得ることが必要である。したがって，当事者間の具体的な権利義務ないし法律関係の存否に関する紛争であって，かつ，それが法令の適用によって終局的に解決できるもののみが，裁判所で解決できる法律上の争訟に当たることは，前項目「3-1　法律上の争訟①」で述べたとおりである。このことは，宗教法人をめぐる紛争についても同様である。→【判例①】参照

　宗教法人の内部紛争に関する最高裁判例は，極めて多い。宗教団体は，本来，宗教活動（信仰）をするのが本来の目的であるが，それ以外に，経済的・市民的色彩を有する活動も行うため，宗教法人法により，法人格が与えられている。法人格を取得した宗教団体の活動には，経済的・市民的色彩を有する活動と，裁判所が干渉すべきではない宗教活動とがあるため，宗教法人をめぐる各種の紛争について，「法律上の争訟」に当たるか否かが問題となってきた。そこでは，信教の自由や結社の自由といった憲法上の権利と，国家の裁判権が拮抗し，当該事件が，裁判所法３条１項の「法律上の争訟」に該

当するか否かという争点を生むことになる。

　上記のように，民事訴訟には，権利保護の資格が必要とされているところ，争いの中には，法規の適用によっては解決できず，裁判になじまない事項，すなわち，「法律上の争訟」でないものがある。

Ⅱ　宗教法人をめぐる紛争と法律上の争訟について問題となるのはどのような点か

　判例上多く現れている事例として，例えば，宗教団体の内部紛争の事例において，裁判所の審判権が宗教上の問題に及ぶか否かが問題となる場合がある。すなわち，宗教法人をめぐる紛争については，従来，法律上の争訟に当たらないとして，訴えの利益を欠き不適法却下された判例が多く存在するが，これに対し，「法律上の争訟」と認めた判例もある。

　そこで，宗教法人をめぐる紛争のうち，どのような場合が法律上の争訟に当たらない場合なのか，宗教団体の内部紛争の事例において，裁判所の審判権が宗教上の問題に及ばないということが，権利保護の資格を欠くのは，どのような場合かを検討する必要がある。

　宗教法人をめぐる紛争といっても，2つの類型に分けて考える必要がある。

　①　宗教上の地位についてその存否の確認を求めるにすぎないもの
　②　他に具体的な権利又は法律関係をめぐる紛争があり，その当否を判定する前提問題として特定人につき住職たる地位の存否を判断する必要がある場合

　もっとも，このように分けることについても，個々の宗教法人において，信者がどのような組織上の地位にあり，どのような権利義務を有するのかを検討する必要があり，信者に認められる地位ないし権利義務が，宗教上のものであるのか，それとも市民的・経済的なものなのかを識別することは，必ずしも容易なことではない。

Ⅲ 宗教法人をめぐる紛争と法律上の争訟について実務はどう取り扱っているか

1．宗教上の地位についてその存否の確認を求めるにすぎないもの

まず、訴訟物のレベルで宗教活動それ自体に関するものは、具体的な権利又は法律関係の存否について確認を求めるものとはいえないから、「法律上の争訟」には当たらない。この類型に当たるものとして、以下のものがある。

(1) 宗教法人の代表役員及び責任役員の地位にあることの確認を求める訴え

宗教法人である寺の代表役員及び責任役員たる地位が、被包括宗教法人における固有の地位であって、包括宗教法人における地位ではなく、したがって、同人を相手方として寺の代表役員及び責任役員であることが確認されたとしても、上記地位をめぐる関係当事者間の紛争を根本的に解決することにはならない場合には、宗教法人の代表役員及び責任役員の地位にあることの確認を求める訴えは、当該宗教法人を相手方としない限り、確認の利益がなく、不適法な訴えとして却下すべきものである。→【判例②】参照

(2) 住職たる地位の確認

包括宗教法人に包括される宗教法人の住職を解任する旨の処分を受けた者が、包括宗教法人を被告として、解任処分の無効を主張して自らが住職であることの確認を求める訴えについても、単に宗教上の地位についてその存否の確認を求めるにすぎないものであって、具体的な権利又は法律関係の存否について確認を求めるものとはいえない場合は、確認の訴えの対象となるべき適格を欠くものに対する訴えとして不適法である。→【判例③】参照

(3) 檀徒の地位確認請求

また，宗教法人法は，信者の地位について，各宗教団体ごとにその実情に即した自律に委ねているところから，信者の地位が宗教上の地位にとどまるのか，法律上の地位ということができるかは，すべての宗教法人を通じて一律に決せられるべきものではなく，それぞれの宗教法人の取扱いを検討しなければ判明しないものである。したがって，問題となる宗教法人の取扱いを認定したうえ，その地位が具体的な権利義務ないし法律関係を含むか否か決するべきである。→【判例④】参照

　なお，檀徒の地位が法律上の地位に当たるとしてその確認請求が認容されたとしても，既判力をもって確定されるのは，あくまで法律上の地位についてのみであり，宗教上の地位が確認されるわけではない。

(4) 懲戒処分の無効確認訴訟

　宗教団体内でされた懲戒処分の効力の有無の確認を求める訴えは，その処分が，当該宗教団体内部における被処分者の宗教活動を制限し，あるいはその宗教上の地位に関する不利益を与えるものにとどまる場合には，不適法である。→【判例⑤】参照

２．他に具体的な権利又は法律関係をめぐる紛争があり，その当否を判定する前提問題として特定人につき宗教法人における地位の存否を判断する必要がある場合

　訴訟物が宗教活動それ自体に関するものでない事件につき，その判断の過程において，その判断の内容が宗教上の教義の内容に立ち入らざるを得ない場合は，法律上の争訟に当たらない。他方，宗教上の教義の解釈にわたるものでない限り，その地位の存否について，裁判所が審判権を有する。

(1) 宗教上の教義の内容に立ち入る必要がある場合

(a) 明渡訴訟

　包括宗教法人に包括される宗教法人の住職を解任する旨の処分を受けた者が，包括宗教法人を被告として，解任処分の無効を主張して，寺院の明渡しを求めた事案において，同人が住職たる地位を有するか否かは，当該事件に

おける請求の当否を判断するについてその前提問題となるものである。住職たる地位それ自体は宗教上の地位にすぎないからその存否自体の確認を求めることが許されないが、他に具体的な権利又は法律関係をめぐる紛争があり、その当否を判定する前提問題として特定人につき住職たる地位の存否を判断する必要がある場合には、その判断の内容が宗教上の教義の解釈にわたるものであるような場合は格別、そうでない限り、その地位の存否、すなわち選任ないし罷免の適否について、裁判所が審判権を有する。→【判例⑥】参照

このように、建物の明渡しのような具体的な権利義務ないし法律関係に関する訴訟であっても、宗教団体内部においてされた懲戒処分の効力が請求の当否を決する前提問題となっており、その効力の有無が当事者間の紛争の本質的争点をなすとともに、それが宗教上の教義、信仰の内容に深くかかわっているため、その教義、信仰の内容に立ち入ることなくしてその効力の有無を判断することができず、しかも、その判断が訴訟の帰すうを左右する必要不可欠のものである場合には、上記訴訟は、裁判所法3条にいう法律上の争訟に当たらない。→【判例⑦～⑫】参照

(b) 代表役員の地位確認請求

このことは、代表役員の地位の確認等についても同様であり、具体的な権利義務ないし法律関係に関する訴訟であっても、宗教団体内部においてされた懲戒処分の効力が請求の当否を決する前提問題となっており、その効力の有無が当事者間の紛争の本質的争点をなすとともに、それが宗教上の教義、信仰の内容に深くかかわっているため、教義、信仰の内容に立ち入ることなくしてその効力の有無を判断することができず、しかも、その判断が訴訟の帰すうを左右する必要不可欠のものである場合には、法律上の争訟性が否定されている。→【判例⑬～⑯】参照

(2) 教義の解釈にわたる判断をしなくてよい場合

宗教法人の機関である代表役員等の地位の存否の確認を求める訴えの前提として教義の解釈にわたる判断をしなくてよい場合には、法律上の争訟性が否定されることはない。→【判例⑰】参照

3．宗教上の紛争に関する判例の立場

最高裁判決の現在の立場をまとめると，以下のとおりとなる。
① 住職の地位の確認を求めるなど，宗教上の地位そのものを訴訟物とした訴えは，不適法である。
② 訴訟物自体は具体的な権利義務又は法律関係に関する形式をとっていても，その前提問題として教義，信仰の内容に立ち入った判断が不可欠となる場合には，教義，信仰の内容について裁判所が審判権を有しない以上，当該訴訟は，裁判所が法令の適用によって終局的な解決をすることができないものとして，法律上の争訟性を欠くものとされる。

なお，宗教上の教義が争われる事案でも，宗教団体内部における紛争と宗教団体とその外部者間における一般民事上の紛争を区別して，宗教団体の外部の者との間における紛争については，別の取扱いを示唆する判例も見られる。

Ⅳ 宗教法人をめぐる紛争と法律上の争訟について注意しておくのはどのような点か

以上のとおり，宗教法人をめぐる紛争は，具体的な権利義務ないし法律関係に関する紛争か否か，具体的な権利義務ないし法律関係に関する紛争の形式をとるものであっても，信仰の対象の価値ないし宗教上の教義に関する判断が請求の当否を決するについての前提問題として必要不可欠のものであるか否かによって，司法権の対象となり得ない場合があることに，留意が必要である。

〔髙部　眞規子〕

参照判例

【判例①】
　最三小判昭56・4・7民集35巻3号443頁〔板まんだら事件〕は，訴訟が，具体的な権利義務ないし法律関係に関する紛争の形式をとるものであっても，信仰の対象の価値ないし宗教上の教義に関する判断が請求の当否を決するについての前提問題として必要不可欠のものであり，それが紛争の核心となっている場合には，当該訴訟は，裁判所法3条にいう法律上の争訟に当たらないとする。

【判例②】
　最一小判昭44・7・10民集23巻8号1423頁〔慈照寺事件〕は，宗教法人の代表役員及び責任役員の地位にあることの確認を求める訴えは，当該宗教法人を相手方としない限り，確認の利益がないとする。

【判例③】
　最三小判昭55・1・11民集34巻1号1頁〔種徳寺事件〕は，寺院の住職たる地位の確認を求める訴えが単に宗教上の地位についてその存否の確認を求めるものにすぎない場合には，上記住職たる地位が宗教法人たる寺院の代表役員たり得る基本資格となるものであるときでも，上記訴えは，確認の訴えの対象たるべき適格を欠くものに対する訴えとして不適法であるとする。

【判例④】
　最三小判平7・7・18民集49巻7号2717頁〔満徳寺事件〕は，宗教法人において，檀信徒名簿が備え付けられていて，檀徒であることが上記法人の代表役員を補佐する機関である総代に選任されるための要件とされ，予算編成，不動産の処分等の上記法人の維持経営に係る諸般の事項の決定につき，総代による意見の表明を通じて檀徒の意見が反映される体制となっており，檀徒による上記法人の維持経営の妨害行為が除名処分事由とされているという判示の事実関係の下においては，上記法人における檀徒の地位は，具体的な権利義務ないし法律関係を含む法律上の地位ということができるとする。

【判例⑤】
　最一小判平4・1・23民集46巻1号1頁〔教覚寺事件〕は，宗教団体内

でされた懲戒処分の効力の有無の確認を求める訴えは，その処分が，当該宗教団体内部における被処分者の宗教活動を制限し，あるいはその宗教上の地位に関する不利益を与えるものにとどまる場合には，不適法であるとする。

【判例⑥】
　前掲【判例③】最三小判昭55・1・11〔種徳寺事件〕は，特定人の住職たる地位の存否が他の具体的権利又は法律関係をめぐる紛争につきその当否を判定する前提問題になっている場合には，裁判所は，その判断の内容が宗教上の教義の解釈にわたる場合でない限り，上記住職たる地位の存否について審判権を有するとする。

【判例⑦】
　最二小判平元・9・8民集43巻8号889頁〔蓮華寺事件〕は，具体的な権利義務ないし法律関係に関する訴訟であっても，宗教団体内部においてされた懲戒処分の効力が請求の当否を決する前提問題となっており，その効力の有無が当事者間の紛争の本質的争点をなすとともに，それが宗教上の教義，信仰の内容に深くかかわっているため，上記教義，信仰の内容に立ち入ることなくしてその効力の有無を判断することができず，しかも，その判断が訴訟の帰すうを左右する必要不可欠のものである場合には，上記訴訟は，裁判所法3条にいう法律上の争訟に当たらないとする。

【判例⑧】
　最三小判平5・7・20判時1503号3頁は，宗教法人がその所有する建物の明渡しを求める訴訟において，訴訟が提起されるに至った紛争の経緯及び当事者双方の主張並びに訴訟の経過に照らして，当該訴訟の争点を判断するには，宗教上の教義ないし信仰の内容について一定の評価をすることを避けることができない場合には，上記明渡しを求める訴えは，裁判所法3条にいう「法律上の争訟」に当たらないとする。

【判例⑨】
　最二小判平5・9・10判時1503号18頁は，宗教法人がその所有する建物の明渡しを求める訴訟において，訴訟が提起されるに至った紛争の経緯及び当事者双方の主張並びに訴訟の経過に照らして，当該訴訟の争点を判断するには，宗教上の教義ないし信仰の内容について一定の評価をすることを避けることができない場合には，上記明渡しを求める訴えは，裁判所法3条にいう「法律上の争訟」に当たらないとする。

3-2　法律上の争訟②　宗教法人をめぐる紛争と法律上の争訟

【判例⑩】
　最三小判平14・1・29判時1779号28頁は，宗教法人がその所有する建物の明渡しを求める訴えは，争点につき判断するために宗教上の教義及び信仰の内容について一定の評価をすることを避けることができないという事情の下においては，法律上の争訟に当たらないとする。

【判例⑪】
　最二小判平14・2・22判時1779号22頁は，宗教法人がその所有する建物の明渡しを求める訴えは，請求の当否を決定するために判断することが必要な前提問題が宗教上の教義，信仰の内容に深くかかわっており，その内容に立ち入ることなくしては前提問題の結論を下すことができないという事情の下においては，法律上の争訟に当たらないとする。

【判例⑫】
　最三小判平21・9・15判時2058号62頁は，宗教法人がその所有する土地の明渡しを求める訴えは，請求の当否を決する前提問題となっている占有者である住職に対する擯斥処分の効力を判断するために，宗教上の教義ないし信仰の内容に立ち入って審理，判断することを避けることができないという事情の下においては，裁判所法3条にいう「法律上の争訟」に当たらず，不適法であるとする。

【判例⑬】
　最二小判平元・9・8判時1329号25頁〔蓮華寺第2事件〕は，甲が乙宗教団体から受けた擯斥処分によりその僧侶たる地位を喪失したか否かが，自己が乙の被包括宗教団体である丙の代表役員及び責任役員の地位にあることの確認を求める甲の請求の前提をなしている場合において，上記処分の効力の有無が紛争の本質的争点をなすとともに，その効力についての判断が訴訟の帰すうを左右する必要不可欠のものであり，しかも，上記処分事由の存否すなわち甲の言説が乙の教義及び信仰を否定する異説に当たるか否かの判断が乙の教義，信仰の内容に深くかかわっているため，上記教義，信仰の内容に立ち入ることなくして上記処分の効力の有無を判断することができないときは，上記訴訟は，裁判所法3条にいう「法律上の争訟」に当たらないとする。

【判例⑭】
　最三小判平5・9・7民集47巻7号4667頁〔日蓮正宗管長事件〕は，特定の者が宗教団体の宗教活動上の地位にあることに基づいて宗教法人であ

る当該宗教団体の代表役員の地位にあることが争われている訴訟において，その者の宗教活動上の地位の存否を審理，判断するにつき，当該宗教団体の教義ないし信仰の内容に立ち入って審理，判断することが必要不可欠である場合には，同人の代表役員の地位の存否の確認を求める訴えは，裁判所法3条にいう「法律上の争訟」に当たらないとする。

【判例⑮】
　最一小判平5・11・25判時1503号18頁は，甲が宗教法人乙の代表役員等の地位にあることの確認を求め，乙が甲に対して所有権に基づき建物の明渡しを求める訴訟において，訴訟が提起されるに至った紛争の経緯及び当事者双方の主張並びに訴訟の経過に照らして，当該訴訟の争点を判断するには，宗教上の教義ないし信仰の内容について一定の評価をすることを避けることができない場合には，甲の地位確認及び乙の建物明渡しを求める訴えは，いずれも裁判所法3条にいう「法律上の争訟」に当たらないとする。

【判例⑯】
　最三小判平11・9・28判時1689号78頁〔仏世寺事件〕は，宗教法人の代表役員及び責任役員の地位にあることの確認を求める訴えにおいて，紛争の経緯及び当事者双方の主張に照らせば，請求の当否を決する前提問題である住職罷免処分の効力の有無については宗教団体内部における教義及び信仰の内容が本質的な争点となるものであり，これを判断するには，裁判所が宗教上の教義及び信仰の内容について一定の評価をすることを避けることができないという事情の下においては，上記訴えは，法律上の争訟には当たらず，不適法であるとする。

【判例⑰】
　最一小判昭55・4・10判時973号85頁〔本門寺事件〕は，宗教法人における特定人の住職たる地位の存否が同人の当該宗教法人における代表役員，責任役員たる地位の存否の確認を求める請求の当否を判断する前提問題となっている場合には，裁判所は，当該宗教法人の教義等に照らして同人が住職として活躍するのにふさわしい適格を備えているかどうかなどその宗教団体内部で自治的に決定されるべき事項について判断するのでなければ住職の地位の存否を決められない場合でない限り，上記住職たる地位の存否について審理判断する権限を有するとする。

4-1 ◆2 裁判所　裁判管轄①

I　裁判管轄について学ぶのはどうしてか

　我が国のいずれの裁判所が裁判権を行使するのかの問題が，「裁判管轄」の問題である。当事者の立場からみると，原告にとっては，多種多様な裁判所のうちどの裁判所に訴えを提起すればよいのかという問題となり，被告にとっては，どの裁判所なら応訴しなければならないかという問題となる。また，これを裁判所の側からいうと，事務分担の定めであり，いずれの裁判所に分掌させるのが，司法政策的視点からみて合理的かという観点から定められる。その定めを「管轄」といい，当該裁判所がその事件について裁判権を行使できる場合の権限を「管轄権」という。

　管轄の有無は訴訟要件であり，特に専属管轄違背は，控訴・上告の事由となる（民訴299条1項・312条2項3号）。

　なお，渉外的要素を含む紛争については，我が国の裁判所が裁判管轄を有するかという国際裁判管轄の問題があるが，この点は，別項目「5　国際裁判管轄」で述べることとし，本項目では，国内の裁判管轄について論じる。

II　裁判管轄について問題となるのはどのような点か

1．管轄の種類

　管轄の種別としては，その視点によって，いろいろな分類が可能である。
　いかなる目的を実現するために管轄を定めるかという視点から，職分管轄，事物管轄，土地管轄といった分類がある。事物管轄については，訴額の算定の仕方が重要である。また，いずれの地の裁判所に管轄権を認めるべき

かという土地管轄については、普通裁判籍（民訴4条）と特別裁判籍（民訴5条～6条の2）の規定がある。

発生の根拠という視点からは、法定管轄、指定管轄、合意管轄、応訴管轄といった分類もできる。

それぞれの管轄について、これを明確にしておく必要がある。

2．管轄権の調査

管轄権の存在は訴訟要件であるから、本案判決の前提として、管轄権の存在を確認する必要がある。管轄に関する事項については、職権で証拠調べをすることができるが（民訴14条）、職権探知主義が妥当する場合、弁論主義が妥当する場合はいかなる場合かが問題となる。

また、管轄の審理は、本案についての審理と区別されるが、義務履行地や不法行為地のように、訴訟物に関する本案の審理と重なり合う場合に、請求原因と符合する管轄原因事実について、どの程度の審理を行うべきかが問題となる。

Ⅲ 裁判管轄について実務はどう取り扱っているか

1．職分管轄

判決手続における審級管轄は、いずれの種類の裁判所が第1審の受訴裁判所となり、その上訴をいずれの裁判所が管轄するかという問題である。

人事に関する訴訟は、家庭裁判所の管轄とされ、その余の第1審の判決手続の裁判所は、簡易裁判所か地方裁判所とされる。

2．事物管轄

第1審の判決手続の裁判所が簡易裁判所と地方裁判所とのいずれに属するかは、事件の性質や訴訟物の価額に応じて決定され、その配分の基準を「事物管轄」という。

(1) 財産権上の請求

財産権上の請求は，訴訟の目的物の価額（訴額）を基準として分けられる。訴額が140万円を超えない請求について，簡易裁判所の管轄（裁33条1項1号），それ以外の請求については，地方裁判所の管轄と規定されている（裁24条1号）。訴額は，訴え提起の時を基準時として，訴えで主張する利益を基準に，受訴裁判所が判断すべきものである（民訴8条1項）。

(2) 非財産権上の請求

非財産権上の請求は，経済的評価によって訴額を算定することが不可能であり，訴額が140万円を超過するものとみなしている（民訴8条2項）。

(3) 算定困難な場合

財産権上の請求であっても，原告が受ける利益を算定することが極めて困難な場合，すなわち，例えば住民訴訟のように，訴訟の目的を考慮したときに，請求の目的物と訴えによって主張する利益の間に重大な違いがあり，主張利益の算定が困難な場合には，非財産権上の請求と同様の取扱いをすることを認めるべきであるとされていた。→【判例①②】参照

現行法では，財産権上の請求でも価額の算定が極めて困難であるときは，140万円を超えるものとみなされることが明文で定められている（民訴8条2項）。

なお，併合請求の場合は，その訴額が合算されるのが原則であるが（民訴9条1項），複数の請求が目的とする経済的利益が共通のものであれば，訴額は合算されず，単一の経済的利益として訴額が算定される（同項ただし書）。多数の周辺住民が提起した林地開発行為許可取消訴訟において利益の共通性が否定されている。→【判例③】参照

3．土地管轄

事物管轄により，ある事件の第1審管轄裁判所が簡易裁判所か地方裁判所かに決定された後，全国にある当該裁判所のどれが管轄裁判所なのかを決定する基準が，「土地管轄」である。

(1) 普通裁判籍

自然人の場合は，住所，居所，最後の住所，の順に基準となる（民訴4条2項）。住所は，生活の本拠であり（民22条），定住の事実があればよい。→【判例④】参照

居所も，継続して居住する場所という客観的な基準で判断される。

法人の場合は，主たる事務所・営業所の所在地，主たる業務担当者の住所の順に決定される（民訴4条4項）。会社の本店が移転しても登記されない間は，その事実を善意の第三者に対抗できない。→【判例⑤】参照

(2) 特別裁判籍

特別裁判籍（民訴5条～6条の2）として，様々な種類の規定があるが，実務上，しばしば問題になるものとして，以下のものがある。

(a) 財産権上の訴え

財産権上の訴えについては，義務履行地に裁判籍が認められる（民訴5条1号）。

財産権とは，経済的利益を内容とする権利である。例えば，扶養請求権，名誉回復のための謝罪広告請求権（民723条），会社帳簿の閲覧請求権，労働協約の効力に関する訴え，騒音防止の義務に関する訴え，営利・非営利法人と雇用契約関係にある従業員の地位に関する訴え等が財産権の例である。これに対し，婚姻の無効・取消し，離婚，親子関係不存在，祭具・墳墓の権利に関する訴え，公務員や公社の役員・非営利法人の組合員の地位に関する訴え等は，財産権に当たらない。

義務履行地は，明示又は黙示の意思表示によって定まるが，それがない場合には，原則として債権者の履行時の住所又は営業所であり（持参債務の原則），例外として特定物の引渡しを目的とする債務につき債権発生の当時その物の存した場所である（民484条，商516条）。

特定物の売買契約において引渡場所が定められているときは，買主が目的物の引渡しを請求する場合のみならず，その不履行を理由とする損害賠償請求についても，当該地に裁判籍が認められる。→【判例⑥】参照

なお，持参債務であったときに，債権譲渡があったり債権者の住所変更が

あったりした場合，譲受債権者の住所地又は債権者の新住所が義務履行地として管轄の基準となる。→【判例⑦】参照

(b) **事務所又は営業所を有する者に対する訴え**

事務所又は営業所を有する者に対する訴えでその事務所又は営業所における業務に関するものの裁判籍は，当該事務所又は営業所の所在地に認められる（民訴5条5号）。

事務所・営業所は，業務に関し独立した中心点を形成するものでなければならない。

事務所又は営業所を有する者とは，その場所で自己の名と計算によって業務を行う自然人，法人，法人でない社団，財団等が含まれる。

民事訴訟法5条5号については，財産権上の訴えに限定されていないから，非財産権上の訴えも含まれる。

(c) **不法行為に関する訴え**

不法行為に関する訴えの裁判籍は，不法行為があった地に認められる（民訴5条9号）。

即時の提訴を容易にし，証拠の収集，証拠調べに便利であることがその立法趣旨である。

民法709条以下に定められた不法行為のほか，国家賠償，鉱害賠償，不正競争防止法に基づく差止請求権不存在確認請求についても，不法行為に関する訴えに当たる。→【判例⑧】参照

債務不履行に基づく損害賠償請求についても，民事訴訟法5条9号の類推適用を認める見解がある。→【判例⑨】参照

不法行為地には，加害行為地と損害発生地の双方が含まれる。

(d) **不動産に関する訴え**

不動産に関する訴えの裁判籍は，不動産所在地に認められる（民訴5条12号）。

不動産の所在地に登記簿や土地があり，証拠調べに便利であり，かつ利害関係人が多く統一した審理が可能であることがその立法趣旨である。

不動産の所有権等の物権に関する確認訴訟，物権的請求権に基づく訴訟，共有物分割の訴え，契約に基づく不動産の移転登記や引渡しに関する訴えが

含まれる。

4．併合請求における管轄

(1) 併合請求

　併合請求の裁判籍（民訴7条）は，併合された請求の1つについて，民事訴訟法4条から6条の2に規定された管轄が認められれば，本来単独ではその裁判所に管轄が認められない他の請求についても土地管轄を認める趣旨である。

　客観的併合については，1つの請求権について管轄が認められれば，他の請求についても管轄が認められる。また，主観的併合については，民事訴訟法38条前段の場合に限られる（民訴7条ただし書）。→【判例⑩】参照

(2) 専属管轄と併合請求

　1つの訴えの中の一部の請求について専属管轄の定めがある場合は，民事訴訟法7条は適用されないが（民訴13条1項），特許権等に関する訴えについては，東京地裁と大阪地裁の間で民事訴訟法7条の適用が認められる（民訴13条2項）。

　なお，専属的合意管轄については，併合請求の裁判籍の適用は排除されない。

5．合意管轄

(1) 合意管轄の要件

　専属管轄の定めがある場合を除き，第1審の土地管轄及び事物管轄について，当事者の合意による管轄を認める（民訴11条）。

　管轄は公益的な要請もあるが，当事者間の利害の調整等，当事者の利益をも併せて考慮しているからである。

　合意管轄は，合意により管轄の変更という訴訟法上の効果の発生を目的とする訴訟法上の合意（訴訟契約）である。

　合意管轄の要件は，以下の4つである。

　① 専属管轄の定めがある場合でないこと

② 第1審裁判所につき，事物管轄と土地管轄の一方又は双方について法定管轄と異なる合意であること
③ 個別具体的な法律関係に基づく訴えに関するものであること
④ 書面又は電磁的記録でされること（民訴11条）

上記①は，専属管轄を除外する規定である。

上記②の内容は意思解釈によって決まる。合意の態様としては，その結果からみて，特定の裁判所を管轄裁判所とする専属的合意と，数個の裁判所を管轄裁判所とする競合的合意とがある。

上記③は，管轄の合意が，訴訟契約であり，漠然とした範囲の合意がされることを防ぎ，手続の安定を図り管轄をめぐる訴訟内での争いを派生させないための要件である。訴訟物たる権利又は法律関係そのものの特定を意味するのではなく，基本たる法律関係を特定することにより訴訟を特定できる場合をいう。

上記④も，上記③と同様の趣旨の要件であり，書面又は電磁的記録でされなければならないが，両当事者の意思が同一書面に表示されている必要はない。→【判例⑪】参照

(2) **合意の解釈**

合意により，訴訟法上の効果として直接に管轄の発生及び消滅の効果を生じる。

合意には，法定管轄のほかにさらに管轄裁判所を付け加える「附加的合意」と，特定の裁判所だけを管轄裁判所として法定管轄を排除する「専属的合意」とがある。附加的合意では，法定管轄以外に合意された裁判所に管轄権を生じ，専属的合意では，他の法定管轄は消滅する。ただし，専属的合意がされた場合であっても，原告がそれ以外の裁判所に提訴し，被告が応訴すれば，応訴管轄が生じる。

管轄の合意において，特定の裁判所のみを管轄裁判所とする旨の意思が明示されている場合や，複数の法定管轄のうちの一つについて合意された場合には，専属的合意と認められ，特定の裁判所に専属的に管轄権を生じさせる。→【判例⑫】参照

法定管轄裁判所以外の裁判所を管轄裁判所とする合意について，専属的合意と附加的合意のいずれであるかは，合意の意思解釈の問題である。→【判例⑬】参照

(3) 約款による管轄の合意

約款による管轄の合意が存在するがそれに従うことに弊害が予想される場合，合意を制限したりするなどして，消費者の利益の保護を図るため，合意に拘束されないための方策として，いくつかの解釈事例がある。

(a) 合意の効力

専属管轄の制度について，法が特に公益性の強い訴訟について法定管轄権をもつ裁判所の中から特定の裁判所のみに管轄を認める特別な制度であることを前提に，訴訟の当事者間において，公益性の有無とは無関係に特定の裁判所のみに管轄を認め，他の法定管轄裁判所を排除する合意は公序良俗違反で無効であるなどとして合意の有効性自体を否定するものがある。→【判例⑭⑮】参照

これに対し，民事訴訟における信義則を理由として専属的管轄の合意の主張を排斥するものがある。→【判例⑯】参照

このように，管轄合意条項については，これを契約条項に入れる当該取引業者（会社）が，当該取引に関する訴訟を提起する裁判所を任意に選択し得るとするような規定が置かれることがあり，このような管轄合意条項は，相手方（被告）の権利を不当に侵害し，当事者間の公平を害するから，無効とすることが考えられる。

(b) 附加的合意という解釈

合意自体は有効であることを前提に，合意の解釈によりこれを附加的（競合的）管轄の合意と解するものもある。→【判例⑰】参照

(c) 移送の可否

なお，専属的合意がされた場合にも，民事訴訟法17条により，当事者間の衡平に反する場合には，移送により，事案の妥当な解決をすることができるから，合意を有効として裁量移送に委ね得るケースもある。専属（排他）的合意管轄の場合にも，民事訴訟法17条の遅滞を避け又は当事者間の衡平を図

るための移送が認められるとして，訴訟の著しい遅滞を避けるという公益上の要請のある場合は移送をすることが許されると解することにより，合意に拘束されない方策もある。→【判例⑱〜⑳】参照

6．応訴管轄

被告が第1審裁判所で管轄違いの抗弁を提出しないで，本案について口頭弁論期日に弁論をし，又は弁論準備手続において申述した場合は，当該裁判所に管轄が生じる（民訴12条）。

原告の請求原因を認め又は争うなど，原告の請求をめぐる弁論をした場合は，応訴管轄を生じる。他方，期日変更の申立てや訴訟要件の欠缺を理由とする却下の申立ては，「本案の弁論」に含まれない。「原告の請求を棄却する」旨の答弁についても，「本案の弁論」に含まれない。→【判例㉑】参照

7．専属管轄

法律に規定された管轄は，当事者の便宜，特に被告の管轄の利益を考慮して定められた規定が多く，そのような場合には，当事者双方の意思によって法定管轄とは異なる裁判所に管轄を認めても差し支えないため，合意管轄や応訴管轄が認められている。

このような「任意管轄」に対立する概念として，当事者の意思による管轄権設定を許さないのが「専属管轄」である。例えば，第1審・控訴審をどの裁判所に分担させるかの審級管轄や，督促手続と通常民事訴訟のように，異種の役割を担った裁判所間の職務権限の分担を定めた職分管轄，人事訴訟や会社関係訴訟のように判決が対世効を有する訴訟等について，専属管轄とされている。→【判例㉒】参照

専属管轄に違背すると，控訴理由及び上告理由となり得る（民訴312条2項3号）。

8．管轄権の調査

(1) 管轄の調査

管轄権の存在は訴訟要件であるから，本案判決の前提として，管轄権の存

在を確認する必要がある。管轄に関する事項については，職権で証拠調べをすることができるが（民訴14条），専属管轄の場合には職権探知主義が妥当し，任意管轄の場合には弁論主義が妥当すると解されている。なお，専属管轄違背は，上訴審でも調査の対象となる（民訴299条1項ただし書・312条2項3号）。

なお，管轄決定の基準時は，訴えの提起の時である（民訴15条）。

(2) **管轄原因と本案との符合**

管轄の審理は，本案についての審理と区別されるが，訴訟物に関する本案の審理と重なり合う場面がある。例えば，義務履行地や不法行為地がそれである。そのような場合に，原因符合事実に関して原告が理論的整合性をもって主張するときは，その主張を正しいものと仮定して管轄を肯定し，その事実の真否については本案審理に委ねるという取扱いがされたり，管轄原因についても審理を行うが，管轄権を判断するだけの目的で，原因符合事実についても審理するとし，一定の程度で管轄原因が不存在であるときには，移送し，そうでなければ本案審査に進むという取扱いもされていた。→【判例㉓㉔】参照

近時の裁判実務は，管轄原因について一定程度の審査を行っている。管轄の審査と本案の審査とでは目的が異なるので，本案と同程度と範囲について原因符合事実の全面的な審査をする必要はない。管轄審査の段階では，一応の証拠調べをしたうえで一応の証明で足りるという見解（→【判例㉕】参照）もあるが，国際裁判管轄の場面では，原則として，被告が我が国においてした行為により原告の法益について損害が生じたとの客観的事実関係が証明されるべきであるとされていることも参考にすると，客観的事実関係についての証明が必要であると解すべきである。→【判例㉖】参照

Ⅳ 裁判管轄について注意しておくのはどのような点か

応訴管轄（民訴12条）が生じる余地があるため，それ以外の土地管轄が認められない場合であっても訴状を送達する必要がある。また，約款による専

属的合意のように，当事者間の衡平にかんがみて，移送で対処すべき場合がある。

〔髙部　眞規子〕

参照判例

【判例①】
　最三小判昭49・2・5民集28巻1号27頁は，財産権上の請求に係る訴訟物の価額の算定が著しく困難な場合，裁判長又は裁判所は，その算定にとって重要な諸要因を確定し，これを基礎とし，裁量によって上記価額を算定することができるとする。

【判例②】
　最一小判昭53・3・30民集32巻2号485頁は，地方自治法242条の2第1項4号所定の損害賠償請求訴訟における訴訟物の価額は，原告の数にかかわりなく，35万円とすべきであるとする（当時の地裁の事物管轄は，30万円以上であった。）。

【判例③】
　最二小決平12・10・13判時1731号3頁は，森林法10条の2に基づく林地開発行為の許可処分につき，許可区域周辺に居住する多数の原告が，上記開発行為により，同区域周辺の水質の悪化，水量の変化，大気汚染，その他の環境悪化を生じ，原告らの水利権，人格権，不動産所有権等が害されるおそれがあるところ，上記処分には同条2項所定の不許可事由があるのにされた違法があるなどと主張して，上記処分の取消しを求める訴訟においては，各原告が訴えで主張する利益は全員に共通であるとはいえず，控訴の提起の手数料の額は，上記利益によって算定される訴訟の目的の価額とみなされる95万円を合算した額に応じて算出すべきであるとする（当時の地裁の事物管轄は，90万円以上であった。）。

【判例④】
　東京高判昭42・10・26判時507号34頁は，当事者の主観的意思のいかんにかかわりなく，その者の全生活を客観的に観察してその者が現実に常住

し実質的な生活活動を営み訴訟書類を受領し得る場所をもって，その者の当該時点における住所と認めるべきであるとする。

【判例⑤】
　大決大15・7・10民集5巻558頁は，商事会社がその本店を移転するもその登記及び公告をしない間は旧所在地を管轄する区裁判所はなお上記会社の破産事件につき管轄権を有するとする。

【判例⑥】
　大判昭11・11・8民集15巻2149頁は，特定物引渡義務が損害賠償義務に変わったときは，別段の意思表示のない限り，引渡義務の履行地いかんに関せず賠償義務は債権者の現時の住所においてその履行をすべきであるとする。

【判例⑦】
　大判大7・2・12民録24輯142頁は，債務の弁済は債権の譲渡により債権者に変更を生じしたがって債権者の住所に変更を来した場合においても，新債権者の住所においてこれをなすべきであるとして，新債権者の住所地を管轄する裁判所に提起した訴えにつき，管轄違いの抗弁を却下したのは相当であるとする。

【判例⑧】
　最一小決平16・4・8民集58巻4号825頁は，不正競争防止法3条1項に基づく不正競争による侵害の差止めを求める訴え及び差止請求権の不存在確認を求める訴えは，いずれも民事訴訟法5条9号所定の訴えに該当するとする。

【判例⑨】
　東京地決昭61・1・14判時1182号103頁は，安全配慮義務違反による債務不履行に基づく損害賠償請求事件について不法行為地の裁判籍を類推適用して，移送した。

【判例⑩】
　最二小決平23・5・30判時2120号5頁は，民事訴訟法38条後段の要件を満たす共同訴訟であって，いずれの共同訴訟人に係る部分も受訴裁判所が土地管轄権を有しているものについて，同法7条ただし書により同法9条の適用が排除されることはないとする。

4−1　裁判管轄①

【判例⑪】
　　大判大10・3・15民録27輯434頁は，①当事者の合意をもって管轄裁判所を定めるには書面をもってすることを要するが，その合意は必ずしも1個の書面に表示されることを要せず，申込みと承諾とが各別の書面をもってなされることを妨げない，②その申込みは，特定の人に対してのみならず一定の権利関係及びその権利関係より生じる訴訟に関し当事者となるべき不定の人に対してもこれをなすことができ，管轄裁判所となすべき裁判所も一定し得べきをもって足り，申込当時既に具体的に一定することを要しないとする。

【判例⑫】
　　札幌高決昭62・7・7判タ653号174頁は，競合する法定管轄裁判所のうちの1つを特定して管轄裁判所とすることを合意した契約条項は，他の裁判所の管轄を排除する趣旨が明示されていなくても，特別の事情がない限り，専属的に管轄裁判所を定めたものと解するのが相当であるとしたうえ，専属的管轄の合意がある場合でも，訴訟の著しい遅滞を避けるという公益上の要請があるときは，民事訴訟法17条により当該訴訟を他の法定管轄裁判所に移送することが許されるとする。

【判例⑬】
　　大阪高決昭45・8・26判時613号62頁は，裁判管轄に関する合意がいわゆる専属的管轄の合意に当たるか又は附加的管轄の合意に当たるかは，一次的には，当該合意における当事者双方の意思解釈によって判定し，上記判定の資料を欠く場合に，初めて，二次的に，附加的管轄の合意があったものとみなすのが相当であるとする。

【判例⑭】
　　東京高決平22・1・26判タ1319号270頁は，金銭消費貸借基本契約書の「債権者の本社又は営業店所在地を管轄する裁判所を合意管轄裁判所とする」との条項に基づいて提起された過払金返還請求訴訟について，同条項が無効であるとして消費者金融業者がした管轄違いを理由とする移送申立てを棄却した。

【判例⑮】
　　高松高決平6・2・23判タ872号290頁は，専属管轄の制度は，法が特に公益性の強い訴訟について法定管轄権をもつ裁判所の中から特定の裁判所のみに管轄を認める特別な制度であるから，訴訟の当事者間において，公

益性の有無とは無関係に特定の裁判所のみに管轄を認め，他の法定管轄裁判所を排除する合意をすることは許されないとする。

【判例⑯】
　広島高決平9・3・18判タ962号246頁は，保険約款の裁判管轄に関する特約の合理性について，生命保険事業を適正に管理，運営するため本社における様々な調査，審査の手続を要し，それは保険金支払に関する適正，公平な運営，事務費の負担軽減などに益するところであり，このことは全契約者の利益になるところであることを重視しなければならない場合があり得るかもしれないが，事故死に基づく保険金請求において転落死が被保険者の重大な過失によるかどうかが争点となる場合には，保険会社が上記特約に基づき専属的合意管轄を主張することは，民事訴訟における信義誠実の原則にもとるものとする。

【判例⑰】
　神戸地尼崎支決平23・10・14判時2133号96頁は，約款上の管轄条項によってされる管轄合意について，顧客において，約款による合意をした際に，直ちに排他的な専属管轄の合意までしていると解することはできないというべきであり，それゆえ，約款上及び約款承諾画面上において，競合する法定管轄裁判所のうち特定の裁判所に限定して管轄裁判所とすることに顧客が合意し，その他の管轄を排除することが顧客にとって明らかであるとか，管轄合意について特に注意喚起がなされている等の特段の事情がない限り，排他的な管轄合意ではなく，法定管轄を排除しないで合意した裁判所との併存を認める旨の合意をしたと解するのが当事者の合理的意思に照らして相当であるとする。

【判例⑱】
　東京高決平16・2・3判タ1152号283頁は，自動車リース契約における管轄合意条項により受訴裁判所に管轄が認められないとして，民事訴訟法16条1項により被告らの住所地を管轄する裁判所に移送すべきであるとする。

【判例⑲】
　東京高決平5・1・29判タ844号263頁は，専属的合意管轄の定めがある場合でも，訴訟の著しい遅滞を避けるという公益上の要請があるときは，民事訴訟法17条（旧民訴31条）により，当該訴訟を法定管轄裁判所に移送することが許されるとする。

【判例⑳】
　大阪高決平8・6・24金判1009号28頁は，生命保険契約に基づく保険金の支払場所について定める普通保険約款の規定には根拠と合理性がありこれを無効ということはできず，受訴裁判所に義務履行地の裁判管轄権が認められないから，民事訴訟法17条（旧民訴31条）の趣旨に則って受訴裁判所で事件を審理する余地はなく，事件を専属的合意管轄裁判所に移送すべきであるとする。

【判例㉑】
　大判大9・10・14民録26輯1495頁は，「本案の弁論」とは，被告が原告の主張する訴訟の目的たる権利又は法律関係につき事実又は法律上の陳述をすることをいうとする。

【判例㉒】
　最一小判昭41・2・10裁判集民事82号327頁は，和解に対する請求異議の訴えは，訴訟物の価額のいかんにかかわらず，和解が成立した裁判所の専属管轄に属するとする。

【判例㉓】
　大判大4・10・23民録21輯1761頁は，裁判管轄を定めるべき事実が請求を理由あらしめる事実と符合する場合においては原告は特にその管轄を定めるべき事実の存在を証明することを要せずして裁判管轄を認められるべきものとする。

【判例㉔】
　大判大11・4・6民集1巻169頁は，契約上の義務履行地の裁判籍について，原告がある地を義務の履行地であると主張する一事をもって直ちにその地を指して義務履行地とすることはできないとする。

【判例㉕】
　札幌高決昭56・11・30判タ456号111頁は，義務履行地裁判籍の前提をなす売掛代金債権の発生原因については，これを一応証明するだけの証拠資料が存在することが認められ，かつこの点の本案訴訟における審理を経ての立証の成否はともかくとして，少なくとも管轄の原因については，一応の証明があることをもってこれを肯定するのが相当であるとする。

【判例㉖】
　最二小判平13・6・8民集55巻4号727頁は，我が国に住所等を有しない被告に対し提起された不法行為に基づく損害賠償請求訴訟につき，民事訴訟法の不法行為地の裁判籍の規定に依拠して我が国の裁判所の国際裁判管轄を肯定するためには，原則として，被告が我が国においてした行為により原告の法益について損害が生じたとの客観的事実関係が証明されれば足りるとする。

4−2 裁判管轄② 移送

◆2 裁判所

Ⅰ 移送について学ぶのはどうしてか

　管轄は，訴訟要件の一つである。訴訟要件の不備の場合は，通常は，訴えを却下するが，管轄権の不備の場合は，訴えを却下すると，原告は訴え提起に伴う時効中断や期間遵守の利益を失ってしまうことになり，また，再訴提起のための費用や労力をかけることになる。このため，管轄違いの訴えでも，移送によって，管轄裁判所に訴えを係属させることが規定されている（民訴16条）。

　また，管轄権を有する裁判所に訴えが提起された場合でも，他の管轄裁判所に移送することができる場合や移送しなければならない場合が法定されている（民訴17条〜20条の２）。

Ⅱ 移送について問題となるのはどのような点か

１．管轄違いによる移送

　管轄違いによる場合（民訴16条）については，訴訟事件と非訟事件等，異種間の手続間において，移送を認めるべきか否かが問題となる。

２．裁量移送

　どのような場合に，著しい遅滞を避け当事者間の衡平を図るための移送（民訴17条）がされるか，また，専属的合意管轄の場合はどうかが，問題になる。

3．移送の場合の効果

移送決定が確定すると，訴訟は初めから移送された裁判所に係属していたものとみなされる（民訴22条3項）。移送前に行われた訴訟行為が，移送後も効力を維持するか否かが問題となる。

Ⅲ　移送について実務はどう取り扱っているか

1．管轄違いによる移送

(1)　地方裁判所と家庭裁判所間の移送

地方裁判所と家庭裁判所間における事件の移送については，民事調停法4条，家事審判規則129条の2において，事件の移送が認められている。

家庭裁判所に訴訟事件が係属する場合には，地方裁判所への移送は，民事訴訟法16条の規定によって可能である。家庭裁判所での訴え変更によりその管轄事件でなくなった場合につき，地方裁判所への移送が認められる。→【判例①】参照

他方，従前は，民事訴訟法16条の規定は，訴訟事件についての移送に関する規定であり，原則として，移送された訴訟事件が移送された裁判所においても訴訟手続によって処理されることを前提としているものとされているとして，非訟事件又は審判事件が訴訟事件として裁判所に提起された場合，上記のような特別の規定のない限り，みだりに民事訴訟法16条を適用ないし準用してこれを他の管轄裁判所に移送することは許されないとされてきた。したがって，通常訴訟手続に親しまない準禁治産宣告（現行法では保佐開始審判）取消申立事件について，移送は許されない。→【判例②】参照

同様に，婚姻費用の分担及び扶養に関する審判事項を内容とする場合も，移送は許されない。→【判例③】参照

また，人事訴訟が地方裁判所の管轄とされていた旧法下では，離婚の訴えにおいてする財産分与の申立ては，本来家庭裁判所の権限に属する審判事項につき，手続の経済と当事者の便宜とを考慮して，特に例外的に訴訟事件で

ある離婚の訴えに附帯して同一の訴訟手続内で審理判断を求めることを許したものにすぎないから，附帯請求としての財産分与の申立てに対して訴訟手続内で審判するについては，本来的請求である離婚の訴えが現に係属していることがその前提要件であり，上記訴訟の過程において離婚の訴えそのものの係属が失われたときは，残存する附帯的請求である財産分与の申立てについてはもはや当該訴訟手続内で審理判断することができず，上記申立ては不適法として却下を免れないものとされていた。→【判例④】参照

もっとも，人事訴訟が家庭裁判所に移管された現行法の下では，人事訴訟法32条1項により，離婚の訴えに附帯して財産分与に関する裁判が行われるが，旧法下における上記判例とは異なり，家庭裁判所において，附帯処分についてのみ判断されることになろう。

(2) **審級違い**

最高裁判所に直接提起された憲法の無効確認を求めるような不適法な訴えは，下級裁判所に移送することなく却下することができる。→【判例⑤】参照

また，執行抗告につき抗告状を誤って直接抗告裁判所に提出した場合についても，移送することなく却下すべきであるとされている。→【判例⑥】参照

なお，管轄権を有しない上訴裁判所に上訴状が提出されたときは，これを管轄上訴裁判所に移送すべきである。→【判例⑦】参照

(3) **併合請求の場合**

民事訴訟法7条は土地管轄に関する規定であり，請求を併合提起する場合の事物管轄は民事訴訟法9条によって定めるべきである。→【判例⑧⑨】参照

なお，行政処分の取消訴訟に併合して提起された訴えが併合要件を満たさない場合には，不適法として却下することなく管轄裁判所に移送すべきである。→【判例⑩】参照

2．裁量移送

(1) 地方裁判所と簡易裁判所

　地方裁判所に訴えが提起された場合に，その訴訟が当該地方裁判所の管轄区域内の簡易裁判所の土地管轄及び事物管轄に属するものであるときは，当該簡易裁判所の専属管轄のもの（例えば，当該簡易裁判所がした判決又は訴え提起前の和解・調停に対する請求異議の訴え，執行文付与の訴え，執行文付与に対する異議の訴え等）を除き，訴訟を簡易裁判所に移送することなく，当該地方裁判所が自ら審理裁判することができる（民訴16条2項）。

　地方裁判所にその管轄区域内の簡易裁判所の管轄に属する訴訟が提起され，被告から同簡易裁判所への移送の申立てがあった場合における同申立てを却下する旨の判断は，地方裁判所の裁量に委ねられる。→【判例⑪】参照

　民事訴訟法16条2項と同旨の規定として，18条があり，同条によれば，逆に，簡易裁判所が，訴訟がその管轄に属する場合であっても，相当と認めるときは，その所在地を管轄する地方裁判所に移送することができる。

(2) 専属的管轄合意との関係

　専属的な管轄合意に反して他の法定管轄裁判所に訴えが提起され被告から専属合意管轄裁判所への移送申立てがされたにもかかわらず当該法定管轄裁判所で審理することができる場合がある。→【判例⑫】参照

(3) 裁量移送の要件

　民事訴訟法17条による移送（裁量移送）は，当事者及び尋問を受けるべき証人の住所，使用すべき検証物の所在地その他の事情を考慮して，①訴訟の著しい遅滞を避けるため必要があること，②当事者間の衡平を図るため必要があること，のいずれかの要件を満たす必要がある。上記①は，公益上の理由であり，訴訟遅延により費用負担者等に無用な負担をかけることを防止する趣旨である。上記②は，個々の事案ごとに当事者双方の事情や訴訟経済等を総合考慮することになる。

　上記①の著しい遅滞も，上記②の当事者間の衡平も，結局は，当事者双方

の事情，訴訟経済，その他の理由を総合的に比較考量して判断すべきことになる。考慮要素としては，当事者及び尋問を受けるべき証人の住所，使用すべき検証物の所在地といった，民事訴訟法17条に明記された事情のほか，訴訟代理人の有無，当事者の経済力，交通や通信の便等の事情を考慮して，判断すべきことになる。

裁量移送の申立てがあったときは，相手方の意見を聴いて決定をするものとされ，職権による移送の決定をするときは，当事者の意見を聴くことができる（民訴規8条）。

3．必要的移送

このほか，当事者の申立て及び相手方の同意があるときは，第1審裁判所は，移送により著しく訴訟手続を遅滞させることになるときや本案について弁論をした場合等を除き，申立てに係る地方裁判所又は簡易裁判所に移送しなければならない（民訴19条1項）。また，簡易裁判所は，不動産に関する訴訟について被告の申立てがあるときは，本案について弁論をした場合を除き，その所在地を管轄する地方裁判所に移送しなければならない（同条2項）。

4．移送の裁判

移送の裁判は，決定が告知されてから1週間の即時抗告期間を経過することにより確定する（民訴21条）。移送の裁判が確定すると，移送を受けた裁判所はこれに拘束され，更に事件を他の裁判所に移送することができない（民訴22条1項・2項）。

移送の裁判が確定したときは，訴え提起の当初に遡って移送を受けた裁判所に係属したものとみなされる（民訴22条3項）。したがって，時効中断，法律上の期間遵守の効力は，移送の裁判によって影響を受けない。

移送した裁判所で移送前に行われた訴訟行為に関しては，管轄権を有する裁判所が移送した場合には，効力を有するが，管轄権を有しない裁判所が移送した場合については，見解が分かれる。なお，当事者双方が口頭弁論期日に不出頭の後休止による取下げ擬制の期間経過前に管轄違いによる移送決定

がされたときは，期日の指定の申立てがないまま上記期間を経過しても，訴え取下げの効果を生じない。→【判例⑬】参照

Ⅳ　移送について注意しておくのはどのような点か

　管轄違いのうち，専属管轄違反については，絶対的上告理由となることから（民訴312条2項3号），特に留意が必要である。
　また，移送の裁判は，当事者の公平や訴訟経済に配慮して行わなければならない。

〔髙部　眞規子〕

参照判例

【判例①】
　最一小判平5・2・18民集47巻2号632頁は，家庭裁判所において請求異議の訴えが適法に損害賠償請求の訴えに交換的に変更された場合には，民事訴訟法16条1項（旧民訴30条1項）の規定に基づき，新訴を管轄裁判所に移送すべきであるとする。

【判例②】
　最二小判昭38・11・15民集17巻11号1364頁は，地方裁判所に提起された準禁治産宣告取消訴訟（現行法の保佐開始審判）を，民事訴訟法16条1項（旧民訴30条1項）の規定に基づいて家庭裁判所に移送することはできないとする。

【判例③】
　最一小判昭44・2・20民集23巻2号399頁は，地方裁判所は，婚姻費用の分担及び扶養に関する審判事項を内容とする訴訟事件を，民事訴訟法16条1項（旧民訴30条1項）の規定により家庭裁判所に移送することはできないとする。

【判例④】
　最一小判昭58・2・3民集37巻1号45頁は，離婚の訴えに附帯してされた財産分与の申立てについては，上記訴えの係属が失われたときは，当該訴訟手続内で審判することができず，これを不適法として却下すべきであるとする。

【判例⑤】
　最三小判昭55・5・6判時968号52頁は，憲法の無効確認を求める訴えは，不適法であるとしたうえ，最高裁判所に直接提起された憲法の無効確認を求める訴えは，下級裁判所に移送するまでもなく，却下を免れないとする。

【判例⑥】
　最一小決昭57・7・19民集36巻6号1229頁は，執行抗告の抗告状が原裁判所以外の裁判所に提出された場合には，これを受理した裁判所は，民事訴訟法16条（旧民訴30条1項）の規定を類推適用して事件を原裁判所に移送することなく，執行抗告を不適法として，却下すべきであるとする。

【判例⑦】
　最二小判昭25・11・17民集4巻11号603頁は，管轄権を有しない上訴裁判所に上訴状が提出されたときは，これを管轄上訴裁判所に移送すべきであるとする。

【判例⑧】
　最二小決平23・5・30判時2120号5頁は，民事訴訟法38条後段の要件を満たす共同訴訟であって，いずれの共同訴訟人に係る部分も受訴裁判所が土地管轄権を有しているものについて，同法7条ただし書により同法9条の適用が排除されることはないとする。

【判例⑨】
　最二小決平23・5・18民集65巻4号1755頁は，民事訴訟法38条後段の要件を満たす共同訴訟であって，いずれの共同訴訟人に係る部分も受訴裁判所が土地管轄権を有しているものについて，同法7条ただし書により同法9条の適用が排除されることはないとする。

【判例⑩】
　最一小判昭59・3・29判時1122号110頁は，会社代表取締役が国立公園

特別地域内の会社所有の土地上に自己のため建物を建築するにつき県知事から不許可処分を受けたのを不服として提起した上記処分の取消訴訟が，控訴審に係属中に，会社が上記土地上に建物を建築することが不可能とされたことにより土地所有権の行使ができなくなったことを理由として憲法29条3項の規定に基づき損失補償請求の訴えを追加的に併合提起した場合に，それが上記取消訴訟と同一手続内で審判されることを前提とし，もっぱらかかる併合審判を受けることを目的としてされたものと認められないときには，後者の訴えは，行政事件訴訟法13条の関連請求に当たらないからといって直ちに不適法として却下することなく，これを管轄裁判所に移送すべきであるとする。

【判例⑪】
　最二小決平20・7・18民集62巻7号2013頁は，地方裁判所にその管轄区域内の簡易裁判所の管轄に属する訴訟が提起され，被告から同簡易裁判所への移送の申立てがあった場合において，同申立てを却下する旨の判断は，民事訴訟法16条2項の規定の趣旨にかんがみ，広く当該事件の事案の内容に照らして地方裁判所における審理及び裁判が相当であるかどうかという観点からされるべきであり，地方裁判所の合理的な裁量に委ねられ，このことは，簡易裁判所の管轄が専属的管轄の合意によって生じた場合であっても異ならないとする。

【判例⑫】
　東京高決平22・7・27金法1924号103頁は，専属的な管轄合意に反して法定管轄裁判所に訴えが提起され，管轄違いを理由に専属合意管轄裁判所への移送申立てがされた場合であっても，訴訟の著しい遅滞を避け又は当事者間の衡平を図るために専属合意管轄裁判所に移送することなく当該法定管轄裁判所で審理する特段の必要があると認められるときは，当該法定管轄裁判所が管轄を有するものとして移送することなく審理することができるとして，東京地方裁判所を専属的な管轄裁判所とする旨の合意に反して原告の本店所在地の管轄裁判所である長野地方裁判所に訴えが提起され，被告から管轄違いを理由に東京地方裁判所への移送の申立てがされた場合において，予想される証人等の住所が東京都，長野県その他の地域に点在していること，当事者双方の訴訟代理人の事務所は東京都又は大阪府若しくは京都府に所在すること，当事者双方はいずれも会社であることなどの事情の下では，訴訟の著しい遅滞を避け又は当事者間の衡平を図るために東京地方裁判所に移送することなく長野地方裁判所で審理する特段の必要があるということはできず，管轄違いを理由として民事訴訟法16条1

項に基づき東京地方裁判所へ移送すべきであるとする。

【判例⑬】
　　最三小判昭38・10・1民集17巻11号1301頁は，当事者双方口頭弁論期日に不出頭の後3か月経過前に管轄違いによる移送決定がなされたときは，期日の指定の申立がないまま上記3か月を経過しても，訴え取下の効果を生じないとする（休止による取下げ擬制の期間は，当時は3か月）。

◆2 裁判所

5 国際裁判管轄

I 国際裁判管轄について学ぶのはどうしてか

　グローバル化に伴って，渉外的な要素を含む紛争が裁判所に持ち込まれることが多くなった。その際，我が国の裁判所が当該事件の裁判の管轄権を有するか否かが問題となる。国内事件では，移送によって対応できるのに対し，国際裁判管轄がない場合には，我が国の裁判所では訴えを却下するにほかないから，いずれの国の裁判所で裁判を行うことができるかは，訴訟の当事者にとって，極めて重大な問題である。

II 国際裁判管轄について問題となるのはどのような点か

1．民事訴訟法の改正

　国際裁判管轄に関し，最高裁判所は，我が国の民事訴訟法の規定する裁判籍のいずれかが我が国内にあるときは，原則として，国際裁判管轄を肯定し，我が国で裁判を行うことが当事者間の公平，裁判の適正・迅速を期するという理念に反する特段の事情があると認められる場合には，我が国の国際裁判管轄を否定するという基本的立場を採ってきた。→【判例①〜③】参照
　我が国の民事訴訟法には，従前，国際裁判管轄に関する規定がなく，上記判例理論によって我が国の民事訴訟法の規定する裁判籍の存否を検討することによって，国際裁判管轄の有無を定めていた。従前の判例理論を集大成するなどして，平成23年法律第36号による改正によって，民事訴訟法第2章第1節に，「日本の裁判所の管轄権」として国際裁判管轄についての規定が置

かれた（民訴3条の2〜3条の12）。

①被告の普通裁判籍が我が国にある場合（民訴3条の2），②合意管轄（民訴3条の7）又は応訴管轄（民訴3条の8）が認められる場合のほか，それぞれの訴えの類型に応じた管轄が定められており（民訴3条の3・3条の4），それぞれの管轄原因により，特別の事情がない限り，我が国の裁判所の管轄が肯定されることになる。

2．問題の所在

国際裁判管轄は，いずれの国で裁判を受けるかという直接管轄の場面のみならず，外国判決の承認執行という間接管轄の場面についても，問題になる。また，管轄原因には，様々なものがあり，それぞれの原因ごとに，問題がある。このうち特に，不法行為地の裁判籍については，本案の請求原因事実と管轄の原因事実とが符合するところから，何をどの程度立証すべきかが問題となる。さらに，日本の裁判所が管轄権を有することとなる場合においても，特別の事情があると認める場合には，訴えを却下することができるが（民訴3条の9），いかなる場合がこれに当たるかも，重要な問題である。

Ⅲ 国際裁判管轄について実務はどう取り扱っているか

1．契約上の債務に関する請求を目的とする訴え（民訴3条の3第1号）

契約上の債務の履行請求，不当利得に係る請求，債務不履行による損害賠償その他契約上の債務に関する請求を目的とする訴えは，契約において定められた当該債務の履行地が日本国内にあるとき，又は契約において選択された地の法によれば当該債務の履行地が日本国内にあるときに，日本の裁判所が管轄を有する。

国内管轄の場合と異なり，義務履行地の裁判籍が認められるのは，契約で定められた場合又は契約で選択した準拠法により国内に管轄があると認められる場合に限られる。

2．財産権上の訴え（民訴3条の3第3号）

請求の目的が日本国内にあるとき，又は金銭請求の場合に被告が差し押さえるべき財産を日本に有する場合に，日本の裁判所が管轄を有する。

3．事務所又は営業所における業務に関する訴え（民訴3条の3第4号）

被告が日本に事務所又は営業所の所在地を有する場合でその事務所の業務に関する場合も，日本の裁判所が管轄権を有する。

4．不法行為地の裁判籍（民訴3条の3第8号）

不法行為に関する訴えは，不法行為があった地が日本国内にあるときは，日本の裁判所に提起することができるものとされ，ただし，加害行為の結果が発生した地のみが日本国内にある場合において，その地における結果の発生が通常予見することができないものであったときは，この限りでないものとすると規定されている（民訴3条の3第8号）。

上記の不法行為地の裁判籍について，判例は，「原則として，被告が我が国においてした行為により原告の法益について損害が生じたとの客観的事実関係が証明されれば足りる」旨判示して，近時の有力説である客観的事実証明説を採用することを明らかにした。→【判例④】参照

管轄の審理においては，原告の被侵害利益の存在，被告の行為，損害の発生及び因果関係の立証は必要であるが，不法行為の要件事実のうち，故意過失や違法性，因果関係の相当性等の立証は，管轄の審理の段階では必要としないとしたものである。

「不法行為地」には，①原因行為のあった地のみならず，②結果（損害）の発生地がある。上記①の原因行為地が我が国である場合は，上記各事実を立証し，かつ，被告の行為地が我が国であることの立証があれば足りるということになろう。他方，上記②の損害発生地が我が国である場合は，上記各事実を立証し，かつ，損害発生地が我が国であることの立証があれば足りる。なお，損害発生地については，被告において損害が我が国で発生することを予見することができることが必要であり，被告において，反証として，これ

を予見できなかったことを立証すれば，国際裁判管轄を否定すべきであろう。

民事訴訟法3条の3第8号ただし書も同旨をいうものと解される。

5．消費者契約に関する訴え（民訴3条の4第1項）

消費者と事業者との間で締結される契約のうち，労働契約を除く契約に関する消費者からの事業者に対する訴えは，訴えの提起の時又は契約の締結の時における消費者の住所が日本国内にあるとき，日本の裁判所が裁判権を有する。原被告が逆の場合は適用されない。

6．労働契約に関する訴え（民訴3条の4第2項）

労働関係に関する事項について個々の労働者と事業主との間に生じた民事に関する個別労働関係民事紛争に関する労働者からの事業者に対する訴えは，労働契約における労務の提供の地が日本国内にあるときに，日本の裁判所の管轄権が認められる。

7．併合請求の裁判籍（民訴3条の6）

併合請求の裁判籍については，最高裁は，「両請求間に密接な関係が認められることを要する」として，関連性必要説を採用し，民事訴訟法3条の6においても，「一の訴えで数個の請求をする場合において，日本の裁判所が一の請求について管轄権を有し，他の請求について管轄権を有しないときは，当該一の請求と他の請求との間に密接な関連があるときに限り，日本の裁判所にその訴えを提起することができる。」として，上記最高裁判決と同旨を規定している。→【判例⑤】参照

上記最高裁判決は，客観的併合の場合について，同一の著作物の国内外における著作権の帰属ないしその独占的利用権の有無をめぐる紛争として，実質的に争点を同じくしている程度の関連性があれば，併合請求の裁判籍による国際裁判管轄を認める趣旨であろう。

なお，主観的併合の場合については，別個の考慮が必要であり，客観的併合の場合とは異なる。民事訴訟法3条の6ただし書においても，「数人から

の又は数人に対する訴えについては，第38条前段に定める場合に限る。」と規定し，主観的併合の場合において，日本の裁判所が一の請求について管轄権を有し，他の請求について管轄権を有しないときは，訴訟の目的である権利又は義務が数人について共通であるとき，又は同一の事実上及び法律上の原因に基づくときに限り，日本の裁判所にその訴えを提起することができることを規定している。

8．専属管轄（民訴3条の5）

会社関係訴訟，登記関係訴訟に関しては，専属管轄と定められ，日本におけるそれは，日本の裁判所の管轄に専属する。

9．合意管轄

当事者は，合意により，いずれの国の裁判所に訴えを提起することができるかについて定めることができる（民訴3条の7第1項）。国際的裁判管轄の合意の方式については，両当事者の署名のある書面によってされることを要しないもので，特定国の裁判所を管轄裁判所として明示的に指定する当事者の一方が作成した書面に基づいて締結されれば足りる。→【判例⑥】参照

なお，書面には，その内容を記録した電磁的記録を含む。

10．特別の事情による却下

訴えについて日本の裁判所が管轄権を有することとなる場合においても，日本の裁判所が審理及び裁判をすることが当事者間の衡平を害し，又は適正かつ迅速な審理の実現を妨げることとなる特別の事情があると認めるときは，その訴えを却下することができる（民訴3条の9）。従前の判例理論における「特段の事情」をいうものであり，その考慮要素としては，事案の性質，応訴による被告の負担の程度，証拠の所在地その他の事情が挙げられる。

11．管轄の審理

管轄権に関しては，職権で証拠調べをすることができる（民訴3条の11）。

なお，管轄権は，訴えの提起の時が標準時である（民訴3条の12）。

Ⅳ　国際裁判管轄について注意しておくのは どのような点か

今後ますます渉外的要素を含む紛争が増加するものと考えられるが，国際裁判管轄がない場合には，移送によって対応できる国内の場合とは異なり，訴えが却下される。どこの国にも管轄権がないような事態を招いてはならないし，国際的二重起訴となって，当事者に負担をかけることがあってもならないことに，留意が必要である。

〔髙部　眞規子〕

参照判例

【判例①】
　　最二小判昭56・10・16民集35巻7号1224頁は，日本国内に営業所を有する外国法人に対する損害賠償請求訴訟については，上記法人に我が国の裁判権が及ぶものと解するのが相当であるとする。

【判例②】
　　最二小判平8・6・24民集50巻7号1451頁は，日本に居住する日本国籍の夫がドイツに居住するドイツ国籍の妻に対する離婚請求訴訟を日本の裁判所に提起した場合において，妻が先にドイツの裁判所に提起した離婚請求訴訟につき妻の請求を認容する旨の判決が確定し，同国では上記両名の婚姻は既に終了したとされているが，日本では，上記判決は民事訴訟法118条（旧民訴200条2号）の要件を欠くため効力がなく，婚姻はいまだ終了しておらず，夫がドイツの裁判所に離婚請求訴訟を提起しても婚姻の終了を理由に訴えが不適法とされる可能性が高いときは，夫の提起した離婚請求訴訟につき日本の国際裁判管轄を肯定すべきであるとする。

【判例③】
　最三小判平 9・11・11民集51巻10号4055頁は，ドイツから自動車等を輸入している日本法人甲がドイツに居住する日本人乙に対して契約上の金銭債務の履行を求める訴訟について，①上記契約が，ドイツ国内で締結され，甲が乙に同国内における種々の業務を委託することを目的とするものであり，上記契約において日本国内の地を債務の履行場所とすること又は準拠法を日本法とすることが明示的に合意されていたわけではなく，②乙が20年以上にわたりドイツ国内に生活上及び営業上の本拠を置いており，③乙の防御のための証拠方法も同国内に集中しているなど判示の事実関係の下においては，日本の国際裁判管轄を否定すべきであるとする。

【判例④】
　最二小判平13・6・8民集55巻4号727頁は，我が国に住所等を有しない被告に対し提起された不法行為に基づく損害賠償請求訴訟につき，民事訴訟法の不法行為地の裁判籍の規定に依拠して我が国の裁判所の国際裁判管轄を肯定するためには，原則として，被告が我が国においてした行為により原告の法益について損害が生じたとの客観的事実関係が証明されれば足りるとする。

【判例⑤】
　前掲【判例④】最二小判平13・6・8は，ある管轄原因により我が国の裁判所の国際裁判管轄が肯定される請求の当事者間における他の請求につき，民事訴訟法の併合請求の裁判籍の規定に依拠して我が国の裁判所の国際裁判管轄を肯定するためには，両請求間に密接な関係が認められることを要するとする。

【判例⑥】
　最三小判昭50・11・28民集29巻10号1554頁は，①国際的裁判管轄の合意は，両当事者の署名のある書面によってされることを要せず，特定国の裁判所を管轄裁判所として明示的に指定する当事者の一方が作成した書面に基づいて締結されれば足りる，②ある訴訟事件について我が国の裁判権を排除し特定の外国の裁判所を第1審の専属的管轄裁判所と指定する国際的専属的裁判管轄の合意は，当該事件がわが国の裁判権に専属的に服するものではなく，かつ，指定された外国の裁判所がその外国法上当該事件につき管轄権を有する場合には，原則として有効であり，その外国法上上記合意が有効とされること又は当該外国裁判所の判決につき相互の保証のあることを要しない，③国際海上物品運送契約に基づく荷主の運送人に対する

損害賠償請求訴訟につき，国際的海運業者である被告の本店のあるオランダ国の裁判所を第1審の専属的管轄裁判所と指定する国際的専属的管轄の合意は，たとえそれが被告の発行した船荷証券上の管轄約款に基づくものであり，また，上記合意に従うとき荷主の負うこととなる費用及び手数が増大するとしても，それだけでは公序違反として無効とはいえないとする。

6 当事者能力

◆3 当事者

I 当事者能力について学ぶのはどうしてか

　当事者能力とは，民事訴訟の当事者となることができる一般的な資格をいう。民事訴訟の当事者となることができる資格がなければ，原告として訴えを提起することも，その被告となることも，判決を受けることもできない。したがって，民事訴訟のスタートラインである。

II 当事者能力について問題となるのはどのような点か

　民事訴訟は，実体法における権利を実現する過程であるといえるが，その帰結によって，実体法における権利関係が確定することになる。その点では，実体法において権利の主体となる資格を有する者は，民事訴訟の当事者となることができる関係を形成する資格を有している。民事訴訟法28条が，当事者能力について，同法に特別の定めがある場合を除き，民法その他の法令に従うとしているのは，その趣旨である。その結果，民法3条によって自然人が，同法34条で法人が権利能力を有することにより，民事訴訟法上の当事者能力を備えていることになる。

　他方，民事訴訟は，紛争を解決する制度である。実体法において権利の主体となる資格を有していなくても，紛争解決の目的のためには，民事訴訟の当事者として扱うことが合理的な場合もある。法人でない社団又は財団は，法人格を備えない以上，民法では権利能力が認められていないのであるから，民事訴訟法においても当事者能力を有しないはずである。しかし，このような法人でない社団又は財団であっても，社団又は財団自身の活動の結果，社会的紛争の当事者となっているときは，社団又は財団を民事訴訟の当

事者として紛争解決を図るのが合理的である。そこで，民事訴訟法29条は，法人でない社団又は財団で代表者又は管理人の定めがあるものは，その名において訴え，又は訴えられることができるとしている。しかし，その結果，同法29条にいう法人でない社団又は財団とされるのはどのような要件が必要であるかが争われることになった。

Ⅲ 当事者能力について実務はどう取り扱っているか

　民事訴訟法29条にいう法人でない社団とされるためには，同条の要求する①対外的独立性（代表者の定めがあること）だけではなく，②対内的独立性（構成員が変更しても，同一の団体として存続すること），③内部組織性（組織を備え，意思決定のルールが定まっていること）を要するとされている。→【判例①】参照
　民法上の組合は，組合員相互の契約関係であるが，法人でない社団とされる。→【判例②】参照
　また，特定地域の住民による団体であっても，同様である。法人でない社団とされる。→【判例③】参照
　①～③の要件のほかに，④財産的独立性（構成員から独立した財産が存在すること）を要するかについては，判例は不可欠の要件とはしておらず，ファクターの一つとして考慮している。→【判例④】参照
　当事者能力が肯定されて，法人でない社団を名宛人とする判決がなされたとしても，法人でない社団の代表者が社団の名においてした取引上の債務については社団の総有財産だけがその責任財産となる。→【判例⑤】参照
　ところが，法人でない社団は，権利能力がない以上，構成員の総有不動産に係る権利の登記は，社団を代表する者の氏名等でなされることになるが，代表者名義の財産に対して民事執行法27条2項による承継執行文を得て執行することはできない。その不動産が法人でない社団の構成員全員の総有に属することを確認する判決を得て，執行することになる。→【判例⑥】参照
　法人でない社団又は財団は，紛争解決のために，民事訴訟において当事者能力を認められているとしても，実体法においても，権利能力を有しているのと同じ扱いをされているわけではなく，判決によって認められた権利の実

現のためには，実体法との関係で困難な問題があることになる。

そこで，実体法も紛争解決のための規範であるから，紛争解決のために，民事訴訟において当事者能力を認められているのであれば，逆に，実体法においても，当事者能力を認められた範囲では，権利能力を有しているのと同じ扱いをしてもよいとする見解もある。

Ⅳ 当事者能力について注意しておくのはどのような点か

中間法人法（平成13年法律第49号）に基づく中間法人と，これを引き継ぐ一般社団法人及び一般財団法人に関する法律（平成18年法律第48号）に基づく一般社団法人及び一般財団法人，あるいは地方自治法260条の2に基づく地縁による団体に法人格が認められるようになって，法人でない社団又は財団の事例は減るものと考えられる。

しかし，当事者能力の有無は，職権調査事項であり，弁論主義の対象とはならない。裁判所は，法人でない社団又は財団に対し，定款その他の当該当事者の当事者能力を判断するために必要な資料を提出させることができる（民訴規14条）。その結果，当事者能力を欠くと判断したときは，訴えを却下すべきである。しかし，当事者能力が欠けていることを見逃した判決が確定したときは，再審事由には該当しない。

代表者不在の法人でない社団又は財団に対して訴えを提起する際には，民事訴訟法35条に基づき，裁判所に対して，特別代理人の選任を申し立てることができる。

会社で清算結了の登記がされれば，当事者能力が消滅するのが原則であるが，会社財産が残っている場合は，法人として当事者能力がある。その場合も，裁判所に対し，特別代理人の選任を申し立てることになる。

〔吉 川 愼 一〕

参照判例

【判例①】
　最一小判昭39・10・15民集18巻8号1671頁は，法人でない社団が成立するためには，団体としての組織を備え，多数決の原則が行われ，構成員の変更にもかかわらず団体そのものが存続し，その組織において代表の方法，総会の運営，財産の管理その他団体としての主要な点が確定していることを要するとする。

【判例②】
　最三小判昭37・12・18民集16巻12号2422頁は，代表者ある民法上の組合は，当事者能力を有するとする。

【判例③】
　最一小判昭42・10・19民集21巻8号2078頁は，普通地方公共団体の区域に属する特定地域の住民により結成された任意団体であって，当該地方公共団体の下部行政区画でも，財産区でもないが，区長，区民総会の運営，財産の管理，事業内容等につき規約を有し，これに基づいて存続・活動しているものは，法人格のない社団であるとする。

【判例④】
　最二小判平14・6・7民集56巻5号899頁は，預託金会員制のゴルフクラブにおいて，多数決の原則が行われ，構成員の変更にかかわらず団体そのものが存続し，規約により代表の方法，総会の運営等が定められていること，同クラブには，固定資産又は基本的財産は存しないが，団体として内部的に運営され対外的にも活動するのに必要な収入の仕組みが確保され，かつ，規約に基づいて収支を管理する体制も備わっていること，同クラブが，ゴルフ場経営会社との間でゴルフ場の経営等に関する協約書を調印し，同会社や会員個人とは別個の独立した存在としての社会的実体を有していることなどの事情の下においては，同クラブは，民事訴訟法29条にいう「法人でない社団」に当たるとする。

【判例⑤】
　最三小判昭48・10・9民集27巻9号1129頁は，権利能力なき社団の代表者が社団の名においてした取引上の債務は，社団の構成員全員に一個の義務として総有的に帰属し，社団の総有財産だけがその責任財産となり，構

成員各自は，取引の相手方に対し，個人的債務ないし責任を負わないとする。

【判例⑥】
　　最三小判平22・6・29民集64巻4号1235頁は，権利能力のない社団を債務者とする金銭債権を表示した債務名義を有する債権者が，当該社団の構成員全員に総有的に帰属する不動産に対して強制執行をしようとする場合において，上記不動産につき，当該社団のために第三者がその登記名義人とされているときは，上記債権者は，強制執行の申立書に，当該社団を債務者とする執行文の付された上記債務名義の正本のほか，上記不動産が当該社団の構成員全員の総有に属することを確認する旨の上記債権者と当該社団及び上記登記名義人との間の確定判決その他これに準ずる文書を添付して，当該社団を債務者とする強制執行の申立てをすべきであり，上記債務名義につき，上記登記名義人を債務者として上記不動産を執行対象財産とする執行文の付与を求めることはできないとする。

◆3 当事者

7 当事者適格

Ⅰ 当事者適格について学ぶのはどうしてか

　当事者能力は，訴訟物が何であるかにかかわらない一般的な資格であるのに対し，当事者適格は，特定の訴訟物との関係で，当事者として訴訟を追行して，本案判決を求め，あるいは求められる地位である。

　当事者適格を有する者を正当な当事者というが，正当な当事者の間で訴訟が追行されて下された本案判決でなければ，紛争解決の目的を達することはできない。そのため，当事者適格は，訴訟要件とされている。

Ⅱ 当事者適格について問題となるのはどのような点か

1．判断基準

(1) **実体法的基準（法律関係の主体）**

　民事訴訟が，実体法上の権利関係の実現過程であり，実体法上の法律関係とパラレルな関係にあると考えるならば，当事者適格は，実体法上の法律関係の主体に認められるのが原則となる。

　給付の訴えにおいては，自らがその給付請求権を有すると主張する者に原告適格があり，原告が給付請求権の義務者であるとする者に被告適格がある。→【判例①】参照

　確認の訴えでも，確認の対象となる権利関係の主体に当事者適格がある。形成の訴えでも，形成される法律関係の主体に当事者適格が認められるのが原則である。

(2) 紛争解決的基準（紛争の主体と解決効）

　一方，民事訴訟が，紛争解決を目的とする制度であることからすると，実際の紛争の当事者に当事者適格を認めた方が適切であるとも考えられる。法人の内部紛争では，原告適格が法定されていても（例えば，会社法831条），被告適格について定めがない場合がある。その場合，紛争の実体からすれば，実際の紛争の当事者に被告適格を認めればよいとする見解もある。しかし，当該法人に被告適格を認めないと，その判決の効力が法人自体にも及ばず，また，対世効も認められないことになるから，法人に被告適格がある。→【判例②～④】参照

2．訴訟担当

　上記のように権利関係の主体に当事者適格が認められるのが原則であるが，例外として，第三者に当事者適格が認められている場合があり，これを訴訟担当という。また，他人間の権利関係について確認の利益が認められる場合がある。

Ⅲ　当事者適格について実務はどう取り扱っているか

1．訴訟担当の種別

　訴訟担当には，法が定める効果による法定訴訟担当と，権利義務の主体からの意思に基づく任意的訴訟担当とがある。いずれも，訴訟担当者の受けた判決の効力は，民事訴訟法115条1項2号の「当事者が他人のために原告又は被告となった場合のその他人」として，被担当者に及ぶ。

2．法定訴訟担当

　法定訴訟担当についても，担当者自身に実体法上の利害関係があることから認められる狭義の法定訴訟担当と担当者自身には実体法上の利害関係がなく，法律上の職務に基づいて認められる職務上の当事者とがある。

(1) 狭義の法定訴訟担当

狭義の法定訴訟担当としては，債権者代位権（民423条）に基づく代位債権者が挙げられる。代位債権者が債権者代位権に基づいて給付訴訟を提起した場合，債権者代位権が債権の対外的効力とされている以上，代位債権者自身の債権を基礎としているから，それを行使して自らが原告となっているかのように思えるが，そうではない。訴訟物は，あくまで債務者の第三債務者に対する給付請求権であり，代位債権者が債務者に対して有する被保全債権は，法定訴訟担当の発生原因として代位債権者の当事者適格を基礎づけるにすぎない。

(2) 職務上の当事者

職務上の当事者としては，人事訴訟における検察官（民744条1項，人訴12条3項），成年後見人や後見監督人（人訴14条）が挙げられる。

遺言執行者について，民法1015条は，相続人の代理人としているが，被相続人の遺言の執行は，相続人の利害と衝突するから，相続人の法定代理人ではなく，職務上の当事者であるとされている。

遺言執行者の職務は，遺言の実現にあるから，遺言の有効性をめぐる争いや遺言に反する処分行為の是正などについても当事者適格がある。→【判例⑤～⑦】参照

一方，遺言を執行してしまえば，当事者適格を失う。→【判例⑧】参照

「相続させる」遺言では，遺言の執行を介さずに，財産は相続人に承継されるから，遺言執行者は，原則として，当事者適格を有しない。→【判例⑨】参照

3．任意的訴訟担当

任意的訴訟担当とは，権利関係の主体が訴訟追行権を授与することによって第三者が当事者適格を得る場合である。弁護士代理の原則（民訴54条1項）を潜脱し，訴訟信託の禁止（信託10条）に反する可能性がある。

(1) **選定当事者**

民事訴訟法30条が認める任意的訴訟担当である。共同の利益を有する多数者全員で，その中の1人又は数人を選定する。共同の利益を有することから，弁護士代理の原則の潜脱や訴訟信託の禁止違反を防止できる。

(2) **狭義の任意的訴訟担当**

民法上の組合が業務執行組合員に授与する場合のように，合理的な理由があり，弁護士代理の原則の潜脱や訴訟信託の禁止違反を防止できるのならば，任意的訴訟担当が許される。→【判例⑩】参照

4．団体的訴訟担当

法人でない社団又は財団は，民事訴訟法29条で当事者能力が認められるとしても，これと並列的に代表者に当事者適格が認められる場合がある。→【判例⑪】参照

入会団体は，法人でない社団として当事者能力が認められるとしても，民法上の権利能力を有しているわけではなく，その財産は，構成員全員の総有に属している。総有権確認請求訴訟は，共有権の対外的主張と同じく，権利者全員のみが共同して提起できる固有必要的共同訴訟である。それでは訴訟追行に不便であり，紛争解決が困難化する。そこで，入会団体自体に構成員全員からの任意的訴訟担当を認めて，入会団体のみが当事者となって訴訟を追行することが認められている。→【判例⑫】参照

Ⅳ 当事者適格について注意しておくのはどのような点か

当事者適格は，訴訟要件であるから，これを欠く場合は，訴えは却下される。しかし，当事者能力と異なり，訴訟物と関連して判断されることになるから，その判断の基礎資料の収集は弁論主義に基づく。職権調査は認められていない。訴訟提起後に当事者適格を失った場合も，訴え却下となる。訴訟物である債権が仮差押えされても，債権者は当事者適格を失わない。→【判

例⑬　参照

〔吉　川　愼　一〕

参照判例

【判例①】
　最三小判平23・2・15判時2110号40頁は，給付の訴えにおいては，自らがその給付を請求する権利を有すると主張する者に原告適格があるとする。

【判例②】
　最一小判昭44・7・10民集23巻8号1423頁は，宗教法人の代表役員及び責任役員の地位にあることの確認の訴えは，当該宗教法人を被告としない限り不適法であるとする。

【判例③】
　最二小判昭36・11・24民集15巻10号2583頁は，株主総会決議取消訴訟の被告は当該会社に限られるとする。

【判例④】
　最三小判平9・1・28民集51巻1号40頁は，新株発行不存在確認の訴えは，新株発行の不存在を対世効のある判決をもって確定する必要があるから，会社を被告としてのみ提起することができるとする。

【判例⑤】
　最三小判昭31・9・18民集10巻9号1160頁は，相続人は被相続人の遺言執行者を被告として遺言の無効を主張し相続財産につき持分を有することの確認を求めることができるとする。

【判例⑥】
　最二小判昭43・5・31民集22巻5号1137頁は，遺言執行者がある場合においては，特定不動産の受遺者が遺言の執行として目的不動産の所有権移転登記を求める訴えの被告は遺言執行者に限られるとする。

【判例⑦】
　最一小判平11・12・16民集53巻9号1989頁は，特定の不動産を特定の相続人甲に相続させる趣旨の遺言がされた場合において，他の相続人が相続開始後に当該不動産につき被相続人から自己への所有権移転登記を経由しているときは，遺言執行者は，所有権移転登記の抹消登記手続のほか，甲への真正な登記名義の回復を原因とする所有権移転登記手続を求めることができるとする。

【判例⑧】
　最二小判昭51・7・19民集30巻7号706頁は，相続人が遺言の執行としてされた遺贈による所有権移転登記の抹消登記手続を求める訴えの被告は，遺言執行者がある場合でも受遺者とすべきであるとする。

【判例⑨】
　最二小判平10・2・27民集52巻1号292頁は，遺言によって特定の相続人に相続させるものとされた特定の不動産についての賃借権確認請求訴訟の被告適格を有する者は，遺言執行者があるときであっても，遺言書に当該不動産の管理及び相続人への引渡しを遺言執行者の職務とする旨の記載があるなどの特段の事情のない限り，遺言執行者ではなく，相続人であるとする。

【判例⑩】
　最大判昭45・11・11民集24巻12号1854頁は，民法上の組合において，組合規約に基づき，自己の名で組合財産を管理し，対外的業務を執行し，訴訟を追行する権限を与えられた業務執行組合員は，組合財産に関する訴訟につき，組合員から任意的訴訟信託を受けたものであり，自己の名で訴訟を追行することが許されるとする。

【判例⑪】
　最三小判昭35・6・28民集14巻8号1558頁は，頼母子講自体に当事者能力があっても，講管理人は掛戻金請求訴訟の原告としての当事者適格を認められるとする。

【判例⑫】
　最三小判平6・5・31民集48巻4号1065頁は，①入会権者である村落住民が入会団体を形成し，それが権利能力のない社団に当たる場合には，入会団体は，構成員全員の総有に属する不動産についての総有権確認請求訴

訟の原告適格を有する。②権利能力のない社団である入会団体の代表者が構成員全員の総有に属する不動産について総有権確認請求訴訟を原告の代表者として追行するには，入会団体の規約等において不動産を処分するのに必要とされる総会の議決等の手続による授権を要する。③権利能力のない社団である入会団体において，規約等に定められた手続により，構成員全員の総有に属する不動産について代表者でない構成員甲を登記名義人とすることとされた場合には，甲は，不動産についての登記手続請求訴訟の原告適格を有するとする。

【判例⑬】
　最三小判昭48・3・13民集27巻2号344頁は，貸金請求訴訟の追行中に当該債権に対し仮差押えがなされても，仮差押債務者は第三債務者に対し給付訴訟を提起し追行する権限を失うものではなく，上記訴訟において無条件の勝訴判決を得ることができるとする。

8 ◆3 当事者

共同訴訟

I 共同訴訟について学ぶのはどうしてか

　実体法では，原則として，私的法律関係は個人と個人との関係である。独立した個人が自己の意思に基づく法律行為によって生活関係を形成していく（個人主義，私的自治）。

　民事訴訟が実体法上の権利の実現過程であるとすると，たとえ原告あるいは被告が複数であっても，それぞれがその訴訟行為によって訴訟関係を形成していくのが原則である（共同訴訟人独立の原則）。

　しかし，共有のように，実体法の権利関係自体が複数の法主体が関与していることを前提としている場合がある。その場合は，民事訴訟でも複数の法主体が関与することを前提として，実体法の権利関係について結論が分かれないように統一して処理する（合一確定という。）規律を考えないといけない。

　それだけではなく，実際の社会的紛争には，多数の当事者が関与していることが多い。民事訴訟が紛争解決を目的とする制度であることからすると，紛争を統一的に解決しなければ，紛争の真の解決は図れないともいえる。

　そこで，共同訴訟人独立の原則をどのように適用し，どのように修正していくかを考えることになる。

II 共同訴訟について問題となるのはどのような点か

1．共同訴訟人独立の原則（通常共同訴訟）

　複数の原告が，あるいは複数の被告に対して，一つの訴訟手続で訴えるためには，民事訴訟法38条の定める要件を充たす必要がある。

これだけの要件で共同訴訟とされている場合を通常共同訴訟といい，その審理手続においては，共同訴訟人の一人の訴訟行為，共同訴訟人の一人に対する相手方の訴訟行為及び共同訴訟人の一人について生じた事項は，他の共同訴訟人に影響を及ぼさない（民訴39条）。したがって，それぞれの主張行為は他の共同訴訟人に影響しない。例えば，共同被告の一人が請求原因事実を自白したとしても，他の共同被告は，否認することができる（主張共通の原則の否定）。

これに対し，裁判所は，証拠に基づく事実認定としては真実であると確信することができる事実が共同訴訟人間で別々になることはないから，共同訴訟の一人が提出した証拠は他の共同訴訟人についても証拠となる。これを証拠共通の原則という。

もっとも，主たる債務者と保証人とは，債権者に対する権利義務関係としては，主たる債務と保証債務とは別のものであるから，別々に判断することができる。→【判例①】参照

しかし，主たる債務者と保証人との関係は，実体法上は，保証の附従性が認められるから，主たる債務者に債務が認められなければ保証人にも責任がない。紛争を統一的に解決するために，このような場合は，補助参加の申出がなくても，補助参加をしたのと同一の効果を認めて，主張共通を認めようとする見解（当然の補助参加論）もあったが，実務では否定されている。→【判例②】参照

いったんは，共同訴訟として提起された訴訟であっても，裁判所は，通常共同訴訟では，本来は，別々に処理できるから，いつでも弁論を分離して個別に判決することができる。

2．必要的共同訴訟

(1) 固有必要的共同訴訟

共同訴訟のうち，民事訴訟法40条1項の規定する「訴訟の目的が共同訴訟人の全員について合一にのみ確定すべき場合」を必要的共同訴訟という。必要的共同訴訟のうち，実体法の権利関係から合一確定すべき場合，すなわち，①実体法上数人が共同して管理処分しなければならない財産権あるいは

その管理権に関する訴訟と，②他人間の法律関係の変動を生じさせる形成訴訟を固有必要的共同訴訟という。①では，その財産権あるいは管理権の主体全員でのみ当事者適格がある。②では，その法律関係の主体を共同被告としなければならない。

　実体法上数人が共同して管理処分しなければならない財産権あるいはその管理権としては，共有権や入会権が挙げられる。第三者に対してその確認を求めたり，所有権移転登記手続を求める場合などがある。→【判例③④】参照

　これに対し，共有権ではなく，共有持分権に基づく場合は，共有者が各自で，第三者に対して，共有持分権の確認を求めたり，保存行為として所有権移転登記の全部抹消登記手続を求めることができる。→【判例⑤⑥】参照

　他人間の法律関係の変動を生じさせる形成訴訟としては，会社と取締役との間の会社法上の法律関係の解消を目的とする訴訟がある。→【判例⑦】参照

　このような実体法上の権利関係のみではなく，紛争の統一的解決の観点から，訴訟の機能も考慮されている。共同相続人間では，遺産共有権の確認は，遺産分割の前提問題としての遺産帰属性を確定することになるから，固有必要的共同訴訟である。→【判例⑧】参照

　これを一歩進めれば，相続人の地位の不存在確認訴訟も，遺産分割の前提問題を確定する点では同じ機能をもつから，固有必要的共同訴訟である。→【判例⑨】参照

(2) 類似必要的共同訴訟

　実体法上の権利関係の性質ではなく，株主総会決議取消しの訴え（会社831条・838条）のように，既判力が第三者に拡張されることから，既判力の矛盾抵触を生じないように，共同訴訟人について合一に確定しなければならない場合があり，これを類似必要的共同訴訟という。→【判例⑩】参照

　各自に当事者適格があるから，個別に訴え又は訴えられるが，訴えは併合しなければならず，共同訴訟とされたときは，必要的共同訴訟として合一に確定するために，民事訴訟法40条の適用がある。

(3) 必要的共同訴訟の審理

必要的共同訴訟での主張・立証を共通にするために，民事訴訟法40条2項は，共同訴訟人の一人の訴訟行為は，全員の利益においてのみその効力を生じる（全員の不利益になる訴訟行為は，当該共同訴訟人にも効力を生じない）と定める。共同訴訟人の一人だけが自白しても，他の共同訴訟人だけでなく，本人にも効果が生じない。また，共同訴訟人の一人に対する相手方の訴訟行為は，全員に対してその効力を生ずる。共同訴訟人の一人だけが出頭して，他の共同訴訟人が欠席しても，相手方の主張は全員に対して効力を生じる。

また，必要的共同訴訟は，弁論を分離することができず，判決は，常に全部判決である。共同訴訟人の一人について訴訟手続の中断又は中止の原因があるときは，全員について中断又は中止が生ずる（民訴40条3項）。

Ⅲ 共同訴訟について注意しておくのはどのような点か

固有必要的共同訴訟では，全員が訴え又は訴えられなければ，当事者適格を欠くから，訴えは却下となる。もっとも，民事訴訟法52条1項の共同訴訟参加により，欠けている当事者が参加すれば，当事者適格の欠缺は治癒される。一部の者が原告として訴えを提起することに同調しない場合は，訴え提起に同意しない者を被告に加えて訴えを提起することが考えられる。→【判例⑪⑫】参照

共同原告の一人が訴えを取り下げても，逆に，共同被告の一部のみに対して訴えを取り下げても，いずれも効力を生じない。→【判例⑬⑭】参照

これに対し，類似必要的共同訴訟では，原告の一部の取下げ又は被告の一部への取下げも許されている。

共同訴訟人の一人が上訴したとき全員につき確定遮断・移審の効果が生じ全員が上訴人となり，固有必要的共同訴訟においては，合一確定に必要な限度で共同訴訟人に関する原判決をその不利益に変更できる。→【判例⑮】参照

もっとも，類似必要的共同訴訟では，共同原告の一部のみが上訴した場合，上訴をしなかった共同訴訟人は，上訴人にはならない。→【判例⑯】参

照

〔吉川　愼一〕

参照判例

【判例①】
　最一小判昭27・12・25民集６巻12号1255頁は，主たる債務者と連帯保証人とを共同被告とする訴訟は，必要的共同訴訟には当たらないとする。

【判例②】
　最一小判昭43・9・12民集22巻９号1896頁は，通常の共同訴訟においては，共同訴訟人間に共通の利害関係があるときでも，補助参加の申出がない限り，当然には補助参加したと同一の効果を生ずるものではないとする。

【判例③】
　最一小判昭46・10・7民集25巻７号885頁は，１個の物を共有する数名の者全員が共同原告となり，第三者に対し，共有権（その数名が共同して有する１個の所有権）に基づき，共有権の確認を求める訴訟と所有権移転登記手続を求める訴訟の形態は，いずれも固有必要的共同訴訟と解すべきであるとする。

【判例④】
　最二小判昭41・11・25民集20巻９号1921頁は，入会権確認の訴えは，入会権が共有の性質を有するかどうかを問わず，入会権者全員で提起することを要する固有必要的共同訴訟であるとする。

【判例⑤】
　最一小判昭40・5・20民集19巻４号859頁は，土地の共有者は，その土地の一部が自己の所有に属すると主張する第三者に対して，各自単独で，係争地が自己の共有持分権に属することの確認を訴求することができるとする。

8　共同訴訟

【判例⑥】
　最一小判昭31・5・10民集10巻5号487頁は，不動産共有者の一人はその持分権に基づき，単独で当該不動産につき登記簿上所有名義を有する者に対しその登記の抹消を請求することができるとする。

【判例⑦】
　最二小判平10・3・27民集52巻2号661頁は，取締役解任の訴えは，会社と取締役の双方を被告とすべき固有必要的共同訴訟であるとする。

【判例⑧】
　最三小判平元・3・28民集43巻3号167頁は，共同相続人間における遺産確認の訴えは，固有必要的共同訴訟と解すべきであるとする。

【判例⑨】
　最三小判平16・7・6民集58巻5号1319頁は，共同相続人間における相続人の地位不存在確認訴訟は共同相続人全員による固有必要的共同訴訟であるとする。

【判例⑩】
　最大判平9・4・2民集51巻4号1673頁は，複数の住民が提起する住民訴訟は，類似必要的共同訴訟と解すべきであるとする。

【判例⑪】
　最三小判平11・11・9民集53巻8号1421頁は，土地の共有者のうちに境界確定の訴えを提起することに同調しない者がいる場合には，その余の共有者は，隣接する土地の所有者と訴えを提起することに同調しない者とを被告にして上記の訴えを提起することができるとする。

【判例⑫】
　最一小判平20・7・17民集62巻7号1994頁は，特定の土地が入会地であるのか第三者の所有地であるのかについて争いがあり，入会集団の一部の構成員が，当該第三者を被告として当該土地が入会地であることの確認を求めようとする場合において，訴えの提起に同調しない構成員がいるために構成員全員で訴えを提起することができないときは，上記一部の構成員は，訴えの提起に同調しない構成員も被告に加え，構成員全員が訴訟当事者となる形式で，構成員全員が当該土地について入会権を有することの確認を求める訴えを提起することが許され，当事者適格を否定されることは

ないとする。

【判例⑬】
　最一小判昭46・10・7民集25巻7号885頁は，固有必要的共同訴訟係属中の共同原告の一人の訴えの取下げは効力を生じないとする。

【判例⑭】
　最三小判平6・1・25民集48巻1号41頁は，固有必要的共同訴訟における共同被告の一部に対する訴えの取下げは，効力を生じないとする。

【判例⑮】
　最三小判平22・3・16民集64巻2号498頁は，原告甲の被告乙及び丙に対する訴えが固有必要的共同訴訟であるにもかかわらず，甲の乙に対する請求を認容し，甲の丙に対する請求を棄却するという趣旨の判決がされた場合には，上訴審は，甲が上訴又は附帯上訴をしていないときであっても，合一確定に必要な限度で，上記判決のうち丙に関する部分を，丙に不利益に変更することができるとする。

【判例⑯】
　最大判平9・4・2民集51巻4号1673頁は，複数の住民が共同訴訟人として提起した住民訴訟において，共同訴訟人の一部の者が上訴すれば，それによって原判決の確定が妨げられ，当該訴訟は全体として上訴審に移審し，上訴審の判決の効力は上訴をしなかった共同訴訟人にも及ぶが，上訴をしなかった共同訴訟人は，上訴人にはならず，上訴をした共同訴訟人のうち一部の者が上訴を取り下げた場合は，その者は上訴人ではなくなるとする。

◆3 当事者

9 同時審判

I 同時審判について学ぶのはどうしてか

　民法117条の無権代理人の責任は，本人の契約に基づく責任とは，代理権の有無に従って択一的関係にあるから，相手方としては，まず主位的に本人を被告とし，予備的に代理人を被告として訴えを提起し，代理権の立証の有無に応じて，いずれかの被告への請求が認容されるようにすることが考えられる。また，民法717条の土地工作物の設置・保存の瑕疵に基づく工作物の占有者の損害賠償責任と所有者の損害賠償責任は，占有者の無過失の有無に従って択一的関係になるから，被害者としては，まず主位的に工作物の占有者を被告とし，予備的に所有者を被告として訴えを提起し，占有者の無過失の立証の有無に応じて，いずれかの被告への請求が認容されるようにすることが考えられる。仮に，それぞれを別個の訴えとして提起すると，判断が統一されず，いずれも棄却される可能性が残るからである。しかし，このような法律的に併存しない関係にある共同被告に対する主観的予備的併合は，予備的に被告とされた者の地位が不安定であるから，不適法である。→【判例①】参照

　そこで，民事訴訟法41条は，原告の上記の利益を合理的な範囲で実現するために，新たに同時審判申出共同訴訟を創設した。同時審判申出共同訴訟では，弁論及び裁判は，分離しないでしなければならない。主張共通の原則は働かないが，証拠共通の原則の限度で統一された判断が期待できる。

II 同時審判について問題となるのはどのような点か

　同時審判申出共同訴訟は，「共同被告の一方に対する訴訟の目的である権

利と共同被告の他方に対する訴訟の目的である権利とが法律上併存し得ない関係にある場合」（民訴41条1項）を対象としており，「事実上併存し得ない関係にある場合」を対象としていない。ひき逃げ事故の運転者がA又はBのいずれかであるとか，買主がA又はBのいずれかであるというような，事実上併存し得ない関係にある場合については，裁判所が，その訴訟指揮として弁論を分離しないで審理判断する以外には方策はない。同時審判申出共同訴訟が新設された以上は，主観的予備的併合を認める理由はないと考えられるからである。

Ⅲ　同時審判について実務はどう取り扱っているか

同時審判申出共同訴訟については，控訴審の口頭弁論の終結の時までに原告が申出をすることが必要である。もっとも一般には，訴状に申出を記載して（申出と撤回は，期日においてする場合を除き，書面ですることを要する〔民訴規19条2項〕。），訴え提起と同時に申し出ることになろう。いったん申出をしても，控訴審の口頭弁論の終結の時までは，いつでも撤回することができる（民訴規19条1項）。

Ⅳ　同時審判について注意しておくのはどのような点か

主観的予備的併合と異なり，単に共同被告への各請求が併合されているにすぎないから，判決は，共同被告全員に対してしなければならない。必要的共同訴訟とは異なり，弁論と裁判の分離が禁止されている以外は，すべて通常共同訴訟と同じ扱いであるから，共同被告は，個別に上訴ができ，また個別に上訴をしないで確定させることができる。その点では，統一した判断にも限度がある。もっとも，共同被告の双方が控訴し，同一の控訴裁判所に係属するときは，第1審で同時審判の申出があった以上，控訴審で改めて原告の申出がされなくても，弁論及び裁判は，併合してしなければならない。

〔吉川　愼一〕

参照判例

【判例①】
　　最二小判昭43・3・8民集22巻3号551頁は，訴えの主観的予備的併合は不適法であるとする。

10 訴訟参加

◆3 当事者

I 訴訟参加について学ぶのはどうしてか

　訴訟が実体法上の権利実現の過程であれば，私的自治として当事者同士のみの訴訟行為によって訴訟関係が形成されるのが原則である。しかし，第三者が自己の関与しない訴訟において，その権利関係又は法律関係を実質的に処分されることを認めることは，私的自治に反する。そこで，第三者が，係属中の訴訟において訴訟行為をすることを認めるべき場合がある。また，社会的紛争の統一的解決を考えると，訴訟の形態を二当事者対立構造に限定する理由もなく，三当事者対立構造を認めてもよい。

　訴訟参加について民事訴訟法が準備している制度は，当事者ではないが，これに準ずる主体として加入する方法と，当事者となって係属中の訴訟に加入する方法の2つである。前者が補助参加であり，後者が独立当事者参加である。

　それぞれの加入の要件と許される訴訟行為の範囲，また加入した結果として受ける効果を明らかにしておく必要がある。

II 訴訟参加について問題となるのはどのような点か

1．補助参加

(1) 要件（補助参加の利益）

　民事訴訟法42条は，「訴訟の結果について利害関係を有する第三者」は，当事者の一方を補助するため，その訴訟に参加することができるとする。「訴訟の結果について利害関係を有する第三者」として，補助参加が認めら

れるのは，訴訟の結果について法律上の利害関係を有する場合に限る。経済的利害関係や感情的利害関係は含まない。→【判例①】参照

「訴訟の結果」とは，訴訟物である権利関係又は法律関係への利害関係に限定される（訴訟物限定説）のか，判決理由中の事実関係又は法律関係の存否についての利害関係も含む（訴訟物非限定説）のかについては，訴訟物非限定説が有力である。→【判例②】参照

(2) 判決の参加的効力

判決の補助参加人に対する効力（民訴46条）は，既判力と異なり，①被参加人が敗訴した場合にのみ，②被参加人と参加人との間で，③訴訟物である権利関係又は法律関係だけではなく，判決理由中の事実上・法律上の判断について生じる。→【判例③】参照

もっとも，これは判決の主文を導き出すために必要な主要事実に係る認定及び法律判断だけについて生じるのであって，間接事実についての判断や傍論に当たる法律判断については生じない。→【判例④】参照

また，①補助参加の時における訴訟の程度によって補助参加人が訴訟行為をすることができなかったとき，②被参加人の訴訟行為と抵触するため，補助参加人の訴訟行為が効力を有しなかったとき，③被参加人が補助参加人の訴訟行為を妨げたとき，④被参加人が補助参加人のすることができない訴訟行為を故意又は過失によってしなかったときは，いずれも参加的効力は生じない。

(3) 訴訟告知による参加的効力

訴訟告知は，参加とは逆に，訴訟の係属中に，当事者が第三者に対して，訴訟係属を通知することである。第三者は，参加することができる者であればよいから，補助参加だけではなく当事者参加ができる者も含む（民訴53条1項）。

補助参加できる者が訴訟告知を受けたが補助参加しなかった場合でも，参加することができた時に参加したものとみなされて，参加的効力（民訴46条）が及ぶ。

2．独立当事者参加

(1) 構　　造

訴訟の係属中に，第三者が新たに独立した当事者として訴訟に参加する制度である。三者間の紛争を矛盾なく，一挙に解決することを目的としている。「訴訟の結果によって権利が害されることを主張する第三者」（詐害防止参加）又は「訴訟の目的の全部若しくは一部が自己の権利であることを主張する第三者」（権利主張参加）は，その訴訟の当事者の双方又は一方を相手方として，当事者としてその訴訟に参加することができる（民訴47条1項）。これは三当事者対立構造を基本とし，当事者間に三面的に一個の訴訟が成立するとする見解である。→【判例⑤】参照

(2) 要　　件

(a) 詐害防止参加

「訴訟の結果によって権利が害される」とは，原告と被告との間の訴訟が詐害的なものであることが客観的に認められることを意味する（詐害意思説）。詐害的なものであることが客観的に認められるとは，例えば，不動産について強制競売の申立てをし，強制競売開始決定を得た第三者がいる場合に，当該不動産の所有権移転登記の抹消登記手続を求める訴訟において，被告が口頭弁論期日に出頭せず，答弁書などの準備書面も提出しない場合である。→【判例⑥】参照

(b) 権利主張参加

「訴訟の目的の全部若しくは一部が自己の権利であることを主張する」とは，係属中の訴訟の訴訟物又は係争物と第三者の主張する権利とが法律上両立しない場合である。同一不動産について，二重譲渡関係に立つ場合がこれに当たるかについては，かつては肯定されていたが，最近は，否定する見解が有力である。もっとも，仮登記の本登記請求は，先に仮登記をしている限り，誰に移転登記されても，最終的に必ず本登記ができるので，権利主張参加の理由とならない。→【判例⑦】参照

Ⅲ 訴訟参加について実務はどう取り扱っているか

1．補助参加

(1) 手　　続

　補助参加の申出は，参加の趣旨（補助参加する訴訟と補助参加する当事者）及び理由（補助参加の利益）を明らかにして，補助参加により訴訟行為をすべき裁判所にしなければならない（民訴43条1項）。裁判所は，当事者が補助参加について異議を述べたときに限り，補助参加人は，参加の理由を疎明させて，補助参加の許否について決定する（民訴44条1項）。

(2) 訴訟行為の制限

　補助参加人は，既に時機に後れた攻撃防御方法となっている場合など，補助参加の時における訴訟の程度に従って，被参加者がすることができないものを除き，一切の訴訟行為をすることができる。もっとも，被参加人の訴訟行為と矛盾するときは，その効力を有しないし，訴えの変更・反訴提起や請求の放棄・認諾・和解で訴訟係属自体を処分することはできない（民訴45条）。

2．独立当事者参加

(1) 手　　続

　訴え提起と同様に，書面による申出が必要である（民訴47条2項）。また，係属中の訴訟の当事者の双方又は一方を相手方として，請求を定立する必要がある。単に当事者一方の請求に対して訴え却下又は棄却を求めるのみの参加の申出は許されない。→【判例⑧】参照

(2) 審　　理

　民事訴訟法47条4項は，独立当事者参加における請求相互の論理的合一確定を実現するために，必要的共同訴訟の審理に関する同法40条1項から3項

を準用している。

　したがって，二当事者の訴訟行為で，請求の放棄・認諾・和解のように処分権主義の対象となるものであっても，残りの当事者に不利益となるものは，その二当事者の間でも効力を生じない。弁論を分離することはできず，一部判決は許されない。全請求について一個の全部判決でなければならない。→【判例⑨】参照

(3)　三当事者対立構造の解消
　(a)　訴えの取下げ・独立当事者参加の取下げ
　原告は，被告及び参加人の双方の同意を得て訴えを取り下げることができ，それによって当該訴訟は三面訴訟関係を消失し，参加人・原告間及び参加人・被告間の単純な二当事者訴訟関係となる。→【判例⑩】参照
　(b)　訴訟脱退
　権利主張参加の要件を備えて独立当事者参加をした参加人がいるときは，原告又は被告は，相手方の承諾を得て訴訟から脱退することができる（民訴48条本文）。この場合，判決は，脱退した当事者に対してもその効力を有する（同条ただし書）。この判決の効力の拡張については，条件付きの請求の放棄・認諾として説明する見解が有力であるが，法文どおり残存当事者の判決効の拡張と理解することができる。

Ⅳ　訴訟参加について注意しておくのはどのような点か

1．補助参加

　補助参加や訴訟告知における補助参加の利益の有無は，補助参加の際に異議がなされた場合を除き，後訴において，前訴の判決の参加的効力が問題となって初めて検討されることになる。

2．独立当事者参加

　判決において，三当事者のうち，二当事者が敗訴したにもかかわらず，そ

のうちのいずれかのみが上訴した場合であっても，控訴審における合一確定を実現する必要があるから，全当事者について控訴審に移審し，上訴しなかった当事者は被上訴人となるが，控訴における利益変更禁止の原則や不利益変更禁止の原則との関係でも，合一確定の必要がある以上，利益にも不利益にも原判決は変更される。→【判例⑪⑫】参照

3．共同訴訟参加・共同訴訟的補助参加

　第三者と当事者のいずれかが類似必要的共同訴訟となる場合は，第三者は，共同訴訟人としてその訴訟に参加することができる（民訴52条）。

　類似必要的共同訴訟の当事者適格を有しないが，既判力の拡張を受ける場合は，共同訴訟的補助参加ができ，その場合は，補助参加と異なり，抵触する訴訟行為もすることができる。→【判例⑬】参照

〔吉川　愼一〕

参照判例

【判例①】
　　最一小判昭39・1・23裁判集民事71号271頁は，補助参加が認められるのは，訴訟の結果について法律上の利害関係を有する場合に限るとする。

【判例②】
　　最一小決平13・1・30民集55巻1号30頁は，取締役会の意思決定が違法であるとして取締役に対し提起された株主代表訴訟において，株式会社は，特段の事情がない限り，取締役を補助するため訴訟に参加することが許されるとする。

【判例③】
　　最一小判昭45・10・22民集24巻11号1583頁は，旧民事訴訟法70条（現行民訴46条）所定の判決の補助参加人に対する効力は，既判力ではなく，判決の確定後補助参加人が被参加人に対してその判決が不当であると主張す

ることを禁ずる効力であって，判決の主文に包含された訴訟物たる権利関係の存否についての判断だけではなく，その前提として判決の理由中でなされた事実の認定や先決的権利関係の存否についての判断にも及ぶものと解すべきであるとする。

【判例④】
　最三小判平14・1・22判時1776号67頁は，旧民事訴訟法70条（現行民訴46条）所定の効力は，判決理由中でなされた事実の認定や先決的権利関係の存否の判断にも及ぶが，それらの事実の認定や先決的権利関係についての判断とは，判決の主文を導き出すために必要な主要事実に係る認定及び法律判断などをいうものであって，これに当たらない事実又は論点について示された認定や法律判断を含むものではないとする。

【判例⑤】
　最大判昭42・9・27民集21巻7号1925頁は，旧民事訴訟法71条（現行民訴47条）の参加の制度は，同一の権利関係について，原・被告及び参加人の三者が互いに相争う紛争を一の訴訟手続によって，一挙に矛盾なく解決しようとする訴訟形態であって，三者を互いに対立，牽制しあう関係におき，一の判決により訴訟の目的を全員について合一にのみ確定することを目的とするものと解するから，本条に基づく参加の申出は，常に原・被告双方を相手方としなければならないとする。

【判例⑥】
　最一小判昭42・2・23民集21巻1号169頁は，甲，乙間に乙名義の所有権移転登記の抹消登記手続を求める訴訟が係属する場合には，乙の債権者で当該不動産について強制競売の申立てをし，強制競売開始決定を得た第三者は，旧民事訴訟法71条（現行民訴47条）の規定により，甲，乙間の訴訟に当事者として参加することができるとする。

【判例⑦】
　最三小判平6・9・27判時1513号111頁は，不動産の二重譲渡の場合に，第二買主の売主に対する売買契約に基づく所有権移転登記手続請求の本訴につき，第一買主が，売主に対し代物弁済予約ないし売買予約の仮登記に基づく本登記手続を請求し，かつ，仮登記後にされた処分禁止仮処分の登記の名義人である第二買主に対し本登記手続の承諾を請求する旨の参加申出は，当該不動産の所有権の帰属を合一的に確定するものではないから，旧民事訴訟法71条（現行民訴47条）の要件を充たすとはいえないとする。

10 訴訟参加

【判例⑧】
　最一小判昭45・1・22民集24巻1号1頁は，単に当事者一方の請求に対して訴え却下又は棄却を求めるのみの参加の申出は許されないとする。

【判例⑨】
　最二小判昭43・4・12民集22巻4号877頁は，旧民事訴訟法71条（現行民訴47条）の参加に基づく，参加人，原告，被告間の訴訟について本案判決をするときは，三当事者を判決の名宛人とする一個の終局判決のみが許され，当事者の一部に関する判決をすることも，また，残余の者に関する追加判決をすることも許されないとする。

【判例⑩】
　最二小判昭60・3・15判時1168号66頁は，旧民事訴訟法71条（現行民訴47条）に基づく当事者参加の申立てがあった場合でも，原告は，被告及び参加人の同意を得て，訴えを取り下げることができるとする。

【判例⑪】
　最一小判昭50・3・13民集29巻3号233頁は，当事者参加訴訟において上訴の相手方とされず，かつ，自ら上訴しなかった当事者は，当該上訴審において被上訴人の地位に立つものと解すべきであるとする。

【判例⑫】
　最二小判昭48・7・20民集27巻7号863頁は，原告甲の被告乙に対する請求並びに参加入丙の甲及び乙に対する各請求が合一にのみ確定すべき当事者参加訴訟において，甲の乙に対する請求を棄却し，丙の甲及び乙に対する請求をそれぞれ一部認容する旨の第1審判決に対し，甲が，その敗訴部分の取消し，甲の乙に対する請求認容及び丙の甲に対する請求中第1審認容部分の棄却を求めて控訴したにとどまり，乙が控訴又は附帯控訴をしない場合であっても，控訴審は合一確定に必要な限度で，第1審判決中丙の乙に対する請求を認容した部分を丙に不利に変更することができるとする。

【判例⑬】
　最一小判昭40・6・24民集19巻4号1001頁は，旧自作農創設特別措置法によって農地を買収された者が買収処分の違法を主張して訴願したが棄却されたので，知事に対し抗告訴訟を提起し，農地の売渡しを受けた者が知事側に補助参加した場合には，その法律関係は画一的に規制する必要があ

り，その取消判決は第三者にも効力を有するから，補助参加人は旧民事訴訟法69条2項（現行民訴45条2項）の適用を受けることなく，共同訴訟人のごとく訴訟行為をなし得る地位を有するとする。

11 訴訟代理権

◆4 訴訟代理人

I 訴訟代理権について学ぶのはどうしてか

　民事訴訟において代理人を許すかどうかについては，江戸時代のように代理人を禁止する法制もあれば，ドイツのように弁護士強制主義を採る法制もある。また，弁護士の位置づけも，アメリカのように，決闘裁判の流れをくんで当事者に代わって武器対等を実現することが期待されるものと考えるか，法律専門家による訴訟手続の円滑な運用を重視して考えるかの違いがある。このような考え方がどのように制度運営に反映しているかを考えてみるべきであろう。

II 訴訟代理権について問題となるのはどのような点か

1．法令による訴訟代理人

　民事訴訟において「法令により裁判上の行為をすることができる代理人」（民訴54条）は，弁護士でなくてもよい。支配人（商21条1項，会社11条1項）がその典型である。

2．訴訟委任による訴訟代理人

　地方裁判所以上の審級では，法令による訴訟代理人を除き，弁護士でなければ訴訟代理人となることができない（弁護士代理の原則）（民訴54条）。
　それでは，弁護士でない代理人が訴訟行為をした場合の効力はどうなるか。弁護士代理の原則が，訴訟手続の円滑な運用の実現だけを目的とするのであれば，有効としてもよい。しかし，当事者に代わって武器対等を実現

し，当事者の利益を保護することも目的とするのであれば，無効を原則と考え，本人に追認するかどうかを決めさせるのがよい。もっとも，無資格を知っていれば追認を擬制すべきであろう。→【判例①】参照

弁護士法25条は，「相手方の協議を受けて賛助し，又はその依頼を承諾した事件」（1号）や「相手方の協議を受けた事件で，その協議の程度及び方法が信頼関係に基づくと認められるもの」（2号）などについては，弁護士は，その職務を行ってはならないとしている。

これに違反した弁護士の訴訟行為の効力はどうなるか。訴訟手続の円滑な運用の実現のためのみに弁護士代理の原則があるとすれば，懲戒事由となることは別として，有効であるとしてよい。しかし，弁護士の職務規律を確保することが，ひいては当事者の利益を保護することにつながると考えるなら，無効を原則と考え，本人に追認するかどうかを決めさせることになる。しかし，弁護士法25条1号・2号は，むしろ相手方の利益を保護している規定であると考えられる。そうであれば，有効を原則として，本人又は相手方が弁護士法違反を知り又は知ることができたときに，遅滞なく異議を述べた場合にのみ無効とすれば足りる。→【判例②】参照

Ⅲ 訴訟代理権について実務はどう取り扱っているか

1．法令による訴訟代理人

法令による訴訟代理人の権限は，その法令で定まる。

2．訴訟委任による訴訟代理人

訴訟委任による訴訟代理人の訴訟代理権の範囲は法定されており，制限することができない（民訴55条1項・3項）。訴訟手続の円滑な運用のため，弁護士代理の原則を前提として，一定の事項（特別授権事項）を除き（同条2項各号），勝訴のために必要な行為については，訴訟委任によって当然に代理権があるとするのである。訴訟における攻撃防御方法として，相手方に対し契約を解除する権限や相殺をする権限もある。→【判例③④】参照

特別授権事項（民訴55条2項各号）は，信頼関係を基本とする復代理人の選任以外は，処分権主義に関わるものである。反訴の提起（同項1号），訴えの取下げ，和解，請求の放棄・認諾，訴訟脱退（同項2号），控訴，上告，上告受理の申立て又はこれらの取下げ（同項3号），手形・小切手訴訟の判決に対する異議の取下げ又はその取下げについての同意（同項4号）である。

特別授権事項について委任を欠く場合は，その訴訟行為は無効である。例えば，訴えの一部取下げの場合は，委任を欠く場合は，取下げ部分はなお裁判所に係属する。→【判例⑤】参照

Ⅳ　訴訟代理権について注意しておくのはどのような点か

訴訟代理権の有無は職権調査事項である。→【判例⑥】参照

訴訟代理人が訴訟手続に関与するためには，訴訟代理権の授与があったことを書面で証明しなければならない（民訴規23条1項）。したがって，訴訟委任による訴訟代理人では，特別授権があることを委任状で確認しなければならない。例えば，控訴，上告については，特別授権事項であるが，特別授権があれば，上訴審，上告審において訴訟追行に必要な一切の行為をすることができる。

和解も特別授権事項であるが，その内容が限定されていないため，委任の範囲であるかどうかが後で争われる可能性がある。和解の特別授権がされていても，その代理権の範囲は，訴訟物に限定されるとする考え方もあるが，それでは紛争の抜本的な解決を図るという和解の長所が限定されることになる。訴訟物に限定されず，かつ無限定であるとする立場もあるが，社会的に一個の紛争として関連する範囲のみ授権が及ぶものと考えるべきであろう。→【判例⑦⑧】参照

もっとも，本人からの委任範囲についての争いを残さないためには，和解成立期日に本人の出頭を求めて，その意思を確認しておけば足りる。

〔吉川　愼一〕

参照判例

【判例①】
　最二小判昭43・6・21民集22巻6号1297頁は，訴訟代理人である弁護士の登録取消し後同人に対してされた訴訟行為は，本人が追認しない限り，無効であるとする。

【判例②】
　最大判昭38・10・30民集17巻9号1266頁は，弁護士法25条1号違反の訴訟行為であっても，相手方がこれを知り又は知り得たにもかかわらず異議を述べることなく訴訟手続を進行させ，第2審の口頭弁論が終結したときは，相手方は，後日に至りその無効を主張することは許されないものと解するのが相当であるとする。

【判例③】
　最二小判昭36・4・7民集15巻4号716頁は，訴訟代理人は，攻撃又は防御の方法として，相手方に対し契約を解除する権限をも有するものと解すべきであるとする。

【判例④】
　最二小判昭35・12・23民集14巻14号3166頁は，訴訟上相殺の主張をする訴訟代理人は，特別の授権がなくても，受働債権につき債務の承認をする権限があるものと解すべきであるとする。

【判例⑤】
　最三小判昭30・7・5民集9巻9号1012頁は，旧民事訴訟法81条2項2号（現行民訴55条2項2号）の特別委任を受けていなかった原告の訴訟代理人が，請求の一部を取り下げても，取下げの部分は，なおその裁判所に係属しているものと解すべきであるとする。

【判例⑥】
　最二小判昭41・4・22民集20巻4号803頁は，訴訟代理権の有無が職権調査事項であることはいうまでもないとする。

【判例⑦】
　最一小判昭38・2・21民集17巻1号182頁は，貸金請求事件における被

告の訴訟代理人の和解の権限には，和解の一条項として，当該貸金債権の担保のため被告所有の不動産について原告に対し抵当権設定契約をなす権限も包含されるものと解するのが相当であるとする。

【判例⑧】
　　最二小判平12・3・24民集54巻3号1126頁は，建物の利用に関する契約に基づく甲請求権と同契約の債務不履行に基づく損害賠償請求権である乙請求権とが同一建物の利用に関して同一当事者間に生じた一連の紛争に起因するものであるという事情の下においては，甲請求権について訴訟上の和解をすることの委任を受けた弁護士は，乙請求権について和解をすることの具体的委任を受けていなくても，訴訟上の和解において，乙請求権を含めて和解をする権限を有するとする。

第 2 章

訴訟手続

- ◆1　訴えの提起
- ◆2　口頭弁論
- ◆3　証拠調べ
- ◆4　訴えの終了
　　（判決によらない終了）

12 訴訟物

◆1 訴えの提起

I 訴訟物について学ぶのはどうしてか

　訴訟物とは，裁判所の審判対象である。当事者は，訴訟物をめぐって攻撃防御をめぐらし，裁判所は，これに対して判断を示す。審判対象たる訴訟物を理解しなければ，およそ訴訟を進行させることはできない。

　このように，訴訟物は民事訴訟の基本的要素であって，土地管轄，事物管轄，訴え提起の手数料，訴えの変更，反訴，二重起訴の禁止，既判力の客観的範囲など，訴訟手続上の諸問題を判断する基準ともなる。

　そこで，以下，訴訟物の特定という観点を中心に，問題となり得る場面を検討することにするが，特定された訴訟物を前提に，どのような訴訟手続上の諸問題が生じるかについては，原則として，それぞれの各論に譲る。

II 訴訟物について問題となるのはどのような点か

1．通　則

　訴訟物は，裁判所の審判対象であるが，いかなる訴訟物を立てるかは，原告の専権事項である。訴訟物は，審理の当初から特定される必要があり，原告は，これを訴状において明確にしなければならない。不明確であれば，補正命令，訴状却下（民訴137条）の問題となる。もっとも，審理中に明確にすれば足りる場合もあるであろう。

2．給付訴訟の場合

　給付訴訟における訴訟物は，個々の実体法規に基づいて発生する給付請求

権である。したがって，請求の趣旨のみでは訴訟物を特定するには至らず，請求の原因において，他の請求権と区別できる程度に，その実体法上の性質が明らかにされなければならない。また，例えば，複数の貸金契約がある場合であれば，どの契約に基づく請求かを特定する必要がある。

3．確認訴訟の場合

確認訴訟における訴訟物は，証書認否確認請求（民訴134条）の場合を除き，確認を求める権利又は法律関係である。したがって，請求の趣旨のみで，その訴訟物は特定され得る。もっとも，請求の趣旨のみでは訴訟物の特定があるのか疑義がある場合であっても，請求の原因の記載などを考慮し，その特定があるとみることは可能である。

4．形成訴訟の場合

形成訴訟における訴訟物は，実体法上の形成権又は形成要件である。したがって，給付訴訟の場合と同様，請求の原因において，個々の形成権又は形成要件が明確にされる必要があるのが通常である。もっとも，形成訴訟とされるものには種々のものがあり，例えば，行政処分の取消訴訟であれば，請求の趣旨のみによって，訴訟物を特定し得る。

Ⅲ 訴訟物について実務はどう取り扱っているか

1．給付訴訟の場合

(1) 一般的な取扱い

原告は，訴状のよって書きにおいて，その訴求する給付請求権を明示するのが通常である。裁判所は，訴状等に記載された文言を合理的に解釈しても，原告が主張しているとは認められない給付請求権については，その要件事実を認定することができる場合であっても，これを根拠として，その請求を認容することができない（民訴246条）。→【判例①②】参照

したがって，原告は，同一の給付について，別種の請求権が競合して成立

すると考える場合，必要に応じて，それぞれを選択的に訴訟物とすることを明示する必要がある。例えば，債務不履行，不当利得，不法行為に基づく各請求権は競合し得るし，民法709条，715条，717条，718条に基づく各請求権も同様の関係にある。→【判例③④】参照

他方，例えば，賃貸借契約の終了に基づく明渡請求権は，その終了原因ごとに，別種の請求権を構成しない。これらの区別は，いずれも個別実体法の解釈の問題である。

(2) **不法行為に基づく損害賠償請求の場合**

不法行為に基づく損害賠償請求は，加害行為，被侵害利益ごとに別個の給付請求権を構成する。例えば，被侵害利益の観点からみれば，人損と物損は別個であり，同一の身体傷害を理由とする財産上の損害と精神上の損害は一個となる。→【判例⑤⑥】参照

同一の身体障害を理由とする財産上の損害と精神上の損害の給付請求権を一個と考える実益は，例えば逸失利益の立証が困難である場合に，慰謝料を増額算定するなど，損害費目を流用することが可能になる点にある。もちろん，この場合であっても，弁論主義による制限に従い，当事者に対する不意打ち防止に配慮する必要があることはいうまでもない。

給付請求権が一個であっても，原告が一部請求であることを明示して請求すれば，残部とは別個の訴訟物となる。継続的不法行為において，一定時点までの賠償を求める場合も，その一種である。継続的不法行為は，同一の被侵害利益に対する一個の加害行為により，損害が日々生じているにすぎず，その給付請求権は一個であるからである。→【判例⑦⑧】参照

損害賠償を命ずる判決を得た後，その口頭弁論終結時までに予期できなかった損害が生じた場合も，その損害の賠償請求は，前訴における請求とは別個の訴訟物であると理解する余地がある。不法占有による継続的不法行為について，将来分も含めた賃料相当損害金を請求した後，賃料相場が上昇した場合なども同様である。→【判例⑨⑩】参照

2．確認訴訟の場合

(1) 一般的な取扱い

　原告は，請求の趣旨において，確認すべき対象を特定する。確認の対象は，一定の権利又は法律関係を構成する要素の全部である必要はない。例えば，原告は，賃料額や賃貸借期間の点を措き，賃借権の存在のみの確認を求めることができる。もっとも，例えば，賃借対象物を特定しない賃借権の確認は，確認対象の特定を欠くとするのが通常であろう。→【判例⑪⑫】参照

　原告が，賃借権の存在のみの確認を求める場合に，裁判所が，賃料額についても確認することは，許されないであろう。他方，原告の請求が，賃料額を含めた確認を求めるものであった場合に，裁判所が，請求の趣旨記載の賃料額とは異なる賃料額を確認することは許される。→【判例⑬⑭】参照

(2) 金銭債務の不存在確認訴訟の場合

　原告が，権利又は法律関係が存在しないことの確認を求める場合も，その不存在とされる権利又は法律関係は，請求の趣旨において特定される必要がある。例えば，原告が，貸金債務が弁済により消滅したとして，その不存在を主張するのであれば，請求の趣旨において，当該貸金契約を特定する事項を摘示し，不存在とする債務を特定する必要がある。

　債務を特定する場合，「……の貸金契約に基づく30万円の債務が存在しないことを確認する。」などと，その上限を示すのが通常である。また，「……の債務が10万円を超えて存在しないことを確認する。」などと，自認額を下限として示す場合もある。これら請求の趣旨の記載によって，訴訟物の範囲が量的に特定される。

　債務不存在確認訴訟における訴訟物は，このようにして特定された債務である。裁判所は，認定した債務額が上限以上であれば，請求を全部棄却し，下限以下であれば，請求を全部認容する。債務額が上限と下限の間にあると認定されれば，一部認容となる。下限を下回る額や上限を上回る額を確認することは，訴訟物の範囲を超えるので許されない。→【判例⑮】参照

　ところで，例えば，交通事故による損害賠償債務が存在しないことの確認を求める場合など，債務の上限を示すことが困難な場合がある。債務の上限を示さないと，訴訟物の量的範囲を画し得ないことにはなるが，請求の趣旨

又は請求の原因等において，債務の発生原因に係る事実が特定されていれば，訴訟物の特定に欠くところはないというべきである。

このような場合，裁判所は，債務が存在しないと判断したときは，請求の全部認容の判決をし，債務が存在すると判断したときは，その額を超える債務が存在しない旨の一部認容の判決をすることになるのであって，請求の全部棄却の判決をする余地はないことになる。債務の額は，被告が主張立証責任を負うものであるから，審判対象が不明確となるおそれもない。なお，このような訴えの訴え提起手数料は，被告からの具体的な主張があるまで，民事訴訟費用等に関する法律4条2項の類推によらざるを得ないであろう。

3．形成訴訟の場合

(1) 一般的な取扱い

給付訴訟において述べたのと同様，形成訴訟においても，同一の効果をもたらす複数の形成権又は形成要件が存する場合がある。例えば，離婚請求権について，民法770条1項各号所定の事由ごとに，別々の形成権が成立すると解するときは，それぞれが別の訴訟物となる。したがって，請求の原因等において，その別を明示する必要がある。→【判例⑯】参照

また，行政処分の取消訴訟は，取消しを求める処分ごとに別の訴訟物を構成し，処分の同一性が訴訟物の同一性を画する。したがって，被告が，処分時の処分理由と異なる理由で処分の適法性を主張した場合，処分理由ごとに別の処分となるか否かによって，その主張が許されるか，それとも主張自体失当となるかが決まるが，これは個別実体法規の解釈の問題である。→【判例⑰】参照

(2) 課税処分の取消訴訟の場合

課税処分取消訴訟は，処分の同一性が，その処分により確定された税額の同一性によって区別されると解されている。したがって，更正処分の取消訴訟において，被告が，当該更正処分の理由とした事由とは異なる事由を理由に，その課税額が適正であると主張したとしても，適法な抗弁となるのが通常である。→【判例⑱⑲】参照

また、課税処分は、上記のとおり、税額という数量的に可分なものによって特定されることから、その取消しを求める訴えの請求の趣旨は、「……の更正処分のうち、納付すべき税額……円を超える部分を取り消す。」、「……翌期に繰り越す欠損金……円を下回る部分を取り消す。」など、処分の一部の取消しを求めるものになるが通常である。→【判例⑳】参照

　なお、増額更正処分の後、さらに増額再更正処分が行われた場合は、再更正処分のみの取消しを訴訟物とすれば足りる。当該再更正処分によって、最終的な税額が確定しているからである。もっとも、減額再更正処分がされた場合は、減額再更正処分は利益処分であり、取消しの利益がないから、当初の更正処分の取消しを求める必要がある。→【判例㉑㉒】参照

Ⅳ　訴訟物について注意しておくのはどのような点か

　多くの事件においては、訴訟物は検討するまでもなく明らかである。しかし、事実関係が錯綜する事案などで、原告が、要件事実との関係を明らかにしないまま、債務不履行又は不法行為に基づく損害賠償請求などと漠然とした訴訟物を提示し、裁判所も、その点を明確にさせないまま審理を進め、事実上の争点と請求の趣旨、訴訟物、要件事実との関係が不明確となっている場合も見受けられないではない。前記Ⅲで述べたところは、学説上も論点として多く取り上げられるものであるが、そのような場合に限らず、常に訴訟物を意識して審理を進める必要があろう。

〔村　上　正　敏＝吉野　俊太郎〕

参照判例

【判例①】
　　大判大６・１・31民録23輯179頁は、原告が、旧々民事訴訟法196条３号（訴えの変更）により申立てを変更した場合において、損害賠償に基づく

請求であると主張したときは，裁判所は，その範囲において審理裁判するべく，進んで不当利得の有無につき審理裁判をすることができないと判示する。

【判例②】
　　最三小判昭34・9・22民集13巻11号1451頁は，当事者の陳述中に不法占拠もしくは損害金という語が用いられていても，その求めるところは買主が売買契約後解除までの間所有者として目的物の使用収益をした利益の償還にあることが明らかであるときは，その請求を一種の不当利得返還の請求と解して認容することを妨げないと判示する。

【判例③】
　　大判昭11・12・22民集15巻2278頁は，2個の訴えが旧民事訴訟法237条2項（訴え取下げ後の再訴の禁止）（現行民訴262条2項）にいわゆる同一の訴えたるには，請求の基礎を等しくするのみならず，請求原因をも同じくするものたることを要するとしたうえ，不法行為による損害賠償請求権と債務不履行によるそれとは，その成立要件を異にし，別個の請求権であるとし，同条に該当しないとする。

【判例④】
　　大判昭6・4・22民集10巻217頁は，債権者が競合する数個の請求権を有するときは，その請求権の全部につき民法707条所定の事由を生じた場合に限り，同条を適用すべきであるとしたうえ，債権者が，同一の事実関係に基づき，一面において不当利得による返還請求権を有すると同時に，他面において不法行為による損害賠償請求権を有するときは，各請求権が競合することを認めた。

【判例⑤】
　　最一小判昭48・4・5民集27巻3号419頁は，同一事故により生じた同一の身体傷害を理由として財産上の損害と精神上の損害との賠償を請求する場合における請求権及び訴訟物は，一個であると判示する。

【判例⑥】
　　最二小判昭61・5・30民集40巻4号725頁は，一個の行為により同一著作物についての著作財産権と著作者人格権とが侵害されたことを理由とする著作財産権に基づく慰謝料請求と著作者人格権に基づく慰謝料請求とは，訴訟物を異にする別個の請求であると判示する。

【判例⑦】
　最二小判昭34・2・20民集13巻2号209頁は，一個の債権の数量的な一部についてのみを判決を求める旨明示して訴えの提起があった場合，訴え提起による消滅時効中断の効力は，その一部の範囲においてのみ生じ，残部には及ばないと判示する。

【判例⑧】
　最二小判昭37・8・10民集16巻8号1720頁は，一個の債権の数量的な一部についてのみ判決を求める旨を明示して訴えが提起された場合，その一部請求についての確定判決の既判力は残部の請求に及ばないと判示する。

【判例⑨】
　最三小判昭42・7・18民集21巻6号1559頁は，不法行為によって受傷した被害者が，その受傷について，相当期間経過後に，受傷当時には医学的に通常予想し得なかった治療を必要とされ，その治療のため費用を支出することを余儀なくされるにいたった等の事実関係の下においては，後日その治療を受けるまでは，その治療に要した費用について民法724条の消滅時効は進行しないと判示する。

【判例⑩】
　最一小判昭61・7・17民集40巻5号941頁は，従前の土地の所有者は，仮換地の不法占拠者に対し，将来の賃料相当損害金の請求を認容する確定判決を得た場合においても，その事実審口頭弁論終結後に，公租公課の増大，土地の価格の高騰により，又は比隣の土地の賃料に比較して，認容額が不相当となったときは，新訴により，認容額と適正賃料額との差額に相当する損害金の支払を求めることができると判示する。

【判例⑪】
　最三小判昭39・10・13判時395号50頁は，賃借権確認の訴えにおいては，その賃借権を特定し得る限り，確認を求める賃借権の内容は，原告において，当事者間の争いの態様に応じてこれを定めることができるものと解すべきであって，常にその賃料が主文に明示されなければならないものではなく，その記載を欠くからといって主文が不明確になるものではないとする。

【判例⑫】
　最一小判昭44・9・11判時572号23頁は，本訴請求は，上告人らの争っ

ている本件土地に対する賃借権そのものが現に存在することの確認を求めるということに尽きることが明らかであるから，その賃料額，存続期間又は契約の成立年月日を主文に掲載する必要がないことは当然であるとする。

【判例⑬】
　最一小判昭32・1・31民集11巻1号133頁は，賃借権存在の確認請求訴訟において，原告の主張する賃料より低廉な賃料の定めある賃借権の存在を確認しても当事者の申し立てない事項につき判決したものとはいえないと判示したものとされるが，実際には，当該請求が賃借権そのものの確認を求めるものであったことを前提に，原判決が賃料額をも主文に掲記したことについて，係争法律関係の存否に関してなされた判示ではないとして，処分権主義違反をいう上告理由を排斥したものである。

【判例⑭】
　最三小判平24・1・31裁判集民事239号登載予定（裁時1548号2頁）は，当事者が土地賃借権そのものを有することの確認を求め，地代額の確認まで求めたとはいえないのにもかかわらず，地代額の確認をも求めているものとして主文で地代額を確認した判決には，当事者が申し立てていない事項について判決をした違法があると判示する。

【判例⑮】
　最二小判昭40・9・17民集19巻6号1533頁は，貸金債務に関する一定金額を超える債務の存在しない旨の確認請求は，当該貸金債権額から前記一定金額を控除した残債務についての不存在の確認を求めるものであると判示したうえ，原判決が，残債務が存在することを説示したのみで，残存額の不存在の限度を明確にしなかったことは，訴訟物についての解釈を誤った違法があるとする。

【判例⑯】
　最三小判昭36・4・25民集15巻4号891頁は，民法770条1項4号の離婚原因を主張したからといって，反対の事情のない限り同条項5号の離婚原因も主張されているものと解することは許されないと判示する。

【判例⑰】
　最二小判平11・11・19民集53巻8号1862頁は，公文書の非公開事由を定めた逗子市情報公開条例5条(2)ウに該当することを理由として付記してさ

れた公文書の非公開決定の取消訴訟において，実施機関が，当該決定が適法であることの根拠として，当該公文書が同条(2)アに該当すると主張することは許されると判示する。

【判例⑱】
　　最三小判昭56・7・14民集35巻5号901頁は，青色申告書による法人税の申告について不動産の取得価額が申告額よりも低額であることを更正の理由としてした更正処分の取消訴訟において，課税庁が，当該処分の適否に関する攻撃防御方法として，当該不動産の販売価額が申告額より多額であることを主張することができると判示する。

【判例⑲】
　　最三小判平4・2・18民集46巻2号77頁は，課税処分の取消訴訟における実体上の審判対象は，当該課税処分によって確定された税額の適否であり，課税処分における税務署長の所得の源泉の認定等に誤りがあっても，これにより確定された税額が総額において租税法規によって客観的に定まっている税額を上回らなければ，当該課税処分は適法というべきであるとする。

【判例⑳】
　　最三小判平5・5・28訟月40巻4号876頁は，課税処分における実体法上の審判対象は当該課税処分によって確定された税額の適否であるから，当該課税処分によって確定された税額が租税法規によって定まる税額を上回る場合には，当該課税処分はその上回る限度において違法となるものというべきであると判示する。

【判例㉑】
　　最一小判昭32・9・19民集11巻9号1608頁は，財産税法による課税価格の再更正があった場合の当初の更正の取消しを求める訴えは不適法であると判示する。

【判例㉒】
　　最二小判昭56・4・24民集35巻3号672頁は，いわゆる減額再更正処分につき，納税者は，その取消しを求める訴えの利益を有しないと判示する。

◆1 訴えの提起

13 訴　額

Ⅰ　訴額について学ぶのはどうしてか

　訴額とは，訴訟物の価額，すなわち，民事訴訟において原告が審判の対象として主張する権利又は法律関係について原告が有する経済的利益を金銭で評価した額のことである。法文上は，「訴訟の目的の価額」（民訴8条・9条）といい，裁判所法においては事物管轄を定める基準となり（裁33条1項1号），民事訴訟費用等に関する法律においては訴え提起の手数料等を算定する基礎となる（民訴費4条1項）。

　訴え提起の手数料は，原告に経済的負担を課すものであり，裁判所としても，その額を定めないことには訴状送達の手続に入ることもできない重要な問題である（民訴137条1項後段）。しかし，原告が有する経済的利益を金銭で評価した額といっても，その算定方法は必ずしも明確でない。そこで，以下では，その実務上の考え方を説明することにするが，多様な訴訟類型のすべてを尽くすことは不可能であるから，Ⅱで，一般的・基本的な原則を示したうえ，Ⅲで，若干の具体例として，典型的・特徴的な類型の一部を取り上げるにとどめる。

Ⅱ　訴額について問題となるのはどのような点か

1．経済的利益の額

(1)　財産権上の請求

　単純な金銭請求であれば，その請求額が訴額となる。それ以外の場合，訴え提起の時を基準に金銭評価するが，その目的物の金銭評価の方法は必ずし

も一意的でなく，また，同一の目的物に関する訴えであっても，訴訟物や請求内容のいかんによって，その経済的利益の額は異なり得る。

実務上の算定基準としては，昭和31年12月12日付け民事甲第412号最高裁判所事務総局民事局長通知「訴訟物の価額の算定基準について」（以下「訴額通知」という。）があるが，すべての場合を網羅するような基準を提供するものではない。→【判例①②】参照

(2) 非財産権上の請求

非財産権上の請求は，定義上，その経済的利益の額を観念できない。そのため，その訴額は，事物管轄との関係では140万円を超え，訴え提起手数料との関係では160万円であると擬制することが法定されている（民訴8条2項，民訴費4条2項前段）。

非財産権上の請求とは，権利の性質上，金銭的な評価になじまない請求のことである。逆に，例えば，行政処分の取消訴訟であっても，これによって原告が享受しようとする利益，究極的に得ようとする目的が経済的なものであれば財産権上の請求となる。→【判例③④】参照

(3) 訴額の算定が極めて困難な場合

財産権上の請求であっても，訴額算定の客観的・合理的基準が見いだし得ない場合など，その算定が極めて困難な場合も，非財産権上の請求の場合に準じて取り扱う（民訴8条2項，民訴費4条2項後段）。現行民事訴訟法の制定の際に追加された規定である。

もっとも，財産権上の請求は，その経済的利益の額によって訴額を算定するのが原則であり，裁判長又は裁判所は，その算定にとって重要な諸要因を基礎に，裁量によって訴額を定めることが許されるから，上記規定の適用は安易にするべきではないであろう。→【判例⑤⑥】参照

2．併合請求の場合

(1) 合算逓減の原則

併合請求では，各請求の経済的利益の額を合算した額を訴額とする（民訴

9条1項)。その手数料は，通常，個別に訴えを提起した場合の手数料額の合計よりも少額になるよう設定されており，これを合算逓減という。もちろん，各請求が，民事訴訟法上の併合要件を満たす必要がある。

訴えの追加的変更の場合は，上記の合算をし，訴え変更時の価格で訴額を再計算してこれに対応する手数料の額を算定したうえ，変更前の請求を変更時の価格で再計算して得た訴額に対応する手数料との差額を追納する（民訴費別表第1の5の項)。他方，弁論の併合の場合，このような再計算はしない。
→【判例⑦】参照

(2) 附帯請求の不算入

元本又は元物の請求とともに，その果実，損害賠償，違約金又は費用を請求する場合，その価額は，訴額に算入しない（民訴9条2項)。単に果実，損害賠償，違約金又は費用の請求であるだけでは足りず，その元本又は元物と同時に請求する場合でなければならない。

損害賠償や違約金とは，主たる請求となる元本又は元物に係る履行遅滞に基づくもののみを指し，履行に代わる損害賠償や独立した不法行為に基づく損害賠償を含まない。また，費用とは，主たる請求の権利行使に要した費用のことであり，履行催告の費用，調停費用等を指す。

(3) 利益共通による不算入

併合請求が互いに経済的利益を共通にする場合，各請求の訴額を合算するのではなく，訴額が多額な方の請求に吸収される（民訴9条1項ただし書)。非財産権上の請求とそれを原因とする財産権上の請求が併合されている場合も同様である（民訴費4条3項)。

ちなみに，反訴は，本訴と同様に訴額を算定したうえ，原則として，これに対応する手数料を別個に納付するべきものであるが，反訴が本訴と目的を同じくするときは，本訴の手数料に相当する額を控除した額の手数料を納付すれば足りる（民訴費別表第1の6の項ただし書)。

III 訴訟物について実務はどう取り扱っているか

1．金銭の給付請求

(1) 基本事例
　例えば，金銭消費貸借契約に基づき，①元本100万円及び②支払済みまでの遅延損害金の支払を求める場合，①については，金銭請求の経済的利益の額は請求額自体であるから100万円であり（訴額通知6），②については，附帯請求であるから訴額に算入せず，全体で100万円となる。

(2) 確定遅延損害金
　前記事例において，確定遅延損害金の請求があったとしても，附帯請求であることに変わりはなく，訴額には算入しない。なお，遅滞後に元本の一部弁済がされている場合，その確定遅延損害金の一部には，主たる請求の目的である残元本に対応しない部分が含まれ，厳密にいうと，その部分は附帯請求に当たらないことになるが，あまりに煩瑣であることから，そのような部分も含め，民事訴訟法9条2項の附帯請求とみるのが通常である。

(3) 将来請求
　前記事例において，元本の履行期が未到来であった場合は，将来請求の問題となる。将来請求については，請求金額から中間利息を控除した金額を訴額とする（訴額通知6）。将来請求であるか否かは，口頭弁論終結時を基準として判定するものであるが，訴額を算定する段階では，第1審の平均審理期間とされる12か月を経過した時点を口頭弁論終結時と扱い，その時点から履行期までの中間利息を約定利息又は法定利息によって控除して得た額を訴額とするのが通常である。

(4) 反復継続的な請求
　終期が不確定で，将来分を含む反復継続的な支払請求の場合，その訴額の

算定には困難な問題を含む。例えば，賃料増額請求をしたことを前提に，将来賃料を請求する場合などである。このような場合は，判決により確定するのは口頭弁論終結時の権利関係であることを理由に，原告が得る経済的利益の額は，平均審理期間経過時までに履行期が到来する部分に限られるとして，増額の始期から訴え提起の12か月後までの分の賃料の和をもって，その訴額とするのが通常である。

２．土地の明渡請求

(1) 基本事例

例えば，賃貸借契約の終了に基づき，①土地（固定資産評価額1000万円）の明渡し及び②明渡し済みまでの賃料相当損害金の支払を求める場合，①について，土地の価格は固定資産評価額の２分の１と評価されるが，明渡しによって得る利益は使用価値に係る部分に限られるから，その２分の１の250万円が訴額となり，②賃料相当損害金は附帯請求であるので，訴額に算入せず，全体で250万円となる。

(2) 土地の価格

物の金銭的評価の方法は必ずしも一意的でないが，訴額通知は，固定資産税が課税される不動産等は，固定資産評価額をもって，それ以外の物は，取引価格をもって，その物の価格とすると定める（訴額通知１）。ただし，土地の場合，不動産バブルの影響もあり，特例として，固定資産評価額の２分の１をもって評価するとの暫定措置が継続しているので，前記事例では，固定資産評価証明書で評価額を確認し，その２分の１を訴額とする。なお，目的地が一筆の土地の一部であれば，面積割りで概算し，固定資産評価額がない土地であれば，近隣地の評価額に基づき算定する。

(3) 土地以外の物の価格

前記事例の目的物が建物の場合，訴額通知の前記定めのとおり，固定資産評価額をもって，物の価格とする。固定資産評価額がないときは，訴額通知の前記定めにかかわらず，実務上は，法務局の新築建物価格認定基準及び経

年減価基準を利用し，建物の種類・構造，経過年数等に基づき，その価格を認定するのが通常である。固定資産評価額のない動産の場合は，業者による価格証明書，本案の書証となる売買契約書，原告自身による上申書等によって，訴額通知にいう取引価格を認定し，これを物の価格とする。少額の動産であれば，厳密な証拠を要求する必要はないであろう。

(4) 物の価格と経済的利益の額

所有権の確認請求であれば，その経済的利益の額は，前述のようにして得られた物の価格全体となる。しかし，前記事例のような明渡請求の場合，その経済的利益は，いわば使用価値に当たる部分に限られる。第三者が占有していても，交換価値の支配は失われないと考えられるからである。このため，訴額通知は，所有権や地上権，賃借権，賃貸借契約終了に基づく明渡請求の訴額を物の価格の2分の1と定める（訴額通知7）。ちなみに，地上権や賃借権は，占有支配，使用価値の支配を権利の中核とするから，権利自体の確認請求の場合も，その訴額は明渡請求の場合と同じである（訴額通知3）。

(5) 建物収去土地明渡請求

なお，前記事例において，同時に，当該土地上の建物の収去が求められることは少なくない。しかし，建物の収去義務は土地の原状回復義務に包摂されるものと考えられるから，訴額算定の対象にならない。訴訟物が，所有権に基づく妨害排除請求であったとしても，建物の収去義務は土地の明渡しの履行態様にすぎないと考えられるから，同様に訴額算定の対象とはならない。

3．所有権移転登記請求

(1) 基本事例

例えば，土地（固定資産評価額1000万円）の売主に対し，所有権移転登記を求める場合，前記のとおり，土地の価格は固定資産評価額の2分の1と評価されるところ，移転登記によって得る利益も同額と考えられるから（訴額通知8），その訴額は，500万円となる。

(2) 所有権移転登記の経済的利益

　前記2(4)において，不動産の使用価値に係る経済的利益の額を不動産価格の2分の1としたことからすれば，前記事例のような不動産の所有権移転登記請求の経済的利益は，交換価値に係るものとして，その残余2分の1であるとも考えられる。しかし，前記のとおり，訴額通知は，その額を不動産の所有権自体の価格と同額とする（訴額通知8）。所有権に関する登記の対抗要件としての重要性・特殊性を考慮したものであろう。

(3) 真正な登記名義の回復を理由とする場合

　ただし，移転登記請求が真正な登記名義の回復を理由とするものである場合，これは所有権に基づく妨害排除請求の一種であるから，その経済的利益の額は，前記2(4)と同様，不動産の価格の2分の1となると考えるべきである。原則どおり抹消登記請求によった場合も，妨害排除請求の一種として，不動産の価格の2分の1が訴額となる。

(4) 抵当権の抹消登記請求

　抵当権設定登記の抹消登記請求も，所有権に基づく妨害排除請求に類するから，その経済的利益の額は，前記2(4)と同様，不動産の価格の2分の1となるが，被担保債権の登記上の額がこれに満たないときは，その額によることになる。なお，後者の場合，被担保債権の現存額は考慮しない。抵当権登記の抹消登記請求は，抵当権が実体的には消滅等していることが前提であり，その被担保債権の現存額は，実体的には無意味な額だからである。

(5) 抵当権の設定登記請求

　他方，抵当権の設定登記請求の場合，登記する被担保債権の額がその経済的利益の額となるのが原則であり，目的物の価額が被担保債権の額に満たないときは，その額によることになる（訴額通知5(1)類推）。目的物の価額を算定するに当たっては，訴額通知5(2)の定めにかかわらず，先順位抵当権の存在は考慮しないのが通常である。

4．事業認定処分の取消請求

(1) 基本事例

　例えば，土地収用法17条に基づき，国土交通大臣がした事業認定について，起業地内に土地（固定資産評価額1000万円）を所有する原告が，その取消しを求めた場合，当該処分が取り消されることによって原告が受ける経済的利益の額は，その後の収用裁決によって失うべきことを免れた土地の価格であるから，その訴額は，その土地の固定資産評価額の2分の1である500万円となる（訴額通知1）。

(2) 行政訴訟の経済的利益の額

　行政訴訟であっても，経済的利益を目的とするものは，財産権上の請求であり，その経済的利益の額によって，その訴額を算定する。課税処分の取消訴訟が典型例であり，課税額のうち，原告が取消しを求める部分の額が，その経済的利益の額となる。他方，情報公開法に基づく不開示処分取消請求のように，直接的に経済的利益を問題とするものでない処分は，非財産権上の請求となる。もっとも，行政訴訟の場合，例えば，懲戒免職処分の取消請求のように，経済的利益がかかわるような請求であっても，いずれにせよ算定困難であるとして，非財産権上の請求と同額にせざるを得ない場合も多い。

(3) 環境保護を目的とする行政訴訟

　前記事例は，起業地内の土地の所有者が，当該土地を失うおそれの排除を求めているのであるから，その経済的利益は明確である。しかし，これと異なり，起業地内の土地に権利を有しない者が，環境保護の見地から，事業認定処分の取消しを求める場合，訴額は算定困難とせざるを得ない。

(4) 原告が複数である場合

　ところで，環境保護の見地から提起された事業認定処分の取消訴訟においては，多数の住民が原告となっている場合が少なくない。この場合，良好な環境に対する権利利益も，結局は，個々の原告の主観的利益であるから，そ

の訴額は，原告の数だけ合算して算定する必要がある。これに対し，住民訴訟は，客観訴訟であるから，一個の財務会計行為を問題とする限り，その取消しによって得られる利益は，いわば一個の公益である。したがって，原告が複数であっても，互いに利益を共通にするものとして，その訴額は，原告が1人の場合と同様になる。→【判例⑥⑧】参照

(5) 合算逓減の可否の問題

　なお，行政訴訟の場合，そもそも訴額を合算することさえ許されない場合があることに注意が必要である。というのも，合算逓減の規定は，適法な併合請求を前提とするところ，行政訴訟においては，関連請求間においてのみ請求の併合が許されるからである（行訴16条・17条）。したがって，例えば，複数の会計年度にわたる一連の課税処分の取消訴訟が一通の訴状で提起された場合，合算逓減が許されるかの検討が必要であろう。→【判例⑨】参照

Ⅳ　訴額について注意しておくのはどのような点か

　訴額は，多くの訴訟類型において算定方法が確立しており，しかも，受付事務の段階で処理されているため，裁判官の問題意識は必ずしも高くなく，参考となる文献，裁判例も多くない。しょせんは附随的な判断にすぎないとの意識からか，安易な判断がされている事案も見受けられないではない。しかし，これが問題となった場合，裁判官又は裁判長は，対審構造がとられる前の段階において，職権で早期の判断をしなければならないから，ここに紹介したような基本的な事例において，その考え方を確認しておくことが必要であろう。

〔村　上　正　敏＝吉野　俊太郎〕

参照判例

【判例①】
　最三小判昭44・6・24民集23巻7号1109頁は，訴額通知の存在を明示的に示したうえ，所有権に関する仮登記の抹消登記手続請求の訴額は，上記抹消登記の経由によって原告の受ける利益の具体的算定を容易とする特段の事情の存しない限り，目的不動産の価額の2分の1を基準として定めるのを相当とするとし，訴額通知7⑴の取扱いを是認する。

【判例②】
　最三小判昭47・12・26判時722号62頁は，訴額通知が裁判所を拘束するものでないことはいうまでもないとする。

【判例③】
　最二小判昭34・8・28民集13巻10号1348頁は，租税滞納処分として不動産差押処分の取消しを求める訴訟は，旧民事訴訟用印紙法の適用については，財産権上の請求に係る訴訟であると判示する。

【判例④】
　最三小判昭35・4・5民集14巻5号738頁は，国有林野整備臨時措置法に基づく国有山林の払下げが，買受人としての法定の適格を欠く後順位の申請人に対する違法な売払処分であるとして，競願者が提起した当該払下処分取消訴訟は，旧民事訴訟用印紙法2条にいう財産権上の請求に係る訴訟であり，その訴訟の訴状に貼用する印紙の額は，当該山林の価額を訴訟物の価額として算出すべきものであると判示する。

【判例⑤】
　最三小判昭49・2・5民集28巻1号27頁は，民事訴訟費用等に関する法律4条2項に後段の定めが追加される前の事案であるが，ホテルの営業受託者たる地位の確認等を求める請求について，財産権上の請求に係る訴訟物の価額の算定が著しく困難な場合，裁判長又は裁判所は，その算定にとって重要な諸要因を確定し，これを基礎とし，裁量によってその価額を算定することができると判示し，その訴額を10億円とする。

【判例⑥】
　最一小判昭53・3・30民集32巻2号485頁は，旧地方自治法242条の2第

1項4号所定の損害賠償請求訴訟における訴訟物の価額は，原告の数にかかわりなく，35万円（当時の民訴費用法4条2項の定める額）とすべきであるとする。

【判例⑦】

前掲【判例②】最三小判昭47・12・26は，本訴請求と別訴請求はその経済的利益を共通にしていることが明らかであるが，各別に提起されたものであるから，その訴額及び貼用印紙額は各別に定めるべきものであるとした一方，その両訴が併合されて第1審判決が言い渡され，控訴の申立てがされた段階においては，両訴の請求のうち最も多額の請求である本訴の請求を基礎として訴額の算定をすべきものであるとする。

【判例⑧】

最二小決平12・10・13判時1731号3頁は，本件訴訟において原告らが訴えで主張する利益は，本件処分の取消しによって回復される各原告の水利権，人格権，不動産所有権等の一部を成す利益であり，その価額を具体的に算定することは極めて困難というべきであるから，各原告が訴えで主張する利益によって算定される訴訟の目的の価額は95万円（当時の民事訴訟費用等に関する法律4条2項の定める額）とみなされるが，これらの利益は，その性質に照らし，各原告がそれぞれ有するものであって，全員に共通であるとはいえないから，結局，本件訴訟の目的の価額は，各原告の主張する利益によって算定される額を合算すべきものであるとする。

【判例⑨】

最三小決平17・3・29民集59巻2号474頁は，同一の敷地にあって一つのリゾートホテルを構成している同一人所有の複数の建物について，固定資産課税台帳に登録された同一年度の価格につき需給事情による減点補正がされていないのは違法であるとしてされた審査の申出を棄却する固定資産評価審査委員会の決定のうち，所有者が各建物の適正な時価と主張する価格を超える部分の取消しを求める各請求は，互いに行政事件訴訟法13条6号所定の関連請求に当たると判示し，各建物の1棟ごとに請求の価額を計算し，それを合算した金額を訴額とし，これを基に算出して納付された訴え提起手数料に不足はないとする。

14 ◆1 訴えの提起
訴えの種類（確認・給付・形成）

I 訴えの種類について学ぶのはどうしてか

　訴えは，原告が，被告との関係における一定の権利関係の主張（訴訟上の請求）について，裁判所に対して，審理及び判決を求める申立てであり，現実の訴訟の場においては，訴状に記載される請求の趣旨及び原因により明示，特定される（民訴133条2項）。その特定を欠くと，訴状を却下され（民訴137条），また，特定されてもその内容が裁判所による審理及び判決の対象となり得ないものであれば，訴えは不適法なものとして却下される。また，訴えは，訴訟のテーマであり，その当否をめぐって審理がなされ，判決がなされる。訴えは，種々の観点から分類されるが，訴えについて理解するうえで最も重要な分類は，訴訟上の請求の内容又は求める判決の内容を基準とする給付の訴え，確認の訴え，形成の訴えの3類型であり，それぞれの類型の内容及び特徴を正確に理解することは，民事訴訟の構造を理解するうえでも，また，実務に携わるうえでも，非常に重要である。

II 訴えの種類について問題となるのはどのような点か

1．給付の訴え

　給付の訴えとは，被告に対する給付請求権の主張を訴訟上の請求とし，これに対応した給付判決を裁判所に求める訴えであり，提起される訴訟の圧倒的多数を占める訴えの類型である。給付の訴えについては，①被告に対して求める給付の内容として具体的にいかなるものがあるか，②給付の訴えにおける訴訟上の請求はいかにして特定されるか，③給付の訴えに対する判決は

原告及び被告にとっていかなる意味を有するか，④給付の訴えの適法性，具体的には給付の訴えに利益がないとして不適法却下されるのはいかなる場合か，などが問題となる。

2．確認の訴え

　確認の訴えとは，特定の権利又は法律関係の存在又は不存在の主張を訴訟上の請求とし，これを確定する確認判決を裁判所に求める訴えである。確認の訴えについては，①確認の訴えにおける確認の対象には具体的にいかなるものがあるか，②確認判決が私人間の紛争解決にとっていかなる意味を有するか，③確認の訴えの適法性，具体的には確認対象としての適格性，給付の訴えとの使い分け，即時確定の利益などが問題となる。

3．形成の訴え

　形成の訴えとは，法定の事由（形成要件・形成原因）に基づく特定の権利又は法律関係の変動（発生・変更・消滅）の主張を訴訟上の請求とし，その変動を宣言する形成判決を裁判所に求める訴えである。形成の訴えについては，①形成の訴えの意義及び形成の訴えには具体的にいかなるものがあるか，②形成判決はいかなる効力を有するか，③形成の訴えの適法性，④いわゆる形式的形成訴訟の手続上の特殊性などが問題となる。

Ⅲ　訴えの種類について実務はどう取り扱っているか

1．給付の訴え

(1) 給付の内容

　作為を求めるものとしては，「被告は，原告に対し，○○万円を支払え。」との金銭の支払を求めるもの，「被告は，原告に対し，別紙物件目録記載の建物を明け渡せ。」との不動産の明渡しを求めるものなどが一般的である。不作為を求めるものとしては，「被告は，原告に対し，別紙物件目録記載の土地に立ち入ってはならない。」などがある。なお，作為を求めるものの中

には，「被告は，原告に対し，別紙物件目録記載の土地につき，平成〇〇年〇月〇日付け売買を原因とする所有権移転登記手続をせよ。」との意思表示をすることを求めるものもある。

(2) 給付の訴えにおける訴訟上の請求の特定

給付の訴えにおいては，請求の趣旨の記載だけでは，被告に対していかなる給付請求権の存在を主張しているのか，訴訟上の請求が何であるかはわからない。金銭請求であれば，それが，売買代金請求なのか不法行為に基づく損害賠償請求なのかなど，明渡請求であれば，それが，物権に基づくものなのか債権に基づくものなのかなどは，請求の原因欄の記載によって特定されることとなる。

(3) 給付の訴えに対する判決

給付の訴えを認容する給付判決には，給付の内容を強制的に実現する執行力が認められる。金銭の支払を命ずるものであれば，給付判決を債務名義として，被告所有の不動産の強制競売を求めること（民執43条）などができる。建物の明渡しを命ずるものであれば，給付判決を債務名義として，執行官に対して，被告の占有を解いて原告にその占有を取得させることを求めること（民執168条）ができる。不作為を命ずるものであれば，代替執行（民執171条）さらには間接強制（民執172条）を求めることができる。なお，意思表示をすべきことを命ずるものであれば，判決の確定時において，意思表示がなされたものとみなされ，それ以上の執行手続は不要である（民執174条）。→【判例①】参照

給付判決には，執行力に加えて，確定した場合には，訴訟上の請求である給付請求権が存在することについて既判力が生じ，その存在について被告は争うことができなくなる。給付判決の確定後に執行手続によらずに原告が被告から任意に給付を受けた場合には，給付判決の既判力によりこれが正当なものとみなされ，被告はその返還を求めることができなくなる。他方，給付の訴えを棄却する請求棄却判決は，給付請求権の不存在を確認する確認判決であり，その不存在について既判力が生じ，原告は以後これが存在する旨主

張することができなくなる。

(4) 給付の訴えの適法性（給付の訴えの利益）
　口頭弁論終結時において既に履行期の到来している現在の給付の訴えか，履行期の到来していない将来の給付の訴えかによって，取扱いは大きく異なる。
　(a) 現在の給付の訴えの場合
　現在の給付の訴えは，原則として，そのことだけで訴えの利益が認められる。給付の実現が不可能又は著しく困難であったとしても，訴えの利益がないとはいえない（例えば夫婦の同居協力義務）。給付請求権に対して仮差押えがされていたとしても給付訴訟は妨げられず，また，倒産法上の弁済禁止の保全処分があっても，金銭給付を求める訴えの利益は否定されない。債務名義となる執行証書（民執22条5号）があっても，給付請求権につき既判力ある判決を得る必要があるから，訴えの利益は否定されない。さらに，確定した給付判決がある場合には，重ねて訴えを提起できないのが原則であるが，例外的に，判決原本が滅失したときや，時効中断のために必要な場合には，訴えの利益が認められる。→【判例②③】参照
　(b) 将来の給付の訴えの場合
　これに対して，将来の給付の訴えについては，あらかじめその請求をして給付判決を得ておく必要ある場合に限って訴えの利益が認められる（民訴135条）。①履行期が到来しても任意の履行が期待できない場合や，②履行期に直ちに給付がなされないと債務の本旨に従った履行とならない場合，又は，原告が著しい損害を被る場合がこれに該当する。
　①の例としては，土地・建物の明渡義務の存在が争われている場合の明渡しまでの将来分の賃料相当損害金の請求を挙げることができる。なお，第一次的に物の引渡しを求め，第二次的に引渡しが不能となった場合の損害賠償請求を併合するいわゆる代償請求についても，将来の給付の訴えであるが，訴えの利益が認められる。→【判例④〜⑥】参照
　②の例としては，特定の日時又は一定の期間内に履行しなければ契約をした目的を達することができないいわゆる定期行為（民542条）の給付を求める

訴えや，養育費の請求などを挙げることができる。

2．確認の訴え

(1) 確認の対象

　確認の訴えには，「原告が別紙別件目録記載の土地について所有権を有することを確認する」というように存在確認を求める積極的確認の訴えと，「原告の被告に対する平成○○年○月○日付け金銭消費貸借契約に基づく貸金債務は存在しないことを確認する。」というように不存在確認を求める消極的確認の訴えがある。前者は，原告の土地所有権が訴訟上の請求であり，後者は，被告の原告に対する貸金債権が訴訟上の請求である。給付の訴えとは異なり，請求の趣旨の記載だけで原告が求める確認判決の内容のみならず，訴訟上の請求が何かであるかもわかる。

(2) 確認の訴えの紛争解決機能

　確認の訴えは，請求認容判決も請求棄却判決もいずれも確認判決であり，訴訟上の請求についてその存否を既判力をもって観念的に確定することによって，紛争を解決しようとする点において，その後の執行により給付内容の現実的実現を図ろうとする給付の訴えとは異なる。また，形成の訴えとは，判決によって権利関係等を変動させることを目的とするのではなく，既に存在する権利関係等の存在又は不存在を確認することを目的とする点において異なる。

　確認の訴えは，当事者に判決内容を遵守しようという法意識が存在する場合には，紛争の抜本的解決機能及び予防機能を有する。所有権の確認であれば，所有権に基づく引渡訴訟や所有権侵害に基づく損害賠償請求訴訟を個別に提起しなくてもよくなるし，貸金債務の不存在確認であれば，被告から貸金請求をされる不安を除去することができる。

(3) 確認の訴えの適法性

　確認の訴えにおける確認対象は論理的には無限定であるから，訴訟によって確認対象について確認判決を下すことが真に必要なのかを吟味し，確認の

訴えを許容する範囲を限定する必要性は，給付の訴えや形成の訴えに比較しても大きい。

　(a)　**対象選択の適否**

　原則として，現在の権利又は法律関係でなければならない。現在の紛争を解決するためには，現在の権利又は法律関係を確認するのが最も直接的かつ効果的だからである。よって，原則として，過去の法律関係や法律行為の有効，無効，不存在，さらには事実関係の存否の確認を求める訴えは認められない。ただし，それらを確認することが，現在の法律関係をめぐる紛争の抜本的解決に適切，かつ，不可欠であるような場合には，例外的に確認の対象とすることができる。

　まず，民事訴訟法は，証書真否確認の訴え（民訴134条）を認めることによって，確認対象を事実関係にまで拡げている。これは，法律関係を証する書面が真正に成立したか否かを確定するための訴えであるが，その重要性にかんがみ，その真否を確認するだけで紛争が解決する場合が多いことに着目して，特に確認対象とすることが明文の規定で認められたものである。→【判例⑦】参照

　同様に，過去の法律関係であっても，また，過去の法律行為の無効や不存在であっても，その確定が現在の紛争の解決のために必要な場合には，明文の規定がなくても，確認の対象とすることができる。→【判例⑧～⑬】参照

　なお，将来の権利関係は，将来における変動の可能性からして，確認の訴えの対象とはなり得ないというべきであるが，条件付権利については，現在の法律関係として確認の訴えの対象となり得る。→【判例⑭】参照

　(b)　**方法選択の適否**

　自己の権利の積極的確認の訴えを提起することが可能な場合には，原則として，相手方の権利の消極的確認の訴えを提起することは許されない。→【判例⑮】参照

　また，給付請求権や形成権の確認の訴えは原則として認められない。給付請求権の場合には，端的に，給付の訴えを提起すべきであるし，形成権であれば，形成権行使の結果形成される権利関係について，給付・確認の訴えを提起すれば足りるからである。

(c) 即時確定の利益

確認の訴えが認められるためには，原告の法的地位に危険・不安定が現存し，これを解消するために，確認判決を得ることが必要であることを要する。被告が訴訟上の請求である権利関係を争っている場合が典型例であるが，被告が原告の法的地位を争っていない場合でも，時効の中断や戸籍など公簿の訂正のために確定判決を必要とする場合などにも即時確定の利益は認められる。→【判例⑯】参照

3．形成の訴え

(1) 形成の訴えの意義，類型

法律関係の安定性と明確性，画一性を図る必要がある一定の場合（身分関係や団体関係など）に，裁判所の形成判決が確定して初めて法律関係の変動がもたらされるものとしたのが，形成の訴えである。

形成の訴えは，実体法上の形成の訴え，訴訟法上の形成の訴え及び形式的形成訴訟に分けられる。実体法上の形成の訴えは，対象とされた実体法上の法律関係の変動を目的とする訴えであり，人事訴訟（離婚など），会社関係訴訟（株主総会決議の取消しなど）がその典型例である。なお，行政処分の取消しも実体法上の形成の訴えに当たる。請求の趣旨は，離婚の訴えの場合は，「原告と被告を離婚する。」，株主総会の決議取消しの場合は，「被告会社の平成○○年○月○日の株主総会における○○決議を取り消す。」などとされ，判決により法律関係が変動することが明示される。訴訟法上の形成の訴えは，訴訟法上の法律関係について変動を生じさせることを目的とする訴えであり，再審の訴え（民訴338条）などがこれに該当する。最後に，形成的形成訴訟とは，法律関係の変動に形成判決が必要とされるという点では，他の類型と性質を同じくするが，形成の原因となる形成要件・形成原因が定められておらず，訴訟上の請求が存在しないものであり，共有物分割の訴え（民258条）や父を定める訴え（民773条）がこれに該当し，土地境界確定訴訟もこれに含まれると解されている。

(2) 形成の訴えに対する判決

形成の訴えを認容する形成判決は，主文において法律関係の変動を宣言し，判決が確定することによって，法律関係を変動させる効力（形成力）を有する。他方，請求棄却判決は，訴訟上の請求たる形成要件・形成原因の不存在を確認する確認判決であり，その不存在につき既判力が生じる。

(3) 形成の訴えの利益

　形成の訴えは，法律に個別に要件が定められているのが原則であり，その場合には所定の要件を備えた訴えが提起されていれば当然訴えの利益が認められる。しかし，訴訟係属中事情の変化により当該訴えにより企図された法律関係の変動が無意味となった場合には，原則として訴えの利益を欠くに至り，形成の訴えは不適法却下される。

　上記事情の変化としては，まず第1に，原告が形成判決によって得ようとした目的が，その後の事情の変化によって，実現し得なくなった場合が挙げられる。株主総会の決議取消訴訟において問題となることが多い。株主総会決議取消しの訴えを会社運営の適法性を確保するための違法是正権の保護と解するのであれば格別，訴えの利益の基礎を個別的，具体的利益であると考える以上，形成判決をしても実益がない訴えを適法と解することは困難であろう。→【判例⑰～⑳】参照

　第2に，逆に，原告が形成判決によって得ようとしていたのと同じ状態が，その後の事情の変化によって生じてしまった場合にも，もはや形成判決によって法律関係を変動させる必要はないから，訴えは利益を欠くこととなる。→【判例㉑】参照

(4) 形式的形成訴訟

(a) 形式的形成訴訟の特色

　形式的形成訴訟においては，裁判所に対する審判の申立ては存在するが，裁判の対象となる訴訟上の請求が存在せず，処分権主義も弁論主義も妥当しない。請求の認諾や和解の余地もなく，自白の拘束力も認められない。当事者の主張や立証に拘束されることなく，裁判所がその裁量により職権に基づいて判断しなければならない。その実質は非訟事件であるが，対象となる法

律関係の重要性や当事者間の利益対立があることから，訴訟手続の形式で紛争を解決しようとされたものである。

(b) 境界確定の訴え

境界確定の訴えは，土地の境界に関する争いが生じた場合に，その確定を求めてなされる特殊の訴えである。土地所有権の範囲の確認を目的とするものではなく，裁判所は，当事者の主張に拘束されることなく，その裁量的判断により正しいと考える境界線を定める。その際に基準となる法規の定めは存在しない。以上より，境界確定の訴えは，形式的形成訴訟に含まれると解されている。→【判例㉒】参照

境界確定の訴えについては，通常の訴訟と比較して種々の特別の取扱いがされる。すなわち，①請求の趣旨としては，隣接する両土地の境界の確定を求めると記載すれば足り，特定の境界線を示す必要はない。②控訴審における不利益変更の禁止の原則（民訴304条）の適用はない（→【判例㉓】参照）。③当事者間の合意のみで境界を確定することは許されない（→【判例㉔】参照）。④裁判所は，当事者の主張する境界線に拘束されることはない（→【判例㉕】参照）。⑤裁判所は，請求を棄却することはできず，職権で何らかの境界線を確定しなければならない。

なお，当事者適格は隣地所有者にのみ認められるが，境界線に密接な利害関係を有するという点から法政策的に認められたものであり，訴訟の対象が所有権であることの帰結ではない。境界に接続する部分の土地が隣地所有者によって時効取得されても，当事者適格は存続する（→【判例㉖】参照）。しかし，隣地の全部が時効取得された場合には，当事者適格は失われる。

Ⅳ 訴えの種類について注意しておくのはどのような点か

以上，訴えの3類型について考察してきたが，訴えの3類型への分類は法律で定められたものではなく，あくまで理論的なものにすぎない。請求異議訴訟については，形成の訴えなのか，確認の訴えなのか，3類型のいずれにも属さないものなのか争いがあり，その他個別の法令により定められた訴え

については，前述した3類型に関する説明が当てはまらないものもある。したがって，訴えをめぐる個々の問題については，訴えの類型についての原則的な取扱いを基本としながら，当該訴えについていかなる扱いをするのが相当であるかについて，常に注意する必要がある。

〔住友　隆行〕

参照判例

【判例①】
　最二小判昭41・3・18民集20巻3号464頁は，不動産の登記の抹消登記手続を求める請求は，被告の抹消登記申請という意思表示を求める請求であり，請求認容判決の確定によって被告が意思表示をしたものとみなされ，判決の執行は完了するとする。

【判例②】
　最一小判昭33・6・19民集12巻10号1562頁は，会社更生法による金銭債務弁済禁止の保全処分があっても，債権者は無条件の給付判決を求めることができるとする。

【判例③】
　大判昭6・11・24民集10巻1096頁は，裁判上の請求以外に時効中断の方法がない場合には，給付判決確定後そのために提起した再訴は，訴えの利益を有するとする。

【判例④】
　最二小判平3・9・13判時1405号51頁は，抵当権の実行による競売手続において，目的土地を買い受けた者は，執行妨害の意図を含んで結ばれた短期賃貸借に基づきその土地の占有をする者に対し，将来の賃貸借期間満了の際における土地明渡しを求める将来の給付の訴えの利益が認められるとする。

【判例⑤】
　大判昭15・3・13民集19巻530頁は，株式の給付を求める訴えにおいて，執行不能の場合の履行に代わる損害賠償の訴えがなされたときは，裁判所は，本来の給付を命じると同時に，執行不能を条件として事実審口頭弁論終結時の価額の賠償を命じる判決をすることができるとする。

【判例⑥】
　最大判昭56・12・16民集35巻10号1369頁は，継続的不法行為に基づき将来発生すべき損害賠償請求権については，その基礎となるべき事実関係・法律関係が既に存在し，その継続が予測され，請求権の成否・内容につき債務者に有利な影響を生ずる事実の変動としてはあらかじめ明確に予測し得る事由に限られ，しかも請求異議の訴えによってその主張をしなければならないとの負担を債務者に課しても不当といえないときにのみ，将来の給付の訴えを提起できるとする。

【判例⑦】
　最二小判昭27・12・12民集6巻11号1166頁は，証書真否確認の訴えの目的となり得る証書とは，その証書の記載内容からして一定の法律関係の存否が証明される文書でなければならず，「受取人不在ニ付差出人ニ返戻ス　広島県」と記載されている文書は，法律関係を証する書面とはいえないとする。

【判例⑧】
　最大判昭32・7・20民集11巻7号1314頁は，現在日本国籍を有することに争いのない場合でも，その国籍取得原因が国籍回復許可によるものでなく日本人を父として出生したことによると主張する確認の訴えは法律上の利益があるとする。

【判例⑨】
　最大判昭45・7・15民集24巻7号861頁は，父母の両者又は子のいずれか一方が死亡した後でも，生存する一方は死亡した一方との間の親子関係の存否の確認の訴えを検察官を相手方として提起できるとする。

【判例⑩】
　最三小判昭47・2・15民集26巻1号30頁は，遺言無効確認の訴えは，それにより遺言から生ずべき特定の法律関係の不存在の確認を求めるものでかつこれにつき法律上の利益を有するときは適法であるとする。

14 訴えの種類（確認・給付・形成）

【判例⑪】
　最二小判平11・6・11判時1685号36頁は，遺言者は，いつでも既になした遺言を任意に取り消し得るから，遺言者生存中受贈者には期待権を含む何らの権利も存在せず，遺言者がその生前に提起した遺言無効確認の訴えは不適法であるとする。

【判例⑫】
　最一小判昭61・3・13民集40巻2号389頁は，共同相続人間において，遺産分割の前提として特定の財産が被相続人の遺産に属することの確認を求める訴えは適法であるとする。

【判例⑬】
　最一小判昭47・11・9民集26巻9号1513頁は，学校法人の理事会又は評議員会の決議の無効の確認を求める訴えは，現に存する法律上の紛争の直接かつ抜本的な解決のため適切かつ必要な場合には許されるとする。

【判例⑭】
　最一小判平11・1・21民集53巻1号1頁は，敷金返還請求権は，賃貸借契約終了前においても，条件付きの権利として存在するから，現在の法律関係であるということができ，確認の対象の適格に欠けるところはないとする。

【判例⑮】
　最一小判平16・3・25民集58巻3号753頁は，保険金支払債務不存在確認の訴えの係属中に，被告が保険金支払を求める反訴を提起した場合には，本訴は確認の利益を認めることはできないから，不適法却下を免れないとする。

【判例⑯】
　最三小判昭31・6・26民集10巻6号748頁は，協議離婚が無効である場合に，その戸籍の記載を抹消するための協議離婚無効確認の訴えには確認の利益があり，それは，改めて裁判上の離婚を求めるという原告の意思の有無を問わないとする。

【判例⑰】
　最一小判昭45・4・2民集24巻4号223頁は，役員選任の株主総会決議取消しの訴えの係属中，その決議に基づいて選任された取締役ら役員がす

べて任期満了により退任し，その後の株主総会決議によって取締役ら役員が新たに選任されたときは，特別の事情がない限り，決議取消しの訴えは，訴えの利益を欠くに至るものと解すべきであるとする。

【判例⑱】
　最二小判昭37・1・19民集16巻1号76頁は，株主以外の者に新株引受権を与えるための株主総会特別決議につき，決議取消しの訴えが係属する間に，その決議に基づき新株の発行が行われてしまった場合には，訴えの利益は消滅するものと解すべきであるとする。

【判例⑲】
　最三小判昭58・6・7民集37巻5号517頁は，計算書類等承認の株主総会決議取消しの訴えの係属中，その後の決算期の計算書類等の承認がされた場合であっても，当該計算書類等につき承認の再決議がされたなどの特別の事情がない限り，決議取消しを求める訴えの利益は失われないとする。

【判例⑳】
　最一小判平4・10・29民集46巻7号2580頁は，役員退職慰労金贈呈の株主総会決議取消しの訴えの係属中，この決議と同一の内容をもち，この決議の取消判決が確定した場合にさかのぼって効力を生ずるものとされている第2の決議が有効に成立し，それが確定したときは，特別の事情がない限り，決議取消しの訴えの利益は失われるとする。

【判例㉑】
　最三小判昭57・9・28民集36巻8号1642頁は，重婚において，後婚が離婚によって解消された場合には，特段の事情がない限り，後婚の取消しを請求することは許されないとする。

【判例㉒】
　最一小判昭43・2・22民集22巻2号270頁は，境界確定の訴えは，隣接する土地の境界が事実上不明なため争いがある場合に，裁判によって新たにその境界を確定することを求める訴えであって，土地所有権の範囲の確認を目的とするものではなく，したがって，取得時効の抗弁の当否は，境界確定に無関係であるとする。

14 訴えの種類（確認・給付・形成）

【判例㉓】
　　最三小判昭38・10・15民集17巻９号1220頁は，境界確定訴訟の控訴裁判所は，第１審判決の定めた境界線を正当でないと認めたときは，第１審判決を変更して，正当と判断する線を境界と定めるべきものであり，その結果が実際上控訴人にとり不利であり，附帯控訴しない被控訴人に有利である場合であっても，いわゆる不利益変更禁止の原則の適用はないものと解すべきであるとする。

【判例㉔】
　　最三小判昭42・12・26民集21巻10号2627頁は，隣接所有者間に境界についての合意が成立したことのみによって，その合意のとおりの境界を確定することは許されないとする。

【判例㉕】
　　大連判大12・6・2民集２巻345頁は，境界確定の訴訟では，当事者の主張する境界線に覊束されないとする。

【判例㉖】
　　最三小判平７・３・７民集49巻３号919頁は，公簿上特定の地番により表示される甲乙両地が相隣接する場合に，乙地の所有者が甲地のうち境界の全部に接続する部分を時効取得したとしても，甲乙両地の各所有者は，境界確定の訴えの当事者適格を失わないとする。

15-1 訴えの形式① 現在と将来

◆1 訴えの提起

I 訴えの形式（現在と将来）について学ぶのはどうしてか

　訴えは，原告が求める判決の内容，性質によって，給付の訴え，確認の訴え，形成の訴えに分類される。このうち，給付の訴えは，原告が裁判所に対し，給付請求権の存在を確定し，かつ被告に給付を命ずる判決を求める訴えであり，既に履行期が到来している給付請求権に関する訴えを現在給付の訴え，将来履行期が到来する給付請求権に関する訴えを将来給付の訴えという。履行期が到来しているか否かは，訴えの提起時を基準とするのではなく，事実審の口頭弁論終結時を基準として判断される。

　給付の訴えは，実務における訴訟の多数を占めるものであり，現在給付の訴えと将来給付の訴えとでは，訴えの提起が許される場面も異なる。そのため，現在給付の訴えと将来給付の訴えに分けて，実務上問題となり得る点を把握しておく必要がある。

II 訴えの形式（現在と将来）について問題となるのはどのような点か

　給付の訴えにおいて，どのような給付請求権を設定するかは，原則として，原告の自由な判断に委ねられている（処分権主義。民訴246条参照）。しかし，給付請求権の内容によっては，訴えの提起を不適法とすべき場合もあり得る。現在給付の訴えと将来給付の訴えのそれぞれにおいて，いかなる給付請求権を設定し得るかが問題となる（給付請求権の適格性）。

　また，給付の訴えにおいても，訴訟要件として訴えの利益の有無が問題と

なる場合がある。特に，将来給付の訴えは，あらかじめその請求をする必要がある場合に限り，提起することができるとされており（民訴135条），どのような場合に，上記のような必要性があると認められるかが問題となる。

以下では，これらの問題について，現在給付の訴えと将来給付の訴えに分けて検討する。

Ⅲ　訴えの形式（現在と将来）について実務はどう取り扱っているか

1．現在給付の訴え

民事訴訟法は，将来給付の訴えについてのみ規定を置き（民訴135条），現在給付の訴えについては規定を置いていない。これは，原告が，期限の到来した給付請求権の権利者であると主張し，その相手方を被告として現在給付の訴えを提起する限り，一応，その訴えには，当事者適格や訴えの利益などの訴訟要件が具備されているものと認められることを意味している。→【判例①】参照

しかし，給付請求権の内容や他の手続との関係などによっては，例外的に，現在給付の訴えも不適法とされることがある。

(1) **給付請求権の適格性**

給付請求権の内容は，金銭の支払や物の引渡しを求めるものが典型であるが，登記申請などの意思表示のほか，建物の収去や工事の差止めといった特定の行為を求めるものでもよい。

しかし，賭博や売春の実行を求めるものや，これらの行為を原因とする金銭の支払を求めるものは，内容自体が現行法上許されないものであるから，これらの請求権を基礎として現在給付の訴えを提起しても不適法とされる。

(2) **訴えの利益**

現在給付の訴えは，既に履行期が到来した請求権の履行を求める訴えであ

るから，原則として訴えの利益が認められる。被告が債務の存在を争っているかどうかや，原告が訴えの提起前に履行を求めたかどうかは，訴えの利益の存否とは無関係である。しかし，例外的に，次の場合には，訴えの利益が否定される。

(a) **給付請求権の実現につき他の手続が定められている場合**

破産債権や再生債権のように，債権確定のための特別の手続が存在する場合（破124条以下，民再105条以下）には，当該債権について給付の訴えを提起する必要がない。したがって，これらの債権について現在給付の訴えを提起しても，訴えの利益が認められず不適法となる。その他，特別の強制徴収手続が法定されている場合も同様に訴えの利益がない。→【判例②】参照

(b) **確定判決又はこれに準ずる債務名義を取得している場合**

確定した給付判決又はこれに準ずる債務名義を取得している場合には，同一の給付請求権について給付の訴えを提起しても，訴えの利益がないものとして不適法となる。しかし，時効中断のために必要な場合や判決原本が滅失した場合には，例外的に訴えの利益が認められる。→【判例③④】参照

これに対し，例えば，執行証書のように債務名義が既判力を伴っていない場合や，債務名義の内容に疑義がある場合には，給付請求権を確定する必要があるから，既に取得した債務名義と同一の給付請求権について現在給付の訴えを提起しても，訴えの利益が認められる。→【判例⑤】参照

2．将来給付の訴え

将来給付の訴えは，あらかじめその請求をする必要がある場合に限り，提起することができる（民訴135条）。現在給付の訴えよりも，許容される場面が限定的であり，どのような内容の請求権を基礎として訴えを提起することができるか，また，どのような場合に訴えの利益が認められるかが問題となる。

(1) **給付請求権の適格性**

将来給付の訴えに基づき判決をしたにもかかわらず，給付請求権が発生しなかった場合には，裁判所の審判がむだになるし，被告は強制執行を受ける

危険を負い，これを回避するために請求異議の訴え（民執35条）を提起して，執行の不許を求めなければならなくなる。そのため，将来給付の訴えの基礎となる給付請求権は，将来発生し，又は行使することのできる蓋然性がなければならないと解されている。

　将来確実に行使することができる期限付給付請求権は，当然，将来給付の訴えの基礎とすることが許される。また，将来到来することが不確実な事実によって影響を受ける条件付給付請求権や，未だ発生していない給付請求権であっても，現在において基礎となる事実関係が存在しており，その内容も明確であれば，将来給付の訴えの基礎とすることが許される。→【判例⑥】参照

　これを前提にすると，未だ発生していない給付請求権のうち，賃貸借契約に基づき将来の地代を請求するものや，交通事故等，既に行われた不法行為に基づく定期金賠償を請求するものを，将来給付の訴えの基礎とし得ることに異論はない。他方，継続的な事業活動等によって，公害や生活妨害が生じたとして，不法行為に基づく損害賠償を請求するものについては，損害賠償請求権の成否及びその額をあらかじめ一義的に明確にし得るなどの場合に限り，将来給付の訴えの基礎とすることが許されるにとどまる。→【判例⑦⑧】参照

(2) 訴えの利益

　将来給付の訴えを提起し得るのは，「あらかじめその請求をする必要がある場合」に限定されている（民訴135条）。「あらかじめその請求をする必要がある場合」か否かは，事案に応じて具体的に判断されることになるが，一般的には，給付請求権の目的・性質，債務者の対応等から，履行期の到来や条件成就の時点を待って現在給付の訴えを提起させることが，債権者の保護としては不十分である場合には，上記の必要性が認められることになろう。

　例えば，①債務者が請求権の存在を争っており，将来，履行期が到来し，又は条件が成就しても任意の履行が期待できない場合，②請求権の性質上，履行期が到来した時点で即時の履行をしなければ，債権者に回復困難な損害が生ずる場合，③本来の給付の訴えに係る請求権の履行不能等を条件とし

て，将来の損害賠償請求（代償請求）をする場合が考えられる。→【判例⑨】参照

実務上，元本のほか，その支払済みに至るまでの利息・損害金の支払を求め，あるいは，建物や土地の明渡しと明渡済みに至るまでの賃料や賃料相当損害金の支払を求めるものは，上記①を根拠とするものである。

Ⅳ 訴えの形式（現在と将来）について注意しておくのはどのような点か

　裁判所は，審理の結果，民事訴訟法135条の要件を充足する限り，現在給付の訴えに対して，将来給付の判決をすることは許される。→【判例⑩】参照

　他方，訴え提起時を基準にすると将来給付の訴えであったものが，審理の途中で履行期が到来して現在給付の訴えとなった場合，裁判所は現在給付の判決をすることができるかについては見解が分かれている。

　実務では，訴えの変更等の手続を要することなく，現在給付の訴えがあったものとして判決をすることも多い。しかし，条件付給付請求権に基づく将来給付の訴えについて，審理の途中で条件が成就した場合には，訴えの変更を要するとの見解もあり，注意を要するところである。

〔片山 博仁〕

参照判例

【判例①】
　最三小判平23・2・15判時2110号40頁は，給付の訴えにおいては，自らがその給付を請求する権利を有すると主張する者に原告適格があるとする。

15-1 訴えの形式① 現在と将来

【判例②】
　最大判昭41・2・23民集20巻2号320頁は，農業共済組合の農作物共済掛金等の徴収については，農業災害補償法87条の2所定の手続によるべきであって，民事訴訟法による強制執行は許されず，その履行を裁判所に訴求することもできないとする。

【判例③】
　大判昭6・11・24民集10巻1096頁は，確定判決があるときであっても，他に時効中断の方法がないときは，再度の訴えの提起も許されるとする。

【判例④】
　大判大14・4・6民集4巻3号130頁は，判決原本が滅失した場合には，更に同一の趣旨の判決を言い渡すことも妨げられないとする。

【判例⑤】
　最一小判昭42・11・30民集21巻9号2528頁は，和解調書に建物を収去すべき旨の条項があっても，建物収去のための債務名義として，その内容に疑義があるときは，さらに建物収去の訴えを提起することができるとする。

【判例⑥】
　最三小判昭39・9・8民集18巻7号1406頁は，農地の買主は，その必要がある限り，売主に対し，知事の許可を条件として農地所有権移転登記手続請求をすることができるとする。

【判例⑦】
　最大判昭56・12・16民集35巻10号1369頁は，現在不法行為が行われており，同一態様の行為が将来も継続することが予想されても，損害賠償請求権の成否及びその額をあらかじめ一義的に明確に認定することができず，具体的に請求権が成立したとされる時点においてはじめてこれを認定することができ，かつ，上記権利の成立要件の具備については債権者がこれを立証すべきものと考えられる場合には，かかる将来の損害賠償請求権は，将来の給付の訴えを提起することのできる請求権としての適格性を有しないとする。

【判例⑧】
　最三小判平19・5・29判時1978号7頁は，飛行場において離着陸する航

空機の発する騒音等により周辺住民らが精神的又は身体的被害を被っていることを理由とする損害賠償請求権のうち，事実審の口頭弁論終結日の翌日以降の分は，判決言渡日までの分についても，将来の給付の訴えを提起することのできる請求権としての適格性を有しないとする。

【判例⑨】
　　大連判昭15・3・13民集19巻530頁は，物の給付を訴求する原告は，その執行が奏功しない場合に備え，履行遅滞による損害賠償として，本来の給付に代わる損害賠償の予備的請求をすることができるとする。

【判例⑩】
　　東京地判昭30・12・7下民集6巻12号2569頁は，現在給付を求める訴えが，弁済期未到来と認められる場合であっても，あらかじめ請求する必要がある限り，将来の給付を命ずる判決をすべきであるとする。

15-2 訴えの形式② 本訴と反訴

◆ 1 訴えの提起

I 訴えの形式（本訴と反訴）について学ぶのはどうしてか

　訴えは，他の訴訟手続との関係から，独立の訴えと訴訟中の訴えに分類されることがある。独立の訴えとは，他の訴訟手続とは無関係に提起され，訴訟係属の原因となるものをいう。これに対し，訴訟中の訴えとは，既に提起された訴訟の係属中に，同一の訴訟手続内で併合審判を受ける目的で提起されるものをいい，訴えの変更（民訴143条），中間確認の訴え（民訴145条），反訴（民訴146条），独立当事者参加（民訴47条）などがこれに当たる。

　訴訟中の訴えは，係属中の訴訟手続と併合して審判されるため，紛争の一回的な解決に資する反面，相手方当事者の防御の利益を損ない，審理が複雑化して訴訟遅延をもたらす可能性も否定できない。そこで，民事訴訟法は，このような利害を調整するため，各種の訴訟中の訴えに関して要件や方式を定めている。とりわけ反訴と訴えの変更は，実務上も頻繁に利用されており，これらの規律に通じておく必要がある。本項目では反訴について解説する。

II 訴えの形式（本訴と反訴）について問題となるのはどのような点か

　反訴は，原告が被告に対して提起した訴え（これを本訴という。）の係属中，その訴訟手続において，被告が原告に対して提起する訴えである。

　本訴の内容や審理経過によっては，複数の反訴の態様が考えられるところであり，いかなる態様の反訴が許されるかが問題となる。

また，被告が，本訴における攻撃防御方法や審理の経過とは無関係に反訴を提起すると，原告に予想外の防御を強いることとなり，審理を混乱させ，訴訟遅延を招くことにもなりかねない。このような事態が生ずることを回避するため，民事訴訟法上，本訴請求との関連性など，一定の要件が定められており，いかなる場合に反訴提起が許されるかが問題となる。

さらに，反訴は，訴えの一種であるから，民事訴訟法上，訴えに準ずるものとされている一方で，本訴の係属を前提とするため，手続上の制約も定められており，反訴が提起された場合の手続的規律がどのようなものになるかも問題となる。

Ⅲ 訴えの形式（本訴と反訴）について実務はどう取り扱っているか

1．反訴の態様

(1) 無条件の反訴と予備的反訴

反訴には，無条件の反訴と，本訴請求が認容されることを条件とする予備的反訴がある。後者の例としては，売買代金の本訴請求に対し，被告が売買契約の無効を主張して請求棄却を求めつつ，本訴請求が認容される場合に備えて，予備的に反対給付を求める反訴を提起する場合が挙げられる。

(2) 再 反 訴

被告が提起した反訴に対し，原告が再反訴を提起することも許される。→【判例①】参照

ただ，このような場合は，原告が本訴について訴えの変更（民訴143条）をすれば足りることも多いように思われる。

2．反訴の要件

反訴の要件は，①反訴請求が本訴請求又はこれに対する防御の方法と関連すること（民訴146条1項柱書），②事実審の口頭弁論の終結前であること（同

前)，③著しく訴訟手続を遅滞させるものでないこと（同項2号），④反訴の目的である請求が他の裁判所の専属管轄に属するものでないこと（同項1号），⑤訴えの客観的併合の一般的要件（民訴136条）を満たすことである。

(1) 反訴請求が本訴請求又はこれに対する防御の方法と関連すること

　反訴は，本訴と併合審理されることを前提に提起されるから，本訴請求と無関係な反訴の提起を許すと，原告に予想外の防御を強いる結果となる。そこで，このような事態が生ずることを回避するため，民事訴訟法は，反訴の要件として，反訴請求と本訴請求又はこれに対する防御方法との関連性を要求している。

　関連性の要件は，本訴と反訴が併合審理されることを正当化するためのものである。したがって，関連性の有無については，反訴請求の審理において，本訴請求の訴訟資料や証拠資料を利用することができるかを具体的に検討して判断すべきである。そのため，反訴請求が，本訴請求又はこれに対する防御方法と，法律上又は事実上共通点を有することが認められれば，関連性が肯定されることが多い。

　関連性の要件は，本訴と反訴を併合審理することによって，原告に防御上の不利益が生ずることを回避するためのものである。そのため，原告が反訴の提起に異議を述べない場合には，仮に関連性が認められなくとも，他の要件を充足する限り，適法な反訴として扱われる。→【判例②】参照

(2) 口頭弁論の終結前であること

　反訴は，事実審の口頭弁論の終結前まで許されるが（民訴146条1項柱書），控訴審において反訴を提起する場合には相手方の同意を必要とする（民訴300条1項）。相手方の同意を要することとしたのは，反訴請求に関する相手方の審級の利益を保護するためである。そのため，相手方が積極的に同意していなくとも，異議を述べることなく反訴の本案について弁論をしたときは，反訴の提起に同意したものとみなされる（同条2項）。また，被告が，第1審で提出した抗弁に係る反訴を，控訴審において提起した場合のように，既に反訴請求について第1審で審理がされているものと評価できる場合には，原告

の審級の利益に配慮する必要はないから，原告の同意は不要である。→【判例③】参照

なお，上告審において反訴を提起することはできない。→【判例④】参照

(3) **訴訟の進行を著しく遅滞させるものでないこと**

本訴請求の審理が終結する間際に反訴が提起されると，早期に判決を受ける本訴原告の利益が損なわれるだけではなく，公的資金を投じて運営されている訴訟の運営にも支障が生ずる。そこで，民事訴訟法は，反訴の提起が訴訟の進行を著しく遅滞させる場合には，反訴の提起を許さないものとしている。この要件は公益に関わるものであるため，これを欠く反訴の提起は，本訴原告の同意があっても許されないと解されている。

(4) **反訴の目的である請求が他の裁判所の専属管轄に属しないこと**

反訴は，民事訴訟法の管轄の規定にかかわらず，本訴の係属している裁判所に提起することができる。しかし，専属管轄に関する定めは，公益的な要請によるものであるから，反訴請求が，他の裁判所の専属管轄に属する場合には，本訴の係属する裁判所に反訴を提起することができない（民訴146条1項1号）。ただし，合意による専属管轄の場合は，公益的な要請とは無関係であるから，本訴の係属する裁判所に反訴を提起することが許される（同号かっこ書を参照）。また，本訴が特許等に関する訴訟である場合にも，民事訴訟法146条1項1号の適用はない（同条2項）。

(5) **請求の客観的併合の一般的要件を満たすこと**

反訴が提起されると，本訴請求と反訴請求とが一つの訴訟手続において審理されることとなり，請求の客観的併合と同様の状態が生ずることとなる。そこで，請求の客観的併合と同様，同種の手続による場合に限り，反訴の提起が許される（民訴136条）。

(6) **反訴の要件を欠く場合**

反訴の要件は，反訴自体の訴訟要件であるから，これらの要件を欠くもの

は終局判決をもって不適法却下すべきであるとするのが判例である。→【判例⑤】参照

しかし，実務では，反訴が独立の訴えとしての要件を備えている限り，弁論を分離して審理するとの運用もある。

3．反訴の手続

(1) 反訴の提起等

反訴については，訴えに関する規定が準用される（民訴146条3項，民訴規59条）。そのため，反訴の提起は，反訴状を裁判所に提出してしなければならず，反訴状には，訴状と同様，当事者及び法定代理人を記載するとともに，請求の趣旨及び請求の原因を記載して請求を特定しなければならない（民訴133条，民訴規53条）。訴額に応じた手数料を納付しなければならない点も同様である（民訴費3条）。これら必要的記載事項の記載を欠き，あるいは必要な手数料の納付がない場合は，訴状と同様に補正命令の対象となり，反訴原告が補正しなければ，当該反訴状は命令をもって却下されることとなる（民訴137条）。また，反訴においても，その要件を充足すれば訴えの変更が許される（民訴143条）。

(2) 反訴の審判

反訴は，裁判所の併合決定を要することなく当然に本訴と併合して審判される。

しかし，上記2(1)のとおり，本訴請求との関連性の要件は緩やかに解されているから，本訴と反訴を併合審理することによって，かえって審理が複雑化し，訴訟遅延をもたらす場合があることも否定できない。このような場合には，裁判所は，弁論を分離して審判することも許される（民訴152条）。

このような場合を除けば，本訴と反訴は併合して審理され，本訴反訴を通じて準備書面や証拠方法は共通のものとなり，裁判所も一つの終局判決をすることとなる。

Ⅳ 訴えの形式（本訴と反訴）について注意しておくのは どのような点か

　本訴請求と関連性を有する請求について，反訴を提起するか，別訴を提起するかは，本訴被告の自由である。ただし，請求の内容によっては，別訴を提起すると二重起訴の禁止（民訴142条）に抵触する場合があり得ることに注意が必要である。このような場合には，反訴を提起するほかないであろう。

　また，債務不存在確認の訴えの係属中に，不存在確認の対象である債務の給付を求める反訴の提起があると，本訴は確認の利益がないものとして不適法却下を免れない。→【判例⑥】参照

　さらに，本訴の取下げがあった場合，反訴の取下げについては，反訴被告（本訴原告）の同意は不要とされていることも念頭に置くべきであろう（民訴261条2項ただし書）。

〔片山　博仁〕

参照判例

【判例①】
　　最三小判昭51・3・23判時816号48頁は，再反訴の提起を許容している。

【判例②】
　　最一小判昭30・4・21裁判集民事18号359頁は，本訴原告が，反訴について何ら異議なく応訴した場合には，当該反訴は，要件を具備するか否かにかかわらず，適法に裁判所に係属するものとする。

【判例③】
　　最一小判昭38・2・21民集17巻1号198頁は，原告の土地明渡請求に対し，被告が第1審において上記土地について賃借権を有する旨主張し，第

1審が賃借権の存在を認めた場合に，控訴審において，被告が反訴として上記賃借権の存在確認の訴えを提起するには，相手方である原告の同意を要しないとする。

【判例④】
　　最二小判昭43・11・1判時543号63頁は，上告審において反訴を提起することは許されないとする。

【判例⑤】
　　最一小判昭41・11・10民集20巻9号1733頁は，反訴が併合要件を欠く場合には，終局判決をもってこれを却下すべきであるとする。

【判例⑥】
　　最一小判平16・3・25民集58巻3号753頁は，債務者が債権者に対して提起した債務不存在確認の訴えの係属中に，当該債務の履行を求める反訴が提起された場合には，本訴である債務不存在確認の訴えについては，確認の利益を認めることはできず，不適法として却下を免れないとする。

16 ◆1 訴えの提起
訴えの変更

I 訴えの変更について学ぶのはどうしてか

　訴えの変更とは，訴訟の係属中に，原告が当初の訴えにおいて設定した審判事項を変更する旨の申立てをいう（民訴143条）。反訴（民訴146条）と同様，訴訟中の訴えの一つである。

　訴えの変更は，紛争の一回的解決を実現し得る制度である反面，従来の請求に関する審理に変動をもたらすものであるから，相手方の防御権を侵害し，訴訟遅延をもたらす可能性も否定できない。そのため，民事訴訟法は，これらの利害を調整するため，訴えの変更の要件や手続を定めており（民訴143条），これらの規律を習得しておく必要がある。

II 訴えの変更について問題となるのはどのような点か

　原告は，訴えを提起するに当たって，訴状に請求の趣旨と請求の原因を記載して，請求を特定しなければならない（民訴133条2項2号，民訴規53条1項参照）。しかし，審理の経過によっては，従来の請求とは異なる新たな請求について審判を求める必要が生ずることもあれば，従来の請求に併せて新たな請求について審判を求める必要が生ずることもある。このように，訴えの変更には，請求の交換と請求の追加という2つの態様のものが考えられ，それぞれ，その後の審理にどのような影響を及ぼすかが問題となる。

　また，訴えの変更は，従来の審理に新たな審判事項を加えるものであるため，これを無制限に許すと，被告に予想外の応訴を強いる結果となったり，審理が複雑化するなどの弊害が生ずる可能性もある。そこで，どのような場合に訴えの変更が許されるかが問題となる。

さらに、訴えの変更は、従来の審理に変動をもたらすから、明確な手続の下で行われる必要がある。そこで、民事訴訟法上、訴えの変更について、どのような手続が設けられているかが問題となる。

Ⅲ 訴えの変更について実務はどう取り扱っているか

1. 訴えの変更の態様

訴えの変更は、請求の趣旨又は請求の原因の一方又は双方を変更することによって行われ、従来の請求を新たな請求に交換する交換的変更と、従来の請求に新たな請求を追加する追加的変更の2つの態様がある。

(1) **交換的変更**

交換的変更は、賃貸借契約の解除を原因とする建物の明渡しを求める訴訟の係属中、当該建物が焼失したため、不法行為に基づく損害賠償を求める訴訟に変更する場合などに用いられる。その後の審理は、新請求についてのみ行われることとなる。

交換的変更があると、旧請求は、請求の放棄（民訴266条）又は訴えの取下げ（民訴261条）があったものとして消滅する。請求の放棄があった場合には、調書上これを明確にしておく必要がある。また、訴えの取下げに被告の同意が必要となる場合（同条2項本文）には、被告の同意がなければ、旧請求は新請求とともに受訴裁判所に係属することとなる。→【判例①②】参照

(2) **追加的変更**

追加的変更は、建物の明渡しを求める訴訟の係属中、不法行為に基づく賃料相当損害金の支払を求める訴えを追加する場合などに用いられる。その後の審理は、旧請求と新請求の双方について行われることとなり、請求の併合が生ずる。併合の態様は、旧請求と新請求との関係に応じて、単純併合（他の請求の当否とは無関係に審判を求めるもの）、選択的併合（いずれか一方の請求が認容されることを解除条件として審判を求めるもの）、予備的併合（主位的請求が認容さ

れることを解除条件として予備的請求についても審判を求めるもの）に分かれることとなる。

2．訴えの変更の要件

訴えの変更の要件は，①請求の基礎に変更がないこと，②事実審の口頭弁論の終結前であること，③訴訟の進行を著しく遅延させるものではないこと，④請求の客観的併合の一般的要件を満たすことである。

(1) 請求の基礎に変更がないこと

訴えの変更は，いずれの態様であっても，被告の防御に不利益を及ぼし，旧請求に関する従来の審理を無意味にするおそれがある。そこで，民事訴訟法は，このような弊害が生ずることを回避するため，新旧両請求につき，請求の基礎に変更がない場合に限り，訴えの変更を許容することとしている（民訴143条）。

実務では，新請求の審理に，旧請求の訴訟資料を利用することができる程度の関連性が認められれば，請求の基礎に変更がないものとして，訴えの変更を許容している。

また，この要件は，被告の防御の利益に配慮して設けられたものであるから，仮に請求の基礎に変更があっても，被告が訴えの変更に同意し，又は異議を述べない場合には，訴えの変更を許してよい。→【判例③④】参照

(2) 事実審の口頭弁論の終結前であること

訴えの変更の時間的な要件である。事実審の口頭弁論の終結前まで許されるので，控訴審において訴えを変更することも許される。訴えの変更は，請求の基礎に変更がない場合，又は請求の基礎に変更があっても，訴えの変更について，被告に異議がない場合に許されるから，控訴審において訴えの変更がされたとしても，被告の審級の利益を害することにはならない。→【判例⑤】参照

なお，上告審における訴えの変更は，原則として許されない。ただし，当事者の一方が破産した結果，訴えを給付訴訟から確認訴訟に形式的に変更す

る必要があるなど、例外的な場合には、上告審における訴えの変更も許される。→【判例⑥】参照

(3) 訴訟の進行を著しく遅延させるものでないこと

訴えの変更によって、訴訟手続が著しく遅延すると、単に被告に不利益なだけではなく、公的資金によって運営されている訴訟制度に悪影響を及ぼすこととなる。したがって、このような訴えの変更は、公益に反するものとして許されない。

この場合、被告が訴えの変更に同意し、又は異議を述べていない場合であっても、これを許すべきではないと解されている。例えば、控訴審の口頭弁論を終結することが予定されている期日において、旧請求と関連性のない新請求についてされた訴えの変更は、たとえ被告の同意があったとしても、訴訟の進行を著しく遅延させるものとして許されないこととなろう。

(4) 請求の客観的併合の一般的要件を満たすこと

訴えの変更は、これが許されると、一つの訴訟手続において新旧両請求の審理が併合して行われることとなり、請求の客観的併合と同様の状態が生ずることとなる。そこで、請求の客観的併合と同様、同種の手続による場合に限り、訴えの変更を許すものとしている（民訴136条）。

3．訴えの変更の手続

(1) 書面の提出

訴えの変更は、係属中の訴訟において、新たな請求に関する審理・判断を求めるものであるから、通常の訴えの提起と同じように、書面で明示的に行われる必要がある。そこで、民事訴訟法は、訴えの変更によって請求が変更される場合には、書面によることを要すると定めている（民訴143条2項）。民事訴訟法143条2項について、判例は、請求の趣旨を変更する場合にのみ書面を要するものとする。→【判例⑦】参照

しかし、実務では、手続の明確性を確保するため、請求の原因のみを変更する場合であっても、書面が提出されるのが一般的である。

訴えの変更に当たっては，原告から「訴えの変更の申立書」等と題する書面が提出され，書面の表題においても訴えの変更が行われることが明示されることが多い。しかし，通常の準備書面中に訴えの変更と解される記載がされていることもあり，裁判所において，釈明を求めることも少なくない。訴訟行為の明確性を確保する意味でも，前者のような書面が提出されることが望ましい。

(2) **書面の送達**
訴えの変更に関する書面は，被告に送達することを要する（法143条3項）。これは，被告に防御の機会を付与するために必要とされるものである。したがって，送達がされなかった場合であっても，被告が異議を述べなければ，その瑕疵は治癒される。→【判例⑧】参照

(3) **訴えの変更が許されない場合の処理**
訴えの変更が，その要件を欠く場合，裁判所は，これを許さない旨の決定をしなければならない（民訴143条4項）。
実務では，請求の基礎の同一性に疑問がある場合でも，被告が訴えの変更に異議を述べないことも多く（訴えの変更が許されなかった場合には，別訴が提起される可能性が高く，いずれにしろ応訴を強いられることも，その理由となっているものと考えられる。），不許の裁判をする場合は限られている。

Ⅳ 訴えの変更について注意しておくのはどのような点か

訴えの変更は，同一当事者間における訴訟係属中に，旧請求を新請求と交換し，又は旧請求に新請求を追加するものであるから，訴えの変更の手続で，被告以外の第三者に対する請求と交換し，又はこれを追加することはできない。当事者に変動が生ずる場合は，訴訟承継として扱われることとなる。
また，実務上，給付訴訟において，請求の拡張又は減縮として，当初設定

した請求の上限を増額させたり減額させたりすることがある。これらは，請求の量的範囲を変更するにとどまるものであり，訴えの変更には当たらないとの見解もある。ただし，従来の請求の趣旨や請求の原因の記載を一部変更するものであることに変わりはないので，実務においては，訴えの変更と同様，書面によって行われている。

〔片 山 博 仁〕

参照判例

【判例①】
　最一小判昭31・12・20民集10巻12号1573頁は，訴えの変更において旧訴を撤回する旨の意思表示がなされても，旧訴につき旧民事訴訟法236条（現行民訴261条）の定める取下げの要件を具備しない場合は，裁判所は，旧訴についても判決をすべきであるとする。

【判例②】
　最一小判昭32・2・28民集11巻2号374頁は，訴えの変更による新訴の提起があっても，旧訴につき適法な訴えの取下げ又は請求の放棄がない限り，旧訴の訴訟係属は消滅しないとする。

【判例③】
　大判昭11・3・13民集15巻453頁は，控訴審における訴えの変更について，請求の基礎を変更した場合であっても，相手方が異議を述べない限り，これを許すべきであるとする。

【判例④】
　最三小判昭29・6・8民集8巻6号1037頁は，判例③と同様，控訴審における訴えの変更について，たとえ請求の基礎に変更があっても，相手方が異議なく応訴した場合には，これを許すべきであるとする。

【判例⑤】
　最二小判昭29・2・26民集8巻2号630頁は，控訴審における訴えの変

更によっても被告の審級の利益を害することにはならないとする。

【判例⑥】
　　最二小判昭61・4・11民集40巻3号558頁は，給付訴訟の上告審係属中に被告が破産開始決定を受け，破産管財人が訴訟手続を受継した場合には，原告は，上告審において，上記給付の訴えを破産債権確定の訴えに変更することができるとする。

【判例⑦】
　　最三小判昭35・5・24民集14巻7号1183頁は，請求の原因を変更するには，書面によってすることを要しないとする。

【判例⑧】
　　最三小判昭31・6・19民集10巻6号665頁は，訴えの変更についての書面の提出又は送達の欠缺は責問権（民訴90条）の喪失によって治癒されるとする。

17 訴えの制限(二重起訴・再訴の制限)

◆1 訴えの提起

訴えの制限(二重起訴・再訴の制限)

I 訴えの制限について学ぶのはどうしてか

　民事訴訟法は、「裁判所に係属する事件については、当事者は更に訴えを提起することができない。」と規定し(民訴142条)、また、「本案について終局判決があった後に訴えを取り下げた者は、同一の訴えを提起することができない。」と規定する(民訴262条2項)。しかし、上記の各規定のみからは、どのような場合に訴えを提起することができないのかは、必ずしも明確ではない。そこで、訴えの制限が問題となるのはどのような場面か、そのような場面で、実務上どのような扱いがされているのかなどにつき、概説する。

II 訴えの制限について問題となるのはどのような点か

1．重複する訴えの提起の禁止(重複訴訟の禁止、二重起訴の禁止)

　既に裁判所に訴訟係属中の事件があるにもかかわらず、これと同一の事件について、更に訴えを提起することが認められるとすると、審理が重複してされることになるが、これでは国家が設けた訴訟制度として不経済であるうえ、同一の事項について矛盾した内容の判決が言い渡されるおそれもある。それに、二重に訴訟追行を強いられる被告に無用の負担をかけることにもなりかねない。このような種々の弊害を防止するため、上記のような訴えを提起することは禁止されている。→【判例①】参照
　重複訴訟の禁止については、以下のような点を理解する必要がある。
　① 訴訟が係属するとは、どのような場合のことをいうのか。
　② 重複訴訟が禁止される訴えとは、どのような訴えのことをいうのか。

禁止されるのは，訴えの提起の場合に限られるのか。
③　重複訴訟に該当する場合，裁判所はどのようにすべきか。

2．再訴の禁止

　訴えの取下げがされた場合には，初めから訴えが係属していなかったものとみなされるから（民訴262条1項），終局判決が言い渡された後に，訴えの取下げがされたとしても，本来ならば，原告において，同一の請求につき，再度訴えを提起することは妨げられないはずである。しかし，民事訴訟法262条2項は，「本案について終局判決がなされた後に訴えを取り下げた者は，同一の訴えを提起することができない。」ものとしている。その趣旨につき，最高裁は，「終局判決を得た後に訴を取下げることにより裁判を徒労に帰せしめたことに対する制裁的趣旨の規定であり，同一紛争をむし返して訴訟制度をもてあそぶような不当な事態の生起を防止する目的に出たもの」であると判示している。→【判例②】参照
　上記の訴えの制限（再訴の禁止）に関しては，以下の点につき注意する必要がある。
①　言い渡された判決が本案の終局判決であるか。その終局判決後に訴えの取下げがされたか。
②　取下げの対象とされた訴えと再び提起された訴えとが「同一の訴え」であるといえるか。それはどのような場合か。
③　再訴の禁止に触れる場合，裁判所はどのようにすべきか。

Ⅲ　訴えの制限について実務はどう取り扱っているか

1．重複訴訟の禁止について

(1)　訴訟係属

　重複訴訟の禁止に触れるかを検討する前提として，訴訟が係属していることが必要である。
　訴訟の係属とは，特定の請求が特定の裁判所において判決手続により審判

される状態のことであるから，民事保全事件や強制執行事件などが裁判所に係属していても，訴訟の係属があるとはいえない。しかし，督促手続については，支払督促が送達され（民訴388条），債務者がこれに対し督促異議を申し立てると（民訴390条・393条），支払督促申立ての時に訴えが提起されたものとみなされることから（民訴395条），督促手続が行われている場合は，訴訟の係属があるのと同視することができる。労働審判手続についても，その申立てにつき訴えが提起されたものとみなされることから（労審22条1項），上記と同様に考えることができる。

訴訟が係属したといえる時点について，学説上は種々の見解がみられるが，実務上は，被告に訴状が送達された時であると考えられている。

(2) 事件の同一性

重複訴訟としてその訴えが禁止されるには，事件が同一であること，すなわち，当事者が同一であり，かつ，訴訟物たる権利又は法律関係が同一であることが必要である。もっとも，先に提起された訴えが係属する裁判所と後に提起された訴えが係属する裁判所とが同一である必要はない。重複訴訟の禁止は，我が国の裁判権を行使する裁判所の間における審理の矛盾・抵触を避けるためのものであるから，いずれの裁判所に訴訟が提起された場合であっても，重複訴訟は禁止されることになる。

(a) 当事者の同一性

(ア) 重複訴訟としてその訴えが禁止されるには，当事者が同一であることが必要である。当事者が同一であるといえるためには，前訴と後訴における原告と被告の地位が同一である必要はない。それが逆転しても，当事者は同一であるということができる。

(イ) 同じ権利を主張している場合でも，当事者が異なれば，重複訴訟であるとして訴えが制限されることはない。例えば，Xが，Yに対し建物の所有権確認の訴えを提起し，その訴訟係属中に，Zに対し上記建物の所有権確認の訴えを提起した場合，対象となる権利関係は同一であるが，当事者は異なることから，Zに対する訴えが妨げられることはない。

(ウ) もっとも，形式的には当事者が異なる場合でも，当事者の同一性が

あると評価される場合がある。例えば，訴訟担当の場合に，権利帰属主体となる被担当者は，担当者と同一の当事者とみなされる。担当者の訴訟追行権は，本来は被担当者に帰属するものであり，同一の訴訟追行権を担当者と被担当者の双方が行使することは，重複訴訟が禁止された趣旨に反するので，当事者の同一性があると考えられるからである。例えば，債権者代位訴訟の係属中に，債務者が，被代位債権に係る給付の訴えを別訴で提起した場合は，対象となる権利関係が同一であることはもとより，当事者も同一であると評価される。→【判例③④】参照

　なお，債権者代位訴訟の係属中に，債務者が，当該訴訟に独立当事者参加(民訴47条)をする場合は，併合して審理されることが強制され，合一に確定されることになるから，重複訴訟であるとしてその参加が禁止されることはない。→【判例⑤】参照

　(b)　**訴訟物の同一性**

　　(ア)　訴訟物理論との関係　　重複訴訟としてその訴えが禁止されるには，訴訟物たる権利又は法律関係が同一であることが必要である。訴訟物については，実務上は，いわゆる旧訴訟物理論によっているため，例えば，XがYに対し，所有権に基づき土地の返還請求訴訟を提起し，その訴訟係属中に，占有権に基づき上記土地の返還請求訴訟を別訴で提起したとしても，この別訴が重複訴訟であるとして禁止されることはない。また，債務不履行に基づく損害賠償請求訴訟を提起し，その訴訟係属中に，不法行為に基づく損害賠償請求訴訟を提起することも，重複訴訟の禁止に触れることはない。

　　(イ)　同一の債権についての積極的確認訴訟と消極的確認訴訟　　XがYに対しある債権が存在していることの確認の訴え(積極的確認訴訟)を提起し，その訴訟係属中に，YがXに対し上記債権が存在しないことの確認の訴え(消極的確認訴訟)を別訴で提起することは，訴訟物が同一であるから許されない(なお，反訴で提起しても，訴えの利益がないとして却下されることになる。)。

　　(ウ)　同一の債権についての給付訴訟と消極的確認訴訟

　　　(i)　給付訴訟先行型　　訴訟物は，請求の趣旨及び原因によって特定されるから，給付訴訟と給付請求権の不存在確認訴訟(消極的確認訴訟)のように，必ずしも請求の趣旨が同一でない場合でも，訴訟物たる権利関係は同

一であると判断されることになる。例えば，XがYに対し貸金返還請求訴訟を提起した後，YがXに対し同じ債務の不存在確認の訴えを提起した場合には，請求の趣旨は異なるものの，訴訟物たる権利関係は同一であるので，上記訴えは，重複訴訟の禁止に触れるものとして，却下されることになる。

　　(ii)　債務不存在確認訴訟先行型　　XがYに対し債務不存在確認の訴えを提起したところ，YがXに対し当該債務の履行を求めて給付の訴えを別訴で提起した場合，Xの債務不存在確認訴訟でXの請求を棄却する旨の判決がされ，Yの債権の存在が確定されても，Yは強制執行することができないことから，上記別訴は重複訴訟の禁止に触れないとする見解もある（この見解によっても別訴を提起するのではなく，反訴〔民訴146条〕によることが望ましいということにはなろう。）。

　しかし，学説上は，重複訴訟を禁止した趣旨に照らし，別訴の提起は許されず，反訴によるべきとする見解が多数であり，控訴審に係属中の債務不存在確認訴訟の被告が，当該債務の履行を求めて給付の訴えを別訴で提起することは，重複訴訟の禁止に触れるとした下級審裁判例も見られるところである。→【判例⑥】参照

　そして，Xの債務不存在確認を求める本訴の係属中に，当該債務の履行を求める反訴が提起された場合，反訴についての判断がされる以上，その本訴は，確認の利益がないものとして却下されることになる。→【判例⑦】参照

　なお，上記の見解によっても，手形訴訟については，別の考慮が必要であり，手形金債務不存在確認訴訟の係属中に，別訴で手形訴訟による手形金請求訴訟を提起することは，当事者・訴訟物とも同一であるが，重複訴訟の禁止には当たらない。手形訴訟の別訴を禁止すると迅速な債務名義の実現を目的として設けられた手形訴訟制度の趣旨が損なわれるからである。また，手形金債務不存在確認訴訟の係属中に提起された手形訴訟が手形判決に対する異議申立てにより通常訴訟に移行した場合も，この通常訴訟は重複訴訟の禁止に触れることはない。→【判例⑧⑨】参照

　　(エ)　同一の債権についての給付訴訟と積極的確認訴訟　　XがYに対し売買代金債権に基づき給付の訴えを提起した後に，上記売買代金債権が存在することの確認の訴えを提起した場合や，XがYに対し売買代金債権が存在

することの確認の訴えを提起した後に，上記売買代金債権に基づき給付の訴えを提起した場合は，給付の訴えに係る請求が棄却される理由は，必ずしも債権の不存在を理由とするものではなく，弁済期の未到来を理由とするときもある（その場合でも確認の訴えは認容されることになる。）ことから，重複訴訟の禁止に触れるものではないとするのが，大審院の判例である。→【判例⑩】参照

　もっとも，給付の訴えを提起した後に，確認の訴えを提起するのであれば，別訴ではなく中間確認の訴え（民訴145条）によることが望ましいし，確認の訴えを提起した後に，給付の訴えを提起するのであれば，訴えの変更（民訴143条）によって請求を拡張することが望ましい。

　　(オ)　**賃借権に基づく明渡請求訴訟と当該賃借権確認の訴え等**　賃借権に基づき土地の明渡しを求める給付訴訟の係属中に，上記賃借権の確認の訴えを提起しても，訴訟物が異なる以上，重複訴訟であるとの理由で，その訴えの提起が禁止されることはない。また，所有権に基づく所有権移転登記手続を求める給付訴訟の係属中に，同訴訟の被告が，上記所有権の確認の訴えを提起しても，訴訟物が異なるので，やはり重複訴訟の禁止に触れることはない。なお，上記訴訟の被告が，所有権移転登記手続請求権を有しないことの確認訴訟を提起することは，重複訴訟の禁止に触れることになる。→【判例⑪⑫】参照

　　(カ)　**同一物に対する所有権確認請求**　例えば，XがYに対し，ある土地の所有権の確認を求めて訴えを提起し，その訴訟係属中に，YがXに対し，上記土地の所有権の確認を求める別訴を提起した場合，訴訟物は，前者についてはXの所有権，後者についてはYの所有権であって，既判力が直ちに抵触するわけではないから，Yの訴えが重複訴訟として禁止されることはない。

　もっとも，この場合でも，同一の訴訟手続で審理し，判断することが望ましいのであって，Yとしては，Xの提起した訴訟において，反訴としてその所有権の確認を求めることが望ましいし，仮に，Yが別訴で提起したとしても，裁判所としては，これを併合して審理することが望ましい。

　　(キ)　**一部請求と残部請求**　原告が債権の一部の請求につき訴えを提起

し，その係属中に当該債権の残部を請求する別訴を提起する場合に，重複訴訟の禁止に触れるかについては，場合を分けて考える必要がある。

　一部であることを明示して訴えを提起すれば，その部分だけが訴訟物となるので（最二小判昭37・8・10民集16巻8号1720頁参照），残部の請求についての別訴は，訴訟物を異にするから，重複訴訟の禁止に触れないことになる（もっとも，審判の重複や被告の応訴の負担を考慮すれば，係属中の前訴で訴えの変更により残部請求を追加する方法によることが望ましいし，別訴で提起された場合も，裁判所としては，併合して審理するのが適切である。）。

　他方，一部であることを明示しないで訴えを提起すれば，債権の全部が訴訟物となるので，残部の請求についての別訴は，重複訴訟の禁止に触れることになる（原告としては，係属中の前訴で訴えの変更により残部請求を追加すれば足りる。）。

　(c)　相殺の抗弁との関係

　既判力が生ずるのは，訴訟物たる権利又は法律関係についてであって，攻撃防御方法についてではない（民訴114条1項）。しかし，相殺の抗弁については，抗弁であってもその判断に既判力が生ずる（同条2項）。そのため，民事訴訟法142条の規定が設けられた趣旨との関係で，現に係属する訴訟の訴訟物である債権につき，別訴において，これを自働債権として相殺の抗弁を提出することが許されるか（抗弁後行型〔別訴先行型〕），その反対に，既に相殺の自働債権とされている債権を訴訟物とする別訴を提起することが許されるか（抗弁先行型〔別訴後行型〕）という問題がある。また，これに関連して，本訴と反訴が提起されている場合に，反訴請求債権を自働債権として本訴請求債権を受働債権とする相殺の抗弁を主張することが許されるかという問題などもある。

　　(ア)　抗弁後行型（別訴先行型）　　現に係属する訴訟において訴訟物とされている債権につき，別訴において，この債権を自働債権として相殺の抗弁とすることは，重複訴訟が禁止されている趣旨に照らして，許されない。→【判例⑬⑭】参照

　債権の一部についての支払を求める訴訟が提起された後に，別訴において，その債権の残部を自働債権として相殺の抗弁を提出することは，特段の

事情がない限り，許される。→【判例⑮】参照

　(イ)　抗弁先行型（別訴後行型）　上記(ア)の場合と異なり，相殺の抗弁を提出していてもそれについて判断されるとは限らないことから，相殺の自働債権とされている債権を訴訟物として別訴を提起することは，重複訴訟が禁止されている趣旨に抵触しないとする裁判例が多いが，別訴の提起は許されないとした裁判例も見られる。→【判例⑯⑰】参照

　(ウ)　その他　本訴及び反訴の係属中に，反訴原告が，反訴請求債権を自働債権とし，本訴請求債権を受働債権として相殺の抗弁を主張することは，重複訴訟の問題は生じないので，許される。→【判例⑱】参照

　他方，上記の【判例⑱】を踏まえつつも，本訴及び反訴の係属中に，本訴請求債権を自働債権とし，反訴請求債権を受働債権として相殺の抗弁を主張することは，重複訴訟の問題が生じるので，許されないとした裁判例がある。→【判例⑲】参照

(3)　重複訴訟の禁止に触れる場合の裁判所の取扱い

　(a)　重複訴訟の禁止は，消極的訴訟要件（訴訟障害）の一つであり，職権調査事項であるから，裁判所は，重複訴訟の禁止に触れるかどうかについては，当事者の主張を待つことなく，これを調査し，重複訴訟であると判断した場合には，後訴を不適法として却下しなければならない（実務上は，事案によっては，重複訴訟であることを原告に指摘し，訴えの取下げを促すこともあり得る。）。

　もっとも，事件が同一であっても，同一の訴訟内で提起されれば適法である場合，例えば，XがYに対し貸金債務の不存在確認訴訟を提起した後に，YがXに対し貸金の支払を求める給付訴訟を別訴で提起したような場合に，この別訴が重複訴訟の禁止に触れるとの見解に依拠するにしても，裁判所としては，直ちにこの別訴を却下するのではなく，両訴訟を併合して審理することが望ましい。

　(b)　前訴より先に重複訴訟に該当する後訴につき判決がされ，これが先に確定した場合には，既判力の問題が生ずることになり，未だ係属中の前訴においては，後訴の確定判決に抵触する判決ができないことになる。

　(c)　裁判所が重複訴訟であることに気づかないまま，前訴と後訴のいずれ

についても本案判決が言い渡された場合は，後訴の判決は上訴審において取り消され得る。

　もっとも，いずれの本案判決も確定し，既判力の内容が抵触する場合には，後でされた確定判決が，前の確定判決の既判力に抵触するものとして取り消されることになる（民訴338条1項10号）。

2．再訴の禁止について

(1) 本案の終局判決

　再訴が禁止されるのは，言い渡された判決が本案の終局判決である場合である。したがって，訴訟判決（訴えを却下する判決）がされた後に訴えの取下げがされ，その後に同一の請求について再度訴えが提起されたとしても，その訴えが，民事訴訟法262条2項により妨げられることはない。

　第1審において本案の終局判決が言い渡されたとしても，控訴審においてその第1審判決が取り消され，事件が第1審に差し戻された後に訴えが取り下げられた場合には，訴えの取下げによって失効すべき終局判決が存在しないから，再訴が制限されることはない。→【判例⑳】参照

(2) 同一の訴え

　再訴が禁止されるのは，再訴が前訴と「同一の訴え」であるといえる場合である。「同一の訴え」であるといえるためには，①前訴と再訴の当事者が同一であり，かつ，②訴訟物たる権利関係が同一であることに加え，③訴えの利益又は必要性についての事情も同一であることが必要である。→【判例㉑】参照

(a) 当事者の同一性

　前訴と再訴の当事者が同一であることが必要である。前訴の原告の一般承継人による再訴も，同原告の法律上の地位を包括的に承継する者によるものであることから禁止されることになる。

　これに対し，前訴の原告の特定承継人による再訴が禁止されるかについては，必ずしも見解が一致しているわけではない。→【判例㉒】参照

　訴訟担当のうち，選定当事者などの任意的訴訟担当の場合には，その意思

に基づいて当事者たる担当者を選任した本人が再訴を提起することは，禁止されることになる。他方，このような事情のない法定訴訟担当の場合には，再訴禁止効は本人には及ばない。例えば，債権者代位訴訟が提起され，本案の終局判決後に，その訴えを取り下げた場合に，被代位者が再度訴えを提起することは禁止されない。→【判例㉓】参照

(b) 訴訟物の同一性

前訴と再訴の訴訟物たる権利関係が同一であることが必要である。不法行為に基づく損害賠償請求の訴えを提起した原告が，本案の終局判決後にその訴えを取り下げ，その後，債務不履行による損害賠償請求の訴えを提起することは，禁止されない。→【判例㉔】参照

再訴の訴訟物が前訴の訴訟物を前提とする場合，例えば，取り下げられた前訴の訴訟物が元本債権であり，前訴の取下げ後に提起された再訴の訴訟物がその利息債権である場合には，再訴が禁止されることはない。ただし，学説上は異論もあるところである。→【判例㉕】参照

(c) 訴えの利益等の同一性

前訴と再訴の当事者及び訴訟物たる権利関係が同一の場合であっても，訴えの取下げ後に，訴えにより解決を求める利益が新たに生じたような場合には，再訴を提起することは許される。例えば，前訴の本案の終局判決後に，被告が原告の権利を認めたため，訴えを取り下げたが，その後に，被告が言を翻して再びそれを争うような場合は，再訴を提起することは妨げられない。→【判例㉑㉖】参照

(3) 再訴の禁止に触れる場合の裁判所の取扱い

再訴が禁止される場合であるか否かは，消極的訴訟要件（訴訟障害）の一つであり，裁判所は，当事者の主張の有無にかかわらず，職権でこれを調査し，再訴の禁止に触れると判断する場合には，再訴を不適法なものとして却下することになる。

Ⅳ　訴えの制限について注意しておくのは
　　どのような点か

　重複訴訟の禁止にしても再訴の禁止にしても，抽象的にその趣旨を押さえるだけではなく，様々な具体的な場面を想定し，その禁止の効力が及ぶのかを考えることが必要であろう。上記のⅢは基本的な点を整理したものにすぎず，理解を深めたい読者には，参照判例の原典に当たることをすすめたい。

〔石丸　将利〕

参照判例

【判例①】
　　最三小判平3・12・17民集45巻9号1435頁は，旧民事訴訟法231条（現行民訴142条）が重複起訴を禁止する理由は，審理の重複による無駄を避けるためと複数の判決において互いに矛盾した既判力ある判断がされるのを防止するためであるとする。

【判例②】
　　最三小判昭52・7・19民集31巻4号693頁は，旧民事訴訟法237条2項（現行民訴262条2項）は，終局判決を得た後に訴えを取り下げることにより裁判を徒労に帰せしめたことに対する制裁的趣旨の規定であり，同一紛争をむし返して訴訟制度をもてあそぶような不当な事態の生起を防止する目的に出たものにほかならないとする。

【判例③】
　　大判昭14・5・16民集18巻557頁は，債権者が民法423条1項により代位権を行使して訴えを提起した場合に，債務者に対しその事実を通知するか又は債務者においてこれを了知するときは，債務者は自ら訴えを提起することができないとする（もっとも，その理由は，重複訴訟の禁止を理由とするものではない。）。

【判例④】
　最一小判昭37・2・15裁判集民事58号645頁は，債権者が債権者代位の訴えを提起して代位権を行使した後は，債務者は代位の目的となった権利について訴えを提起することはできないとする（もっとも，その理由は判文からは明らかではない。）。

【判例⑤】
　最三小判昭48・4・24民集27巻3号596頁は，債権者甲が債務者乙に代位して第三債務者丙に対し提起した訴訟に，乙が，旧民事訴訟法71条（現行民訴47条）により参加して，丙に対し甲の丙に対する訴えと訴訟物を同じくする訴えを提起することは，重複起訴の禁止に触れないとする。

【判例⑥】
　東京地判平13・8・31判時1772号60頁は，控訴審に係属中の債務不存在確認訴訟の被告が，同一請求権につき別訴として給付の訴えを提起することは，同一請求権につき第1審で実質審理を経由しており，債務不存在確認訴訟の原告の審級の利益は保障されていること，債務不存在確認訴訟の原告自らが重複起訴を理由に上記別訴の却下を求めていることに照らし，反訴被告の同意を要しないで反訴の提起ができる場合であるから，上記別訴は重複起訴の禁止に触れるとする。

【判例⑦】
　最一小判平16・3・25民集58巻3号753頁は，債務者が債権者に対して提起した債務が存在しないことの確認を求める訴えは，当該債務の履行を求める反訴が提起されている場合には，確認の利益がないとする。

【判例⑧】
　大阪高判昭62・7・16判時1258号130頁は，手形金債務不存在確認請求の訴えと手形金請求の訴えとは既判力の範囲を同じくする同一の事件であるが，手形金請求の訴えが手形訴訟で提起された場合には，重複起訴の禁止に抵触しないとする。

【判例⑨】
　東京地判平3・9・2判時1417号124頁は，手形金債務不存在確認請求訴訟の係属中に，当該訴訟の被告が原告を相手に手形金の支払を求めて提起した手形訴訟及びこの手形訴訟に係る手形判決に対する異議申立て後の訴訟は，二重起訴の禁止に抵触しないとする。

【判例⑩】
　大判昭7・9・22民集11巻1989頁は，給付の訴えが棄却される理由は必ずしも請求権の存在を否定するものに限られないことからすれば，給付の訴えと請求権確定（確認）の訴えとは，同一の請求権に係るときといえども，訴訟物を異にし，これを同一事件ということはできず，上記給付の訴えは旧民事訴訟法231条（現行民訴142条）に抵触するものではないとする。

【判例⑪】
　最三小判昭33・3・25民集12巻4号589頁は，賃借権に基づき土地の引渡しを求める給付訴訟が係属しても，その基本たる賃借権の存在内容につき即時確定の利益の認められる限り，賃借権確認の訴えは許されるとする。

【判例⑫】
　最二小判昭49・2・8金判403号6頁は，土地所有権に基づき甲から乙に対する所有権移転登記手続を求める訴えの係属中，乙が甲を相手方として，同一土地につき，自己の所有権確認の訴えを提起することは重複起訴の禁止に触れないが，甲が所有権移転登記手続請求権を有しないことの確認を求める訴えを提起することは重複起訴の禁止に触れるとする。

【判例⑬】
　最三小判昭63・3・15民集42巻3号170頁は，賃金の仮払いを命ずる仮処分の執行に係る仮払金の返還請求訴訟において，仮処分債権者が本案訴訟で訴求中の賃金債権を自働債権とする相殺の抗弁を提出することは許されないとする。

【判例⑭】
　最三小判平3・12・17民集45巻9号1435頁は，係属中の別訴において訴訟物となっている債権を自働債権として他の訴訟において相殺の抗弁を主張することは許されないとする。

【判例⑮】
　最三小判平10・6・30民集52巻4号1225頁は，1個の債権の一部についてのみ判決を求める旨を明示して訴えを提起している場合において，当該債権の残部を自働債権として他の訴訟において相殺の抗弁を主張することは，債権の分割行使をすることが訴訟上の権利の濫用に当たるなど特段の事情の存しない限り，許されるとする。

【判例⑯】
　　東京高判昭59・11・29判時1140号90頁は，訴訟係属中の事件において相殺の抗弁を主張している場合に，その自働債権を別訴で訴求することは許されるとする。

【判例⑰】
　　東京高判平8・4・8判タ937号262頁は，既に相殺の抗弁の自働債権として主張した債権につき，別訴をもってこれを行使することは，旧民事訴訟法231条（現行民訴142条）の趣旨に照らし許されないとする。

【判例⑱】
　　最二小判平18・4・14民集60巻4号1497頁は，本訴及び反訴の係属中に，反訴請求債権を自働債権とし，本訴請求債権を受働債権として相殺の抗弁を主張することは禁じられないとする。

【判例⑲】
　　大阪地判平18・7・7判タ1248号314頁は，本訴及び反訴の係属中に，本訴請求債権を自働債権とし，反訴請求債権を受働債権として相殺の抗弁を主張することは許されないとする。

【判例⑳】
　　最三小判昭38・10・1民集17巻9号1128頁は，第1審の本案の終局判決が第2審で取り消された後は，差戻し後の第1審で本案の終局判決がなされるまでは，旧民事訴訟法237条（現行民訴262条）にいう「本案の終局判決」は存しないから，その間の訴えの取下げについては，本条2項の再訴禁止の効果を生じないとする。

【判例㉑】
　　最三小判昭52・7・19民集31巻4号693頁は，旧民事訴訟法237条2項（現行民訴262条2項）は，終局判決を得た後に訴えを取り下げることにより裁判を徒労に帰せしめたことに対する制裁的趣旨の規定であるから，本条にいう同一の訴えとは，単に当事者及び訴訟物が同じであるだけでは足りず訴えの利益又は必要性についても事情を一にする訴えを意味するとする。

【判例㉒】
　　東京高判昭45・11・12高民集23巻4号518頁は，訴えを取り下げた者と

は，当事者及び承継人のうち旧民事訴訟法237条（現行民訴262条）の趣旨とする制裁的効果を当事者と同程度に受けるべき実質的理由ある者に限られ，一般承継人はこれに当たるが，特定承継人は，当事者と共謀して前訴を取り下げた者，当事者の前訴の取下げを認容していた者などを除き，これには当たらないとする。

【判例㉓】
　大阪地判昭50・10・30判時817号94頁は，代位訴訟の取下げによる旧民事訴訟法237条2項（現行民訴262条2項）の再訴禁止の効果は，代位者及びその承継人に及ぶだけで，被代位者及びその承継人には及ばないとする。

【判例㉔】
　大判昭11・12・22民集15巻2278頁は，不法行為に基づく損害賠償請求訴訟の第1審判決後に訴えの取下げをした者が，債務不履行に基づく損害賠償請求訴訟を提起した事案において，両訴が旧民事訴訟法237条2項（現行民訴262条2項）の同一の訴えであるとはいえないと判断した。

【判例㉕】
　広島高岡山支判昭40・5・21高民集18巻3号239頁は，所有権確認請求の終局判決後に取り下げた場合においても，その所有権確認の存否を先決問題とする再訴の提起は妨げられないとする。

【判例㉖】
　最二小判昭55・1・18判時961号74頁は，本案の終局判決後に取り下げられた旧訴と当事者及び訴訟物を同じくする新訴の提起につき，旧訴の取下げがその責めに帰すべき事由によるものではなく，また，同一紛争をむし返して訴訟制度をもてあそぶといったような不当な意図を有していないとして，その新訴（再訴）の提起は違法ではないとした事案である。

18 ◆1 訴えの提起
訴訟費用

Ⅰ 訴訟費用について学ぶのはどうしてか

　民事訴訟等の訴訟手続を遂行する過程では，申立手数料のほか，送達や証拠調べに要する費用，あるいは，裁判所へ出頭するための費用や書類の作成費用，さらには，弁護士を選任した場合における弁護士費用など，様々な費用が発生する。しかし，民事訴訟法における「訴訟費用」は，訴訟手続の遂行過程で発生したすべての費用を指すものではない。そこで，民事訴訟について学ぶ際には，同法にいう「訴訟費用」の種類や範囲について理解する必要がある。また，訴訟費用を最終的に誰が負担することになるのか，訴訟費用の額の確定がどのような手続によりされるのかなどについても理解しておく必要がある。

Ⅱ 訴訟費用について問題となるのはどのような点か

　訴訟費用については実務上細かな問題もあるが，本書が初心者向けであることから，「訴訟費用」の概念及び種類，訴訟費用の裁判と訴訟費用額の確定手続といった基本的な事柄について触れることとする。

1．訴訟費用の概念及び種類

(1) 広義の訴訟費用と狭義の訴訟費用
　訴訟費用とは，当事者が民事訴訟等の訴訟手続を遂行する過程で必要であった費用（広義の訴訟費用）のうち，民事訴訟費用等に関する法律2条（以下「民訴費用法」という。）所定のものをいう（狭義の訴訟費用）。それ以外の費用は，たとえ訴訟遂行上実際に支出した費用であっても，法律上は訴訟費用と

はならない。

　民訴費用法2条は、訴訟費用の範囲と額を定めている。費用の範囲を定めたとは、同条所定のものは費用とするが、それ以外のものは費用にしないという趣旨である。また、額を定めたとは、費用額については、現実に要した費用ではなく、同条所定の額にするというものである（費用法定主義）。

　ここで押さえておくべきことは、弁護士費用は、狭義の訴訟費用には含まれていないということである。したがって、たとえ当事者が弁護士に対し訴訟を委任し、着手金や報酬を支払うことになったとしても、民事訴訟法上は、それが「訴訟費用」として扱われることはない。

(2) 狭義の訴訟費用

　狭義の訴訟費用は、裁判費用と裁判外費用（当事者費用）とに大きく分類される。

(a) 裁判費用

　当事者が裁判所（国庫）に納入すべき義務のある費用であり、手数料と手数料以外の裁判費用（立替金）とがある。手数料には、「申立手数料」と「行為手数料」とがある。

　(ア)「申立手数料」は、民訴費用法3条別表第一所定の手数料のことであり、当事者が、裁判所に対し何らかの申立てをし、裁判所の判断を求める行為の対価的費用である。申立手数料の中でも、訴えを提起する際に納付すべき手数料は、訴額が高額になるほど手数料も高額になる算定方法が採用されている（スライド制）。

　申立手数料の納付義務はその申立てをした者に発生し、納付する額が100万円を超える場合を除き、収入印紙で納付する必要がある。申立手数料を納付しない場合は、裁判長は、実質審理に入らないで、補正命令を発し、申立人がこれに応じなければ、訴状等の申立書を却下することになる（民訴137条）。

　他方、申立手数料を納付したが、実質的には裁判制度を利用していないか、あるいはほとんど利用していないと認められる一定の場合（例えば、最初にすべき口頭弁論の期日の終了前に訴えを取り下げた場合）には、納付した手数料の

一部が納付者に返還（還付）されることもある。

　(イ)　「行為手数料」とは，民訴費用法7条別表第二の申立てに係る手数料であって，書記官の行為に対する反対給付としての性質を有するものである。この費用は，証明書の交付等その申立てに係る行為をしたときに徴収することができる。なお，厳密には「行為手数料」は，当然に当該事件の訴訟費用に含まれることになるわけではないが，やや細かな点であるので，この点は割愛する。

　(ウ)　「手数料以外の裁判費用」とは，民訴費用法11条所定の費用のことであり，送達に要する費用，証人等に対する旅費・日当・宿泊料，裁判所外でする証拠調べ等の費用などがこれに当たる。この費用は，証拠調べ等の申立てをした当事者に納付義務があり（同条2項），そのうち送達費用中の郵便等費用については郵便切手等で予納することができるが（民訴費13条），それ以外の費用は現金で予納しなければならない。手数料以外の裁判費用は，その概算額を当事者に予納させ（民訴費12条1項），その予納がないときは，裁判所は当該費用を要する行為を行わないことができる（同条2項）。

　(b)　裁判外費用（当事者費用）

　当事者が訴訟の準備及び追行のために自ら支出する費用のうち，訴訟費用として法定されている費用のことである（細かくいうと，民訴費用法2条所定の費用のうち，裁判費用に属する手数料〔同条1号〕と送達費用及び証拠調べ等に要する費用〔同条2号〕を除く費用〔同条3号～18号〕のことである。）。当事者や訴訟代理人の期日に出頭するための旅費日当等や提出書類の作成及び提出費用などがこれに当たる。このような当事者が訴訟追行のため裁判所に納付することなく直接支出した費用を「訴訟費用」としたのは，訴訟費用として償還の対象とするためである。

2．訴訟費用の負担

　具体的な訴訟事件において訴訟費用を誰がどの程度負担するかは，裁判所が決する。すなわち，裁判所は，事件を完結する裁判において，職権で，その審級における訴訟費用の全部について，その負担の裁判をする（民訴67条1項本文）。上級の裁判所が本案の裁判を変更する場合や，事件の差戻し等を

受けた裁判所がその事件を完結する場合には，訴訟の総費用について，その負担の裁判をする（同条2項）。

訴訟費用は，原則として敗訴者の負担とされるが（民訴61条），一部敗訴の場合，訴訟費用の負担は，裁判所がその裁量で定めることになり，事情によっては，当事者の一方に訴訟費用の全部を負担させることもできる（民訴64条）。また，不必要な行為をした勝訴当事者や，訴訟を遅滞させた勝訴当事者に対し，訴訟費用の全部又は一部を負担させることもできる（民訴62条・63条）。

共同訴訟人は，等しい割合で訴訟費用を負担することになるが，事情により，共同訴訟人に連帯して訴訟費用を負担させることなどもできる（民訴65条1項）。また，共同訴訟の場合であっても，不必要な行為をした当事者にその行為によって生じた訴訟費用を負担させることもできる（同条2項）。

訴訟費用の負担を命じられた者は，自分の支出した費用を自ら負担するのみならず，相手方の支出した費用も償還しなければならないことになる。

3．訴訟費用額の確定手続

訴訟費用負担の裁判においては，訴訟費用の負担者及び負担割合が定められるのみで，その具体的な金額までは確定されない。その額は，訴訟費用の負担の裁判が執行力を生じた後に，申立てに基づき，第1審裁判所の裁判所書記官が定める（民訴71条1項）。このような手続のことを訴訟費用額の確定手続という。

裁判所書記官の処分に対しては，異議の申立てをすることができ，裁判所が，その申立てに理由があるか否かを判断し，理由があると認める場合は，決定により，その額を定めることになる。この決定に対しては即時抗告をすることができる（民訴71条4項～7項）。

和解の場合の費用額や，訴訟が裁判及び和解によらないで完結した場合も，上記と同様に，申立てにより，第1審裁判所の裁判所書記官がその額を定める（民訴72条・73条）。

III 訴訟費用について実務はどう取り扱っているか

1．訴訟費用の負担

　前記のとおり，訴訟費用を誰がどの程度負担するかは，裁判所が決する。具体的には，判決の主文に掲げることにより，その負担者を明らかにする。

(1) **敗訴当事者の全部負担とする場合**
　敗訴当事者の全部負担とする場合（民訴61条）は，「訴訟費用は原告（被告）の負担とする。」のような主文が用いられる。

(2) **両当事者に一部ずつ負担させる場合**
　両当事者に一部ずつ負担させる場合（民訴64条本文）は，「訴訟費用は，これを10分し，その3を原告の負担とし，その余は被告の負担とする。」，「訴訟費用は，これを2分し，それぞれを各自の負担とする。」のような主文が用いられる。この場合の費用負担の割合は，請求額と認容額との比率に対応して定められることが多い。

(3) **一部勝訴，一部敗訴の場合**
　一部勝訴，一部敗訴の場合でも，例えば，一方の敗訴部分がごくわずかであるようなときに，当事者の一方に訴訟費用の全部を負担させることもある（民訴64条ただし書）。このときの主文は，上記(1)と同じである。

(4) **不必要な行為をした勝訴当事者や，訴訟を遅滞させた勝訴当事者に対し，訴訟費用の全部又は一部を負担させる場合**
　このような場合（民訴62条・63条）には，「訴訟費用中，〇〇円は原告の負担とし，その余は被告の負担とする。」であるとか，「訴訟費用中，証人〇〇に対して支払った旅費，日当は原告の負担とし，その余は被告の負担とする。」のような主文が用いられる。

18 訴訟費用

(5) 共同訴訟で一方の当事者が全部敗訴したような場合

共同訴訟で一方の当事者が全部敗訴したような場合（民訴65条1項本文）は，「訴訟費用は被告ら（原告ら）の負担とする。」のような主文が用いられる。この場合，被告ら（原告ら）は，等しい割合で訴訟費用を負担することになる（同項本文）。

(6) 共同訴訟人が連帯債務者であるなどの理由から，共同訴訟人に連帯して負担させる場合

このような場合（民訴65条1項ただし書）は，「訴訟費用は被告らの連帯負担とする。」のような主文が用いられる。

(7) 共同訴訟人中で勝敗が分かれた場合

共同訴訟人中で勝敗が分かれた場合，例えば，原告と被告A及び被告Bとの間の訴訟において，被告Aが全部敗訴し，被告Bが全部勝訴したような場合は，「訴訟費用は，原告に生じた費用の2分の1と被告Aに生じた費用を同被告の負担とし，原告に生じたその余の費用と被告Bに生じた費用を原告の負担とする。」であるとか，「訴訟費用は，原告と被告Aとの間においては，原告に生じた費用の2分の1を被告Aの負担とし，その余は各自の負担とし，原告と被告Bとの間においては，全部原告の負担とする。」のような主文が用いられる。

(8) 反訴が提起された場合

反訴が提起された場合は，本訴と反訴の費用を区別することなく，「訴訟費用は，本訴反訴を通じ，本訴被告（反訴原告）の負担とする。」であるとか，「訴訟費用は，本訴反訴ともに，これを10分し，その3を本訴被告（反訴原告）の負担とし，その余を本訴原告（反訴被告）の負担とする。」のような主文が用いられる。

2．訴訟費用額の確定手続

訴訟費用額確定処分の申立てを受理した裁判所書記官は，申立人が提出し

た費用計算書に基づき，相手方の意見も参考にしながら，民訴費用法2条各号に定める項目に該当するか，計上されている費用額が適正かを審査して，償還関係の対象となるべき訴訟費用の額を定めることになる。もっとも，訴訟費用額の確定手続については，訴訟費用とされる個々の費目が細かく，計算方法が煩瑣であることもあって，あまり利用されていないのが現状である。

Ⅳ　訴訟費用について注意しておくのはどのような点か

　訴訟費用については，訴訟費用の概念と種類，訴訟費用の裁判，訴訟費用額の確定手続のそれぞれにつき，上記に述べたような基本的な事柄を押さえることが肝要である。訴訟費用の償還を求めてその申立てが行われることは必ずしも多くはないものの，訴訟に携わる実務家としては，訴訟費用が当事者の経済的負担に影響を与えるものであり，場合によっては相手方の費用を負担しなければならないことなどを意識して訴訟活動を行うことが必要であろう。

〔石丸　将利〕

19 訴訟指揮権

◆2 口頭弁論

I 訴訟指揮権について学ぶのはどうしてか

　訴訟は，当事者が訴えを提起して始まり，訴えによって裁判所に対して審判を求める請求が何であるかは，当事者がこれを画定する（処分権主義）。また，それがどのような事実を根拠にしているのかについても，当事者がこれを画定する権限と責任を有している（弁論主義）。しかし，そのようにして始まった訴訟の手続をどのようにして進めていくかについては，もっぱら裁判所がこれを主催して行うこととされている。

　すなわち，訴訟指揮権とは，訴訟の審理を円滑・迅速にかつ適正に進行させ整理するために，裁判所に認められた審理の主催権能をいう。民事訴訟法は，審理の進行及び整理が裁判所の主導権の下で行われる原則，すなわち職権進行主義を採用しており，この原則を裁判所に訴訟指揮権を付与することによって明らかにしている（民訴148条1項）。この権限を行使することは，裁判所の権限であるが，同時に，裁判所がこの権限を適切に行使することは，民事訴訟法の定める手続からの逸脱を防ぎ，弁論を充実させるための裁判所の義務でもある。訴訟指揮権を学ぶのは，訴訟手続がどのようにして進行していくのかを知るうえで必要不可欠だからである。

II 訴訟指揮権について問題となるのはどのような点か

　訴訟指揮権については，①その主体が誰か，②内容としてはどのようなものがあるのか，③どのようにして行使されるのかなどが問題となる。これら訴訟指揮権の基本的な事項は，民事訴訟法及び民事訴訟規則等の法規によって定められている。訴訟指揮権の行使に関する運用は，裁判所に与えられた

広範な権能に委ねられているが，事案の解明が当事者に委ねられている（弁論主義）ことから，裁判所としては，当事者が訴訟準備のためどの程度時間を要するかなどについて，両当事者の意見を聴いて訴訟を進めていくことが合理的であり，どのように訴訟を進めていくか判断するに当たり，当事者の意見を聴き，これらにも適宜配慮しながら進めているというのが実務の実情であろう。しかし，常に当事者の意見のとおり進めるわけではないし，当事者双方の意見が異なることもあり，裁判所が合理的な裁量に基づき適宜判断を加えて訴訟も進めることになるから，ときに一方の当事者が裁判所の訴訟指揮権の行使に不満や不服をもつこともある。訴訟指揮権が問題とされるのは，その行使について当事者が不服を有している場合といってよい。

以下では，まず上記の①から③の訴訟指揮権の基本的な事項について説明する。

1．訴訟指揮権の主体

上記のように，民事訴訟法は，訴訟指揮権を裁判所に付与している（民訴148条1項）。裁判所に訴訟指揮権を付与したのは，手続の進行や整理を利害の対立する両当事者の訴訟追行に一任すると，手続が遅滞したり，適正でない結果を招くおそれがあるためである。

訴訟指揮権は，原則として，受訴裁判所に帰属する（民訴89条・151条〜155条など）。しかし，受訴裁判所が合議体であるときは，裁判長がそれを行使する場合もある（民訴148条・149条・203条，民訴規118条〜122条など）。また，裁判長自身に訴訟指揮権が帰属することもある（民訴93条1項・137条）。受訴裁判官，受託裁判官も，授権された事項を処理するためには自ら訴訟指揮権を行使し得る（民訴規35条）。

2．訴訟指揮権の内容

訴訟指揮権は，訴訟手続のすべての面に及ぶ。主なものは以下に分類される。

(1) 訴訟の進行に関するもの

期日の指定及び変更（民訴93条1項），期間裁定及び伸縮（民訴96条），訴訟手続の中止（民訴131条），中断した手続の続行（民訴129条）などが挙げられる。

(2) 審理の整理に関するもの

遅滞又は損害を避けるための裁量移送（民訴17条），簡裁から地裁への裁量移送（民訴18条），弁論の制限・分離・併合（民訴152条），弁論の再開（民訴153条），時機に後れた攻撃防御方法の却下（民訴157条）などが挙げられる。

(3) 期日における訴訟行為の整理に関するもの

当事者や代理人に発言を許し，命じ，又は禁じるなどの口頭弁論の指揮（民訴148条）がこれに属する。口頭弁論等の期日において，弁論等の発言の順序を定めたり，証拠調べの順序を定めることなどがこれに属する。発言の許可や禁止が特に規定された（同条2項）のは，口頭弁論手続を円滑に進行するために重要な意味を有し，発言を禁じられた当事者等にとっても重大な効果をもたらすからである。発言禁止命令は，当該口頭弁論期日における手続の円滑な進行を図るためのものであるから，当該口頭弁論期日においてのみ効力を有する。また，この権限は，特定事件の審理を効率的に進めるために当事者及び関係人に対して行使されるものであり，法定内の秩序維持や審理の妨害を排除するための処置である法廷警察権（裁71条）とは異なる。法廷警察権は，審理の内容とは無関係に行使され，傍聴人等にも行使される。

(4) 訴訟関係を明瞭にし，事案を解明するための措置に関するもの

当事者の弁論内容を解明するための釈明権の行使（民訴149条），釈明処分（民訴157条2項）が挙げられる。当事者に必要な書証を提出させ，事案を解明し，人証による証拠調べが必要な争点は何かを明らかにしていくことが重要であり，当事者の主張を明らかにする釈明権は訴訟指揮権の重要な内容となる。

3．訴訟指揮権の行使

訴訟指揮権は，裁判長の口頭弁論の指揮のように事実行為として行われる

ものと，弁論の制限・分離・併合（民訴152条）などのように，裁判の方式で行われるものがある。裁判所として行うものは決定であり，裁判長や受命裁判官の資格で行うものは命令となる。訴訟指揮の裁判は，手続の進行や審理方法について，弾力的に運用して訴訟を円滑に進行させるためのものであるから，原則として，自己拘束力を欠き，いつでも自ら取消しや変更ができる（民訴120条）。

Ⅲ 訴訟指揮権について実務はどう取り扱っているか

　訴訟指揮権について，法は上記のように裁判所の広範な権限にこれを委ねており，具体的事件でそれをどのように行使するかは，まさに個々の裁判官の権能と責務として，その合目的的な裁量に委ねられている。訴訟指揮権の行使が実務上問題となるのは，前記のように，その行使について当事者が不服を有している場合であり，当事者が訴訟指揮権の行使に対してこれを問題として取り上げるのは，当該訴訟手続内でされる場合と当該訴訟手続外で問題とされる場合がある。

(1)　訴訟指揮権に対して当該訴訟手続内で当事者がこれを問題とする場合
　(a)　訴訟指揮権に対する当事者の申立権や異議権
　　(ｱ)　訴訟指揮権の行使に対する当事者の権能　　訴訟指揮権は，裁判所の職権で行使されるものであり，当事者が訴訟指揮権の発動を申し立てても，原則として，裁判所がこれに拘束されたり，申立てに対する判断を必ずしなければならないというものではない。ただし，移送の申立て（民訴17条・18条），攻撃防御方法の却下（民訴157条），期日の指定・変更（民訴93条），中断手続の受継（民訴124条以下）など，当事者の利害に重大な影響をもつものについては，当事者に申立権を認めている。
　　(ｲ)　責問権　　また，当事者は，自己の利益を護るために，裁判所の運営する手続の合法性を監視する権限，すなわち責問権をもつ（民訴90条）。責問権は，当事者が，裁判所と相手方当事者の行う訴訟手続に関する規定の違反について，遅滞なく異議を述べ，その効力を争うことができる権能のこ

とをいう。当事者が，その瑕疵や不利益を知り，又は知ることができたにもかかわらず，これを問題にしなかった場合には，当事者は責問権を喪失する。訴訟手続は，先行する訴訟行為に新たに訴訟行為が積み重なって組み立てられるものであり，後になってこれを覆すことを認めると，手続の安定を害するからである。ただし，責問権の放棄・喪失が認められるのは，当事者の利益の保護を目的とする規定に限られ，公益性の強い規定についてはその対象とはならない。

　(ウ)　裁判長の訴訟指揮権の行使に対する当事者の異議に対する裁判
裁判長の訴訟指揮権の行使に対する当事者からの異議については，裁判所が裁判することとされる（民訴150条・202条3項）。
　(b)　裁判官に対する忌避申立て
　実務では，当事者が裁判所の訴訟指揮権の行使に対する不服を理由に，当該訴訟指揮権の行使をした裁判官に対して，忌避の申立てをすることがある。しかし，忌避申立ての制度は，裁判官がその担当する事件の当事者と特別な関係があるとか，訴訟手続外において既に事件につき一定の判断を形成しているなど，当該事件の手続外の要因により，当該裁判官によってはその事件について公平で客観性のある審判を期待できない場合に，当該裁判官をその事件の審判から排除し，裁判の公平及び信頼を確保することを目的とするものであって，その手続内における審理の方法，態度などは，それだけでは忌避の理由となし得ない。→【判例①②】参照

(2)　訴訟指揮権に対して当事者が当該訴訟手続外でこれを問題とする場合
　当事者が裁判所の訴訟指揮権の行使が違法であり，それにより損害を被ったとして，国家賠償法1条1項に基づき，国に対して損害賠償請求を提起することがある。この問題については，裁判官のした裁判が同法上の違法となる場合について判示した最高裁判例が基本となる。→【判例③】参照
　これを訴訟指揮権の行使に当てはめた下級審裁判例もある。→【判例④⑤】参照

Ⅳ 訴訟指揮権について注意しておくのはどのような点か

　以上，訴訟指揮権について検討したが，実務上，特に注意しておく必要があるのは，裁判所の訴訟指揮権は，当事者の事案解明の責任（弁論主義）とともに，訴訟を円滑に進行させて事案を適切に解明し，真の争点を明らかにして争点を中心とした審理を行い，争点に関して当事者に必要にして十分な立証活動を行わせるための権能であり，そのために行使される必要があるということである。裁判所も当事者も，この点を十分に意識しておくことが必要である。

〔三　角　比　呂〕

参照判例

【判例①】
　　最一小決昭48・10・8刑集27巻9号1415頁は，刑事訴訟手続に関するものではあるが，①訴訟手続内における審理の方法，態度などは，それ自体としては裁判官を忌避する理由となし得ない，②公判期日前の打合せから第1回公判期日終了までの裁判長の訴訟指揮権，法廷警察権の行使の不当を理由とする忌避申立ては，本件のような事情（本件では，第1回公判期日において，被告人及び弁護人が，裁判長の在廷命令をあえて無視して退廷したのち，入廷しようとしたのを許可しなかったこと及び必要的弁護事件である本件被告事件について弁護人が在廷しないまま審理をすすめたことをとらえて，裁判長が予断と偏見にみち不公平な裁判をするおそれがあるとして忌避の理由としている。）の下においては，訴訟遅延のみを目的とするものとして，刑事訴訟法24条により却下すべきものであるとする。

【判例②】
　　東京高決昭53・7・25判時898号36頁は，民事訴訟における忌避申立て

の制度について，①「裁判官が具体的事件において提出援用される訴訟資料に対する客観的な評価に基づいてのみ裁判の結論を出すことを要請される公平な第三者としての立場を逸脱して，手続外の本来その判断を左右すべき適法な要因となりえない他の考慮に動かされて裁判をするおそれがあるような場合に，当該裁判官を事件の審判から排除することを当事者の権利として認めたものであり，忌避原因としての裁判の公正を妨ぐべき事情というのも，この趣旨において規定されたものである。」，②「本件忌避申立の理由は，対象裁判官の訴訟指揮や和解勧告の際における発言等の訴訟過程中にあらわれた行動態度からみて上述のような裁判の公正を妨ぐべき事情があるというのであるが，およそ裁判官の訴訟指揮その他事件の審理過程における言動は，専ら裁判官が当該事件について公正で，かつ，適切妥当な判断または解決に到達するための措置ないし活動としてなされ，具体的事件の審理の経過やその間に漸次的に形成される心証や仮定的判断等をある程度反映せざるをえないようなものであるから，具体的な言動が当事者の一方に対して自己に不利な結論を示唆するような印象を与え，ひいては当該裁判官からは公正な裁判を期待できないのではないかという主観的な不安や懸念を生ぜしめることも決して稀とはえいない。しかし，たとえ裁判官の審理過程中の言動が右のような不安や懸念を与えるものであったとしても，それだけで直ちに上に述べたような意味での裁判の公正を妨ぐべき事情があるといえないことは明らかで，更に進んでそれらの裁判官の言動が前記のように本来裁判官の考慮外に置かれるべきなんらかの手続外的要因によって動かされていることによるものと考えざるをえないようなもの，ないしは合理的にそう解しうるようなものである場合にのみ，裁判の公正を妨ぐべき事情があるというに値する」とする。

【判例③】
　最二小判昭57・3・12民集36巻3号329頁は，裁判官がした争訟の裁判について，国家賠償法1条1項の規定にいう違法な行為があったものとして国の損害賠償責任が肯定されるためには，当該裁判に上訴等の訴訟法上の救済方法によって是正されるべき瑕疵が存在するだけでは足りず，当該裁判官が違法又は不当な目的をもって裁判をしたなど，裁判官がその付与された権限の趣旨に明らかに背いてこれを行使したものと認め得るような特別の事情があることが必要であるとする。

【判例④】
　東京高判平16・2・25判時1856号99頁は，別件訴訟における裁判長であった被控訴人の違法な訴訟指揮により精神的苦痛を被ったとして，また，

本件訴訟における被控訴人の答弁書の「因縁をつけて金をせびる」等の記載が控訴人の名誉を毀損したとして別件訴訟の裁判長個人と国を相手に損害賠償を求めた事案で，裁判行為に関して国家賠償法1条に基づく賠償責任が成立するのは，裁判を行った裁判官が違法又は不当な目的をもって裁判をした等，裁判官がその付与された権限の趣旨に明らかに背いて行使したものと認め得るような特別の事情があることを必要とすると解すべきところ，長期間にわたって審理が中断していた別件訴訟が再開された最初の口頭弁論期日に，一方当事者の控訴人らが不出頭のまま結審し，その15分後に判決を言い渡したことについては，やや性急に過ぎたとの感が否めないが，それは審理を担当する裁判所の裁量判断に属する事柄であり裁量権の逸脱，濫用はなく，上記特別の事情はないとする。

【判例⑤】
　東京地判平5・9・20判時1490号103頁は，争訟の裁判が国家賠償法上違法とされる余地を限定する前掲【判例③】最二小判昭57・3・12の法理が裁判官の職務行為一般に妥当するか否かという論点についてこれを肯定し，裁判官が訴状審査の段階において原告の訴訟代理人に当事者適格について検討を促したことについて，訴訟指揮権の行使等の訴訟手続上の措置につき違法性を否定する。

20 弁論の併合・分離

◆2 口頭弁論

I 弁論の併合・分離について学ぶのはどうしてか

　関連する争点をもつ複数の訴訟が提起されたり，原告・被告が多数に及ぶ訴訟が提起されることは，実務上珍しくないが，これらの訴訟を同一の訴訟手続で審理するか，別の訴訟手続に分けて審理するかは，訴訟の効率的運営，関連する争点に対する判断の矛盾の回避等の見地から，裁判所が訴訟指揮権の一つとして合目的的に行うものである。弁論の併合・分離は，裁判所が適切な訴訟運営を行うための不可欠の制度であり，実務上も頻繁に利用されている。本項目では，こうした弁論の併合・分離の基本的な問題について考察するものである。

II 弁論の併合・分離について問題となるのはどのような点か

1．併合審理

　民事訴訟は，1名の原告と1名の被告との間における1個の請求について審判されるのがその基本型であるが，前記のとおり，実際の訴訟では，1つの訴えにおいて複数の請求が提起され（客観的併合〔民訴136条〕），あるいは多数の者が当事者となる（主観的併合〔民訴38条〕）ことによって併合審理されることが多く，また，それ以外でも，弁論の併合によって併合審理されることもある。逆に，併合審理が相当でなければ，弁論を分離することになる。

2．弁論の併合

弁論の併合は，官署としての同一裁判所に係属している数個の請求を同一の訴訟手続で審理する旨の裁判所の決定である。弁論の併合は裁判所の訴訟指揮権の一つとして行われるから，裁判所の裁量に委ねられるのが原則であるが，例外的に法律又は解釈により，これが義務づけられる場合がある。

3．弁論の分離

弁論の分離は，併合審理が行われている訴訟において，特定の請求を別個独立の手続で審理する旨の裁判所の決定である。弁論の分離も裁判所の訴訟指揮権の行使として，その裁量に委ねられるのが原則であるが，弁論の併合と同様に例外がある。

4．弁論の併合・分離の運用

弁論の併合・分離は，紛争の全体的解決と効率的な訴訟運営の確保の見地から合目的な運用が求められる。

Ⅲ　弁論の併合・分離について実務はどう取り扱っているか

1．併合審理

当初から併合審理される形態としては，1つの訴えで複数の請求を立てる場合（客観的併合）と当事者を複数に立てる場合（主観的併合），さらにこれらが組み合わさった場合があり，いずれも原告の意思によって併合審理が行われるものである。これに対し，裁判所のイニシアチブによって，複数の事件を併合審理する場合が弁論の併合である。なお，請求が1個か複数かは訴訟物理論にかかわる問題であるが，実務ではいわゆる旧訴訟物理論（請求とは実体法上の個々の請求権であるとする立場）を採っている。

2．弁論の併合

(1)　併合が必要な場合

法律上，併合審理が求められるものとしては，会社の組織に関する訴え（会社837条），倒産法上の査定決定に対する異議の訴え（破126条6項，民再106条6項等），人事訴訟とその関連請求（人訴8条2項・17条3項）などがある。また，いわゆる固有必要的共同訴訟（遺産確認の訴え，入会権確認の訴え，共有権確認・共有権に基づく所有権移転登記手続請求等）（民訴40条），類似必要的共同訴訟（住民訴訟等），独立当事者参加訴訟（民訴47条）では，多数当事者間における合一確定の要請が強く，各人に対する判決の効力が矛盾抵触するのを避けるため，弁論の分離はできず，これらの訴えが別々に提起された場合には，併合する必要がある。→【判例①～④】参照

その他，請求の予備的併合（ある請求が認容されることを解除条件として，あらかじめ別の請求の併合審理を申し立てる場合）や離婚事件の本訴と反訴の場合でも併合審理が求められ，弁論の分離はできない。

(2) 主観的予備的併合，同時審判の申出がある共同訴訟

主観的予備的併合（ある被告に対する請求が認容されることを解除条件として，あらかじめ別の被告に対する請求の併合審理を申し立てる場合）については，その可否が議論されているが，否定するのが実務である。→【判例⑤】参照

主観的予備的併合は，実体法上両立しない請求権を数人に対して有する場合に，審理の重複，判断の矛盾の回避を意図するものであるが，予備的請求の被告の地位が不安定であるとの批判が強いことから，実務では否定されており，その代替として，同時審判の申出がある共同訴訟（民訴41条1項）という制度が設けられた。これは，共同被告の一方に対する請求と共同被告の他方に対する請求が実体法上両立しない場合に，原告の申出があれば，併合審理が義務づけられる訴訟形態であり，双方の被告に対する審判が常に行われる。

(3) 併合前の別事件の証拠資料の取扱い

当事者を異にする事件について弁論の併合がされた場合は，それ以前に行われた証拠調べの結果も共通の訴訟資料となるが，併合前の証人尋問について，尋問の機会がなかった当事者が尋問の申出をしたときは，その尋問をす

る必要がある（民訴152条2項）。従前，証人尋問等に立ち会う機会のなかった当事者の立場に配慮して，併合前の事件で行われた証拠調べの結果を共通の訴訟資料とするには，当事者の援用が必要であるかどうかが問題とされたが，実務では，援用の必要性を否定していた。→【判例⑥】参照

そこで，証人尋問に立ち会う機会のなかった当事者の防御権を保障するため，新民事訴訟法（平成8年法律第109号）の制定時に，当事者に対して再尋問の機会を与えることにしたものである。なお，併合前に尋問がされた当事者本人については，この規定による再尋問が義務づけられていないことにも注意するべきである。

3．弁論の分離

(1) 分離が必要な場合

請求の客観的併合は，数個の請求が同種の訴訟手続で審判される場合でなければならない（民訴136条）。例えば，通常訴訟と人事訴訟，行政訴訟は異種の訴訟手続であるから，これらの訴訟を併合することは認められず，また，併合提起された場合はこれを分離する必要がある。もっとも，特に法律が明文をもってこれを許容している場合（人訴8条・17条，行訴16条等）は例外的に弁論を分離する必要はない。

(2) 分離前の証拠資料の取扱い

分離前の証拠方法は，分離後の各訴訟手続において，従来の証拠方法のままで証拠資料として用いられる。→【判例⑦】参照

4．弁論の併合・分離の運用

(1) 当事者の申立権

弁論の併合・分離は裁判所の訴訟指揮の下で行われるから，当事者には弁論の分離・併合について申立権はなく，当事者が申立てをしても，それは裁判所の職権発動を促すものにすぎない。しかし，そのことは裁判所の恣意的な判断を是認するものではなく，訴訟審理の合理的運営という見地から，裁判所の適切な訴訟指揮権の行使が期待されている。なお，近時は，手続裁量

論の見地から，裁判所の上記権能の著しい逸脱は違法となるという見解も提唱されている。

(2) 同一当事者間の訴訟における弁論の（追加的）併合

　同一当事者間の訴訟において，原告が訴えの変更（民訴143条1項）を行い，又は被告が反訴（民訴146条1項）を提起した場合，要件を満たす限り，当然に併合審理することとなる。そのほか，同一当事者間の複数の訴訟が同一の裁判所に係属している場合において，各請求の間に関連性が認められ，併合審理することが訴訟経済上も望ましいと考えられるときは，実務上も，広く弁論の併合が行われている。

(3) 異なる当事者間の訴訟における弁論の（追加的）併合

　異なる当事者間の訴訟が同一の裁判所に係属している場合でも，各訴訟の間に関連性が認められ，効率的な訴訟運営が期待できるときは，これを併合審理することが考えられる。例えば，ある会社と当該会社の商品を購入した複数の消費者との間で生じた商品トラブルをめぐる訴訟や，複数の区分所有者と管理者との間におけるマンションの管理費をめぐる訴訟などである。

(4) 客観的併合事件における弁論の分離

　客観的併合の場合，被告にとって，同じ原告から複数回提訴される場合と比較して応訴の負担が軽減されるメリットがあるから，併合要件は緩やかに認められている。すなわち，当該複数の請求の間に関連性が要求されず（例外として行政事件訴訟法16条1項），ある請求について管轄があれば他の請求についても管轄が生じるものとされる（民訴7条）。

　客観的併合事件について，請求の一部が判決に熟した場合には，当該請求部分の弁論を分離したうえで判決することが考えられる。しかし，当該判決に対して上訴があれば，審級を異にして審理がされ，関連請求の場合にはかえって不便や不経済を招くことも予想されるため，当該請求部分について争いがなく判決が確定することが合理的に予想できる場合や，和解をする場合を除いては，紛争の全体的解決を図るため，弁論の分離をしないまま審理を

続行し，すべての請求部分を含めた形で和解ないし判決をすることが多い。

(5) 主観的併合事件における弁論の分離

　主観的併合事件では，複数の請求の間に関連性がある場合でも，個々の原告，被告の訴訟対応いかんによっては争点がまちまちとなることがあり，また，ある原告と被告との間で訴訟上の和解が成立する場合もある。そのような場合には，当該当事者に対する弁論を分離したうえで審理を行うことが訴訟経済に資すると考えられるため，弁論の分離が行われることが多い。そのほか，遠隔地に居住する等の理由で口頭弁論期日に出頭できない当事者がいる場合には，円滑な訴訟進行を図るため，当該当事者についての弁論を分離し，弁論準備手続に付したうえで，電話会議の制度（民訴170条3項）を活用することなども行われる。

Ⅳ　弁論の併合・分離について注意しておくのはどのような点か

　以上，弁論の併合・分離について実務的な見地から考察したが，特に注意をしておく必要があるのは，弁論の併合の時期である。弁論の併合がされた場合，併合前の証拠調べの結果も併合後の証拠資料とされるので，裁判所は，これが当事者に対する不意打ちとならないよう配慮する必要があり，特に弁論終結間際の弁論の併合には慎重な判断が求められる。他方，争点が明確化しないうちに弁論を併合した結果，かえって審理が複雑化し，訴訟遅延を引き起こす可能性もあるため，併合の時期は，その見極めが重要といえる。

〔山口　和宏〕

参照判例

【判例①】
　最三小判平元・3・28民集43巻3号167頁は，共同相続人の一人の所有名義の土地について，数人の共同相続人が原告となり，当該所有名義人を被告として遺産帰属確認を求めた場合において，遺産確認の訴えは固有必要的共同訴訟であるとする。

【判例②】
　最二小判昭41・11・25民集20巻9号1921頁は，入会権者が第三者に対して入会権確認の訴えを提起する場合は，固有必要的共同訴訟として，入会権者全員で訴えを提起しなければならないとする。もっとも，最一小判平20・7・17民集62巻7号1994頁は，入会集団の一部の構成員が，第三者を相手方として入会権確認の訴えを提起するに当たり，これに同調しない構成員がいる場合は，上記一部の構成員は，訴えの提起に同調しない構成員を被告に加え，構成員全員が訴訟当事者となる形式で入会権確認の訴えを提起すればよいとする。

【判例③】
　最一小判昭46・10・7民集25巻7号885頁は，数人の共有者が土地の名義人である第三者に対して，共有権の確認と共有権に基づく所有権移転登記手続を求める場合は，固有必要的共同訴訟であり，原告の一人による訴えの取下げは無効であるとする。

【判例④】
　最大判平9・4・2民集51巻4号1673頁は，複数の住民が提起する住民訴訟は類似必要的共同訴訟であるから，一部の共同原告が上訴をした場合は，上訴をしなかった共同原告にも上訴の効力が及ぶものの，上訴をしなかった共同原告は上訴人にはならないとする。

【判例⑤】
　最二小判昭43・3・8民集22巻3号551頁は，ある被告に対する所有権に基づく所有権移転登記手続を求め，それが認められない場合に別の被告に対する損害賠償請求をした場合に，主観的予備的併合は不適法であるから，当該被告に対する請求は却下されるべきであるとする。

【判例⑥】
　　最三小判昭41・4・12民集20巻4号560頁は，弁論の併合前にされた証拠調べの結果は，併合後の事件においても，同一の性質のまま証拠資料となるとする。

【判例⑦】
　　大判昭10・4・30民集14巻1175頁は，分離前の甲事件の本人尋問は，分離後の乙事件に対する関係でも本人尋問として証拠となるとする。

21 手続の中断・受継

◆2 口頭弁論

I 手続の中断・受継について学ぶのはどうしてか

　当事者又は法定代理人が、訴訟を遂行する資格・能力を失った場合、訴訟を遂行すべき資格・能力を有する者が従前の当事者又は法定代理人に代わって訴訟を遂行すべきであるが、直ちに訴訟遂行が可能な状態になるとは限らない。そこで、このような場合、新たに当事者又は法定代理人となるべき者が受継するまでの間、手続が中断することとなる。

　中断が生ずると、受継されるまでの間は原則として訴訟行為を行うことはできないから、手続の進行を主導すべき職責を負う裁判所はもちろん、当事者にとっても、中断事由を理解し、中断を解消して手続を進行させるにはどうすべきかを理解することは必要不可欠である。

II 手続の中断・受継について問題となるのはどのような点か

1．中断が生ずる場合

　中断が生ずる場合は法定されているが、以下のような分類が可能である。

(1) 当事者能力の喪失

　自然人である当事者が死亡した場合（民訴124条1項1号）、法人である当事者が合併した場合（同項2号）、従前の当事者が当事者能力を喪失するため、中断する。

(2) **当事者の訴訟能力の喪失，法定代理人の死亡，法定代理権の消滅**

　成年被後見人は，法定代理人によらなければ訴訟行為をすることはできないから（民訴31条本文），当事者について成年後見開始の審判（民7条・838条2号）がされると自ら訴訟行為をすることはできず，中断する（民訴124条1項3号）。また，法定代理人によらなければ訴訟行為をすることができない当事者（民訴31条本文）の法定代理人が死亡ないし代理権を失った場合も，当事者自らが訴訟行為をすることができないから，中断する（民訴124条1項3号）。

(3) **当事者適格の喪失**

　信託財産に関する訴訟の係属中当事者である受託者等の任務が終了した場合（信託56条〜58条），新たな受託者等が受継するまで，中断する（民訴124条1項4号）。

　また，救助料支払に関する船長（商811条），破産管財人（破80条），会社更生手続における管財人（会更74条1項），民事再生手続における否認権を行使する場合の監督委員（民再56条・135条），民事再生手続における管財人（民再67条・135条），保全管理人（破96条，会更34条1項，民再83条），成年後見人又は成年後見監督人（人訴14条），遺言執行者（民1012条）など，一定の資格を有する者で自己の名で他人のために訴訟の当事者となるものが資格を喪失した場合も中断する（民訴124条1項5号）。

　さらに，選定当事者の全員がその資格を喪失した場合は中断するが（民訴124条1項6号），選定当事者が数人選定されている場合に一部の選定当事者が資格を喪失しても，他の選定当事者が訴訟行為を行うことができるから（民訴30条5項），中断しない。

(4) **倒産手続の開始**

　そのほか，破産手続開始決定がされた場合（破44条1項），更生手続開始決定がされた場合（会更52条1項），従前の当事者が財産の管理処分権を失うため，破産財団又は更生会社の財産に関する訴訟手続は中断する。一方，民事再生手続においては，再生手続開始決定後も原則として再生債務者は財産の管理処分権を失わないので（民再38条1項），訴訟手続も中断しないのが原則

である。ただし，管理命令が発令された場合は，管財人に財産の管理処分権が専属するので中断する（民再66条・67条2項）。また，再生債権に関する訴訟は，財産の管理処分権に変動はないが，民事再生法が再生債権の確定について特別の手続を設けているために中断する（民再40条1項）。さらに，詐害行為取消訴訟等は，従前の当事者の当事者適格が再生債務者等に移転するため，中断する（民再40条の2第1項）。

一方，身分関係の訴訟（離婚訴訟，離縁訴訟，親子関係訴訟）や，組織に関する訴え（会社828条以下参照）は，破産財団ないし更生会社の財産関係の訴えではないから，中断しない。→【判例①】参照

2．受継すべき者

中断を解消するためには受継が必要であるが，受継すべき者も中断事由に応じて法定されている（民訴124条1項各号，破44条2項，会更52条2項，民再67条3項・40条の2第2項等）。

Ⅲ　手続の中断・受継について実務はどう取り扱っているか

1．中断の効果

手続が中断すると，受継により中断が解消するまでの間，判決の言渡し以外の訴訟行為をすることはできなくなる（民訴132条1項）。当事者及び裁判所が中断中に訴訟行為をしても，効力を有しない。→【判例②】参照

2．中断事由が発生した場合の手続

裁判所は，訴訟係属中に中断事由が発生したことを当然には認識できない。そのため，訴訟当事者又は関係人は，中断事由に該当する事実が発生した場合には，裁判所に対して，その旨連絡し，中断事由の存在を証する資料（戸籍謄本，商業登記簿の登記事項証明書，後見登記等ファイルの登記事項証明書，破産手続開始決定の正本の写し等）を提出することになる。中断の効力は中断事由が

発生したときに生ずるが，中断事由を証明する資料は中断事由が発生した当日に取得できるとは限らないため，上申書等により中断事由の発生を早急に裁判所に連絡する必要がある。

3．受継申立ての手続

受継すべき者又は相手方は，中断を解消させるため，受継の申立てをすることができる（民訴126条）。裁判所は，受継の申立てがあった場合，職権で調査するが（民訴128条1項），受継の申立てをした者は，通常，最も事情に詳しく，資料も有していると考えられることから，受継すべき者を明らかにする資料を申立書に添付することとされている（民訴規51条2項）。

4．中断中でも可能な訴訟行為

判決の言渡しは，中断中でもすることができるが，中断事由の生じた側の当事者には判決書を送達できないので，上訴期間は進行しない。また，判決書の送達後に中断事由が生じた場合は，上訴期間進行の起算点を明らかにする必要があるから，裁判所は明示的に受継の申立てについて裁判をすることになる（民訴128条2項）。口頭弁論終結後の中断の場合も同様に裁判をする。この場合，上訴期間は，中断解消後に改めて全期間の進行を始める（民訴132条2項）。

5．訴訟代理人がいる場合の例外

訴訟代理人がいる場合，訴訟代理権は民事訴訟法124条1項各号の中断事由が発生しても消滅しないから（民訴58条），手続も中断しないこととされている（民訴124条2項）。中断事由の発生により，当然に新たに当事者となるべき者に訴訟関係が承継され，訴訟代理人は，新当事者の訴訟代理人として訴訟行為をすることになると解される。このため，判決又は和解調書には，中断事由発生前の当事者ではなく，新当事者を記載することとなり，訴訟代理人は，中断事由の発生を書面で裁判所に届け出て（民訴規52条），受継した者を明らかにする資料を裁判所に提出することとなる。→【判例③④】参照

一方，当事者が破産した場合は，訴訟代理人がいる場合でも中断する（破

44条1項)。これは，委任者が破産すると委任契約が終了し（民653条2号），民事訴訟法58条が委任者の破産の場合を訴訟代理権不消滅事由として掲げていないことに対応している。

Ⅳ 手続の中断・受継について注意しておくのはどのような点か

1．一身専属的な権利に関する訴訟の終了

　自然人である当事者が死亡すると，民事訴訟法124条1項1号により訴訟手続は原則として中断する。ただし，訴訟物たる権利が一身専属的である場合には中断せずに終了する。訴訟物たる権利が一身専属的である場合，実体法上当該権利を承継する者がいないのであるから，受継させる必要がなく，中断する意味がないからである。→【判例⑤〜⑦】参照

　また，人事訴訟の係属中に当事者が死亡した場合についても，原則として中断せずに終了する。人事訴訟の対象となる法律関係の変動を求める地位は，一身専属的であるからである（人訴26条・27条・41条2項参照）。→【判例⑧⑨】参照

2．倒産処理手続との関係

(1) 破産債権に関する訴訟とそれ以外の破産財団に関する訴訟との異同

　破産手続の開始によって中断した破産財団に関する訴訟手続は，破産債権に関するものは破産債権の調査・確定手続（破産法第4章第3節）によりその確定が図られ，それ以外のものは破産管財人が中断した訴訟を受継することになる（破44条2項）。中断前の訴訟が破産債権に関するものとそれ以外のものの双方を含んでいる場合，それぞれその手続の帰趨が異なってくることになるので，留意が必要である。→【判例⑩】参照

(2) 破産債権に関する訴訟について

　破産債権に関する訴訟について，破産手続内において当該債権の存否につ

いて異議が述べられず届出どおりに確定した場合は，債権者表の記載が確定判決と同一の効力を有するから（破124条・221条），中断中の訴訟は当然に終了すると解されている。

　一方，破産債権について，破産債権者が適法に債権届出をしなかった場合又は異議を述べられたにもかかわらず適法に受継を申し立てなかった場合は，債権届出ないし受継申立てが適法にされなくなったことが確認できた時点において訴訟終了宣言をするという考え方，破産手続の終了後に訴訟終了宣言をするという考え方，破産者に受継させたうえで判決をするという考え方等がある。

(3) 債権者代位訴訟等

　債権者代位訴訟も，破産手続の開始により中断する（破45条1項）。債権者代位訴訟に類似する訴訟類型として，株主代表訴訟（会社847条），差押債権者による取立訴訟（民執157条）についても，訴訟物たる権利が帰属していた株式会社ないし債務者の当該権利の管理処分権が破産管財人に専属するので，中断し，破産管財人が受継できると解されている。→【判例⑪⑫】参照

(4) 破産手続が終了した場合

　破産財団に関する訴訟手続は，破産手続の開始により中断するが，破産管財人による受継がされる前に破産手続が終了したときは，破産者は当然に訴訟手続を受継するとされている。これは，破産手続の終了により破産管財人の任務は終了し，破産者の財産管理処分権が破産管財人から破産者に復帰するからである。

(5) 破産財団から放棄された財産に関する訴訟

　破産管財人が破産財団から特定の財産を放棄した場合，破産者の当該財産に対する管理処分権が復活するから，当該財産に関する訴訟についても破産者が受継することとなろう。→【判例⑬】参照

(6) 破産者が受継する場合の訴訟遂行者

株式会社である破産者が受継する場合，委任者たる株式会社の破産により取締役との委任関係は終了しているから（民653条2号），原則として清算人を選任することが必要となる。破産管財人が破産財団から放棄した財産に関する訴訟についても同様である。ただし，清算人の選任の申立てではなく，特別代理人（民訴37条・35条）の申立ての方が適当である場合も多いと思われる。→【判例⑭⑮】参照

(7) 追加配当対象財産に関する訴訟の場合

破産管財人は，破産手続終結決定後においても追加配当をすべき場合があるところ（破215条1項後段），破産財団を構成し得る財産に関する訴訟で，当該財産をもって追加配当の対象となることが予定される場合には破産管財人に当事者適格があるから，このような例外的な場合には引き続き破産管財人が訴訟手続を遂行すべきと解される。→【判例⑯】参照

(8) 個人再生手続について

再生手続が開始されると，再生債権に関する訴訟は中断するが，これは再生手続内において再生債権を確定する手続が用意されていることに基づくから，手続内で実体的に再生債権を確定することが予定されていない個人再生手続においては，中断しない（民事再生法238条・245条による同法40条の適用除外）。一方，債権者代位訴訟は，再生債権者が再生手続開始後再生計画の定めるところによらなければ弁済を受けることができないとされており（民再85条1項），被代位債権の処分権限を喪失するため，例外的に中断する（民事再生法238条・245条により同法40条の2のうち債権者代位訴訟に関する部分のみ個人再生手続にも適用される。）。これに対し，詐害行為取消訴訟は中断しないので，注意が必要である。

〔進藤　光慶〕

参照判例

【判例①】
　最二小判平21・4・17判時2044号74頁は，株式会社の取締役等の解任又は選任の株主総会決議不存在確認訴訟の係属中に，会社が破産手続開始決定を受けて破産管財人が選任されたとしても，破産財団に関する管理処分権限と無関係な会社組織に係る行為等は，破産管財人の権限に属するものではなく，破産者自ら行うことができ，会社につき破産手続開始の決定がされても直ちには会社と取締役等との委任関係は終了するものではなく，取締役等として権限を行使し得るとする。

【判例②】
　最二小判昭58・5・27判時1082号51頁は，当事者である株式会社が破産手続開始決定を受けて訴訟手続が中断中に，同会社を当事者として審理及び判決をした場合，当事者が代理人によって適法に代理されなかった場合と同視することができるから，旧民事訴訟法395条1項4号（現行民訴312条2項4号）の趣旨にのっとり，破棄事由に当たるとする。

【判例③】
　最二小判昭33・9・19民集12巻13号2062頁は，当事者が死亡するときは死亡の事実の発生とともに，当然に訴訟関係の承継を生ずるが，訴訟代理人であった者は，訴訟承継の結果，新たに当事者となった相続人らの訴訟代理人として訴訟行為をなすことができるとする。

【判例④】
　最二小判昭42・8・25判時496号43頁は，委任した当事者につき死亡の事由が生じても，訴訟追行者なきに帰するということにならないから，手続を中断する必要はない。この場合には当事者の変動はあるが，中断受継の手続を省略しただけであるから，判決には当事者として新当事者を表示すべきであり，旧当事者を表示しているときには，判決を更正すべきであるとする。

【判例⑤】
　最大判昭42・5・24民集21巻5号1043頁は，生活保護法に基づく保護変更決定処分の取消訴訟について，同法に基づく保護受給権は，被保護者個人に与えられた一身専属の権利であって，他にこれを譲渡し得ないし，相

続の対象ともなり得ず，法の予定する目的以外に流用することを許さないものであるから，当該被保護者の死亡によつて当然消滅し，訴訟は，上告人の死亡と同時に終了し，相続人においてこれを承継し得る余地はないとする。

【判例⑥】
　最三小判平16・2・24判時1854号41頁は，情報公開条例に基づく公文書等の開示請求権は，請求権者の一身に専属する権利であって相続の対象となるものではないから，非開示処分取消訴訟は，請求権者の死亡により当然に終了するとする。

【判例⑦】
　最二小判平元・9・22判時1356号145頁は，労働契約上の地位自体は当該労働者の一身に専属的なものであるから，労働者の提起した労働契約上の地位を有することの確認を求める訴訟は，労働者の死亡により当然に終了するとする。

【判例⑧】
　最二小判昭57・11・26判時1066号56頁は，養親が養子に対し離縁を請求する訴訟は，離縁請求権は請求権者の一身に専属する権利であって，請求権者死亡の場合における訴訟承継に関する特別の規定も存しないことから，養親の死亡により終了するとする。

【判例⑨】
　最二小判平元・10・13判時1334号203頁は，婚姻の無効確認訴訟につき，婚姻無効確認請求権は請求権者の一身に専属する権利であって，請求権者死亡の場合における訴訟承継に関する特別の規定も存しないことから，請求権者の死亡と同時に終了するとする。

【判例⑩】
　最一小判昭59・5・17判時1119号72頁は，建物収去土地明渡請求訴訟の係属中に，被告が破産手続開始決定を受けた場合，附帯請求のうち破産手続開始決定の前日までに発生した賃料相当損害金請求部分の訴訟は，破産財団に属する財産に関する訴訟ではなく，破産債権に関する訴訟であるから，その受継は，（平成16年法律第75号による廃止前の旧）破産法246条・244条2項・247条によってすることを要するとする。

【判例⑪】
　最二小判平11・12・17判時1707号62頁は，差押債権者が第三債務者に対し取立訴訟を提起した後に債務者に対して破産の宣告がされた場合には，破産法の規定による受継があるか，又は破産手続の解止があるまで，訴訟手続は中断すると解されるところ，破産管財人が訴訟手続を受継した後に被差押債権を破産財団から放棄したときには，破産管財人は被差押債権の管理処分権を喪失するから，訴訟手続は，破産手続の解止があるまで中断することになるとする。

【判例⑫】
　東京地決平12・1・27金判1120号58頁は，株主代表訴訟の訴訟追行中において，会社が破産した場合は，当該訴訟は終了するのではなく，旧民事訴訟法125条1項（現行民訴87条1項），旧破産法86条1項（現行破44条1項・6項・45条1項）の準用によって中断し，破産管財人が受継することができるとする。

【判例⑬】
　最二小決平12・4・28判時1710号100頁は，破産財団から特定の財産が放棄された場合には，当該財産の管理及び処分について，破産管財人の権限は消滅し，破産者の権限が復活するから，当該財産を目的とする別除権につき別除権者がその放棄の意思表示をすべき相手方は破産者であるとする。

【判例⑭】
　最二小判昭43・3・15民集22巻3号625頁は，同時破産廃止の決定がされた場合であっても，残余財産が存するときは清算人の選任が必要であるとする。

【判例⑮】
　最二小決平16・10・1判時1877号70頁は，別除権の目的とされた財産が破産財団から放棄されたとしても，当該財産につき旧取締役が管理処分権限を有するものではなく，管理処分行為は旧商法417条1項ただし書又は同条2項（会社478条1項2号・3号・2項）の規定によって選任される清算人により行われるべきものであるとする。

【判例⑯】
　最二小判平5・6・25民集47巻6号4557頁は，破産手続が終結した後に

おける破産者の財産に関する訴訟については，当該財産が破産財団を構成し得るものであったとしても，破産管財人において，破産手続の過程で破産終結後に当該財産をもって破産法の規定する追加配当の対象とすることを予定し，又は予定すべき特段の事情がない限り，破産管財人に当事者適格はないと解するのが相当であるとする。

22 ◆2 口頭弁論

弁論主義

I 弁論主義を学ぶのはどうしてか

　民事訴訟では，判決の基礎となる資料の提出を当事者の責任と権能とする建前，すなわち弁論主義が採られている。裁判の基礎となる資料には，裁判の基礎となる事実と証拠資料とがある。裁判は，まず当事者（原告）が訴えを裁判所に起こして始まり，原告は，相手方である被告に対する訴訟物である実体法上の権利又は法律関係の存否について主張し（訴訟上の請求），裁判所の審判を求める。訴えを起こすか否か，どのような訴訟物を審判の対象とするかを当事者の選択に委ねるのが処分権主義の問題であるのに対し，裁判所が訴訟物である実体法上の権利又は法律関係の存否を判断するに当たっての，判断の基礎となる裁判資料を，当事者双方が提出する責任と権能をもつとするのが弁論主義の問題である。民事訴訟では，審判の対象となっている実体法上の権利又は法律関係は，当事者が任意に処分し得る私法上の権利や法律関係であることから，訴訟でその存否が問題となった場合も，どのような裁判資料を基にして判断するかを，当事者の自由に委ねてもよいと考えている。このように弁論主義は，民事訴訟の骨格を占める大原則であり，その理解なくして民事訴訟を理解することはできない。

II 弁論主義について問題となるのはどのような点か

　弁論主義について問題となるのは，①弁論主義の根拠と機能，その適用領域，②弁論主義の3原則とその内容についてである。

1．弁論主義の根拠とその適用領域

これらについては，条文上の根拠と実質上の根拠が問題となるが，実務上問題となるのはその機能である。また，弁論主義の適用領域はどのような訴訟かが問題となる。

(1)　条文上の根拠

　弁論主義を定めた直接の規定はない。しかし，後で見るように，自白の裁判所に対する拘束力に関する民事訴訟法179条，159条1項，弁論主義が採用されていない，公益性の高い事件において，職権探知主義を採用する旨定めた規定（人訴19条・20条等）から，民事訴訟法では弁論主義が採られていると推定するのが通説である。

(2)　実質的根拠

　弁論主義の実質的根拠については，かつてはかなりの学説の対立があった。①民事訴訟の対象である財産関係については，私的自治の原則が認められており，判決による紛争解決も当事者の意思を尊重した自主的な解決に近づけることが望ましいからであるとする説（本質説），②民事紛争に最も強く利害関係を感じる当事者に訴訟資料提出の責めを負わせれば，その利己心から真実発見に必要かつ十分な資料の収集が見込まれる一方，裁判所が複雑な事実関係について十分な資料の収集を行うことは不可能であり，中途半端な探知はかえって当事者の公平を害する，すなわち真実発見のための合目的考慮の所産が弁論主義であるとする説（手段説），③通常の民事訴訟で弁論主義が採られるのは，私的自治の尊重，真実発見の効率，不意打ち防止の観点，それに裁判の公平さへの信頼確保の要請をも加えた多元的な根拠に基づいて歴史的に形成された事柄とする説（多元説），④当事者の弁論に現れた事実，証拠のみを裁判の基礎とすることが，当事者双方に対する不意打ち防止，手続保障の結果をもたらすとする説（不意打ち防止，手続保障説）などである。この学説の対立は，実務上の問題に直結するとはいえないが，弁論主義の内容（裁判所が釈明して主張を促したが，当事者が主張を拒否した場合に，その事実を裁判所が基礎とできないこと）の説明は，①本質説（私的自治の尊重により裁判所が介入できないからである）とするのが，無理が少ない。

(3) 弁論主義の適用領域

弁論主義の適用領域は，民事関係の訴訟のうち，当事者の自由処分を許す部分ということになる。反対に民事関係の訴訟でも，身分関係に関する訴訟（人事訴訟など）や，私人が自由に処分し得ない公益に関する訴訟（行政訴訟など）については，職権探知主義が採られる。また，民事訴訟の適法要件である訴訟要件のうち，公益性の強い裁判権や管轄権等についても，職権探知主義が採られる。

2．弁論主義の3原則

弁論主義には，3つの原則がある。1つめは，訴訟資料と証拠資料の峻別，すなわち裁判所は当事者の主張しない主要事実を判決の基礎としてはならないというものである（第1原則）。2つめは，裁判上の自白の拘束力，すなわち裁判所は原則として当事者間に争いのない主要事実は判決の基礎としなければならないというものである（第2原則）。3つめは，職権証拠調べの禁止，すなわち裁判所は原則として当事者の申し出た証拠しか取り調べることができないというものである（第3原則）。弁論主義の第1原則については，①弁論主義の機能と併せて，②適用される事実の範囲，③主張責任，弁論主義の第2原則としては，④裁判上の自白の意義，⑤裁判上の自白が撤回できる場合，弁論主義の第3原則については，⑥その例外がそれぞれ問題となる。

Ⅲ 弁論主義について実務はどう取り扱っているか

1．弁論主義の機能

弁論主義の内容として，実務上重要なのは，弁論主義の機能である。弁論主義により，後で見るように，当事者が主張しない事実が判決の基礎とされない（弁論主義の第1原則）結果，当事者の攻撃防御の対象（立証の命題）が明らかとなって，当事者は，相手方から主張され，あるいは自らが主張した事実のみに集中することができる。このことは，当事者にとって，裁判所か

ら，判決に当たり，不意打ちとなるような認定がされないという保障がされていることを意味しており，この不意打ち防止の機能が弁論主義の最も重要な機能といえる。弁論主義違反になるか否かも，不意打ちになるか否かが基準となるといえ，実務上はこの点が最も重要である。

2．弁論主義の第1原則が適用される事実

(1) 主要事実

　弁論主義の適用される訴訟では，当事者の主張していない事実を認定して裁判の基礎とすることは許されない。ここでいう「事実」とはどのような事実かが問題となるが，通説や判例・実務の大勢は，これを主要事実（要件事実）であるとしている。そして，主要事実とは，民法等の実体法規における「権利の発生・変更・消滅等の法律効果を発生させる法律要件に該当する具体的事実」のことをいうと考えられている。

　裁判の審判の対象となっている訴訟物たる私法上の権利関係（権利又は法律関係）は，民法等の実体法規にその発生・変更・消滅が規定されており，実体法規にはそのような法的効果を生じさせる法律要件が定められている。そして，個々の訴訟では，当該訴訟の訴訟物たる権利関係の発生・変更・消滅を生じさせる法律要件に該当する具体的な事実，すなわち主要事実（要件事実）の存否が当事者双方の争点となる。その意味で，主要事実（要件事実）の存否が訴訟では最も重要なテーマとなることから，主要事実（要件事実）については弁論主義を適用し，当事者に対する不意打ちを防止すべきである。

(2) 間接事実・補助事実

　一方，主要事実以外の事実，すなわち間接事実や補助事実についてはどうか。主要事実の存否を推認する事実を間接事実といい，証拠の証拠能力や証拠力（実質的証拠力，形式的証拠力）に影響する事実を補助事実という。裁判所は，証拠上認定される間接事実から主要事実の存否を推認したり，認定に使う証拠について，その証拠能力の存否や証拠力の程度等を補助事実を基に評価して，事実認定を行うが，裁判官は，適法な資料に基づき，法律上何らの制約も受けずに論理法則と経験則によって自由な判断で，事実の存否につき

確信を得ること（心証形成）をすることができることになっている（自由心証主義）（民訴247条）。そうすると，主要事実以外の事実，すなわち間接事実や補助事実に弁論主義を適用し，当事者が主張しない限り，たとえ証拠上それらの事実が認定できるにもかかわらず，これを認定の基礎としてはならないとすると，裁判所の自由心証を阻害することになりかねない。そこで，弁論主義は，主要事実（要件事実）に限って適用すべきであると考えるのである。

　実務は，一応，上記(1)(2)のような立場に立って運用されているように思われるが，判例を見ると，このような考え方を徹底しているとはえいないものもある。この点は，弁論主義の機能である不意打ち防止の観点から，当該事例については不意打ちになっていないと考えているのではないかとも思われる。→【判例①～③】参照

(3)　規範的要件について
　これに対し，民法709条の「過失」や，借地借家法28条の「正当の事由」のような該当性の判断には法的な価値判断の必要な規定，抽象的，規範的な規定（これらを「規範的要件」という。）があり，この場合の主要事実を抽象的概念である「過失」や「正当の事由」そのものであると考えると，その評価の根拠となる具体的事実（「過失」であれば「わき見運転」「前方不注意」「スピード違反」など）について弁論主義の適用がないことになり，弁論主義の機能である不意打ち防止が図れないことになる。そこで，弁論主義の適用範囲を主要事実以外の事実，特に規範的要件の要件事実である抽象的概念（「過失」や「正当の事由」）を推認する具体的事実（「わき見運転」「前方不注意」など）を準主要事実として，その範囲を広げる見解もある。しかし，規範的要件の場合，法規に規定されている抽象的概念は，法的評価の結果として導かれる概念であって事実そのものではないから，その法的評価を基礎づける事実（「わき見運転」「前方不注意」など）が主要事実であると考えられ，そのように解すれば，弁論主義の適用範囲を主要事実以外に拡張する必要はないことになる。実務では，おおむねこのような考えに立っていると思われるが，どの程度具体的な事実までを主要事実と見るかは，攻撃防御の目標の明示（不意打ち防

止）と裁判所に不自然な事実認定を強い，訴訟運営を硬直化させないかという観点から，検討すべきであろう。→【判例④⑤】参照

3．主張責任

　弁論主義の第1原則によると，裁判所は，当事者の主張しない主要事実は裁判の基礎とできない。その結果，当事者は，自己に有利な主要事実を主張しないと，その事実をないものと扱われ，不利な裁判を受けることになる。例えば，所有権に基づく建物明渡請求訴訟において，証拠上，被告には原告との間で賃貸借契約を締結した事実が認められるにもかかわらず，被告が賃貸借契約を締結したことを主張しておらず，原告もこれを主張しなかった場合，裁判所は当事者間で賃貸借契約を締結した事実を認定して裁判の基礎とすることができない。そうすると，原告の建物の所有権と被告の占有が認められると，被告は占有正権原である賃借権が認められずに明渡しの敗訴判決を受けることになってしまう。このように，ある主要事実を主張しないことにより受ける不利益を主張責任という。主張責任の分配は，基本的に証明責任の分配と同様の配分原則によると考えられている。しかし，弁論主義の第1原則は，裁判所と当事者との役割分担の問題であり，主要事実はいずれの当事者もその事実を主張しない場合に生じる不利益であって，裁判所は，いずれの当事者が主張しても，その事実を裁判の基礎とすることができる（主張共通の原則）。

4．裁判上の自白の拘束力

　当事者間に争いのない事実は，証拠調べを経ないで判決の基礎としてよい（証明不要の効力）（民訴179条）。これを裁判上の自白という。

　それだけでなく，弁論主義の第2原則により，裁判所は，当事者間に争いのない事実を裁判の基礎としなければならない（裁判所に対する拘束力，審判権排除の効力）。すなわち，裁判所は，証拠調べの結果から自白された事実に反する心証を得たとしても自白された事実に反する認定をすることはできない。

　そして，裁判上の自白について，裁判所に対する拘束力があるとすれば，

当事者は，自白を信頼し，当該事実については証明の必要がないと考えて行動する。すなわち，自白の対象となっている事実の証拠保全を怠る（危篤状態にある証人の証拠保全をしないなど）こともあり得るのであり，時の経過とともに証拠が散逸することもあり得る。そこで，自白を信頼した相手方を保護する必要があることから，当事者が自白した場合，原則として，自白を撤回することができないことになる（当事者に対する拘束力）。

(1) 裁判上の自白の意義

裁判上の自白とは，口頭弁論期日又は争点整理手続期日における，相手方の主張と一致する自己に不利益な事実の陳述をいう。

(a) 口頭弁論期日又は争点整理手続期日において弁論としてされたものであること

当事者が答弁書や準備書面に記載しただけでは，民事訴訟法158条（陳述が擬製される場合）を除いて，裁判上の自白にはならない。また，当事者尋問手続（民訴207条）における供述も，証拠調べ手続であって弁論ではないから，裁判上の自白とはならない。

(b) 相手方の主張する自己に「不利益」な事実であること

裁判上の自白は，相手方の主張する自己に「不利益」な事実である。ここでいう「不利益」の意味について，多数説はその事実に基づく判決が自白当事者にとって全部又は一部敗訴を結果し得る場合であるという（敗訴可能性説）。しかし，判例は，相手方が主張立証責任を負っている事実をいうと解している。→【判例⑥⑦】参照

例えば，所有権に基づく建物明渡請求訴訟において，はじめ被告が使用貸借を主張して原告がこれを認めた後，被告が使用貸借の主張を撤回して，建物の前所有者との間で賃貸借契約を締結し，これを現所有者が承継したと主張した場合，使用貸借の主張は，相手方が主張立証責任を負う事実ではなく，自己が主張立証責任を負う事実（正権限）の主張であるから，自白の撤回に当たらないことになる。

(c) 相手方の主張と一致すること

両当事者の主張が一致していれば，その先後関係は問わない。相手方が先

に自己に不利益な事実を陳述した後，反対当事者がそれを援用したとしても，相手方に裁判上の自白が成立する。これを先行自白という。

　(d)　**事実の陳述であること**

　裁判上の自白が成立するのは，原則として事実についてであり，法の存在や解釈・適用，経験則等について当事者の陳述が一致しても裁判上の自白とはならない。法の存在や解釈・適用，経験則等は，裁判所の専権事項であり，当事者の自白には拘束されないからである。

　㋐　**権利自白**　これに対し，請求の当否の判断の前提をなす先決的な権利・法律関係についての自白（権利自白）については，拘束力を認める見解もある。例えば，所有権に基づく建物明渡請求事件において，原告が建物の所有権を有するとの主張について，被告が認める旨述べた場合などである。しかし，判例・通説は，権利自白がされた場合，相手方は一応その権利主張を根拠づける必要はなくなるが，裁判所の審判権は排除されず，当事者もこれを撤回できるとしている。すなわち，先に述べた4の裁判上の自白の効力のうち，証明不要の効力のみを認め，裁判所及び当事者に対する拘束力は否定するのである（相対的否定説）。→【判例⑧⑨】参照

　㋑　**間接事実，補助事実の自白**　主要事実について，裁判上の自白が成立することは問題がない。

　それでは，間接事実や補助事実についてはどうか。判例は，間接事実については，裁判所は証拠によらずにその事実を認定してもよいが，裁判所及び当事者を拘束しないとしている。主要事実は立証の最終目標であるが，間接事実は，それが認められ，あるいは認められないことにより，主要事実の存否を推認するという作業が残っており，主要事実の認定は裁判所の自由心証に委ねられている（自由心証主義）（民訴247条）ことから，間接事実の自白に拘束力を認めると，裁判所の自由心証を阻害することになるからである。→【判例⑩⑪】参照

　これに対し，学説では，間接事実についても，裁判所や当事者に対する拘束力を認める説，当事者に対する拘束力のみを認める説などがある。当事者に対する拘束力を認める説は，当事者について禁反言の原則の適用を重視する立場である。実務上は，当事者がいったん間接事実について自白したこと

なども弁論の全趣旨として考慮し，妥当性を図っていると思われる。

　補助事実については，特に文書の成立の真正についての自白の拘束力が問題とされる。文書の成立の真正とは，当該文書が作成者の意思に基づいて作成されたものであることをいう。多数説は，間接事実と同様，文書の証拠力が裁判所の自由心証に委ねられている以上，その成立についても裁判所に対する拘束力を認めず，したがって当事者に対する拘束力を認めても意味がないとしている。判例は，かつては自白の拘束力を認めていたが，現在はこれを否定している。→【判例⑫】参照

(2) **当事者による裁判上の自白の撤回**

　当事者は，原則として，裁判上の自白を撤回することができない。しかし，①相手方が撤回に同意した場合，②自白が第三者の刑事上罰すべき他人（相手方でも第三者でもよい。）の行為によって惹起された場合，③自白が真実に反しかつ錯誤によったことが証明された場合には，自白の撤回が許されると解されている。①について撤回が許されるのは，相手方の信頼が当事者に対する拘束力の根拠であるからであり（→【判例⑬】参照），②については，適正手続の要求に加え，民事訴訟法338条1項5号がこの場合を再審事由としていることからも，自白の効力を認めるべきではないからである。→【判例⑭⑮】参照

　③については，通説は，反真実と錯誤の両方の証明が必要であるとしている。反真実の証明が必要とされるのは，自白があると相手方は証明を要せずに判決の基礎となると信頼して証拠の収集や保持の手を緩めるので，自白が撤回されると相手方は証明活動に支障を来すが，逆に自白した者が反真実についての証明責任を負い，証明活動も一時的に行うのであれば，相手方も大きな痛手を被ることがないからである。錯誤が必要とされるのは，故意に真実に反する自白をした者まで保護する必要はないからである。判例も同様の立場である（→【判例⑯】参照）が，反真実の証明があれば錯誤は事実上推定されるとしている。→【判例⑰】参照

5．弁論主義の第3原則の内容とその例外

弁論主義の第3原則とは，裁判所は，当事者間に争いのある事実を認定するに当たっては，原則として，当事者が申し出た証拠によらなければならないという原則である。すなわち，職権証拠調べは原則として禁止されている。ただし，当事者のいずれが提出した証拠であってもよい（証拠共通の原則）。しかし，民事訴訟においても，例外的に職権による証拠調べが認められている。例えば，調査の嘱託（民訴186条），当事者本人尋問（民訴207条1項），鑑定の嘱託（民訴218条），公文書の成立の真否について疑いがあるときの当該官庁又は公署への照会（民訴228条3項）である。

Ⅳ 弁論主義について注意しておくのはどのような点か

以上，弁論主義の意義と機能，その内容について考察したが，注意すべきなのは，当事者が事案を解明する責任を負っているということである。民事訴訟が真に当事者間の争点に沿って実質的に審理・判断されるためには，当事者が自らの調査と収集した証拠に基づき，裁判所に対して事案を明らかにしなければならない。そして，当事者が争いのある事実と争いのない事実（裁判上の自白が成立する事実）を明示し，事案解明の核心となる真の争点を明らかにして，その事実に立証を集中させる必要がある。そのようにすることによって，初めて裁判所による判断が実態に沿った適切なものになっていくのである。弁論主義は，当事者に事案解明のための責任と権能を与える重要な原則といえる。

〔三角 比呂〕

参照判例

【判例①】
　　最三小判昭33・7・8民集12巻11号1740頁は，本人が意思表示をしたとの主張に対し，代理人がその意思表示をしたと認定した事案について，当

事者本人によってされたか，代理人によってされたかは，その法律効果に変わりはないのであるから，弁論主義に違反しないとしたとする。

【判例②】
　最二小判昭42・6・16判時489号50頁は，代理人が意思表示をしたとの主張に対し，本人がその意思表示をしたと認定した事案について，弁論主義に違反しないとした。

【判例③】
　最一小判昭55・2・7民集34巻2号123頁は，原告らが，係争不動産は原告らの被相続人乙が甲から買い受け，乙の死亡によって原告らが共同相続したものであると主張して，上記不動産の所有名義人である被告に対し共有持分権に基づき各持分に応ずる所有権移転登記手続を求め，これに対し被告が，上記不動産は被告の夫丙が甲から買い受けたものであり丙の死亡によって被告がそれを相続取得したものである主張したにとどまる場合において，裁判所が，上記不動産は乙が甲から買い受けた後丙に死因贈与したものであるとの事実を認定し，原告らの請求を棄却するのは，弁論主義に違反するとした。

【判例④】
　最二小判昭32・5・10民集11巻5号715頁は，原告が，被告医師の診察を受けた際，右腕にされた注射部位が化膿腫脹し，ついに重労働に耐えがたい機能障害に陥ったとして，被告に対し，不法行為に基づく損害賠償請求をした事案において，その弁論で，被告の過失として「注射器の消毒不完全」を主張したところ，「注射液が不良であったか又は注射器の消毒が不完全であったかの過誤があった」との原審の認定について，「注射液の不良，注射器の消毒不完全はともに診療行為の過失となすに足りるものであるから，そのいずれかの過失であると推断しても，過失の認定として，不明又は未確定というべきではない。」「被上告人〔原告〕の主張しない『注射液の不良』を，過失認定の具体的事実として挙げたからといって，〔旧〕民事訴訟法186条〔現行民訴246条〕に違背するということはできない」とする。

【判例⑤】
　最三小判昭39・7・28民集18巻6号1241頁は，原告が，被告医師から無痛分娩の方法として脊髄硬膜外麻酔注射を受けたが，注射部位にブドウ状球菌が侵入し，脊髄硬膜外膿瘍などに罹患したとして，損害賠償請求をし

た事案で,「注射に際し,注射器具,施術者の手指あるいは患者の注射部位の消毒が不完全であった」との原審の認定について,被告が被告の過失について具体的認定を欠いた違法があるとして上告したのに対し,「〔原審認定の〕これらの消毒の不完全は,いづれも診療行為である麻酔注射に際して過失とするに足りるものであり,かつ,医師の診療行為としての特殊性にかんがみれば,具体的にそのいづれの消毒が不完全であったかを確定しなくても,過失の認定事実として不完全とはいえない」とする。

【判例⑥】
　大判昭8・2・9民集12巻397頁は,被告に主張責任がある事実を原告があらかじめ供述した後に被告においてもこれと一致する事実を主張したときは原告の供述はこれを自白と認めるべきであるとする。

【判例⑦】
　最二小判昭35・2・12民集14巻2号223頁は,所有権に基づく家屋明渡請求事件において,被告が正権限としてはじめ使用貸借の存在を主張し原告がこれを認めた後に,被告が上記主張を撤回し家屋の前所有者との間に賃貸借が存し原告はこれを承継したものであると主張するに至ったとしても,これを自白の取消しということはできないとする。

【判例⑧】
　最三小判昭30・7・5民集9巻9号985頁は,消費貸借の借主が,貸主主張の金額につき消費貸借が成立したことを認める旨の陳述をしたとしても,一方において,貸借の成立に際し天引が行われたことを主張している事案について,「利息の天引がなされた場合に,幾何の額につき消費貸借の成立を認めるかは,具体的な法律要件たる事実に基いてなされる法律効果の判断の問題であるから,天引きが主張され,消費貸借の法律要件たる事実が明らかにされている以上,法律上の効果のみが当事者の一致した陳述によって左右されるいわれはない」として,当該陳述を自白と認めることはできないとする。

【判例⑨】
　最三小判昭37・2・13判時292号18頁は,売買契約当時,本件家屋が法律上の建物といえる程度であったか否か問題となった事案について,訴訟代理人(弁護士)が「買受当時には未完成ではあったが,法律上の建物として既に不動産化されていた」旨陳述したことについて,「少くとも本件家屋が『屋根および周壁を有し,土地に定着した一個の建造物』と認めう

る状態にあったことを前提とする事実上の陳述をも包含するものと解せられる」としてその範囲において自白が成立するものと解すべきであるとする。

【判例⑩】
　最二小判昭31・5・25民集10巻5号577頁は，いわゆる間接事実についての自白は，裁判所を拘束しないとする。

【判例⑪】
　最一小判昭41・9・22民集20巻7号1392頁は，いわゆる間接事実についての自白は，自白した当事者を拘束しないとする（本件は，建物売買の代金決済の方法として債権を譲渡した事案であるが，債権譲渡の主要事実を「債権の譲渡」としてとらえ，その原因となった「建物の売買」を間接事実ととらえた。ただし，債権の代物弁済の要件事実として代物弁済により消滅する代金債権の発生原因となる「建物の売買」を主要事実と考える立場も十分あり得るので，結論としては異論もあると思われる。）。

【判例⑫】
　最二小判昭52・4・15民集31巻3号371頁は，書証の成立の真正についての自白は裁判所を拘束しないとする。

【判例⑬】
　最一小判昭34・9・17民集13巻11号1372頁は，相手方が自白の撤回に異議を述べず，撤回後の主張に応答した事案について，自白の撤回は有効になされたものとする。

【判例⑭】
　最二小判昭33・3・7民集12巻3号469頁は，刑事上罰すべき他人の行為（詐欺）によって裁判上の自白がなされた場合，その自白者が，これを理由としてその無効，取消しを主張した以上，裁判上の自白の効力は認めるべきではないとする。

【判例⑮】
　最一小判昭36・10・5民集15巻9号2271頁は，当該民事判決確定前に，刑事上罰すべき他人の行為による自白が効力がない旨主張するには，有罪判決等の確定などは必要ないとする。

【判例⑯】
　大判大11・2・20民集１巻52頁は，裁判上の自白は，その自白した事実が真実に適合せず，かつ，自白が錯誤に出たことを証明した場合に限り取り消すことができるとする。

【判例⑰】
　最三小判昭25・7・11民集４巻７号316頁は，自白の取消しがあった場合において，自白した事実が真実に合致しないことの証明がある以上，その自白は錯誤に出たものと認めて差し支えがないとする。

23 釈明権

◆2 口頭弁論

I 釈明権について学ぶのはどうしてか

　裁判所は，口頭弁論期日（及び弁論準備手続期日）又は期日外において，訴訟関係を明瞭にするため，事実上及び法律上の事項に関し，当事者に対して問いを発し，又は立証を促すことができる（民訴149条1項）。これを釈明権という（このように，釈明権とは，当事者の釈明をする権能ではなく，当事者に釈明を求める裁判所の権能のことである。）。

　民事訴訟手続においては，裁判所はその事件の判断に必要な資料につき当事者が主張し提出したものに限定される。かかる弁論主義の下では，両当事者の訴訟追行上の攻撃防御の能力が十分でかつ対等である場合に，初めて迅速で充実した審理を達成することができ，事案の真相解明も可能となる。しかしながら，日本では地方裁判所以上の裁判所における民事訴訟においても当事者本人が弁護士の代理なしに自ら訴訟追行することが許されており，また，弁護士によって訴訟が追行される場合にも，申立てや主張に不明瞭な点や前後矛盾する点があったり，必要な証拠が提出されないことがあったりする。このような場合に弁論主義を厳格に適用すると，本来勝訴すべき者が敗訴するという結果となるおそれがあり，当事者及び国民の民事裁判に対する信頼喪失を招くことになる。

　そこで，当事者の申立てや主張の不十分さを補い又は修正するものとして認められてきたのが，上述した釈明権であり，弁論主義を補充又は修正する役割を果たすものとして重要である。

Ⅱ 釈明権について問題となるのはどのような点か

　釈明権は，適切な範囲で行使しなければならない。その行使が行きすぎれば，当事者がそれに誘引されて事案の真相を曲げるおそれがあり，相手方当事者からは不公平な裁判を受けたとしてその信頼を失う危険がある。反面，その行使を怠ると，不親切な裁判所であるとの非難を受けることになる。とくに，釈明義務の重大な懈怠のため，当事者が十分に弁論をする機会を不当に与えられなかったと認められるときは，その機会を保障するために，法令違背として上告審による原判決破棄の事由となる（民訴312条3項・325条1項後段・2項）。

　釈明権・釈明義務の範囲を考察するうえでは，事実審の裁判官がどこまで釈明権を行使するのが適切であり妥当かという問題と，上告審が釈明義務の不履行を理由として原判決を破棄すべきかどうかの問題とを一応区別して論ずる必要があり，いずれも重要な課題である。そこで，まず，釈明権の行使について概観し，次いで，釈明権の範囲，釈明義務の範囲について順にみていくこととする。

1．釈明権の行使

　釈明権は，口頭弁論やその準備のための手続において，当事者（又は代理人）に対する発問又は立証を促す形によってなされる。合議体においては裁判長が行使するが（民訴149条1項），陪席裁判官も裁判長に告げたうえで行使できる（同条2項）。これらの処置に対し当事者が異議を述べたときは，裁判所が異議につき決定で裁判する（民訴150条）。当事者は，相手方の陳述の趣旨を確かめるために，相手方に対し直接問いを発することはできないが，裁判長を通じて発問してもらうことができる（民訴149条3項）（これを求問権という。）。

　釈明権の行使は，口頭弁論又は弁論準備手続の期日のほか，期日外においてもすることができ，しかも電話やファクシミリを利用して行うことも許される。ただし，主要事実の追加又は変更をもたらすような釈明及び立証を促

す釈明のように，攻撃防御方法に重要な変更を生じ得る事項について釈明する場合には，相手方当事者が適切に準備できるように，釈明の内容は相手方当事者にも通知されなければならない（民訴149条4項）。

なお，当事者には，裁判所の釈明に応じる義務があるわけではない。ただし，裁判所は，当事者の不利益を見越して釈明しているのであるから，その当事者が釈明に応じない場合には不利益な裁判を受けるおそれがある。

2．釈明権の範囲

釈明権を行使するに当たって，いついかなる場合に，またどのような態様で行使すべきかは，訴訟実践的にみて重要な問題である。しかし，裁判所が釈明権の行使を必要とする状況は，事件の種類・性質，事件の難易度，当事者又は代理人の力量，事件の進行状況等に応じて種々様々であるから，釈明権の範囲を画する具体的な基準を一義的に定立することは極めて困難である。

このような情況の中で，釈明権の範囲の解明のために，消極的釈明と積極的釈明の区分という有効な基準が導入され広く支持を得ている。消極的釈明とは，当事者が事案について申立てや主張をしているが，それらに不明瞭，前後矛盾などがみられる場合に，これを問い質す釈明であり，積極的釈明とは，当事者が事案について必要と思われる申立てや主張をしていない場合に，これを示唆・指摘する釈明をいう。

このうち，消極的釈明が全面的に許容されるべきであることはいうまでもない（むしろ，消極的釈明は，裁判所がいつでも進んでこれを行うことが求められる。）。

これに対し，積極的釈明は，当事者が従来の申立てや主張を維持するときには，当事者の敗訴が必至である場合もあるのに，裁判所の釈明によってその勝敗の行方が大きく変わるのであるから，相手方当事者にとっては裁判所の行きすぎた釈明であると感じられ，不公平な裁判を受けたとの印象を拭いきれないであろう。したがって，裁判所が積極的釈明を行うに当たっては慎重である必要があり，その歯止めは不可欠と思われる。積極的釈明につき，例えば，訴訟経過や裁判資料から別個の構成による請求を立てることができることが明らかな場合で，かつ，その請求を立てないことが当事者の誤解・

不注意に基づくような場合に限定すべきとの見解がある。

3．釈明義務の範囲

　釈明権は，裁判所に帰属する権能であるが，当事者の申立てに対して判決をする義務を負っている裁判所としては，事案を解明するために適切に釈明権を行使することは，訴訟法上の義務でもある。したがって，裁判所が本来釈明権を行使すべき場合であるのに，それを怠るときには，釈明義務違反として上告又は上告受理申立理由（民訴312条3項・318条1項）になる。もっとも，弁論主義の下では，訴訟資料及び証拠資料の提出責任は当事者に課されているのであるから，裁判所による釈明権の不行使がすべて釈明義務違反と評価されるわけではない。釈明義務の考慮要素として，①判決の勝敗が逆転し，あるいは判決主文に重要な変更を生ずる蓋然性が高いか，②当事者を勝訴させ得る資料が訴訟過程で既に顕出されているが，その当事者の申立てや主張の法的構成に不備があるために敗訴の可能性があるか，③釈明権の行使を待たずに適切な申立てや主張をすることを当事者に期待できるか，④釈明権の行使により当事者間の公平を著しく害さないか，⑤その他の要素（釈明権の行使により紛争の抜本的な解決に資するか，釈明権の行使により訴訟遅延を引き起こさないかなど）を挙げ，これらの諸要素を総合考慮して釈明義務の有無を判断すべきとする見解があり，注目に値する。

Ⅲ　釈明権について実務はどう取り扱っているか

　我が国の従来の判例も，釈明権の不行使を上告理由として認めてきたが，釈明権（釈明義務）の範囲は時代とともに変わってきている。昭和初期から昭和10年代にかけては，釈明権不行使を理由として原判決を破棄する大審院判決が相当数に及んだが（→【判例①～③】参照），これと対照的に，第二次世界大戦後，最高裁判所になってからは，一転して釈明権の不行使を理由とする破棄判決がほとんどみられなくなり，釈明義務の範囲は著しく縮限された（→【判例④⑤】参照）。このような状態は昭和29年ころまで続いた。その背景には，「最高裁判所における民事上告事件の審判の特例に関する法律」

の施行により，憲法違反と判例抵触のほかは上告理由において「法令の解釈に関する重要な主張」を含むと認められるものについて調査すれば足りるとされ，釈明権の不行使は「法令の解釈に関する重要な主張」に当たらないとされたこと，また昭和25年の民事訴訟の継続審理に関する規則2条も「当事者は……裁判所の釈明をまつまでもなく，主張及び立証の義務を尽さなければならない」と規定していたという事情があった。また，この時期は，第二次世界大戦後の混乱による事件の激増のため，最高裁判所が事実審の釈明権不行使につき訴訟記録を精査することができなかったという事情もあったようである。

しかし，昭和30年前後から，適正・公平な裁判のために果たすべき裁判所の役割が再認識されるようになり，再び破棄判決がみられるようになり，その傾向は次第に強まった。それも，昭和40年ころまでは，当事者のした不明瞭な申立てや主張等を問い質すべきであるにもかかわらずこれをしなかったという釈明義務違反（消極的釈明義務違反）を理由にしたものにとどまったが（→【判例⑥⑦】参照），昭和40年ころからは，当事者が適切な申立てや主張等をしない場合に裁判所が積極的にそれを示唆・指摘してこれをさせるべきであったとする釈明権の不行使（積極的釈明義務違反）を理由とするものが現われてきた（→【判例⑧⑨】参照）。そして，平成に入ってからの判例も，基本的にそれまでの傾向を維持しており，積極的釈明義務違反を肯定するものが少なくない（→【判例⑩⑪】参照）。

このように，今日では，最高裁判所も釈明を一般的に裁判所の義務と捉え，かなり広い範囲において釈明義務違反を認めるようになっている。今日の判例の傾向からすれば，第二次世界大戦後の一時期における釈明に対する最高裁判所の消極的態度はかなり例外的なものであったといえる。

Ⅳ 釈明権について注意しておくのはどのような点か

1．証拠申出に関する釈明義務

釈明義務は，当事者の申立てや主張のみならず，証拠申出の場面でも認め

られる。例えば，①当事者の証拠申出に瑕疵がある場合，②当事者がその主張事実について必要な証拠申出をしない場合，③当事者の主張事実を立証するには既に取り調べられた証拠だけでは不十分な場合，あるいは逆に証拠調べから一定の事実について心証を得た場合などが挙げられる。①の場合，すなわち申出に係る証拠の特定性が欠けている場合や申し出た証人の氏名や住所が不正確であったり，文書や検証物の特定が不十分である場合には，裁判所は，特定不十分な点や不正確な点を指摘して，これを訂正・補充するよう示唆しなければならない。②の場合には，裁判所は，証拠申出が不注意又は誤解によりまったくなされていないとき及び外形上証拠申出が不十分と認められるときに，証拠の申出を促さなければならない。問題は，③の裁判所が証拠調べの結果一定の心証形成をした場合に，相手方に対し反証の申出を促す釈明義務があるか否かであるが，この点については見解が分かれる。肯定説，否定説もあるが，原則否定しつつも，控訴審が原審と異なる法的見解を採るため新たに証拠が必要となり，かつ証拠申出が訴訟記録からみて可能な場合や，控訴審が原審の事実評価と異なる事実評価を行うため，このことが当事者に示されさらに証拠申出を行う機会が与えられなければ不意打ちの判決となるような場合には例外的に新たな証拠申出を促すべき釈明義務があるとする見解もある。

2．証拠申出に関して釈明義務を認めた判例

最一小判平 8・2・22判時1559号46頁は，上記③の場合の事例であり，文書の成立の真正が争点となっている事件において，当事者が第1審で文書の署名部分につき筆跡鑑定の申出をしていたが，第1審では筆跡鑑定の申出を採用するまでもなく文書の成立の真正を認定している場合に，当事者が控訴審において「裁判所が書証の成立の真正に疑問があるとする場合には釈明権の行使に十分配慮されたい」旨指摘しているにもかかわらず，控訴審が文書の成立の真正につき特段の証拠調べをすることなく第1審の判断を覆そうとするときには，当該文書の署名部分の筆跡鑑定の申出をするか否かについて釈明すべき義務があると判示した。

この事件では，筆跡鑑定を実施すればその申出をした当事者に有利な鑑定

結果が得られる可能性があり，判決における勝敗逆転の蓋然性がないとはいえないこと，当事者が控訴審裁判所に対し，文書の成立の真正に疑問を抱いた場合には筆跡鑑定の申出をするように釈明をするよう申し出ていること，当事者が第1審で文書の署名部分につき筆跡鑑定の申出をしており，控訴審で筆跡鑑定の申出をするよう釈明したとしても相手方当事者に不意打ちを与えるものではないことからすれば，釈明義務を肯定した上記判例は相当といえよう。

〔飯 野 里 朗〕

参照判例

【判例①】
　　大判昭8・5・9民集12巻1115頁は，破産債権の届出によって消滅時効が中断したものと認められるときは，この事実を主張するか否かについて釈明すべきであるとする。

【判例②】
　　大判昭14・2・13新聞4393号7頁は，弁済の事実を立証するための証拠を提出したときは，弁済の抗弁を提出するか否かについて釈明すべきであるとする。

【判例③】
　　大判昭15・4・27新聞4572号9頁は，証人尋問申請書及び本人尋問の結果から，家屋の所有権移転登記が仮装売買による旨の主張を，売渡担保のためになされた旨の主張に変更したことがうかがわれるときは，その点を釈明させなければならないとする。

【判例④】
　　最二小判昭24・6・4民集3巻7号235頁は，同時履行の抗弁が成立するような場合であっても，その行使を促す釈明の必要はないとする。

【判例⑤】

最一小判昭27・11・27民集6巻10号1062頁は，留置権の取得をうかがわせるような事実が訴訟上現れた場合であっても，その行使を促す釈明の必要はないとする。

【判例⑥】

最二小判昭29・8・20民集8巻8号1505頁は，訴え提起の趣旨が抹消登記手続を求めることにあるのか，それとも将来給付としての所有権移転登記手続を求めることにあるのか明らかでないときは，その点を釈明すべきであるとする。

【判例⑦】

最二小判昭36・12・22民集15巻12号2908頁は，当事者が明確に無効を主張する投票のほかに，同種の記載内容の投票があり，投票の検証を行った際に当事者が後者をも選び出して裁判官の面前に顕出したことから，無効の主張が後者をも含む趣旨と解する余地があるときは，この点を釈明すべきであるとする。

【判例⑧】

最二小判昭39・6・26民集18巻5号954頁は，ある地域の所有権に基づく地上立木の不法伐採を理由とする損害賠償請求において，当該地域の一部のみの所有権が認められるとの心証を得た場合に，伐採された立木の数量，価格等について審理するために，新たな証拠の提出を促す釈明をすべきであるとする。

【判例⑨】

最一小判昭51・6・17民集30巻6号592頁は，時効消滅した債権による相殺について，相殺適状が発生した時期について当事者主張の異なる時期が考えられる場合に，この点を釈明すべきであるとする。

【判例⑩】

最三小判平7・10・24裁判集民事177号1頁は，所有権確認請求訴訟の第1審で請求を認容された原告が，控訴審において予備的に時効取得の主張を追加したが，後にそれを撤回した場合において，その主張が維持されていれば請求が認容されることも十分に考えられ，誤解ないし不注意に基づいてその主張を撤回したとみられる事情があるときは，原告の真意を釈明すべきであるとする。

【判例⑪】
　最一小判平９・７・17判時1614号72頁は，原告が単独で土地を賃借し地上に建物を建築したことを主張する所有権確認等請求訴訟において，被告らがこれを否認して土地を賃借し建物を建築したのは原被告らの被相続人であると主張した場合において，その事実が原告の予備的請求原因となるべきものであるときは，原告がこれを自己の利益に援用しなかったとしても，釈明権を行使するなどしてこの事実をしん酌すべきであるとする。

24 同時履行の抗弁権

◆2 口頭弁論

I 同時履行の抗弁権について学ぶのはどうしてか

　民法533条は，同時履行の抗弁権について，「双務契約の当事者の一方は，相手方がその債務の履行を提供するまでは，自己の債務の履行を拒むことができる。ただし，相手方の債務が弁済期にないときは，この限りでない。」と規定している。甲が，乙との間で締結した双務契約に基づき，乙に対し，乙の甲に対する「乙債務」の履行を求める場合には，当該乙債務の弁済期が到来していることが前提となるが，甲の乙に対する「甲債務」の弁済期が到来していない場合を除き，乙は，甲が当該甲債務の履行を提供するまで，乙債務の履行を拒絶することができるということである。甲が乙に対して乙債務の履行を求める民事訴訟を提起する場合に，甲の乙に対する甲債務との同時履行がどのように担保されているのかを知ることは，同時履行の抗弁権の実務的な発現態様，その機能を具体的に知ることであって，民事訴訟の実務を学ぶうえで不可欠な課題の一つである。しかも，同時履行の抗弁権が認められる範囲は，双務契約を典型とするが，それに限らず，乙の甲に対する乙債務と，甲の乙に対する甲債務とが，後述の「履行上の牽連関係」を必要とする関係にあると認められる場合にまで明文をもって，あるいは，判例（法律の解釈・適用）によって拡張されているため，同時履行の抗弁権が問題となる民事訴訟の範囲もそれだけ拡張しているので，なおさらということができる。ここに同時履行の抗弁権について学ぶ意義がある。

Ⅱ 同時履行の抗弁権について問題となるのは どのような点か

　同時履行の抗弁権について実務的に学ぶ場合に問題となるのは，第1に，同時履行の抗弁権が認められる場合の要件，第2に，同時履行の抗弁権が認められる場合の効果ということになるが，さらに，これを分説すると，以下のとおりとなる。

1. 同時履行の抗弁権の要件

　民法は，契約の効力の一つとして，双務契約を対象に，533条で，同時履行の抗弁権について規定している。したがって，同時履行の抗弁権が認められる要件の第1として，債権・債務が双務契約に基づいて発生したものである場合を掲げることができるが，民法は，533条の規定を他に準用している。民法546条，571条，634条2項，692条であるが，533条の準用は，借地借家法10条4項，31条3項，農地法16条3項，仮登記担保契約に関する法律3条2項にもみられるほか，判例によっても，その準用（類推適用）が認められている。したがって，債権・債務が双務契約それ自体に基づいて発生したものでない場合を，同時履行の抗弁権が認められる要件の第2として掲げる必要がある。以下の分類は，これによるものである。

(1) 双務契約に基づく債権・債務である場合

　双務契約に基づく債権・債務である場合でも，相手方から履行を求められている自己の債務の弁済期が到来していることは当然として，相手方の債務についても，その弁済期が到来していることが前提となる。弁済期が到来していない相手方の債務について，その提供があるまで，自己の債務の履行を拒絶し得るというのでは，弁済期が到来していない相手方の債務について弁済期の到来する前に履行を強いる結果になるからである。民法533条ただし書が双務契約に基づく債権・債務であっても，同時履行の抗弁権が認められない例外として規定するゆえんである。→【判例①】参照

しかし，翻って，双務契約に基づく債権・債務について同時履行の抗弁権が認められる理由をみると，双務契約に基づく債権・債務については，互いに対価的な関係にあるので，一方の債務が成立しない場合には，他方の債務も成立しないとするのが公平に適うという「成立上の牽連関係」，他方の債務が履行される場合に，他方の債務も履行されるとするのが公平に適うという「履行上の牽連関係」，一方の債務が消滅した場合には，他方の債務も消滅するとするのが公平に適うという「存続上の牽連関係」が認められるからである。その「履行上の牽連関係」を担保するのが「同時履行の抗弁権」であるから，同時履行の抗弁権が認められる範囲も，双務契約に基づく債権・債務について，履行上の牽連関係が認められる範囲において，ということになる。→【判例②③】参照

　そして，それはまた，履行上の牽連関係を担保する必要がない場合には，同時履行の抗弁権を認める必要もないという結果になる。→【判例④】参照

　双務契約に基づく債権・債務について，同時履行の抗弁権が認められるとして，その要件論として以上の点を理解しておく必要がある。

(2) **双務契約に基づく債権・債務でない場合**

　双務契約に基づく債権・債務でない場合でも，民法は，533条の規定を他に準用している。①545条の規定する契約が解除された場合に533条を準用する546条，②563条から566条まで及び570条の規定する売主の担保責任が認められる場合に533条を準用する571条，③634条２項前段の規定する請負人の担保責任として注文者が損害賠償を請求する場合に533条を準用する634条２項後段，④691条の規定する終身定期金契約が解除された場合に533条を準用する692条である。契約解除に伴う損害賠償請求権と原状回復請求権（①の場合），売主の担保責任に伴う損害賠償請求権と売買代金請求権（②の場合），請負人の担保責任に伴う損害賠償請求権と報酬請求権（③の場合），終身定期金契約の解除に伴う損害賠償請求権と元本返還請求権（④の場合）は，当該債権・債務の一方あるいは双方が双務契約（②の場合は売買契約，③の場合は請負契約，④の場合は終身定期金契約）それ自体から直接に発生したものではないが，履行上の牽連関係が認められる必要があるために，同時履行の抗弁権が

認められることにな。民法以外の法律で民法533条を準用する場合も同旨である。

2．同時履行の抗弁権の効果

同時履行の抗弁権が認められる場合に，その効果については，同時履行の抗弁権の「存在上の効果」と，同時履行の抗弁権の「行使上の効果」とに二分されて検討されるのが一般的である。本項目でも，これにならって，分説すると，以下のとおりである。

(1) 存在上の効果

同時履行の抗弁権の効果は，要するに，「双務契約の当事者の一方は，相手方がその債務の履行を提供するまでは，自己の債務の履行を拒むことができる。」（民533条本文）ということであるが，民法がそのように規定する結果として，当事者の一方（甲）は，相手方（乙）がその債務の履行を提供しない以上，自己（甲）の債務を履行する必要がないということであって，その不履行について履行遅滞の責任を負わないということになる。換言すれば，乙は，甲の債務不履行責任を追及するには，乙の債務の履行を提供する必要があるということであって，甲が同時履行の抗弁権を行使するまでもなく，そのような効果が認められるということである。これが同時履行の抗弁権の「存在上の効果」である。→【判例⑤】参照

(2) 行使上の効果

同時履行の抗弁権は，相手方から自己の債務の履行を請求された場合に，その履行を拒絶し得るということにその本来の効果がある。そのためには，自己の債務の履行を拒絶するという権利行使が必要であるが，その権利行使によって，自己の債務の履行を強制される結果を免れることができる。これが同時履行の抗弁権の「行使上の効果」である。→【判例⑥⑦】参照

Ⅲ　同時履行の抗弁権について実務はどう取り扱っているか

　同時履行の抗弁権について問題となる要件，効果は，以上に概説したとおりであるが，実務におけるその具体的な取扱いをみてみると，以下のとおりである。

1．同時履行の抗弁権の要件

⑴　双務契約に基づく債権・債務である場合

　同時の抗弁権が認められるのは，民法533条本文の規定するところによれば，双務契約に基づく債権・債務についてである。民法第3編第2章第2節ないし第14節の規定する典型契約のうち，双務契約であるのは，売買，交換，賃貸借，雇用，請負，委任（有償委任），寄託（有償寄託），組合，和解であって，終身定期金契約も双務契約として成立し得るが，そのいずれについても，双務契約である以上，同時履行の抗弁権が認められる。双務契約においては，対価関係に立つ債権・債務は同時にこれを履行することが当事者の意思にも，また，公平にも適うという，いわゆる「履行上の牽連関係」が認められるためである。→【判例①】参照

　双務契約が成立している以上，同時履行の抗弁権が認められるが，債権・債務に対価関係が認められる範囲については，注意が必要である。→【判例⑧〜⑩】参照

　ただし，双務契約に基づく債権・債務であっても，例えば，乙債務の履行と同時の履行を求める甲債務の弁済期が到来していない場合には，同時履行の抗弁権は認められない。民法533条ただし書の規定するところであるが，双務契約に基づく債権・債務であっても，乙債務が先履行の関係にある以上，後履行の関係にある甲債務の履行と履行上の牽連関係を認める必要はなく，乙債務の履行時に甲債務の履行が強制される理由はないからである。→【判例⑪】参照

　また，乙が乙債務の履行をしない意思を明確にしている場合にも，履行上

の牽連関係を認める必要がなく，甲が甲債務の履行の提供をしないで乙債務の履行を求めた場合に，乙は，同時履行の抗弁権を行使する前提を欠き，履行遅滞の責任を負うことになる。→【判例④】参照

　もっとも，先履行の関係にある乙債務の履行が遅滞している間に，後履行の関係にある甲債務の弁済期が到来したときは，乙債務を履行させた後に甲債務を履行させるという履行上の牽連関係を維持する必要はなく，同時履行の抗弁権が認められる，すなわち，乙債務の履行を求められた乙は，甲から甲債務の履行の提供があるまで，甲に対し，乙債務の履行を拒絶することができると解されている。

　また，反対債務について，履行の提供があれば，同時履行の抗弁権は発生しないし，発生しても，消滅することになる。→【判例⑫】参照

　もっとも，同時履行の抗弁権を行使しなかったからといって，以後，そのことを理由として同時履行の抗弁権を喪失するものではない。→【判例⑬】参照

(2) 双務契約に基づく債権・債務でない場合

　双務契約に基づく債権・債務でない場合にも，同時履行の抗弁権が認められる場合があることは前述した。この点に関する判例はこれまでに多数あるが，民法533条が明文をもって，あるいは，解釈によって，準用される場合である。→【判例⑭】参照

　しかし，民法533条の準用が認められない場合であっても，同時履行の抗弁権が認められる場合がある。簡潔にいえば，当該事案において履行上の牽連関係が認められる場合ということになる。→【判例⑮⑯】参照

　もとより，履行上の牽連関係を認めるのが，かえって，不合理，不公平となるような場合には，同時履行の抗弁権が認められることはない。→【判例⑰】参照

　なお，一方の債務の履行が他方の債務の履行に対して先履行の関係にあるときは，同時履行の抗弁権が認められることはない。→【判例⑱⑲】参照

2．同時履行の抗弁権の効果

同時履行の抗弁権の効果については，実務的にも，「存在上の効果」と，「行使上の効果」とに二分して理解される。

(1) 存在上の効果

存在上の効果というのは，例えば，甲債務と乙債務とが双務契約に基づく場合に，乙は，甲から，甲債務の履行の提供がないのに，乙債務の履行を求められても，その履行を拒絶することができることから，乙債務について，その履行を拒絶しても，履行遅滞の責任を負わないということである。甲としては，乙債務と甲債務とが同時履行の関係に立つ以上，乙に対し，乙債務の履行を求めるだけでなく，その履行遅滞の責任まで求める場合には，甲債務の履行の提供をしておく必要がある。これが存在上の効果である。したがって，同時履行の抗弁権が行使されていない場合でも，反対債務の履行の提供があることを認定しなければ，履行遅滞の責任を認めることはできない。
→【判例⑳】参照

(2) 行使上の効果

行使上の効果というのは，前例に即していうと，甲が乙に対して乙債務の履行だけを求めて，その履行遅滞を原因とする遅延賠償を求めない場合には，乙債務の弁済期が到来している以上，甲は，甲債務の履行の提供をする必要はない。しかし，この場合であっても，乙債務と甲債務とが同時履行の関係に立つ以上，乙は，甲債務の履行の提供を受けないで，乙債務を履行する必要はないが，この場合には，同時履行の抗弁権を行使しないと，無条件で乙債務の履行を命じる給付判決を受けてしまうことになる。そのような無条件の給付判決を避け，甲債務の履行を条件とする判決，いわゆる「引換給付判決」を受けるためには，同時履行の抗弁権を行使する旨を明らかにする必要がある。→【判例⑥】参照

同時履行の抗弁権が行使され，かつ，その行使に理由があるときは，同時履行の効果が生じ，いわゆる「引換給付」の判決がされることになる。→【判例⑦】参照

なお，一方の債務の履行が他方の債務の履行に対して先履行の関係にある

ときは，先履行の債務の履行を条件として後履行の債務の履行を命ずる判決がされる場合があるが，同時履行の関係に立つ場合でない以上，引換給付の判決が命じられることはない。→【判例㉑】参照

　手形の原因債権の支払と手形の返還とは同時履行の関係にあるが，手形は，受戻証券であるから，手形債務の支払がされた場合も，手形の返還が必要となる。しかし，この場合の手形の返還（受戻し）は，手形判決に基づく強制執行に際して，行われるので，判決で手形の返還（受戻し）との引換給付を命ずる必要はない。→【判例㉒】参照

Ⅳ　同時履行の抗弁権について注意しておくのはどのような点か

　同時履行の抗弁権について注意しておくのは，まず，その要件面についてみれば，双務契約に基づく場合以外にも，同時履行の抗弁権が認められる場合があるということである。しかも，その場合において，民法その他の関係する法律に同時履行の抗弁権が認められる旨の規程がない場合であっても，なお履行上の牽連関係が必要とされて，同時履行の抗弁権が認められる場合があるということである。問題は，結局のところ，同時履行の抗弁権が認められた意義にたどり着くことになる。次に，その効果面についてみれば，同時履行の抗弁権を行使してはじめてその効果が認められるわけではなく，同時履行の抗弁権が認められているというだけで，その効果が認められていることである。

〔滝澤　孝臣〕

参照判例

【判例①】
　　大判明41・6・17民録14輯733頁は，民法533条が双務契約の当事者の一

方に相手方が債務の履行を提供するまでは自己の債務の履行を拒み得る権利を与えたのは，当事者双方の利益を公平に保護するためであるとする。

【判例②】
　大判昭12・2・9民集16巻33頁は，継続的契約関係の当事者は，相手方の前期の債務の不履行を理由として自己の後期における債務の履行を拒絶し得るとする。

【判例③】
　最三小判平9・2・14民集51巻2号337頁は，請負契約の目的物に瑕疵がある場合には，注文者は，瑕疵の程度や各契約当事者の交渉態度等にかんがみ信義則に反すると認められるときを除き，請負人から瑕疵の修補に代わる損害の賠償を受けるまでは，報酬全額の支払を拒むことができ，これについて履行遅滞の責任も負わないとする。

【判例④】
　最三小判昭41・3・22民集20巻3号468頁は，双務契約の当事者の一方が自己の債務の履行をしない意思を明確にした場合には，相手方が自己の債務の弁済の提供をしなくても，上記当事者の一方は，自己の債務の不履行について履行遅滞の責を免れることを得ないものと解するのが相当であるとする。

【判例⑤】
　大判大6・3・7民録23輯342頁は，双務契約の当事者が同時に債務を履行すべき場合には，その一方は相手方が債務の履行を提供しない限り，自己の債務の履行を遅延しても不履行の責任を負わないとする。

【判例⑥】
　大判昭12・10・29判決全集4巻20号15頁は，同時履行の抗弁権を行使するという当事者の主張がないのに，引換給付の判決をするのは違法であるとする。

【判例⑦】
　大判大7・4・15民録24輯687頁は，双務契約の当事者の一方が相手方の債務の履行を請求した場合に，相手方が同時履行の抗弁を提出したときは，裁判所は，請求の全部を棄却すべきものではなく，当事者の一方の債務の履行と引換えに相手方にその履行を命ずる裁判をすべきであるとす

【判例⑧】
　　最一小判昭42・9・14民集21巻7号1791頁は，借地法10条に基づく建物買取請求権が行使された場合に，その時に上記建物につき売買契約が成立し，同時に所有権移転の効力を生ずるとともに両当事者は互いに同時履行の抗弁権を有するものと解すべきであるとする。

【判例⑨】
　　最一小判昭29・7・22民集8巻7号1425頁は，借家法5条に基づく造作買収請求権が行使された場合に，賃借人は，造作代金の提供がないことを理由として同時履行の抗弁により家屋の明渡しを拒むことはできないとする。

【判例⑩】
　　大判昭7・9・30民集11巻1859頁は，借家法5条に基づく造作買取請求権が行使された場合に，造作の代金債務と造作の引渡債務とは同時履行の関係にあるとする。

【判例⑪】
　　大判昭10・6・25民集14巻1261頁は，買主が荷為替の方法で売買代金を支払う旨を約定した場合には，売主の目的物の引渡義務が先履行の関係にあるとする。

【判例⑫】
　　最二小判昭48・2・2金法677号48頁は，買主が，売買残代金を金融機関から借り入れて売主に支払うことを約し，その借入手続は，買主において借入れに必要な借入申込書及び印鑑証明書添付の信用保証委託書等の書類を売主に交付し，次いで売主が上記書類によって買主のために金融機関に対する借入申込みの手続を代行し，売主が金融機関に赴いて上記金員を借り入れることと定められていた場合において，売主が買主から前記の所要書類を受領しながら，買主のために上記借入申込みの手続を代行していなかったとすれば，買主は，上記残代金の履行期を過ぎても，正当にその支払を拒絶することができ，また，同日までにその支払をしなかったことをもって，履行遅滞の責に任ずべきものではないとする。

24 同時履行の抗弁権

【判例⑬】
　最一小判昭42・6・29判時494号41頁は，継続的供給契約において，一方当事者が相手方の前期の給付に関する不履行にもかかわらず，自己の後期の債務の一部の履行を続けたからといって，直ちに同時履行の抗弁権を放棄したものということはできないとする。

【判例⑭】
　最一小判昭47・9・7民集26巻7号1327頁は，売買契約が詐欺を理由として取り消された場合における当事者双方の原状回復義務は，同時履行の関係にあると解するのが相当であるとする。

【判例⑮】
　最一小判昭50・7・17判時792号31頁は，自動車の割賦売買契約において，売主が，いったん買主に引き渡した自動車を正当の事由なしに買主から引き揚げ，あるいは，買主から修理を依頼されその完了後に正当な事由なしに自動車を引き渡さない場合には，買主は，再度自動車の引渡しを受けるまで，割賦代金の支払を拒むことができるものと解するのが相当であるとする。

【判例⑯】
　最三小判昭40・9・21民集19巻6号1542頁は，主債務者が債務者の金員支払請求に対し上記金員の支払確保のために振り出された手形の返還との引換給付の抗弁権を有する場合には，連帯保証人は，上記債権者の金員支払請求に対し，自己あてに手形を交付すべき旨の引換給付の抗弁を主張することができるとする。

【判例⑰】
　最二小判平21・7・17判時2056号61頁は，Xが，Yから購入して転売した自動車につき，Yから転売先に直接移転登録がされた後，車台の接合等により複数の車台番号を有するものであったことが判明したとして，Yに対し錯誤による売買契約の無効を理由に売買代金の返還を求めた場合において，Yは本来新規登録のできない上記自動車について新規登録を受けたうえでこれをオークションに出品し，XはYにより表示された新規登録に係る事項等を信じて上記自動車を買い受けたものであり，上記自動車についてのXからYへの移転登録手続には困難が伴うなどの判示の事情の下では，仮にYがXに対し上記自動車につきXからYへの移転登録請求権を有するとしても，Xからの売買代金返還請求に対し，Yが上記自動車につい

ての移転登録手続との同時履行を主張することは，信義則上許されないとする。

【判例⑱】
　最三小判昭57・1・19判時1032号55頁は，抵当債務は，抵当権設定登記の抹消登記手続より先に履行すべきもので，後者とは同時履行の関係に立たないとする。

【判例⑲】
　最一小判昭49・9・2民集28巻6号1152頁は，家屋の賃貸借終了に伴う賃借人の家屋明渡債務と賃貸人の敷金返還債務とは，特別の約定のない限り，同時履行の関係に立たないとする。

【判例⑳】
　最一小判昭34・6・25判時192号16頁は，家屋の売買で，残代金の支払と同時に家屋の引渡しと所有権移転登記をする約定のあることに争いのない場合において，買主が，敷地の使用につき地主の許諾を得ることを請け合った売主の義務に不履行のあることを主張して，残代金債務の遅滞を争った場合，家屋の引渡しと登記との履行の準備並びに提供の有無について釈明することなく，単に上記主張の義務に不履行のないことだけを理由として残代金債務の遅滞を認めるのは，審理不尽，理由不備であるとする。

【判例㉑】
　最二小判昭63・4・8判時1277号119頁は，被担保債権の弁済は抵当権設定登記の抹消登記手続に対して先履行の関係に立つものであって，同時履行の関係に立つものではないから，たとえ，将来の給付の訴えの利益が認められ，かつ，弁済すべき被担保債権の額を確定することができるときであっても，抵当権設定登記の抹消登記手続を求める請求は，将来債務者又は物上保証人が被担保債権を弁済すること（物上保証人にあっては，被担保債権を債務者に代わって弁済することによって取得した抵当権が所有権と混同して消滅すること）を条件として，許容することができるにとどまると解するのが相当であるとする。

【判例㉒】
　大判昭8・5・26民集12巻1353頁は，呈示証券に係る債務の履行を求める訴訟において，証券と引換えでなければ債務を履行しないという相手方の主張を認めた場合でも，裁判所は，単純な給付判決をすべきであるとす

る。

25 − 1　◆2　口頭弁論　相殺の抗弁①　相殺の要件

Ⅰ　相殺の要件について学ぶのはどうしてか

　民事訴訟では，もっぱら原告が被告に対して金銭の支払を求める訴訟においてであるが，被告が原告から支払を求められている金銭債務の消滅事由，すなわち，「抗弁」として，「相殺」を主張する場合が少なくない。

　相殺の抗弁は，民事訴訟におけるいわば基本的な論点の1つであって，民事訴訟を学ぶ以上，相殺の抗弁に対する実務的な理解が求められるが，本項目では，相殺の抗弁を学ぶ第1として，相殺の抗弁が認められるための要件について考察することとする。いうまでもなく，相殺の要件を知らなければ，相殺について何も知り得ないからである。

　なお，相殺については，民法の規定する相殺，すなわち，「法定相殺」のほか，当事者の合意による相殺，すなわち，「相殺契約」も認められるほか，当事者の合意によって法定相殺の要件を具備させる場合，すなわち，「相殺特約」も問題となるが，本項目でもっぱら考察の対象とするのは，法定相殺についてである。

Ⅱ　相殺の要件について問題となるのはどのような点か

　相殺の要件は，民法の規定するところによるが，以下の分類が可能である。なお，相殺契約（相殺予約を含む。）であれば，以下の要件によらない相殺も認められるが，法定相殺について以下の要件を規定する民法の趣旨を潜脱するような場合は，相殺契約の効力が否定されることもある。相殺特約によって，法定相殺の要件が認められることになる場合も，同様である。→【判例①〜④】参照

1．相殺の当事者

民法505条1項は、相殺が認められる場合につき、「二人が互いに……債務を負担する場合」と規定している。これが「相殺の当事者」に関する要件である。

2．債務の同種性

民法505条1項は、相殺が認められる場合につき、「同種の目的を有する債務を負担する場合」と規定している。これが「債務の同種性」に関する要件である。

3．弁済期の到来

民法505条1項は、相殺が認められる場合につき、「双方の債務が弁済期にあるときは」と規定する。これが「弁済期の到来」に関する要件である。

4．相殺の許容性

民法505条1項ただし書は、「債務の性質がこれを許さないときは、この限りでない」と、同条2項は、「前項の規定は、当事者が反対の意思を表示した場合には、適用しない」と規定する。さらに、民法509条は、不法行為により生じた債権を受働債権とする相殺の禁止、510条は、差押禁止債権を受働債権とする相殺の禁止、511条は、支払の差止めを受けた債権を受働債権とする相殺の禁止についてそれぞれ規定する。いずれも法定相殺が許されない場合である。これが「相殺の許容性」に関する要件である。

Ⅲ　相殺の要件について実務はどう取り扱っているか

1．相殺の当事者

乙が甲に対して債務を負担し、甲が乙に対して債務を負担する場合に、甲が乙に対する債権を自働債権とし、乙の甲に対する債権を受働債権として相

殺するのが典型的であるが，相殺の当事者について実務的に問題となるのは，第三者である丙が介在する場合である。甲が乙に対して相殺する場合を前提に，以下，分説して考察するが，対象とするのは法定相殺の場合についてであって，相殺契約の場合については，別異に解される。→【判例⑤⑥】参照

(1) **甲の丙に対する債権を自働債権とする相殺**

　甲と乙とが丙に対して連帯債務を負担していたところ，乙が甲に通知しないで丙に対する連帯債務を弁済して甲に求償する場合に，甲が丙に対して債権を有していたときは，甲は，甲の丙に対する債権を自働債権とし，乙の丙に対する求償債権を受働債権として相殺することができる。民法443条1項が，他の連帯債務者（甲）は，債権者（丙）に対抗することができる事由を有していたときは，その負担部分について，その事由をもって連帯債務者（乙）に対抗することができると規定する「対抗することができる事由」に相殺も含まれるからである。→【判例⑦】参照

　また，甲の丙に対する債務を乙が保証していたところ，乙が甲に通知しないで丙に対する保証債務を弁済して甲に求償する場合に，甲が丙に対して債権を有していたときは，甲は，自己の負担部分の限度で，甲の丙に対する債権を自働債権とし，乙の丙に対する求償債権を受働債権として相殺することができる。民法463条1項が民法443条1項を準用していることによるが，この場合には，負担部分という制限はない。

　甲と丙とが互いに債権を有していたところ，丙の甲に対する債権を譲り受けた乙が甲に対してその履行を請求する場合に，甲は，甲の丙に対する債権を自働債権とし，乙の甲に対する当該債権を受働債権として相殺することができる。民法468条2項が，債務者（甲）は，譲渡人（丙）に対して生じた事由をもって譲受人（乙）に対抗することができると規定する「対抗することができる事由」に相殺も含まれるからである。ただし，丙が債権譲渡の通知をしたにとどまる場合で，甲がその通知を受ける前に丙に対して債権を有していた場合に限られる。→【判例⑧】参照

　甲と丙とが互いに債権を有していたところ，丙の甲に対する債権を差し押

さえた丙の債権者である乙が甲に対してその履行を請求する場合に，甲は，甲の丙に対する債権を自働債権とし，乙の甲に対する当該債権を受働債権として相殺することができる。民法511条が，支払の差止めを受けた第三債務者（甲）は，その後に取得した債権（丙に対する債権）による相殺をもって差押債権者（乙）に対抗することができないと規定する反対解釈として，甲が差押えを受ける前に有していた丙に対する債権をもって相殺することが認められているからである。→【判例⑨】参照

　乙と丙とが甲に対して連帯債権を有していたところ，乙が甲に対する連帯債権を請求する場合に，甲が丙に対して債権を有していたときは，甲は，甲の丙に対する債権を自働債権とし，乙の甲に対する連帯債権を受働債権として相殺することができる。丙の甲に対する連帯債権を受働債権とする相殺に問題はなく，この場合に，連帯債権者（丙）に対する弁済（相殺）による連帯債権の消滅の効果は他の連帯債権者（乙）に対しても生ずるが，丙に対する関係で相殺しない間に，乙から請求を受けた場合に，丙に対する債権で相殺し得ると解することにも問題はないからである。

(2)　**丙の乙に対する債権を自働債権とする相殺**

　甲と丙とが乙に対して連帯債務を負担していたところ，乙が甲に対する連帯債務の履行を請求する場合に，丙が乙に対して債権を有していたときは，甲は，丙の負担部分の限度で，丙の乙に対する債権を自働債権とし，甲の乙に対する連帯債務を受働債権として相殺することができる。民法436条2項が，連帯債務者（乙に対して債権を有する丙）が相殺を援用しない間は，その連帯債務者の負担部分についてのみ他の連帯債務者（甲）が相殺を援用することができると規定するところである。→【判例⑩】参照

　また，乙の丙に対する債務を甲が保証していたところ，乙が甲に対する保証債務の履行を請求する場合に，丙が乙に対して債権を有していたときは，甲は，丙の乙に対する債権を自働債権とし，甲の乙に対する保証債務を受働債権として相殺することができる。民法457条2項が，保証人（甲）は，主たる債務者（丙）の債権による相殺をもって債権者（乙）に対抗することができると規定するところである。この場合には，負担部分という制限はな

い。→【判例⑪】参照

(3) 乙の丙に対する債権を受働債権とする相殺

甲が乙に対する債権を自働債権とし，乙の丙に対する債権を受働債権とする相殺については，民法に規定がなく，認められないとするのが判例である。→【判例⑫】参照

(4) 丙の甲に対する債権を受働債権とする相殺

甲が乙に対する債権を自働債権とし，丙の甲に対する債権を受働債権とする相殺についても，認められないと解される。

2．債務の同種性

民事訴訟において相殺の抗弁が提出される場合には，債務の同種性が問題となる場合は少ないが，問題となる場合がないというわけではない。→【判例⑬～⑮】参照

自働債権あるいは受働債権に抗弁権が付着している場合も，債務の履行を強制し得ないため，相殺は許されない。→【判例⑯】参照

3．弁済期の到来

自働債権及び受働債権の双方についていずれも弁済期が到来している場合が典型的であるが，それに限らない。受働債権について弁済期が到来していない場合には，期限の利益を放棄することによって，その弁済期が到来するので，期限の利益の放棄が許されない場合でない限り，相殺が可能である。また，自働債権について弁済期が到来していない場合にも，期限の利益を喪失させることによって，その弁済期が到来するので，期限の利益を喪失させることができない場合でない限り，相殺が可能である。→【判例⑰⑱】参照

4．相殺の許容性

相殺の許容性につき，例えば，以下の制限がある。

(1) 債務の性質による制限

債務の性質による制限というのは，例えば，債務の現実の履行が，当該債務の本旨ないし目的に照らして，必要不可欠である場合であるが，金銭債務については，一般的にいって，想定し難い。→【判例⑲⑳】参照

(2) 当事者の意思表示による制限

当事者の意思表示による相殺の制限（民505条2項本文）というのは，債務の性質は相殺が制限されるものではないが，当事者の意思表示によって相殺を制限する場合である。その意思表示は，契約によって生じた債権については，契約によって，単独行為によって生じた債権については，単独行為によって行われると解される。

ただし，当事者の意思表示による相殺の制限については，これを善意の第三者に対抗することができない（民505条2項ただし書）。当事者の意思表示によって相殺を制限した場合であっても，債権譲受人，差押債権者など第三者が善意であるときはこれを対抗することができない結果，相殺が認められることになる。

(3) 法律の規定による制限

法律の規定による制限というのは，前記民法509条ないし511条の規定に代表されるように，法律が相殺を禁止している場合である。

不法行為により生じた債権を受働債権とする相殺の禁止は，不法行為の被害者をして現実の弁済により損害の塡補を受けしめるとともに，不法行為の誘発を防止することを目的とするものであると解されている。したがって，不法行為に基づく損害賠償請求権を自働債権とする相殺は509条によって制限されていないが，その受働債権が自働債権と同一の交通事故を原因とする損害賠償請求権である場合は，なお509条によって制限されることになる。なお，不法行為の加害者は，被害者に対する債権（自働債権）に基づき被害者の加害者に対する損害賠償請求権（受働債権）を差し押さえ転付命令を受け，混同によって被害者の加害者に対する損害賠償請求権（受働債権）を消滅させることも，509条の趣旨を潜脱するものとして，許されないと解され

ているが，相殺契約の場合には，509条の制限を受けない。→【判例㉑〜㉔】参照

　差押禁止債権を受働債権とする相殺の禁止は，受働債権の債権者の債務者に対する支払を確保する必要があるためである。差押禁止債権の例は，民事執行法152条に規定があるほか，賃金，年金，生活保護費などの受給権についても，差押えが禁止されているので，相殺も制限されることになる。→【判例㉕〜㉗】参照

　支払の差止めを受けた債権を受働債権とする相殺の禁止は，債権の差押命令あるいは仮差押命令の実効性を確保するためである。相殺が禁止されるのは，差押命令あるいは仮差押命令の送達を受けた後に取得した債権を自働債権とする相殺であって，その送達前に取得していた債権を自働債権とする相殺は制限されていない。→【判例㉘】参照

　民法の規定する相殺禁止以外に相殺禁止について規定する法律は少なくない。特に倒産手続においては，相殺の担保的機能が発揮されると，それは優先弁済を受けるのと等しい結果となるため，倒産手続の本旨と相容れない範囲で，相殺が制限されることになる。例えば，破産法71条・72条，会社更生法49条・49条の2，民事再生法93条・93条の2の規定である。その規定の異同に留意しておく必要がある。

(4)　二重起訴の禁止と相殺の制限

　相殺の制限については，以上のほか，相殺の抗弁について，後記のとおり既判力が認められることから，既判力が認められる自働債権について，既に別訴が係属している場合には，二重起訴を禁止している民事訴訟法142条の規定の趣旨に照らして，その後に相殺の抗弁を提出することが制限されるのではないかといった問題がある。また，その裏返しとして，相殺の抗弁に係る自働債権をその後に別訴で請求することができるかといった問題もある。前者は「抗弁後行型」，後者は「抗弁先行型」と称されている。

　まず，前者，抗弁後行型についてであるが，別訴において訴訟物となっている債権を自働債権とする相殺の抗弁を主張することは許されない。もっとも，別訴が係属しているが，それがいわゆる一部請求であって，その残部を

自働債権とする相殺の抗弁を主張することは，特段の事情のない限り，許される。なお，ここでいう別訴とは，訴訟係属を異にする事件をいうので，本訴・反訴の関係にある事件は含まれない。事件が併合されている場合も同様に解されるが，事件が分離された場合，本訴と反訴とが分離された場合を含め，分離前に相殺の主張が許された以上，分離によって直ちに制限されるとは解されないので，分離後，本案判決が後れる事件について，訴えを却下するか，相殺の抗弁を排斥すべきものである。→【判例㉙㉚】参照

次に，後者，抗弁先行型についてであるが，抗弁後行型とは反対に，別訴が二重起訴の禁止の規定に抵触して違法であるとは解されない。相殺の抗弁については，後記のとおり，予備的な抗弁として主張される場合が多く，請求原因について積極的な判断が示されたうえで，相殺の抗弁以外の抗弁について消極的な判断が示された後に判断されるものであって，その自働債権について訴訟係属が確定的に生じているとはいえない状況にあるため，抗弁後行型とは別異に取り扱う理由があるからである。→【判例㉛〜㉝】参照

Ⅳ 相殺の要件について注意しておくのは どのような点か

以上，相殺の要件について実務的な見地から考察したが，特に注意しておく必要があるのは，相殺の当事者についてである。相殺の当事者は，自働債権の債権者・債務者と受働債権の債務者・債権者とが一致するとは限らない。否，一致しない場合が多い。相殺の効力をめぐって問題になるのは，相殺の当事者と自働債権・受働債権の当事者とが一致しないためであるからといっても過言ではない。

また，相殺適状の時期についても，注意しなければならない。法定相殺では，相殺の効果は相殺適状を生じた日に遡るからである。相殺後の残債務について付遅滞となる時期も，その日が基準（その翌日）となる。相殺契約では，法定相殺とは別に取り決められることがあるので，その点についても留意する必要がある。

相殺禁止の制限についても，注意が必要である。法定相殺については，相

殺禁止が規定されている場合があるが，その禁止規定は，民法にとどまらない。関係法律で相殺が禁止されていないか否かを確認しておく必要がある。また，特殊な場合として，二重起訴の禁止との関係で，相殺の抗弁の許否が問題となる点も注意する必要がある。

〔滝澤　孝臣〕

参照判例

【判例①】
　　大判昭９・12・28法学４巻731頁は，相殺契約につき，弁済期の到来に関係なく，相殺することができるとする。

【判例②】
　　大阪地判昭35・５・14下民集11巻５号1070頁は，相殺契約についても，民法511条の適用があるとする。

【判例③】
　　最三小判平７・７・18判時1570号60頁は，相殺予約の効力につき，差押債権者との関係で，相殺予約が劣後するとする。

【判例④】
　　東京地判平12・５・10判タ1054号202頁は，相殺予約の効力につき，物上代位権者との関係で，相殺予約が劣後するとする。

【判例⑤】
　　大判大６・５・19民録23輯885頁は，債務者の第三者に対する債権を自働債権，債権者に対する債務を受働債権とする相殺も，債権者・債務者間と第三者との間の契約であれば，有効とする。

【判例⑥】
　　大判昭８・７・７民集12巻2011頁は，債務者の第三者に対する債権を自働債権，債権者に対する債務を受働債権とする相殺も，債権者・債務者間

の契約であれば，無効とする。

【判例⑦】
　最二小判昭57・12・17民集36巻12号2399頁は，連帯債務者の１人が弁済その他の免責の行為をするに先立ち他の連帯債務者に対し民法443条１項の通知をすることを怠った場合は，既に弁済その他により共同の免責を得ていた他の連帯債務者に対し，同条２項の規定により自己の免責行為を有効であるとみなすことはできないとする。

【判例⑧】
　最一小判昭50・12・8民集29巻11号1864頁は，債権が譲渡され，その債務者が，譲渡通知を受けたにとどまり，かつ，上記通知を受ける前に譲渡人に対して反対債権を取得していた場合において，譲受人が譲渡人である会社の取締役である等判示の事実関係があるときには，上記被譲渡債権及び反対債権の弁済期の前後を問わず，両者の弁済期が到来すれば，被譲渡債権の債務者は，譲受人に対し，上記反対債権を自働債権として，被譲渡債権と相殺することができるとする。

【判例⑨】
　最大判昭45・6・24民集24巻6号587頁は，債権が差し押えられた場合において，第三債務者が債務者に対して反対債権を有していたときは，その債権が差押え後に取得されたものでない限り，上記債権及び被差押債権の弁済期の前後を問わず，両者が相殺適状に達しさえすれば，第三債務者は，差押え後においても，上記反対債権を自働債権として，被差押債権と相殺することができるとする。

【判例⑩】
　大判昭7・8・29民集11巻2385頁は，相殺権に関する破産法の規定は，破産債権者のする相殺につき民法の相殺に関する規定をある場合に拡張し，ある場合に制限したものであって，破産法に規定のない場合は，すべて民法によるべきであるとしたうえで，連帯債務者の１人は，破産者である他の連帯債務者の債権を相殺に供することができるとする。

【判例⑪】
　大阪高判昭56・6・23判時1023号65頁は，民法457条２項の類推適用により，物上保証人は被担保債権を消滅させる限度で，被担保債権の債務者が抵当権者に対して有する債権を自働債権として自ら相殺することができ

るとする。

【判例⑫】
　大判昭8・12・5民集12巻2818頁は，抵当不動産の第三取得者（甲）は，抵当権者（乙）に対して有する債権をもって抵当債権（乙の丙に対する債権）と相殺することはできないとする。

【判例⑬】
　東京高判昭43・11・29判タ233号156頁は，受任者の委任者に対する民法650条2項前段の規定に基づく代位弁済請求権と委任者の受任者に対する債権との同種性を否定している。

【判例⑭】
　大阪高判昭42・6・27判時507号41頁は，仮処分の目的物であった自動車の換価代金引渡請求権と当該自動車の修理代金債権との同種性を否定している。

【判例⑮】
　大判昭7・6・1新聞3445号18頁は，甲の乙に対する損害賠償請求権と乙が丙から債権譲渡を受ける丙の乙に対する保証金返還請求権との同種性を否定している。

【判例⑯】
　最二小判昭32・2・22民集11巻2号350頁は，催告及び検索の抗弁権の附着する保証契約上の債権を自働債権とする相殺は，許されないとする。

【判例⑰】
　最大判昭45・6・24民集24巻6号587頁は，期限の利益を放棄することによる相殺を認めている。

【判例⑱】
　東京高判昭53・10・30金法886号37頁は，期限の利益を放棄した受働債権が手形債権であったため，満期前における相殺を否定したうえで，満期における相殺を認めている。

【判例⑲】
　最二小判平15・2・21金判1166号13頁は，金融債の発行会社がその償還

債務を受働債権とする相殺は，当該社債の性質上，許されないとした東京高判平13・12・11判時1774号145頁を破棄している。

【判例⑳】
　最一小判昭45・6・18民集24巻6号527頁は，手形の不渡異議申立手続を委託した手形債務者から異議申立提供金に見合う資金として支払銀行に交付された預託金の返還請求権が手形債権者に転付された場合に，支払銀行が上記債権の差押え前から手形債務者に対して有する反対債権をもって被転付債権と相殺することが，預託金返還請求権の性質上制限されるものと解すべき理由はないとしている。

【判例㉑】
　最一小判昭42・11・30民集21巻9号2477頁は，民法509条は，不法行為の被害者をして現実の弁済により損害の填補を受けしめるとともに，不法行為の誘発を防止することを目的とするものであり，不法行為に基づく損害賠償債権を自働債権とし，不法行為による損害賠償債権以外の債権を受働債権として相殺をすることまでも禁止するものではないと解するのが相当であるとする。

【判例㉒】
　最三小判昭49・6・28民集28巻5号666頁は，双方の過失に基因する同一交通事故によって生じた物的損害に基づく損害賠償債権相互間においても，相殺は許されないとする。

【判例㉓】
　最一小判昭54・3・8民集33巻2号187頁は，不法行為の加害者が被害者に対する自己の債権を執行債権として自己に対する被害者の損害賠償債権について受けた転付命令は，民法509条の規定を潜脱するものとして無効であるとする。

【判例㉔】
　大判大元・12・16民録18輯1038頁は，不法行為に基づく損害賠償請求権を受働債権とする相殺も，相殺契約であれば，許されるとする。

【判例㉕】
　最一小判昭44・12・18民集23巻12号2495頁は，賃金の過払いがあった場合に，その不当利得返還請求権を自働債権とし，その後の賃金支払請求権

を受働債権とする相殺は，過払いと合理的に接着した時期に，かつ，労働者の経済生活の安定を脅かすおそれのないときは，許されるとする。

【判例㉖】
　東京地判平15・5・28金判1190号54頁は，年金が受給者の預金口座に振り込まれた後は当該預金債権の差押えが禁止されるとする。

【判例㉗】
　最三小判平10・2・10金判1056号6頁は，金融機関が預金者に対する保証債務履行請求権を自働債権とし，預金者の国民年金及び労災保険金の振込みに係る預金債権を受働債権とする相殺を有効とした札幌高判平9・5・25金判1056号9頁（第1審：釧路地北見支判平8・7・19金判1056号10頁）の判断を是認している。

【判例㉘】
　前掲【判例⑰】最大判昭45・6・24は，第三債務者は，差押債務者に対する自働債権が受働債権の差押え後に取得されたものでない限り，自働債権及び受働債権の弁済期の前後を問わず，双方の弁済期が到来すれば，相殺することができるとする。

【判例㉙】
　最三小判平3・12・17民集45巻9号1435頁は，別訴において訴訟物となっている債権を自働債権として，相殺の抗弁を主張することは，許されないとする。

【判例㉚】
　最三小判平10・6・30民集52巻4号1225頁は，一個の債権の一部についてのみ判決を求める旨を明示して訴えを提起している場合において，当該債権の残部を自働債権として他の訴訟において相殺の抗弁を主張することは，債権の分割行使をすることが訴訟上の権利の濫用に当たるなど特段の事情の存しない限り，許されるとする。

【判例㉛】
　東京高判平5・9・29判タ864号263頁は，抗弁先行型の場合に，別訴の提起を適法とする。

25-1 相殺の抗弁① 相殺の要件

【判例㉜】
　東京高判昭42・3・1判時472号30頁は，反訴（予備的反訴）の提起を適法とする。

【判例㉝】
　東京地判平16・9・16金法1741号46頁は，先行の訴訟における相殺の自働債権の残部を後行の訴訟において自働債権とする相殺の抗弁の提出も許されないとする。

25-2 相殺の抗弁②　相殺の方法

◆2　口頭弁論

I　相殺の方法について学ぶのはどうしてか

　前項目では，相殺の要件について考察したが，要件それ自体は，もっぱら実体法的な問題であるため，相殺の抗弁を実務的に理解するためには，手続法的な問題として，相殺の方法について学ぶ必要がある。相殺の方法とは，要するに，相殺権の行使の方法にほかならないが，相殺権の行使について理解があればこそ，相殺の要件についても，また，次に検討する相殺の効果についても，実務的に理解することができるはずである。

II　相殺の方法について問題となるのはどのような点か

　相殺の方法として，まずもって問題となるのは，相殺の方法それ自体であるが，それにとどまらない。相殺の態様，相殺の時期についても問題となるからである。

1．相殺の方法

　相殺の方法について，これを相殺権の行使の方法というと，少し仰々しいが，要するに，相殺の意思表示にほかならない。

2．相殺の態様

　相殺の態様として考察しておく必要があるのは，相殺権が訴訟外で行使される場合と，訴訟上で行使される場合とに応じた問題点の異同についてである。

3. 相殺の時期

　相殺の時期が問題となるのは、相殺の態様を踏まえてであるが、訴訟で相殺が問題となる場合でも、相殺権が行使される時期が当該訴訟の係属中であるとは限らないからである。訴訟係属前に相殺権が行使されていて、その当否が当該訴訟で問題となる場合のほか、反対に、当該訴訟の係属中には相殺権の行使が問題とならなかったが、訴訟終了後に相殺権が行使される場合もあるからである。

Ⅲ　相殺の方法について実務はどう取り扱っているか

1. 相殺の方法

　相殺の方法は、法定相殺では、前述のとおり、相殺の意思表示による。相殺契約では、相殺の合意によるが、相殺予約の場合には、予約完結の意思表示によることになる。

(1) 意思表示の当事者

　意思表示の当事者は、一般的には、自働債権の債権者（甲）と受働債権の債権者（乙）とである。第三者（丙）に対する債権あるいは債務との相殺が認められる場合にも、訴訟上の相殺であれば、甲の乙に対する意思表示によるが、訴訟外の相殺であれば、甲あるいは乙の丙に対する意思表示、あるいは、丙の甲あるいは乙に対する意思表示による場合もある。

(2) 意思表示の付款

　相殺の意思表示には、条件又は期限を付することができない（民506条1項後段）。相殺権の行使は、これによって、債権・債務の消滅という効果が形成されるため、確実性が求められるからである。ただし、訴訟上の相殺については、条件を付すことができると解されている。訴訟上の相殺については、条件が付されたとしても、最終的に判決でその当否が判断されるため、

なお確実性が損なわれないからであるが、この点は、相殺の効力、特に、既判力の関係で問題となるところである。→【判例①】参照

(3) 意思表示の手段

相殺の意思表示には、例えば、手形債権を受働債権とする相殺の場合であっても、手形の授受がなくても、相殺の効力が生じる。手形債務者が、手形の受戻しをしないで、手形債務を支払った場合と同様であるからである。法定相殺に限らず、相殺契約でも、同様である。→【判例②③】参照

これに対し、手形債権を自働債権とする相殺の場合は、手形の授受がなければ、相殺の効力を生じないと解される。手形を所持しないで手形債権を行使することはできないからであるが、法定相殺についてである。相殺契約では、相殺の相手方である手形債務者が手形を所持しない手形債権者との間で合意（相殺契約）すれば、相殺は可能である。

2．相殺の態様

相殺の方法について、特に問題となるのは、相殺権の行使が訴訟外でされ、その事実が当該訴訟で主張されている場合（訴訟外の相殺）であるのか、相殺権の行使が当該訴訟においてされている場合（訴訟上の相殺）であるのか、その態様についてである。それは、以下の違いがあるからである。

(1) 訴訟上の相殺

訴訟上の相殺というのは、相殺権の行使が訴訟上で主張される場合である。その主張は、抗弁であるのが一般的であるが、請求原因である場合もある。前者は、原告の被告に対する当該請求に係る債権を受働債権として、被告が原告に対する反対債権を自働債権として相殺する場合を典型とする。これに対し、後者は、原告が被告に対する債務を受働債権として当該請求に係る債権を自働債権として訴状をもって相殺した残額の自働債権を請求する場合である。一部請求の一態様として、当該一部が相殺後の残部である請求として考察すれば足りる。当該相殺が訴状をもって行われたか、後記の訴訟外で行われたかは、相殺後の残部を特定するうえで違いはないと解されるから

である。また，その主張が再抗弁である場合も考え得るが，後記のとおり，判例により，相殺の再抗弁は否定されている。したがって，訴訟上の相殺として考察する必要があるのは，もっぱら相殺の抗弁である。

相殺権の行使は，その旨の意思表示を必要とするが，訴訟上の相殺では，相殺の意思表示の存在は，その効力はともかく，記録上で明らかであるから，その主張・立証は問題とならない。

(2) 訴訟外の相殺

訴訟外の相殺というのは，相殺権の行使それ自体は訴訟外で行われ，その結果が訴訟上で主張される場合である。訴訟上の主張としては，訴訟上の相殺と同様，抗弁として主張される場合が一般的である。請求原因として主張される場合もあるが，訴訟上の相殺と同様，一部請求の一態様として，当該一部が相殺後の残部である請求として考察すれば足りると解される。再抗弁として主張される場合もあるが，相殺の抗弁に対する再抗弁として主張される場合には，訴訟上の相殺と同様，相殺の再抗弁は否定されるべきものと解される。抗弁に係る債権の消滅事由として訴訟外の相殺による消滅を再抗弁として主張する場合に，抗弁に係る債権が当該抗弁で相殺を主張している場合の自働債権であるときは格別，そうでないときは，相殺の再抗弁として理解すべきものではなく，この点で，再抗弁として，訴訟外の相殺が主張される場合があることは否定し得ない。

訴訟外の相殺では，相殺の意思表示を含め，相殺の効果の発生に関する要件事実を相殺を主張する者が主張・立証しなければならない。

3．相殺の時期

相殺の方法は，訴訟係属中に，相殺上の抗弁として行われるとは限らない。訴訟外の相殺は，訴訟の係属を前提にしていないからである。しかし，訴訟上の相殺であっても，訴訟外の相殺であっても，いずれにしても，その相殺が当該訴訟において主張されるから問題となるのであって，実務的な問題として相殺を考察する場合には，この点において共通するものがある。

以下，訴訟の係属と相殺の時期とから，①訴訟の提起前の相殺についてそ

の後に提起された訴訟で主張される場合，②訴訟の係属中の相殺について当該訴訟で主張される場合，③訴訟の終了後の相殺について当該訴訟の後に提起された別の訴訟で主張される場合とに三分して考察する。

なお，相殺の抗弁であっても，時機に後れた攻撃・防御方法として，却下される場合があることは，その他の抗弁と異ならない。訴訟上の相殺のほか，訴訟外の相殺であっても，その主張が時機に後れた場合は，いずれも却下され得る。→【判例④】参照

(1) 訴訟提起前の相殺

訴訟提起前の相殺が訴訟で主張されるのは，もとより訴訟外の相殺ということになるが，原告が主張する場合と，被告が主張する場合とが考えられる。

(a) 原告の相殺主張

原告がその提起した訴訟で訴訟外の相殺について主張する一般的な場合は，訴訟外の相殺の残債務の支払を被告に対して求める場合である。この場合は，訴訟前の相殺によって原告の被告に対する債権と被告の原告に対する反対債権とが対当額で消滅して，原告の被告に対する債権が残る場合である。原告の被告に対する債権が自働債権であった場合も，受働債権であった場合も，原告の被告に対する債権が残る以上，その支払を訴訟外の相殺後に求め得るのは当然である。その請求に附帯する遅延損害金の請求の起算日は，訴訟外の相殺の効力が生じた日，すなわち，当該相殺の相殺適状を生じた日の翌日である。附帯請求の割合は，原告の被告に対する債権が民事債権（民法所定の年5分の割合による）か，商事債権（商事法定利率年6分の割合による）かによって分かれる。

以上は，民法の規定する法定相殺の場合であって，相殺契約の場合には，必ずしも相殺適状の日を相殺の効力発生日としない場合もあるので，残債務の附帯請求の起算日が異なる場合がある。注意する必要がある。

(b) 被告の相殺主張

これに対し，被告が原告から提起された訴訟で訴訟外の相殺を主張する場合を分析すると，さらに当該訴訟外の相殺の当事者が当該訴訟の当事者と一

致する場合と，一致しない場合とに分けられる。

　まず，前者については，原告が被告に対する訴訟を提起する前に訴訟外の相殺で処理がされていたことを失念している場合といってよい。この場合にもっぱら問題となるのは，訴訟外の相殺の実体的な面であって，手続的な面で問題となるところはない。

　次に，後者については，原告が被告に対する訴訟を提起する前に被告が原告の請求債権を受働債権，第三者に対する債権を自働債権として訴訟外で相殺していた場合である。相殺の当事者として，債権者及び債務者のほか，第三者が介在する場合があることは，「**25-1　相殺の要件**」において概説したが，乙が原告となって甲に対して訴訟を提起した場合に甲が乙の請求債権を受働債権，甲の第三者に対する債権あるいは第三者の乙に対する債権を自働債権として訴訟外の相殺をしていた場合ということになる。この場合も，もっぱら問題となるのは，訴訟外の相殺の実体的な面であって，手続的な面で特に問題となるところはない。

(2)　訴訟係属中の相殺

　訴訟係属中の相殺は，相殺の抗弁が提出される場合であって，原告の請求に対して，被告が反対債権による相殺を主張して，原告の請求を争う場合，すなわち，相殺上の相殺が一般的である。もとより，被告が訴訟外の相殺を主張して，原告の請求を争う場合も考えられるが，この場合は，訴訟外の相殺が原告の訴訟提起前にされたか，訴訟提起後にされたかという違いがあるだけで，訴訟提起前の相殺と問題は同じである。

　被告の相殺の抗弁に対し，原告が当該訴訟で請求している債権とは別の債権による相殺を主張して，被告の主張する相殺の効力を争う場合，すなわち，相殺の再抗弁もないわけではない。当該相殺の再抗弁は，訴訟上の相殺である場合と，訴訟用の相殺である場合とがある。以下，分説して考察する。

(a)　相殺の抗弁

　相殺の抗弁を提出するに際して，第1に問題となるのは，実体法的なアプローチで検討した相殺の要件を具備しているか否かであるが，この点は前述

したところである。第2に問題となるのは，相殺の抗弁の提出方法である。相殺の主張は，相殺権の行使であって，訴訟外の相殺においては，これに条件・期限を付することができないが，訴訟上の相殺においては，条件を付することができると解されている。それは，相殺の抗弁について判断が示されると，原則として，既判力が生ずるが，既判力を生ずる判断を示される前に，原告の請求する債権の消滅が認められる場合であれば，相殺による消滅を認める必要はなく，相殺の抗弁の判断順序について条件を付す必要があるからである。例えば，原告の請求する債権について，被告が弁済による消滅を主張している場合に，その弁済が認められない場合を慮って，原告に対する反対債権による相殺を主張する場合である。→【判例⑤】参照

　(b)　**相殺の再抗弁**

　被告の相殺の抗弁に対し，原告が相殺の再抗弁を提出する場合もないわけではない。しかし，相殺の再抗弁は許されない。したがって，相殺の抗弁に対する相殺の再抗弁が問題となる場合は，もっぱら相殺充当の問題として解決されることになる。→【判例⑥】参照

(3)　**訴訟終了後の相殺**

　訴訟終了後に相殺の抗弁が問題となるのは，原告の請求に敗訴した被告が原告に対する反対債権との相殺を主張して確定判決に表示された債権の消滅を異議事由として当該判決の執行力の排除を求め得るかという場合である。原告の請求に係る訴訟の口頭弁論が終結する以前に相殺適状になかった反対債権による相殺は，確定判決に表示された債権の口頭弁論終結後の消滅一般の問題として，請求異議の事由となり得るので，ここでの考察の対象外である。問題となるのは，反対債権との相殺適状が口頭弁論終結以前に生じていた場合である。

　(a)　**相殺の許否**

　この場合に，訴訟後の相殺の主張が確定判決の既判力に抵触して許されないのではないのか否かといった点が，その前提問題となる。

　しかし，この点について，判例は，前訴判決の口頭弁論終結以前に相殺適状を生じていたとしても，相殺を主張するか否かは債権者の自由であるとし

て，前訴で反対債権による相殺を主張しなかった被告（反対債権の債権者）が前訴判決後に反対債権との相殺を主張することは，前訴判決の既判力に抵触しないとしている。→【判例⑦】参照

(b) 相殺の位置づけ

訴訟終了後の相殺が認められる場合に，相殺の目的が既に確定している敗訴判決の執行力の排除にある以上，相殺は，当該判決の執行力の排除を求める請求異議訴訟の異議事由として構成されることになる。異議事由は，「請求原因」として主張される事実であるから，これを相殺の「抗弁」というのは適切でないが，実質的にみれば，確定判決に表示された債権の消滅事由であるから，相殺の抗弁という捉え方も許される。

Ⅳ 相殺の方法について注意しておくのはどのような点か

以上，相殺の方法について実務的な見地から考察したが，特に注意をしておく必要があるのは，相殺の態様である。相殺の抗弁を相殺権の行使として検討する場合に，訴訟上で相殺権が行使される場合と，訴訟外で相殺権を行使した結果が訴訟上で主張される場合とを区別することが必要であって，かつ，有用であるからである。

〔滝澤　孝臣〕

参照判例

【判例①】
　大判昭3・6・23民集7巻472頁は，相殺は訴訟上仮定抗弁として主張することができるとする。

【判例②】
　　最三小判平13・12・18判時1773号13頁は，有価証券に表章された金銭債権の債務者は，同債権を受働債権として相殺をするに当たり，同有価証券を占有することを要しないとする。

【判例③】
　　大判昭6・10・10新聞3326号9頁は，手形債務者が相手方を手形債権者と認め，当該手形債権を受働債権，相手方に対する債権を自働債権とする相殺は，手形の授受を伴わないとしても，契約として有効であるとする。

【判例④】
　　最三小判昭32・12・24裁判集民事29号555頁は，訴訟上の相殺について，時機に後れた攻撃・防御方法として，これを却下している。

【判例⑤】
　　最二小判平18・4・14民集60巻4号1497頁は，本訴及び反訴が係属中に，反訴原告が，反訴請求債権を自働債権とし，本訴請求債権を受働債権として相殺の抗弁を主張することは，異なる意思表示をしない限り，反訴を，反訴請求債権につき本訴において相殺の自働債権として既判力ある判断が示された場合にはその部分を反訴請求としない趣旨の予備的反訴に変更するものとして，許されるとする。

【判例⑥】
　　最二小判平10・4・30民集52巻3号930頁は，訴訟上の相殺の抗弁に対し訴訟上の相殺を再抗弁として主張することは，許されないとする。

【判例⑦】
　　最二小判昭40・4・2民集19巻3号539頁は，債務名義たる判決の基礎となる口頭弁論の終結前に相殺適状にあったとしても，上記弁論終結後になされた相殺の意思表示により債務が消滅した場合には，上記債務の消滅は，請求異議の原因となり得るとする。

◆2 口頭弁論

25-3 相殺の抗弁③　相殺の効果

I　相殺の効果について学ぶのはどうしてか

　相殺の抗弁①，相殺の抗弁②とで，相殺の抗弁について実務的な理解をするために必要な見地から，相殺の要件，相殺の方法とについて考察してきたが，訴訟実務が合目的的な作業として成り立っている以上，相殺の要件も，相殺の方法も，本来であれば，相殺の効果を前提として，そのうえで学ばなければならないものである。相殺の効果を知らないで，相殺の方法も，また，相殺の要件も理解し得ないからである。記述の順序は前後するが，そのような見地から，相殺の効果について考察することとする。

II　相殺の効果について問題となるのはどのような点か

　相殺の効果についても，もっぱら民法に規定するところであるが，訴訟上の相殺の効果については，民事訴訟法に規定がある。

1．債務の消滅

　相殺は，民法で債権の消滅事由の1つとして規定されているように，相殺の効果として基本的であるのは，自働債権及び受働債権が，その対当額の範囲であるが，消滅するということである。

2．相殺充当

　自働債権及び受働債権が対当額で消滅するという相殺の効果は，自働債権と受働債権とがいずれも1個の債権である場合には明確であるが，数個の債権である場合（1個の債権であるが，元本のほか，利息・損害金が存在する場合も含

む。）には，どの債権が消滅し，どの債権が存続するのか，その特定が必要となってくる。いわゆる相殺充当の問題であるが，民法が規定しているとおり，弁済充当の問題である。

3．付遅滞の時期

相殺の効果である自働債権及び受働債権の対当額の消滅は，その反面，対当額を超える範囲では，自働債権あるいは受働債権のいずれかが存続するということでもある。その存続した債務については，その弁済期が問題となる。これが付遅滞の時期である。

4．既判力の発生

以上の相殺の効果は，実体法上の効果であるが，相殺の抗弁として，訴訟において，相殺の当否が問題となった場合には，手続法上の効果として，既判力が発生し得ることも看過し得ない。この点は，民事訴訟法の規定するところである。

Ⅲ　相殺の効果について実務はどう取り扱っているか

1．債務の消滅

相殺の効果の第1は，自働債権と受働債権とが対当額で消滅するということである。もちろん，自働債権あるいは受働債権のうち，対当額を超える部分は残存する。

訴訟外の相殺については，自働債権あるいは受働債権の一部に限定して受働債権あるいは自働債権との相殺を主張することは考えられない。訴訟上の相殺についても，自働債権の一部に限定して受働債権との相殺を主張することも考えられない。いずれも2の相殺充当の問題として処理すれば足りるからである。

これに対し，訴訟上の相殺について，受働債権がいわゆる「一部請求」である場合には，自働債権の当該一部（内側）との相殺として処理すべきであ

るのか，自働債権の全部（外側）との相殺として処理すべきであるのか（当該一部について相殺充当の問題として処理すべきであるのか）といった問題を生ずるが，外側との相殺として処理するのが実務である。→【判例①】参照

なお，注意しておく必要があるのは，相殺の効果は，既に生じていた法律効果を覆すものではないということである。例えば，賃料の不払いを理由とする賃貸借契約の解除がされた後に，その不払いとなっていた賃料を受働債権とし，賃貸人に対する債権を自働債権として相殺をして賃料の不払いが解消されたとしても，解除の効果まで覆されるものではない。→【判例②】参照

2．相殺充当

自働債権及び受働債権のそれぞれ，あいるは，どちらかが数個の債権からなる場合（1個の債権でも，元本のほか，利息・損害金が存在する場合を含むことは前述した。），その数個の債権のうち，どの債権が消滅し，どの債権が残存するかは，相殺充当の問題であるが，法定相殺の場合には，弁済充当の規定に従うことになる。民法512条が「第488条から第491条までの規定は，相殺について準用する。」と規定するゆえんである。相殺の当事者間で相互に相殺を主張する場合もあるが，その多くは，一方がした相殺によって充当の効果を争うため，他方が一方のした相殺と異なる相殺を主張する場合のようである。この場合には，いずれの相殺が有効か否かという問題ではなく，一方がした相殺による弁済充当について他方が異議を述べた場合の充当処理の問題として捉えれば足りる。→【判例③】参照

相殺契約の場合には，本契約として相殺契約が締結された場合には，同契約で相殺充当についても合意されているのが普通であるので，その合意（充当契約）に従う。相殺予約に基づく予約完結権の行使として相殺がされる場合には，相殺予約が締結された際に相殺充当を含めて合意されている場合を除き，弁済充当の規定に従うことになる。

3．付遅滞の時期

法定相殺でも，相殺契約でも，自働債権あるいは受働債権のうち，対当額

を超える部分が残存するが，残存する債権の弁済期（履行遅滞の責任が発生する起算日）は，法定相殺の場合には，相殺適状を生じた日に相殺の効果が発生するので，その翌日ということになる。相殺の意思表示をした日に相殺適状を生ずる場合は，その翌日である。相殺契約の場合には，相殺適状を生じた日を基準に相殺の効力を発生させるとは限らないが，要するに，相殺契約で予定されている相殺の効力発生日の翌日が弁済期（前同）ということになる。
→【判例④】参照

4．既判力の発生

相殺の効力として看過してはならないのは，民事訴訟法114条2項の規定する既判力についてである。相殺の方法については，前述したが，訴訟上の相殺については，既判力が認められているからである。

(1) 既判力の対象

相殺の抗弁に係る民事訴訟法114条2項の規定する既判力が認められるのは，自働債権についてである。受働債権については，本案判決がされた場合には，相殺の抗弁について判断が示された場合であっても，示されなかった場合であっても，同条1項の既判力が認められるので，相殺の抗弁に係る既判力の問題は生じない。

(2) 既判力が発生する場合

相殺の抗弁に係る既判力が認められるのは，自働債権の成立又は不成立の判断についてである。訴訟上の相殺の抗弁は，予備的な抗弁として，すなわち，請求原因に係る受働債権の成立が認められ，かつ，相殺の抗弁以外の抗弁が排斥された場合に提出される場合が少なくないが，この予備的な抗弁として相殺の抗弁が提出される場合には，受働債権の成立が否定されて請求が棄却される場合にも，また，相殺の抗弁以外の抗弁が採用されて請求が棄却される場合にも，相殺の抗弁に係る自働債権の成否については判断が示されない結果となる。この場合には，そもそも相殺の抗弁に係る既判力が生じる前提がない。民事訴訟法114条2項が「相殺のために主張した請求の成立又

は不成立の判断は……既判力を生ずる。」と規定するゆえんである。

(3) 既判力の効果

　相殺の抗弁に係る既判力が生ずるのは,「相殺をもって対抗した額」についてである。これも,民事訴訟法114条2項の規定するところである。自働債権の額が受働債権の額を超えるときは,受働債権の額が相殺をもって対抗した額,反対に,受働債権の額が自働債権の額を超えるときは,自働債権の額が相殺をもって対抗した額となる。したがって,前者の場合に,自働債権の成立が認められなかったときは,受動債権の額の限度で自働債権の不成立が,自働債権の成立が認められたときは,受働債権の額の限度で受働債権の消滅が既判力をもって確定され,後者の場合に,自働債権の成立が認められなかったときは,自働債権の不成立が,自働債権の成立が認められたときは,自働債権の消滅が既判力をもって確定されるということになる。受働債権が一部請求である場合の訴訟上の相殺については,1のとおり,外側説に立った処理がされるが,この場合に既判力を生ずるのも,要するに,相殺をもって対抗した額ということになる。→【判例⑤⑥】参照

Ⅳ　相殺の効果について注意しておくのはどのような点か

　以上,相殺の効果について実務的な見地から考察したが,特に注意しておく必要があるのは,相殺充当である。相殺の結果として,どの範囲でどの債権が消滅し,どの範囲でどの債権が存続しているのか,既判力をもって確定されるとしても,その前提としても,その特定が不可欠であるからである。相殺充当は,弁済充当と基本的には同じ問題であるので,相殺充当として特に問題となる場合も少ないように窺われるが,相殺の効力が問題となる出発点であり,かつ,到達点であるので,この点を看過してはならない。

〔滝澤　孝臣〕

参照判例

【判例①】
　最三小判平6・11・22民集48巻7号1355頁は，特定の金銭債権の一部を請求する訴訟において相殺の抗弁に理由がある場合には，当該債権の総額を確定し，その額から自働債権の額を控除した残存額を算定したうえ，請求額が残存額の範囲内であるときは請求の全額を，残存額を超えるときは残存額の限度でこれを認容すべきであるとする。

【判例②】
　最二小判昭32・3・8民集11巻3号513頁は，賃貸借契約が，賃料不払いのため適法に解除された以上，たとえその後，賃借人の相殺の意思表示により上記賃料債務が遡って消滅しても，解除の効力に影響はなく，このことは，解除の当時，賃借人において自己が反対債権を有する事実を知らなかったため，相殺の時期を失した場合であっても，異るところはないとする。

【判例③】
　最一小判昭56・7・2民集35巻5号881頁は，自働債権又は受働債権として複数の元本債権を含む数個の債権があり，当事者のいずれもが上記元本債権につき相殺の順序の指定をしなかった場合には，まず元本債権相互間で相殺に供し得る状態となった時期の順に従って相殺の順序を定めたうえ，その時期を同じくする元本債権相互間及び元本債権とこれについての利息，費用債権との間で民法489条・491条の規定の準用により相殺充当を行うべきであるとする。

【判例④】
　最三小判平9・7・15民集51巻6号2581頁は，請負人の報酬債権に対し注文者がこれと同時履行の関係にある瑕疵修補に代わる損害賠償債権を自働債権とする相殺の意思表示をした場合，注文者は，相殺後の報酬残債務について，相殺の意思表示をした日の翌日から履行遅滞による責任を負うとする。

【判例⑤】
　大判昭10・8・24民集14巻1582頁は，相殺のため主張したる債権の成立を認める判決の既判力は，原告の債権と対当額の部分のみに限られ，その

他に及ばないとする。

【判例⑥】
　前掲【判例①】最三小判平6・11・22は，特定の金銭債権の一部を請求する訴訟において相殺のため主張された自働債権の存否の判断は，上記金銭債権の総額から一部請求の額を控除した残額部分に対応する範囲については既判力を生じないとする。

26 ◆2 口頭弁論
時機に後れた攻撃防御方法

I 時機に後れた攻撃防御方法について学ぶのはどうしてか

　民事訴訟法は，攻撃又は防御の方法は，訴訟の進行状況に応じ適切な時期に提出しなければならないという適時提出主義を定めたが（民訴156条），その目的は，争点の整理・圧縮を前提とした効率的かつ弾力的な審理の実現を図るところにある。

　そして，当事者が故意又は重大な過失により時機に後れて提出した攻撃又は防御の方法については，これにより訴訟の完結を遅延させることとなると認めたときは，裁判所は，申立てにより又は職権で，却下の決定をすることができる（民訴157条1項）。また，民事訴訟法147条の3第3項又は156条の2の規定により特定の事項についての攻撃又は防御の方法を提出すべき時期が定められている場合において，当事者がその期間の経過後に提出した攻撃又は防御の方法については，これにより審理の計画に従った訴訟手続の進行に著しい支障を生ずるおそれがあると認めたときは，裁判所は，申立てにより又は職権で，却下の決定をすることができる（民訴157条の2本文）。

　民事訴訟法157条は，適時提出主義を具現し，その実効性を支えるために設けられたものである。弁論主義の下で攻撃防御方法の提出の権限を有しかつ提出の責任を負う当事者が適時提出義務に反し，提出の責任を適切に果たさないときは，それによる不利益を受けてもやむを得ないという考え方に基づくものであり，職権探知主義による訴訟手続には適用されない。

　民事訴訟法157条の運用は，訴訟の迅速な解決と適正な解決という2つの要請の調和の観点からなされるべきものであるが，かつての実務では，どちらかというと訴訟の適正な解決の面が重視され，攻撃防御方法の提出に対し

て寛大である結果，同条が必ずしも適切に運用されていなかったのではないかという批判がある。

控訴事件においても，控訴審における新たな主張が，新たな証拠調べまでは必要ない場合や，従前の主張と関連しその自然の成り行きである場合等は却下しないことが多く，本案の判断ないし実体的真実に沿った判断を優先し却下することに慎重すぎるほど慎重な姿勢が見られるとの指摘がある。

しかし，適時提出主義を明文化して適正迅速な裁判の実現を目指している現行民事訴訟法下においては，当該事案の内容，訴訟の経緯等を十分に考慮のうえ，却下規定の要件に該当すると判断される場合には，却下規定を躊躇せずに適用するのが，訴訟の活性化のためにも必要であるとの指摘もある。

II　時機に後れた攻撃防御方法について問題となるのはどのような点か

時機に後れた攻撃防御方法の却下（民訴157条1項）の要件は，以下の3点であるところ，いかなる基準で判断されるかが問題となる。

① 時機に後れて提出されたこと
② 当事者の故意又は過失
③ 訴訟の完結を遅延させること

また，実務上，時機に後れた攻撃又は防御の方法が却下される場合は，いかなる場合か，またその運用の実情と問題点を検討する。

III　時機に後れた攻撃防御方法について実務はどう取り扱っているか

1．時機に後れて提出されたこと

(1) 時機に後れたことの意義

「時機に後れて提出された」とは，口頭弁論の経過との関係で，当該攻撃防御方法が提出された時点より以前に口頭弁論に提出すべき機会があったこ

とをいう。

　時機に後れたか否かについては，当該攻撃防御方法が提出されるまでの審理の状況を考慮して，より早く，適切な時期にその提出が期待できる客観的な事情があったか否かを基準として判断されるべきである。

(2) 審理の時期との関係

　争点整理手続が行われた場合に，その後に攻撃防御方法を提出した当事者に，相手方の求めがあるときは，提出できなかった理由を説明しなければならないから（民訴167条・174条・178条），合理的な説明ができないときは，その攻撃防御方法は，時機に後れたものと推認されよう。

　準備書面や証拠の申出の提出期間が定められた場合（民訴162条・301条）には，期間経過後の攻撃防御方法の提出は，時機に後れたものとされる可能性もある。

　その攻撃防御方法に関連する事項について裁判所が釈明したが当事者が応じなかった事項を，その後に提出した場合も，時機に後れたものと認められる可能性がある。

(3) 控訴審における新たな攻撃防御方法

　控訴審においても，民事訴訟法157条が準用される（民訴297条）。従前の判例においては，控訴審における攻撃防御方法の提出が時機に後れたものとはいえないとして許容された例もある。→【判例①】参照

　しかし，控訴審が続審であり，控訴審のみを基準とすると第1審における集中審理を害する結果になることに照らすと，時機に後れたかどうかの判断は，単に控訴審における訴訟の経過ではなく，第1審以来の訴訟手続の経過を通観して判断すべきものである。→【判例②③】参照

　第1審における争点整理手続の効果は控訴審でも維持され（民訴298条2項），控訴理由書や反論書の提出が求められているところから（民訴規182条・183条），第1審以来の訴訟経過に基づき判断すべきは当然である。

　例えば，第1審係属中はもちろんのこと，遅くとも控訴審第1回口頭弁論期日には提出することができたはずであることが明白であるのに，その提出

を怠って第1審以来の争点につき証拠調べを尽くした控訴審第4回口頭弁論期日に至って初めて提出したことは，時機に後れたものと評価される。→【判例④】参照

　また，所有権に基づく土地明渡請求訴訟において，第1審以来原告の土地所有を認めこれを原告が既に訴外者に売却したと主張してきた被告が，控訴審第6回口頭弁論期日になって初めて原告の上記所有を争い，原告先代から被告自身が所有権を取得したと主張することは，訴訟の経過にかんがみ，故意かそうでないとしても重大な過失によって時機に後れた防御方法を提出するものといわざるを得ない。→【判例⑤】参照

(4)　唯一の証拠方法

　唯一の証拠方法であっても，時機に後れて提出された場合は，これを却下しても違法ではない。→【判例⑥】参照

(5)　形成権の行使

　相殺の抗弁のような私法上の形成権の行使による抗弁については，形成権発生の基礎となる事実と形成権の行使（相殺の意思表示）とが抗弁事実となるが，相殺の抗弁が時機に後れたか否かを判断するに当たっては，形成権行使の時ではなく，形成権発生の基礎となる事実が生じた時期を基準として，訴訟の経過に照らし判断すべきである。→【判例⑦】参照

　建物買取請求権についても，同様である。→【判例⑧】参照

(6)　民事訴訟法157条と同旨の規定

　なお，民事訴訟法157条と同様に，特許権侵害訴訟では，特許無効に係る攻撃又は防御の方法について「審理を不当に遅延させることを目的として提出されたものと認められるとき」は，却下の決定をすることができると定められている（特許104条の3第2項）。無効主張に対する対抗主張としての訂正について，特許権者が5回にわたる訂正の請求をした事案において，上告審係属中に訂正審決が確定したことを，原審で敗訴した上告人が上告受理申立理由において主張したのに対し，上告人が対抗主張を原審の口頭弁論終結前

に提出しなかったことを正当化する理由はなく，上告審係属後に訂正審決が確定したことを理由に事実審の判断を争うことが，特許権侵害に係る紛争の解決を不当に遅延させるものであり，特許法104条の3の規定の趣旨に照らして許されないとして，上告を棄却した。→【判例⑨】参照

2．当事者の故意又は過失

時機に後れて提出されたことについて故意又は重大な過失があったことを要する。合理的な理由が認められなければ，重過失があったものと推定される。

弁論準備手続終了後の理由説明義務が尽くされない場合も（民訴167条・301条2項），重大な過失の認定資料となり得る。

重大な過失の有無は，攻撃防御方法の種類や当事者の法律知識の程度等も考慮して決する。攻撃防御方法の種類としては，例えば，被告が債務の存在を争い又は消滅したと確信しそのことに重大な過失がない場合には，早期に相殺の抗弁を提出させることを求めるのは困難な場合がある。また，当事者の法律知識の程度としては，代理人として弁護士が選任されている場合に比べ，本人訴訟の場合には重大な過失が認められにくくなろう。困難な法律問題や専門的な事実関係の主張については，代理人であっても重過失が否定されることもあり得るが，裁判所において釈明権を行使し既に当該攻撃防御方法の必要性を示唆しているような場合には，重過失が認められ得る。

3．訴訟の完結を遅延させること

当該攻撃防御方法を却下した場合に予想される訴訟完結の時点と審理を行った場合の訴訟完結の時点とを比較して，遅延させるかどうかが判断される。後れた提出を許容した場合，それを却下する場合より手続期間が長くなることを意味する。

したがって，判決に熟した時期において賃料請求権に対し賃借家屋修繕費償還請求権をもって相殺するとの主張が，証拠調べに多大の日数を要し訴訟の完結を遅延させることは明らかである。→【判例⑩】参照

また，明渡訴訟の最終口頭弁論期日に提出された賃借権の抗弁を却下した

原審の措置が相当であるとされている。→【判例⑪】参照

　なお，新たな抗弁事実について，更に立証することを要せず又は直ちに立証を終え得るものともうかがい得ない場合は，その立証のため訴訟の完結を遅延させるものというべきである。→【判例⑫】参照

　新たな証拠調べを要しない主張の追加や，直ちに取調べが可能な証拠の申出は，訴訟の完結を遅延させるとはいえない。

Ⅳ　時機に後れた攻撃防御方法について注意しておくのはどのような点か

　事案の内容や当事者の属性等によって，原則どおりに主張・立証を進めることが困難な場合もあることも推測されるし，硬直的なあるいは拙速な訴訟運営は行うべきでないが，新たな攻撃防御方法の許容性を判断するには，様々な事情を総合判断すべきことになる。

　新主張の提出の時期や，当該主張をより早期に提出することが可能であったか否かの諸事情を，訴訟の進行状況とともに総合的に考慮して，実体的真実の追求と手続的正義ないし訴訟の迅速審理とのバランス，当事者の衡平を考慮するほかないと考えられる。

〔髙部　眞規子〕

参照判例

【判例①】
　最三小判昭37・3・27裁判集民事59号621頁は，約束手形金請求訴訟において，原告が当初第1審で手形の受取人がDこと甲と主張したが，第2審で上記主張を撤回し新たに受取人はDこと乙と主張した場合には，被告が上記新主張を認めるとともに，裏書の連続を欠くから適法の所持人とみなすことができないとの抗弁を提出したとしても，上記抗弁は時機に後れて提出されたものとはいえないとする。

【判例②】
　大判昭8・2・7民集12巻159頁は，控訴審において提出した攻撃防御の方法が時機に後れたものであるかどうかは，第1審以来の訴訟の経過に基づいてこれを判断すべきものとする。

【判例③】
　最三小判昭30・4・5民集9巻4号439頁は，控訴審において初めて提出された防御の方法が民事訴訟法157条（旧民訴139条）にいういわゆる時機に後れたものであるかどうかは，第1審以来の訴訟手続の経過を通観してこれを判断すべきであり，時機に後れた防御方法であっても当事者に故意又は重過失がありかつ訴訟の完結を遅延せしめる場合でなければ，同条によりこれを却下し得ないものと解すべきであるとする。

【判例④】
　最二小判昭38・12・13裁判集民事70号249頁は，詐欺，強迫による意思表示の取消しの抗弁につき，上記抗弁は，その主張の内容に照らすと，第1審係属中にはもちろんのこと，遅くとも原審第1回口頭弁論期日には提出することができたはずであることが明白であるのに，上告人らはその提出を怠って第1審以来の争点につき証拠調べを尽くした原審第4回口頭弁論期日に至って初めて提出したというのであるから，上告人らの少なくとも重大な過失により時機に後れた防御方法であるものというに難くなく，また，上記抗弁事実についてさらに立証することを要せず又は直ちに立証を終え得るものともうかがい得ない以上，その立証のため訴訟の完結を遅延させるものというべきであるから，上記抗弁につき民事訴訟法157条（旧民訴139条）を適用してこれを却下した原判決は相当であるとする。

【判例⑤】
　最二小判昭37・6・29裁判集民事61号435頁は，所有権に基づく土地明渡請求訴訟において，第1審以来原告の土地所有を認めこれを原告が既に訴外者に売却したと主張してきた被告が，控訴審第6回口頭弁論期日になって初めて原告の上記所有を争い，原告先代から被告自身が所有権を取得したと主張することは，訴訟の経過にかんがみ，故意かしからずとするも重大な過失によって時機に後れた防御方法を提出するものといわざるを得ないとする。

【判例⑥】
　最大判昭30・4・27民集9巻5号582頁は，唯一の証拠方法であって

も，時機に後れて提出された場合は，これを却下しても違法ではないとする。

【判例⑦】
　大判昭9・4・4民集13巻573頁は，本訴提起後いつでも相殺をもって対抗できる権利状態にあり，第1審の準備手続において相殺の抗弁を提出できたにもかかわらず，控訴審において初めて相殺の抗弁を提出したことは，重大な過失により時機に後れて提出した防御方法と解されるとして，裁判外において相殺の意思表示をなしたる後遅滞なく提出した相殺の抗弁も，必ずしも時機に後れた攻撃防御方法でないということはできないとする。

【判例⑧】
　最二小判昭46・4・23判時631号55頁は，借地法10条による建物買取請求権の行使に関する主張が，同条所定の時価として裁判所が相当と認める額の代金の支払があるまで，建物の引渡しを拒むために同時履行等の抗弁権を行使する前提としてされたもので，上記時価に関する証拠調べになお相当の期間を必要とするものである場合において，既に訴訟は裁判をするのに熟し，さらに審理を続行する必要がないとして弁論を終結すべきであるときは，上記主張は，訴訟の完結を遅延させるものであるとする。

【判例⑨】
　最一小判平20・4・24民集62巻5号1262頁は，XのYに対する特許権の侵害を理由とする損害賠償等の請求につき，Yの特許法104条の3第1項に基づく無効主張を採用して請求を棄却すべきものとする控訴審判決がされた後に，上記特許権に係る特許請求の範囲の減縮を目的とする訂正を認める審決が確定した場合において，Xが同審決が確定したため民事訴訟法338条1項8号の再審事由が存するとして控訴審の判断を争うことは，判示の事情の下では，紛争の解決を不当に遅延させるものとして，特許法104条の3の規定の趣旨に照らし許されないとして，次の2つの事情を挙げている。
① 第1審判決もYの無効主張を採用してXの請求を棄却していたものであり，Xは，少なくとも控訴審の審理において，早期にYの無効主張を否定し又は覆す主張を提出すべきであったこと
② 上記審決はXが控訴審の口頭弁論終結後にした訂正審判請求によるものであるところ，同審決の内容やXが1年以上に及ぶ控訴審の審理期間中に2度にわたって訂正審判請求とその取下げを繰り返したことにかん

がみると，XがYの無効主張を否定し又は覆すものとして上記口頭弁論終結後の訂正審判請求に係る主張を口頭弁論終結前に提出しなかったことを正当化する理由を見いだせないこと

【判例⑩】
　最二小判昭37・8・10裁判集民事62号123頁は，相殺の主張は，上告人又はその代理人が重大な過失により時機に後れて提出した攻撃防御方法であって，訴訟の完結を遅延させるものであるとしてこれを却下した原審の措置は相当であるとする。

【判例⑪】
　最大判昭42・9・27民集21巻7号1925頁は，控訴審最終口頭弁論期日において，上告人A_1が本件建物の元所有者である上告人A_4から上記建物について賃借権の設定を受けた旨の抗弁を提出したところ，控訴審は，上記抗弁は故意又は少なくとも重大な過失により時機に後れて提出したものであり，これにより訴訟の完結を遅延させるべきものと認め，これを却下したことは相当であるとする。

【判例⑫】
　前掲【判例④】最二小判昭38・12・13は，詐欺，強迫による意思表示の取消しの抗弁を，原審第4回口頭弁論期日に至って初めて提出したことが，少なくとも重大な過失により時機に後れた防御方法であり，上記抗弁事実についてさらに立証することを要せず又は直ちに立証を終え得るものともうかがい得ない以上，その立証のため訴訟の完結を遅延させるものというべきであるとする。

◆3 証拠調べ

27 職権探知・職権調査

I 職権探知・職権調査について学ぶのはどうしてか

　民事訴訟においては，原則として処分権主義・弁論主義が妥当し，訴訟手続における当事者の権能及びそれに伴う責任が強調されることが多い。これに対し，職権探知・職権調査とは，当事者の権能及び責任に加えて，裁判所の権能及び責務に力点を置く概念である。

　職権探知・職権調査は，いずれも民事訴訟において当事者の自由意思に委ねておくと問題が生じる可能性のある領域，すなわち公益的な観点が取り込まれている領域に妥当する考え方であるから，これらの概念を正確に理解することが重要である。

　職権探知・職権調査は，一見すると，同じような概念にも思えるが，その内容は異なるものである。すなわち，職権探知という概念は，しばしば職権探知主義という文脈で用いられるのに対し，職権調査という概念は，しばしば職権探知事項という文脈で用いられるところ，職権探知主義と職権調査事項とでは，それぞれの概念が対象とする領域は異なると解されている（詳細は，Ⅲで述べる。）。

　以下では，職権探知，職権調査に関する基本的な考え方を敷衍するとともに，両者の関係についても検討する。

Ⅱ 職権探知・職権調査について問題となるのはどのような点か

　職権探知・職権調査については，次の点が問題となる。

1. 職権探知について

そもそも職権探知主義とはどのような考え方か，職権探知主義が妥当するのはどのような場合かが問題となる。

2. 職権調査について

そもそも職権調査事項とはどのような事項を意味するのか，具体的にはどのような事項が職権調査事項とされているのかが問題となる。

3. 職権探知と職権調査の関係

上記1及び2を踏まえて，職権探知と職権調査の考え方は，どのように交錯するのか。すなわち，職権探知主義と職権調査事項とは，どのような関係に立つのかが問題となる。

Ⅲ 職権探知・職権調査について実務はどう取り扱っているか

1. 職権探知について

(1) **職権探知主義とは，どのような考え方か**

職権探知主義とは，裁判所の判断の基礎となる事実の確定に必要な資料の提出（事実の主張と証拠の申出）を当事者のみに委ねるのではなく，そのような資料の探索を裁判所の職責でもあるとする考え方である。職権探知主義は，弁論主義と対立する概念であり，弁論主義が妥当する手続においては，①主要事実のうち，当事者が主張しない事実を判決の基礎とすることができない，②当事者間に争いのない主要事実については，裁判所はこれに拘束される，③証拠の取調べは，当事者が申し出たものに限るとの原則が妥当するのに対し，職権探知主義が妥当する手続においては，裁判所が事実を認定するに当たっては，当事者から主張がされているか否か，当事者間に争いがないか否かにかかわらず，事実を認定することができるうえ，裁判所による職権

証拠調べも可能であると理解されている。

(2) **職権探知主義が妥当するのは，どのような場合か**

職権探知主義が採用されている手続は，弁論主義の考え方の背景にある私的自治の原則が必ずしも妥当しない手続，すなわち，公益的な観点から，認定されるべき事実について，当事者の自由意思に完全に委ねることに問題のある手続であり，具体的には以下の場合が問題となる。

(a) **人事訴訟**

職権探知主義が妥当する手続の代表例は人事訴訟である。人事訴訟法19条は，裁判上の自白の効力について特則を設けるとともに，同法20条は裁判所が当事者が主張しない事実を認定すること，裁判所が職権証拠調べを行うことを許容している。

もっとも，通常の訴訟と同様に，人事訴訟においても，問題となっている事実関係を最もよく知っているのは当事者であるから，職権探知主義が採られているとしても，当事者の主張立証活動が重要であることに変わりはない。

(b) **会社関係訴訟**

明文の規定はないものの，会社関係訴訟のうち，判決に対世効が認められているものについては，職権探知主義が妥当するとされている。判決による対世効の影響を受ける第三者の保護のためである。もっとも，この見解に対しては，第三者は訴訟参加等によって自己の利益を主張することができるのであるから，職権探知主義を妥当させる必要はないとする反対説も存在する。

もっとも，職権探知主義が採られているとしても，当事者の主張立証活動が重要であることに変わりはないのは，人事訴訟の場合と同様である。

(c) **行政訴訟**

行政訴訟に関しては，行政事件訴訟法7条が行政事件訴訟に関して同法に定めがない事項については民事訴訟の例によると規定しているので，原則として，弁論主義が妥当する。たしかに，同法24条は職権証拠調べを規定しており，職権探知主義が一部採用されたものといえるが，同条は，あくまで十

分な心証を得られない場合に補充的に職権で証拠を調べることができるとの趣旨にすぎない。→【判例①】参照

(d) 訴訟要件

訴訟要件は公益的観点から設けられているものが多く，訴訟要件の審査においては，原則として，職権探知主義が妥当すると考えられている。民事訴訟法14条が，「管轄に関する事項について，職権で証拠調べをすることができる。」と規定するのはこの一例である。

具体的には，訴訟要件のうち，①裁判権の有無，②専属管轄違反の有無，③当事者能力の有無，④訴訟能力の有無，⑤訴えの提起が二重起訴の禁止に反していないか，⑥訴状が有効に送達されているのか等の審査に当たっては，職権探知主義が妥当する。

これに対し，⑦任意管轄違反の有無，⑧当事者適格の有無，⑨訴えの利益の有無の審査に当たっては，職権探知主義が妥当せず，弁論主義が妥当する。

2．職権調査について

(1) 職権調査事項とは，どのような事項を意味するのか

職権調査事項とは，当事者の主張（申立てや異議等）を待つまでもなく，裁判所が積極的に考慮して，判断を示すべきとされている事項をいう。これに対し，当事者の申立てや異議などがあって，はじめて裁判所が判断を示す事項を抗弁事項といい，職権調査事項と対立する概念とされている。

(2) 具体的には，どのような事項が職権調査事項とされているのか

職権調査事項の具体例としては，訴訟要件のうち，公益性に関するものが挙げられる。すなわち，訴訟要件のうち，①裁判権の有無，②管轄の有無，③当事者能力の有無，④訴訟能力の有無，⑤当事者適格の有無，⑥訴えの利益の有無，⑦訴えが二重起訴の禁止に違反していないか，⑧訴状が有効に送達されているのか等については，裁判所は，相手方からの申立てや異議がなくとも，これらの事項について調査しなければならないとされている。実務においては，訴状が提出された直後の訴状審査の段階から，これらの事項が

調査され，管轄違いの場合には移送の決定を（民訴16条），訴えが不適法でその不備を補正できない場合には口頭弁論を経ずに訴え却下の判決（民訴140条）をそれぞれすることになる。

これに対し，訴訟要件のうち，⑨不起訴の合意がされているか，⑩仲裁合意がされているか（仲裁14条1項），⑪訴訟費用の担保が立てられたか（民訴75条～78条）については，相手方の利益を保護するためのものであるから，裁判所は，抗弁事項として，相手方からの主張を待って判断すればよいと考えられている。

他に職権調査事項となるものとしては，行政事件において訴えが出訴期間を遵守したものか否か（→【判例②】参照），既判力の有無（先行する訴訟における本案判決の有無）が挙げられる。

3．職権探知と職権調査とは，どのような関係に立つのか

職権探知とは事実の確定に必要な資料の提出・探索に関する権能及び責任の所在に関する考え方であるのに対し，職権調査とはそもそも裁判所が判断を示すに当たり当事者の主張を待つべきか否かに関する考え方であるから，それぞれの概念が対象とする領域は異なるといえるが，両者の関係をまとめると以下のようになる。

まず，訴訟要件については，多くの要件（上記2⑵の①ないし⑧）は職権調査事項ではあるが，一部の要件（上記2⑵の⑨ないし⑪）は抗弁事項となる。このうち，職権調査事項の審査においては，原則として職権探知主義が妥当するが（上記1⑵⑷の①ないし⑥），例外的に，一部の事項（上記1⑵⑷の⑦ないし⑨）については，公益性が強くないことから，職権調査事項であるものの，弁論主義が妥当する。また，抗弁事項の審査においては，弁論主義が妥当する。

次に，本案の判断に当たっては，原則として弁論主義が妥当するが，一部，職権探知主義が妥当する手続があるのは，上記1⑵のとおりである。

Ⅳ 職権探知・職権調査について注意しておくのは どのような点か

　職権探知・職権調査は，いずれも似たような概念ではあるが，その内容は異なる。いずれの概念の内容も正確に理解し，かつ，それぞれの概念が妥当する場面を踏まえておくことが重要である。

　また，いずれの概念も裁判所の職責を強調する概念であるが，当事者が訴訟を追行する地位にあることに変わりはない点に留意が必要である。特に，職権探知主義が妥当する手続においても，当事者の主張立証活動が重要であることは上述のとおりである。そうである以上は，職権探知主義が妥当する場合であっても，裁判所は，攻撃防御の機会を当事者双方に十分に与えなければならず，当事者に不意打ちとなるような判断を示すことは避けなければならない点に注意が必要である（人訴20条後段，行訴24条ただし書参照）。

〔西澤　健太郎〕

参照判例

【判例①】
　　最一小判昭28・12・24民集7巻13号1604頁は，行政事件訴訟特例法9条（現在の行政事件訴訟法24条）は，裁判所が，証拠につき充分の心証を得られない場合，職権で，証拠を調べることができる旨を規定したのであって，裁判所は，証拠につき十分の心証を得られる以上，職権によってさらに証拠を調べる必要はないとする。

【判例②】
　　最一小判昭35・9・22民集14巻11号2282頁は，出訴期間遵守の有無は職権調査事項であるとする。

28 ◆3 証拠調べ 不要証事実

I　不要証事実について学ぶのはどうしてか

　現在の実務においては，集中証拠調べを行うものとされており，争点整理手続を行った後，事案の解決のために真に解明する必要がある争点について，集中証拠調べ手続，特に証人尋問，当事者尋問を行うことが予定されている。そのため，裁判所は，争点整理手続においては，当事者が集中証拠調べにおいて何を立証すべきことになるかを見据えながら，当事者の主張を整理することになる（民訴165条・170条参照）。

　以上のような手続の流れを前提にすると，民事訴訟法において，そもそも当事者は何を立証すべきかに関する規律が重要となる。民事訴訟法179条は裁判上の自白が成立した事実及び顕著な事実は証明することを要しないと規定し，当事者が立証することの必要のない事項に関する規律を定めている。このうち，裁判上の自白が成立した事実が証明を要しないのは弁論主義の帰結によるものであり，顕著な事実が証明を要しないのは当該事実を証拠によらずに認定したとしても判決の正当性に問題が生じないからである。

　不要証事実に関する規定は，争点整理手続の前提となる規律であり，これを学ぶことは，争点整理手続を円滑に進めるために重要であると考えられる。

II　不要証事実について問題となるのはどのような点か

　上記Iで述べたとおり，不要証事実には，裁判上の自白と顕著な事実の2つがあり，それぞれについて，次のような点が問題となる。

1．裁判上の自白について

　そもそも裁判上の自白とは何か，裁判上の自白及び擬制自白はどのような場合に成立するのか，さらには裁判上の自白が成立した場合の効果は何かが問題となる。

2．顕著な事実について

　どのような事実が顕著な事実に当たるか，ある事実が顕著な事実に当たるとした場合の効果は何かが問題となる。

Ⅲ　不要証事実について実務はどう取り扱っているか

1．裁判上の自白について

(1)　裁判上の自白とは何か，どのような場合に裁判上の自白が成立するのか

　裁判上の自白とは，当事者の口頭弁論又は弁論準備手続における事実の陳述で，相手方の主張と一致し，かつ，自己に不利益な事実を対象とするものをいうとされている。以下，裁判上の自白が成立するための要件を(a)事実の陳述であること，(b)口頭弁論又は弁論準備手続におけるものであること，(c)相手方の主張する事実と一致すること，(d)自己に不利益な事実を対象とするものであることの順に検討する。

(a)　事実の陳述であること

　裁判上の自白の制度的根拠は弁論主義にあることから，裁判上の自白が成立するためには，事実の陳述であることが必要とされる。すなわち，裁判上の自白が成立するのは，あくまで当事者の主張のうち，事実に関する部分に限られ，法律上の主張に関する部分については，裁判上の自白は成立しない。→【判例①】参照

　そして，ここでいう事実とは，権利・義務の発生根拠となる事実（主要事実）に限定され，当該事実の存否を推認させるにすぎない間接事実や証拠の信用性に関する補助事実は裁判上の自白の対象とならない。間接事実や補助

事実に関しては弁論主義の規律が及ばず，また間接事実や補助事実にまで裁判上の自白が成立するとしてしまうと，自由心証主義に基づく裁判官の自由な心証形成を阻害することになるからである。→【判例②～④】参照

　もっとも，間接事実及び補助事実についての当事者の主張が一致するのであれば，後述(3)の審判排除効，不可撤回効が生じないとしても，裁判所は，その主張どおりの事実を認定することがほとんどであると思われる。

　なお，法律上の主張に関しても，一定の場合には，権利自白として，さらなる主張・立証が不要となる場合がある。例えば，所有権については，原告が不動産を現在所有していることを被告が認めれば，原告において，それ以上当該不動産の取得原因を主張・立証する必要はない。これに対し，過失，正当事由といった評価に関する当事者の主張が一致したとしても（例えば，過失を認める，正当事由があることを認める等の陳述がされたとしても），権利自白は成立せず，過失，正当事由等の評価を根拠づける事実についての自白が成立したものと理解されることがある。

　(b)　**口頭弁論又は弁論準備手続におけるものであること**

　民事訴訟法179条に「裁判所において」との要件が書かれており，裁判上の自白が成立するためには，口頭弁論又は弁論準備手続における事実の陳述でなければならない。

　具体的には，口頭弁論又は弁論準備手続において，当事者が口頭である事実の存否について陳述した場合はもちろんのこと，ある事実について認める趣旨の記載がある書面を陳述した場合も含む。実務においては，訴状，答弁書，準備書面等の主張書面で，相手方の主張する事実を認否するに当たって，「認める」「争わない」等の記載がされるが，このような書面が裁判所に提出された，又は相手方に直送されただけでは，裁判上の自白は成立しない。あくまで，口頭弁論又は弁論準備手続において陳述された場合に限り，裁判上の自白が成立することに留意が必要である。

　(c)　**相手方の主張する事実と一致すること**

　裁判上の自白が成立するためには，自己の主張する事実と相手方の主張する事実が一致しなければならない。具体的には，単に相手方の主張する事実について「認める」「争わない」と陳述する場合と，同一の内容の事実を両

当事者が主張した場合が含まれる。

　また，結果として，自己が主張する事実と相手方が主張する事実が一致すればよく，自己の陳述と相手方の陳述のどちらが先行しても自白は成立する。通常は，自己に有利な事実を当事者が主張し，相手方が当該事実を認めることにより相手方に裁判上の自白が成立するが，逆に，自己に不利な事実を当事者が主張し，相手方が当該事実を援用する，又は認めることによっても，自己に不利な事実を主張した当事者に裁判上の自白が成立する。→【判例⑤】参照

　(d)　自己に不利益な事実を対象とするものであること

　裁判上の自白が成立するためには，自己に不利益な事実を対象とする陳述である必要がある。ここで，自己に不利益な事実とは，相手方が証明責任を負っている事実に限定するとする見解が有力であり，判例も裁判上の自白の成立の有無に関しては，相手方に証明責任があることに言及するものが多い。→【判例⑤⑥】参照

　典型例としては，原告が被告に対し，消費貸借契約に基づき貸金の返還を請求する事案において，原告が消費貸借契約成立の要件事実として，金銭の交付，返還約束等を主張したのに対し，被告がいずれの事実も認める旨の陳述をした場合には，被告に裁判上の自白が成立する。これに対し，原告が被告に対し，所有権に基づき建物の明渡しを請求する事案において，被告が原告・被告間で使用貸借契約が締結されたことを主張し，原告がこれを認めたとしても，被告には裁判上の自白は成立していない（原告には裁判上の自白が成立している。）。そのため，被告がこの主張を撤回し，被告は家屋の前所有者との間で賃貸借契約を締結し，原告は同契約を承継したと主張を変更しても，自白の撤回には当たらない。→【判例⑦】参照

　これに対し，学説には，証明責任の所在にかかわらず，単にその事実が認定されれば自己の敗訴につながる可能性がある事実も含まれるとする見解も存在する。

(2)　どのような場合に擬制自白は成立するのか

　当事者が口頭弁論で相手方の主張した事実を争うことを明らかにしない場

合（弁論の全趣旨から当該事実を争ったと認められる場合を除く。）に加え（民訴159条1項），公示送達がされた場合を除き，当事者が口頭弁論期日に出頭せず，かつ，陳述が擬制される書面（民訴158条・277条）によっても当該事実を争ったとは認められない場合にも自白（擬制自白）が成立する（民訴159条3項）。

　実務上は，被告が訴状及び第1回口頭弁論期日の呼出状の送達を受けたにもかかわらず，答弁書を提出せず，かつ，第1回口頭弁論期日を欠席した場合には，擬制自白が成立したものとして，請求認容判決が出されることが多い。

(3) 裁判上の自白が成立した場合の効果は何か

　裁判上の自白が成立した場合，自白の対象となった事実については，証明が不要になるとともに，裁判所は当該事実に反する事実を認定することができず，当該事実が認定できることを前提に判断をしなければならない（審判排除効）。

　これに加えて，裁判上の自白が成立した当事者は，当該自白を撤回することができなくなるとの効果が生じる（不可撤回効）。しかしながら，不可撤回効も絶対のものではなく，①相手方が撤回に異議を述べない場合（→【判例⑧】参照），②刑事上罰すべき他人の行為により自白した場合（民訴338条1項5号参照。なお，同条2項の要件を満たすことは不要である。）（→【判例⑨】参照），③自白した事実が真実に合致しないものであり，かつ，自白が錯誤に基づくものである場合（→【判例⑩⑪】参照）には，自白の撤回が許される。このうち，③については，自白の撤回を主張する当事者が，当該自白は真実に反していたことを立証しなければならないが，仮にその点の立証がされた場合には特段の事情がない限り当該自白は錯誤に基づくことが推認される（→【判例⑫】参照）。実質上は，自白の撤回に関する要件が緩和されていると考えられるが，自白が成立した事実の立証責任が自白した者に転換されている点に留意が必要である。

2．顕著な事実について

(1) どのような事実が顕著な事実に当たるか

一般に顕著な事実に当たるものとしては，公知の事実，裁判所の職務上顕著な事実の両者があるとされている。

　公知の事実とは，歴史上の大事件・大事故，地震，台風等の大災害等，世間一般において広く知れ渡っており，そのような事象があったことについて，疑いを差し挟む余地のない事実を指す。裁判官も社会常識としてこのような事実があったことを認識しており，かつ，このような事実があったことを証拠に基づかずに認定したとしても，判決の正当性に何らの影響を及ぼすことがないことから，このような事実について，証明が不要とされている。

　裁判所の職務上顕著な事実とは，裁判官がその職務を遂行するうえで知った事実のうち，明らかなものをいう。例えば，裁判官が自ら関与した他の事件の判決内容，裁判官が職務上注意すべき官報公告の内容（破産手続開始決定，後見開始の決定等）がこれに当たる。これに対し，裁判官が，職務とは無関係に知っている事実は，職務上顕著な事実には当たらない。

(2)　ある事実が顕著な事実に当たる場合の効果は何か

　ある事実が顕著な事実に当たる場合には，証明が不要となる。もっとも，弁論主義が妥当する手続においては，当事者の主張がなければ，裁判所は当該事実を認定することができない点に注意が必要である。

Ⅳ　不要証事実について注意しておくのはどのような点か

　以上で述べたとおり，不要証事実について検討すべき事項は多岐にわたるが，争点整理の前提となる事項であるので，正確に理解することが重要である。そのうえで，当事者としては，審判排除効，不可撤回効が生じることを念頭に置いて，主要事実に対して認否を行う際には，十分な注意を払うことが必要である。また，裁判所としては，争いのある事実とない事実を振り分け，どの点が争点となり得るのかを見極めながら，争点整理を行っていく必

要がある。

〔西澤　健太郎〕

参照判例

【判例①】
　　最一小判昭42・11・16民集21巻9号2430頁は，原審において債務者は本件物件につき「停止条件付代物弁済契約」が結ばれたことを認めているが，ここで取り上げているのは契約の解釈についての法律上の問題であり，かりにその点についてまで当事者間で見解の合致があるとしても，裁判所がこれと異なる法律判断をすることの妨げとなるものではないとする。

【判例②】
　　最二小判昭31・5・25民集10巻5号577頁は，いわゆる間接事実についての自白は，裁判所を拘束しないとする。

【判例③】
　　最一小判昭41・9・22民集20巻7号1392頁は，いわゆる間接事実についての自白は，自白した当事者を拘束しないとする。

【判例④】
　　最二小判昭52・4・15民集31巻3号371頁は，書証の成立の真正についての自白は裁判所を拘束しないとする。

【判例⑤】
　　大判昭8・2・9民集12巻397頁は，当事者が自分に不利益な事実を主張し，その後に，相手方が当該事実と同一の主張をした場合には，自白が成立したものとし，相手方は当該事実の立証責任から解放されるとする。

【判例⑥】
　　最三小判昭54・7・31判時942号39頁は，占有者は所有の意思で占有するものと推定されるから，占有者の占有が自主占有に当たらないことを理

由に，取得時効の成立を争う者は，上記占有が他主占有に当たることについての立証責任を負うところ，取得時効の効果を主張する者がその取得原因となる占有が賃貸借によって開始された旨を主張する場合において，相手方がその主張を援用したときは，取得時効の原因となる占有が他主占有であることについて自白が成立するとする。

【判例⑦】
　最二小判昭35・2・12民集14巻2号223頁は，所有権に基づく家屋明渡請求事件において，被告が占有権原として当初は使用貸借の存在を主張し，原告がこれを認めた後に，被告がこの主張を撤回し，家屋の前所有者との間に賃貸借が存し原告はこれを承継したものであると主張するに至ったとしても，これを自白の取消しということはできないとする。

【判例⑧】
　最一小判昭34・9・17民集13巻11号1372頁は，当初，賃貸借が成立したことは当事者間に争いがなかったのであるから，賃貸人がその点を訂正したのは，自白の撤回に当たるものというべきであるが，賃借人はこれに対して異議を述べた形跡を認めることはできないから，自白の撤回は有効になされたものといわなければならないとする。

【判例⑨】
　最一小判昭36・10・5民集15巻9号2271頁は，判決確定前に，旧民事訴訟法420条（現行民訴338条）1項5号所定の刑事上罰すべき他人の行為による自白が効力がない旨主張するには，同条2項の要件を具備する必要はないとする。

【判例⑩】
　大判大4・9・29民録21輯1520頁は，民事訴訟法には自白の取消しを禁止した規定がないのであるから，自白した者が自白に係る事実が真実に適合せず，かつ，自白が錯誤に基づくものであることを証明したときには，自白の取消しが許されるとする。

【判例⑪】
　大判大11・2・20民集1巻52頁は，裁判上の自白は取り消すことができないのが原則であるが，自白した当事者において，自白に係る事実が真実に適合せず，かつ，自白が錯誤に基づくものであることを証明したときには，自白の取消しが許されるとする。

28 不要証事実

【判例⑫】
　最三小判昭25・7・11民集4巻7号316頁は，自白の取消しがあった場合において，自白した事実が真実に合致しないことの証明がある以上，その自白は錯誤に出たものと認めて差し支えがないとする。

29 ◆3 証拠調べ
自由心証

I 自由心証について学ぶのはどうしてか

　自由心証主義は，民事訴訟法において採用されている事実認定の原則である。同法247条は「裁判所は，判決をするに当たり，口頭弁論の全趣旨及び証拠調べの結果をしん酌して，自由な心証により，事実についての主張を真実と認めるべきか否かを判断する。」と規定し，民事訴訟においては自由心証主義が妥当することを定めている。

　自由心証主義の下では，裁判官は，口頭弁論の全趣旨及び証拠調べの結果をもとに，経験則等に基づき，合理的な推認等の過程を経て，ある事実があったか否かを認定することになる。自由心証主義が採用されていない時代においては法定証拠主義が採用されており，例えば複数の証人がある事実を目撃したと証言した場合には当該事実を認定しなければならない，ある契約の成立を認定するためには契約書が存在しなければならない等の事実を認定するに当たっての制約があった。自由心証主義の下においては，そのような制約がなく，ある証拠からある事実を認定するに当たって，証拠方法の限定をなくすとともに，証拠力の評価を裁判官の自由な判断に委ねている点に特徴がある。

II 自由心証について問題となるのはどのような点か

　自由心証主義について，問題となる点は以下の点である。

1．自由心証主義の下で，裁判官は実際にどのように事実認定を行うのか

自由心証主義の下では、裁判官は、弁論の全趣旨及び証拠調べの結果を考慮して、自由な心証により事実を認定するとされているが、実際には、裁判官は、どのように事実を認定しているのかが問題となる。

2. 自由心証主義の下で、事実を認定するめに必要な証明度はどの程度か

自由心証主義の下では、裁判官は、弁論の全趣旨及び証拠調べの結果から、ある事実の存否について、一定程度の確信（これを「心証」という。）を抱くことができた場合には、その事実の存否を認定することになる。では、裁判官は、どの程度の心証を得られれば当該事実の存否を認定してよいのか。すなわち、事実認定に必要な裁判官の心証の程度（これを「証明度」という。）がどの程度必要なのかが問題となる。

3. 自由心証主義には、どのような限界があるのか

自由心証主義の下においても、事実認定は裁判官の完全な裁量に委ねられているものではない。上記1及び2に照らして、裁判官の行う事実認定には、どのような内在的制約があるのかが問題となる。

4. 自由心証主義には、どのような例外があるのか

自由心証主義は、民事訴訟法の原則ではあるが、まったく例外のない原則ではない。そこで、自由心証主義の例外としてどのような場合があるかが問題となる。

Ⅲ 自由心証について実務はどう取り扱っているか

1. 自由心証主義の下では、裁判官はどのように事実認定を行うのか

たしかに、自由心証主義の下では、弁論の全趣旨及び証拠調べの結果をどのように考慮するのか、どのように評価するのかについては裁判官の自由な判断に委ねられているものの、裁判官は単に証拠から得た単なる感想や印象

をもとに事実認定を行っているわけではない。裁判官は，ある事実（主要事実）の存否を認定するに当たっては，どのような証拠があるのかを見極め，直接証拠がある場合には当該証拠が信用できるものか，直接証拠がない場合には，間接証拠からどのような間接事実が認定できるか，認定できる間接事実は，主要事実の存否を推認させる力（推認力）がどの程度あるのか等を経験則に照らして吟味している。その際，まずは，当事者間に争いがない事実，書証等によって容易に認定できる事実を「動かしがたい事実」として把握したうえで，そのような事実以外の事実を人証（証人尋問，当事者尋問）により認定することになる。証人，当事者の供述の信用性を判断するに当たっては，「動かしがたい事実」と整合するか等を考慮している。

　例えば，原告が被告に対して金銭消費貸借契約に基づき貸金の返還を請求する事件で，被告が金銭を受領したが，贈与を受けたものであり，金銭を返還することを約束していないと争った場合において，被告の作成した借用書があれば，特段の事情がない限り，金銭の返還合意があったことを認定することになろう。しかし，仮に被告から，真実は金銭を返還する約束がなかったのにもかかわらず虚偽の借用書を作成する事情があったと主張された場合，真にそのようなことが本当にあり得ることなのかを吟味し，金銭の返還合意を認定しないこともある。また，仮に借用書等の書面が作成されていないのであれば，授受された金額（これだけ多額の金銭を貸すのであれば，書面を作るのが通常ではないか。），当事者間の関係（当時は原告・被告は親族関係にあったのだから，書面を作らないこともあり得るのではないか。），金銭授受前後の当事者の言動（お金を貸したのであれば，長期間にわたって返済を催促していないのは不自然ではないか。）などの各事情を分析のうえ，金銭の返還合意の有無を検討することになる。

　このように，自由心証主義の下において，裁判官が行う事実認定は理屈を緻密に積み上げる作業であり，証拠の評価が裁判官の自由な判断に委ねられているからこそ，裁判官は自身が行う事実認定が経験則に照らして合理的なものといえるのかを常に検証しながら，事実認定を行っている。

2．事実を認定するめに必要な証明度はどの程度か

以上に述べたように，裁判官は，事実認定に当たって，弁論の全趣旨及び証拠調べの結果から得られる様々な事情を考慮し，その結果として，主要事実の存否に関して，心証が証明度に達したと判断できた場合には，その事実の存否を認定することになる。自由心証主義の下においても，この証明度をどの程度に設定するのかまで，裁判官の自由な判断に委ねられているわけではなく，一定の基準が存在する。

　一般に，事実を認定するのに必要な証明度としては，高度の蓋然性が必要であるとされている。すなわち，裁判官がある事実を認定するに当たっては，現在提出されている証拠及び弁論の弁趣旨から，かなり高い精度・確からしさ（高度の蓋然性）をもって，当該事実が存在したと結論を出せる程度の確信が必要であり，一応当該事実があったと推測されるくらいの程度や，当該事実があったことを推認させる事実・証拠と当該事実がなかったことを推認させる事実・証拠とを比較した場合，一応，前者の事実・証拠の方が有力（証拠の優越）であるという程度では足りないと考えられている。→【判例①】参照

3．自由心証主義には，どのような内在的制約があるのか

　上記1で述べたとおり，たしかに自由心証主義の下では，証拠の評価は裁判官の自由な判断に委ねられているが，事実認定は理屈を緻密に積み上げるものである以上，導き出された結論は経験則に照らして合理的なものでなければならない。それゆえ，上告審において，原判決の事実認定の当否が審理の対象となり，場合によっては，経験則違反，審理不尽又は理由不備等の事情があることを理由として，原判決が破棄されることがある。→【判例①～⑤】参照

　このように事実認定に当たっての裁判官の自由な判断にも限界があり，裁判官による恣意的な認定を許すものではないことはもちろんのこと，事実認定を行うに当たっては，経験則に照らして合理的な認定を行わなければならない点に留意が必要である。

4．自由心証主義の例外としては，どのようなものがあるのか

(1) 法定証拠法則・真実擬制

　法律上，ある事実を認定するための根拠が規定されることがある（法定証拠法則）。例えば，民事訴訟法228条4項は，私文書の成立の真正を認定するに当たって，当該文書に作成者の署名又は押印があれば当該文書の成立の真正が推定される旨を規定し，私文書の成立の真正を認定するための根拠を規定している。同条2項も同様である。法定証拠法則は，法律の規定によって，ある事実を認定するための根拠及び当該根拠の証拠価値を定めるものであり，自由心証主義の例外であると考えられている。なお，法定証拠法則が定められている場合においても，証明責任の転換は伴わない点に留意が必要である。

　また，民事訴訟法上，当事者による証明妨害が行われた場合には，裁判所は相手方の主張を真実と認めることができる（真実擬制）との規定が設けられているが（民訴208条・224条・229条4項・232条1項），これらの規定も同じく自由心証主義の例外であると考えられている。一部の学説は，これらの規定によれば裁判所は相手方による証明妨害が行われたことを根拠に事実認定を行うことになるが，事実認定の根拠を法律で定めている点で，これらの規定を一種の法定証拠法則であると理解している。

(2) 法律上の証拠方法の制限

　法律上，証拠方法の制限が定められている場合がある。例えば，民事訴訟法160条3項は口頭弁論の方式は調書によってのみ証明することができる旨を規定し，また疎明の場合（民訴188条），手形訴訟の場合（民訴352条1項），少額訴訟の場合（民訴371条）についても，それぞれ証拠方法を制限する旨の規定がある。これらはいずれも自由心証主義の例外と考えられている。

(3) 伝聞証拠の証拠能力

　刑事訴訟法においては，伝聞証拠の証拠能力は限定されているが，民事訴訟法においては，特にそのような制限はなく（→【判例⑥】参照），自由心証主義に基づき，伝聞証拠をどのように評価するかは裁判官の自由な判断に委ねられている。

(4) 違法収集証拠の証拠能力

　違法収集証拠の証拠能力については，当事者から違法収集証拠であるから証拠能力がない旨の主張が出されることは少なく，実務上，問題となる場面は限られているが，証拠が人格権侵害を伴う方法によって採集されたものであるときには，証拠自体違法の評価を受け，その証拠能力を否定されるとした裁判例がある。→【判例⑦】参照

Ⅳ　自由心証について注意しておくのはどのような点か

　以上に述べてきたとおり，民事訴訟における事実認定に当たっては，自由心証主義の果たす役割が大きく，証拠をどのように評価して，どのような事実を認定するかは裁判官の自由な判断に委ねられている。しかしながら，事実認定は，経験則に基づいた合理的なものでなければならない点に注意が必要である。

〔西澤　健太郎〕

参照判例

【判例①】
　最二小判昭50・10・24民集29巻9号1417頁は，訴訟上の因果関係の立証は，一点の疑義も許されない自然科学的証明ではなく，経験則に照らして全証拠を総合検討し，特定の事実が特定の結果発生を招来した関係を是認し得る高度の蓋然性を証明することであり，その判定は，通常人が疑いを差し挟まない程度に真実性の確信をもち得るものであることを必要とし，かつ，それで足りるものであるとする。

【判例②】
　最三小判昭23・6・13民集2巻4号71頁は，所有権放棄の事実のなかったことをうかがわせる書証があるのだから，所有権を放棄したとする主張を是認するには，十分な説明が必要であるにもかかわらず，原審が何ら説

明するところなく，単に所有権を放棄していないとする主張を排斥したのは実験法則違反若しくは理由不備の違法があるとする。

【判例③】
　最二小判昭54・3・23判時924号51頁は，首肯するに足る特段の事情を示すことなく，当事者間の合意の内容を記載した書面の文言に反する事実を認定した原審の事実認定には，経験則違反があるとする。

【判例④】
　最三小判昭36・8・8民集15巻7号2005頁は，原審認定の事情の下において時価合計151万9000円余りの建物及びその敷地の借地権が代金10万円で売買されたと認定することは経験則に違反するとする。

【判例⑤】
　最三小判昭54・5・29判時933号128頁は，原判決には契約の成否に関する経験則の適用を誤りひいて理由不備を犯した違法があるとする。

【判例⑥】
　最二小判昭27・12・5民集6巻11号1117頁は，旧民事訴訟法294条（現行民訴202条）が証人尋問につき一種の交互尋問制をとっているからといって，いわゆる伝聞証言の証拠能力が当然制限されると解すべきではなく，証言の採否は，裁判官の自由な心証による判断に委ねられているものと解すべきであるとする。

【判例⑦】
　東京高判昭52・7・15判時867号60頁は，民事訴訟法は，いわゆる証拠能力に関しては何ら規定するところがなく，当事者が挙証の用に供する証拠は，一般的に証拠価値はともかく，その証拠能力はこれを肯定すべきものと解すべきことはいうまでもないところであるが，その証拠が，著しく反社会的な手段を用いて人の精神的肉体的自由を拘束する等の人格権侵害を伴う方法によって採集されたものであるときは，それ自体違法の評価を受け，その証拠能力を否定されてもやむを得ないものというべきであるとする。

◆3　証拠調べ

30　弁論の全趣旨

I　弁論の全趣旨について学ぶのはどうしてか

　民事訴訟法は，事実認定の原則として自由心証主義を採用している（民訴247条）。自由心証主義とは，裁判所が判決の基礎となる事実認定をするに当たり，当該事件の審理に現れた一切の資料に基づいて，裁判官が自由な心証（判断）により，当事者の事実についての主張を真実と認めるべきかどうかを判断するという原則である。

　この自由心証主義の下で心証形成の資料として用いられるものは，証拠調べの結果と弁論の全趣旨である（民事訴訟法247条は「口頭弁論の全趣旨」と規定するが，弁論の全趣旨と同義である。）。証拠調べの結果と弁論の趣旨とは，同じく心証形成の資料といっても，証拠調べの結果はその内容が明らかであるのに対し，弁論の全趣旨はその内容が必ずしも一義的に明らかではない。

　弁論の全趣旨の具体的な内容とその心証形成（事実認定）における機能などを学ぶことは民事訴訟の実務を学ぶうえで極めて重要である。そこで，本項目では，弁論の全趣旨の意義とその具体的な内容とともに，それが民事訴訟（特に心証形成の過程とその説明の過程）において果たす機能等を明らかにすることとする。なお，民事訴訟法248条（損害額の立証が極めて困難であるときの相当な損害額の認定）における口頭弁論の全趣旨の内容等は同法247条と同義である。

　また，「弁論の全趣旨」という用語は，擬制自白の場合（民訴159条）にも用いられているが，そこでの弁論の全趣旨とは，弁論の一体性という意味であり，相手方当事者の主張事実を争ったと認めるべきか否かは，裁判所が口頭弁論終結時において，当事者の弁論を断片的に捉えるのではなく，それまでの口頭弁論における当事者の弁論を一体として見て判断すべきということで

あって，民事訴訟法247条のそれ（心証形成の資料としての弁論の全趣旨）とは異なるものである。

Ⅱ 弁論の全趣旨について問題となるのはどのような点か

民事訴訟法247条（自由心証主義）における弁論の全趣旨については，次の各点が問題となる。

1．弁論の全趣旨の意義

弁論の全趣旨とはどのようなものを指すかということである。

2．弁論の全趣旨の具体的内容

弁論の全趣旨は，当該訴訟の審理に現れた一切の資料をいうことから，その内容は極めて多岐にわたるとされているが，その具体的な内容としてどのようなものが含まれるかということである。

3．弁論の全趣旨による事実認定とその制約

弁論の全趣旨は，証拠調べの結果と同レベルにある心証形成の資料（証拠原因）であり，証拠調べの結果に対して補充的・補完的なものではないとされているが，弁論の全趣旨による事実認定には何らの制約もないのかということである。

4．弁論の全趣旨の内容明示の必要性

弁論の全趣旨によって事実認定をした場合，その弁論の全趣旨が何を指すのかを判決理由中で明らかにしなくてもよいのかということである。

Ⅲ　弁論の全趣旨について実務はどう取り扱っているか

1．弁論の全趣旨の意義

　弁論の全趣旨とは，一般に証拠調べの結果（証拠資料）以外の当該訴訟の審理に現れた一切の資料をいうとされる。また，口頭弁論に現れた一切の訴訟資料から証拠調べの結果を除いたものと説明されることもある。→【判例①】参照

　なお，弁論の全趣旨について，口頭弁論が終結された時点で一体としての口頭弁論を振り返り，そこから感得されるものとする見解もあるが，上記の見解と対立するものではない。

2．弁論の全趣旨の具体的内容

(1)　弁論に適法に顕出された資料であること

　弁論の全趣旨は，当該訴訟の審理に現れた一切の資料（事情）をいうことから，その内容は極めて多岐にわたるが，弁論の全趣旨として心証形成の資料（証拠原因）となるのは当該訴訟の口頭弁論に適法に顕出された資料（事情）に限られる。したがって，例えば，口頭弁論終結後に提出された資料や，陳述されなかった準備書面に記載された事実などは，弁論の全趣旨とはならないとされている。ただし，後者について，陳述されていない準備書面にまったく不合理な事項が記載されている場合には，そのような不合理な準備書面が提出されたこと自体を弁論の全趣旨として斟酌することは許されるとする見解も有力である。

(2)　弁論等における事情であること

　「弁論」の全趣旨との用語ではあるが，準備的口頭弁論期日，弁論準備手続等の争点整理手続に現れた事情はこれに含まれるものと解されている。これに対し，進行協議期日（民訴規95条1項）は，争点整理や証拠調べを行い，心証形成を目的とする期日ではないから，同期日における当事者の陳述・意

見や態度等は，原則として，弁論の全趣旨には含まれないと解されているが，それらが争点整理や証拠調べに影響を与えるような場合には，弁論の全趣旨として考慮されることになる。また，和解手続における当事者の陳述や態度等は，互譲による紛争解決を目指すという和解の性質上，弁論の全趣旨には含まれないものというべきである。

(3) 具体的な内容

このような弁論の全趣旨の具体的内容としては，例えば，次のようなことが挙げられることが多い。

(a) 主張に関する事情

①相手方の主張を不知などと陳述するものの，積極的に争わないという当事者の態度，②合理的な理由のない主張の変遷，撤回，③攻撃防御方法の不自然な時期の提出，④当事者の陳述の一致（→【判例②】参照），⑤当事者の自己に不利益な陳述，⑥裁判官や相手方からの求釈明に対する不合理な回答内容や態度などである。

なお，別件訴訟における主張も弁論の全趣旨になるといわれることがあるが，そのためには別件訴訟でそのように主張しているという事実が本件訴訟において立証されることが必要であることはいうまでもない。

(b) 立証に関する事情

①当然にすべき立証（本証）をしないこと，②当然にすべき反証（反対証拠の提出等）をしないこと，③証拠調べに対する非協力的な態度・対応，④時機に後れた証拠提出などである。

なお，「反証提出責任」なるものを観念し，事実上の推定が成立する場合には，反証の不提出は弁論の全趣旨としてマイナスに斟酌してよいという「反証不提出の法則」があると説明する見解や，いわゆる証明妨害について弁論の全趣旨による不利な評価であると説明することが可能であるとする見解も唱えられているが，いずれも一般的な支持までは得られていないようである。

また，証人尋問・本人尋問における供述態度（赤面する，過度に動揺する等）が，裁判所の事実認定に影響を与えることは明らかであるが，これが証拠調

べの結果に当たるのか，弁論の全趣旨になるのかについては争いがある。→
【判例③】参照

　いずれにしても心証形成の資料となるのであるからさほど議論の実益があるわけではないが，証拠調べの理由となった当該証明主題（立証事項）との関係では，その証拠価値の評価に影響する事実（補助事実）として証拠調べの結果に含まれるが，当事者本人等の供述態度が他の証明主題（当該証拠調べの理由となっていない証明主題）との関係でも意味を有する場合には，弁論の全趣旨として斟酌されるとの立場が支持されるべきであろう。

　(c)　その他

　①当事者が裁判所に提出した書類（例えば，準備書面以外にも，証拠申出書，証拠説明書，意見書や上申書等がある。）に記載されている内容（ただし，相手方にとって不意打ちとならないよう，当該書類が相手方に交付等されていることが前提とされるべきである。），②釈明処分（民訴151条）としての検証・鑑定・調査嘱託等によって得られた資料（これらはもとより証拠調べの結果ではない。），③口頭弁論への出頭状況等，当事者の当該訴訟に対する取り組み方や姿勢（→【判例④】参照），④必ずしも主張・立証されていないが，当事者双方が訴訟活動の前提としている事実なども弁論の全趣旨とされることがある。

　なお，共同訴訟人の陳述については，通常共同訴訟の場合，共同訴訟人の一人がした陳述は，当然に他の共同訴訟人に影響を及ぼすわけではないが（民訴39条），共同訴訟人の一人がした陳述（例えば，主債務者と保証人が共同被告となっている訴訟における主債務者の主債務の成立・存在に関する自白）が他の共同訴訟人に関する事実認定において弁論の全趣旨として考慮されることがある。また，必要共同訴訟においては，共同訴訟人の一人がした訴訟行為は全員の利益になるのでなければ効力を生じないが（民訴40条1項），これについても事実認定においては弁論の全趣旨として斟酌されることがあるとされている。

3．弁論の全趣旨による事実認定の方法とその制約

　弁論の全趣旨は，証拠調べの結果と同レベルにある心証形成の資料（証拠原因）であり，証拠調べの結果に対して補充的・補完的なものではないとさ

れている。したがって、理論的には、(i)証拠調べをすることなく、弁論の全趣旨のみによって事実認定をすることが可能であり、(ii)証拠調べの結果よりも弁論の全趣旨を重視して事実認定をすることも可能である。

(1) 弁論の全趣旨による事実認定の可否

上記(i)に関する判例として、例えば、第三者作成の文書の成立、挙証者である当事者作成の文書の成立、自白撤回（自白の取消し）の要件としての自白事実の反真実性の有無、土地の不法占有による損害金算出の基礎となる相当賃料額について、弁論の全趣旨のみによる事実認定を許容したものがある。
→【判例⑤～⑧】参照

このように、弁論の全趣旨のみによる認定は、書証の成立のほか、相手方の争い方が不知のような場合、主要な争点となっていない主要事実や間接事実の場合、重要な事実ではあるが、当事者が真剣に主張・立証しようとしない事実の場合などにされることが多いというのが一般的な見解であるとされているが、実証的な検討結果に基づいて、事実審である第1審、控訴審判決において、弁論の全趣旨のみによって事実認定をしている例はもっと広範にみられると指摘する見解もある。

そして、弁論の全趣旨は証拠調べの結果のすき間を埋めるもの（充填機能）であり、裁判官の心証形成過程において弁論の全趣旨が証拠調べの結果のすき間を経験則によって充填するという機能を果たしていることを考慮すれば、弁論の全趣旨のみによって事実（主要事実）を認定することを許容することも十分に合理的であるとする見解も、実務上有力に主張されている。

(2) 事実認定における弁論の全趣旨重視の可否

上記(ii)は、例えば、訴訟関係からみて、早期に提出されるべき抗弁等の攻撃防御方法が弁論終結近くになって提出されたような場合には、当該抗弁等に沿う証言等があるときであっても、弁論の全趣旨により、これを理由がないとして排斥してよいということを意味している。これは、証拠調べの結果よりも弁論の全趣旨を重視するということであり、証拠調べの結果の証明力（証拠価値）の判断過程において弁論の全趣旨を斟酌できるということであ

る。ただし，弁論の全趣旨を安易に利用することのないよう留意する必要があることは，つとに指摘されているところである。

4．弁論の全趣旨の内容明示の必要性

弁論の全趣旨を事実認定の一資料とした場合，その内容が判決理由中に説示されていなくても理由不備の違法があるとはいえないとされているが，証拠調べの結果と弁論の全趣旨を総合して事実を認定している場合，その弁論の全趣旨が何を指すかが具体的に判示されていなくても，記録を照合すれば自ずから明らかであるときは，理由不備の違法があるとはいえないとする判例もある。→【判例③⑨】参照

これに対し，実務的には，事実認定の客観性・検証可能性の観点からは，弁論の全趣旨の内容が記録上特定できることが望ましいが，弁論の全趣旨の内容が記録上特定できないとしても違法ではないとする見解も有力に主張されている。この見解は，弁論の全趣旨には当事者の供述態度など訴訟記録中に現れないものや当事者の訴訟追行過程の全体を通じての攻撃防御方法の提出の仕方等が含まれていることから，その内容を常に記録上特定し得ることを要求するのは困難な場合があることなどを理由としている。→【判例③】参照

Ⅳ　弁論の全趣旨について注意しておくのはどのような点か

弁論の全趣旨は，当該訴訟の審理に現れた一切の資料とされ，その内容は多岐にわたるものの，弁論の全趣旨として心証形成の資料となるのは当該訴訟の口頭弁論等に適法に顕出された資料に限られるのであって，弁論の全趣旨としてはならない資料（事情）があるということに注意する必要がある。

また，理論的には，証拠調べをすることなく，弁論の全趣旨のみによって事実認定をすることも，証拠調べの結果よりも弁論の全趣旨を重視して事実認定をすることも，いずれも可能であるが，弁論の全趣旨によって事実認定をする場合には，心構えとして，事実認定の客観性の担保という観点から，

弁論の全趣旨を証拠調べの結果と同等視することが相当であるか，証拠調べの結果より優先させることが相当であるかについて慎重に検討・吟味する必要がある。

　さらに，裁判官が弁論の全趣旨を事実認定の資料として用いる場合には，事実認定の検証可能性の担保という観点等からすると，実際にその内容を記録上特定し得るようにすることが困難なケースがあるとしても，弁論の全趣旨がマジックワードやブラックボックスとならないように，それが具体的に何を指しているのかを，判決書において，あるいは記録において，できる限り特定できるようにしておくことが望ましいということにも留意すべきである。

〔村田　渉〕

参照判例

【判例①】
　　大判昭3・10・20民集7巻815頁は，弁論の全趣旨とは，当事者の主張の内容・態度，訴訟の情勢から当然すべき主張・証拠の提出を怠ったこと，始めに争わなかった事実を後になって争ったこと，裁判所又は相手方の問いに対して釈明を避けたことなど口頭弁論における一切の積極・消極の事柄を指すとする。

【判例②】
　　最二小判昭41・1・21判時438号27頁は，裁判上の自白に関する法則は養子縁組事件には適用されないが，当事者が自白すれば，裁判所は自由心証によってこれが真実であるかどうかを判断し，真実と認めれば，これを一証拠原因として事実認定の資料とすることを妨げられるものではないとする（これは，当事者の自白を弁論の全趣旨として事実認定の資料とすることを許容するものである。）。

【判例③】
　　最三小判昭30・11・8裁判集民事20号373頁は，一般に旧民事訴訟法185

条(現行民訴247条)にいわゆる弁論の全趣旨の内容はすこぶる微妙にわたりこれによって裁判所が事実についての確信を得るに至った理由を理性常識ある人が首肯できる程度に判決理由中に説示することは至難ないし不可能の場合が多い(特に当事者の主張陳述の態度,証拠調べの際の証人,本人等の陳述態度等はこれを調書に記載すること,若しくはこれを裁判官が見て取ったと同様に正確に書記官が調書に記載することが至難ないし不可能の場合において左様である。)から,裁判所が弁論の全趣旨をも事実認定の一資料とした場合にその内容を判決理由中に説示することは望ましいことには相違ないが,いかなる場合にも必ずこれが内容を判示すべきものとすることは裁判官に難きを求める場合を生じ合理的とはいい難く,裁判所が弁論の全趣旨をも事実認定の一資料とした場合にも必ずしもその内容を判決理由中に説示しなくても理由不備の違法あるものではないと解するのを相当とするとする(これは,当事者の供述態度等が弁論の全趣旨に含まれることを前提とするものといえる。)。

【判例④】
　大阪高判昭59・10・5判タ546号142頁は,当事者の一方が重要な争点について本人尋問の対象とされながら期日に出頭せず,その他その当事者が第1審,第2審を通じて一度も期日に出頭しなかつたときは,このことを口頭弁論の全趣旨として事実認定に斟酌するのが相当であるとする。

【判例⑤】
　最三小判昭27・10・21民集6巻9号841頁は,相手方が不知をもって答えた第三者作成の文書については,特段の立証はなくても,弁論の全趣旨により成立の真正を認めることができるとする。

【判例⑥】
　大判昭10・7・9民集14巻1309頁は,挙証者が自己の作成に係るものとして提出した文書に対し相手方が不知の陳述をした場合であっても,裁判所において弁論の全趣旨によってその成立を肯定することはこれを妨げないとする。

【判例⑦】
　大判昭3・10・20民集7巻815頁は,自白の取消しの成否について,弁論の全趣旨によれば自白が真正の事実に適合しないという事実は否定され,この点において当該自白の取消しを許さなかった原判決は正当であるとする。

【判例⑧】
　最一小判昭43・6・6裁判集民事91号237頁は，土地の不法占有による損害金算定の基礎となる相当賃料額について，原審が，被上告人の賃料額についての主張を争わなかった上告人の態度及び変更された上告人の陳述の内容その他本件に表れた訴訟資料を弁論の全趣旨として斟酌して事実認定したことを是認し得ないものではないとする。

【判例⑨】
　最二小判昭36・4・7民集15巻4号694頁は，証拠調べの結果と弁論の全趣旨を総合して事実を認定している場合，同弁論の全趣旨が何を指すかが具体的に判示されていなくても，記録を照合すればおのずから明らかであるときは，理由不備の違法はないとする。

31 経 験 則

◆3　証拠調べ

I　経験則について学ぶのはどうしてか

　経験則とは，経験から帰納された事物に関する知識や法則のことをいう。
　我々は，日常生活における自然現象や人間行動の分野から，極めて専門的な科学技術の分野に至る様々な領域において，意識的・無意識的に多数の経験的知識を獲得・保有している。このような個々の人間が種々の体験から得た知識や法則から個人差を除去して一般化したものが経験則である。例えば，地面がぬれていることから雨が降ったと判断したり，タイヤの制動痕の長さから自動車の速度を判断したりすることがあるが，この場合には経験則が用いられている。
　民事事件，刑事事件を問わず，訴訟当事者も裁判官も，過去の事実を後からそのまま再現・体験することはできない以上，裁判手続の中で証拠を収集してそこから過去の事実の一部や関連事情を解明し，それを機能的に結びつけながら事実を推認・認定していき，そこに法律を当てはめていくことになる。このような過程で重要なのは法律適用の前提となる事実認定である。裁判官は，適法に収集された資料（証拠調べの結果及び弁論の全趣旨）に基づき，様々な事実や証拠に経験則を当てはめることによって，より実体的真実に近い事実を解明していくことになる。訴訟手続における事実の認定は証拠に基づいてなされるが，証拠の評価は裁判官の自由な判断に任されている（自由心証主義）（民訴247条）。もっとも，自由といっても経験則に従ったものでなければならないという内在的制約が存在する。

Ⅱ 経験則について問題となるのはどのような点か

　裁判所が自由に心証を形成することができないような，自白が成立している場合という特殊な場合を除けば（経験則そのものは事実ではないので，自白の対象にはならない。），事実認定がなされるべきあらゆる事件において経験則が適用されるべき場面がある。そこで，まず，経験則がどのような場面で機能しているかを理解しておく必要がある。

　また，実務上，経験則が問題となるのは，蓋然性の低い経験則から事実認定が可能かどうかという場面であることから，経験則の蓋然性の程度が心証形成に果たす役割についても理解しておく必要がある。

　併せて，経験則には，日常生活の場面で適用されるべき一般的なものだけでなく，先端分野における経験則で一般化されているとは必ずしもいえないものや，専門的な分野で適用されるべきものなどがあり，裁判官がどの範囲の経験則を用いることができるかを理解しておく必要がある。

1．経験則の機能

　経験則が最も機能するのは事実認定の場面である。事実認定の究極の目的は主要事実の認定にあるが，その方法は主に直接証拠による証明と間接事実からの推定である。間接事実の認定は，主に間接証拠による証明と他の間接事実からの推定からなされる。これらの事実認定の全過程を通して経験則が重要な役割を担う。

　それ以外にも，経験則は法概念の解釈において一定の役割を果たす。法規の内容の解釈は言語上の経験則から一義的に確定される場合が多いが，不特定概念を用いて規定されている場合には価値の充填，法的評価を要する。また，具体的な事実が法規の抽象的要件を満たすかという判断において経験則が一定の役割を担う。

2．経験則の蓋然性

　ある事実から他の事実を推定させ，証拠資料から事実を推認させる力の強

弱は，経験則の蓋然性の強度によって異なる。経験則には，論理的に導かれたものや科学的に証明されたものといった絶対的に確実なものから，人間の行動や取引慣行といった一般的な傾向を示した単なる可能性を示唆するにすぎないものまで，その蓋然性の程度は様々である。蓋然性の低い経験則を用いても，複数の経験則の並列や複合によって，裁判官が自由心証主義に基づき，総合的に判断したうえでそのような蓋然性を結果として肯定することは可能である。

　もっとも，経験則の蓋然性は訴訟の個性によって左右されるものではなく，心証形成に与えるのはあくまでも他の要素であることに注意を要する。例えば，従業員の管理していた口座から現金が引き出された場合，会社の経費として支出される蓋然性もあり得るのであって，必ずしも従業員が使い込んだとはいえないが，従業員側が引き出した現金の使い道について具体的に明らかにせず，取引先からの請求書や取引先への領収書や振込書等の証拠を出さなければ，従業員が使い込んだと認定されることがある。このように，提出された証拠から，ある事実に関するある程度の蓋然性の心証しか与えられない場合であっても，反対当事者が反証のための豊富な材料，資料を所持していることが明らかな場合に，反対当事者が証拠資料等を提出しない点を考慮し，当該事実が認定されることがある。上記事例においては，従業員による現金の引出しの事実自体から使い込みの事実を推認できる力は，個々の事例によって変わるものではなく，従業員から合理的な弁明や証拠の提出がないことが「他の要素」として，使い込みの事実の推認力を高める作用を補完しているのである。

　なお，一応の経験則は存在するものの，立証の難易，当事者間の公平という観点をも考慮し，前提事実に基づいて法規の構成要件事実が推定されるべきことを法が定める場合が存在する（法律上の事実推定。例えば，占有継続〔民186条2項〕，賃貸借契約の更新〔民619条1項〕，嫡出〔民772条1項〕）。これに対し，裁判所が主体となって自由心証に基づく事実認定を行う際，間接事実に基づき主要事実の存在を推定することがあるが，これは事実上の推定であり，経験則が用いられている。事実上の推定は，証拠及び間接事実の証明力と経験則の蓋然性の相関関係によって決定される。

3．経験則の専門化と認定方法

科学技術の飛躍的発展に伴い，医療過誤，機械の欠陥といった点が問題となる伝統的な類型の事件に加え，コンピュータープログラムの不具合，遺伝子工学を用いた技術の安全性といった最新の科学技術の理解なしに審理することができないような類型の事件が裁判手続に持ち込まれるようになり，損害賠償責任を基礎づけるための過失や因果関係をめぐって科学論争が展開されている。

経験則のうち，一般常識に属するようなものについては，裁判官が私的な知識を利用することができる。この点について異論はなく，現実の訴訟において問題となることもない。

問題となるのは，特殊で専門的な経験則である。経験則は，法的三段論法においては小前提たる具体的事実との関係で大前提の地位に立ち，法規と同様の機能をもつ側面があるから，職権調査事項に属し，訴訟外で知り得たものも含めて判定できると考えられているが，平均的な裁判官が知っているとは考え難い特殊な学識経験については，まさに当事者間で争われる部分であって，裁判の公正を担保するためにも鑑定の方法によるべきである。→【判例①】参照

Ⅲ　経験則について実務はどう取り扱っているか

民事訴訟法253条1項2号は，事実認定の資料とその資料に基づく推論の過程が判決理由中で明らかにならなければならないと規定している。これは，論理法則及び経験則に関わる部分についての違法がないことを保証するためである。

経験則は第1審の審理過程でも潜在的に問題となっているはずであるが，上訴の場面において特に問題とされることがある。→【判例②③】参照

経験則は法規そのものではないが，不特定多数の人がこれを共有して利用するので，その解釈を統一する必要性があるのは法規と同様である。そこで，一般的に，経験則違反については，自由心証主義の限界を超えていると

評価される場合に法令違反の一種として破棄できると解されており，上訴理由として主張されることも多い。そこで，実務家としては，最高裁が経験則につきどのような判断枠組みをとっているかを十分理解する必要がある。

　重要なものの一例として，私文書の成立に関するいわゆる二段の推定がある。私文書作成名義人の印影が当該作成名義人の印章によって顕出されたものであるときは，反証のない限り，当該印影は本人の意思に基づいて顕出されたものと事実上推定するのが相当であるから，民事訴訟法228条4項により，当該文書が真正に成立したものと推定すべきである。→【判例④】参照

　また，書証と事実認定に関しては，成立の真正が認められる書証のある場合には，特段の事情がない限り，その書証に記載されたとおりの事実を認めるべきである。→【判例⑤】参照

　それ以外にも，経験則に関し，最高裁は，破棄事例を中心として様々な判断枠組みを示しているが，後記関連判例に主立ったものを列挙したので参照されたい（→【判例⑥～⑳】参照。医学的経験則に関してはさらに【判例㉑～㉕】参照）。

Ⅳ　経験則について注意しておくのはどのような点か

　訴訟において経験則の果たす役割は極めて大きく重要である。事実認定が裁判官の自由な心証に基づく全人格的判断によるものであって，訴訟上の諸要因を考慮しつつ個別事件において経験則の適否が判断され，結果として，裁判官の個性によって影響される場合があることは一般的に認められているところである。しかしながら，裁判の公正や裁判に対する信頼の確保という観点から，経験則の客観性が確保されなければならないことはいうまでもない。個々の実務家は，日常の事例処理を通じてはもちろん，過去に蓄積された裁判例の分析等により，経験則を真摯に究明していくことが望まれる。

　また，経験則には常に例外が伴うことを忘れてはならない。通常の事件では，一般の経験則が当てはまらないような特別の事情が主張され，このことが真の争点となることが少なくない。このような特別の事情に関する当事者の主張に裏づけや目的の正当性があるか，他の証拠関係や一連の事実経過に

照らして説得力があるかといった点を検証することなく，一般的な経験則をただやみくもに当てはめるだけではきちんとした事実認定をすることはできないことは心しておくべきである。

〔新 谷 貴 昭〕

参照判例

《特殊な経験則について》
【判例①】
　　最二小判昭36・4・28民集15巻4号1115頁は，日常的な経験則は鑑定等の特別な証拠調べを要するものではないとする。もっとも，逆に専門的な経験則についてどのように考えているかは明言していない。

《経験則違反と上告》
【判例②】
　　最三小判昭36・8・8民集15巻7号2005頁は，30年来の旧友であるという当事者同士の関係や滞納処分による差押えを受けていること等の事情に照らし，165万1700円という時価に比して著しく安い10万円という売買代金が設定されたとしても，取引通念上当然といえると判示した原判決を破棄し，審理不尽，理由不備の違法を理由に原審に差し戻した。この中では，「代金と時価が著しく懸絶している売買は，一般取引通念上首肯できる特段の事情のない限りは経験則上是認できない事柄である」という判断が示されている。もっとも，破棄理由としては審理不尽，理由不備となっており，調査官解説では経験則違反による破棄事案ではないと評価されていることを付言しておく。

【判例③】
　　最二小判昭50・10・24民集29巻9号1417頁は，いわゆるルンバール事件に関する判断であり，訴訟上の証明度に関する先例的価値を有する裁判例といわれている。同判決は，発作とその後の病変がルンバール（腰椎穿刺による髄液採取とペニシリンの髄空内注入）によるものとは断定し難いと判断して請求を棄却した原審判決につき，「因果関係に関する法則の解釈

適用を誤り，経験則違背，理由不備の違法を犯している」とする。

《事実認定と経験則》
【判例④】
　　最三小判昭39・5・12民集18巻4号597頁は，いわゆる二段の推定に関する裁判例であるが，印章は，原則として本人が保管しているから，特段の事情のない限り，本人ないし本人の承諾を得たもの以外の者が使用することはないという経験則を示したものと解される。

【判例⑤】
　　最一小判昭45・11・26裁判集民事101号565頁は，書証と事実認定に関する裁判例の一つであるが，公正証書によって意思表示をした者や書証の作成者は，特段の事情がない限り，それに記載されたとおりの意思表示をしたものであって，虚偽の意思表示をしたものではないという経験則を示したものと解される。

【判例⑥】
　　最一小判平元・1・19判時1353号18頁は，間接事実からの推認と経験則に関する裁判例の一つであるが，農業を営む父が，同居して農業を営む長男に家計や冠婚葬祭等の一切を譲り，農地の一部について農業委員会に対して農地法3条の許可申請をし，同委員会の許可があった場合には，経験則上，少なくとも農業委員会に農地法3条の許可申請をした農地については，贈与の合意の成立を認めるべきであるとして，贈与の合意を認めなかった原審の判断を経験則違反とする。

【判例⑦】
　　最三小判平5・7・20判時1508号18頁は，書証の成立と経験則に関する裁判例の一つであるが，消費貸借契約等の各契約書の連帯保証人欄の被告名下の印影が被告の印章によるものであることは当事者間に争いがないことから，いわゆる二段の推定によって各契約書の真正な成立を認めた原審の認定説示につき，各契約書作成当時に出稼ぎによって自宅を離れていることが常態であった被告が自宅に在宅していたのか否か，何らかの事情で被告が留守宅の妻に捺印を指示したものであるか否かにつき言及がないことを理由に，違法とする。

【判例⑧】
　　最三小判平7・5・30判時1554号19頁は，証人の信用性と経験則に関す

る裁判例の一つであるが，領収書等がないことを理由に被告の預金口座から払戻手続をした現金を原告に交付したとの農協職員の証言が信用できないとして原審が弁済の事実を認めなかったのに対し，被告の預金払戻請求書があることからすると同職員の証言が信用できないとすることはできないと述べ，採証法則に反する違法があるとする。

【判例⑨】
　最三小判平10・12・18判時1680号13頁は，間接事実からの推認と経験則に関する裁判例の一つであるが，夫に婚姻の意思がなかったことを理由に婚姻が無効であるか否か争われた事件において，結婚式を挙げて披露宴を行い，新婚旅行をした後，夫の両親と同居したこと，その後も，韓国の風習に従った「三日帰り」をし，仲人への挨拶を済ませたこと，婚姻届を提出した後も，年末年始を一緒に過ごし，双方の親戚に結婚の挨拶回りをし，初詣に行くなど，新婚夫婦としてごく普通の行動をとったこと，妻と別居後，弁護士に依頼して夫婦関係調整（離婚）の調停の申立てをしたこと，妻から提起された婚姻費用分担に関する調停や，その審判手続，抗告手続において，婚姻無効ないし妻が勝手に婚姻届出をしたという主張をしなかったことなどの間接事実から，婚姻の意思を認め，婚姻の意思がないとした原審の判断を経験則違反の違法があるとする。

【判例⑩】
　最三小判平11・3・9判時1708号38頁は，証人の信用性と経験則に関する裁判例の一つであるが，有限会社の社員持分権を原告に贈与する旨のワープロで作成され，作成者の記名押印のある念書について，念書とその作成者が入院していた病院職員の証言によって贈与の事実を認めた原審の認定を，念書の体裁や作成を依頼されたとする病院職員の供述内容に照らし，違法とする。

【判例⑪】
　最三小判平11・4・13判時1708号40頁は，書証の存在と経験則に関する裁判例の一つであるが，領収書，和解契約書等があるのに，信用状開設を解消していないことや，領収書の金額と振り出された小切手の額面金額が異なっていることなどを理由に弁済の事実を認めなかった原審の判断を経験則違反ないし採証法則違反の違法があるとする。

【判例⑫】
　最一小判平12・2・7民集54巻2号255頁は，証人の信用性と経験則に

関する裁判例の一つであるが，殺人事件の被害者の両親が加害者とされる少年らの親権者に対して提起した損害賠償請求訴訟において，殺人行為等に関する少年らの捜査機関等に対する自白が極めて詳細かつ具体的であり，その内容が各少年とも大筋において一致し，互いに補強し補完し合うものであっても，当該自白にいわゆる秘密の暴露がなく，一部に捜査官の誤導による可能性の高い明らかな虚偽部分が含まれ，犯行事実の中核部分について変遷が見られるうえ，自白を裏づける客観的証拠がほとんど見られず，自白が事実を述べたものであるとすればあってしかるべき証拠が発見されていない事情があるにもかかわらず，漫然とその信用性を肯定した原審の判断過程には経験則に反する違法がある。

【判例⑬】
　最一小判平14・1・29判時1778号56頁は，間接事実からの推認と経験則に関する裁判例の一つであるが，関連新聞社から記事の提供を受けてこれとほぼ同一内容の記事を掲載した新聞社に対する名誉毀損に基づく損害賠償請求訴訟において，両社の各掲載記事の紙面構成や見出しが一見して明らかに異なっており，被告の掲載記事には関連新聞社の掲載記事にはない記述が書き加えられており，関連新聞社が発行する新聞に掲載された記事でも被告が発行する新聞に掲載されない場合があるという事情の下で，被害者が被告の掲載記事に接する機会があった，又は被害者が他社から関連新聞社の記事と同じ記事が被告の発行する新聞にも掲載されたことを知らされた等の具体的な事実の立証がないのに，関連新聞社が被告に提供した記事を東京で発行する新聞に掲載したこと及び被告が九州地方で関連新聞社と同一名称の新聞発行をしていることを被害者が知ったときに，被害者が被告の発行する新聞紙に記事が掲載されたことを認識したとする原審の認定につき，条理に反し理由を不備とする結論を下したものとする。

【判例⑭】
　最一小判平14・6・13判時1816号25頁は，書証の存在と経験則に関する裁判例の一つであるが，保証書と保証委託契約書の記載の信用性を否定すべき特段の事情がないのに，関係者の供述のみに基づいて，保証書及び保証委託契約書の記載に反する認定をした原審の認定判断には経験則違反ないし採証法則違反の違法があると判断する。

【判例⑮】
　最二小判平15・11・14判時1859号19頁は，書証の内容と経験則に関する裁判例の一つであるが，ある市の住民が，県が市の所有地上に県立高校を

設置して対価を支払うことなく土地を使用していることにつき使用料相当損害金の支払等を求めた事案において，市と県との間の土地使用管理委譲書の授受をもって，土地についての使用貸借契約が締結されたものと解するのが相当であると判断して，同書に「使用貸借」という文言がなく，「無償貸付」，「貸付」等の使用貸借契約をうかがわせる文言もないなど，同書は土地の使用貸借契約の申込書の体裁を欠くものであるとして使用貸借契約の成立を否定した原判決を破棄した。

【判例⑯】
　　最一小判平16・2・26判時1853号90頁は，証言内容と経験則に関する裁判例の一つであるが，公正証書遺言の無効確認を求めた事案において，公証人の証言等と謄本を作成した書記の陳述書の記載において公正証書を利用して謄本を作成する具体的な方法の細部に食い違いがあること等の原審の説示する事情を基に，公務員が職務上作成した公文書である公正証書の原本に作成時，謄本作成時に公証人の署名がなかったと認定することは，他にこれを首肯するに足りる特段の事情が存在しない限り，経験則又は採証法則に反するとする。

【判例⑰】
　　最三小判平16・12・7判時1895号38頁は，書証の存在と経験則に関する裁判例の一つであるが，ある寺が被告に対して民法646条に基づき保証金の支払等を求めた事案において，被告は無縁仏関連事業を現に行っているのであり，その事業を遂行するに当たって相当の費用を要したことが明らかであるとして，事業に係る委任事務処理費用は，被告が保管する保証金から支出するのが合理的であると判示したうえ，証拠として各請負契約書が提出され，その一部につき領収書が提出されているから，各書面の成立が認められるのであれば，特段の事情の存しない限り，少なくとも各請負契約書に記載された各金額については，被告が上記事業に係る委任事務処理費用として支出したものとみるべきであるのに，原審が各書面の成立の有無やその証拠価値を十分に検討しないで委任事務処理費用の支出を認めなかったのは，経験則ないし採証法則違反があるとする。

【判例⑱】
　　最一小判平16・12・16判時1895号40頁は，間接事実からの推認と経験則に関する裁判例の一つであるが，土地を取得したと主張する者が，土地に付されていた賃借権設定仮登記の抹消を求めた事案において，当該土地を含む店舗の敷地は，別の人物の個人資金で買収された可能性が高い，同店

舗は当該人物が昭和54年12月ころの営業開始時から昭和62年2月ころの経営譲渡まで経営していた，当該土地の固定資産税は経営譲渡まで当該人物が支払っていたという原審の確定した事実関係によれば，特段の事情がない限り，当該人物が土地を買い受けて所有権を取得したとみるべきであるとして，上記特段の事情を認定することなく，当該人物の土地の買受けと所有権取得を認めなかった原審の判断は経験則に違反するとする。

【判例⑲】
　　最二小判平17・1・17民集59巻1号28頁は，間接事実からの推認と経験則に関する裁判例の一つであるが，納税者が，土地の譲渡所得を得た年分の所得税の申告を委任した税理士から，委任に先立ち，実際に出費していない土地の買い手の紹介料等が経費として記載されたメモを示され，多額の税額を減少させて得をすることができる旨の説明を受けたうえで，同税理士に上記の申告を委任したものであり，同税理士が架空経費の計上などの違法な手段により税額を減少させようと企図していることを了知していたと見ることができるという事情があるにもかかわらず，税理士に委任する者は法律に違反しない方法と範囲で必要最小限の税負担となるように節税することを期待して委任するのが一般的であることを理由として，納税者の脱税の意図を否定した原判決を経験則違反の違法があるとする。

【判例⑳】
　　最二小判平22・7・16判時2094号58頁は，書証の存在と事実認定に関する裁判例の一つであるが，賃貸人が定期建物賃貸借契約の締結に先立ち説明書面の交付があったことにつき主張・立証をしていないに等しいにもかかわらず，賃貸借契約に係る公正証書に説明書面の交付があったことを相互に確認する旨の条項があり，賃借人において上記公正証書の内容を承認していることのみから，借地借家法38条2項において賃貸借契約の締結に先立ち契約書とは別に交付するものとされている説明書面の交付があったとした原審の認定には，経験則又は採証法則に関する違法があるとする。

《医学的経験則》
【判例㉑〜㉕】
　　すべてを列挙することはできないが，【判例㉑】最三小判平9・2・25民集51巻2号502頁，【判例㉒】最二小判平18・1・27判時1927号57頁，【判例㉓】最二小判平18・3・3判時1928号149頁，【判例㉔】最二小判平18・6・16民集60巻5号1977頁，【判例㉕】最三小判平19・4・3判時

1969号57頁等は，医学分野に関する専門的経験則を示したものである。

32 採証法則

◆3 証拠調べ

I 採証法則について学ぶのはどうしてか

　採証法則とは，どのような証拠に基づきどのような事実を認定することができるかということについて裁判官が守るべき規範である。裁判官は自己の良心に従って憲法と法律に基づいて判断すればよいわけであるが（憲76条3項），司法作用の予測可能性及び判断枠組みの統一性といった観点から自ずと内在的制約が存在する。

　採証法則という文言は民事訴訟法の条文中には存在せず，筆者が探した限りかかる用語を用いている民事訴訟法の基本書等はなく，その意義は必ずしも明らかではないが，最高裁が判決理由中において主に原判決が違法である根拠として用いている表現であり，自白の拘束力及びその対象，証拠能力（違法収集証拠の証拠適格），自由心証主義（法定証拠主義），証拠共通の原則，適時提出主義等をはじめとした証拠の採用及び事実認定への活用に関する諸々の規範を総称する概念を指す言葉と考えられる。

　かかる採証法則違反は法令違反の一種として上告理由に該当することから，実務家としてはどのような採証法則が存在しているかを正確に理解しておく必要がある。→【判例①〜④】参照

II 採証法則について問題となるのはどのような点か

　採証法則が問題となるのは，事実の確定に当たって証拠を用いる場合であるから，証拠を用いずに事実を認定できる場合ないし認定しなければならない場合を理解しておく必要がある。

　まず，当事者間に争いのない主要事実については，裁判所はそのまま判断

の基礎としなければならない（民訴179条）。これは民事訴訟において弁論主義が採用されている結果であり，争いのないことを無視して主要事実について自白とは異なる事実認定をすることは違法となる。他方，間接事実についての自白は裁判所に対する拘束力がないから，自白と異なる事実を認定しても違法とはならない。もっとも，自白をもって認定することは可能であり，必ずしも証拠によって認定しなければならないわけではない。また，裁判所に顕著な事実についても，裁判官が職務上認識しているために，証拠によって認定する必要はない（民訴179条）。附帯請求において訴状送達日の翌日以降の遅延損害金が請求された場合における訴状送達日や，相殺や消滅時効の抗弁が準備書面で主張された場合における形成権行使の事実及び時期について，裁判所は当事者からの証拠の提出なくして認定することができる。もっとも，これは立証責任を免除したにすぎないから，当事者が主張しない主要事実であれば，裁判所がこれを判断の基礎とすることはできない。

Ⅲ 採証法則について実務はどう取り扱っているか

　証拠能力，自由心証主義と証明力，証拠共通の原則，適時提出主義，唯一の証拠方法といった主立った採証法則に関する一般的な考え方及び実務上の取扱いは次のとおりである。

1．証拠能力

(1) 総　　論
　まず，民事訴訟では証拠能力の制限は原則としてない（もっとも，民事訴訟法上，法定代理権又は訴訟代理人の権限については書面によらなければならず〔民訴規15条・23条1項〕，口頭弁論の方式に関する規定の遵守に関しては調書を証拠方法とする証明のみが許されており〔民訴160条3項〕，疎明の場面や少額手続訴訟において即時の取調べ可能な証拠によらなければならず〔民訴188条・371条〕，手形訴訟において書証によらなければならない〔民訴352条〕といった規定が存在することには注意を要する。）。→【判例⑤】参照
　刑事訴訟における伝聞証言の証拠能力の制限のような規定は存在せず（刑

訴320条)，証言の証拠価値を判断するに当たって伝聞である点を考慮できるだけである。

(2) 違法収集証拠

当事者の権利や利益を侵害するような違法な手段を用いて収集され，裁判所に提出された違法収集証拠の証拠能力の有無については未だ実務上決着を見ていない。

現行法には，違法に収集された証拠であることを理由として取調べをしてはならないという規定は存在せず，戦前の大審院の裁判例で違法収集証拠の証拠能力を肯定したものもあるが，その後の下級審は判断が分かれている。
→【判例⑥～⑧】参照

現時点では，一定の限度で違法収集証拠の証拠能力を認める見解が多数であり，無限定な証拠能力肯定を支持する見解はないといってよい。

(3) 証拠制限契約

ある事実の証明を書証や証言に限定するという証拠制限契約の有効性に関する最高裁の判例は見当たらない。弁論主義の観点からすると証拠方法を限定するような合意は有効といってよいであろうが，特定の証拠の証明力を定める合意は裁判所の自由心証の形成を制約するもので無効というべきである。なお，下級審裁判例では証拠制限契約の有効性を肯定するものと否定するものがあり，未だ決着が付いていない問題といってよい。→【判例⑨⑩】参照

2．自由心証主義と証明力

裁判官は，取り調べた証拠の証明力を評価し，口頭弁論に現れた一切の状況を考慮しつつ，証明を必要とする主要事実の存否について自己の判断を形成する。証拠の証明力の評価については裁判官の自由な判断に委ねられているが（民訴247条，自由心証主義。反対の概念として法定証拠主義〔証拠に基づく事実認定に当たって裁判官の自由な評価を認めないという主義〕。民訴228条・224条1項参照），裁判官の恣意を許すものではなく，経験則や論理法則にかなったものでなけ

ればならないという内在的制約が存在する。心証形成に当たっては，当事者間に争いのない事実及び客観的な証拠から確実に認定できる事実から事件の大きな枠組みを把握したうえで，個々の争点についての証拠を吟味していくことが多い。

人証と比べて書証の信用性が高いとは必ずしも限らず，証明力に関して人証と書証に定型的な差異はない。書証であっても，その文書の性質（処分証書か報告文書か），記載内容（具体性，迫真性，一貫性），体裁（筆記用具の種類，劣化の有無のほか，文章がすべて自筆，署名押印が末尾にあるといった事情）などを含めて吟味する必要がある。また，人証においては，知覚，記憶，表現の誤りといった供述に伴う多くの誤りの可能性を認識しつつ，発言内容の伝聞性の有無，証人としての中立性（当事者との利害関係や親族関係の有無），証言対象を証人が把握した事情（証人と対象との距離，明るさ，その場にいた目的，偶然性）や証人の能力や性格（年齢，職業，教養，社会的地位），証言に当たっての所作といった様々な観点から，誤りの可能性を逐一検証していくことを忘れてはならない。証言内容が他の証拠や間接事実と符合し，一貫しているか否かによって証拠価値を吟味することが重要である。誠実な人物であっても，知覚，記憶，表現等の能力が欠如している場合には無意識に誤った証言をする可能性はある。また，証人の証言中の言動を過大視することは危険である。あまりにも詳細な点に至るまで記憶が残っていたり，複数の証人同士で合致していたりすると，かえって不自然で証言内容が信用できない場合もある。

3．証拠共通の原則

裁判所は，取り調べた証拠がいずれの当事者から申請，提出されたものであっても，当事者の申し立てた立証趣旨に拘束されることなく，提出当事者の不利益な事実を認定する資料とすることができる。これが，対立当事者間における証拠共通の原則である。このことは，民事訴訟法が自由心証主義を採用していることの論理的帰結である。したがって，申請，提出当事者とは反対の当事者にとって有利な証拠であるという理由で事実認定に用いないことは違法となる。→【判例⑪⑫】参照

また，共同訴訟人の一人が提出した証拠は，他の共同訴訟人が援用しない

場合であっても，その共同訴訟人に対する関係でも事実認定の資料とすることができる。これが，共同訴訟人間における証拠共通の原則である。裁判所は，できる限り当事者全員に対して絶対的真実に近い事実認定をすることを求められており，このような解釈が導き出されている。もっとも，弁論主義による制約があることには注意を要する。すなわち，共同訴訟人の一人が行った訴訟行為は，他の共同訴訟人に影響を及ぼさないから（民訴39条），各共同訴訟人の主張次第で，裁判所の判断が共同訴訟人間で区々になる場合がある。例えば，金銭消費貸借の借主である主債務者と保証人に対して金銭を請求した事案において，主債務者が金銭消費貸借契約の締結の事実を認めたが，保証人が否認し，審理の結果証拠上金銭消費貸借契約の締結が認められないとの心証が得られた場合，保証人に対する請求は棄却となるのに対し，主債務者との関係では自白の拘束力から請求が認容されることになるが，これは合一確定の要請がないことによって必然的に生じることであって，やむを得ない。

4．適時提出主義

民事訴訟法156条は，「攻撃又は防御の方法は，訴訟の進行状況に応じ適切な時期に提出しなければならない。」と規定しており，適時提出主義が明示されている。旧法では随時提出主義が採用されていたが，その結果，当事者が小刻みに主張や証拠を提出することが許され，審理の長期化を招く要因となったことから，平成8年6月26日法律第109号で改正された。当事者が適切な時期から相当程度後れて攻撃防御方法を提出した場合には，当事者の故意又は過失，審理による訴訟の完結の遅延を要件に，裁判所は，時機に後れた攻撃防御方法として却下することができる（民訴157条1項）。もっとも，証人等の陳述の信用性を争うための弾劾証拠については，当該尋問等を開始するときの相当期間前までに提出しなくてもよい（民訴規102条）。→【判例⑬⑭】参照

5．唯一の証拠方法

証拠の採否は，本来裁判所の裁量に委ねられた事項である（民訴181条）。

裁判所が，当事者の立証しようとする事項について十分な心証を得ているときは，その申出に係る証拠を採用しなくてもよい。しかしながら，裁判所が真否いずれとも心証を得ていないとき，当事者の申し出た唯一の証拠方法を却下することは，当事者の立証を封じることになるので，違法である。もっとも，当事者の証拠申出が適式，適法であることが当然の前提である。また，たとえ唯一の証拠方法であっても，立証事項が重要ではないような場合や，その証拠方法によって証明しようとする間接事実又は補助事実から推認されるべき主要事実に関して別の証拠方法が存在する場合には，証拠採用を却下しても違法とはいえないのは当然である。証人が繰り返し期日に出頭しないなど，これまでの審理経過から唯一の証拠方法を取り調べないことが違法とならない場合がある。なお，当事者が口頭弁論終結に当たって他に主張・立証がない旨述べたことは，唯一の証拠方法を取り調べることを要しないことを直ちに意味しないので，注意を要する。→【判例⑮〜㉓】参照

Ⅳ 採証法則について注意しておくのはどのような点か

　適切な判決を下すためには，適正な証拠の採否に基づき十分に証拠を収集したうえで，証拠を適正に吟味し取捨選択して正確な事実認定を行うことが不可欠である。ここで述べた採証法則はすべてを網羅したものではなく，重要なものを紹介したにとどまる。採証法則違反は最高裁における原審の破棄理由の一つであり，常に破棄判例の実情等に十分注意を払い，適切な審理に役立てる必要があろう。

〔新谷　貴昭〕

参照判例

《採証法則違反と上告》
【判例①】
　　最二小判昭60・12・13判時1179号62頁は，原審が，産婦人科医によって新生児へ投与されたリンコシンが核黄だんの因子であるビリルビンの転送機能障害を来すという副作用を有するネオマイシン系抗生物質に属するとしたうえ，投与が新生児の核黄だんを増強させたという事実を認定したことにつき，リンコシンがネオマイシン系抗生物質に属するとの証拠はなく，産婦人科医の過失判断の基礎をなす事実認定は証拠に基づかないものとした。判決理由中に「採証法則」という言葉は使われていないが，証拠に基づかない事実認定が違法，審理不尽となることが明示されている。

【判例②】
　　最一小判平16・2・26判時1853号90頁は，公正証書遺言の無効確認を求めた事案において，公証人の証言等と謄本を作成した書記の陳述書の記載において公正証書を利用して謄本を作成する具体的な方法の細部に食い違いがあること等の原審の説示する事情を基に，公務員が職務上作成した公文書である公正証書の原本に作成時，謄本作成時に公証人の署名がなかったと認定することは，他にこれを首肯するに足りる特段の事情が存在しない限り，経験則又は採証法則に反するとする。

【判例③】
　　最三小判平16・12・7判時1895号38頁は，ある寺が被告に対して民法646条に基づき保証金の支払等を求めた事案において，被告は無縁仏関連事業を現に行っているのであり，その事業を遂行するに当たって相当の費用を要したことが明らかであるとして，事業に係る委任事務処理費用は，被告が保管する保証金から支出するのが合理的であるとしたうえ，証拠として各請負契約書が提出され，その一部につき領収書が提出されているから，各書面の成立が認められるのであれば，特段の事情の存しない限り，少なくとも各請負契約書に記載された各金額については，被告が上記事業に係る委任事務処理費用として支出したものとみるべきであるのに，原審が各書面の成立の有無やその証拠価値を十分に検討しないで委任事務処理費用の支出を認めなかったのは，経験則ないし採証法則に反するものであるとする。

【判例④】
　最二小判平22・7・16判時2094号58頁は，賃貸人が定期建物賃貸借契約の締結に先立ち説明書面の交付があったことにつき主張・立証をしていないに等しいにもかかわらず，賃貸借契約に係る公正証書に説明書面の交付があったことを相互に確認する旨の条項があり，賃借人において上記公正証書の内容を承認していることのみから，借地借家法38条2項において賃貸借契約の締結に先立ち契約書とは別に交付するものとされている説明書面の交付があったとした原審の認定は，経験則又は採証法則に反するものというべきであるとする。

《伝聞証拠》
【判例⑤】
　最二小判昭27・12・5民集6巻11号1117頁は，民事訴訟法294条（平成8年改正前の当時の条文）が証人尋問につき一種の交互尋問制をとっているからといって，いわゆる伝言証言の証拠能力が当然制限されると解すべきではないとする。

《違法収集証拠》
【判例⑥】
　大判昭18・7・2民集22巻574頁は，離縁訴訟において，養子が養親宅を出るに際して，養子が作成して所有していた日記帳を養親宅に残置していたところ，日記帳内に侮辱的な表現の記載があることを発見して証拠として提出した場合において，民事訴訟法に養子の承諾を要求する規定が存在しないことを理由に証拠能力を肯定した。もっとも，違法収集証拠であることを明確に認識したうえでの判断か否かは判然としないという評価も可能である。

【判例⑦】
　東京地判昭46・4・26下民集22巻3・4号454頁は，会談の際に無断で録音した会話の反訳文書について，会談の当事者以外に聞き取られまいと意図した形跡はないから，録取に際し同意がないというだけで公序良俗に反し違法に収集されたものとして証拠能力を否定することはできないと判示し，証拠能力を肯定する。

【判例⑧】
　東京地判平10・5・29判タ1004号260頁は，不貞を理由とする損害賠償請求において，不貞の相手方が原告の家に密かに入って入手した陳述書の

原稿を証拠として提出したが，収集の仕方に社会的に見て相当性を欠くなどの反社会性が高い事情がある場合には，民事訴訟法2条の趣旨に照らして，証拠申出を却下すべきものとの一般論を示したうえで，当該原稿は，依頼者と弁護士との間でのみ交わされ，第三者の目に触れないことが予定されていたもので，その文書の密行性という性質及び入手の方法において，書証として提出することに強い反社会性があり民事訴訟法2条の信義誠実の原則に反するとして証拠申出を違法とする。

《証拠制限契約》
【判例⑨】
　東京地判昭42・3・28判タ208号127頁は，「賃借人が借地上の建物の増改築をする場合には必ず賃貸人の書面による承諾を必要とする」との特約につき，将来の無用の紛争を予防する目的であり，原告の承諾の事実は必ず書面で立証することを要し，他の証拠方法による立証によることは許されないという証拠契約と解したうえで，弁論主義が適用され当事者の自由処分が許される事項に限り，裁判所の自由心証主義に抵触しない範囲内で許容しても妨げないとして，証拠制限契約の有効性を肯定する。

【判例⑩】
　東京地判昭35・7・8判タ110号65頁は，借地の転貸について賃貸人の書面による承諾を要する旨の特約につき，特別の事情がない限り，契約の一方当事者のみに不利益なもので賃借人と賃貸人の権衡を破るのみならず，賃貸人の承諾の有無の認定を書面によるのほかは許さないとする点において自由心証主義に反することになるから無効というべきであるとして，証拠制限契約の有効性を否定する。

《証拠共通》
【判例⑪】
　最三小判昭23・12・21民集2巻14号491頁は，書証を提出者の不利益に判断し，かえって相手方の利益に判断しても違法ではないとして，対立当事者間の証拠共通の原則を認める。

【判例⑫】
　最一小判昭28・5・14民集7巻5号565頁は，適法に提出されたすべての証拠につき，当事者の援用の有無にかかわらず，当事者双方のため共通してその価値判断をなすことを要するとして，証人尋問についても同様の証拠共通を認める。

《時機に後れた攻撃防御方法の却下》
【判例⑬】
　　最三小判昭30・4・5民集9巻4号439頁は，控訴審において初めて提出された攻撃防御方法について，第1審以来の訴訟手続の経過を通観して判断すべきであり，時機に後れた防御方法であっても当事者に故意又は過失があり，かつ訴訟の完結を遅延せしめる場合でなければ却下できないとする。

【判例⑭】
　　最二小判昭46・4・23判時631号55頁は，借地法10条による建物買取請求権の行使に関する主張が，同条所定の時価として裁判所が相当と認める額の代金の支払があるまで，建物の引渡しを拒むために同時履行等の抗弁権を行使する前提としてなされたものである場合において，時価に関する証拠調べになお相当の期間を必要とする一方で，既に訴訟は裁判をなすに熟し，さらに審理を続行する必要がないとして弁論を終結すべきであるときは，上記主張は，訴訟の完結を遅延せしめるものであるとする。

《唯一の証拠方法》
【判例⑮】
　　最二小判昭29・11・5民集8巻11号2007頁は，当事者本人尋問が唯一の証拠方法であっても，適法な呼出しを受けた当事者が何ら理由を届け出ることなく出頭しなかった場合は，その取調べをしないで審理を終結しても，違法とはいえないとする。

【判例⑯】
　　最大判昭30・4・27民集9巻5号582頁は，唯一の証拠方法であっても，時期に後れて提出されたものを却下しても違法ではないとする。

【判例⑰】
　　最三小判昭35・4・26民集14巻6号1111頁は，本人尋問が唯一の証拠方法であっても，証拠の申出をした者が証拠申請書を提出せず，その提出の催告にも応じなかったために呼出しができなかったような場合に，その取調べをしないで審理を終結しても違法とはいえないとする。

【判例⑱】
　　最三小判昭35・11・22判時242号26頁は，第1審において欠席判決を受けて敗訴した当事者が，控訴審における2度の和解期日後に証人尋問を申

請したところ控訴審において口頭弁論期日が開かれて証人尋問が採用されたにもかかわらず，第2回口頭弁論期日において証人が理由を届け出ることなく出頭しなかったために採用が取り消されて証人申請が却下されたうえで弁論が終結され，その後，証人申請却下決定，弁論終結の措置に何らの異議が差し挟まれずに控訴棄却の判決が下されたという訴訟経過に照らして，唯一の証拠方法を却下した原審の訴訟指揮に違法はないとする。

【判例⑲】
　最二小判昭39・4・3民集18巻4号513頁は，当事者が証人及び本人尋問を申請したが，2度にわたり指定した証拠調べを行うべき口頭弁論期日に証人，本人両名が出頭せず，2度目の口頭弁論期日には訴訟代理人も出頭せず，不出頭の理由を釈明した書面の提出もなかったときは，唯一の証拠方法であっても，取調べをしないで審理を終結することは違法ではないとする。

【判例⑳】
　最二小判昭41・7・8裁判集民事84号19頁は，原審において当事者の本人尋問を却下したとしても，申出書に立証事項の記載がなく，かつ，既に一，二審を通じて2回も取り調べられている場合においては，唯一の証拠方法を却下した違法があるとはいえないとする。

【判例㉑】
　最二小判昭44・12・5判時581号40頁は，当事者の申請した証人が4回の呼出しに応じず，過料に処せられながらなお出頭しなかったときに，証人の採用決定を取り消して審理を終結することは違法ではないとする。

【判例㉒】
　最一小判昭45・5・21判時595号55頁は，弁論の再開の申立てと同時に唯一の証拠方法の申出がなされた事案において，弁論の再開を命ずるか否かは裁判所の専権に属し，唯一の証拠方法の申出がなされたとしても，必ず弁論の再開を命じなければならないものではないとする。

【判例㉓】
　最一小判昭53・3・23判時885号118頁は，唯一の証拠方法の申出である場合には，口頭弁論の終結に際し，当事者双方が「他に主張立証はない」と述べた場合であっても，上記証拠方法を取り調べない特段の事情とする

ことはできないとする。

33 損害の裁量的算定

◆3 証拠調べ

I 損害の裁量的算定について学ぶのはどうしてか

　民事訴訟法248条は，「損害が生じたことが認められる場合において，損害の性質上その額を立証することが極めて困難であるときは，裁判所は，口頭弁論の全趣旨及び証拠調べの結果に基づき，相当な損害額を認定することができる。」と規定する。

　民事訴訟法248条は，自由心証主義に関する民事訴訟法247条の次に位置するが，平成8年6月26日法律第109号で新設された条文である。損害が生じたこと自体は認められるが，損害の性質上その額の立証が極めて困難なときという一定の条件の下に，裁判所が相当な金額を認定する裁量を認めている。

　民事訴訟法248条の法的性格については，条文の文言，位置，立法経緯に照らすと，自由心証主義の例外として，事実認定に必要な原則的証明度を軽減することを認めるもの（すなわち，一般的には高度な蓋然性が要求されるのに対し，優越的蓋然性で足りるというもの）と考えるのが素直であろうが，民法上も未だ決着がついていない損害概念や損害額算定が事実認定に含まれるかという法的性格にかかわる重要な問題であり，様々な議論があるところである。もっとも，この点をどのように考えるかによってもたらされる実務上の差異はそれほど大きくない。

　この点をどのように考えるにせよ，従来の実務において算定困難として棄却されざるを得なかった類型の損害の額について困難さを緩和する効果をもつことが期待されており，今後の実務の積み重ねによって大きな変化をもたらす蓋然性を有する条文といえる。

Ⅱ 損害の裁量的算定について問題となるのはどのような点か

　民事訴訟法248条は平成8年改正時に新設された比較的新しい条文であるため，未だ解決されていない問題は多く存在する。同条に関する主たる問題としては，①どのような性質の損害について適用があるかという適用範囲，②同条による損害額の算定に対する不服を理由とする上告の可否，③同条の類推適用や準用の可否，④同条により相当な損害額を算定した場合の判決理由の記載の程度といった点が挙げられる。

① 　民事訴訟法248条の適用範囲という問題については，特に不法行為に基づく慰謝料，幼児の逸失利益，家屋が焼失した場合の家財道具などをめぐって議論がなされている。立法担当者は，同条は，証明度の軽減の規定であり，不法行為に基づく慰謝料や幼児の逸失利益の算定に関する実務の枠組み，すなわち，慰謝料では諸般の具体的事情を考慮して裁判所が妥当と考える金額を算定する方式，幼児の逸失利益は予想収入から予想支出を差し引いて算定する方式を念頭に置いた規定であるとしている。他方，家屋が焼失した場合の家財道具の損害額を，当該所帯の属する所帯モデルの通常の場合の火災保険金相当額で算定することを同条は予定していないという。

② 　上告の可否という問題については，証明度軽減という立場に立った場合，相当な損害額の認定に関する不服は事実認定の不服にほかならないから，自由心証主義（民訴247条）違反を理由とした上告がいかなる場合に可能かという問題と同じ問題ということができる。自由心証主義の内在的制約に反するような事実認定である場合には，理由齟齬（民訴312条2項6号），法令違反（同条3項）として上告理由となる余地がある。→【判例①②】参照

③ 　類推適用や準用の可否という問題については，証明度軽減という立場に立った場合，損害の発生自体や因果関係などの損害額以外の事実認定に類推適用や準用が認めやすいといわれているが，実質的に証明が困難

な場合の解釈論として証明度軽減を認める立場を採るかどうかにかかっているといってよい。

④　判決の理由の記載の程度という問題についても，不相当な損害額の算定が法令違反となる余地を認める以上，その記載の程度も，上級審において審査可能な程度の記載が要求されるということになる。

Ⅲ　損害の裁量的算定について実務はどう取り扱っているか

1．民事訴訟法248条適用の要件

民事訴訟法248条が適用されるためには，①「損害が生じたことが認められること」，②「損害の性質上その額を立証することが困難であること」の2つの要件を充足する必要がある。

(1)　損害概念

①「損害が生じたことが認められること」の前提となる「損害」をどのように捉えるかについては，民法学上種々の議論がありなお流動的である。もっとも，損害の発生と評価を区別する見解ではなく，実務上採用されている差額説を前提としても，加害行為がなかった場合の仮定的な総財産額と現実の総財産額に差があることが認められれば，損害の発生は肯定でき，その金銭換算作業は次の過程の問題であると考えることができる。そうすると，損害概念と同条の適否は当然には影響してこないということもできよう。

(2)　損害類型ごとの立証の困難性

②「損害の性質上その額を立証することが困難であること」に関しては，まず，「損害の性質」とは，問題となる損害の有する客観的性質を問題とすべきである。また，「立証の困難性」については，権利者の立証努力の有無にかかわらず，要件具備の有無を判断してよい。

民事訴訟法248条の適否が問題となるのは，まず非財産的損害である。慰

謝料に関しては，裁判所の裁量によって公平の観念に従って諸般の事情を総合的に斟酌すべきものであり，数額を認定するに至った根拠を示す必要もなければ，算定に当たって考慮した具体的事情を判決理由中で判示する必要もないという通常の事実認定と異なる特殊性が認められている。すなわち，財産的損害と異なり，精神的損害の算定においては，被害者の被った苦痛の内容や程度を示す資料を提出することはできても，金額の基準となる資料を提出することはできない（他の事例の慰謝料額を参考資料として示すことはできるが，それ自体に金額の基準となるべき指針が示されてないから，金額の基準を示したことにはならない。）。このような過程を事実認定と呼ぶかどうかは別として，慰謝料額の算定に関しては，具体的に当事者の立証責任や証明度を観念することは困難であり，証明度の軽減を図った民事訴訟法248条の趣旨は妥当せず，適用がないと考えられる。

次に，消極損害であるが，例えば，人身侵害による逸失利益の場合，被害者の収入額や労働可能期間に基づいて算定することになる。もっとも，被害者の死傷がない状態は現実には存在せず，被害者の将来の身体状態や余命，物価変動や経済情勢に伴う収入額の変動や労働可能期間に関する正確な予測は不可能であり，仮定の要素が極めて多岐にわたっていて立証は極めて困難といえる。現実に収入を得ていない学生や幼児のような場合には立証の困難さはいっそう高まる。このような場合「損害の性質上その額を立証することが困難であること」の要件は肯定されてよい。業務上の逸失利益についても同様のことがいえる。→【判例③～⑥】参照

他方，積極損害については，その支出額や加害行為前後の財産的価値，同種同等品の再調達価額などを立証することによって損害額を立証することが可能であり，一般的には「損害の性質上その額を立証することが困難であること」の要件を具備することは困難である。もっとも，性質上損害額の立証が困難な場合があり得る。例えば，家屋が焼失した場合の家財道具について，一般人が逐一家財道具を記録した資料を残したり，正確に記憶したりすることは期待できない。そこで「損害の性質上その額を立証することが困難であること」の要件の具備を認めた裁判例がある。→【判例⑦～⑨】参照

特許法105条の3も同様の規定を設けているが，これは侵害による損害が

広域にわたる場合を想定していると考えられる。民事訴訟法248条の解釈に当たっても参考となる場合があろう。

その他，不正な談合による損害について，不正な談合がなければ落札されたはずの価格と現実の落札価格との差額を算定するに当たって，談合がない場合の価格の判断につき仮定的要素を含むことは，消極損害の場合と同様である。→【判例⑩～⑬】参照

なお，特許権の質権不設定による損害につき【判例①】，採石権侵害による損害につき【判例②】，男女差別賃金による損害につき【判例⑭】，有価証券報告書の虚偽記載による株主の損害につき【判例⑮】参照。

2．民事訴訟法248条適用の効果

民事訴訟法248条が適用されると，裁判所は，「口頭弁論の全趣旨及び証拠調べの結果」に基づいて「相当な金額」を認定することができる。証明責任について変更をもたらす効果を有するわけではない。

「相当な金額」の認定の基礎資料については，民事訴訟法247条と同じ表現が用いられており，通常の証明や事実認定の際に利用できる証拠資料，弁論の全趣旨及び公知の事実等の証明を要しない事実を指している。したがって，当事者が提出しなかった事実を基礎とすることはできず，当事者が提出しなかった事実を基礎に裁判所が損害額を認定する場合には弁論主義違反の問題が生じ得る。

相当な「金額」に関し，証明度軽減の立場からすると，自由心証主義の例外として事実認定に必要な証明度の軽減を容認しただけで，それ以上に裁判所に特別な権限を付与したわけではないから，裁判所が認定すべき金額は，被害者が被った損害の金額として最も蓋然性の高い金額ということになる（→【判例⑯】参照）。裁判官による安易な根拠の乏しい算定は慎まなければならない。なお，実体法上財産の損害に関する証明度軽減を図っている規定としては，特許法102条1項や著作権法114条などがある。

3．民事訴訟法248条の適用場面

民事訴訟法248条は，損害賠償請求訴訟で問題となることが多いと考えら

れるが，条文の文言上は損害の発生が要件となっているだけであるから，訴訟物として損害賠償請求が提起されている場合に限られず，相殺の抗弁として，損害賠償請求権を自働債権として相殺に供する場合にも適用してよい。

民事訴訟法248条は，損害の発生を適用要件としている。もっとも，実務上証明責任を負う側が証明するのが困難な対象は何も損害額に限られない。損害額以外の例えば損害の発生や因果関係の証明が困難な場合に，同条が実体法の適正な適用を実現可能とするものであるという立法趣旨を考慮し，同条を類推適用ないし準用できないかが問題となる。

構造的に証拠が偏在する訴訟類型や現代の科学技術水準から証明が困難な訴訟類型が存在するにもかかわらず，文言上損害の発生に関しては原則的証明度までの立証が要件として立法されていることや，同条新設の際に参考とされたドイツ民事訴訟法287条１項では損害額のみならず損害の発生に関しても適用があることが明文化されていることに照らしても，実務上は，民事訴訟法248条の類推適用ないし準用について極めて慎重な態度で臨むことが期待されているといってよい。→【判例⑰】参照

4．判決理由記載の程度

民事訴訟法248条の規定により，損害額が立証されていないという理由だけでは損害賠償請求を排斥することができず，同条の適用の余地について検討する必要があることになるから，損害額の立証不十分に加え，損害の性質上その額を立証することが極めて困難な場合ではないことを理由で示す必要がある。また，同条を適用する場合においても，損害額の認定が著しく困難であると判断する理由や損害額の認定に当たって考慮した要素を可能な限り示すことが期待される。それによって，同条を適用した裁判所の思考過程が明らかになり，当事者に対して恣意的な判断がなされていないことを十分説明することになるとともに，上級審において原審の判断がより適正にチェックされることになろう。

Ⅳ 損害額の裁量的認定において注意しておくのは どのような点か

　民事訴訟法248条は比較的新しい条文であるため，実務上定着した取扱いがあるとは必ずしもいえず，具体的事案において個別に要件の具備，適用の有無を検討，判断しているというのが実情であろう。第三者から見て適正な判断がなされているかというチェックがきちんと果たされるためにも，今後の更なる事案の集積が待たれるところであるが，個々の実務家としては，日頃から，特定の損害項目に関してどのような要素が考慮されるべきか，その中でどの要素が重視されるべきか，損害の算定はどのような基準でなされるべきか，どの程度の金額をもって蓋然性の高い金額という意味での適正な損害といってよいかという点に関し，下記参照判例を参考にしながら，意識しておく必要があろう。

〔新 谷 貴 昭〕

参照判例

《理由不備，理由齟齬及び適用対象》
【判例①】
　　最三小判平18・1・24判時1926号65頁は，特許庁の担当職員の過失により特許権を目的とする質権を取得することができなかったことを理由とする国家賠償請求事件において，その場合の損害額は，特段の事情がない限り，その被担保債権が履行遅滞に陥ったころ，当該質権を実行することによって回収できたはずの債権額であり，損害額の立証が極めて困難であるとしても，民事訴訟法248条により相当な損害額が認定されなければならないとして，判決に影響を及ぼすことが明らかな法令違反があるとする。

【判例②】
　　最三小判平20・6・10判時2042号5頁は，採石権侵害の不法行為を理由

とする損害賠償請求事件において，採石権を有する土地で採石したという事実認定がなされて損害発生が明らかである以上，その後採石権を取得して適法に採石したために違法な行為による採石量と適法な行為による採石量を明確に区別することができず，損害額の立証が極めて困難であるとしても，民事訴訟法248条により相当な損害額が認定されなければならないとして，判決に影響を及ぼすことが明らかな法令違反があるとする。

《業務上の逸失利益》
【判例③】
　　横浜地判平12・9・6判時1737号101頁は，近隣住民による土地細分化反対の看板等の設置によって，土地を購入した不動産業者の被った販売価格下落分の損害につき，民事訴訟法248条の適用を肯定する。

【判例④】
　　東京地判平14・3・28判時1793号133頁は，他人のデータベースを複製して自動車整備業用システムに組み込んで販売したことによって，市場が競合して生じた損害のうち値引き損害につき，値引きの原因不明や競合以外の理由による平均的な値引額の立証の不存在を理由に民事訴訟法248条の適用を否定する。

【判例⑤】
　　東京地判平15・7・31判タ1150号207頁は，擁壁設置の同意の不当破棄，行政庁やマスコミへの虚偽情報の付与によって，従業員が対応等に追われたことに伴う業務損害につき，民事訴訟法248条の適用を肯定する。

【判例⑥】
　　福岡地判平23・9・15判時2133号80頁は，フランチャイジーによる値下げ販売禁止によって被った損害に関し，フランチャイザーの原価負担減少分の損害額認定に民事訴訟法248条の適用を肯定する。

《焼失した家財道具》
【判例⑦】
　　東京地判平14・4・22判時1801号97頁は，所有する残置動産類を違法に廃棄されたことによる損害額について，損害の性質上その額を立証することが極めて困難であるとして民事訴訟法248条の適用を肯定し，残置動産類の品目，現況調査の際に写真撮影された残置動産類の状況等から100万円と認定する。

33 損害の裁量的算定

【判例⑧】

東京地判平15・7・1判タ1157号195頁は，タンクローリー車の爆発事故の爆風により飲食店において什器備品及び食材在庫の滅失という被害を負った場合，損害が生じたことは認められるが，その性質上その額を立証することが極めて困難であるときに当たるとして，民事訴訟法248条の適用を認めたが，その際の損害額を決めるに際して，什器備品の種類や製造年度，これまでの確定申告時における在庫費等を参考にし，什器備品については取得価額の5％とし，在庫費は例年どおりの金額と認定する。

【判例⑨】

横浜地横須賀支判平23・4・25判時2117号124頁は，火災による動産の滅失につき民事訴訟法248条の適用を肯定し，動産類の内容，性質，保管されていた資料の性質，重要性，保管していた枚数の蓋然性等を考慮し，工事関係資料については主張額の1割，備品等については主張額の7割と認定する。

《不正な談合》

【判例⑩】

奈良地判平11・10・20判タ1041号182頁は，被告企業らの談合によって受けた県の損害につき，損害額の立証が困難な場合に当たるとして，民事訴訟法248条の適用を肯定し，談合行為の態様，各工事の契約価格，課徴金納付命令に至る経緯等の諸事情，独占禁止法7条の2第1項に定める課徴金の割合6％などを総合的に勘案して，各契約価格の5％と認定する。

【判例⑪】

名古屋地判平12・7・14判例地方自治207号29頁は，ゴミ焼却施設の建設工事の指名入札において業者の入札談合が行われたことにより市が適正価格で工事の発注ができないという被害を負った場合は，想定価格と現実の落札価格との差額に相当する損害が生じたことが認められるが，損害の性質上その額を立証することが極めて困難であるときに当たるとして，民事訴訟法248条の適用を肯定する。談合が成立しなかった場合に予定価格の20％で落札された実績があるとしても，工事の種類や規模，工事方法の特殊性，入札当時の経済情勢や競争者の数，地域性などが複雑に絡み合って価格形成がされることから，本件工事の想定価格とはいえないとしつつ，指名から外された業者が支払う可能性のあった9億円は入札価格が下落した可能性があるとして，想定落札価格と現実の落札価格との差額は9億円を下回らないと判断したが，請求額が1億円であったために判決理由

の詳細は判決主文を左右しない。

【判例⑫】
　名古屋地判平21・12・11判時2072号88頁は，市が発注したゴミ焼却施設工事の一般競争入札において，入札参加者間で談合が行われたことによる損害額の算定につき，民事訴訟法248条の適用を肯定しつつも，控えめな認定が望ましいとし，談合前後の落札率の変化6.5％や，受注のメリット，談合業者が利益を明らかにできる資料を提出していないことから，契約金額の5％と認める。

【判例⑬】
　大津地判平22・7・1判タ1342号142頁は，下水道工事の入札談合により地方公共団体が損害を被ったとして損害賠償を求める住民訴訟では，想定価格と現実の落札価格との差額が損害となるところ，損害の性質上その額を立証することが極めて困難であるときに当たるとして民事訴訟法248条の適用を肯定する。額については，談合業者の落札価格に占める純利益の割合27.65％，談合前後の落札率の変化19.27％を考慮し，落札価格の18％を下回らないとする。

《差別賃金》
【判例⑭】
　東京高判平20・1・31判時2005号92頁は，「民事訴訟法248条の精神に鑑みて」損害を算定しており，民事訴訟法248条を適用したか否か，どのような点を考慮要素としたか判然としないが，男女のコース別人事制度についての差額賃金相当損害金を1か月10万円と認める。

《有価証券報告書の虚偽記載による株主の損害》
【判例⑮】
　東京高判平21・3・31金判1316号7頁は，甲社の有価証券報告書等の虚偽記載が公表され，それにより甲株式が上場廃止になったことにより，原告らが被った損害につき，民事訴訟法248条の適用を肯定し，株価下落のうち公表日の時点の価格の15％と認定した。なお，損害額の判断につき購入額と売却額の差額としたり（東京地判平21・1・30金判1316号52頁），虚偽記載公表直前の株価から売却価格を差し引いた額としたりして（東京地判平20・4・24判時2003号10頁），旧証券取引法21条の2第2項の考え方に従って算定したり（東京地判平19・11・26判時1998号141頁），同法を適用せずに判断する裁判例もある。

《損害額の立証》
【判例⑯】
　　最二小判平元・12・8民集43巻11号1259頁（いわゆる鶴岡灯油訴訟）は，民事訴訟法248条が存在しなかった時期の損害額の立証に関する最高裁の判断である。同判決は，消費者が独占禁止法3条にいう「不当な制限」に当たる価格協定による損害の賠償を民法上の不法行為に基づき請求する訴訟において，価格協定の実施直前の小売価格をもっていわゆる想定購入価格と推認することができるのは，価格協定の実施から消費者が商品を購入する時点までの間にその商品の小売価格形成の前提となる経済条件，市場構造その他の経済的要因等に変動がないときに限られると判示し，原判決を破棄したうえで，原告らの請求を棄却した第1審判決の結論を是認した。同判決は，旧民事訴訟法下における判断であるが，損害の発生自体も証明不十分と判断したものであると理解すれば，民事訴訟法248条の存在を前提としても結論に差異はなく，原告らの救済は図れないことになる。

《類推適用の可否》
【判例⑰】
　　東京高判平21・2・24判タ1299号186頁は，市が発注する公共事業について随意契約が締結された場合には，そのことによって当然に損害が生じたということはできないのであって，談合者間で落札価格（最低価格）を意図的に操作して落札者において不当な利益を得て，もって契約の相手方に損害を与える入札談合事案の場合と同様に取り扱うことはできないとして，民事訴訟法248条の適用を否定する。

34 ◆3 証拠調べ
証拠調べ（概要）

I 証拠調べについて学ぶのはどうしてか

　裁判所において当事者が自白した事実及び顕著な事実は，証明（立証）することを要しないが（民訴179条），これら以外の事実は，証拠調べにより証明することを要する。
　そして，一定の法律効果（権利の発生，障害，消滅，阻止）を発生させる要件に該当する要件事実（主要事実）の証明ができず，その存在が真偽不明に終わったときは，当該法律効果の発生は認められないことになる（立証責任）。
　法律効果の発生が認められるためには，その要件事実を証拠調べにより証明することが必要であり，民事訴訟において，権利又は法律関係を実現し，あるいはこれを争い，また，その存否につき審理し判断するために，証明の意義，対象を理解し，証明の手段である証拠調べについて学ぶ必要がある。
　適正かつ迅速な裁判のためには，的確な主張（争点）整理を行うとともに，適切な証拠調べを経て事実認定を行う必要があり，これらは相互に密接に関連する。証拠調べは，実務上，勝敗の帰趨に多大な影響を及ぼす最も重要な局面の一つである。

II 証拠調べについて問題となるのはどのような点か

　証拠調べについては，その目的である証明の意義，対象を理解し，証明の手段である証拠調べに関する各種の原則を把握する必要がある。そのうえで，書証や人証などの各証拠調べの性質を正確に理解し，これらを有効に活用する必要がある。
　なお，証拠調べのうち，文書提出命令，証拠保全・証拠収集手続（文書送

付嘱託，調査嘱託など）については，後の項目で論じる。

Ⅲ　証拠調べについて実務はどう取り扱っているか

1．証明の意義，対象

(1) 証明の意義

　証明の意義に関し，判例は，高度の蓋然性の証明が必要であり，相当程度の蓋然性の証明や，証拠の優越ないし優越的蓋然性の証明では足りないとしていると整理することができ，これが通説でもある。→【判例①】参照

　これに対し，学説上は，証明の意義について，証拠の優越ないし優越的蓋然性の証明で足りるとする見解も有力であり，また，一定の事件類型について必要な証明の程度に差を設ける立場などもある。

(2) 証明の対象

　(a) 事　実

　当事者が自白した事実及び顕著な事実以外の事実は，証拠調べにより証明することを要する。主要事実が証明の対象になるほか，主要事実に争いがある場合は，主要事実の存否を推認させる事実（間接事実）も証明の対象になり，証拠の証明力が問題となるときには証拠の証明力に影響を与える事実（補助事実）も証明の対象となる。間接事実の証明の程度について，通常は，主要事実と同様に，心証の程度が証明の域に達しなければ，その間接事実を主要事実の認定の根拠として用いることはできない旨が指摘されている。補助事実の証明の程度についても同様に考えられよう。

　(b) 経　験　則

　日常的経験則については，証明の必要はないと解されている（→【判例②】参照）。もっとも，経験則には例外が伴うため，通常とは異なる特別の事情の有無に留意する必要があり，安易な思い込みから例外的場合を看過することは慎むべきである。

　経験則のうち，専門的経験則については，実務上熾烈に争われることが少

なからずみられるところであり，必ずしも客観性が担保されていないため，証明の対象となる。

(c) 法 規

法の解釈適用は裁判所の職責であることから，法規は証明の対象にならない。ただし，外国法，地方の条例，慣習等については，必ずしも裁判所に明らかではないため，証明の対象となる。

2．証拠調べに関する各種の原則

(1) 証拠共通の原則

証拠調べの結果は，証拠共通の原則により，その証拠調べを申し出た当事者に有利にも不利にも作用することに留意する必要がある（→【判例③】参照）。当事者が提出した証拠に相手方に有利な内容が記載されていることもあり，提出された証拠は，証拠説明書に記載された立証趣旨に係る部分だけではなく，全体にわたり精査する必要がある。

なお，共同訴訟人間においても証拠共通の原則が認められており（→【判例④】参照），口頭弁論の併合前の各事件の証拠調べの結果は，併合後の全事件の証拠資料となる（→【判例⑤】参照）。もっとも，併合前に尋問をした証人について，尋問の機会がなかった当事者が申出をしたときは，その尋問をしなければならない（民訴152条2項）。

(2) 職権証拠調べの禁止とその例外

弁論主義から，原則として，証拠調べは当事者が申し出た証拠により行わなければならず，職権証拠調べは禁止される。

例外的に職権で証拠調べができる場合は個別に定められている（民訴14条〔管轄に関する事項〕・186条〔調査嘱託〕・207条〔当事者尋問〕・218条〔鑑定嘱託〕・228条3項〔公文書の成立の真否についての照会〕・233条〔検証の際の鑑定〕・237条〔訴訟継続中の証拠保全〕，商19条4項〔商業帳簿の提出命令〕，会社434条〔会計帳簿の提出命令〕・443条〔計算書類等の提出命令〕・493条〔財産目録等の提出命令〕・498条〔貸借対照表等の提出命令〕など）。

また，公益が問題となる行政事件訴訟，人事訴訟，家事事件手続，非訟事

件手続では、職権探知主義が採用されており、職権証拠調べが認められている（行訴24条・38条1項・41条1項・43条・45条4項，人訴20条，家手〔平成23年法律第52号〕56条・258条，非訟〔平成23年法律第51号〕49条）。

　もっとも、民事訴訟実務上、当初は当事者から証拠の申出がなくても、裁判所から当事者に対し審理のために必要と思われる証拠の申出を促し、当事者がこれに応じて証拠を提出することも多くみられることに留意する必要がある。他方、当事者から申出がないにもかかわらず、職権により証拠調べを行うことはあまりない旨が指摘されている。

(3)　証拠能力に関する規律

　民事訴訟においては、刑事訴訟と異なり、原則として、証拠能力の制限はない。→【判例⑥】参照

　もっとも、違法収集証拠について証拠能力が否定される余地があり（→【判例⑦】参照）、また、証拠制限契約により証拠が限定される場合がある（→【判例⑧】参照）。

3．証拠調べ各論

(1)　証拠の申出と採否

　証拠の申出は、証明すべき事実及びこれと証拠との関係（立証趣旨）を具体的に明示してしなければならない（民訴180条1項，民訴規99条1項）。実務上、証拠説明書が広く活用されており、証拠価値の評価や取調べの必要性の検討に資する（民訴規137条1項・147条・148条）。書証の写しの重要な部分にラインマーカー等で印を付けるなどの工夫もみられる。外国語で作成された文書を提出して書証の申出をするときは、取調べを求める部分についてその文書の訳文を添付しなければならない（民訴規138条1項）。

　裁判所は、当事者が申し出た証拠で必要でないと認めるものは、取り調べることを要せず、証拠調べについて不定期間の障害があるときは、証拠調べをしないことができる（民訴181条）。

(2)　書証と人証の特徴

書証は，作成時において内容が固定されるが，偽造されることや虚偽の内容が記載されることもあり，通常は事件の全体像を説明するものではないという特徴がある。他方，人証（特に証人及び当事者本人）は，事件の全体像の把握に資する部分があるものの，供述者の知覚，記憶，表現に影響されるところがあり，その内容が固定しておらず，浮動的な要素があるという特徴がある。

　証拠調べ及び事実認定を行う際には，これらの特徴を踏まえ，争いのない事実や客観的証拠等から確実に認定できる動かし難い事実を把握したうえで，何が真実であるかを検討することが有用である。その際には，重要な事実について，これに対応する証拠を引用した時系列表を作成し，問題となる行為当時の情況のほか，その前後の情況を分析し，これらを総合的に検討することが有益である。なお，整合性のない供述等が枝葉末節の部分である場合，その部分だけ勘違いなどをしており，他の部分が信用できることは少なからずある。他方，一見些細にみえる事実の意味を考えることにより重要な事実につながることもある。

(3) 書　　証

(a) 意　　義

　書証とは，文書を閲読してその記載内容を証拠資料とする証拠調べをいう（民訴219条以下，民訴規137条以下）。

　文書（書証）は，立証命題である意思表示その他の法律行為がそれによってされた文書である処分証書（契約書，手形，遺言書など）と，作成者の見聞，判断，感想等が記載された文書である報告文書（領収証，商業帳簿，日記，手紙，陳述書など）とに分類される。

　書証の申出は，①文書を提出し，②文書の所持者にその文書の送付を嘱託すること（文書送付嘱託）を申し立てて，又は③文書の所持者にその提出を命ずること（文書提出命令）を申し立ててすることができる（民訴219条・221条・226条）。

　文書の提出又は送付は，原本，正本又は認証のある謄本でしなければならない（民訴規143条1項）。もっとも，実務上，原本の存在及び成立に争いがな

く，相手方の異議がないときは，原本に代えて写しを提出することができると解されているうえ（→【判例⑨】参照），写し自体を原本として提出する場合もあり，原本の存在及び成立に争いがないか，これらが証明されたときは，写しが原本と同じ証明力を有することになる。ただし，原本確認の必要性は広く認められるところであり，書証の全体を精査し，紙質，古さ等の原本の物理的な状態に留意し，視覚のほかに触覚を活用すべき場合があること，貼付された印紙・切手の発行時期，記載された会社の名称・代表者名，郵便番号及び税率の変更，市町村合併等から書証の作成時期の虚偽が判明する場合があること，契印や別紙の有無にも留意する必要があることが指摘されている。

(b) 形式的証拠力

　文書は，その成立が真正であること（形式的証拠力）を証明しなければならず（民訴228条1項），これが証明されなければ，実質的証拠力（文書の記載内容が裁判官の心証形成の資料となり，立証命題である事実の存否について裁判官の判断に作用して影響を与え得る力）を有しない。形式的証拠力について，民事訴訟法228条4項は，「私文書は，本人又はその代理人の署名又は押印があるときは，真正に成立したものと推定する。」とし，「署名又は押印がある」とは署名又は押印が本人又は代理人の意思に基づいていることが必要であると解されており（→【判例⑩】参照），ここにいう推定は，本人又は代理人がその意思に基づいて署名又は押印をした場合，文書全体も真正に成立していることが多いという経験則を踏まえ，事実認定に際しての裁判官の自由心証に対する一応の拘束を定めた法定証拠法則であるとするのが通説である。また，我が国の印章尊重の慣行から，文書中の印影が本人又は代理人の印章によって顕出された場合には，反証がない限り，当該印影は本人又は代理人の意思に基づいて成立したものと推定され（一段目の推定）（→【判例⑪】参照），その結果，当該文書は，同項所定の本人又は代理人の「押印がある」という要件を満たし，全体が真正に成立したものと推定される（二段目の推定）。これらの推定はいずれも事実上の推定であり，立証責任が転換されるものではないと解されている。

　文書の成立を否認するときは，その理由を明らかにしなければならず（民

訴規145条)，二段の推定を踏まえ，どこの部分を認め，どこを争うのか（印章の盗用・冒用等を主張して一段目の推定についての反証を行うのか，署名・押印後の改ざん等を主張して二段目の推定についての反証を行うのかなど）を明らかにする必要がある。

実務上，二段の推定が破れる場合も少なからずみられるところであり，安易に二段の推定を覆すことは慎むべきであるが，二段の推定に過度の期待をかけることは禁物であり，各推定の根拠に照らし補助事実を慎重に吟味する必要がある。

なお，その方式及び趣旨により公務員が職務上作成したものと認められる文書は，真正に成立した公文書と推定され，公文書の成立の真否について疑いがあるときは，裁判所は，職権で，当該官庁又は公署に照会をすることができる（民訴228条2項・3項）。

(c) 実質的証拠力

処分証書の実質的証拠力については，成立の真正（形式的証拠力）が認められれば，他に特段の事情がない限り，作成者により記載された内容の法律行為がされたことが認められると解されている（→【判例⑫⑬】参照）。もっとも，実務上，特段の事情が認められることも少なからずみられるところであり，安易に処分証書を排斥することは慎むべきであるが，特段の事情の有無を慎重に吟味する必要がある。

報告文書は，作成者が，作成時に一定の認識や意見等を有していたことの手掛かりとなる特徴を有するが，その実質的証拠力は千差万別であるから，他の補助事実や証拠等をも十分に斟酌して検討すべきである。

書証の検討などにより，当事者の主張に根拠のない部分があることや，誤解に基づくことが判明し，真の争点が明らかになる場合もあり，証拠を無視して実効性のある主張（争点）・証拠の整理を実現することは困難である。

(4) 証人尋問

証人尋問とは，過去の事実についての自己の認識を訴訟において供述すべき第三者である証人の証言内容を証拠資料とする証拠調べをいう（民訴190条以下，民訴規106条以下）。

証人及び当事者本人の尋問は，できる限り，争点及び証拠の整理が終了した後に集中して行わなければならず（民訴182条），的確な主張（争点）・証拠の整理が集中証拠調べの前提となっている（民訴規101条参照）。

証言の信用性を検討する際には，動かし難い事実や経験則に整合しないところや，内在的矛盾・不合理な変遷がないかを証言態度に照らし検討することが有用である。原告側・被告側双方の人証の内容が一致した供述や，自己の側に不利な内容の供述は，一般に信用性が高いと考えられる。刑事訴訟規則199条の6が，「証人の供述の証明力を争うために必要な事項の尋問は，証人の観察，記憶又は表現の正確性等証言の信用性に関する事項及び証人の利害関係，偏見，予断等証人の信用性に関する事項について行う。」と定めていることは民事訴訟においても参考になろう。ただし，民事訴訟においては，証人は何らかの利害関係を有していることが多く，利害関係から証言の信用性を判断することは困難であることが多い。

(5) **当事者尋問**

当事者尋問とは，過去の事実についての自己の認識に係る当事者本人の供述内容を証拠資料とする証拠調べをいう（民訴207条以下，民訴規126条以下）。

証人及び当事者本人の尋問を行うときは，まず証人の尋問をするが，適当と認めるときは，当事者の意見を聴いて，まず当事者本人の尋問をすることができ（民訴207条2項），当事者尋問については，証人尋問との関係において，緩やかな補充性が採用されている。

(6) **検　　証**

検証とは，裁判官が五感（視覚，聴覚，味覚，嗅覚，触覚）の作用によって，直接に事物の形状，性質等を認識し，その結果を証拠資料とする証拠調べをいう（民訴232条以下，民訴規150条以下）。

実務上，正式な現場検証の代わりに，進行協議期日において，裁判官及び両当事者が現地に臨み，現場で双方から指示説明を受け，その後に，証拠として上記の際に撮影された写真等が提出され，これを活用して法廷で証人尋問等を行うこともある。

(7) 鑑　　定

　鑑定とは，裁判官の判断能力を補助するため，特別の学識経験を有する第三者である鑑定人の鑑定意見（専門的知識又はその知識を具体的事実に適用して得た判断）を証拠資料とする証拠調べをいう（民訴212条以下，民訴規129条以下）。

　実務上，鑑定を行う際には，前提事実を踏まえ，争点のうちのどの部分の鑑定を求めるかを明確にして鑑定事項を定めること，専門分野・経歴等から的確な鑑定人を指定することが重要である。安易に鑑定意見に追従することは慎むべきであり，論理・過程を追って鑑定意見を慎重に吟味する必要がある。鑑定人が前提にしている事実と裁判所が把握している前提事実が異なっていないか，用語の解釈・ニュアンスが違っていないかにも留意する必要がある。

Ⅳ　証拠調べについて注意しておくのはどのような点か

　証拠調べの際には，自己の主張を裏づける証拠，相手方の主張を崩す証拠，あるいは審理・判断のために必要な証拠が提出されているかに注意しておく必要がある（提出されていない場合は，不提出の理由の合理性も検討する必要がある。）。真実は必ず痕跡を残す。物理的な痕跡の場合もあれば，人の知覚・記憶を介した痕跡の場合もあろう。しかし，注意深く観察し，あるいは引き出すことができなければ（読み解くのに専門的知見の活用が必要なときもある。），これらを見逃し，それは消えてしまうかもしれない。的確な証拠調べのためには，証拠調べに係る法的規律を理解するだけではなく，十分な証拠収集がされたうえで，各証拠調べの性質を踏まえてこれらを活用する必要があることに注意しておくべきである。

〔平　野　　　望〕

参照判例

【判例①】

　　最二小判昭50・10・24民集29巻9号1417頁は，「訴訟上の因果関係の立証は，一点の疑義も許されない自然科学的証明ではなく，経験則に照らして全証拠を総合検討し，特定の事実が特定の結果発生を招来した関係を是認しうる高度の蓋然性を証明することであり，その判定は，通常人が疑を差し挟まない程度に真実性の確信を持ちうるものであることを必要とし，かつ，それで足りる」とし，最三小判平12・7・18判時1724号29頁も同趣旨の判示をしている。

【判例②】

　　最二小判昭36・4・28民集15巻4号1115頁は，「裁判官の通常の知識により認識し得べき推定法則の如きは，その認識のためにとくに鑑定等の特別の証拠調を要するものではなく，またかかる推定の生ずる根拠につきとくに説示することを要するものではない。」とする。

【判例③】

　　最一小判昭28・5・14民集7巻5号565頁は，「証拠共通の原則に従い，裁判所は自由な心証によってこれ〔証拠調べの結果〕を事実認定の資料となすことができるのであって，必ずしもその証拠調の申出をなし，若しくはその証拠調の結果を援用する旨を陳述した当事者の利益にのみこれを利用しなければならないものではない。当事者は訴訟の実際において屡々一定の証拠を自己の利益に援用する旨を陳述することがあるけれども，それは裁判所が職責としてなす証拠判断につき，その注意を喚起する程の意義を有するに過ぎないのであって，裁判所はかかる陳述の有無を問わず，適法に提出されたすべての証拠については，当事者双方のために共通してその価値判断をなさなければならない」とする。

【判例④】

　　最二小判昭45・1・23判時589号50頁は，「共同訴訟人の一人が提出した証拠は，その相手方に対するばかりでなく，他の共同訴訟人とその相手方に対する関係においても証拠として認定資料に供することができる」とする。

【判例⑤】
　最三小判昭41・4・12民集20巻4号560頁は，「数個の事件の弁論が併合されて，同一訴訟手続内において審理されるべき場合には，併合前にそれぞれの事件においてされた証拠調の結果は，併合された事件の関係のすべてについて，当初の証拠調と同一の性質のまま，証拠資料となる」とする。

【判例⑥】
　最二小判昭24・2・1民集3巻2号21頁は，「訴訟提起後に当事者自身が，係争事実に関して作成した文書であっても，それがために，当然に，証拠能力をもたぬものではない。裁判所は自由の心証をもって，かかる書類の形式的，実質的証拠力を判断して，これを事実認定の資料とすることができる」とする。

【判例⑦】
　東京高判昭52・7・15判時867号60頁は，「証拠が，著しく反社会的な手段を用いて人の精神的肉体的自由を拘束する等の人格権侵害を伴う方法によって採集されたものであるときは，それ自体違法の評価を受け，その証拠能力を否定されてもやむを得ない」と判示し，話者の同意なくしてされた録音テープについて，通常話者の一般的人格権の侵害となり得ることは明らかであるが，酒席における発言供述を不知の間に録取したものにとどまり，いまだ人格権を著しく反社会的な手段方法で侵害したものということにできないとして，証拠能力を肯定している。

【判例⑧】
　東京地判昭42・3・28判タ208号127頁は，証拠制限契約について，「係争事実の確定方法について特定の証拠方法を提出することに限定し，それだけによって事実の証明をすべきであるとする当事者間の合意が有効であるかについては争いの存するところであるが，職権証拠調が原則的に許されない現行民事訴訟制度のもとにあっては，弁論主義が適用され当事者の自由処分が許される事項に限り，裁判所の自由心証主義に抵触しない範囲でこれを許容しても何ら妨げないから，その限度において右合意も適法かつ有効」とする。

【判例⑨】
　大判昭5・6・18民集9巻609頁は，当事者間において文書の謄本をもって原本に代えることに異議がなく，かつ，その原本の存在成立につき争

いがない以上は，挙証者は必ずしもその原本正本又は認証ある謄本を提出する必要はないとする。

【判例⑩】
　　最二小判昭38・11・15裁判集民事69号243頁は，私文書の押印部分が名義人の印鑑によって作出された場合であっても，押印が名義人の意思に基づいてされたものでない以上は，私文書の成立の推定規定たる旧民事訴訟法326条（現在の228条4項に相当）は適用されないとする。

【判例⑪】
　　最三小判昭39・5・12民集18巻4号597頁は，文書中の印影が本人又は代理人の印章によって顕出された場合には，反証がない限り，当該印影は本人又は代理人の意思に基づいて成立したものと推定するとする。

【判例⑫】
　　最一小判昭32・10・31民集11巻10号1779頁は，書証の記載及び体裁から，特段の事情のない限り，その記載どおりの事実を認めるべきである場合に，何ら首肯するに足る理由を示すことなくその書証を排斥するのは，審理の不尽であって，理由不備の違法があるとする。

【判例⑬】
　　最一小判昭45・11・26裁判集民事101号565頁は，土地の売買契約公正証書及び領収書の記載及び体裁から，特段の事情がない限り，土地につき売買契約ないし売買の予約が成立したものと認めるのが自然であるとする。

35 文書提出命令

◆3　証拠調べ

I　文書提出命令について学ぶのはどうしてか

　民事訴訟において，権利又は法律関係を実現し，あるいはこれを争うためには，的確な証拠調べがされる必要があるところ，そのためには，自己の主張を裏づける証拠，相手方の主張を崩す証拠の収集を行う必要がある。しかし，証拠が偏在している場合，相手方や第三者が所持する文書を取得するのは困難なことがあり，有効な証拠収集手続である文書提出命令について学ぶ必要がある。また，企業等の文書の所持者側からすれば，どのような文書にいかなる場合に提出義務があり，作成時に留意すべき事柄は何かなどを検討するため，文書提出命令に関する規律を学ぶ必要がある。

　実務上，文書提出義務の有無が熾烈に争われることが少なからずあり，近年の判例法理を正確に理解する必要がある。

II　文書提出命令について問題となるのはどのような点か

　文書提出命令については，文書提出義務の意義を確認し，各根拠条文ごとに文書提出義務に係る判例法理を正確に理解するとともに，文書提出命令の審理手続，これに従わない場合等の効果を把握し，文書提出命令を有効に活用できるようにする必要がある。

Ⅲ 文書提出命令について実務はどう取り扱っているか

1．文書提出義務

(1) 意 義

　旧民事訴訟法312条１号ないし３号（平成８年法律第109号による改正前のもの）は，引用文書，引渡・閲覧請求可能文書，利益文書及び法律関係文書の提出義務を定めていたところ，民事訴訟法220条（平成８年法律第109号）は，文書提出命令制度の拡充を図り，改正前の旧民事訴訟法312条１号ないし３号を現代語化する（これらの限定提出義務についての解釈は改正により変更されていないと解されている。）とともに，４号を新たに加え，私文書について一般提出義務を定めるとともに除外事由を定めたが，公務員又は公務員であった者がその職務に関し保管し，又は所持する文書の一般提出義務は定められなかった（括弧書により除かれた。）。同文書の文書提出命令については，民事訴訟法制定附則27条により，行政機関の保有する情報を公開するための制度に関して行われている検討と並行して，総合的な検討を加え，その結果に基づいて必要な措置を講ずるものとされた。その後，平成11年に行政機関の保有する情報の公開に関する法律（平成11年法律第42号）が制定され，民事訴訟法の一部を改正する法律（平成13年法律第96号）により民事訴訟法220条４号に上記文書も含まれ，一般提出義務が定められるとともに，公務文書に特有の除外事由として公務秘密文書及び刑事・少年事件関係文書に係る規定が定められ，また，国又は地方公共団体が所持する文書であって，公務員が組織的に用いるものは，もっぱら文書の所持者の利用に供するための文書（以下「自己利用文書」という。）から除かれることとされた。

　近年では，実務上，文書提出義務につき一般提出義務が定められたことから，その除外事由該当性が争われることが多い（一般提出義務の除外事由に該当することから限定提出義務が否定される場合もある。）。ただし，刑事訴訟法47条所定の文書については，民事訴訟法220条４号ホ所定の刑事・少年事件関係文書として一般提出義務が除外されることから，同条３号後段所定の法律関係

文書として提出を求め，保管者による提出の拒否が裁量権の範囲を逸脱し，又は濫用するものでないかが争われることがある。

なお，このほかに文書提出命令に関する規定として，民事訴訟法229条2項，商法19条4項，会社法434条・443条・493条・498条，特許法105条，実用新案法30条，意匠法41条，商標法39条，種苗法37条，著作権法114条の3，不正競争防止法7条，私的独占の禁止及び公正取引の確保に関する法律83条の4，労働組合法27条の7，特定債務等の調整の促進のための特定調停に関する法律12条，家事事件手続法（平成23年法律第52号）64条・258条（当事者が文書提出命令に従わない場合の真実擬制について定める民事訴訟法224条を準用しない代わりに過料の制裁を定める。），非訟事件手続法（平成23年法律第51号）53条などがある。

(2) **限定提出義務**（民訴220条1号〜3号）
　(a) 引用文書
　当事者が訴訟において引用した文書を自ら所持するときは，その提出義務を負う（民訴220条1号）。

　当事者は，準備書面や陳述書等で引用した文書について提出義務を負うと解されている。
　(b) 引渡・閲覧請求可能文書
　挙証者が文書の所持者に対しその引渡し又は閲覧を求めることができるときは，文書の所持者はその提出義務を負う（民訴220条2号）。

　これらの請求権が私法上のものに限られるか，公法上のものをも含むかについては争いがある。私法上の請求権については，物権的請求権と債権的請求権のいずれも含み，法律（民487条・503条，会社433条など）に基づく場合のほか，契約に基づく場合も含まれる。そのため，契約に基づく開示義務が問題になった判例にも留意する必要がある。→【判例①②】参照
　(c) 利益文書及び法律関係文書
　　(ｱ) 利益文書　　文書が挙証者のために作成されたときは，文書の所持者はその提出義務を負う（民訴220条3号前段）。

　利益文書というためには，当該文書が挙証者の地位，権利ないし権限を直

接に証明し又は基礎づけるものであり，かつ，それを目的として作成されたものであることを要するとするのが通説であり，必ずしも挙証者のみの利益のために作成されたものである必要はなく，同時に他人の利益のために作成された文書であってもよいと解されている。具体例として，挙証者を受遺者とする遺言書，挙証者の契約書，挙証者の代理権を証明する委任状，領収書，身分証明書などが挙げられる。民事訴訟法220条3号に基づく文書提出義務と一般提出義務の除外事由との関係に関し，公務員の職務上の秘密に関する文書であって，その提出により公務の遂行に著しい支障を生ずるおそれがある（同条4号ロ）ことから，同条3号に基づく申立てに理由がないとした判例がある。→【判例③】参照

(イ) **法律関係文書**　文書が挙証者と文書の所持者との間の法律関係について作成されたときは，文書の所持者はその提出義務を負う（民訴220条3号後段）。

民事訴訟法220条3号後段に基づく文書提出義務と一般提出義務の除外事由との関係に関し，同条4号ニ所定の自己利用文書に当たる場合には同条3号後段所定の法律関係文書に該当しないと解されており（→【判例④】参照），また，法律関係文書と公務秘密文書との関係に関し，【判例③】がある。

刑事訴訟法47条所定の文書については，民事訴訟法220条4号ホ所定の刑事・少年事件関係文書として一般提出義務が除外されることから，同条3号後段に基づき提出が求められる場合があるところ，この場合，保管者の裁量的判断は尊重されるべきであるが，当該文書が法律関係文書に該当し，保管者が提出を拒否したことが，裁量権の範囲を逸脱し，又は濫用するものであると認められるときは，裁判所は，当該文書の提出を命ずることができると解されている（→【判例⑤～⑦】参照）。刑事関係書類が法律関係文書に該当するかどうかは，文書提出命令申立人と所持者との関係，当該書類の作成目的，作成時期，内容等を勘案して判断する必要があることが指摘されている。

(3)　**一般提出義務及び除外事由**（民訴220条4号）

(a) 自己負罪拒否特権・名誉毀損文書

　文書の所持者又は一定の関係を有する者が刑事訴追を受け，又は有罪判決を受けるおそれがある事項や，これらの者の名誉を害すべき事項が記載されている文書については，一般提出義務が除外される（民訴220条4号イ）。

(b) 公務秘密文書

　公務員の職務上の秘密に関する文書でその提出により公共の利益を害し，又は公務の遂行に著しい支障を生ずるおそれがあるものについては，一般提出義務が除外される（民訴220条4号ロ）。

　裁判所は，公務員の職務上の秘密に関する文書について民事訴訟法220条4号に基づく文書提出命令の申立てがあった場合，理由がないことが明らかなときを除き，同号ロに掲げる文書に該当するかについて，監督官庁の意見を聴かなければならない（民訴223条3項）。監督官庁が文書の提出により国の安全が害される等のおそれ，犯罪の予防，捜査その他の公共の安全と秩序の維持に支障を及ぼすおそれがあることを理由として民事訴訟法220条4号ロに掲げる文書に該当する旨の意見を述べたときは，裁判所は，その意見について相当の理由があると認めるに足りない場合に限り，提出を命ずることができる（民訴223条4項）。監督官庁は，文書の所持者以外の第三者の技術又は職業の秘密に関する事項に係る記載がされている文書について意見を述べようとするときは，民事訴訟法220条4号ロに掲げる文書に該当する旨の意見を述べようとするときを除き，あらかじめ，第三者の意見を聴くものとされる（民訴223条5項）。

　判例には，県が漁業協同組合との漁業補償交渉に臨む際の手持ち資料として作成した補償額算定調書中の補償見積額が記載された部分につき公務員の職務上の秘密に関する文書でその提出により公務の遂行に著しい支障を生ずるおそれがあるものに当たるとしたものがある（→【判例③】参照）。また，「公務員の職務上の秘密」とは，公務員が職務上知り得た非公知の事項であって，実質的にもそれを秘密として保護するに値すると認められるものをいい，公務員の所掌事務に属する秘密だけでなく，公務員が職務を遂行するうえで知ることができた私人の秘密であって，それが本案事件において公にされることにより，私人との信頼関係が損なわれ，公務の公正かつ円滑な運営

に支障を来すこととなるものも含まれ，また，民事訴訟法220条4号ロにいう「その提出により公共の利益を害し，又は公務の遂行に著しい支障を生ずるおそれがある」とは，単に文書の性格から公共の利益を害し，又は公務の遂行に著しい支障を生ずる抽象的なおそれがあることが認められるだけでは足りず，その文書の記載内容からみてそのおそれの存在することが具体的に認められることが必要であると解されている（→【判例⑧】参照）。なお，提出により他国との信頼関係が損なわれるおそれがあり民事訴訟法220条4号ロ所定の文書に当たる旨の監督官庁の意見に相当の理由があると認めるに足りないとした原審の判断に違法があるとした判例がある（→【判例⑨】参照）。

(c) 秘密文書

(ｱ) プロフェッション秘密文書　民事訴訟法197条1項2号所定の医師，弁護士等の職にある者又はこれらの職にあった者が職務上知り得た事実で黙秘すべきもの，かつ，黙秘の義務が免除されていないものが記載されている文書については，一般提出義務が除外される（民訴220条4号ハ前段）。

「黙秘すべきもの」とは，一般に知られていない事実のうち，弁護士等に事務を行うこと等を依頼した本人が，これを秘匿することについて，単に主観的利益だけではなく，客観的にみて保護に値するような利益を有するものをいうと解されている。→【判例⑩】参照

(ｲ) 技術・職業秘密文書　技術又は職業の秘密に関する事項で黙秘の義務が免除されていないものが記載されている文書については，一般提出義務が除外される（民訴220条4号ハ後段）。

「技術又は職業の秘密」とは，その事項が公開されると，当該技術の有する社会的価値が下落しこれによる活動が困難になるもの又は当該職業に深刻な影響を与え以後その遂行が困難になるものをいうと解されており（→【判例⑪】参照），職業の秘密に当たる情報が記載されていても，文書の提出を拒絶することができるのは，職業の秘密が保護に値する秘密に当たる場合に限られ，当該情報が保護に値する秘密であるかは，その情報の内容，性質，その情報が開示されることにより所持者に与える不利益の内容，程度等と，当該民事事件の内容，性質，当該民事事件の証拠として文書を必要とする程度等の諸事情を比較衡量して決すべきであると解されている（→【判例⑫】

参照)。また，金融機関が民事訴訟において訴訟外の第三者として開示を求められた顧客情報について，顧客自身が当該民事訴訟の当事者として開示義務を負う場合には，金融機関は，訴訟手続において上記顧客情報を開示しても守秘義務には違反せず，職業の秘密として保護に値する独自の利益を有する場合は別として，職業の秘密として保護されないと解されており（→【判例⑬】参照），金融機関が民事訴訟の当事者として開示を求められた訴訟外の第三者である顧客の情報について，顧客が上記民事訴訟の受訴裁判所から同情報の開示を求められればこれを開示する義務を負う場合にも，同様であると解されている（→【判例⑫】参照）。

(d) 自己利用文書

もっぱら文書の所持者の利用に供するための文書（自己利用文書。国又は地方公共団体が所持する文書にあっては，公務員が組織的に用いるものを除く。）については，一般提出義務が除外される（民訴220条4号ニ）。

ある文書が，その作成目的，記載内容，これを現在の所持者が所持するに至るまでの経緯，その他の事情から判断して，もっぱら内部の者の利用に供する目的で作成され，外部の者に開示することが予定されていない文書であって，開示されると個人のプライバシーが侵害されたり個人ないし団体の自由な意思形成が阻害されたりするなど，開示によって所持者の側に看過し難い不利益が生ずるおそれがあると認められる場合には，特段の事情がない限り，当該文書は自己利用文書に当たると解されており（→【判例④】参照），特段の事情とは，申立人が対象である貸出稟議書の利用関係において所持者である信用金庫と同一視することができる立場に立つ場合をいうとする判例（→【判例⑭】参照）や，特段の事情を肯定した判例（→【判例⑮】参照）がある。

このほか，上記枠組みの下で自己利用文書該当性が問題となった多くの判例があり（→【判例⑩⑪⑯～㉓】参照），実務上，自己利用文書該当性が熾烈に争われることが少なくない。

(e) 刑事・少年事件関係文書

刑事事件に係る訴訟に関する書類若しくは少年の保護事件の記録又はこれらの事件において押収されている文書については，一般提出義務が除外され

る（民訴220条4号ホ）が，前記のとおり，法律関係文書として一定の場合に文書提出命令が認められることがある。

　上記文書につき一般提出義務を除外する趣旨は，これらが，刑事訴訟法，刑事確定訴訟記録法，犯罪被害者等の権利利益の保護を図るための刑事手続に付随する措置に関する法律，少年法等により開示が認められている範囲を超えて，民事訴訟において提出を命じられ，これに基づいて提出された場合，関係者の名誉及びプライバシーが侵害されたり，捜査及び刑事裁判が不当な影響を受けたりするおそれがあるためであると解されており，この趣旨などから，民事訴訟法220条4号ホ所定の文書に該当しないとした裁判例がある。→【判例㉔】参照

2．文書提出命令の審理手続

　文書提出命令の申立ては，文書の表示，趣旨及び所持者，証明すべき事実並びに文書の提出義務の原因を明らかにしてしなければならず（→【判例㉕】参照），一般提出義務に基づく場合，書証の申出を文書提出命令の申立てによってする必要があるときでなければ，することができない（民訴221条）。文書の表示又は趣旨を明らかにすることが著しく困難であるときは，これらの事項に代えて，文書の所持者が申立てに係る文書を識別することができる事項を明らかにすれば足り，この場合，裁判所に対し，文書の所持者に文書の表示又は趣旨を明らかにすることを求めるよう申し出なければならず，裁判所は，文書提出命令の申立てに理由がないことが明らかな場合を除き，文書の所持者に対し，上記事項を明らかにすることを求めることができる（民訴222条）。相手方は，文書提出命令の申立てについて意見があるときは，意見を記載した書面を裁判所に提出しなければならない（民訴規140条2項）。

　裁判所は，文書提出命令の申立てを理由があると認めるときは，決定で，文書の所持者に対し，その提出を命じ，文書に取り調べる必要がないと認める部分又は提出の義務があると認めることができない部分があるときは，その部分を除いて，提出を命ずることができ（民訴223条1項），除外の手法を工夫する必要がある（→【判例㉕㉖】参照）。裁判所は，第三者に対して文書の

提出を命じようとする場合には，その第三者を審尋しなければならない（民訴223条2項）。裁判所は，民事訴訟法220条4号イからニまでに掲げる文書のいずれかに該当するか判断するため必要があると認めるときは，文書の所持者にその提示をさせることができ，この場合，何人も，提示された文書の開示を求めることができない（インカメラ手続）（民訴223条6項）。インカメラ手続については，一件記録に照らして明らかに不合理であるといえるような特段の事情がない限り，原審の認定を法律審である許可抗告審において争うことはできないと解されている（→【判例⑫】参照）。また，文書提出命令によって提出された文書の閲覧，謄写等の方法を工夫すべき場合があることが指摘されている（→【判例㉗】参照）。

文書提出命令の申立てについての決定に対しては，即時抗告をすることができる（民訴223条7項）。証拠調べの必要性を欠くことを理由として却下する決定に対し，必要性があることを理由として独立に不服の申立てをすることはできないと解され（→【判例⑪】参照），文書の提出を命じられた所持者及び申立てを却下された申立人以外の者は，抗告の利益を有せず，本案事件の当事者であっても，即時抗告をすることができないと解されており（→【判例㉘】参照），文書の所持者が訴訟当事者以外の第三者である文書提出命令申立事件において申立ての相手方となるのは，当該第三者であり，訴訟の相手方当事者ではないと解されている（→【判例㉒】参照）。また，文書提出命令申立て却下決定に対し口頭弁論終結後にされた即時抗告は不適法であると解されており（→【判例㉙】参照），相手方に攻撃防御の機会を与えることなく，相手方の申立てに係る文書提出命令を取り消し，同申立てを却下した抗告裁判所の審理手続に違法があるとした判例がある（→【判例㉚】参照）。

3．文書提出命令に従わない場合等の効果

当事者が文書提出命令に従わないときは，裁判所は，当該文書の記載に関する相手方の主張を真実と認めることができ，当事者が相手方の使用を妨げる目的で提出の義務がある文書を滅失させ，その他これを使用することができないようにしたときも同様であるとされ，相手方が，当該文書の記載に関して具体的な主張をすること及び当該文書により証明すべき事実を他の証拠

により証明することが著しく困難であるときは，裁判所は，その事実に関する相手方の主張を真実と認めることができる（民訴224条）。→【判例㉛】参照

第三者が文書提出命令に従わないときは，裁判所は，決定で，20万円以下の過料に処することができ，同決定に対し，第三者は即時抗告をすることができる（民訴225条）。

Ⅳ 文書提出命令について注意しておくのはどのような点か

文書提出命令については，どこにどのような文書があるのかを検討し，一連の判例法理を踏まえ，文書提出義務の有無，文書提出命令の審理手続，これに従わない場合等の効果を把握し，文書提出命令を有効に活用できるように注意しておく必要がある。その際には，今後の判例や議論の推移にも注意しておく必要がある。

〔平野　望〕

参照判例

【判例①】
　　最三小判平17・7・19民集59巻6号1783頁は，貸金業者は，債務者から取引履歴の開示を求められた場合には，その開示要求が濫用にわたると認められるなど特段の事情のない限り，貸金業法の適用を受ける金銭消費貸借契約の付随義務として，信義則上，保存している業務帳簿（保存期間を経過して保存しているものを含む。）に基づいて取引履歴を開示すべき義務を負うとする。

【判例②】
　　最一小判平21・1・22民集63巻1号228頁は，金融機関は，預金契約に基づき，預金口座の取引経過を開示すべき義務を負い，預金者の共同相続人の一人は，預金債権の一部を相続により取得するにとどまるが，これと

は別に，共同相続人全員に帰属する預金契約上の地位に基づき，被相続人名義の預金口座の取引経過の開示を求める権利を単独で行使できるとする。

【判例③】
　最二小決平16・2・20判時1862号154頁は，県が漁業協同組合との漁業補償交渉に臨む際の手持ち資料として作成した補償額算定調書中の補償見積額が記載された部分につき民事訴訟法220条4号ロ所定の公務員の職務上の秘密に関する文書でその提出により公務の遂行に著しい支障を生ずるおそれがあるものに当たるとし，公務員の職務上の秘密に関する文書であって，その提出により公務の遂行に著しい支障を生ずるおそれがある以上，民事訴訟法191条，197条1項1号の趣旨に照らし，文書の提出を拒むことができ，民事訴訟法220条3号に基づく申立ても理由がないとする。

【判例④】
　最二小決平11・11・12民集53巻8号1787頁は，ある文書が，その作成目的，記載内容，これを現在の所持者が所持するに至るまでの経緯，その他の事情から判断して，もっぱら内部の者の利用に供する目的で作成され，外部の者に開示することが予定されていない文書であって，開示されると個人のプライバシーが侵害されたり個人ないし団体の自由な意思形成が阻害されたりするなど，開示によって所持者の側に看過し難い不利益が生ずるおそれがあると認められる場合には，特段の事情がない限り，当該文書は「専ら文書の所持者の利用に供するための文書」（自己利用文書）に当たるとし，銀行の貸出稟議書及び本部認可書につき自己利用文書に当たるとしている。また，平成13年法律第96号による改正前の民事訴訟法220条4号ハ（現在の同号ニに相当）所定の自己利用文書に当たる以上，同条3号後段所定の法律関係文書に該当しないとする。最二小決平11・11・26金判1081号54頁も，貸出稟議書につき自己利用文書に当たるとしている。
　さらに，最一小決平12・3・10判時1711号55頁は，法律関係文書には，文書の所有者がもっぱら自己使用のために作成した内部文書（自己利用文書よりも広い概念であると解されている。）は含まれないとし，教科用図書検定調査審議会の作成した文書につき法律関係文書に当たらないとした。なお，この判例について，現行法下では，上記文書は民事訴訟法220条4号ニの括弧書により自己利用文書に該当せず，同号ロの該当性が問題になることが指摘されている。

【判例⑤】
　　最三小決平16・5・25民集58巻5号1135頁は，刑事訴訟法47条所定の文書の保管者の裁量的判断は尊重されるべきであるが，当該文書が法律関係文書に該当し，保管者が提出を拒否したことが，民事訴訟における当該文書を取り調べる必要性の有無，程度，当該文書が開示されることによる被告人，被疑者及び関係者の名誉，プライバシーの侵害，捜査，刑事裁判への不当な影響等の弊害発生のおそれの有無等の諸般の事情に照らし，その裁量権の範囲を逸脱し，又は濫用するものであると認められるときは，裁判所は，当該文書の提出を命ずることができるとし，共犯者らの供述調書につき法律関係文書に該当するか判断せずに文書提出命令を否定している。

【判例⑥】
　　最二小決平17・7・22民集59巻6号1837頁は，捜索差押許可状及び捜索差押令状請求書につき法律関係文書に該当するとし，捜索差押許可状の文書提出命令を肯定したが，捜索差押令状請求書の文書提出命令を否定している。

【判例⑦】
　　最二小決平19・12・12民集61巻9号3400頁は，被疑者の勾留請求の資料とされた被害者の告訴状及び供述調書につき法律関係文書に該当するとし，上記各文書の文書提出命令を肯定している。なお，この判例について，特殊事情から射程範囲が相当に限定的な事例判断であることが指摘されている。

【判例⑧】
　　最三小決平17・10・14民集59巻8号2265頁は，「公務員の職務上の秘密」とは，公務員が職務上知り得た非公知の事項であって，実質的にもそれを秘密として保護するに値すると認められるものをいい，公務員の所掌事務に属する秘密だけでなく，公務員が職務を遂行するうえで知ることができた私人の秘密であって，それが本案事件において公にされることにより，私人との信頼関係が損なわれ，公務の公正かつ円滑な運営に支障を来すこととなるものも含まれるとし，民事訴訟法220条4号ロにいう「その提出により公共の利益を害し，又は公務の遂行に著しい支障を生ずるおそれがある」とは，単に文書の性格から公共の利益を害し，又は公務の遂行に著しい支障を生ずる抽象的なおそれがあることが認められるだけでは足りず，その文書の記載内容からみてそのおそれの存在することが具体的に

認められることが必要であるとし，労災事故の災害調査復命書につき公務員の職務上の秘密に関する文書に当たるとし，そのうち，調査担当者が職務上知ることができた会社にとっての私的な情報に係る部分はその提出により公務の遂行に著しい支障を生ずるおそれがあるものに該当しないが，調査担当者の意見等の行政内部の意思形成過程に関する情報に係る部分はこれに該当しないとはいえないとしている。

【判例⑨】
　最二小決平17・7・22民集59巻6号1888頁は，法務省が外務省を通じて外国公機関に照会を行った際に外務省に交付した依頼文書の控え，上記照会に関して外務省が作成して外国公機関に交付した照会文書の控え，照会に対する回答文書について，提出により他国との信頼関係が損なわれるおそれがあり民事訴訟法220条4号ロ所定の文書に当たる旨の監督官庁の意見に相当の理由があると認めるに足りないとした原審の判断に違法があるとし，差戻審の東京高決平18・3・30判タ1254号312頁は，民事訴訟法223条6項に基づくインカメラ手続を経たうえで，依頼文書の控えの文書提出命令を肯定したが，照会文書の控え及び回答文書の文書提出命令を否定している。

【判例⑩】
　最二小決平16・11・26民集58巻8号2393頁は，破綻した保険会社につき選任された保険管理人によって設置された弁護士及び公認会計士を委員とする調査委員会が作成した調査報告書につき自己利用文書に当たらないとしている。また，「黙秘すべきもの」とは，一般に知られていない事実のうち，弁護士等に事務を行うこと等を依頼した本人が，これを秘匿することについて，単に主観的利益だけではなく，客観的にみて保護に値するような利益を有するものをいうとし，上記調査報告書につき民事訴訟法220条4号ハ前段所定の文書に当たらないとしている。なお，この判例について，法令上の根拠を有する命令に基づく公益的な調査の結果を記載した文書について判示するものであり，企業等で問題が発生した際にその内部で組織される調査委員会の作成した調査報告書，医療事故につき病院内で組織される調査委員会の作成した調査報告書に射程が直接及ぶものでないことが指摘されている。

【判例⑪】
　最一小決平12・3・10民集54巻3号1073頁は，証拠調べの必要性を欠くことを理由として文書提出命令の申立てを却下する決定に対しては，必要

性があることを理由として独立に不服の申立てをすることはできないとし，また，「技術又は職業の秘密」とは，その事項が公開されると，当該技術の有する社会的価値が下落しこれによる活動が困難になるもの又は当該職業に深刻な影響を与え以後その遂行が困難になるものをいうとし，電話機器類の回路図及び信号流れ図につき原審は開示することによる不利益などを具体的に認定していないとしている。また，上記文書が自己利用文書に当たるかにつき，原審は，具体的内容に照らし，開示によって所持者の側に看過し難い不利益が生じるおそれがあるか具体的に判断していないとしている。

【判例⑫】
　　最三小決平20・11・25民集62巻10号2507頁は，職業の秘密に当たる情報が記載されていても，文書の提出を拒絶することができるのは，職業の秘密が保護に値する秘密に当たる場合に限られ，当該情報が保護に値する秘密であるかは，その情報の内容，性質，その情報が開示されることにより所持者に与える不利益の内容，程度等と，当該民事事件の内容，性質，当該民事事件の証拠として文書を必要とする程度等の諸事情を比較衡量して決すべきであるとし，後に民事再生手続開始決定がされた顧客につき金融機関が行った財務状況等についての分析，評価等に関する情報について，職業の秘密に当たるが，保護に値する秘密に当たらないとしている。
　　また，金融機関が民事訴訟の当事者として開示を求められた訴訟外の第三者である顧客の情報について，顧客が上記民事訴訟の受訴裁判所から同情報の開示を求められればこれを開示する義務を負う場合には，金融機関は，訴訟手続において同情報を開示しても守秘義務には違反せず，職業の秘密として保護に値する独自の利益を有する場合は別として，職業の秘密として保護されないとし，上記顧客から金融機関が守秘義務を負うことを前提に提供された非公開の財務情報につき職業の秘密に当たらないとしている。
　　さらに，インカメラ手続は，事実認定のための審理の一環として行われるもので，法律審で行うべきものではないから，原審の認定が一件記録に照らして明らかに不合理であるといえるような特段の事情がない限り，原審の認定を法律審である許可抗告審において争うことはできないとする。
　　なお，介護サービス事業者が介護給付費等の請求のために審査支払機関に伝送する情報を利用者の個人情報を除いて一覧表にまとめた文書につき民事訴訟法220条4号ハに該当しないとしている【判例⑲】参照。

【判例⑬】
　最三小決平19・12・11民集61巻9号3364頁は，金融機関が民事訴訟において訴訟外の第三者として開示を求められた顧客情報について，顧客自身が当該民事訴訟の当事者として開示義務を負う場合には，金融機関は，訴訟手続において上記顧客情報を開示しても守秘義務には違反せず，職業の秘密として保護に値する独自の利益を有する場合は別として，職業の秘密として保護されないとし，金融機関と顧客との取引履歴が記載された明細表につき職業の秘密として保護されるべき情報が記載された文書とはいえないとしている。

【判例⑭】
　最一小決平12・12・14民集54巻9号2709頁は，特段の事情とは，申立人が対象である貸出稟議書の利用関係において所持者である信用金庫と同一視することができる立場に立つ場合をいうとし，信用金庫の会員による理事であった者らに対する会員代表訴訟を本案事件とする文書提出命令申立事件において，会員から申立てがされたからといって特段の事情があるとはいえず，貸出稟議書及びこれに添付された意見書につき自己利用文書に当たるとしている。

【判例⑮】
　最二小決平13・12・7民集55巻7号1411頁は，破綻した信用組合から営業の全部を譲り受けた整理回収機構が所持する貸出稟議書及び付属書類につき，自己利用文書に当たるとはいえない特段の事情があるとしている。

【判例⑯】
　最一小決平17・11・10民集59巻9号2503頁は，市議会議員が所属会派に交付された政務調査費を用いてした調査研究の内容及び経費の内訳を記載して当該会派に提出した調査研究報告書及びその添付書類につき自己利用文書に当たるとしている。

【判例⑰】
　最二小決平18・2・17民集60巻2号496頁は，銀行の本部の担当部署から各営業店長等にあてて発出された社内通達文書で変額一時払終身保険に対する融資案件を推進するとの一般的な業務遂行上の指針等が記載されたものにつき自己利用文書に当たらないとしている。

35　文書提出命令

【判例⑱】
　最三小決平19・4・27判時2012号7頁は，監査法人が作成した金融機関の監査調書の一部につき自己利用文書に当たらないとして提出を命じた原審の結論を維持している。

【判例⑲】
　最二小決平19・8・23判時1985号63頁は，介護サービス事業者が介護給付費等の請求のために審査支払機関に伝送する情報を利用者の個人情報を除いて一覧表にまとめた文書につき自己利用文書に当たらないとしている。

【判例⑳】
　最二小決平19・11・30民集61巻8号3186頁（【判例⑫】の第1次許可抗告審）は，銀行が法令により義務づけられた資産査定の前提として債務者区分を行うために作成し，保存している資料につき自己利用文書に当たらないとしている。

【判例㉑】
　最二小決平22・4・12判時2078号3頁は，市議会の会派が市から交付された政務調査費を所属議員に支出する際に各議員から諸経費と使途基準中の経費の項目等との対応関係を示す文書として提出を受けた報告書及びこれに添付された領収書につき自己利用文書に当たるとしている。

【判例㉒】
　最三小決平23・10・11判時2136号9頁は，弁護士会の綱紀委員会の議事録のうち「重要な発言の要旨」に当たる部分につき自己利用文書に当たるとしている。
　また，文書の所持者が訴訟当事者以外の第三者である文書提出命令申立事件において申立ての相手方となるのは，当該第三者であり，訴訟の相手方当事者ではないとする。

【判例㉓】
　東京高決平15・7・15判時1842号57頁は，インカメラ手続を経たうえで，医療事故調査報告書のうち事情聴取部分につき自己利用文書に当たるとしたが，報告提言部分につき自己利用文書に当たらないとしている。

【判例㉔】
　東京地決平22・5・13判タ1358号241頁は，捜査機関の嘱託を受けて医師である鑑定受託者が作成し所持している司法解剖の鑑定書の控え等につき民事訴訟法220条4号ホ所定の文書に該当しないとし，文書提出命令を肯定している。東京地決平17・6・14判時1904号119頁，東京地決平23・10・17判タ1366号243頁も，同様の文書につき文書提出命令を肯定している。

【判例㉕】
　最一小決平13・2・22判時1742号89頁は，特定の会計監査に関する監査調書との記載をもって提出を求める文書の表示及び趣旨の記載に欠けるところはなく，個々の文書の表示及び趣旨が明示されていないとしても，特定として不足するところはないとし，監査調書のうち，貸付先の一部の氏名，会社名，住所，職業，電話番号及びファックス番号部分を除いて提出を命じた原審を維持している。

【判例㉖】
　東京高決平20・4・2民集62巻10号2537頁（【判例⑫】の原審）は，文書の一部につきマスキングする方法により除いて文書の提出を命じている。東京高決平22・2・26判時2084号14頁も，同様の手法により文書の提出を命じている。

【判例㉗】
　東京地決平9・7・22判時1627号141頁は，特許権侵害訴訟において文書提出命令によって提出された文書の閲覧，謄写等の方法を裁判所の訴訟指揮権に基づいて定めている。東京地決平10・7・31判時1658号178頁も，同様の手法により文書の閲覧，謄写等の方法を定めている。なお，秘密保持命令を定めた特許法105条の4参照。

【判例㉘】
　最一小決平12・12・14民集54巻9号2743頁は，文書の提出を命じられた所持者及び申立てを却下された申立人以外の者は，抗告の利益を有せず，本案事件の当事者であっても，即時抗告をすることができないとする。

【判例㉙】
　最一小決平13・4・26判時1750号101頁は，文書提出命令申立て却下決定に対し口頭弁論終結後にされた即時抗告は不適法であるとする。

35　文書提出命令

【判例㉚】
　最二小決平23・4・13民集65巻3号1290頁は，即時抗告申立書の写しを即時抗告の相手方に送付するなどして相手方に攻撃防御の機会を与えることなく，相手方の申立てに係る文書提出命令を取り消し，同申立てを却下した抗告裁判所の審理手続に違法があるとしている。

【判例㉛】
　東京高判昭54・10・18判時942号17頁は，国が航空事故調査委員会が作成し防衛庁航空幕僚監部が保管する「航空事故調査報告書」の提出命令に従わないことから，旧民事訴訟法316条（平成8年法律第109号による改正前のもの）により墜落事故が戦闘機の整備不完全のため惹起された事実を真実と認めている。

36 ◆3 証拠調べ
証拠保全・証拠収集手続

I　証拠保全・証拠収集手続について学ぶのはどうしてか

　民事訴訟において，権利又は法律関係を実現し，あるいはこれを争うためには，自己の主張を裏づける証拠，相手方の主張を崩す証拠の収集を十分に行う必要があり，裁判上・裁判外の証拠収集手続について学ぶ必要がある。十分な証拠を事前に収集することができれば，紛争を予防できる場合もあろう。

　また，証拠には，改ざん，廃棄・散逸のおそれがあることなどから，あらかじめ証拠調べをしておかなければその使用が困難となるものもあり，適時にこれを保全することができるように，証拠保全について学ぶ必要がある。

　一つの証拠が，他の主張・証拠の虚偽を暴くこともあり，証拠保全・証拠収集手続は，立証活動の基礎である。

II　証拠保全・証拠収集手続について問題となるのはどのような点か

　証拠保全については，その意義を確認し，証拠保全の要件である証拠保全の事由等を正確に理解し，適切な証拠調べの方法を選択し，円滑に証拠保全を実施できるようにする必要がある。

　証拠収集手続については，裁判上・裁判外の各証拠収集手続の性質・利点を把握し，これらを有効に活用できるようにする必要がある。

　なお，証拠収集手続のうち，文書提出命令については，「35　文書提出命令」で論じている。

Ⅲ 証拠保全・証拠収集手続について実務はどう取り扱っているか

1．証拠保全

(1) 意　　義

　証拠保全とは，本来の証拠調べを待っていたのでは，証拠調べが不可能又は困難になるおそれがある場合に，あらかじめ証拠調べを行う手続をいう（民訴234条以下，民訴規152条以下）。

　証拠保全の本来的機能は，将来の訴訟等に備えて証拠を保全する機能であるが，証拠保全においては，相手方が所持している証拠を取り調べることになるから，事実上，証拠開示機能をも有し，これにより勝訴の見込みのない提訴が控えられたり，和解・示談が促進され，紛争の早期解決に資する場合もある。もっとも，証拠開示機能は，証拠保全手続が付随的に有するものであるとするのが通説であり，証拠開示機能のみを強調して証拠保全の要件を緩和し，証拠保全により過度の証拠開示を図るのは妥当でないと解されている。

(2) 証拠保全の事由等

　証拠保全の申立ては，書面でしなければならず，相手方の表示，証明すべき事実，証拠，証拠保全の事由を記載し，証拠保全の事由は疎明しなければならない（民訴規153条）。また，証明すべき事実と証拠との関係を具体的に明示しなければならず（民訴規152条・99条1項），実務上，問題となる期間（診療期間，取引期間等）に対応した証拠に限定して対象とすることが多い。

　証拠保全の相手方とは，訴訟が継続している場合には相手方の当事者を，提訴前の申立ての場合には将来本案訴訟において相手方となるべき者をいう。相手方でなく第三者が所持している文書や検証物については，文書提出命令，検証物提示命令の場合に第三者審尋が必要である（民訴223条2項・232条1項）（なお，文書提出命令申立事件において申立ての相手方となるのは，文書の所持

者である第三者であり，訴訟の相手方当事者ではないと解されている〔→【判例①】参照〕）。

　証拠保全の事由とは，あらかじめ証拠調べをしておかなければその証拠を使用することが困難となる事情のことをいう（民訴234条）。証拠保全の事由として，文書・検証物については，改ざん，廃棄・散逸のおそれがあることなどが，人証については，死期が迫っていること，海外渡航により長期間にわたり帰国の見込みがないことなどが挙げられ，対象が存在することも含まれ，証拠保全の事由は具体的に主張・疎明される必要があると解されている（→【判例②③】参照）（なお，最近の実務では，証拠保全ではなく医療機関の任意開示制度，個人情報の保護に関する法律等に基づく開示により診療録等を入手することが少なくない。）。証拠の必要性の判断は，本案訴訟の審理を行う裁判所が行い，証拠保全を担当する裁判所は判断しないのが原則であるが，本案訴訟における証拠調べの必要がないことが極めて明白であるような場合には，証拠保全の事由を欠き，証拠保全の申立ては却下されると解されている（→【判例④】参照）。

(3) 証拠調べの方法，実施等

　証拠保全における証拠調べの方法には，検証，書証，証人尋問，当事者尋問，鑑定等があるが，実務上，診療録等の検証が行われることがとても多く，他の文書の送付嘱託が次いでいる。診療録等の証拠調べの方法については，その記載内容ではなく外形だけを取り調べれば足りるとする検証説と，文書の記載内容が問題となることから書証の方法によるべきとする書証説があるが，実務上は，証拠保全の事由が，改ざんのおそれである場合には検証が，廃棄・散逸のおそれである場合には文書送付嘱託が行われることが多い。

　検証に関する民事訴訟法232条は，文書提出義務に関する220条を準用していないが，文書提出義務の制限の潜脱を防ぐため，本案訴訟で書証とされる文書で文書提出義務が認められないものについては，検証物提示命令を発することができないと解されている（→【判例⑤】参照）。文書提出義務の有無については，「35　文書提出命令」で論じているが，証拠保全の際には，特

に，医療機関における事故報告文書（インシデント・アクシデントレポート）等が自己利用文書（民訴220条4号ニ）に該当しないか，対象となる文書が公務秘密文書（同号ロ）や技術・職業秘密文書（同号ハ後段）に該当しないか，民事訴訟法220条3号後段所定の法律関係文書として刑事訴訟法47条所定の文書の提出が求められた場合に保管者による提出の拒否が裁量権の範囲を逸脱し，又は濫用するものでないかに留意する必要がある。検証物提示命令は，実務上，検証についての証拠保全決定の際には判断を留保し，検証の現場において，相手方の対応・意見を踏まえ（民訴規140条2項参照），発令するか検討することが多い（検証の現場で検証物提示命令の申立てが取り下げられることも多い。）。

　証拠保全決定書謄本，期日の呼出状等の送達（民訴94条・119条・240条，民訴規40条1項参照）は，改ざんのおそれを理由に検証する場合には，執行官送達によることが多い。検証の結果を記録に残すためには，（デジタル）カメラ，コピー機，又はビデオカメラ等が必要であり（東京等では申立人が専門のカメラマンを同行することも多いが，証拠保全は裁判所による証拠調べであり，裁判官の訴訟指揮に従わなければならないことに留意する必要がある。），事前に面接等において，申立人と裁判所との間で打ち合わせる必要がある。検証の際に，対象物（診療録等）の重要な部分に修正等がある場合は，裏から透かしてみるなどして，形状等を調書に記載するよう留意し，証拠保全の対象となっていない患者の氏名・病名等の部分は，付箋で覆い写真撮影するなどの工夫をする必要がある。

　証拠保全の認容決定に対しては不服を申し立てることはできないが（民訴238条），却下決定に対しては抗告をすることができる（民訴328条1項）。また，文書提出命令，検証物提示命令については，認容決定及び却下決定のいずれに対しても即時抗告をすることができる（民訴223条7項・232条1項）。即時抗告は，裁判の告知を受けた日から1週間の不変期間内に書面で行わなければならないところ（民訴332条・331条・286条1項），検証の現場ではこれを受理できないため，（官署としての）裁判所に提出する必要がある。

　証拠保全における証拠調べの結果は，本案訴訟の口頭弁論への上程により本案訴訟において証拠調べがされたのと同一の効力が生じるところ，実務

上，当事者が証拠調べの結果を援用する旨の訴訟行為（結果陳述）をするのが通常である（民訴規54条・154条参照）。証拠保全において文書提出命令，検証物提示命令に当事者が従わない場合，その後の本案訴訟において，他方当事者の文書の記載に関する主張，一定の場合には事実に関する主張につき真実擬制がされ得る（民訴224条1項・3項・232条1項）。なお，実務上，証拠保全の対象となった文書は，本案訴訟において，いずれかの当事者から改めて書証として提出されることが多い（医療訴訟においては，医療機関側から訳文を添付するなどして診療録等が提出されるのが通常である。）。申立人が証拠保全における証拠調べ調書等を謄写し証拠保全の相手方とは異なる者に対する本案訴訟などにおいて書証として提出することもある。

(4) 電子カルテの証拠保全

近年，電子カルテ（診療録等に記載された診療情報を電子化し，保存された診療録）を用いる医療機関が増加している。電子カルテについては，電磁的記録自体が診療録等になることから，証拠保全における検証の対象は電磁的記録自体であり，ディスプレイ上の画面や印刷された紙面は見読可能な状態にするための媒体にすぎず，また，電子カルテシステムには様々なものがあり，必要な権限と知識があれば，更新履歴を含めて改ざんできる場合があるため，電子カルテであることのみを理由に改ざんのおそれを否定するのは難しいと解されている。

電子カルテの検証方法としては，印刷機能がある場合には相手方の協力を得て印刷する方法が有用であるが，ディスプレイ上の表示と印刷物との表示形式にずれが生じることがあるため，申立人において，表示形式のずれに疑義のある部分や特に重要な診療情報を含む部分など，撮影を要する部分を特定し，当該部分の撮影を併用する方法などが相当なこともあり得る。

2．証拠収集手続

(1) 意　義

当事者は，主張及び立証を尽くすため，あらかじめ，証人その他の証拠について事実関係を詳細に調査しなければならない（民訴規85条。なお，民訴規64

条参照)。

　事実関係の正確な把握，証拠の収集は立証活動の基本であるところ，訴訟代理人は，依頼者・関係人が法的に重要な事実・証拠が何であるかを必ずしも意識していないことに留意する必要がある。依頼者・関係人からの事情聴取，不動産登記，商業登記，戸籍，住民票の調査などを始め，裁判外での証拠収集方法を含めて証拠収集手続について広く論じたものとして，司法研修所『7訂民事弁護の手引』，同『5訂民事弁護における立証活動』，東京弁護士会法友全期会民事訴訟実務研究会編『証拠収集実務マニュアル〔改訂版〕』，第一東京弁護士会新進会編『証拠・資料収集マニュアル』，群馬弁護士会編『立証の実務』が，文献，外国法などを含め，法学分野でのリサーチを広く論じたものとして，いしかわまりこほか『リーガル・リサーチ〔第4版〕』が参考になる。近年では，証拠収集の際にインターネットなどをうまく活用することが有益であるが，インターネット上の情報は必ずしも客観性が担保されていないこと，インターネットによっては取得できない証拠も多いことに留意する必要がある。裁判外の資料の閲覧・謄写については，明確な根拠法令が存在しないものが少なくなく，実務的慣行や通達によって処理しているものもかなりあり，これらは個別折衝を待つほかないことが指摘されている。また，行政機関の保有する情報の公開に関する法律，独立行政法人等の保有する情報の公開に関する法律，地方公共団体の情報公開条例に基づく情報公開請求や，個人情報の保護に関する法律，行政機関の保有する個人情報の保護に関する法律，独立行政法人等の保有する個人情報の保護に関する法律，地方公共団体の個人情報保護条例に基づく開示請求により証拠を取得する場合も考えられる。

(2)　**弁護士会照会**

　弁護士，弁護士法人は，受任している事件について，所属弁護士会に対し，公務所又は公私の団体に照会して必要な事項の報告を求めることを申し出ることができ，申出があった場合において，当該弁護士会は，その申出が適当でないと認めるときは，これを拒絶することができる。弁護士会は，上記申出に基づき，公務所又は公私の団体に照会して必要な事項の報告を求め

ることができる（弁護23条の2・30条の21）。

　弁護士会照会の趣旨については，弁護士が，基本的人権を擁護し，社会正義を実現することを使命とするものであることにかんがみ，弁護士会照会も公共的性格を有し，弁護士の受任事件が訴訟事件となった場合には，当事者の立場から裁判所の行う真実の発見と公正な判断に寄与するという結果をもたらすことを目指すものであると解されている（→【判例⑥】参照）。照会先は，公務所又は公私の団体であるが，法律事務所等の実質的に団体と目すべき一個の社会的組織体については，私的団体として照会先となると解されている。受任事件の相手方が知らない間に情報を取得し得ることが弁護士会照会の利点であるが，照会先を通じ申出人の意図等が相手方に知られる場合もあることに留意する必要がある。照会先や照会事項により回答を拒否されることがあるため，先例を参照するなどしてこれらを工夫する必要があり（短い一問一答式にすべきことなどが指摘されている。），各弁護士会の弁護士会照会の手引（東京弁護士会調査室編『弁護士会照会制度〔第3版〕』，第一東京弁護士会弁護士業務改革委員会第8部会編『弁護士法第23条の2 照会の手引〔5訂版〕』，第二東京弁護士会調査室編『照会必携―弁護士会照会ガイドブック2007年〔改訂版〕』など）が参考になる。

　弁護士会から照会を受けた公務所等に報告義務があるかは議論のあるところであり，報告しなかった場合の罰則はないが，回答拒否の場合について，損害賠償責任を否定した裁判例（→【判例⑦】参照）と肯定した裁判例（→【判例⑧】参照）がある。また，弁護士会照会に応じて回答した場合について，損害賠償責任を否定した裁判例（→【判例⑨】参照）と肯定した判例（→【判例⑩】参照）がある。

(3)　**文書送付嘱託**

　文書送付嘱託とは，裁判所が文書の所持者にその送付を嘱託することによる書証の申出をいう（民訴226条）。

　文書提出義務（民訴220条）の有無にかかわらず，文書送付嘱託の申立てをすることができ，嘱託先は官公署・公務員に限られず，私人に対しても嘱託することができる。我が国の官公署・公務員が，拒絶に正当な理由がない限

り，嘱託に応じて文書を送付すべき公法上の義務を負う（ただし，嘱託に応じないことに対する制裁はない。）のに対し，私人はこのような義務を負わないとするのが通説である（→【判例⑪】参照）。文書送付嘱託が拒絶された場合，文書提出命令を申し立てることも考えられる。

　実務上，文書送付嘱託は書証の申出の準備行為であると解されており，裁判所が口頭弁論等において送付された文書を提示したうえで，挙証者が必要な部分を選別し改めて書証の申出をするのが通常である。文書送付嘱託や調査嘱託に係る資料は，第三者が作成する客観的な性質のものが少なくなく，争点の前提事実を明らかにすることがある。

(4)　調査嘱託

　調査嘱託とは，事実，経験則又は法規に関する必要な調査を団体に嘱託することによる証拠調べをいう（民訴186条）。

　嘱託先は，団体であれば，私法人や権利能力のない社団又は財団でもよいが，個人には嘱託することができない。嘱託を受けた我が国の団体は，拒絶に正当な理由がない限り，嘱託に応ずべき公法上の義務を負うと解されているが，これに応じないことに対する制裁はない。調査嘱託の結果を証拠とするには，口頭弁論等において顕出して当事者に意見陳述の機会を与えれば足り，当事者の援用を要しないと解されている。→【判例⑫】参照

(5)　当事者照会

　当事者は，訴訟の継続中，相手方に対し，主張又は立証を準備するために必要な事項について，相当の期間を定めて，書面で回答するよう，書面で照会をすることができる（民訴163条，民訴規84条）。

　相手方は，除外事由に該当しない限り，回答義務を負うと解されているが，相手方が回答しないことに対する制裁はない。当事者照会は，裁判所の関与しない手続であるところ，実務上，当事者照会に代わり，裁判において当事者照会に係る事項につき求釈明事項として準備書面等に記載されることが少なくない。

(6) 訴え提起前の証拠収集処分等

　訴えを提起しようとする者が被告となるべき者に対し訴えの提起を予告する通知（予告通知）を書面でした場合には，予告通知者は，その予告通知を受けた者に対し，予告通知をした日から4か月以内に限り，訴えの提起前に，訴えを提起した場合の主張又は立証を準備するために必要であることが明らかな事項について，除外事由に該当しない限り，相当の期間を定めて，書面で回答するよう，書面で照会をすることができる（民訴132条の2，民訴規52条の2以下）。被予告通知者は，答弁の要旨を記載した書面で返答をしたときは，予告通知者に対し，予告通知者の場合と同じ要件の下で，照会をすることができる（民訴132条の3）。

　また，裁判所は，予告通知者又は答弁の要旨を記載した書面で返答をした被予告通知者の申立てにより，当該予告通知に係る訴えが提起された場合の立証に必要であることが明らかな証拠となるべきものについて，自ら収集することが困難であると認められるときは，相手方の意見を聴いて，訴えの提起前に，①文書送付嘱託，②調査嘱託，③専門家に対する意見陳述嘱託，又は④執行官に対する現況調査命令をすることができるが，その収集に要すべき時間又は嘱託を受けるべき者の負担が不相当なものとなることその他の事情により，相当でないと認めるときは，これらの処分をすることができない（民訴132条の4）。証拠収集処分の申立てについての裁判に対しては，不服を申し立てることができない（民訴132条の8）。

　実務上，提訴前の当事者照会の代わりに内容証明郵便を利用した情報交換が行われていること，提訴前の証拠収集処分は必ずしも頻繁に利用されていないものの，その中では文書送付嘱託，調査嘱託が用いられていることが指摘されている（なお，公証人による真実宣誓認証〔公証58条の2〕はほとんど利用されていない旨も指摘されている。）。

(7) 裁判記録等の閲覧・謄写

　民事事件の訴訟記録は，公開を禁止した口頭弁論に係る訴訟記録を除き，何人も閲覧を請求することができ（民訴91条1項・2項），当事者や利害関係を疎明した第三者は，謄写等を請求することができる（同条3項〔なお，132条の

7参照〕）。ただし，訴訟記録の保存又は裁判所の執務に支障があるときは，これらの請求をすることはできない（民訴91条5項）。民事保全事件，民事執行事件，破産事件，民事再生事件及び会社更生事件の記録については，利害関係を有する者でなければ閲覧することができない（民保5条，民執17条〔なお，201条参照〕，破11条，民再16条，会更11条）。第三者に公開されたくない場合，秘密保護のための閲覧等の制限や倒産事件における支障部分の閲覧等の制限の申立て（民訴92条，破12条，民再17条，会更12条）に留意する必要がある。

　刑事事件の訴訟記録は，訴訟記録の保存又は裁判所若しくは検察庁の事務に支障のあるときや弁論の公開を禁止した事件の訴訟記録又は閲覧が禁止された訴訟記録を除き，何人も，被告事件の終結（終局裁判の確定）後，原則として，閲覧することができ（刑訴53条），実務上謄写が認められることもある（なお，刑事確定訴訟記録法2条・4条・5条参照）。確定前においては，当事者が，公訴の提起後，一定の場合に，訴訟記録を閲覧等することができる（刑訴40条・49条・270条）ほか，被告事件の被害者等，同種余罪の被害者等が，第1回公判期日後，一定の場合に，訴訟記録を閲覧・謄写することができる（犯罪被害者等の権利利益の保護を図るための刑事手続に付随する措置に関する法律3条・4条。なお，同法13条・14条参照）。不起訴記録の開示については，被害者参加対象事件の場合やそれ以外の事件の場合の被害者等の閲覧・謄写，客観的証拠や供述調書の文書送付嘱託，目撃者特定情報の調査嘱託に関する方針の概要が法務省ウェブサイトで公開されている（刑訴47条参照）。

　家事事件の記録は，当事者や利害関係を疎明した第三者が，一定の場合に，裁判所の許可を得て，閲覧，謄写等を請求することができる（家手〔平成23年法律第52号〕47条・108条・254条・289条6項・7項・290条4項）。

　少年事件の記録は，審判開始決定後の付添人及び検察官関与決定があった事件の検察官の閲覧を除き，被害者等の閲覧・謄写を定めた少年法5条の2による場合又は裁判所の許可を受けた場合でなければ，閲覧・謄写することができない（少審規7条・30条の5）。

　非訟事件の記録は，当事者や利害関係を疎明した第三者が，一定の場合に，裁判所の許可を得て，閲覧，謄写等を請求することができる（非訟〔平成23年法律第51号〕32条。この規定の特則として，平成23年法律第53号による改正後の借

地借家法46条及び民事調停法12条の6，労審26条参照）。

Ⅳ　証拠保全・証拠収集手続について注意しておくのはどのような点か

　証拠収集の際には，裁判上・裁判外の各証拠収集手続の性質・利点を把握し，これらを有効に活用する必要があるが，そのためには，法的知識を獲得し，制度等を理解するだけではなく，世の中の仕組みや自然科学，人の気持・行動を深く洞察し，豊富な情報源を得たうえで，想像力を十分に働かせて，証拠にたどり着く努力を惜しまないことが重要である。そして，どのような証拠があり，緊急に保全すべき証拠はないか注意しておく必要がある。

〔平　野　　望〕

参照判例

【判例①】
　最三小決平23・10・11判時2136号9頁は，文書の所持者が訴訟当事者以外の第三者である文書提出命令申立事件において申立ての相手方となるのは，当該第三者であり，訴訟の相手方当事者ではないとする。

【判例②】
　広島地決昭61・11・21判時1224号76頁は，証拠保全の事由は事案に即して具体的に主張，疎明されることを要するとし，「人は，自己に不利な記載を含む重要証拠を自ら有する場合に，これを任意にそのまま提出することを欲しないのが通常であるからといった抽象的な改ざんのおそれでは足りず，当該医師に改ざんの前歴があるとか，当該医師が，患者側から診療上の問題点について説明を求められたにもかかわらず相当な理由なくこれを拒絶したとか，或いは前後矛盾ないし虚偽の説明をしたとか，その他ことさらに不誠実又は責任回避的な態度に終始したことなど，具体的な改ざんのおそれを一応推認させるに足る事実を疎明することを要する」とする。

【判例③】
　東京地決平10・8・27判タ983号278頁は，証拠保全の事由とは，「当該証拠が廃棄，紛失又は改ざん等されるおそれがある場合であると解されているが，証拠保全の制度目的を十分達成するとともにその濫用を防止する観点から，これらの事情の疎明については，単なる一般的・抽象的なおそれがあるという程度では不十分であり，個別的・具体的なおそれを推認させる何らかの具体的事実を疎明する必要がある。」とする。

【判例④】
　東京高決昭60・8・29判時1163号69頁は，証拠保全の申立てについて，「一般的にいえば，当該証拠が申立にかかる立証事項を証明するための証拠としての適格性を有するものである限り，当該証拠を保全する必要の有無・程度を特に問うことなくこれを許すべきであって，右必要の有無等の点は本案訴訟における受訴裁判所の判断に委ねられているものと解すべきである。しかしながら，証拠保全制度の目的からいって申立にかかる立証事項を証明するに足る証拠が既に存在し申立にかかる証拠を保全する必要のないことが極めて明白であるような場合には，右の申立をすることができない」とする。

【判例⑤】
　東京高決平11・12・3判タ1026号290頁は，職業の秘密を理由に報道機関の所持する未放送のビデオテープの検証物提出命令の申立てを却下している。

【判例⑥】
　大阪高判昭51・12・21民集35巻3号647頁（【判例⑩】の原審）は，「弁護士法23条の2の照会は，弁護士が受任事件について，訴訟資料を収集し，事実を調査する等その職務活動を円滑に執行処理するために設けられた規定であって，弁護士が，基本的人権を擁護し，社会正義を実現することを使命とするものであることに鑑み，右照会の制度もまた公共的性格を有し，弁護士の受任事件が訴訟事件となった場合には，当事者の立場から裁判所の行う真実の発見と公正な判断に寄与するという結果をもたらすことを目指すものである。」とする。

【判例⑦】
　岐阜地判昭46・12・20判時664号75頁は，弁護士会照会を受けた公務所又は公私の団体は自己の職務の執行に支障なき限り弁護士会に対して協力

し，原則としてその照会の趣旨に応じた報告をなす義務を負うが，この報告義務は，基本的人権を擁護し，社会正義を実現する弁護士の使命の遂行を容易ならしめるという目的のための協力義務に基づくものであって，弁護士又は依頼者個人の利益を擁護するためのものではなく，報告義務者が報告を拒否した結果弁護士の職務活動が阻害されることがあるにしても，そのために生じた損害を賠償する義務まで負うものではないとする。

　このほか，弁護士会照会の回答拒否の場合について，損害賠償責任を否定した裁判例として，大阪地判昭62・7・20判時1289号94頁（ただし，弁護士会に対する回答義務を肯定），大阪高判平19・1・30判時1962号78頁（ただし，弁護士会に対する公的義務違反を肯定），東京高判平22・9・29判時2105号11頁（ただし，一部につき弁護士会に対する義務違反を肯定），東京高判平23・8・3金法1935号118頁（ただし，公的な制度上の義務を肯定）がある。

【判例⑧】
　京都地判平19・1・24判タ1238号325頁は，弁護士会照会の情報を得ることにより自己の権利の実現ないし法的利益の享受を求めている実質的な主体は，申出をした弁護士であり，ひいてはその依頼者であることからすれば，相手方の違法な報告拒否が，かかる依頼者の権利ないし法的利益を侵害する場合には，依頼者に対する損害賠償義務が生じ得るとし，遺言執行者が，遺言執行状況を報告の対象とした弁護士会照会に対して，報告を拒否したことにつき，正当な理由がなく違法であるとして，弁護士の依頼者の遺言執行者に対する不法行為に基づく損害賠償請求を認めている。

　このほか，弁護士会照会の回答拒否の場合について，損害賠償責任を肯定した裁判例として，岐阜地判平23・2・10判例集未登載がある。

【判例⑨】
　広島高岡山支判平12・5・25判時1726号116頁は，弁護士会照会の公共的性格に照らすと，照会の相手方が銀行であり，照会事項が預金取引に関するものであっても，弁護士会照会制度の目的に即した必要性と合理性が認められる限り，相手方である銀行はその報告をすべきであり，また，当該報告をしたことについて不法行為の責めを負うことを免れるとし，不法行為の成立を否定している。

【判例⑩】
　最三小判昭56・4・14民集35巻3号620頁は，前科及び犯罪経歴（前科等）の有無が訴訟等の重要な争点となっていて，市区町村長に照会して回

答を得るのでなければ他に立証方法がないような場合には、裁判所から前科等の照会を受けた市区町村長は、これに応じて前科等につき回答をすることができ、同様な場合に弁護士会照会に応じて報告することも許されないわけではないが、その取扱いには格別の慎重さが要求されるとし、照会を必要とする事由として、「中央労働委員会、京都地方裁判所に提出するため」とあったにすぎない場合に、市区町村長が漫然と弁護士会照会に応じ、犯罪の種類、軽重を問わず、前科等のすべてを報告することは、公権力の違法な行使に当たるとする。

なお、誤回答による国家賠償責任を肯定した大阪地判平5・10・29判時1499号92頁参照。

【判例⑪】
　東京地判昭50・2・24判時789号61頁は、文書の所持者が検察官である場合には、一般私人の場合と異なり、公益のため行動すべき公的機関として、裁判所からの嘱託に応じ司法事務に協力し、訴訟における真実発見に資するよう協力すべき立場にあるのであって、検察官には送付嘱託に応ずべき義務があるが、検察官は嘱託に係る文書をすべて無条件で送付すべきものではなく、具体的場合に応じ、その裁量により、文書の内容、性質等を仔細に検討し、送付嘱託に応ずべきか否かを決定すべきであるとし、内容の開示により実現しようとする利益の重要性、不起訴記録における捜査の密行性の利益、事件関係者の名誉・プライバシー等の利益等の諸要素を考慮して決定すべきであるとする。京都地決昭40・3・30訟月11巻6号877頁も、同趣旨の判示をしている。

【判例⑫】
　最一小判昭45・3・26民集24巻3号165頁は、「調査の嘱託によって得られた回答書等調査の結果を証拠とするには、裁判所がこれを口頭弁論において提示して当事者に意見陳述の機会を与えれば足り、当事者の援用を要しない」とする。

37 ◆4 訴えの終了（判決によらない終了）
裁判上の和解

I 裁判上の和解について学ぶのはどうしてか

　民事訴訟では，訴え提起，審理，判決へと手続が進行するのが一般的であると考えられており，民事訴訟法もそのような流れを原則的なものとして規定しているが，判決に至らずに紛争を解決する方法として，裁判上の和解はその重要性が判決と比べても決して劣るものではなく，むしろ紛争の解決という意味では判決よりも優れている面があるということができる。

　判決では，敗訴した当事者においてはどうしても不満が残る場合もあろうし，勝訴した当事者においても相手方の資力等の関係で執行の実効性が問題となることも少なくない。さらに，上訴されることにより紛争の最終的な解決に更なる時間と費用を要することにもなる。これに対し，裁判上の和解では，双方当事者の互譲により，自らの意思で和解に応じるものであるから，仮にやむなく和解によったものであったとしても判決ほどは不満が少ないと思われるし，実行可能な条件で練られた和解条項であることや，分割払条項，懈怠条項，一定の履行を条件とする免除条項を取り入れることによって柔軟な解決が期待できること，それゆえ和解内容の任意的履行の実効性も高いといわれている。和解の成立によって当該訴訟は終了し，紛争は解決をみたことになる。

　裁判実務においては，景気動向等の影響を受けるものの，通常訴訟事件のうち3割強は和解で終了しており，裁判上の和解について学ぶことは極めて重要である。

II 裁判上の和解について問題となるのはどのような点か

裁判上の和解については，以下の点について検討することとした。

1．訴訟上の和解が認められない訴訟形態

裁判上の和解が成立するためには，当事者に係争利益の処分権限があることが必要とされている。

2．共同訴訟における一部当事者による和解

通常の主観的併合の共同訴訟の場合には，一部当事者間で和解を成立させることができるが，合一的確定が要請される共同訴訟においては一部の当事者間での和解は許されない。

3．訴訟上の和解の無効・取消し・解除

裁判上の和解について，実体上の無効事由・取消事由が認められている。また，実体上の解除も認められる。そのような場合の和解によって終了した裁判の効力が問題となる。

4．裁判上の和解の執行等

和解条項の文言が不明確であるときには，その執行が問題となることがある。

III 裁判上の和解について実務はどう取り扱っているか

1．訴訟上の和解が認められない訴訟形態

当事者に係争利益の処分権限がない場合には和解は認められない。行政訴訟において行政事件の効力に影響を及ぼすような和解は認められない。株主

総会決議不存在・無効確認の訴え（会社830条），同取消しの訴え（会社831条）などの会社関係訴訟では和解は認められないが，株主代表訴訟については，当該会社が訴訟の当事者であるか承認した場合に限り和解が認められる。実務においては，当事者間で何らかの合意に至り，訴訟を終了させる事実上の合意が成立した場合には，裁判上の和解に代わる方法として，訴訟外の合意をしたうえで，訴訟は取下げで終了させることが行われることはある。

　人事訴訟についても，身分関係に関わるものとして和解が認められないことが原則とされているが（人訴19条），離婚訴訟については和解をすることができる（人訴37条1項）。人事訴訟法が成立するまでは，管轄を有していた地方裁判所において，協議離婚の合意及び速やかにその届出をするとの内容の裁判上の和解を行っていたが（又は家裁兼務裁判官については家事調停に切り替えて調停を設立させる方法によることもあった。），離婚訴訟が家庭裁判所に移管されるとともに，和解離婚の制度が新設され，これが改善された。

　境界確定訴訟については，当事者が境界について定め得るものではないから，和解によって境界を定めることはできないが，所有権の範囲の確認の和解をすることはできる。→【判例①②】参照

２．共同訴訟における一部当事者による和解

　合一的確定が求められる必要的共同訴訟（民訴40条）においては，複数の当事者の一部の者とのみ和解を成立させることはできず，また，三者間の合一的確定が求められる独立当事者参加（民訴47条）においても，和解は三者間でされなければならない。→【判例③④】参照

３．裁判上の和解の無効・取消し・解除

(1) 既判力との関係

　裁判上の和解の法的性質については，私法上の和解契約としての性質と訴訟を終了させて和解契約の内容を裁判所に陳述するとの訴訟行為としての性質が併有していると考えられており，裁判上の和解については既判力が認められるとされるが，他方，錯誤無効，詐欺取消しなどの実体上の無効事由・取消事由が認められる。→【判例⑤〜⑦】参照

(2) 無効の主張方法

　訴訟上の和解の無効の主張方法としては，①期日指定の申立て，②和解無効確認訴訟，③請求異議訴訟（民事執行法35条1項後段の債務名義の成立に関する異議）が考えられ，これらについては，無効を主張する当事者が選択できるものとされている。これらの関係については，実務では，従前の手続を利用できること，手続の簡明さなどから，期日指定の申立てが利用されることが多い。特に裁判官の変更がない場合には，和解調書の作成を命じた裁判所が迅速に適正な判断を行うことができるものであって，期日指定の申立てによることがよいと考える。→【判例⑧〜⑩】参照

　期日指定の申立てがされたときは，受訴裁判所は必ず期日を指定して口頭弁論を開く。そして，和解を有効とするときは訴訟は和解により終了した旨の終局判決をし，和解を無効とするときは訴訟を続行し，訴訟物について判断することになる。

　これらに加えて，和解の無効として再審事由があるときに再審の訴えを起こすことについては，そのような場合には期日指定の方法によるべきであるとされ，再審の訴えについては否定される。→【判例⑪】参照

　これに対し，裁判上の和解が解除されたときは，この解除を前提として別訴の提起を行うことになり，期日指定の申立てによることはできない。→【判例⑫】参照

4．裁判上の和解の執行等

　和解条項において具体的な給付義務が定められているときには強制執行の対象となり得る。その給付義務について，特定性・具体性に欠ける場合には執行力が発生しない。判例では，和解条項の解釈については，当該条項のみでなく，当該和解調書を全体的に総合して判断すべきとされるが，いずれにしても疑義が生じないものとするよう注意する必要がある。→【判例⑬】参照

　不動産登記のような意思表示を求める和解の場合は，和解調書に基づき単独で登記申請を行うことができるが，どのような登記が認められるかは登記実務において定められているものであるから，疑義があるような場合には，

IV　裁判上の和解について注意しておくのはどのような点か

　和解は，紛争の実情に即した当事者間の柔軟な解決を図ることも可能にするものであって，場合によっては，一般的な義務条項，確認条項，訓示的意味合いの条項を入れるなどということも大いに意味がある場合もある。

　そのような場合においては，後に裁判上の和解の効力について疑義が生じないようにするためにも，執行力の有無等など，当事者との間で，その条項がどのような効力をもつものかを確認しておくべきであろう。

〔本多　知成〕

参照判例

【判例①】
　最二小判昭41・5・20裁判集民事83号579頁は，境界確定の訴えは，当事者相互の相接する各所有地間の境界に争いがあるため，その境界を現地に即し具体的に定める創設的判決を求める訴えであるとする。

【判例②】
　最三小判昭42・12・26民集21巻10号2627頁は，隣接土地所有者間に境界についての合意が成立したことのみによって，同合意のとおりの境界を確定することは許されないとする。

【判例③】
　仙台高判昭33・4・8下民集9巻4号622頁は，固有必要的共同訴訟において当事者の1名が欠けたまま成立した和解は無効であって，その当事者が後日追認しても和解が有効になるものではないとする。

【判例④】
　東京高判平3・12・17判時1413号62頁は，独立当事者参加がされた訴訟において，原告と被告のみで訴訟の目的たる権利について裁判上の和解をすることは許されないとする。

【判例⑤】
　最大判昭33・3・5民集12巻3号381頁は，裁判上の和解は確定判決と同一の効力を有し，既判力を有するとする。

【判例⑥】
　最二小判昭31・3・30民集10巻3号242頁は，裁判上の和解は，その効力こそ確定判決と同視されるけれども，その実体は当事者の私法上の契約であって契約に存する瑕疵のために当然無効の場合もあるとする。

【判例⑦】
　最二小判昭38・1・25裁判集民事64号217頁は，裁判上の和解は，確定判決と異なり，一面私法上の契約たる性質を有し，私法上の無効原因があるときは，初めから無効となるとする。

【判例⑧】
　最一小判昭33・6・14民集12巻9号1492頁は，商品であるジャムが一定の品質を有することを前提とした裁判上の和解につき，そのジャムが粗悪品であったことから，期日指定の申立てによる裁判において錯誤無効となるとする。

【判例⑨】
　最一小判昭38・2・21民集17巻1号182頁は，裁判上の和解の無効について和解無効確認ができることを前提として，裁判上の和解契約をした訴訟代理人の権限の範囲について判断をして，裁判上の和解に無効事由はないとする。

【判例⑩】
　最一小判昭37・3・15民集16巻3号548頁は，即決和解の無効を理由とした和解調書に基づく強制執行の排除を求める請求異議の訴えが認められることを前提として，その管轄裁判所について判断をする。

【判例⑪】
　東京地判昭56・10・26判夕466号135頁は，私法上の無権代理行為によりされた訴訟上の和解は当然に無効であることを理由として，再審の訴えは許されないとする。

【判例⑫】
　最一小判昭43・2・15民集22巻2号587頁は，訴訟上の和解の内容である私法上の契約が債務不履行のために解除されるに至ったとしても，そのことによって和解によっていったん終了した訴訟が復活するものではないとする。

【判例⑬】
　最一小判昭27・12・25民集6巻12号1271頁は，調停調書についてではあるが，単に家屋を「昭和23年9月10日まで賃貸する」と記載されただけであっても，同調停期日に当事者間において家屋を約定の日限り明け渡す旨の合意が成立した以上，賃貸人はこれを理由として家屋明渡しの請求をすることができるとする。

38 ◆4 訴えの終了（判決によらない終了）
請求の放棄・認諾

I　請求の放棄・認諾について学ぶのはどうしてか

　請求の認諾とは訴訟物の全部又は一部についての原告の請求を理由があると認める被告の訴訟上の陳述，請求の放棄とは訴訟物の全部又は一部についての原告の請求につき理由がないと自認する訴訟上の陳述であって，請求の認諾と放棄とは表裏の関係にある。訴訟上の和解と異なり，一方当事者からの裁判所に対する一方的陳述である。

　実際の訴訟において請求の放棄・認諾がされることはそれほど多くはないものの，請求の放棄・認諾がされると訴訟は終了し，請求の認諾は請求認容の確定判決と，請求の放棄は請求棄却の確定判決と同等の効力を有するものであって（民訴267条），これらは重要な意味をもつ行為である。

II　請求の放棄・認諾について問題となるのはどのような点か

　請求の放棄・認諾について，以下の点について検討することとした。

1．請求の放棄・認諾の当事者

　請求の認諾は被告のみが，請求の放棄は原告のみがすることができる。また，共同訴訟の態様によっては一部の当事者による請求の放棄・認諾は認められない。

2．請求の放棄・認諾が認められない訴訟形態

　請求の放棄・認諾が認められない訴訟形態がある。

3．訴訟要件の有無と認諾の要否

不適法な訴えについて請求の認諾の陳述がされた場合はどのように考えるべきか。

4．請求の放棄・認諾の効力

請求の放棄・認諾調書については確定判決と同一の効力を有するとされる。その内容はどのようなものか。

5．請求の放棄・認諾の無効等

請求の放棄・認諾の意思表示に瑕疵がある場合の取扱いの問題があり，同じような効力を規定する裁判上の和解との差異も検討される。

6．請求の放棄・認諾の内容

請求の放棄・認諾の内容としてどのような点が考慮されなければならないか。

Ⅲ　請求の放棄・認諾について実務はどう取り扱っているか

1．請求の放棄・認諾の当事者

請求の認諾ができるのは被告だけであり，第三者はもちろん，補助参加人も被告に代わり認諾をすることはできない。

また，合一的確定を要する必要的共同訴訟や独立当事者参加において一部の被告のみが請求の認諾を行って訴訟を終了させることもできない。

これらの点は，請求の放棄も同じであって，請求の放棄ができるのは原告だけであり，また，必要的共同訴訟や独立当事者参加において一部の原告のみが請求の放棄をすることもできない。

2．請求の放棄・認諾が認められない訴訟形態

　請求の放棄・認諾は，当事者に処分権がない訴訟形態においては認められない。したがって，人事訴訟では，原則として請求の放棄・認諾をすることは認められないが（人訴19条2項），協議離婚が認められていることから，離婚訴訟においては，財産分与や子の親権者の指定等の裁判を要しない場合は請求の放棄・認諾も認められている（人訴37条1項）。相続回復請求訴訟では当事者に処分権を認めてよいことから，請求の放棄・認諾は認められる。

　株主総会の決議不存在・無効確認訴訟（会社830条），会社解散の訴え（会社833条）等の会社関係訴訟では，当事者に処分権がなく，また形成判決であって認容判決に第三者効（会社838条）があることからも，請求の認諾は認められない。→【判例①②】参照

　形成判決であって第三者効をもつ行政訴訟についても請求の放棄・認諾は認められない。

3．訴訟要件の有無と認諾の要否

　訴訟要件を有していない不適法な訴えについての認諾は許されないとされる。認諾調書の作成は，請求認容の確定判決に準ずる効果を有するものであることからして，このような不適法な請求について請求認容に準ずる効果をもたらすことはできないからである。→【判例③④】参照

　もっとも，不適法な訴えであったとしても，管轄違いについて応訴管轄が認められる場合，請求の基礎を変更した訴えの変更では被告が異議を述べないときなど被告の対応によって訴訟要件の欠缺が治ゆされるものについては，被告が請求を認諾する前提として，瑕疵の治ゆが行われているものとして請求認諾の効果を認めてよいと考える。

4．請求の放棄・認諾の効力

　請求の放棄・認諾を記載した調書が成立すれば，当該請求について本案の確定判決があったものと同一の効果が生じるとされ，訴訟は終了する。すなわち，請求の認諾については確定した請求認容判決，請求の放棄については

確定した請求棄却判決があるものと同様になる。

また，上訴審において請求の放棄・認諾がされたとき，当該事件の下級審判決は当然に失効する。

請求の放棄調書・認諾調書については，当該訴訟物について既判力を生ずるとされる。もっとも，後記５のとおり，その意思表示に瑕疵があるなどした場合には，既判力の効力は否定されることになる。

給付請求に係る認諾調書は執行力を有する。

５．請求の放棄・認諾の無効等

(1) 法的性質との関係

請求の放棄・認諾は，裁判所に対する一方的陳述によって行われるものであり，債務の承認という私法上の行為があったとしても，それは縁由にすぎず，訴訟行為にその本質があるとされている（訴訟行為説）。この点は，同じく確定判決と同一の効力を有すると規定される裁判上の和解については，その法的性質につき，私法上の行為と訴訟上の行為とが併有されると解されていることとは異なり，それゆえ，既判力がより重視される傾向にある。

(2) 無効の主張方法

そして，無効の主張方法としては，既判力の効果を重視することから，再審の訴えによるべきとする見解が多いが，期日指定の方法や請求異議の訴えによることを認める見解や既判力がないものとして別訴を認めるものもある。→【判例⑤～⑦】参照

請求の放棄・認諾は，当事者の一方的行為によって認められる訴訟行為であるとの法的性質に照らしても，裁判上の和解以上に，その意思表示の瑕疵についてはより厳格に判断される傾向がある。

６．放棄・認諾の内容

請求の放棄・認諾は訴訟行為であり，これにより訴訟を終了させる効果を生じさせるものであるから，その効果の発生が明確なものでなければならず，原則として，条件を付すことは許されない。もっとも，例外的に相手方

を不安定な地位におかない場合には認められる。→【判例⑧】参照

　また，認諾の対象となる法律関係が公序良俗違反や強行法規に違反するものであるときは，これについて認諾することはできないが，他方，放棄は認められる。

Ⅳ　請求の放棄・認諾について注意しておくのはどのような点か

　請求の放棄・認諾は，口頭弁論，弁論準備手続又は和解の期日（民訴266条1項）や進行協議期日（民訴規95条2項）で行われるが，請求の放棄又は認諾をする旨の書面を提出した当事者が口頭弁論等の期日に出頭しないときは，その旨を陳述したものとみなすことができるともされている（民訴266条2項）。もっとも，口頭弁論に請求の認諾までしているか疑義がある書面のみが提出されて被告が不出頭の場合には，擬制自白が認められるものとして請求棄却判決を行う方が無用なトラブルを防ぐことになる。

〔本　多　知　成〕

参照判例

【判例①】
　東京地判昭46・2・22判時633号91頁は，当時の有限会社の社員総会決議不存在を理由とする決議無効確認の訴えについて，請求の認諾をすることはできないとする。

【判例②】
　大阪地判昭35・1・22判タ101号91頁は，株式会社解散の訴えにおいては請求の認諾は許されないとする。

【判例③】
　最一小判昭28・10・15民集7巻10号1083頁は，請求が証書真否確認の訴えの対象たる資格を欠く不適法な訴えにおいてした請求の認諾は，訴訟法上の効力を生じないとする。

【判例④】
　最二小判昭30・9・30民集9巻10号1491頁は，不適法である相続の放棄が無効であることの確認を求める訴えに係る請求に対して認諾する旨の陳述は効力を生じないとする。

【判例⑤】
　東京高決昭42・4・21判時483号44頁は，請求の放棄・認諾が無効な場合には訴訟終了の効力が生じないから，期日指定の申立てがあった場合には，裁判長は必ず期日を指定して請求の放棄・認諾は無効であるかを調べなければならないとして，請求の放棄・認諾は既判力を有するから期日指定の申立てをすることは許されず，再審の訴えに準ずる訴えによって救済を求めるべきであるとの地裁の判断を取り消した。

【判例⑥】
　東京高判昭41・10・13下民集17巻9・10号962頁は，請求の認諾が通謀虚偽表示により無効，詐欺取消し，錯誤無効であるとの主張に基づく請求異議の訴えを認めるとする。

【判例⑦】
　大阪高判平6・12・16判タ909号265頁は，請求の認諾に既判力を認めつつ，その後に提起された別訴において原告が既判力を援用することが信義則に反し許されないとする。

【判例⑧】
　最二小判平18・4・14民集60巻4号1497頁は，本訴及び反訴が係属中に，反訴原告が，反訴請求債権を自働債権とし，本訴請求債権を受働債権として相殺の抗弁を主張することは，異なる意思表示をしない限り，反訴を，反訴請求債権につき本訴において相殺の自働債権として既判力ある判断が示された場合にはその部分を反訴請求としない趣旨の予備的反訴に変更するものとして許されるとし，予備的反訴として解除条件付放棄が設定されたとする。

39 訴えの取下げ

◆4 訴えの終了（判決によらない終了）

I 訴えの取下げについて学ぶのはどうしてか

　訴えの取下げがされたときは，その取下げがあった部分については初めから係属していなかったものとみなされる（民訴262条1項）。いったん訴訟が提起されたにもかかわらず，判決に至らずに訴えの取下げがされることは意外に少なくない。これは，訴え提起後に訴訟外で相手方が任意履行した場合や，別訴の和解において当該の訴訟の訴えの取下げの合意がされた場合などが考えられる。

　そのほか，訴訟の審理が進むにつれ，明らかとなった事実と訴訟物との間のずれや過大部分を修正するために，訴えを一部取り下げるということもしばしば行われる。

　このように，実務においては，訴えの一部取下げも含めると，訴えの取下げが行われることは決して少なくなく，訴えの取下げについて学んでおくことが重要である。

II 訴えの取下げについて問題となるのはどのような点か

　訴えの取下げについては，以下の点を検討することとした。

1．訴えの取下げの要件

　訴えの取下げについては，原告による取下げの意思表示と被告による同意が必要とされるが，取下げができる場合に制限はないのか，同意が不要な場合はどのような場合かなどが検討される。

2．請求の減縮

訴えの変更との関係で、請求の減縮をどのようにみるべきか。

3．訴えの取下げ及び同意の瑕疵

訴えの取下げや同意の意思表示に瑕疵があるときは、訴えの取下げの効力にどのような影響を与えるであろうか。

4．訴え取下契約の効力

当事者間において、訴訟係属中に訴訟外で訴え取下げに関する合意をしたときに、その合意の効力が問題となる。

5．訴え取下げの効果

訴えが取り下げられたときには、訴訟係属が遡及的に消滅するが、再訴の提起が制限される場合があること及び訴え提起による訴訟外の効果はどのような影響を受けるのかについて検討する。

6．訴え取下げの擬制

民事訴訟法263条の訴え取下げの擬制についても、実務において適用されることがあり、確認しておきたい。

Ⅲ　訴えの取下げについて実務はどう取り扱っているか

1．訴えの取下げの要件等

(1) 訴えの取下げの法的性質

訴えの取下げとは、原告がその提起した訴えの全部又は一部を撤回する裁判所に対する一方的な意思表示による訴訟行為である。この意思表示によって、訴えの取下げの範囲で訴訟係属の効果が遡及的に消滅し、訴訟手続が消滅することになる（民訴262条1項）。

訴えの取下げは訴訟行為であって，法的安定性の見地からも条件付きで行うことはできない。→【判例①】参照

(2) 被告の同意

同じく訴訟が終了する場合であっても，請求の放棄については請求棄却の確定判決と同一の効力を有するとされ（民訴267条），被告に不利益は生じないのに対し，訴えの取下げは，訴訟係属の効果が遡及的に消滅するものであるから（民訴262条），被告においてはそれまでの防御活動がむだとなり，また，請求棄却の判決を得て紛争を解決するという利益が害される場合があるために，被告が本案について準備書面を提出し，弁論準備手続において申述をし，又は口頭弁論をした後にあっては，被告の同意を得なければ訴えの取下げの効力は生じないとされた（民訴261条2項）。

被告が，訴訟要件の欠缺を主張して訴えの却下を求め，予備的に本案について弁論をしているにすぎないときは，被告に訴訟を維持する利益がないとして，訴えの取下げに被告の同意は不要であるとされる。→【判例②】参照

独立当事者参加がされた場合，訴えの取下げには，被告と参加人の同意を要するとされる。→【判例③】参照

また，訴えの交換的変更は，新訴の提起と旧訴の取下げであるところ，被告が訴えの交換的変更について異議なく応訴したときは，旧訴の取下げについて同意をしたものと解される。→【判例④】参照

訴えの取下げの同意は裁判所に対する一方的意思表示であり，裁判所に到達することによって取下げの効力が発生し，その後の撤回は許されない。他方，被告による訴えの取下げに対する同意の拒絶があると，訴えの取下げは無効と確定するから，その後に拒絶を撤回しあらためて同意がされても取消しの効果は生じない。→【判例⑤⑥】参照

(3) 共同訴訟における訴えの取下げ

原告が複数の通常共同訴訟の場合やたまたま共同訴訟の形となった類似必要的共同訴訟の場合においては，共同訴訟人である原告らの一部から，又は共同訴訟人である被告らの一部に対して個別的に訴えの取下げをすることが

できる。

これに対し、固有必要的共同訴訟については、共同訴訟人全員がそろわなければ訴えの提起が不適法となるものであるところ、その一部の者から、あるいは一部の者に対しての訴えの取下げを認めて訴訟が不適法となることが認められるべきではなく、共同訴訟人である原告全員から、又は共同訴訟人である被告全員に対する関係でのみ訴えを取り下げることができる。→【判例⑦】参照

(4) 各種訴訟形態と訴えの取下げ

訴えを提起するか否かが原告の自由であることに対応して、（原告として被告の同意が必要ではあるが）その取下げも原告の自由とされている。したがって、同じ裁判によらない訴訟終了原因である裁判上の和解や請求の放棄と異なり、会社代表訴訟、行政訴訟についても訴えの取下げについて制限されていない。

もっとも、訴えの取下げにより時効中断の効果が遡って効力を失うこと（民149条）との関係で、会社代表訴訟において、時効期間を経過した後に取り下げられた場合に他の株主の利益が損なわれることを問題視する見解もある。

2．請求の減縮

請求の減縮には、訴訟物である請求の個数を減少させる場合、請求の趣旨を質的又は量的に減少させる場合、請求の趣旨を数量的に減少させる場合が考えられるが、そのいずれについても、訴えの一部取下げとみることになる。→【判例⑧】参照

3．訴えの取下げ及び同意の瑕疵

(1) 訴えの取下げの意思表示の瑕疵

原告による訴えの取下げの意思表示に瑕疵があった場合の効力について、訴えの取下げが純然たる訴訟行為であることからして、行為者の意思表示の瑕疵が直ちに取下げの効力に影響を与えないとされている。その上で、詐欺

脅迫などの刑事上罰すべき他人の行為により取下げ等がされた場合にのみ，再審事由の民事訴訟法338条1項5号の法意に照らして，その効力を否定できるとされている。→【判例⑨⑩】参照

(2) 同意の意思表示の瑕疵

　同意の意思表示についても訴訟行為であることからして，取消しの意思表示に瑕疵がある場合と同様に考えられる。→【判例⑪】

(3) 訴え取下げの効力についての審理

　訴え取下げの効力が問題となるときには，当事者は期日指定の申立てを行い，裁判所は，訴訟係属の問題として，口頭弁論を開いて審理することになる。そして，取下げを有効と認めるときは訴訟終了宣言判決を行い，取下げが認められないときは，審理を続行したうえ，判決をすることになり，当該判決の理由中で取下げの効力については判示することになる。

4．訴え取下契約の効力

　訴訟係属中に訴訟外において原告と被告との間で訴えを取り下げる旨の合意（訴え取下契約）がされた場合については，かつては，このような合意の効力を有効と認める訴訟法の規定がなく，その強制手段もないとして効力を否定すべきとされていたが，現在においては，その合意を有効とし，合意の効果として，訴えは権利保護の利益を欠くこととなるとして訴えを却下すべきとされている。→【判例⑫】参照

5．訴え取下げの効果

(1) 訴訟係属の消滅

　訴え取下げが認められるときには，訴訟係属は遡及的に消滅するから（民訴262条1項），訴訟中で行われた訴訟手続上の各行為もなかったことになる。

(2) 再訴の提起

　訴えの取下げがされた後，原告は再度同一訴訟物についての訴えの提起を

することができる。しかしながら，本案判決を得た後に取下げによって判決を失効させた原告に対しては，同一の訴えを再び提起することが禁止される（民訴262条2項）。これは，本案の終局判決を失効させながら，再訴を提起することにより再訴を濫用することを防止し，また，判決以外の方法によって紛争が解決されるものと信じた被告の信頼を保護しようとするものとされている。

もっとも，以上の趣旨に照らしても，再訴が禁止される「同一の訴え」とは，当事者及び訴訟物の同一のほか，訴えの利益又は必要性の点についても事情を同一とする訴えを意味するものとされるなど，原告において同一紛争を蒸し返して訴訟制度をもてあそぶといった不当な意図を有していないときには，再訴の提起が違法となるものではないとされている。→【判例⑬⑭】参照

(3) 訴え提起による訴訟外の効果

訴えの取下げにより，訴え提起による時効中断の効果は消滅し（民149条），出訴期間や除斥期間についても同様と考えられる。

なお，二重起訴解消のために前訴が取り下げられた場合には，前訴提起による時効中断の効力が認められる場合がある。→【判例⑮】参照

6．訴え取下げの擬制

当事者が適式の呼出しがされている口頭弁論又は弁論準備手続の期日において，当事者双方が期日に出頭せず，又は弁論若しくは弁論準備手続における申述をしないで退廷若しくは退席をした場合には，当該期日から1か月の期間内に期日指定の申立てがない場合には，訴えの取下げがあったものとみなされる（民訴263条前段）。

また，当事者双方が，連続して2回の期日において，期日に出頭せず，又は弁論若しくは弁論準備手続における申述をしないで退廷若しくは退席をしたときには，訴えの取下げが擬制される（民訴263条後段）。

これらの規定は，原告が訴訟の追行に不熱心で適式な呼出しを受けているにもかかわらず期日に出頭しないときに利用される。そのような場合には，

期日に出頭している被告が，弁論せずに退席して，民事訴訟法263条の適用を求めることもある。

なお，これらの規定は，控訴審の手続においては，控訴の取下げについて準用されることから（民訴292条2項），第1審判決が確定することとなる。

IV 訴えの取下げについて注意しておくのはどのような点か

以上，訴えの取下げについて実務的に検討したが，訴えの取下げの効力が認められると訴訟が遡及的に消滅するものであるから，特に，取消しの意思表示に瑕疵の主張があった場合については，慎重に検討する必要がある。

その他，訴えの取下げについては，方式についても取下書の提出を原則とするが，口頭弁論等の期日において口頭でされることがあること（民訴261条3項），取下書や口頭弁論等の期日調書の謄本の送達（同条4項），これらの書面について送達後2週間以内に異議がないときには訴え取下げの効力が生ずることなども確認しておく必要がある。

〔本多　知成〕

参照判例

【判例①】
　最二小判昭50・2・14金法754号29頁は，仮に対象土地が甲番地の土地であり，AからB，BからCへと順次所有権及び占有権が移転しているものであれば，賃借件確認と土地引渡しを取り下げるとの準備書面の記載について，このような条件付きの訴えの取下げは，訴訟係属を不明確とするものであるから許されないとする。

【判例②】
　東京高判平8・9・26判時1589号56頁は，被告が原告代表者の代表権を

争い，予備的に本案につき答弁をしている場合に，原告による訴えの取下げは，被告の同意を得ずして有効であるとする。

【判例③】
　最二小判昭60・3・15判時1168号66頁は，独立当事者参加がされた後の原告は，被告及び参加人双方の同意を得て訴えを取り下げることができ，これによって，当該訴訟は，参加人と原告との間及び参加人と被告との間の単純な二当事者対立訴訟関係に転化するとする。

【判例④】
　最二小判昭41・1・21民集20巻1号94頁は，訴えの交換的変更とは新訴の提起と旧訴の取下げであって，被告が訴えの交換的変更には異議なく応訴している場合においては，旧訴の取下げについて暗然の同意をしたものと解するのが相当であるとする。

【判例⑤】
　大阪高判昭53・10・25判タ380号105頁は，訴えの取下げは，直接に訴訟法上の効果の発生を目的とする一方行為であり，法律がこれにその意思のないように応ずる効果を付与しているものであるから，いったん訴えの取下げについて同意をした以上，その同意を撤回することは許されないとする。

【判例⑥】
　最二小判昭37・4・6民集16巻4号686頁は，原告からの訴えの取下げに対し，被告が同意を拒絶した場合は，訴えの取下げは無効と確定し，その後に被告があらためて同意をしても訴えの取下げの効力を生じないとする。

【判例⑦】
　最三小判平6・1・25民集48巻1号41頁は，固有必要的共同訴訟においては，共同相続人全員について判決による紛争の解決が矛盾なくされることが要請されることから，同訴訟の係属中にした共同被告の一部に対する訴えの取下げは効力を生じないとする。

【判例⑧】
　最一小判昭27・12・25民集6巻12号1255頁は，連帯保証人に対する請求の趣旨の減縮は訴えの一部の取下げにすぎず，請求の変更ではないとする。

【判例⑨】
　　最二小判昭46・6・25民集25巻4号640頁は，訴えの取下げは訴訟行為であるから，一般に行為者の意思の瑕疵が直ちにその効力を左右するものではないが，詐欺脅迫等明らかに刑事上罰すべき他人の行為により訴えの取下げがされるに至ったときは，旧民事訴訟法420条1項5号（現行民訴338条1項5号）の法意に照らして，その取下げは無効と解すべきであり，この無効の主張については，必ずしも刑事上罰すべき他人の行為につき有罪判決の確定ないしこれに準ずべき要件の具備等を必要としないとする。

【判例⑩】
　　東京高判昭54・10・8判タ402号78頁は，貸金返還請求事件について，被告が弁済する意思もないのに，これがあるかのように装い，もし原告が訴訟を取り下げれば責任をもって弁済するとして原告を欺いて訴え取下げの意思表示をさせたことについて，同意思表示に要素の錯誤があるとはいえないが，被告の詐欺によるものであるとしてその意思表示の取消しが認められるとする。

【判例⑪】
　　高松地判昭37・5・8判時302号27頁は，控訴審における訴えの取下げにより第1審判決が失効することを知らず，その点を誤信して訴えの取下げに同意したことをもって，この同意が錯誤無効であるとすることはできないとする。

【判例⑫】
　　最二小判昭44・10・17民集23巻10号1825頁は，訴えの取下げに関する合意が成立した場合においては，訴えの原告は権利保護の利益を喪失したものとみることができるから，当該訴えを却下すべきであるとする。

【判例⑬】
　　最三小判昭52・7・19民集31巻4号693頁は，再訴が禁止される「同一の訴え」とは，単に当事者及び訴訟物を同じくするだけでなく，訴えの利益又は必要性の点についても事情を一にする訴えを意味し，たとえ新訴が旧訴とその訴訟物を同じくする場合であっても，再訴の提起を正当ならしめる新たな利益又は必要性が存するときは，再訴の禁止の適用はないとする。

【判例⑭】
　最二小判昭55・1・18判時961号74頁は，本案の終局判決後に取り下げられた旧訴と当事者及び訴訟物を同じくする新訴の提起であっても，旧訴の取下げが，裁判所からの要請を容れたものであったことによったなどの事情によるものであって，当事者の責めに記すべき事由によるものでなく，また，当事者において同一紛争をむし返して訴訟制度をもてあそぶといったような不当な意図を有していないときは，新訴の提起は違法とはいえないとする。

【判例⑮】
　最三小判昭50・11・28民集29巻10号1797頁は，二重起訴を解消するために前訴が取り下げられても，前訴の請求がそのまま後訴において維持されている場合は，前訴の提起により生じた時効中断の効力は消滅しないとする。

第 3 章

判　　決

- ◆1　判決の対象
- ◆2　判決の種類
- ◆3　判決の効力

40 – 1 処分権主義① 処分権主義一般

◆1 判決の対象

I 処分権主義について学ぶのはどうしてか

　処分権主義とは，訴訟の開始及び終了を当事者の権能とする考え方をいい，民事訴訟手続を支配する基本原則である。処分権主義について学ぶことは，訴訟の開始及び終了の方法を知るうえで必要といえる。すなわち，処分権主義の適用範囲を念頭に置いておくことは，当事者・訴訟代理人にとっては，訴訟を開始する場面だけでなく，判決によらずに訴訟を終了させることを考える場面で，裁判官にとっては，判決の可否や判決によらない訴訟の終了の可否を判断する場面で必要となる。

II 処分権主義について問題となるのはどのような点か

1．処分権主義が認められる理由と問題となる場面

　そもそも処分権主義が認められる理由は何か。民事訴訟における審判の対象は，私法上の権利義務ないし法律関係であり，このような権利義務等については，実体法上私的自治の原則が支配し，当事者による処分の自由が認められる。訴訟において，当事者の訴訟活動の結果，実体法上の権利義務等の存否が確定されると，このような権利義務等を処分したのと同様の結果となる。そこで，処分権主義は，実体法上の権利義務等の当事者による処分の自由を，訴訟手続にも反映させようとするものといえる。このような処分権主義の適用が問題となるのは，訴訟の開始段階と訴訟の終了段階であり，訴訟の開始段階における処分権主義の一環として，審判対象の設定と処分権主義が問題となる。

2．訴訟の開始段階における処分権主義

(1) 訴訟の開始段階における処分権主義

　訴訟開始段階における処分権主義の現れとして，まず，訴訟は，当事者の申立てがなければ開始されない。すなわち，訴訟は，原告が裁判所に訴状を提出して訴えを提起することにより開始される（民訴133条1項）。訴えの変更（民訴143条），中間確認の訴え（民訴145条），反訴（民訴146条），更には上訴（民訴286条1項）についても，各制度固有の要件を充たす必要はあるが，当事者の申立てによって開始される点では共通である。ただし，訴訟費用の裁判（民訴67条）や仮執行宣言（民訴259条）など，付随的裁判については，職権による裁判が認められることがある。

(2) 審判対象の設定と処分権主義

　訴訟の開始段階における処分権主義の現れの一環として，審判対象の設定は，当事者が行うものとされる。すなわち，訴えにおける審判対象は，原告が訴状の請求の趣旨及び原因によって特定しなければならない（民訴133条2項参照）。請求の種類として，給付，形成，確認のいずれの判決を求めるか，主位的，予備的請求（訴えの客観的併合について）の順序を付けるかどうかについても，当事者の申立てによる。訴えの変更や中間確認の訴え，反訴についても，訴え提起に準ずる。この段階での処分権主義に関し，原告による請求の特定の有無，一部請求の可否が問題となる。

　なお，上訴審についても同様である。上訴審における審判対象が上訴人の不服申立ての範囲に限定され，その範囲を超えて上訴人の不利益に原審判決を変更することができないとされていること（不利益変更禁止の原則）（民訴304条）も，処分権主義に基礎を置くものといえる。

(3) 訴訟の終了段階における処分権主義

　訴訟の終了段階における処分権主義の適用場面では，判決に関し，申立事項と判決事項（一部認容判決の可否）が問題となるほか，判決によらない訴訟の終了原因である訴訟上の和解，請求の放棄又は認諾（民訴266条）に関し，

これらが排除ないし制限される訴訟にどのようなものがあるかが問題となる。そこで，これらの論点については，「40－8　処分権主義⑧　訴訟の終了」で採り上げることとする。

Ⅲ　処分権主義について実務はどう取り扱っているか

　民事訴訟法に，処分権主義という表現を直接使用した条文があるわけではないが，訴訟の開始及び終了をめぐる各制度には，処分権主義が現れており，処分権主義は，これらの諸制度を背後で支える考え方である。実務では，裁判官，訴訟代理人ともに，絶えず処分権主義の原則と適用範囲を念頭に，審理や訴訟活動を行っているといえよう。

Ⅳ　処分権主義について注意しておくのはどのような点か

　処分権主義については，民事訴訟手続のどこに，どのように現れているかを意識して学ぶことが必要である。その際，処分権主義が適用される訴訟の段階と対象となる事項に留意するとともに，その適用が制限される訴訟の種類に注意しておく必要がある。また，訴訟の構造（申立て・主張・立証）との関係で処分権主義の位置づけを正確につかんでおくことも必要である。すなわち，処分権主義は，弁論主義とともに，当事者の意思を尊重する民事訴訟の基本原則であるが，弁論主義が主要事実に関する主張・立証のレベルで働く原則であるのに対し，処分権主義は，基本的に審判対象（訴訟物）に関する申立てのレベルで働く原則である点で，適用場面と対象事項を異にすることに注意しなければならない。

〔関口　剛弘〕

40-2 処分権主義② 請求の特定

◆1 判決の対象

I 請求の特定について学ぶのはどうしてか

　原告は，訴え提起により審判対象を提示する。訴えは，原告の裁判所に対する審理，判決の要求（申立て）であり，その内容は，原告の被告に対する権利義務又は法律関係の主張（請求）である。裁判所に対する判決の申立てが不適法の場合，訴え却下の判決（訴訟判決）がされ，適法である場合に，請求の認容又は棄却の判決（本案判決）がされる。

　処分権主義から，審判対象である請求を特定する権能は原告にある。原告が請求を特定しなければ，裁判所は審判の対象を知ることができず，被告の防御も困難となる。そのため，原告は，訴え提起段階で請求を特定しなければならず，請求の特定は原告の責務でもある。訴え提起の段階で必要となる訴状の記載事項を知るために，請求の特定について学ぶ必要がある。また，原告は，請求の特定の必要から，請求の内容を成す権利義務又は法律関係である訴訟物を特定することを求められる。訴訟物の特定は，訴訟物の同一性を判断する前提となる。そこで，請求の特定の一環として，訴訟物の特定について学んでおく必要がある。

II 請求の特定について問題となるのはどのような点か

　請求の特定については，訴え提起を適法とするために，どの程度特定することが必要であるかが問題となる。また，請求の特定の有無に関し，請求の内容である訴訟物の同一性が，判決の範囲（民訴246条），二重起訴の禁止（民訴142条）の該当性，訴えの客観的併合の有無，消滅時効中断の範囲，既判力の客観的範囲（民訴114条）等の基準となることから，訴訟物の同一性の判断

基準が問題となる。

Ⅲ 請求の特定について実務はどう取り扱っているか

1．請求の特定の位置づけ

　請求は，当事者（原告，被告），求める裁判の種類（給付，形成，確認）とその対象（内容）を構成する権利義務又は法律関係（訴訟物）によって特定される。このような請求は，訴状の請求の趣旨及び原因の記載（民訴133条2項）により特定される。訴状の記載について，訴訟物の特定に欠ける場合，裁判長による補正命令及び訴状却下命令（民訴137条1項・2項）の対象となり，訴状が送達された場合でも，不適法な訴えとして訴え却下の判決がされる。

　訴え提起段階における請求の特定は，問題となる訴状について，被告に送達してよいか，補正命令，訴状却下命令の対象となるか，という観点から問題となる。このような観点から請求の特定がされたというためには，まず，当事者及び求める裁判の種類（給付，形成，確認）を明らかにする必要がある。その上でどこまで特定する必要があるかについては，実務上，他の訴訟物と識別可能な程度に特定することを要し，それで足りると解されている。

2．訴訟物の同一性の判断基準

　請求の内容である訴訟物の同一性の判断基準については，訴訟物をどのような単位で捉えるかが問題である。この点，実務では，実体法上の権利義務又は法律関係を訴訟物の単位と捉え，その同一性を判断している（旧訴訟物理論）。その結果，給付の訴えについては，給付請求権を基礎づける所有権や契約等の債権ごとに訴訟物が成立することとなる。例えば同一原因事実による損害賠償請求権の根拠について，債務不履行と不法行為を選択的に主張する場合，訴訟物は複数成立し，選択的併合の関係に立つ。確認の訴えについては，確認の対象となる実体法上の権利ごとに訴訟物が成立することとなる。なお，賃貸借の終了による目的物の返還請求に関しては，法定解除，合意解除，解約申入れ等の契約の終了事由は，いずれも同一の返還約束に基づ

く賃貸借契約の終了を基礎づけるものとして，訴訟物としては同一と扱う例が多い。形成の訴えについては，形成要件ごとに訴訟物が成立するものと解されている。例えば，離婚の訴えについては，民法770条1項各号該当事実ごとに訴訟物が成立する。

3．訴訟物の特定の要素

　訴訟物たる権利義務等の種類に即して，その特定の要素についてみると，まず，物権については，一物一権主義や物権法定主義の原則により，同一目的物に同一内容の物権が成立することはないから，権利の主体（権利者），客体（目的物等）及び権利の種類・内容を記載すればよい。登記手続を求める給付訴訟の場合は，登記所（法務局）において登記が可能な程度に特定することが必要となる。また，担保物権について，順位を明らかにする必要から，発生原因（成立時期）を特定することが必要となる場合も多い。債権については，同一当事者間に重複して債権が成立する可能性もあることから，債権者，債務者，債権の内容（権利義務の種類，内容）のほか，発生原因（契約等の内容及び成立時期）を記載することが必要である。例えば，損害賠償請求権については，裁判所の審理及び被告の防御の対象を明確にするのに必要な限度で，責任原因（交通事故による損害賠償請求の場合は，事故の日時場所と，おおよその事故態様を含む。）を特定することが求められる。法的性質についても，債務不履行と不法行為のいずれか，自動車損害賠償保障法か民法709条，715条，719条のいずれによるものか，併合の有無，種類を含めて明らかにすることが求められよう。物権的請求権については，物権から派生しつつ，特定人に対して給付を求める権利であることから，権利者，義務者，権利内容（権利義務の種類，内容）を記載することが必要とされる。形成の訴え（詐害行為取消訴訟，離婚の訴え等）については，権利義務の主体（権利者，義務者）と形成されるべき権利内容を記載することが必要であり，防御の見地から形成原因（離婚の訴えにつき，民法770条1項各号所定のいずれの離婚原因を理由とするものか等）の特定まで必要とされる場合がある。

Ⅳ　請求の特定について注意しておくのは
　　　どのような点か

　訴訟物は，訴状の請求の趣旨及び原因の記載により特定され，訴訟物の特定に欠ける場合，訴状却下される可能性があることから，原告においては，訴状の請求の趣旨及び原因の記載に際し，上記訴訟物たる権利義務等の内容，性質に照らして，特定に欠けることはないか，注意することが必要である。例えば，継続的な売買や継続的不法行為等を理由とする金銭請求のように，同内容で複数の債権が成立する場合，原告としては，権利発生の時間的要素（始期，終期等）をはじめ，その他の識別要素により，どこまで特定できているかに留意することが必要である。訴訟物が不明瞭の場合には，裁判所としては，釈明権の行使を検討することが必要となろう。

〔関　口　剛　弘〕

40-3 処分権主義③ 一部請求の可否

◆1 判決の対象

I 一部請求の可否について学ぶのはどうしてか

　処分権主義は、訴え提起段階で原告の訴訟物の選択の自由を認めるものであるから、金銭債権のように数量的に可分な権利について、その全部ではなく、一部を請求すること（一部請求）も、原告による処分として許容されるはずである。一部請求が認められると、これに対する棄却判決の既判力は、残部請求には及ばないこととなり、残部について改めて請求することが可能となる。このように、一部請求を認めることは、被告の防御や応訴の負担に影響する。そこで、処分権主義とその制約要素の調和という観点から、一部請求の可否及び要件について学ぶことが必要である。

II 一部請求の可否について問題となるのはどのような点か

　金銭債権のように数量的に可分な権利に係る請求の場合も、審判対象（訴訟物）は原告の訴えによって提示される以上、それが権利の全部か一部かは、被告の側から必ずしも明確ではない。また、一部請求を認めると、原告が訴訟物を分断して訴えを提起することを認めることとなり、一部請求に対する判決確定後の残部請求も可能となって、紛争の一回的解決の見地からは問題である。さらに、例えば、原告が、継続的売買契約に基づき一定期間に生じた代金債権や賃貸借契約に基づき一定期間に生じた賃料債権の支払を求める場合のように、訴訟物が1つの契約から生じた複数の債権の一部である場合、弁済や相殺充当の要件充足の有無を判断するために、原告が、訴えにおいてどの部分を請求しているかが問題となる場合がある。このように、一

部請求を認めるに当たっては，処分権主義のみでなく，被告の防御の利益や応訴の負担等が問題となる。

III 一部請求の可否について実務はどう取り扱っているか

　判例は，一部請求であることが明示されていると認められる場合に，訴訟物の範囲が当該一部に限定され，これに対する認容判決の既判力は，残部に及ばないとする。→【判例①】参照

　他方，一部請求であることを特に明示しなかった場合には，後訴は前訴判決の既判力に触れるとする。→【判例②】参照

　その結果，実務上，一部請求は，原告の訴えにおいて一部請求であることが明示されている場合に認められる。一部請求であることが明示されていれば，被告の防御に支障を来すことは考え難い。一部請求が認められる結果，原告による残部請求が可能となるが，被告において紛争の一回的解決を望む場合には，権利の不存在確認請求を行うことも可能であるし，一部のみでなく残部を含めて攻撃防御が尽くされた結果，一部請求棄却の判決がされた場合には，残部請求における主張が信義則に反するとして制限される場合もあり得ると思われる。このように，判例は，明示的一部請求と認められる限りにおいて一部請求を肯定することにより，原告の訴訟物の処分の自由と被告の防御や応訴の負担との調和を図っているといえよう。なお，判例には，後遺障害が生じた場合の追加請求の可否について，明示的一部請求に準じて，訴訟物の違いを理由にこれを認めたものがある。→【判例③】参照

　この点は，【判例③】が，その理論構成を唯一のものとしているかは定かでなく，実務上，既判力の時的限界の問題として，前訴の基準時後に生じた事由に当たる限り，既判力に抵触しないものとして同様の結論が導かれる可能性もある。

Ⅳ 一部請求の可否について注意しておくのは どのような点か

　訴えにおいて一部請求であることが明示されていると認められる場合には，原告の訴状や準備書面にその旨が明記されている場合のほか，事件の性質や審理の経過等から原告の意思の合理的解釈により認められる場合もあり得る。そこで，裁判所としては，当該訴えについて，訴状等の記載から明示的一部請求の趣旨か否かが不分明であれば，釈明権の行使によりその点を明確化することが望まれる。原告としては，一部請求であることを明示せずに請求棄却判決を受けた場合，残部請求について前訴判決の既判力が及ぶことから，これを避けるためには一部請求である旨を明示するよう注意する必要がある。

　なお，不法行為に基づく損害賠償請求をはじめ，実務では，訴え提起手数料（貼用印紙額）の節約のために，まずは一部請求をし，訴訟の進行状況を見て請求を拡張する例も少なくない。原告においては，このような印紙の節約という観点からも一部請求を行うかどうかを検討しておく必要があろう。

〔関口　剛弘〕

参照判例

【判例①】
　　最二小判昭37・8・10民集16巻8号1720頁は，一個の債権の数量的な一部についてのみ判決を求める旨を明示して訴が提起された場合に，上記一部請求についての確定判決の既判力は残部の請求に及ばないとする。

【判例②】
　　最二小判昭32・6・7民集11巻6号948頁は，ある金額の支払を請求権の全部として訴求し勝訴の確定判決を得た後，別訴において，上記請求を

請求権の一部である旨主張しその残額を訴求することは，許されないとする。

【判例③】
　最三小判昭42・7・18民集21巻6号1559頁は，一個の債権の一部についてのみ判決を求める旨を明示して訴えが提起された場合には，訴訟物は，債権の一部の存否のみであるとの解釈を前提に，前訴の事実審口頭弁論終結後の再手術に伴う治療費の損害賠償請求について，前訴と本件訴訟とはそれぞれ訴訟物を異にするから，前訴の確定判決の既判力は本件訴訟に及ばないとする。

40-4 処分権主義④ 申立事項と判決事項

◆1 判決の対象

I 申立事項と判決事項について学ぶのはどうしてか

　処分権主義は，訴訟の終了事由である判決の局面においても，原告の設定した審判対象（訴訟物たる権利義務等）を尊重することを要請する。その現れとして，裁判所は，当事者が申し立てていない事項について判決することができないとされている（民訴246条）。反対にいえば，裁判所は，当事者が申し立てた事項（申立事項）の範囲内で判決をすることができるにとどまる。これにより，原告の訴訟物たる権利義務等の処分権を尊重するとともに，被告の防御目標を明確化し，判決による不意打ちを防止することができる。このような見地から，裁判所が，原告の請求とまったく同一でなくとも，同一性の範囲内と認められる限度での判決（一部認容判決）をすることは適法と考えられる。もっとも，具体的ケースにおいて，問題となる判決の内容が，原告の申立てに係る請求の内容と比較して，その範囲内にあると認められるかどうかは，必ずしも自明でない場合がある。そこで，申立事項と判決事項の関係について，一部認容判決の可否を中心に，実務の取扱い及びその基礎にある考え方を学んでおくことが必要である。

II 申立事項と判決事項について問題となるのはどのような点か

　裁判所は，審理の結果，請求の全部をそのとおりに認容することはできないが，異なる内容であれば認められるという心証を形成した場合に，どのような判決をしたらよいか。この場合に，裁判所の行う判決が，処分権主義（民訴246条）に反しないかを判断するために，申立事項と判決事項との関係

をどのように考えたらよいかが問題となる。その際，原告の設定した審判対象（訴訟物たる権利義務等）の範囲という観点から，審判対象の同一性だけでなく，その大小を比較する基準とその適用のあり方が問題となる。

Ⅲ 申立事項と判決事項について実務はどう取り扱っているか

1．量と質からの判断

訴訟における審判対象は，原告の求める判決の形式と内容によって決定され，その内容となる訴訟物の要素は，対象とされた権利義務等の種類，内容と数量等によって決定されるといえる。そこで，申立事項と判決事項の大小を比較するには，量と質の両面から判断することが必要となる。このような見地から，申立事項と判決事項との間で，訴訟物たる権利義務等が数量的に異なるにとどまる場合には，数量的な大小の比較により，判決事項が申立事項の範囲内にあるかどうかが判断される。判例は，問題となる権利義務が金銭の場合だけでなく，土地の場合についても同様の考えを適用している。→【判例①②】参照

また，申立事項と判決事項の間に，訴訟物の同一性に影響を与えないごく軽微な違いがあっても，処分権主義には違反しない。これに対し，申立事項と判決事項の違いが，軽微な範囲を超え，数量面にとどまらない場合には，質的にみて同一性の範囲にあると認められるか否かについて，より慎重に検討することを要する。その結果，質的同一性の範囲内と認めなければ，全部棄却判決がされ，同一性の範囲内と認められる場合にはその限度で請求を認容する判決（一部認容判決）がされる。一部認容判決がされる場合，認容される部分以外についての請求は棄却される。これに対し，判決内容が請求内容と質的に同一で，給付内容を減縮させるものでない場合には，全部認容判決がされる。

2．判例の考慮ファクター

判例は，問題となる権利義務や法律関係の性質のほか，原告の意思及び被告の防御の利益等を考慮ファクターとして判断を行っているといえる。すなわち，このような考慮ファクターを基に，同一性を肯定した判例として，不法行為に基づく損害賠償請求に関し，同一の法益侵害を理由とする不法行為による財産的損害と精神的損害との間に同一性を認めたものや，賃借権確認の訴えについて，原告の意思が，賃料の確定を求めるものではないことを理由に，原告の主張額より低額の賃料を内容とする賃借権の存在を確認した判決を適法としたものがある。→【判例③④】参照

これに対し，同一性を否定した判例として，約束手形金請求につき，手形の共同振出しと手形保証との間に同一性を否定したもの等がある。→【判例⑤】参照

3. 具 体 例

(1) 登記関係

登記請求訴訟についても，全部抹消請求に対し，一部抹消登記やこれと同様の性質を有する更正登記手続を命じることも適法とされる。これは，問題となる更正登記と抹消登記の内容を比較して，質的に見て権利関係を公示する登記としての同一性が保たれていると認められる場合の取扱いであると考えられる。→【判例⑥】参照

(2) 現在給付と将来給付

まず，将来の給付請求（民訴135条）に対して現在の給付を命ずる判決は，原告の意思及び被告の防御という観点から，申立事項を超えると解される。これに対し，現在の給付請求に対し，将来の給付を命じる判決の可否は問題である。原告が直ちに給付を求めることができない点では原告の意思どおりではないが，このような判決も，原告の明示の意思に反せず，原告が，現在給付が認められない場合には将来給付を求める意思と解するのが合理的である場合には，申立事項の範囲内として適法と解される。ただし，将来給付の訴えの利益が認められることが訴訟要件として必要である。→【判例⑦】参照

将来給付請求に類似した事例として，一時金による賠償請求に対して定期金による賠償（民訴117条）を命ずることを認めた裁判例があるが，定期金による賠償は，被告の将来の無資力の危険を伴い，上記のような扱いが原告の合理的意思に合致するとは限らないので，釈明権の行使等により，原告の意思を確認することが望まれる。→【判例⑧】参照

(3) 一部抗弁が認められる場合

原告の請求に対し，その一部を排斥する抗弁（一部抗弁）が認められた場合にも，原告の意思に照らし，一部認容判決が認められることが多い。このような例として，判例上，建物収去土地明渡請求に対して建物買取請求権の抗弁が行使された場合に建物の引渡請求の限度で一部認容判決を認めたものや，留置権や同時履行の抗弁権について，一部認容判決として引換給付判決を認めたものがある。→【判例⑨〜⑪】参照

また，権利義務自体ではなく，責任の範囲との関係で一種の一部認容判決がされる場合として，限定承認の抗弁が認められる場合（相続財産の限度で支払を命じられる。）がある。

(4) 立退料の支払との引換給付

抗弁の形をとるとは限らないが，判決と処分権主義の関係が問題となる場合として，立退料の支払との引換給付判決の可否の問題がある。判例は，借地借家法28条の規定による更新拒絶や解約申入れを理由に不動産の明渡し等を求める請求において，立退料の提供により正当事由を補完することが認められる場合には，相当と認められる立退料の支払と引換えに不動産の明渡し等を命ずることを認めている。この場合，更に原告主張の立退料と裁判所が相当と認める立退料の額が異なる場合に，どのような判決をすべきかが問題となる。原告の意思の解釈の問題であり，原告が一部認容判決を望まないことが明らかである場合は，全部棄却するほかない。

裁判所の心証が，原告が申し出た立退料の額を上回る場合について，判例は，原告が申し出た金額と格段の相違のない範囲内で裁判所の決定する額の立退料を支払う旨の意思を表明している場合には，裁判所が相当と認める立

退料との引換給付判決をすることを認めている。→【判例⑫】参照

　これに対し，裁判所の心証が，原告の申し出た立退料の額を下回る場合，同様に解することができるかは，相手方の利益との関係で問題である。立退料が低額なほど原告の意思に沿う場合が多いと思われるので，審理の過程で必要に応じ，釈明権の行使により原告の請求内容（提供すべき立退料の上限及び下限）を明確化することが望まれる。

Ⅳ　申立事項と判決事項について注意しておくのは　　どのような点か

　原告の請求と認められる権利義務等の内容が一致しない場合，申立事項と判決事項の同一性の範囲内と認められるかの判断に当たり，量的，質的観点から見て検討することが必要であり，特に質的同一性の有無については注意して検討する必要がある。また，請求の趣旨が不明瞭な場合，釈明権の行使の対象ともなり得る。審理手続を通じて，当事者，裁判所には，請求の趣旨につき，予備的請求の有無を含め，できるだけ明確にするよう留意することが必要である。

〔関口　剛弘〕

参照判例

【判例①】
　　最三小判昭24・8・2民集3巻9号291頁は，家屋全部の明渡請求に対し，一部明渡しを命じた判決を適法とする。

【判例②】
　　最二小判昭30・6・24民集9巻7号919頁は，家屋の一筆の土地の全部についての所有権移転登記請求に対し，一部について分筆の上記所有権移転登記手続を命じた判決を適法とする。

40-4 処分権主義④ 申立事項と判決事項

【判例③】
　最一小判昭48・4・5民集27巻3号419頁は，財産的損害の請求に対し，精神的損害を認めた判決を適法とする。

【判例④】
　最一小判昭32・1・31民集11巻1号133頁は，賃借権存在の確認請求訴訟の判決において，原告の主張する賃料より低廉な賃料の定めのある賃借権の存在を確認しても，当事者の申し立てない事項につき判決したものとはいえないとする。

【判例⑤】
　最三小判昭35・4・12民集14巻5号825頁は，約束手形の共同振出しを原因として手形金の請求をしている場合に，手形保証を理由として請求を認容したときは，当事者の申し立てない事項について判決をした違法があるとする。

【判例⑥】
　最二小判昭38・2・22民集17巻1号235頁は，登記の全部抹消を求めたのに対し，裁判所が一部抹消（更正）登記手続を命ずる判決をしても，旧民事訴訟法186条（現行民訴246条）に反しないとする。

【判例⑦】
　最三小判平23・3・1判時2114号52頁は，過払金請求について，審理の結果，債権の弁済期が到来していないと判断されるときは，その弁済期が到来した時点での給付を求める趣旨を含むものと解するのが合理的であるとする。

【判例⑧】
　東京高判平15・7・29判時1838号69頁は，損害賠償請求権者が一時金賠償方式による支払を求めている場合に，定期金賠償方式による支払が命じられた事例である。

【判例⑨】
　最二小判昭33・6・6民集12巻9号1384頁は，家屋収去土地明渡請求に対し家屋買取請求権の行使があった場合，その明渡請求は家屋の引渡しを求める申立てを包含する趣旨と解すべきであるとする。

【判例⑩】
　前掲【判例⑨】最二小判昭33・6・6は，物の引渡請求に対する留置権の抗弁を認容するときは，引渡請求を棄却することなく，その物に関して生じた債権の弁済と引き換えに物の引渡しを命ずべきであるとする。

【判例⑪】
　最一小判昭47・11・16民集26巻9号1619頁は，物の引渡請求に対する留置権の抗弁を認容する場合において，その物に関して生じた債務の支払義務を負う者が，原告ではなく第三者であるときは，被告に対し，その第三者から上記債務の支払を受けるのと引き換えに物の引渡しをすることを命ずるべきであるとする。

【判例⑫】
　最一小判昭46・11・25民集25巻8号1343頁は，借家法1条ノ2（現行借地借家28条）に基づく解約を理由として家屋の明渡しを求める訴訟において，正当事由の補完要素として，家主が300万円もしくはこれと格段の相違のない範囲内で裁判所の決定する額の立退料を支払う旨の意思を表明し，これと引き換えに家屋の明渡しを求めている場合には，500万円の立退料の支払と引き換えに明渡請求を認容することは相当であるとする。

40－5　処分権主義⑤　形式的形成訴訟

◆1　判決の対象

I　形式的形成訴訟について学ぶのはどうしてか

　境界確定の訴え及び共有物分割の訴えは，実務上，いずれも私法上の権利義務の存否を確定する訴訟ではなく，私法上の権利義務を前提として，その内容を裁判で形成することを目的とする訴訟（形式的形成訴訟）と解されている。これらの訴訟は，通常の民事訴訟と異なる性質（非訟事件の側面）を有していることから，処分権主義の適用範囲を考えるに当たり，このような訴えの性質と処分権主義の関係について理解しておくことが必要である。

II　形式的形成訴訟について問題となるのはどのような点か

　境界確定の訴え，共有物分割の訴えについても，訴訟の開始について，原告の訴え提起を要するという点で処分権主義が適用されることには変わりがない。問題となるのは，審判対象の設定及び事件の終局（一部認容判決，請求棄却判決や請求の認諾，訴訟上の和解の可否）の場面における処分権主義の適用（制限）である。

III　形式的形成訴訟について実務はどう取り扱っているか

　境界確定の訴えは，裁判実務上，私法上の所有権の確認を求めるものではなく，隣接する土地の所有権の存在を前提として，その公法上の境界（地番と地番の境）を判決によって形成するもの（形式的形成訴訟）と解されており，

その結果，裁判所は，当事者双方の主張する境界線に必ずしも拘束されず，自ら真実と認める境界を確定することを要し，境界が真偽不明であるとして請求棄却の判決をすることはできない。同様の理由から，被告が請求の認諾をすることもできない。さらに，確定の対象とされる境界が公法上の境界であり，当事者による処分の自由が認められないことから，境界確定を内容とする和解をすることもできない。上訴審においても処分権主義が適用されない結果，不利益変更禁止の原則も適用されない。→【判例①】参照

共有物分割の訴えも，共有関係の存在を前提にその内容を裁判によって形成する訴訟（形式的形成訴訟）であることから，原告は，請求において，分割方法を具体的に指定することを要せず，単に共有物分割を求める旨を申し立てれば足り，裁判所は，共有関係が認められる限り，請求棄却の判決をすることはできない。→【判例②】参照

同様に，請求の認諾をすることはできないが，共有物の分割方法について和解をすることは認められる。

Ⅳ　形式的形成訴訟について注意しておくのはどのような点か

境界確定の訴え及び共有物分割の訴えにおいては，原告の請求の趣旨の記載は裁判所を法的に拘束しない。もっとも，実際の訴訟では，攻撃防御の対象となる係争範囲を明らかにするために，当事者が請求の趣旨及び原因で明示しているのが通常であり，境界について裁判上の自白の適用が排除される以外，弁論主義の適用はあるので，審理促進のためにも当事者の主張立証活動は重要である。訴訟の終局の場面で，請求棄却判決や一部認容判決ができないこと，請求の認諾ができないことには注意する必要がある。さらに，境界確定の訴えについては，境界確定を内容とする和解ができないことにも注意する必要がある（ただし，境界確定の訴えを取り下げ，所有権の範囲を確認する内容の和解は可能である。）。境界の根拠として所有権取得原因（時効取得を含む。）を主張することはできない。土地の所有権の範囲を確認する判決を求める場合には，所有権確認の訴えを併合提起することが必要である。ただし，境界

確定の訴えにおいて，訴訟要件（当事者適格）との関係で，問題となる境界について，これを争う利益を有する土地所有関係にあることは必要とされる。
→【判例③】参照

〔関口　剛弘〕

参照判例

【判例①】
　最三小判昭38・10・15民集17巻9号1220頁は，控訴審において，第1審判決の定めた境界線を正当でないと認めたときは，第1審判決を変更して，正当と判断する線を境界と定めるべきものであり，その結果が実際上控訴人にとり不利であり，附帯控訴をしない被控訴人に有利である場合であっても，いわゆる不利益変更禁止の原則の適用はないものと解すべきであるとする。

【判例②】
　最三小判昭57・3・9判時1040号53頁は，共有物分割の訴えにおいては，当事者は，単に共有物の分割を求める旨を申し立てれば足り，分割の方法を具体的に指定することを要しないとしたうえ，裁判所は，現物での分割が不可能あるいは著しく価格を損するおそれがある場合，当事者の申し立てた分割方法にかかわらず共有物を競売してその売得金を分割できるとする。

【判例③】
　最一小判昭59・2・16判時1109号90頁は，公簿上相接隣する二筆の土地の所有名義人間における境界確定を求める訴えにおいて，上記両土地の中間に第三者の土地が介在しているときは，上記訴えについて，当事者適格を欠く不適法な訴えであるとする。

40-6 処分権主義⑥ 範囲を限定しない債務不存在確認の訴え

◆1 判決の対象

I 範囲を限定しない債務不存在確認の訴えについて学ぶのはどうしてか

　金銭の給付請求については，訴え提起の段階から請求金額を明示しないということは考えられないが，債務不存在確認の訴えについては，原告が訴え提起の段階で金額又は上限を明示することが困難な場合がある。特に原告が契約関係にない被告から債務の存在を主張された場合，原告から被告主張の債務の内容を特定できるとは限らない。このような場合の債務不存在確認の訴えの可否や訴えが提起された場合の審理上の扱いについて，請求（訴訟物）の特定との関係を中心に検討しておくことが必要である。

II 範囲を限定しない債務不存在確認の訴えについて問題となるのはどのような点か

　例えば，実務では，交通事故等の不法行為による損害賠償債務について，保険金支払による損害の塡補により，残額がまったく存在しないことあるいは一定額を超えて存在しないことの確認を求める訴えが提起されることがある。このような訴えが提起された場合，まず訴えの適法性との関係で，訴訟物の特定の有無をどのようにみるかが問題となる。そして，訴えが適法であるとして，その後の審理において，どのような点に留意すべきかが問題となる。

Ⅲ 範囲を限定しない債務不存在確認の訴えについて実務はどう取り扱っているか

　訴え提起の段階において，請求の趣旨及び原因において金額又はその上限が明示されていなくとも，他の訴訟物との識別可能性及び被告の防御可能性という点で支障がない限り，訴訟物を不特定として不適法と扱うことはないものと考えられる。債務総額については，訴状の請求の趣旨及び原因をはじめ，訴訟記録から確定できるかを判断することになろう。

　実際上，原告のみで金額を特定するのは困難なケースでも，審理の過程で，被告の主張により（上限）金額を明示することは可能と考えられる。このようなケースの審理においては，できるだけ速やかに，被告の側で，（上限）金額を特定するのに必要な主張を行うことが求められよう。

　なお，訴え提起の手数料との関係も問題となるが，訴え提起段階では，相当範囲で納付し，審理の過程で明確になった金額との差額に相当する印紙を追貼するなどの柔軟な扱いも許容されよう。訴え提起段階で訴額の算定不能とする例もあろうが，この場合も審理の過程で差額が明らかになった場合には印紙の追貼が必要となる。

Ⅳ 範囲を限定しない債務不存在確認の訴えについて注意しておくのはどのような点か

　裁判所においては，訴え提起時に可能な範囲を超えて金額の特定を求めないよう留意する一方，審理の過程で速やかに被告の主張を促すことが必要である。原告の側では，訴え提起前の交渉過程等から可能な範囲で金額を明示するよう検討すること，被告の側では，速やかに自己の主張額を明らかにするよう努めることが求められよう。

〔関口　剛弘〕

40−7 処分権主義⑦　範囲を限定した債務不存在確認の訴え

◆1　判決の対象

I　範囲を限定した債務不存在確認の訴えについて学ぶのはどうしてか

　金銭等の数量的に可分な給付を求める訴えについて，一部請求を行うことは，処分権主義から当然に認められるところであるが，債務の不存在確認を求める訴えについても，債務の一部について不存在確認を求めるという形の一部請求があり得る。このような一部請求に対する判決とその効力について学ぶことは，申立事項と判決事項や訴訟物と既判力の関係について理解を深めるうえで必要なことといえる。

II　範囲を限定した債務不存在確認の訴えについて問題となるのはどのような点か

　例えば，原告が，被告に対する特定の不法行為による損害賠償債務が100万円を超えて存在しないことの確認を求める場合等に，どのような判決をすることが可能か，及び各判決にはどのような範囲で権利義務の存否を確定する効力が認められるかが問題となる。

III　範囲を限定した債務不存在確認の訴えについて実務はどう取り扱っているか

　債務不存在確認の訴えの審判対象は，当該債務の存否であり，判決の既判力という点で見ると，請求認容判決により当該債務全部の不存在が確定され，請求棄却判決により当該債務全部の存在が確定される。数量的に可分な

債務について，審理の結果その一部の存在が認められる場合，一部認容判決により一部の債務の存在が確定され，残部の不存在が確定される。これらの点は，給付の訴えや債務存在確認の訴えの場合と同様である。では，数量的に可分な債務の一部不存在確認の訴えについては，どのように考えたらよいかが問題である。

この点につき，例えば，原告が，被告に対する特定の不法行為による損害賠償債務が200万円を超えて存在しないことの確認を求める場合において，審理の結果，被告の主張する債務の（上限）額が，1000万円であると認められる事例について，確定判決の効力を考えてみよう。

まず，全部認容判決の場合，200万円を超えて1000万円までの範囲（800万円）の債務の不存在が確定され，全部棄却判決の場合，200万円を超えて1000万円までの範囲（800万円）の債務の存在が確定される。原告が自認している200万円の債務の存在についても，判決の既判力により確定されるかが問題となるが，判例は，このような消極的債務不存在確認訴訟の訴訟物について，債務残額の存否ないしその限度であるとしている。←【判例①】参照

原告が自認している部分について，これを審判の対象外とみると，既判力を否定することになる。この考え方によれば，200万円の債務の存在については既判力が及ばないということになる。もっとも，前訴において200万円の債務の存在も含めて攻撃防御が尽くされたような場合には，原告において200万円の債務の存在を争うことが，信義則（禁反言）に反するとして認められない可能性もある。その結果，実際上，200万円の存在について争うことが認められるケースは限られることとなろう。

次いで，上記設例で，裁判所が，審理の結果，300万円の限度で債務が存在するとの心証を得た場合，300万円を超えて債務が存在しないことを確認する判決をすることは，原告が申し立てた800万円の債務の不存在の範囲内である，700万円（1000万円－300万円）の限度で債務の不存在を確認するものといえる。したがって，申立事項の範囲内の適法な判決といえる。

これに対し，裁判所が，審理の結果，150万円の限度で債務が存在するとの心証を得た場合，150万円を超えて債務が存在しないことを確認する判決をすることは，原告が申し立てた800万円の債務の不存在の範囲を超え，850

万円（1000万円－150万円）の債務の不存在を確認するものである。したがって，申立事項の範囲を超えた違法な判決に当たり，裁判所は，200万円を超えて債務が存在しないとの判決をなし得るにとどまる。

Ⅳ 範囲を限定した債務不存在確認の訴えについて注意しておくのはどのような点か

　申立事項と判決事項の関係（一部認容判決の許容性）の判断ファクターを念頭に置いて，当該訴訟物の内容，性質から，量的及び質的にみて一部認容判決が可能か否かという点に留意するとともに，一部認容判決を行うことが原告の明示の意思に反することがないかどうかに留意することが必要である。

〔関口　剛弘〕

参照判例

【判例①】
　　最二小判昭40・9・17民集19巻6号1533頁は，貸金債務に関する一定金額を超える債務の存在しない旨の確認請求は，当該貸金債権額から前記一定額を控除した残債務額についての不存在の確認を求めるものとする。

40-8 処分権主義⑧ 訴訟の終了

◆ 1 判決の対象

I 訴訟の終了について学ぶのはどうしてか

　訴訟上の和解，請求の放棄・認諾（民訴266条），訴えの取下げ（民訴261条）は，判決によらない訴訟の終了事由のうち，当事者の意思によるものとして，処分権主義の現れといえる。

　終局判決は裁判所が「裁判をするのに熟した」と認めるときに行われる（民訴243条）のに対し，判決によらない訴訟の終了事由は，訴訟の終了時期や内容について，当事者の意思を尊重するものであるが，訴訟と終了原因の性質から，当事者の意思に基づく処分が制限される場合がある。そこで，当事者の意思による訴訟の終了の可否を考えるに当たり，処分権主義の適用範囲について学んでおく必要がある。

II 訴訟の終了について問題となるのはどのような点か

　処分権主義は，訴訟物たる権利義務等について当事者の処分の自由を尊重するものである。そこで，そのような当事者の自由が制限される場合には，処分権主義の適用も制限される。このような見地から，訴訟上の和解，請求の放棄・認諾，訴えの取下げが，どのような場合に制約されるかが問題となる。

　さらに，当事者の意思が訴訟の終了に関連する場合として，当事者間で訴えを提起しない旨の合意（不起訴の合意）がされている場合があり，このような合意の効果が問題となる。

III 訴訟の終了について実務はどう取り扱っているか

　処分権主義が制約される類型の訴訟として，離婚，養子縁組無効，認知等の人事訴訟については，公益的な見地から私的自治の原則が制限される結果，人事訴訟の判決と同一の効果を生じさせることとなる請求の放棄，認諾や訴訟上の和解は認められない（人訴19条2項）。ただし，離婚訴訟については，請求の放棄のほか，財産分与や親権者の指定を伴わない場合に請求の認諾が認められているほか，離婚を内容とする訴訟上の和解も可能とされているが（人訴37条1項），当事者の意思確認の慎重を期す見地から，書面による受諾方式等の簡易な方式による訴訟上の和解や期日不出頭者の電話会議による弁論準備手続期日での和解や請求の認諾はできないものとされている（同条2項・3項）。また，会社の設立無効，新株発行無効，合併無効の訴えや総会決議取消し，無効確認の訴え等，会社法834条の定める会社の組織に関する訴えについては，判決に対世効が認められる関係（会社838条）から，当事者による処分の自由が制限される。その結果，これらの訴訟については，対世効が認められる判決と同一の効力を生じさせることとなる請求の認諾が認められず，請求を認める内容の訴訟上の和解も認められない。請求異議，第三異議，配当異議の訴えのような民事執行関係の訴えについても，執行手続の関係者に影響を与える認容判決（形成判決）と同一内容の条項による和解は認められない。ただし，当事者間で処分が許される実体法上の権利の存否を確認する和解は可能であり，この場合には訴え自体は取下げにより終了させることとなる。

　なお，訴えの取下げについては，これが制限される訴訟はないが，相手方の利益保護の見地から，被告が本案について答弁等をした後は，被告の同意が必要とされる点（民訴261条2項）では，原告の処分権は制約を受ける。

　当事者の意思による訴訟の終了に関連して，当事者間で訴えを提起しない旨の合意（不起訴の合意）や訴え取下げの合意をした場合の有効性及び効果が問題となる。この点，合意の当事者において，あらゆる訴訟の提起を一般的に放棄するのではなく，一定の法律関係についての訴訟の提起を放棄するも

のである限り，こうした合意も有効と解される（ただし，合意当時予測できなかった事情による訴えについては合意の効力は及ばない。）。有効な不起訴の合意の存在が立証されると，その訴えは，その利益を欠き，却下されることとなる。

さらに，上訴についても処分権主義が妥当する結果，当事者は，裁判所宛てに上訴権を放棄すること（民訴284条）や当事者間で上訴しないことを合意することができ，上訴権の放棄や不上訴の合意がある場合に，これに反して提起された上訴は不適法却下されることとなる。

IV 訴訟の終了について注意しておくのはどのような点か

当事者の意思による訴訟の終了の可否を判断するに際し，当該訴訟について，処分権主義の適用が制限される場合に当たるか否かに注意しておくことが必要である。

なお，上訴審においても当事者の意思による訴訟の終了が認められるが，その方法として，訴えの取下げと上訴の取下げ（民訴292条・313条）という効果の異なる方法がある。訴えの取下げが，訴訟係属を遡及的に消滅させる効果を有し，その要件として，原則として相手方の同意を要するのに対し，上訴の取下げは，原審の判決を確定させる効果を有し，相手方の同意を要件としない（民訴292条）という違いがあるから，両者を混同しないよう注意することが必要である。

〔関口　剛弘〕

◆2 判決の種類

41 終局判決

I 終局判決について学ぶのはどうしてか

　訴えが提起されると，第1審の裁判所に事件が係属し，審理が開始される。終局判決とは，裁判所に係属中の事件の全部又は一部について，当該審級の審理を完結させる判決をいう（民訴243条1項）。これに対し，裁判所に係属中の事件の一部について，当該審級の審理を完結させないでする判決を中間判決という。

　民事訴訟制度は，私人が提起した訴えに対して，裁判所が公権的な判断を示すなどして紛争を解決する制度であり，当該審級において示された判断が終局判決と呼ばれるものである。終局判決の意義を理解し，終局判決相互の関係を理解することは，民事訴訟の構造を理解するうえでも有用である。

II 終局判決について問題となるのはどのような点か

1．終局判決の時期

　民事訴訟法243条1項は，裁判所は，訴訟が裁判をするのに熟したときに，終局判決をすると規定し，同条2項は，裁判所は，訴訟の一部が裁判をするのに熟したときに，一部判決ができると規定している。これらの「判決に熟したとき」とは，いかなる状態をいうのかが問題となる。

2．全部判決と一部判決

　終局判決には，当該審級で審理している事件の全部を完結する全部判決と，事件の一部を完結させる一部判決とがあるが，その前提として，判決の

個数をどのように捉えるのかがまず問題となる。

一部判決である場合には，判決後残された部分について判決する必要がある。裁判所で終局判決がされた時，それが全部判決であるのか，一部判決にとどまるのかは，残部判決の要否を判断するうえで重要である。

さらに，一つの訴訟で複数の請求が併合されている場合（これには，同一当事者間における客観的併合の場合と，異なる当事者間における主観的併合とがある。），一部判決の対象となる請求と残部判決の対象となる請求が密接な関連をもっているために，それらを一体として判決することが必要な場合がある。このような場合には，一部判決が許されず，また相当でない場合がある。そこで，どのような場合に一部判決が許されるか否かということが問題となる。

一部判決であることを見落とし，全部判決と誤認して判決した場合を裁判の脱漏という。この場合は，客観的には一部判決にとどまるから，裁判所は，申立てにより又は職権で，残部について判決する必要がある（これを追加判決という。）。これと区別されるものとして，違法な一部判決がされた場合がある。

3．仮執行宣言の必要性

財産上の請求を認容する判決に対しては，裁判所は，必要があると認めるときは，申立てにより又は職権で，仮執行宣言を付することができる（民訴259条1項）。しかし，仮執行宣言を付することが必要的な場合や許されない場合，仮執行宣言を付するのが相当でない場合もある。

Ⅲ　終局判決について実務はどう取り扱っているか

1．終局判決の時期

訴訟が裁判をするのに熟したときとは，審理の結果，訴訟要件又は請求の当否について，終局的な判断をすることができる状態に達したときをいう。一般的には，請求を認容する場合は，訴訟要件の全部と請求を理由づける事実の存在が認められ，相手方の抗弁等に理由がないと判断できるときであ

り，請求を棄却する場合は，請求原因事実の立証がされなかったり，抗弁事実が立証されたりするときである。訴訟判決の場合は，訴訟要件が欠缺していることが明らかになったときである。

訴訟が裁判をするのに熟したときであっても，裁判所が和解を試みる場合や当事者間で示談交渉が継続している場合，訴訟に関連する争点について他に訴訟係属があり，判決が見込まれるような場合など合理的な理由があるときには，裁判所は，直ちに終局判決をせず，和解の勧試を行ったり，示談や関連事件の帰趨を注視することも許される。

一部判決について，民事訴訟法243条2項は，訴訟の一部について終局判決をすることができると規定して，一部判決をするかどうかに関して裁判所の裁量を認めている。

2．全部判決と一部判決

(1) 判決の個数

判決の個数は，当事者と訴訟物によって決められる。すなわち，同一当事者間における請求に対する判決は，一個の判決である。請求の客観的併合，訴えの追加的変更，反訴，弁論の併合いずれの場合であっても，各請求の審理は同時になされ，証拠も共通となっており，記録も一つであるから，判決は一個である。したがって，判決に対して，数個の請求の一部についてのみ上訴された場合，その余の請求についても確定が遮断され，その全体が上級審に移審する。

これに対し，当事者が複数である場合は，通常共同訴訟では，訴訟行為独立の原則（民訴39条）により，判決は，各当事者ごとに数個となる。固有必要的共同訴訟については，訴訟物は一つであるので，判決は一個である。類似必要的共同訴訟では，請求は複数であるが，合一確定の必要があり，共同訴訟人の一人の上訴，又は一人に対する上訴は，他の者に対しても効力を生ずる（民訴40条1項・4項）から，判決は一個となろう。なお，独立当事者参加については，必要的共同訴訟の規定が準用され（民訴47条4項），判決は一個と解されている。

(2) 全部判決と一部判決の区別

　客観的予備的併合は，主位的請求について認容判決がされることを解除条件として副次的な請求をする場合をいうが，この場合において，主位的請求についての認容判決は，全部判決である。また，予備的反訴は，本訴の却下又は棄却を解除条件とする反訴をいうが，この場合，本訴の却下判決又は本訴の請求棄却判決は，全部判決となる。

(3) 一部判決が許される場合

(a) 同一の請求の一部の場合

　請求の内容が可分であって，一部が特定されている場合には，一部判決をすることが許されるが，実際に一部判決をすることは少ない。

(b) 請求の客観的併合の場合

　単純併合においては，一部判決をすることができるのが原則である。しかし，一部判決の対象となる請求と残部判決の対象となる請求が密接な関連をもっている場合には，一部判決と残部判決との間に，又は一部判決に係る上訴審の判断と残部判決との間に矛盾抵触が生ずる可能性があることから，一部判決をするのは相当でないとされている。このような場合として，所有権の確認と所有権に基づく引渡請求のように，2つの請求の一方が先決関係にある場合，不動産所有権に基づく明渡請求と移転登記手続請求のように，双方が共通の法律関係に由来する場合が挙げられる。

　他方，予備的併合の場合は，主たる請求を棄却するときは，同時に予備的請求についても裁判をすることを要し，一部判決をすることは許されない。
→【判例①】参照

(c) 請求の主観的併合の場合

　必要的共同訴訟については，共同訴訟人全員について，合一に確定することが求められているから，その一部について判決することは許されない。独立当事者参加の場合も同様である。→【判例②】参照

　通常共同訴訟の場合は，前記2(1)で検討したとおり，各請求は，別個独立であって判決も複数になるから，一部の請求について一部判決をすることができる。しかし，同時審判の申出がある場合は，弁論及び裁判を分離しない

で行わなければならないので（民訴41条1項），一部判決は許されない。

(d) 弁論が併合された場合，反訴が提起された場合

これらの場合に，原則として，一部判決をなし得ることについては，民事訴訟法243条3項が規定するところである。しかし，弁論を併合した結果，必要的共同訴訟になる場合は，一部判決は許されない。また，本訴の却下又は棄却を解除条件とする反訴（予備的反訴）についても，予備的併合と同じく，主たる請求のみを認容する一部判決をすることは許されないと解される。

このほか，離婚請求に係る本訴と反訴が提起されている場合は，一方の認容判決によって，他方は目的を達し不適法となる関係にあるから，一方のみを認容する一部判決はできない。さらに，同一の不動産について所有権確認の本訴と反訴が提起されている場合のように同一の権利又は法律関係について本訴と反訴が競合するときは，判断抵触の可能性があることを理由に一部判決は許されないと解されている。なお，本訴，反訴の請求の一方が他方の先決関係にある場合や双方の請求が共通の法律関係に由来する場合については，請求の客観的併合の場合と同様に，一部判決をするのは相当でないとされている。

(4) 裁判の脱漏と違法な一部判決

一部判決を見落として全部判決であると誤認した場合は，裁判の脱漏であって，裁判所は，追加判決をしなければならない。これに対し，一部判決ができないのに一部判決をした場合は，残部判決は許されず，客観的には全部判決があったものとして扱うことになる。したがって，これに対する不服は上訴となり，上訴があれば，事件全体が上級審に移審する。

3．仮執行宣言の必要性

仮執行宣言を付することが必要的な場合とは，①手形判決・小切手判決の場合（民訴259条2項），②執行文付与に対する異議の訴え，請求異議の訴え又は第三者異議の訴えにおいて，強制執行の停止を命ずる場合，又は既に発した停止命令を認可，取消し，変更する場合（民執37条1項後段・38条4項）など

である。

　これに対し，登記手続請求のように，意思表示を命ずる判決は，確定をまって初めて執行力を生ずると考えられるから（民執174条1項），仮執行宣言を付することはできない。また，離婚とともにこれに伴う財産分与を命ずる判決や離婚それ自体を原因とする損害賠償を命ずる判決についても，離婚判決は，形成判決であって，離婚に伴う財産分与や離婚それ自体を原因する損害賠償は，離婚の判決が確定することを前提としていることから，仮執行宣言を付することはできないと考えられている。

　これら以外の場合は，裁判所が裁量により，仮執行宣言を付す必要性を判断する。必要性の判断に当たっては，一般に，①執行（権利の実現）の遅延により，勝訴者（権利者）の被る損害の程度及びその塡補の可能性，②執行により，敗訴者（義務者）が後に原判決の取消し，変更のあった場合に主張し得るであろう損害の程度及びその塡補の可能性，③勝訴者（権利者）の権利の確実性（上訴審において原判決が取消し，変更されずに維持されることの蓋然性）といった要素を総合して判断することになる。建物収去土地明渡しを命ずる判決は，仮執行の結果，相手方に回復困難な損害を被らせるおそれがあることから，一般に仮執行宣言をしないのが相当であるとされる。また，株主総会の決議取消（無効確認）請求，詐害行為取消請求，共有物分割請求等の形成判決は，第三者に対する関係で重大な影響をもち，仮執行宣言が失効した際には収拾がつかないおそれも生ずることから，仮執行宣言を付さないことが多いとされる。建物明渡請求については，原告の権利実現の必要性，仮執行により立ち退きを強いられる被告の不利益の程度，上級審における原判決変更の蓋然性を総合考慮して，仮執行宣言を付すかどうかを判断する。

Ⅳ　終局判決について注意しておくのはどのような点か

　以上，終局判決について，実務上留意すべき点を検討したが，特に注意をしておく必要があるのは，仮執行宣言の要否であろう。実務家としては，違法な仮執行宣言を付したり，仮執行宣言が脱漏したりしないよう，また，不相当な仮執行宣言を付することがないよう注意しなければならない。一部判

決が許される場合についても，弁論の分離の可否とも関連するので，注意を要する。

〔武笠 圭志〕

参照判例

【判例①】
　最二小判昭38・3・8民集17巻2号304頁は，借主の代理人との間になされた消費貸借契約による貸金返還請求を主たる請求とし，代理人に代理権がない場合には，本人が代理人を通じ，上記貸金を法律上の原因なくして受領したことによる不当利得金返還請求を予備的請求として併合した訴訟において，主たる請求を排斥する裁判をするときは同時に予備的請求についても裁判をすることを要するとする。

【判例②】
　最二小判昭43・4・12民集22巻4号877頁は，旧民事訴訟法71条（現行民訴47条）の参加に基づく，参加人，原告，被告間の訴訟について本案判決をするときは，上記三当事者を判決の名宛人とする一個の終局判決のみが許され，上記当事者の一部に関する判決をすることも，また，残余のものに関する追加判決をすることも，許されないとする。

42 訴訟判決

◆2 判決の種類

I 訴訟判決について学ぶのはどうしてか

　訴訟判決とは，裁判所が，訴訟要件を欠くことを理由に，本案である請求の当否に関する判断をせず，訴えを却下する判決をいう。訴訟判決がされる場合は，本案の請求について判断はされず，それ以上，本案について審理する必要もない。裁判所は，審理の焦点を定めるに当たり，また，代理人は，攻撃防御を考えるに当たり，それぞれ訴訟判決がされる場合を念頭に置いていなければならない。訴訟要件の有無を看過した判決をした場合には，第1審における本案の審理がむだになったり，破棄差戻しによりさらに本案の審理が続くことになって，当事者に過度の負担を強いることにもなりかねない。

　このように，訴訟判決がされる要件（訴訟要件）やその効力，本案判決との関係を理解する意義は高いといえる。

II 訴訟判決について問題となるのはどのような点か

1．訴訟要件

　訴訟要件とは，請求の当否について本案判決をするために備えておかなければならない要件をいう。すなわち，訴訟要件は，本案判決の要件である。

　訴えに訴訟要件が欠けていることが判明した場合には，裁判所がそれ以上審理に立ち入ったり，続行することは不要となるから，裁判所は，訴え却下の判決をして，審理を打ち切る。その意味で，訴訟要件は，本案審理の要件でもある。

裁判所に提起される多くの訴えに対して，裁判所が適正，迅速な審理・判断を行うためには，民事訴訟制度による解決に適し，かつそれを利用するに足りる利益ないし適格を備えた訴えを選別する必要がある。訴訟要件が設けられているのは，このような理由による。

訴訟要件の主な内容については，以下のものが挙げられるが，その種類は実に多様である。

(1) **裁判所に関するもの**
  ① 請求と当事者が我が国の裁判権に服すること
  ② 裁判所が当該事件に管轄権を有すること

(2) **当事者に関するもの**
  ③ 当事者が実在し，当事者能力を有すること
  ④ 当事者が当事者適格を有すること
  ⑤ 訴えの提起及び訴状の送達が有効であること
  ⑥ 原告が訴訟費用の担保を提供する必要がないこと，又は担保を提供する必要がある場合には，その担保を提供したこと

(3) **訴訟物に関するもの**
  ⑦ 二重起訴の禁止（民訴142条）に触れないこと
  ⑧ 再訴の禁止（民訴262条2項）や別訴の禁止（人訴25条）に触れないこと
  ⑨ 訴えの利益があること
  ⑩ 請求を併合して訴えを提起したり，訴訟係属中に新たな訴を提起する（訴えの変更，反訴，独立当事者参加など）場合には，その要件を備えること

以下では，訴えの利益について，実務上の問題点を探ることとする（民事裁判権，法律上の争訟性，裁判管轄，当事者能力，当事者適格，二重起訴の禁止・再訴の制限については，それぞれの項目の解説を参照されたい。）。

2．本案判決と訴訟判決の関係

民事訴訟手続においては，訴訟要件の審理と本案の審理は，明確には区別されていない。先に訴訟要件の審理をしたうえで，本案の審理に入る場合もあろうが，訴訟要件の審理と本案の審理とが同時に行われる場合もあるし，本案審理の最終段階になって，訴訟要件の存否が問題となる場合もある。この場合，少なくとも，訴訟要件が具備されていないのに，請求認容判決をすることはできないが，訴訟要件の存否が不明の段階で，既に請求棄却の結論に至ったときに，これ以上訴訟要件の審理を進めずに請求棄却判決をすることが許されるかという問題がある。

3．訴訟判決の効力

訴訟判決にも既判力があるといわれている。しかし，本案判決と異なり，請求の当否についての判断ではないから，本案判決の既判力との違いを理解しておく必要がある。

III　訴訟判決について実務はどう取り扱っているか

1．訴訟要件（特に，訴えの利益について）

各種訴えに共通な訴えの利益としては，①通常訴訟以外の救済手続によるべきことが定められていないこと，②当事者間に訴訟を利用しない特約がないこと，③訴権の濫用等起訴を不適法とする特別の事情がないこと等が挙げられるが，ここでは，各種の訴えに係る利益について，実務上問題となっている点を述べる。

(1)　給付の訴えの利益

給付の訴えは，基本的に，権利の侵害や不履行がある場合に，その除去ないし実現を求める内容の訴えである。したがって，ある特定の権利について，権利が侵害された又は履行されていないと主張する場合に給付の訴えを求める利益がある（妨害予防請求権の場合は，権利が侵害されるおそれがあると主張する場合に訴えの利益があることになる。）。

将来の給付の訴えについて，民事訴訟法135条は，将来の給付を求める訴えは，あらかじめその請求をする必要がある場合に限り，提起することができると定めている。あらかじめ請求をする必要がある場合として，典型的には，金銭請求や明渡請求がなされている場合において，将来履行がされるまでの履行遅滞に基づく損害賠償請求，あるいは，占有侵害等によって所有権が継続的に侵害されている場合において，侵害が止むまでの不法行為に基づく損害賠償請求等が挙げられる。
　騒音訴訟等において，事実審の口頭弁論終結後の継続的不法行為に基づく損害賠償請求が問題となるが，これについては，現在のところ，このような請求権は，将来の給付の訴えを提起することのできる請求権としての適格を有しないとして，訴えの利益が否定されている。→【判例①②】参照
　本来の給付請求の執行が不能になることを慮って本来の給付に代わる金銭の支払を求めるいわゆる代償請求も，将来の給付の訴えとして認められる。→【判例③④】参照
　しかし，意思表示を命じる訴えについて，その執行不能を条件とする代償請求の訴えは，意思表示を命じる訴えは，確定判決によって意思表示が擬制される（民執174条1項）から，判決の執行不能という事態が観念できず，条件成就の可能性がおよそないことから，不適法とされる。→【判例⑤】参照

(2)　確認の訴えの利益

　確認の訴えは，基本的に，一定の権利・義務又は法律関係について，その存否を確定することによって，紛争を予防的又は抜本的に解決するものである。当事者が訴訟の結果に従い，その後の生活関係を規律できる程度に社会が成熟していることがその前提となっている。このように，確認の訴えは，権利に対する侵害や不履行がない段階において，紛争を予防しようとするものであるから，現在，それを取り上げるだけの必要があるものについて訴えの利益が認められることになる。
　確認の訴えの利益は，確認の対象と確認の必要性（即時確定の利益）に分けられる。
　(a)　確認の対象

確認の利益は，通常は，現在の権利義務・法律関係の存否について認められる。現在の紛争を解決するためには，現在の権利義務や法律関係を確定することが有効，確実である一方，過去の権利・義務ないし法律関係は，変動の可能性があるからである。

　これを理由に，強制執行の無効確認の訴え，相続財産放棄の無効確認の訴え，競売の無効確認の訴え，供託の無効確認の訴えなどは，いずれも確認の利益がないとされている。→【判例⑥～⑨】参照

　しかし，過去の権利義務や法律関係であっても，それを確定することが現在の法律上の紛争の直接かつ抜本的な解決のために適切かつ必要である場合には，確認の利益がある。→【判例⑩⑪】参照

　ここで確認の利益が認められる法律関係は，遺言のように身分関係に関わる法律行為，法人その他の団体の決議のような集団的な法律行為であって，これらを基点として，様々な法律関係が派生する関係にあるものなどである。

　過去の事実についても，その法律効果である特定の権利義務ないし法律関係を確認すれば足りるから，通常は，確認の利益はない。民事訴訟法134条は，法律関係を証する書面の成立の真否を確定する訴えを認めているが，これは，処分証書のような権利義務，法律関係の存否を直接証明する文書については，証拠調べにおいて文書の成立の真正が争点となることから，成立の真否を独自に取り上げて争うことを法が認めたものである。なお，「出生による日本国籍を現に有すること」の確認を求める訴えについて，戸籍訂正の必要を理由に，確認の利益を認めた判例がある（「出生による」との部分が過去の事実に当たる。）が，本来は，国籍回復許可処分の無効確認で取り扱うことで十分であったところ，原告に米国籍を取得させるのに適切な主文という政策的考慮が働いた事案であるとの指摘もあり，これをもとに，過去の事実について広く確認の利益を肯定することには慎重な態度が必要であろう。→【判例⑫】参照

(b) 確認の必要性（即時確定の利益）

　確認の必要性（即時確定の利益）は，確認判決が原告被告間の紛争の解決にとって有効適切であるかといった方法選択の適否と，確認判決によって原告

被告間の紛争が即時の解決を必要とする切迫したものであるかといった即時確定の必要性の2つの視点から論じられている。

このうち，方法選択の適否に関しては，積極的確認の訴えが可能な場合は，原則として，消極的確認の訴えの利益はないといわれる。同一物についての所有権のように，複数の権利が相容れない関係にあるときは，この法理が適用される。これに対し，一方で原告が所有権を主張し，他方で被告が抵当権又は賃借権を主張しているといったように，複数の権利が併存する関係にある場合は，被告が主張する権利によって原告の主張する権利が侵害される危険ないし不安があり，原告の権利を被告に対して確認する方法によっては，これを除去することができないから，被告の主張する権利が存在しないことについて確認する利益が認められよう。→【判例⑬⑭】参照

また，給付の訴えが可能である場合には，時効中断のために必要であるなどといった特段の事情のない限り，同一の請求権について確認の訴えを提起する利益はない。ある請求権について，給付の訴えと債務不存在確認の訴えが同一の裁判所に係属している場合には，給付の訴えにおいて給付請求権の存否が確定するから，債務不存在確認の訴えの利益はない。→【判例⑮】参照

次に，即時確定の必要性に関しては，①原告の法的地位についての危険又は不安が生じていること，②そのような危険ないし不安が具体的，現実的なものであること，③確認判決を得ることによって，その危険ないし不安が除去されることが期待できることが必要とされる。このうち，①については，原告が主張する権利ないし法律関係について，被告がこれを否定している場合や，これと相容れない権利ないし法律関係を主張している場合が典型であるが，それがない場合であっても，時効中断の必要がある場合や戸籍簿といった公簿の記載の誤りを訂正するために必要がある場合などには，原告の法的地位に危険ないし不安があるとされる。→【判例⑫⑯⑰】参照

②については，推定相続人や民法958条の3第1項に基づき特別縁故者として相続財産分与の審判を受ける可能性のある者のように，権利を取得することが未確定の段階にある原告は，当該権利ないし法律関係について確認の利益を有しない。→【判例⑱⑲】参照

遺言者の生前における遺言無効確認の訴えについても，遺言者はいつでも撤回をなし得るから，確認の利益はない。→【判例⑳】参照

(c) 形成の訴えの利益

形成の訴えは，権利義務ないし法律関係の公益性，団体性にかんがみ，法的効果の変動について裁判所の判決を要するとしたものである。形成判決をなし得る要件（形成要件）は，民法，商法といった実体法で規律されることになるから，形成要件が存在すれば，訴えの利益があることになる。

ここでは，その後の事情の変化によって形成の訴えの利益が消滅する場合が問題となる。

一つは，形成判決が目指す権利義務ないし法律関係が他の原因により実現した場合である。婚姻取消の訴えの係属中に，協議離婚が成立した場合，訴えの利益は消滅する。また，株式会社の取締役等の選任決議の取消訴訟の係属中に，当該取締役等が退任した場合は，特別の事情のない限り，訴えの利益を欠く。→【判例㉑㉒】参照

これに対し，旧取締役等の解任及び新取締役等の選任の総会決議の取消訴訟の係属中に，株式会社が破産宣告を受けただけでは，会社と当該取締役等の委任関係は，終了しないから，訴えの利益が当然に失われるものではない。→【判例㉓】参照

一方，株式会社の株主以外の者に新株引受権を与える旨の総会決議の取消訴訟の係属中に新株が発行された場合や，退任取締役等への退職慰労金贈呈の総会決議の取消訴訟の係属中に，同一内容の議案が次年度の総会で可決された場合のように，争われている法律行為の効力に影響を受けない別個の法律行為によって新たな法律関係が形成されたときは，訴えの利益は失われる。→【判例㉔㉕】参照

行政処分の取消訴訟については，処分後の事情の変化による形成の利益の帰すうが問題となることが多い。私人に対して，適法に一定の行為をすることができるという法的効果を付与する行政処分がされた場合に，その取消しを求める訴えは，当該行政処分に係る行為が事実上完了してしまったときは，訴えの利益を喪失する。反対に，適法に行為をすることを認めない内容の行政処分がされた場合に，その取消しを求める訴えは，当該行為がおよそ

不可能になったときは，訴えの利益が失われる。運転免許の取消処分を受けた後に有効期間が経過しても，運転免許が失効しない限り，およそ運転が許されない状態に至ったとはいえないから，取消処分の取消しを求める利益はなお失われない（→【判例㉖〜㉚】参照）。

なお，行政処分が一定の法的効果を生じさせる場合に，処分後の事情によってこれと同様の効果が新たに発生したときは，原則として，取消しの訴えの利益が失われるが，当該行政処分を受けたことが他の法的効果の発生要件にもなっているときは，取消しの訴えの利益は失われない。→【判例㉛】参照

2．訴訟判決と本案判決の関係

訴訟要件のうち，その欠缺が確定判決の無効や再審事由となるもの，裁判手続の種類を決定するものについては，その審理を省略として請求棄却判決をすることが許されないが，主として無益な訴訟の排除又は被告の利益保護を目的とする訴訟要件については，請求棄却判決をなし得るという考え方や，訴え利益や当事者適格といった権利保護の利益については，請求棄却判決をなし得るという立場もある。しかし，訴訟要件を本案判決の要件であるとすると，訴訟要件の審理をすることなく，請求棄却判決をすることは許されない。上訴審をも視野に入れると，第1審で請求棄却判決をしたことが必ずしも，当事者の便宜になるわけでもない。

古くは，債権者間の訴訟で，訴えの利益が争われている際に，債権の消滅の事実が明らかになった場合には，訴えの利益について判断することなく，請求棄却判決をすることが許されるとされている。→【判例㉜】参照

しかし，この裁判例は，訴えの本質について，訴えの目的は勝訴判決を受けることにあるという具体的訴権説（権利保護請求権説）に立って，訴えの利益や当事者適格といった要件を訴訟要件とは別個の権利保護要件として捉えるものと考えられるから，本案判決の要件である訴訟要件について，その結論が直ちに当てはまるものではないことに注意する必要がある。

3．訴訟判決の効力

　訴え却下の判決の既判力は，却下の理由とされた訴訟要件についての判断にのみ及び，他の訴訟要件については生じない。訴訟要件のうち，訴えの提起及び訴状の送達が有効であることについては，当該訴えに固有のものであるから，訴えの無効を理由とする訴訟判決の既判力は，後訴に対して及ばない。

　本案判決の場合は，既判力の時的限界に関連して遮断効が問題となるが，訴訟判決についても，訴訟判決で理由とされた訴訟要件を基礎づける事実のうち基準時前に生じたものは，後訴において主張することが許されないことになろう。

Ⅳ　訴訟判決について注意しておくのはどのような点か

　以上，訴訟判決の要件，効力等について，訴訟要件特にに訴えの利益を中心にみてきたが，特に注意を要するものは，確認の利益である。確認の利益は，様々な形で現れるが，紛争予防的機能を果たす確認の訴えの性質に照らして考える必要がある。形成の利益についても，行政処分の取消訴訟については，行政処分の内容・性質に従って形成の利益を検討する必要がある。

〔武笠　圭志〕

参照判例

【判例①】
　　最大判昭56・12・16民集35巻10号1369頁は，現在不法行為が行われており，同一態様の行為が将来も継続することが予想されても，損害賠償請求権の成否及びその額をあらかじめ一義的に明確に認定することができず，具体的に請求権が成立したとされる時点においてはじめてこれを認定する

ことができ，かつ，前記権利の成立要件の具備については債権者がこれを立証すべきものと考えられる場合には，かかる将来の損害賠償請求権は，将来の給付の訴えを提起することのできる請求権としての適格性を有しないとする。

【判例②】
　最三小判平19・5・29判時1978号7頁は，飛行場において離着陸する航空機の発する騒音等により周辺住民らが精神的又は身体的被害等を被っていることを理由とする損害賠償請求権のうち事実審の口頭弁論終結の日の翌日以降の分は，判決言渡日までの分についても，将来の給付の訴えを提起することのできる請求権としての適格を有しないとする。

【判例③】
　大判昭15・3・13民集19巻530頁は，本来の給付を求める訴えにおいて予備的に填補賠償を求めたときは，最終口頭弁論当時の本来の給付の価額により賠償を命じ得るとする。

【判例④】
　最二小判昭30・1・21民集9巻1号22頁は，物の給付を請求し得る債権者が，本来の給付の請求にあわせてその執行不能のときの履行に代る損害賠償を請求した場合における損害賠償の額は，その物の最終口頭弁論期日当時の価額を標準として定むべきであるとする。

【判例⑤】
　最二小判昭63・10・21判時1311号68頁は，株式譲渡承認の申請手続と前記承認を条件とする株券の指図による占有移転を命ずる判決の執行不能を条件とする代償請求は，将来の給付の訴えとしての訴訟要件を欠くとする。

【判例⑥】
　最二小判昭30・1・28民集9巻1号125頁は，現在の権利又は法律関係の存否の確認を求めるのでなく，単に強制執行自体の無効確認を求めることは許されないとする。

【判例⑦】
　最二小判昭30・9・30民集9巻10号1491頁は，相続の放棄が無効であることの確認を求める訴えは，不適法であるとする。

【判例⑧】
　　最三小判昭34・9・22民集13巻11号1467頁は，競売手続の無効を原因として現在の法律関係の存否確認を求めることなく単に上記競売手続自体の無効確認を求めることは許されないとする。

【判例⑨】
　　最一小判昭40・11・25民集19巻8号2040頁は，単に供託が無効であることの確認を求める訴えは，許されないとする。

【判例⑩】
　　最一小判昭47・11・9民集26巻9号1513頁は，学校法人の理事会又は評議員会の決議が無効であることの確認を求める訴えは，現に存する法律上の紛争の直接かつ抜本的な解決のため適切かつ必要と認められる場合には，許容されるものと解すべきであるとする。

【判例⑪】
　　最二小判平16・12・24判時1809号46頁は，社団たる医療法人の社員総会の決議が存在しないことの確認を求める訴えは，決議の存否を確定することが，当該決議から派生した現在の法律上の紛争を解決し，当事者の法律上の地位ないし利益が害される危険を除去するために必要，適切であるときは，許容されるとしたうえで，社団たる医療法人の社員甲が提起した社員乙の入社承認，理事選任及び診療所の開設に係る定款変更の各社員総会決議不存在確認の訴えは，甲が，甲の議決権の割合を低下させる乙の入社を否定し，当該医療法人の常務を処理する権限を有する理事の選任を否定し，決議に基づき開設された診療所の運営の適法性を争っているなど判示の事情の下においては，確認の利益がないとはいえないとする。

【判例⑫】
　　最大判昭32・7・20民集11巻7号1314頁は，在日本国籍を有することについて争のない場合でも，その国籍取得が国籍回復許可によるものではなく日本人を父としての出生したことによると主張する者はその旨の確認を求める法律上の利益があるとする。

【判例⑬】
　　最一小判昭54・11・1判時952号55頁は，土地が被告の所有でない旨の消極的確認の訴えは，隣接地を所有する原告が，これを道路として使用することが上記土地について所有権を主張する被告によって妨げられてお

り，かつ，被告が上記土地を時効取得することを防止するため必要があると主張するだけでは，確認の利益があるとはいえないとする。

【判例⑭】
　最一小判昭39・11・26民集18巻9号1992頁は，甲乙双方の同一内容の標章を有する2つの商標権が登録されている場合には，上記標章を使用している甲から乙の商標登録の無効審判が特許庁に請求され，乙の商標登録を無効とする審決に対し乙から上記審決取消しの訴えが提起され，その訴訟が係属中であっても，上記標章を現に使用している乙は，甲に対し，甲の商標権が営業廃止により消滅したとして，上記商標権の不存在確認及び抹消登録手続の請求をするについて訴えの利益を有するとする。

【判例⑮】
　最一小判平16・3・25民集58巻3号753頁は，債務者が債権者に対して提起した債務が存在しないことの確認を求める訴えは，当該債務の履行を求める反訴が提起されている場合には，確認の利益がないとする。

【判例⑯】
　最大判昭45・7・15民集24巻7号861頁は，親子関係は，父母の両者または子のいずれか一方が死亡した後でも，生存する一方にとって，身分関係の基本となる法律関係であり，それによって生じた法律効果につき現在法律上の紛争が存在し，その解決のために上記法律関係につき確認を求める必要がある場合があることはいうまでもなく，戸籍の記載が真実と異なる場合には戸籍法116条により確定判決に基づき上記記載を訂正して真実の身分関係を明らかにする利益が認められるとしたうえで，父母の両者又は子のいずれか一方が死亡した後でも，生存する一方は，検察官を相手方として，死亡した一方との間の親子関係の存否確認の訴を提起することができるとする。

【判例⑰】
　最三小判昭62・7・17民集41巻5号1381頁は，戸籍上離縁の記載がされている養子縁組の当事者の一方は，もし前記戸籍の記載が真実と異なる場合には，離縁無効を確認する確定判決を得て戸籍法116条により上記戸籍の記載を訂正する利益があるとしたうえで，養子縁組の当事者の一方の提起した離縁無効確認の訴えは，その縁組が無効であるとの主張が認められた場合であっても，訴えの利益を失わないとする。

【判例⑱】
　　最三小判昭30・12・26民集9巻14号2082頁は，たとえ被相続人が所有財産を他に仮装売買したとしても，単にその推定相続人であるというだけでは，上記売買の無効（売買契約より生じた法律関係の不存在）の確認を求めることはできないとする。

【判例⑲】
　　最一小判平6・10・13判時1558号27頁は，民法958条の3第1項の規定による相続財産の分与の審判前に特別縁故者に当たると主張する者が提起した遺言無効確認の訴えは，訴えの利益を欠くとする。

【判例⑳】
　　最一小判昭31・10・4民集10巻10号1229頁は，遺言者の生前の遺言無効確認の訴えは不適法であるとする。

【判例㉑】
　　最三小判昭57・9・28民集36巻8号1642頁は，重婚において，後婚が離婚によって解消された場合には，特段の事情のない限り，後婚の取消しを請求することは許されないとする。

【判例㉒】
　　最一小判昭45・4・2民集24巻4号223頁は，役員選任の株主総会決議取消しの訴えの係属中，その決議に基づいて選任された取締役ら役員がすべて任期満了により退任し，その後の株主総会の決議によって取締役ら役員が新たに選任されたときは，特別の事情のないかぎり，上記決議取消しの訴えは，訴えの利益を欠くに至るものと解すべきであるとする。

【判例㉓】
　　最二小判平21・4・17判時2044号74頁は，株主総会決議不存在確認の訴えについての事例であるが，株式会社の取締役又は監査役の解任又は選任を内容とする株主総会決議不存在確認の訴えの係属中に当該株式会社が破産手続開始の決定を受けても，上記訴訟についての訴えの利益は当然には消滅しないとする。

【判例㉔】
　　最二小判昭37・1・19民集16巻1号76頁は，株主以外の者に新株引受権を与える旨の株主総会特別決議につき決議取消しの訴えが係属する間に，

上記決議に基づき新株の発行が行われてしまった場合には，上記訴えの利益は消滅するものと解すべきであるとする。

【判例㉕】
　　最一小判平4・10・29民集46巻7号2580頁は，役員退職慰労金贈呈の株主総会決議取消しの訴えの係属中，上記決議と同一の内容を持ち，上記決議の取消判決が確定した場合にはさかのぼって効力を生ずるものとされている決議が有効に成立し，それが確定したときは，特別の事情がない限り，上記決議取消しの訴えの利益は，失われるとする。

【判例㉖】
　　最二小判昭59・10・26民集38巻10号1169頁は，建築基準法6条1項による確認を受けた建築物の建築等の工事が完了したときは，上記確認の取消しを求める訴えの利益は失われるとする。

【判例㉗】
　　最二小判平5・9・10民集47巻7号4955頁は，都市計画法29条による許可を受けた開発行為に関する工事が完了し，当該工事の検査済証の交付がされた後においては，上記許可の取消しを求める訴えの利益は失われるとする。

【判例㉘】
　　最一小判平7・11・9判時1551号64頁は，森林法（平成3年法律第38号による改正前のもの）10条の2による許可を受けた開発行為に関する工事が完了した後においては，上記許可の取消しを求める訴えの利益は失われるとする。

【判例㉙】
　　最大判昭28・12・23民集7巻13号1561頁は，昭和27年5月1日のメーデーのための皇居外苑使用不許可処分の取消しを求める訴えは，上記期日の経過により判決を求める法律上の利益を喪失するとする。

【判例㉚】
　　最二小判昭40・8・2民集19巻6号1393頁は，自動車等運転免許の取消処分の取消しを求める訴訟の継続中，当該運転免許証の有効期間が経過した場合でも，その訴えは利益を失われないとする。

【判例㉛】

　　最大判昭40・4・28民集19巻3号721頁は，免職された公務員が，免職処分の取消訴訟係属中に公職の候補者として届出をしたため，法律上その職を辞したしたものとみなされるにいたった場合においても，行政事件訴訟法9条の下では，当該訴えの利益を認めるのが相当であるとする。

【判例㉜】

　　大判昭10・12・1民集14巻2053頁は，権利保護の必要性は，確認の訴えのみならず，何種の訴えにおいても一の訴訟要件に属するが，本案の理由のないことがまず判明した以上は，権利保護の必要の有無にかかわらず原告敗訴の本案判決をなすべきであるとする。

43 中間判決

◆2 判決の種類

I 中間判決について学ぶのはどうしてか

　中間判決は，訴訟の進行中に当事者間で争点となった本案又は訴訟手続に関する事項について，あらかじめ裁判所の判断を与え，当該審級では以後その判断を争えないものとして，終局判決を準備する判決である。訴え又は上訴の申立ての全部又は一部につき終局的な結論を示して当該審級での審理を完結する終局判決と異なり，訴訟物そのものについてはいまだ判断できない段階で，その前提として，終局判決であれば理由中で判断が示され得るにすぎない一定の事項につき裁判所があらかじめ判断を示すものである。

　このような中間判決は，審理を段階づけて整序し，訴訟の促進を図ることを目的とするものであるが，特殊な形式の判決であるため，その実務上の運用に当たっては，そもそもいかなる場合になし得るのか，どのような効力を有するのか，手続上どのような特殊性があるのかといった点につき，十分に理解しておく必要がある。

II 中間判決について問題となるのはどのような点か

1．中間判決の対象となし得る事項

　中間判決の対象となし得る事項は，一般的にいえば，当該事項に対する判断が，審理の整序に役立つとともに，判決という慎重な手続をもってされるのに適する事項である。なお，中間判決は，いまだ終局判決をなし得ない場合に限ってなし得るものであり，当該事項に対する判断により終局的判断をなし得る場合には，中間判決ではなく終局判決をすべきである。

民事訴訟法245条は，中間判決の対象となし得る事項として，「独立した攻撃又は防御の方法その他中間の争い」（同条前段）のほか，「請求の原因及び数額について争いがある場合におけるその原因」（同条後段）を定める（同条後段の場合に「請求の原因」についてされる中間判決は，特に「原因判決」といわれる。）。

民事訴訟法245条の定める上記事項は，限定列挙と解されているが，具体的にどのような事項が含まれるかは，中間判決の制度趣旨を踏まえた同条の解釈による。

2．中間判決の効力

中間判決がされると，裁判所は，そこにおける判断を前提に終局判決をしなければならず，また，当事者においても，その対象となった事項についてはもはや当該審級では争うことができなくなる。

このような効力のより具体的な内容や範囲等についても，中間判決の制度趣旨を踏まえたうえでの理解や検討が必要である。

3．中間判決の手続及び不服申立て

中間判決もあくまで判決の一種であるから，判決書が作成され，その原本に基づく言渡しやその正本の当事者への送達がされる（民訴250条・252条・255条。ただし，事件を完結する裁判〔民訴67条1項〕ではないから，訴訟費用の負担については判断されない。）。

しかし，そもそも中間判決をなし得る事項について，中間判決をするか，これをせずに終局判決の理由中で判断するかは，訴訟指揮の問題として，裁判所の裁量に委ねられている。

また，終局判決と異なり，中間判決に対しては，独立の不服申立てができず，それを前提とした終局判決に対して上訴があったときに併せて上級審の判断を受け得るにすぎない（民訴283条・313条）。

このような中間判決の手続及び不服申立ての特殊性についても，実務上の取扱いを含めて確認しておきたい。

Ⅲ 中間判決について実務はどう取り扱っているか

1．中間判決の対象となし得る事項

(1) 独立した攻撃又は防御の方法
　(a) 意　義
　本案に関する当事者の主張のうち，他の主張と切り離して，それだけで一つのまとまった法律効果の存否を判断できるものをいう。一般に，それのみで特定の権利義務の発生，変更又は消滅をもたらす攻撃防御方法は，これに当たる。例えば，所有権確認訴訟や所有権に基づく登記請求訴訟において，原告が所有権取得原因事実として売買及び時効取得を主張した場合，あるいは，貸金返還請求訴訟において，被告が抗弁として弁済及び消滅時効を主張した場合，上記の各所有権取得原因事実や各抗弁の主張は，それぞれ独立した攻撃防御方法である。
　(b) 留意点
　　(ｱ) **特定の法律効果発生のための要素にすぎない事項**　　例えば，不法行為に基づく損害賠償請求訴訟における過失の存否や因果関係の存否など，特定の法律効果を発生させるための法律要件の個々の要素の存否に係る事項は，中間判決でもって整序するほどのものではなく，独立した攻撃防御方法には当たらないとされる。
　しかし，そのような事項であっても，それについての判断が，審理の整序に役立つとともに，判決という慎重な手続をもってされるのに適すると認められる場合には，独立した攻撃防御方法であり中間判決をなし得るという見解もある。薬害や公害等に係る損害賠償請求訴訟において過失や因果関係の存否が主要な争点となっている場合が例として挙げられる。裁判例にも，このような考え方に立つと思われるものがみられる。→【判例①】参照
　　(ｲ) **純然たる法律問題に係る事項**　　法令の解釈やその違憲性等，純然たる法律問題に係る事項は，事実審では中間判決の対象とはならないが，上告審で上告理由として法律問題が主張されているときは，それについて中間

判決をなし得る。なお，最高裁に対する上告事件で，大法廷がその専権事項に係る点についてのみ審理して上告理由に当たらない旨の判決をし，その余の点についての判断を小法廷に委ねる場合（裁10条，最高裁判所事務処理規則9条3項後段参照），大法廷のする判決は，中間判決としての性質を有するとされる。

(2) 中間の争い

本案について判断するための前提となる訴訟上の事項に関する争いで，必要的口頭弁論に基づいて判断すべきものをいう。訴訟手続の開始，進行又は終了に法的効果を及ぼす訴訟上の事項のほか，個々の訴訟行為の効力に関する事項についての争いであり，例えば，訴訟要件の存否や，訴え取下げ，請求の放棄若しくは認諾又は訴訟上の和解の効力，上訴の適否，訴訟代理権の有無，証拠調べの適否等についての争いがこれに当たる。→【判例②～⑦】参照

形式的には中間の争いに該当する事項であっても，決定という裁判形式によるべき旨が定められているものについては，中間判決が許されない（民訴128条1項・143条4項・199条1項・223条1項など）。

訴訟当事者間における争いをいい，原則として，第三者との間の争い（民事訴訟法44条1項・50条1項・223条1項・2項などにおいて，決定によるべきとされている。）は含まれない。ただし，独立当事者参加（民訴47条）及び共同訴訟参加（民訴52条）は，訴え提起としての実質を有することから，参加が適法であることについては中間判決をなし得ると解される。

(3) 請求の原因

(a) 意 義

訴訟物たる権利関係の存否をめぐる事実関係から数額の点を除外したもので，権利関係の存否自体に関する事項の総称である（訴状の必要的記載事項としての請求の原因〔民訴133条2項2号〕や，請求を理由づける事実としての請求の原因〔民訴規53条1項参照〕とは意味内容が異なる。）。したがって，権利の発生原因事実に限られず，権利障害，権利消滅及び権利阻止といった抗弁に係る事実も，訴

訟物たる権利関係の存否自体に関するものである限り，これに含まれる。
　訴訟物たる権利関係の存否とその存在が認められる場合の数額との双方に争いがあり，かつ，数額についての審理にも一定の困難が予想される場合に，審理を段階づけて，まずは当該権利関係の存否自体（請求の原因）につき判断するため，原因判決が認められる。請求の原因と数額の双方についての審理を並行して進め，数額の審理に時間や費用をかけた後に請求の原因が認められないことが判明した場合，それがむだになってしまうため，そのような事態の発生を防止することを目的とする。なお，当該権利関係の存在が認められないときは，請求棄却の終局判決をすべきであるから，原因判決は，請求の原因の存在を認めるものに限られる。

　(b)　留 意 点
　　㋐　請求の原因の範囲に関する留意点　　請求の原因と数額とは，必ずしも常に明確に区別できるものではない。特に問題とされるのは，過失相殺，相殺の抗弁及び限定承認の抗弁である（便宜上，ここでは，中間判決の効力にわたる事項も一部含めて述べる。）。
　　　（i）　過失相殺　　損害の数額を定める際に斟酌されるものではあるが，債務不履行の場合（民418条）であると不法行為の場合（民722条2項）であるとを問わず，請求の原因に含まれる。過失相殺の基礎となる事実は，通常，損害賠償請求権の発生原因事実と一体となっているから，当該請求権の存否と同時に審理判断するのが合目的的であり，原因判決前に当事者の主張・立証を期待することも不合理ではないからである。→【判例⑧】参照
　原因判決をする場合，理論的には，その中で過失割合まで定めるべきである。→【判例⑨】参照
　ただし，そこまで定めるか，数額の確定については原告の過失を斟酌しなければならないことを単に明らかにしてその割合は数額の確定に譲るかは，裁判所の裁量に委ねられているとの見解もみられるところであり，常に過失割合まで定めなければならないかについては検討の余地もあろう。
　　　（ii）　相殺の抗弁　　単に数額を減少させるものではなく，相殺によって対抗する範囲においては原告の請求権の消滅をもたらすという点で，弁済の抗弁等と異ならないから，請求の原因に含まれ，原因判決後に新たに相殺

の抗弁を提出することは許されない。→【判例⑩】参照

　もっとも，終局判決の場合，基準時前に相殺適状にあった債権をもってするものであっても，基準時後にされた相殺の意思表示により債務が消滅したときは，相殺の抗弁は既判力によって遮断されない。→【判例⑪】参照

　そのため，終局判決の場合との均衡上，原因判決の基準時後に相殺の意思表示がされた場合には，数額に関する審理手続において相殺の抗弁を主張することは妨げられないとの見解もある。その他，相殺の抗弁については，既判力（民訴114条2項）との関係上，そもそも原告の受働債権の存在と数額とを確定しない以上は判断ができないこと，仮定的ないし予備的に主張される場合が少なくないことなどから，原因判決前に相殺の抗弁が提出された場合にはそもそも原因判決ができないとする見解や，例えば相殺適状にないことや自働債権の不存在のように，受働債権の数額に触れないでも判断できるときは原因判決で判断することができるものの，そうでないときには裁判所の裁量により原因判決中で相殺の抗弁の審理を留保することができるとする見解等も示されている。

　　(iii)　限定承認の抗弁　　限定承認による責任範囲の限定は，訴訟物たる権利関係の存否の判断と一体として審理され（限定承認の存在及び効力は，訴訟物たる権利関係の存否等に準ずるものとして審理判断される。），また，限定承認の抗弁が認められる場合，「相続財産の範囲で」という留保付判決がされるにとどまり，限度となる数額の特定のための審理を要するわけではない。→【判例⑫】参照

　したがって，限定承認の抗弁も，請求の原因に属し，原因判決後の新たな抗弁の提出は許されないと解される。

　　(イ)　「**数額について争いがある場合**」に関する留意点　　原則的には，金銭の支払又は代替物の一定数量の引渡しを内容とする権利を対象とする訴訟において，支払うべき金員又は引き渡すべき代替物の数量に争いがある場合であるが，多数の特定物が一括して一個の権利の対象とされている訴訟で，その範囲に争いがある場合でもよい。→【判例⑩】参照

　また，数額の争いを含むものである限り，給付の訴えのみならず，債務不存在等の確認の訴えでもよい。

(ウ) **原因判決をするのに熟しているか否かの判断に関する留意点**　訴訟物たる権利関係の発生を理由づける法律要件に該当する事実が認められる必要があり，例えば，不法行為に基づく損害賠償請求権の場合，故意又は過失，権利又は法律上保護された利益の侵害，損害の発生及び因果関係の存在といった各要件が認められなければならない。債務不履行に基づく損害賠償請求権の場合にも，単に債務不履行の事実のみならず，一定の損害が発生したことまで認められる必要がある。→【判例⑬】参照

そのうえで，さらに，被告の抗弁のうち当該権利関係の存否に係るものについて判断し，そのすべてが理由のないことが確定されて初めて，原因判決をするのに熟しているということができる。

2．中間判決の効力

(1) 効力の根拠及び内容

中間判決は，言渡しによって自己拘束力を生じ（民訴250条），中間判決をした裁判所は，中間判決を取り消し，又は変更することができず（不可取消し・変更性），かつ，終局判決をなすに際しては，中間判決の判断を前提としなければならない（内容的拘束力）。この内容的拘束力は，中間判決の主文中の判断についてのみ生じる。→【判例⑭】参照

その結果，当事者に対しても，中間判決の基本となった口頭弁論の終結時（中間判決の基準時）前に提出することのできた攻撃防御方法で，中間判決で判断された事項に係るものは，もはやその審級では提出することができなくなるという失権的効力を生じる。しかし，上記基準時後に生じた事由に基づいて，新たに攻撃防御方法を提出することは妨げられない。

このような中間判決の効力は，あくまで当該審級の訴訟手続内において作用するにとどまり，それを前提にされた終局判決が確定しても，中間判決が既判力等をもつことはない（ただし，終局判決の理由中における判断と同様，中間判決における判断が信義則を根拠として後の訴訟で一定の効力をもつことはあり得る。）。また，終局判決に対して上訴したうえ，上級審で新たな攻撃防御方法を提出することも可能である（時機に後れたものとして却下されることはあり得る。）。

(2) 原因判決についての留意点
 (a) 効力一般についての留意点
　独立した攻撃防御方法及び中間の争いを対象とする中間判決については，中間判決後，主文で判断対象となっていない主張を提出することが一般に可能であるが，原因判決の場合，請求の原因一般につき，新主張が原則として封じられることに留意すべきである。
　もっとも，請求の原因が原因判決で認められても，数額の審理の結果，損害額がゼロと認められれば，請求棄却を免れない。原因判決の基準時後の事由に基づいて権利の消滅が認められた場合も同様である。
　また，原因判決後に，補正し得ない訴訟要件の欠缺が明らかになれば，訴えを却下すべきである。→【判例⑮】参照
 (b) 原因判決後の請求の拡張
　原因判決がなされた後の数額に関する審理で，請求を拡張することは可能である。→【判例⑯】参照
　この場合，原因判決が拡張部分についても効力を有するかが問題となる。拡張部分についての請求の原因が既に原因判決で判断されている場合，それを争うことはもはや許されない（例えば，不法行為による損害賠償請求訴訟において，原因判決で被告の過失の存在が認定されている場合，拡張部分について被告に過失がないとの主張は許されない。）。拡張部分につき被告から原因判決では審理の対象とならなかった新たな攻撃防御方法が提出されたとしても，それが拡張部分に特有のものでない限り，同様であろう。→【判例⑰】参照

3．中間判決の手続及び不服申立て

(1) 手続に係る留意点
　中間判決をするか否かは，裁判所の裁量に委ねられているが，中間判決の効力にかんがみ，裁判所としては，弁論の制限（民訴152条1項）をするなどして，当事者に対し，中間判決をすることを予知させ，十分に攻撃防御を尽くす機会を与えるよう配慮する必要がある。原因判決の場合には，失権的効果が生じる範囲が広いため，特にこの点には留意が必要である。
　なお，中間判決をする旨を述べて弁論を終結すると，裁判所が終局判決は

できないと考えている旨を示すこととなるから，その事件についての予断を示すこととなり，好ましくない場合も少なくないため，通常は，中間判決か終局判決かのいずれかをする旨を述べて弁論を終結する例が多いとされる。

(2) 不服申立てに係る留意点

中間判決に対しては，独立して上訴を申し立てることができない。なお，差戻判決は終局判決であって中間判決ではない。→【判例⑱】参照

ただし，中間判決に絶対的上告理由（民訴312条2項），再審事由（民訴338条1項）がある場合や，判決手続の法令違背（民訴306条）があるときは，当該審級でそれを主張し拘束力を否定できると解される。

終局判決に対して上訴があった場合，中間判決は，終局判決前の裁判として，当然に上級審の判断を受けるが（民訴283条・313条），上級審において，当事者が中間判決の判断の対象となった事項を争点としなかった場合は，当該事項が職権調査事項でない限り，上級審は中間判決の当否につき判断する必要はない（民訴304条・320条参照）。→【判例⑲】参照

上級審が終局判決だけを取り消して原審に差し戻した場合，中間判決はなお有効であり，差戻しを受けた裁判所は，依然として中間判決に拘束される。→【判例⑳】参照

Ⅳ 中間判決について注意しておくのはどのような点か

中間判決は，審理を段階づけて整序し，訴訟の促進を図るという積極的な目的を有し，特に，複雑な訴訟や大規模な訴訟等においては，例えば，原因判決を積極的に活用することで，審理の錯綜を防止し得る場合もあろう。→【判例㉑～㉔】参照

もっとも，中間判決は，いまだ終局判決をするに熟していない場合に限ってされるものであるから，一般的に，これをなし得る場面は限定されている。

また，事案によっては，そもそも中間判決を利用しての段階的な審理が，集中証拠調べの原則等と緊張関係に立つこともあり得るであろう。

さらに，審理の整序という目的自体は，各種の争点整理手続の活用や計画的審理，時には一定の範囲での積極的な心証開示等によっても，一定の限度で達成することが可能かと思われ，事案によっては，中間判決という形で明確に裁判所の判断を示すことが，むしろ，訴訟上の和解等も含めた紛争の解決の柔軟性を損なうこともあり得よう。

　他方で，中間判決は，当事者に対しては一定の失権的効果をもたらし，独立の不服申立ても認められていない。

　したがって，中間判決の運用に当たっては，当事者の手続保障や当事者の納得という点に十分に配慮する必要があるほか，それをなすのが相当な事案であるか否かの見極めが重要である。その際には，例えば，当該訴訟の複雑困難性の程度や，当該訴訟における中間判決をなし得る事項の重要性の程度，他の争点に係る事項の重要性の程度，それら各事項についての立証の共通性・独立性の程度，それらを踏まえた中間判決後の当事者の追加の主張・立証の必要性の程度や審理になお要する見込み期間，判決によらない訴訟の終了の見込みの程度，当事者の訴訟態度等を慎重に考慮し，中間判決をなすことがその本来の目的に資するか否かを慎重に検討することとなろう。

〔中島　朋宏〕

参照判例

【判例①】
　　大阪高中間判平16・10・15判時1912号107頁は，特許権に基づく差止請求権を被保全権利として仮処分命令がされた後，当該特許権に係る特許を無効にすべき旨の審決が確定したという事案において，被控訴人（原審被告）が仮処分命令を得てその執行をしたことにつき，被控訴人には過失がある旨の中間判決がされた事例である。

【判例②】
　　東京地中間判昭57・9・27判時1075号137頁は，日本の商社が輸入した

商品が国外で運送中に盗難にあって損害を被った場合，その損害を填補した日本の保険会社の外国の運送会社に対する損害賠償請求訴訟については，日本の裁判所に管轄権がある旨の中間判決がされた事例である。

【判例③】
　　東京地中間判昭59・3・27下民集35巻1〜4号110頁は，外国法人に対する不法行為に基づく損害賠償請求につき，損害発生地である我が国に管轄権がある旨の中間判決がされた事例である。

【判例④】
　　横浜地中間判昭40・4・8判タ176号142頁は，原告の請求の一部を認諾する旨の被告の陳述が効力を有しない旨の中間判決がされた事例である。

【判例⑤】
　　名古屋高中間判昭52・5・17下民集28巻5〜8号494頁は，公示送達による期日の送達を受け敗訴した控訴人（原審被告）が提起した控訴期間経過後の控訴につき，控訴の追完の許否が争われた事案において，控訴が適法である旨の中間判決がされた事例である。

【判例⑥】
　　東京地中間判昭41・6・29判時462号3頁は，被告の訴訟代理人につき，弁護士法25条（平成13年法律第41号による改正前のもの）に基づき，当該事件における訴訟代理を禁ずる旨の中間判決がされた事例である。

【判例⑦】
　　大阪地中間判昭37・12・1下民集13巻12号2417頁は，既にされた証拠調手続及び証拠方法の適法性が争われた事案において，それが「中間の争い」に当たると判断したうえで，証拠調べ手続が適法で証人尋問は適法かつ有効である旨の中間判決がされた事例である。

【判例⑧】
　　大判昭9・7・5法学4巻224頁は，損害賠償の請求について，弁論を原因のみに制限して原因ありとの中間判決が言い渡された後は，その拘束力によりその後数額の弁論において過失相殺の主張はできないとする。

【判例⑨】
　　東京地判昭43・10・17判時545号68頁は，自動車事故につき運転者の過

失の有無及び双方の過失の割合を原因判決で判断した事例である（理由中ではおよそ7対3の過失割合とするが，主文では，過失割合を明示することなく，請求の原因は「一部理由がある」とする。）。

【判例⑩】

　大判昭8・7・4民集12巻1752頁は，①請求の原因と数額とに分けて判決をなす場合においては，防御方法である相殺の抗弁は，請求の原因に関する判断事項であり，②請求の原因ありとの判決をなしたる後といえども，原告主張の請求権は始めより存在しないとの理由により原告敗訴の終局判決をなすに妨げないとする。

　また，傍論として，「数額」について，種々の特定物から成る一つの財団（例えばある庫中に蔵せられた器財什物）を買い受けた者がその全部の引渡しを求めるような場合も含み，要するに数額とは範囲というようなものであって，また，確認の訴えであると給付の訴えであるとを問わないとする。

【判例⑪】

　最二小判昭40・4・2民集19巻3号539頁は，債務名義たる判決の基礎となる口頭弁論の終結前に相殺適状にあったとしても，同弁論終結後になされた相殺の意思表示により債務が消滅した場合には，同債務の消滅は，請求異議の原因となり得るとする。

【判例⑫】

　最二小判昭49・4・26民集28巻3号503頁は，被相続人に対する債権につき，債権者と相続人との間の前訴において，相続人の限定承認が認められ，相続財産の限度での支払を命ずる判決が確定しているときは，債権者は相続人に対し，後訴によって，同判決の基礎となる事実審の口頭弁論終結時以前に存在した限定承認と相容れない事実を主張して同債権につき無留保の判決を求めることはできないとする（その理由の一つとして，前訴の訴訟物は，直接には，給付請求権すなわち債権（相続債務）の存在及びその範囲であるが，限定承認の存在及び効力も，これに準ずるものとして審理判断されるのみならず，限定承認が認められたときは主文においてそのことが明示されるのであるから，限定承認の存在及び効力についての前訴の判断に関しては，既判力に準ずる効力があると考えるべきであると指摘する。）。

【判例⑬】
　大判大５・10・20民録22輯1939頁は，①民事訴訟法（当時のもの）228条にいわゆる請求の原因及び数額につき争いあるときとは，損害賠償請求の訴えにおいては，損害賠償を請求する権利があるか否か，もしその権利があるとすればいくらの金額を請求し得るか否かについて争いがあるような場合をいうものであり，②債権者が債務者の債務不履行のために損害を受けたと主張する場合において，損害賠償請求の原因があるとするには，債務不履行の事実によって，いささかたりとも必然損害を生ずべき事情があることを確定しなければならないとする。

【判例⑭】
　大判昭８・12・15法学３巻563頁は，中間判決の効力は主文に限り，理由には拘束力は及ばないとする。

【判例⑮】
　大判明29・12・10民録２輯11巻65頁は，請求の原因についての判決確定後，当事者に訴訟能力がないことを発見したときは，裁判所は前の確定判決に拘束されることなくその訴えを却下することができるとする。

【判例⑯】
　東京地判昭45・３・18判時590号62頁は，原因判決がなされたから直ちに請求の数額に関する攻撃方法の提出が制限されることはなく，請求の数額に関する主たる証拠調べを行う旨の決定がなされたものである場合には，同攻撃方法の提出が時機に後れているともいえないとする。

【判例⑰】
　東京地判昭35・10・８判タ109号45頁は，数個の損害発生原因に基づく損害賠償請求訴訟において，そのすべての原因を認める原因判決があった後は，当初の内金請求が同判決後に拡張された場合であっても，その請求全体について同原因判決前に時効期間が経過したことを理由とする消滅時効の抗弁を提出することはできないとする。

【判例⑱】
　最三小判昭26・10・16民集５巻11号583頁は，第１審判決を取り消し差し戻した第２審判決に対しては直ちに上告することができるとする。

【判例⑲】
　大判昭15・3・5民集19巻324頁は，控訴審において当事者が第１審の中間判決の目的となった事項につき不服を主張せず，したがって，また，当事者間の争点とならなかったときは，職権調査事項に関しない限り，控訴裁判所は，この点につき更に審理判断をする必要はないとする。

【判例⑳】
　大判大２・3・26民録19輯141頁は，上告審において終局判決を破棄し，これを原審に差し戻すも，終局判決前の中間判決であって破棄されない以上は，その効力を失うものではないから，差戻しを受けた裁判所が新弁論に基づき裁判をなすについては，上告審の表示した法律上の意見に牴触しない限りは，なお依然として中間判決の拘束を免れないとする。

【判例㉑】
　大阪地中間判昭50・3・31判時779号26頁は，賃貸ビルにおいて，ビル所有者（賃貸人）とテナント（賃借人）との間に，各賃借部分にあるテナントの商品等につき夜間の保安管理委託契約の締結を認め，火災による商品等の焼失につき，ビル所有者の債務不履行責任を原因判決により肯定した事例である（千日デパートビル火災事故のテナント関係訴訟中間判決）。

【判例㉒】
　東京地中間判平14・9・19判時1802号30頁は，原告が，かつて在職した会社に対して，在職中にした発明についての特許を受ける権利は，発明者である原告に原始的に帰属し，現在に至るまで被告会社に承継されていないと主張して，主位的に，特許権の一部（共有持分）の移転登録等を求め，予備的に職務発明の相当対価（特許法35条３項）を求めた請求につき，当該発明は同条の職務発明に該当するものであり，特許を受ける権利は被告会社に承継されたとして，その旨の中間判決がされた事例である。

【判例㉓】
　東京地中間判平15・1・29判時1810号29頁は，被告会社が運営するインターネット上の電子ファイル交換サービスにおいて，原告らが著作隣接権を有するレコードを複製した電子ファイルが原告らの許諾を得ることなく交換されていることに関して，原告らが，電子ファイル交換サービスを提供する被告会社の行為は，原告らの有する著作隣接権を侵害すると主張して，被告会社に対し電子ファイルの送受信の差止めを，被告会社及びその取締役である相被告に対し，共同不法行為に基づく損害金の支払を求めた

事案について，被告会社は，原告らのレコードの送信可能化権の侵害の主体であるとし，被告らの不法行為は共同不法行為となり，被告らの損害賠償債務は，不真正連帯債務になるとの中間判決をした事例である。

【判例㉔】
　知財高中間判平21・6・29判時2077号123頁は，被控訴人（原審被告）が，製造，販売する7つのモデルのゴルフクラブ（被告製品）は，控訴人（原審原告）が有する特許の特許請求の範囲の請求項1記載の発明（本件発明）の技術的範囲に属すると主張して，出願公開後の警告から設定登録までの間の特許法65条1項に基づく補償金と設定登録後の民法709条に基づく損害賠償との合計額の一部請求等をした事案で，被告製品は本件発明の構成要件(d)を文言上充足しないが，本件発明の構成と均等なものとして，本件発明の技術的範囲に属するものであり，本件発明は進歩性を欠くものとはいえず，本件特許は無効とは認められないとしたうえで，補償金請求の可否については，更に審理をする必要があると中間判決した事例である。

44 外国判決

◆2 判決の種類

I 外国判決について学ぶのはどうしてか

判決は，国家主権の一内容である裁判権の行使に係るものであるから，判決がされた国（以下「判決国」という。）においてのみ効力を有し，他の国において当然には効力を有しない。だが，国家が一定の要件の下で外国判決の効力を承認することは禁じられない。

今日の国際社会において，当事者に対して国境を越えた権利保護を与えるべき要請や，同じ法律関係につき複数の国で矛盾した判決がされることを防止し，また，紛争解決の終局性を確保して，私法上の法律関係の国際的な安定を図るべき要請は強い。その他，訴訟経済や自国の司法資源の節減等も考慮に値する。

そこで，多くの国は，自国法や条約により，一定の要件の下で外国判決の効力が自国に及ぶことを認め（外国判決の承認），さらに，承認要件を満たした外国の給付判決の自国における強制執行（外国判決の執行）についても認めており，我が国も，民事訴訟法118条及び民事執行法22条6号・24条において，これらの制度につき定めている。

上記の制度趣旨にかんがみれば，外国判決の承認・執行の制度は，私人の活動の国際的な拡大のための重要な基盤であり，今後その重要性はいっそう高まるものと思われる。

II 外国判決について問題となるのはどのような点か

民事訴訟法118条（以下「本条」という。なお，特則として船舶油濁損害賠償保障法12条がある。）の定める承認要件を満たす外国判決は，承認のための特別の手

続を要することなく，我が国において当然に効力を有する（自動的承認）。

そこで，本条の定める要件の内容や承認される効力等については，それが問題となる前に，あらかじめ理解しておくことが望ましい。

本条の要件の存否は，執行判決を求める訴え（民執24条）において問題となることも多く，外国判決の理解にはこの制度の理解も重要であるが，執行法に固有の問題もあるため，ここでは，本条に係る外国判決の承認の制度を中心に検討し，執行判決については必要な範囲で言及するにとどめる。

なお，本条については，旧民事訴訟法（明治23年法律第29号）200条から一定の改正がされている点にも留意を要する。

Ⅲ 外国判決について実務はどう取り扱っているか

1．外国判決の承認の意義及び手続等

(1) 意義及び手続

外国判決は，本来属地的性質を有するが，承認によって，外国判決が有している効力が我が国内に拡張される。→【判例①】参照

したがって，その判決効の内容及び範囲は，判決国の法（以下「判決国法」という。）によって規律される。

本条の定める要件を具備する外国判決は，特別の手続を経ることなくして当然に承認されるから，当該外国判決が確定して判決効を生じると同時に，我が国にもその効力が観念的に拡張される。

ただし，強制執行に当たっては，執行判決を要する。強制執行が債務者に対して重大な影響を与えるものであることや，権利実現機関にすぎない執行機関に外国判決の執行力の存否の判断を委ねるのは無理であることなどから設けられた制度である。なお，執行判決は，仲裁判断に基づく登記申請といった場合にも用いられる。→【判例②】参照

承認要件は，一般に，訴訟上で外国判決の効力が問題となったときに，そのつど，受訴裁判所により審査される。職権調査事項である。審査の対象は，承認要件の存否に限られ，外国判決の当否（当該判決が判決国法を正しく適

用して適法な手続によってされたか否か）の審査は禁じられる（実質的再審査の禁止）（民執24条2項参照）。

なお，承認要件の存否につき当事者の任意の処分は許されず，当事者間の合意により承認要件を欠く外国判決に効力を付与することはできない。

(2) 承認される効力の範囲等

効力の性質，客観的・主観的範囲，理由中の判断の拘束力等は，すべて判決国の訴訟法により定められる。これら効力の範囲等は，外国判決の効力を主張する当事者において主張・立証する必要がある。

既判力は，最も一般的な効力である。自動的承認の制度の下では，我が国の訴訟上，外国判決の効力が問題となった場合に，受訴裁判所において，本条の要件の具備につき審査し，これを認めたときは，当該外国判決が我が国の裁判所の判決と同様に既判力の積極的・消極的作用を果たすものとして，当該訴訟につき審理判断しなければならないという形で認められる。ただし，例えば，判決国法によって定まる主観的範囲が日本法によるよりも広く，それが後述の公序に反するときは，一部の者に対する関係で部分的にその効力が否定される場合もあろう。

執行力も，自動的に拡張される。強制執行に当たり執行判決が要求されるのは，当事者に対する手続保障のために承認要件を判決手続により審査するための法技術的手段としてであり，執行力の自動的拡張はその前提とされている。→【判例①】参照

形成力について，本条の要件を満たす限り，我が国においても形成の効果が認められる。離婚判決が最たる例である。ただし，特に身分関係の変動を生じる形成判決について，我が国の訴訟で問題となる度に受訴裁判所によりその効力が審査されると身分関係の安定に反するため，外国離婚判決については無効確認の訴え等が認められる。→【判例③〜⑤】参照

その他，外国判決が我が国の参加的効力のような法的効力を有するときは，それも承認される。

なお，数個の請求に対する判断を含む外国判決につきその効力の一部のみを承認することも許されるが，1個の請求についてその効力の一部のみを承

認することはできない。

2．外国判決の承認の要件

本条の定める要件については，最高裁判例により，基本的にその内容が固まったとされているため，それを踏まえつつ，個々の要件につき概観する。

(1) 外国裁判所の確定判決（本条柱書）
(a) 外国裁判所の判決

「外国」とは，我が国とは異なる，独立の裁判権の行使主体を意味し，国家だけでなく国際機構も含む。外国判決の承認の制度の趣旨に照らし，我が国が承認した国家であることを要しない。

「裁判所」とは，その名称を問わず，裁判権を行使する常設の機関であればよい。

「判決」とは，その裁判の名称，手続，形式のいかんを問わず，上記のような機関が私法上の法律関係について当事者双方の手続的保障の下に終局的にした裁判をいう。決定，命令等と称されるものでもよい。→【判例⑥】参照

ただし，私人間の権利義務を判断対象とするものであること，判断機関の中立性が確保されていること，法が判断基準とされていることなど，民事裁判として備えるべき普遍的な属性が備わっている必要がある。判決国では民事裁判権に属する事項とされているが，我が国ではこれに属しないとされているものについてされた外国判決は含まれない。いわゆる懲罰的損害賠償を命じた外国判決は，本条にいう判決に当たらないとも考えられる。→【判例⑦】参照

給付判決であると確認判決であると形成判決であるとを問わないが，判決国法に照らして有効であることを要する。→【判例⑧】参照

非訟事件の裁判については，その定義も含めて見解が分かれるが，本条にいう判決とみられるものはもちろん，これに当たらないものであっても，本条が少なくとも一部類推適用ないし準用されると考えられる。→【判例⑨⑩】参照

裁判上の和解，請求の放棄・認諾等については，その内容が和解判決等の形で裁判上に表象されている場合は格別，調書上の記載にとどまる場合には，たとえ確定判決と同一の効力が認められていても，承認の対象とならない。

(b) 確　　定

通常の不服申立ての方法では不服の申立てができなくなった状態に達したときをいう。

その判断は，判決国の訴訟法によりなされる。第1審限りで不服の申立てが許されない判決や書面審理による判決等であっても，判決国の訴訟法によって上記の状態に達していればよく，我が国の訴訟法によれば確定判決と認められないものでもよい。ただし，判決国の訴訟法に確定の概念がない場合については困難な問題がある。→【判例⑪】参照

上記の状態にあることについては，外国判決の効力を主張する当事者において主張・立証する必要がある。

(2)　法令又は条約により外国裁判所の裁判権が認められること（本条1号）

(a)　意義及び判断基準

「裁判権」とは，裁判権の免除に係る国際法上の裁判権と，国際民事訴訟法における国際裁判管轄の双方を含む。

前者については，国際法上の制約であり，国家の私法的ないし業務管理的行為に関しては主権免除を認めないという制限免除主義がとられている。→【判例⑫】参照

後者は，国際法の認める枠内で，国際民事訴訟法上の理念に基づき，自律的に設けられた限定である。実質的再審査禁止の原則が支配する外国判決承認制度の下において，我が国からみて正当な権限を有する外国裁判所により外国判決がされたことは，最も重要な手続保障の要件の一つであるため，我が国の国際民事訴訟法の基準に従い外国裁判所に積極的に国際裁判管轄が認められることが要求される（なお，旧民事訴訟法200条2号は「裁判権ヲ否認セサルコト」という消極的要件として定めていた。）。

もっとも，外国判決の承認・執行の場面で問題となる管轄（間接管轄）は，

自国での裁判の開始に当たって問題となる審理・判決をするについての管轄（直接管轄）とは異なる局面におけるものである。

　これら直接管轄と間接管轄の関係については，従来，表裏一体の関係にあり，同一の基準で判断されると理解する見解（鏡像理論ともいわれる。この場合，間接管轄の判断に当たっては，我が国の直接管轄に関するルールが判決国に通用すると仮定して，外国裁判所の国際裁判管轄が肯定されるか否かを検討することとなる。）が通説とされてきたが，両者の判断基準はまったく同一のものであるとはいえないとの見解も有力となっており，そのような見解に立ったと解される最高裁の判例がある（もっとも，最高裁は間接管轄の一般論の定立にはなお慎重な姿勢をとっているとされる。）。

　すなわち，本条１号にいう管轄は，我が国の国際民事訴訟法の原則からみて，判決国がその事件につき国際裁判管轄（間接管轄）を有すると積極的に認められることをいうところ，どのような場合に判決国が国際裁判管轄を有するかについては，これを直接に規定した法令がなく，よるべき条約や明確な国際法上の原則もいまだ確立されていないことからすれば，当事者間の公平，裁判の適正・迅速を期するという理念により，条理に従って決定するのが相当であり，具体的には，基本的に我が国の民訴法の定める土地管轄に関する規定に準拠しつつ，個々の事案における具体的事情に即して，当該外国判決を我が国が承認するのが適当か否かという観点から，条理に照らして判決国に国際裁判管轄が存在するか否かを判断すべきものであるとされる。→【判例⑥】参照

　この基準は，従来の直接管轄の判断基準と方向性を同じくするものとはいえるが，同一のものではない。これは，これからその国で手続を行うことの適否という行為規範的判断（直接管轄の判断）と，既に終了した手続の承認の適否という事後的な評価規範的判断（間接管轄の判断）との差異から理由づけられる。

　上記の間接管轄の判断基準によれば，国内土地管轄に比較的強く拘束される直接管轄の場合と比べ，具体的事案における個別具体的な事情を踏まえてより柔軟に管轄を認めることが可能となろう。もっとも，自国民の保護等の観点から，間接管轄が直接管轄より狭く解される場合もあり得る。両者の関

係について，今後の裁判例の集積が待たれる。

　なお，従来の通説（鏡像理論）によれば，特段の事情がない限り，合意管轄（民訴11条）や応訴管轄（民訴12条）に基づく間接管轄も認められる。→【判例⑬】参照

　もっとも，直接管轄については，民事訴訟法及び民事保全法の一部を改正する法律（平成23年法律第36号。平成24年4月1日施行）により，明文規定（民訴3条の2～3条の12）が置かれたため，今後は，それら規定の存在及び内容を踏まえる必要があり，本条1号についての議論全体に一定の影響が出てくることも予想される。

　(b)　判断の基準時等

　外国判決の効力を審査する時点における我が国の間接管轄の判断基準に照らし，外国手続において管轄の基準とされる時期（提訴又は判決時）における事実を判断すべきである。

(3)　**敗訴の被告が訴訟の開始に必要な呼出し若しくは命令の送達**（公示送達等を除く。）**を受けたこと又はこれを受けなかったが応訴したこと**（本条2号）

　被告が敗訴した場合にのみ必要な要件であり，手続開始時における被告に対する手続保障を要求するものである（なお，内外人平等の観点から，旧民事訴訟法200条2号が定めていた敗訴の被告が日本人である場合という限定が削除された。）。なお，原告が敗訴した場合や手続途中における手続保障は，本条3号の手続的公序の問題である。

　(a)　訴訟の開始に必要な呼出し又は命令の送達

　我が国の民事訴訟手続に関する法令の規定に従ったものであることは要しないが，被告が現実に訴訟手続の開始を了知することができ，かつ，その防御権の行使に支障のないものでなければならない。さらに，訴訟手続の明確と安定を図る見地からすれば，裁判上の文書の送達につき，判決国と我が国との間に司法共助に関する条約が締結されていて，訴訟手続の開始に必要な文書の送達がその条約の定める方法によるべきものとされている場合，当該方法を遵守しない送達は，この要件を満たさない。→【判例⑥⑭】参照

「民事又は商事に関する裁判上及び裁判外の文書の外国における送達及び告知に関する条約」（送達条約）の10条(a)に関し，呼出状が原告から被告に直接郵送された場合（なお，我が国は，同条の拒否宣言をしていない。）が問題となるが，拒否宣言をしなかったことが直ちに直接郵送を適法と認める趣旨まで含むものと解することは困難であり，この要件を満たすものではないと解される。

また，訴状等に関して翻訳文が添付されていない場合にこの要件に反するかが問題となるが，日本人である被告については，語学力の有無や程度を問わず，日本語の翻訳文を付けることが要求される。→【判例⑩⑮⑯】参照

他方，送達が公示送達等によってされたときについては，被告が送達を受けていることを知り得ない場合が多いことから，除外されている。公示送達に類する送達の例としては，検事局や法務大臣への送達，書留郵便に付する送達（民訴107条）に類する送達などがある。

(b) 応訴したこと

応訴管轄が成立するための応訴とは異なり，被告が，防御の機会を与えられ，かつ，裁判所で防御のための方法をとったことを意味し，管轄違いの抗弁を提出したような場合も含まれる。→【判例⑥】参照

(4) 判決の内容及び訴訟手続が日本における公の秩序又は善良の風俗に反しないこと（本条3号）

外国判決の内容及びその前提となる訴訟手続が我が国における公序良俗に反している場合，その効力を認めることは我が国の公序良俗を害することになるため，要件とされている。

(a) 判決の内容について（実体的公序）

外国判決が我が国の採用していない制度に基づく内容を含むからといって，その一事をもって直ちに本条3号の要件を満たさないということはできないが，それが我が国の法秩序の基本原則ないし基本理念と相いれないものと認められる場合には，その外国判決は，公序に反する。→【判例⑰】参照

外国判決のうち，補償的損害賠償等に加えて，見せしめと制裁のために懲罰的損害賠償としての金員の支払を命じた部分は，我が国の損害賠償制度の

基本原則と相いれず，また，我が国の民法が実親子関係を認めていない者の間にその成立を認める内容の外国裁判所の裁判は，民法に定める場合に限って実親子関係を認めるというその成立についての我が国の法秩序の基本原則ないし基本理念と相いれないものであり，いずれも公序に反する。→【判例⑰⑱】参照

　もっとも，敗訴者が負担を命じられた訴訟費用につき適用された基準が懲罰的な評価を含むものであっても，直ちに公序に反するものではない。→【判例⑥】参照

　また，外国離婚判決については，我が国の民法の離婚の要件を必ずしも満たさない場合であっても，その内容が我が国の公序良俗に反しない限り，我が国において効力を有する（なお，昭和51年1月14日民二第280号法務省民事局長通達参照）。離婚の場合と実親子関係の場合とでは，身分法秩序の基本原則ないし基本理念とするところが異なると解される。

　ただし，有責配偶者からの離婚請求を我が国におけるよりも緩やかな基準で認容した外国判決が公序に反するとされた例や，扶養料の支払を命じる判決が一定の事情の下で公序に反するとされた例がある。→【判例⑤⑲】参照

　(b)　**訴訟手続について（手続的公序）**

　手続的公序に関わる要素としては，裁判体の中立性，対審構造，手続保障などがあり，例えば，裁判官の独立が保障されず，公平性が担保されない場合や，当事者の弁論権の保障がなされなかった場合等がその違反に当たる。

　ただし，訴訟制度は，国ごとにそれぞれであるから，制度の相違自体が手続的公序違反をもたらすことは稀である。→【判例⑳㉑】参照

　なお，訴訟手続の構造のみならず，当該事件の具体的手続経過も考慮される。→【判例㉒】

　その他，外国裁判所の確定判決が我が国の確定判決と牴触する場合，手続の先後を問わず，当該外国判決は承認されないとした裁判例があるが，内国判決が先に確定している場合にのみ外国判決の承認が公序に反するとの見解も有力である。→【判例㉓】参照

　(c)　**審査の資料及び判断の基準時**

　公序良俗に反するか否かの判断に当たっては，外国判決の主文のみなら

ず，主文の基礎となった判決理由中の認定事実も考慮される（この判断は，外国判決内容の当否自体の審査ではないため，実質的再審査禁止の原則には反しない。）。
→【判例⑨㉔㉕】参照

　判断の基準時は，我が国の裁判所が外国判決の承認の可否を判断する時である。→【判例⑨】参照

(5) **相互の保証があること**（本条4号）

　我が国の判決の外国における承認を促進するという政策的意図に基づく要件であるが，国際的法交流の発展及び当事者の利益保護の観点から，厳格な相互性は求められていない。

　当該判決等をした外国裁判所の属する国において，我が国の裁判所がしたこれと同種類の判決等が本条各号所定の要件と重要な点で異ならない要件の下に効力を有するものとされていることをいう。すべての種類の判決に関して相互の保証が認められなくとも，当該判決と同種類の我が国の判決に関して相互の保証が認められれば，当該判決に関しては承認を認めてよい（部分的相互保証）。→【判例㉖】参照

　判断の基準時は，我が国の裁判所が外国判決の承認の可否を判断する時である。

Ⅳ　外国判決について注意しておくのはどのような点か

　本条については裁判例の一定の集積があり，例えば，相互の保証が認められる外国についても少なからず明らかとされている。しかし，本条の要件は，外国及び我が国の法制度，法理論及び実務等の内容と深く関連しており，それらが変化すれば，本条の要件の存否の判断も変わり得る。また，そもそも我が国と外国において法制度等が一定の範囲で異なることは当然である。そのため，本条の要件については，制度趣旨を踏まえ，大きな視点から柔軟に把握しておくことが望まれる。

〔中島　朋宏〕

参照判例

【判例①】
　最二小判平9・7・11民集51巻6号2530頁は，外国裁判所の判決に記載がない利息であっても，当該外国の法制上，判決によって支払を命じられた金員に付随して発生し，執行することができるとされている場合には，これを付加して執行判決をすることができるとする（なお，理由中には，「我が国において外国裁判所の判決の効力を認めるということは，その判決が当該外国において有する効果を認めることである。」との判示部分がある。）。

【判例②】
　最一小判昭54・1・25判時917号52頁は，仲裁判断に基づいて登記申請をするには執行判決を要するとする。

【判例③】
　横浜地判昭57・10・19判時1072号135頁は，外国判決の不承認を求める訴えは許容されなければならないとし，外国における離婚判決にも外国判決承認の要件を規定した旧民事訴訟法200条（現行民訴118条）が適用されるので，当該判決が同条所定の要件を欠くときには日本において承認されないとする。

【判例④】
　東京地判昭63・11・11判時1315号96頁は，外国裁判所の離婚判決についても旧民事訴訟法200条（現行民訴118条）の適用があるとされたうえで，アメリカ合衆国カリフォルニア州の離婚判決が同条2号の要件を欠き我が国において効力がないとされ，同判決が我が国において効力を有しないことの確認を求める訴えが認容された事例である。

【判例⑤】
　東京家判平19・9・11判時1995号114頁は，外国裁判所の離婚判決が我が国において効力を有しないことを理由とする離婚の無効確認を求める訴えが許容され，オーストラリアの離婚判決が民事訴訟法118条1号及び3号の要件を欠き我が国において効力がないとされた事例である（同条3号の要件に関し，有責配偶者からの離婚請求が信義則に反する場合，離婚請求を認めることはできないという法理は，我が国の身分法秩序として確立

されているという点を指摘する。なお，外国判決であっても判決自体の無効確認を求めることは，一般には許されず，当該判決が無効であることを前提として，その結果生ずる現在の法律関係（離婚の無効又は婚姻関係の存在）の確認を求めるべきであるとする。）。

【判例⑥】
　最三小判平10・4・28民集52巻3号853頁は，次のとおり判断する。
① 香港高等法院がした訴訟費用負担命令並びにこれと一体を成す費用査定書及び費用証明書は，民事執行法24条所定の「外国裁判所の判決」に当たる。
② 甲及び甲が代表者を務める乙会社とAとの間の起訴契約に基づき，Aが丙に対して香港の裁判所に保証債務の履行を求める第1訴訟を提起したところ，丙が，第1訴訟が認容された場合に備えて，甲に対して根抵当権の代位行使ができることの確認を求める第2訴訟を，甲及び乙会社に対して求償請求が請求できることの確認を求める第3訴訟を提起し，第1訴訟及び第2訴訟については香港に国際裁判管轄が存在するなど判示の事実関係の下においては，第3訴訟については，民事訴訟法7条の規定の趣旨に照らし，第2訴訟との間の併合請求の裁判籍が香港に存在することを肯認して，香港の裁判所のした判決を我が国で承認することが，当事者の公平，裁判の適正・迅速の理念に合致し，条理にかなうものである。
③ 裁判上の文書の送達につき，判決国と我が国との間に司法共助に関する条約が締結されていて，訴訟手続の開始に必要な文書の送達が同条約に定める方法によるべきものとされている場合には，同条約に定められた方法を遵守しない送達は，民事訴訟法118条2号所定の要件を満たさない。
④ 香港在住の当事者から私的に依頼を受けた者が我が国でした直接交付の方法による送達は，民事訴訟法118条2号所定の要件を満たさない。
⑤ 弁護士費用を含む訴訟費用全額をいずれか一方の当事者に負担させる裁判は，実際に生じた費用の範囲内でその負担を命ずるものである限り，民事訴訟法118条3号所定の「公の秩序」に反するものではない。
⑥ 中国に返還される前の香港と我が国との間には，金銭の支払を命じた判決に関し，民事訴訟法118条4号所定の「相互の保証」がある。

44 外国判決

【判例⑦】
　東京高判平5・6・28判時1471号89頁は，アメリカ合衆国カリフォルニア州裁判所の判決中，懲罰的損害賠償を命じた部分は，執行判決請求の対象に当たらず，また，我が国の公序に反するとする（【判決⑰】の原審判決である。）。

【判例⑧】
　東京地判昭35・7・21下民集11巻7号1535頁は，外国判決に対する執行判決の付与は，外国判決が当該外国の法に照らして有効であることを前提とするものであり，我が国の裁判所は外国判決の有効・無効を判断する権限を有するとする。

【判例⑨】
　東京高判平5・11・15高民集46巻3号98頁は，子の引渡し等を命じたアメリカ合衆国テキサス州地裁判決がわが国の公序良俗に反するとして執行判決請求が棄却された事例である（なお，同地裁判決は旧民事訴訟法200条〔現行民訴118条〕にいう「確定判決」には当たらないものであるが，同条1号及び3号の要件を充足する場合には，そのうちの給付を命ずる部分については，民事執行法24条の類推適用ないし準用により，執行判決を求めることができるものとする。また，旧民事訴訟法200条3号〔現行民訴118条3号〕の要件が充足されているか否かを判断するに当たっては，当該外国判決の主文のみならず，それが導かれる基礎となった認定事実をも考慮することができ，その際，外国判決に判決主文を導き出した基礎となる事実の認定がされていない場合には，審理において提出された証拠資料をも参酌して，判決主文を導き出した基礎となる事実を推認して考慮することができ，さらに，少なくとも外国においてされた非訟事件の裁判について執行判決をするか否かを判断する場合には，同裁判の後に生じた事情をも考慮することができるとする。）。

【判例⑩】
　東京高判平9・9・18高民集50巻3号319頁は，①自己の都合によりアメリカ合衆国オハイオ州に住所を移した日本人女子の申立てにより日本に住所を有する日本人男子に対し同州在住の未成熟子の養育費の支払等を命じた同州の裁判所の判決は，旧民事訴訟法200条1号（現行民訴118条1号）所定の要件を具備したものとはいえないとし，②日本に住所を有しアメリカ合衆国オハイオ州に一時滞在していた日本人に対し日本語の翻訳文が添付されることなく同州法に従って送達された訴状に基づいてされた同

州の裁判所の判決は，国際民事訴訟法上有効な送達に基づいてされたものとはいえず，同条2号所定の要件を具備したものとはいえないとする。

【判例⑪】
　東京地判平18・1・19判夕1229号334頁は，シンガポール共和国の裁判所が言い渡した判決について，被告が不服申立ての手続を行っておらず，その意思もないと認められること，仮に被告が不服申立ての手続をとっても同判決の撤回は極めて難しいと認められることを理由に，同判決は民事訴訟法118条にいう「確定判決」に該当するとする。

【判例⑫】
　最二小判平18・7・21民集60巻6号2542頁は，外国国家は，主権的行為以外の私法的ないし業務管理的な行為については，我が国による民事裁判権の行使が当該外国国家の主権を侵害するおそれがあるなど特段の事情がない限り，我が国の民事裁判権から免除されないとする。

【判例⑬】
　東京地判平6・1・31判時1509号101頁は，①連合王国イングランド及びウェールズ高等法院女王座部が言い渡した判決について，義務履行地が同国内にあることのみをもって国際裁判管轄権を基礎づけることはできないとして執行判決請求が棄却され，②連合王国イングランド及びウェールズ高等法院女王座部が言い渡した判決について，旧民事訴訟法200条各号（現行民訴118条各号）の条件をすべて具備するとして執行判決請求が認容された事例である（2つの事件につき，国際裁判管轄の有無により結論が異なった。後者の事件では，我が国の裁判権に専属するものではない事案において国際裁判管轄の合意が書面によってされたときには，判決国の一般管轄権を基礎づけることができるとする。）。

【判例⑭】
　東京地判平10・2・24判時1657号79頁は，①送達条約8条1項に基づく領事送達の方法として，領事が書留郵便を用いて送達書類を送付することも認められ，②送達条約による領事送達の方法について同条2項により拒否宣言をしている国が，拒否宣言をしていない日本で領事送達を行っても，ウィーン条約21条に定める相互性の原則に反せず，③訴訟費用額確定決定は事前に被告の呼出がされていなくとも執行判決の対象となり得，同決定において弁護士費用を敗訴者に負担させても日本の公序良俗に反せず，④ドイツの欠席判決の制度に基づき迅速にされた判決であっても，実

質的に被告の権利を侵害しているとはいえず，⑤ドイツと日本の間には財産法上の争いについての判決の執行について相互の保証があるとする。

【判例⑮】
　東京地判平2・3・26金判857号39頁は，外国判決について，旧民事訴訟法200条2号（現行民訴118条2号）にいう「訴訟の開始に必要な呼出若しくは命令の送達」があったというためには，当該文書にその翻訳文が添付されていることを要するとする。

【判例⑯】
　東京地八王子支判平9・12・8判夕976号235頁は，アメリカ合衆国ニューヨーク州の判決が旧民事訴訟法200条2号（現行民訴118条2号）の要件を欠くとしてその承認が否定された事例である（同号の要件を満たすためには翻訳文の添付が必要であるとする。）。

【判例⑰】
　最二小判平9・7・11民集51巻6号2573頁は，外国裁判所の判決のうち，補償的損害賠償等に加えて，見せしめと制裁のために懲罰的損害賠償としての金員の支払を命じた部分については，執行判決をすることができないとする。

【判例⑱】
　最二小決平19・3・23民集61巻2号619頁は，次のとおり判断する。
①　民法が実親子関係を認めていない者の間にその成立を認める内容の外国裁判所の裁判は，民事訴訟法118条3号にいう公の秩序に反するものとして，我が国において効力を有しない。
②　女性が自己以外の女性の卵子を用いた生殖補助医療により子を懐胎し出産した場合においても，出生した子の母は，その子を懐胎し出産した女性であり，出生した子とその子を懐胎，出産していない女性との間には，その女性が卵子を提供していたとしても，母子関係の成立は認められない（なお，補足意見がある。）。

【判例⑲】
　東京高判平13・2・8判夕1059号232頁は，カリフォルニアの裁判所の離婚に伴う扶養料支払を命じる判決の内容が，判決後の事情の変更などを理由に，公序に反するとして，執行判決の請求が棄却された事例である（ともに日本国籍を有する夫婦の離婚についてされた上記判決につき，当

事者の常居所が判決の前提とする土地から我が国に変わったこと，当該判決の内容が我が国の法律の定める内容と大きく隔たっていること及び当該外国判決自体の前提とする事実関係が判決後に消滅し，その内容自体の妥当性も失われていることを指摘する。)。

【判例⑳】
　東京地判平10・2・25判時1664号78頁は，オーストラリア連邦クイーンズランド州裁判所のしたサマリージャッジメントが，旧民事訴訟法200条各号（現行民訴118条各号）所定の要件を具備するとして，執行判決がされた事例である。

【判例㉑】
　水戸地龍ヶ崎支判平11・10・29判夕1034号270頁は，①アメリカ連邦民事訴訟規則37条に基づいてされた懈怠判決が民事訴訟法118条にいう外国裁判所の判決に当たるとし，②同懈怠判決の内容が我が国の公の秩序に反しないとされ，③同懈怠判決の訴訟手続が我が国の公の秩序に反しないとされた事例である。

【判例㉒】
　横浜地判平元・3・24判時1332号109頁は，大韓民国地方法院による婚姻関係存在確認の審判がわが国の公序に反するとして外国判決の効力が否定された事例である（同審判は偽造文書を用いて詐取されたものであるとする。)。
　その控訴審である東京高判平2・2・27判時1344号139頁も，上記の点につき同旨の判断をする（同審判は詐欺的手段によって取得されたものであるとする。)。

【判例㉓】
　大阪地判昭52・12・22判夕361号127頁は，日本裁判所の確定判決と矛盾牴触する外国判決を承認することは，両判決の確定の前後を問わず，旧民事訴訟法200条3号（現行民訴118条3号）の「公の秩序」に反し許されないとする。

【判例㉔】
　東京地判昭44・9・6判時586号73頁は，外為法違反の外貨の支払と外国判決承認の要件としての公序良俗につき判断した事例である（旧民事訴訟法200条3号〔現行民訴118条3号〕の要件の充足の有無の判断に当たっ

ては，判決主文のみならずその導かれる基礎となった認定事実をも考慮しなければならないとする。)。

【判例㉕】
　東京地判昭45・10・24判時625号66頁は，アメリカ合衆国の判決の効力承認のための要件の具備につき判断した事例である（旧民事訴訟法200条3号〔現行民訴118条3号〕の要件については，主文のみならず，主文が導かれるに至る基礎認定事実をも考慮すべきとする。)。

【判例㉖】
　最三小判昭58・6・7民集37巻5号611頁は，旧民事訴訟法200条4号（現行民訴118条4号）所定の「相互ノ保証アルコト」とは，当該判決をした外国裁判所の属する国において，同判決と同種類の我が国の裁判所の判決が同条各号所定の条件と重要な点で異ならない条件のもとに効力を有するものとされていることをいうものと解すべきであるとする。

45 ◆3 判決の効力
既 判 力

I 既判力について学ぶのはどうしてか

　民事訴訟の当事者は，裁判を通じて，私的紛争の解決を求めているのであるから，裁判所がした終局判決が上訴期間の経過（民訴285条・313条）等により確定した場合には，この判決による紛争解決の終局性が確保され，いたずらに紛争の蒸し返しがされることは避けなければならない。そのためには，終局判決が確定した場合には，その判決における請求についての判断が，以後，当事者間の権利・法律関係を律する規準となり，同一事項が再び問題となった場合に，当事者はその判断に矛盾・抵触する主張をすることは許されず，裁判所もその判断に矛盾・抵触する判断をすることが許されないものとすることが求められる。この確定判決の判断に与えられる当事者及び後訴裁判所に対する拘束力ないし通用性を既判力という。既判力は，判決による紛争解決が実効性のあるものとするための効力であり，実際には，前訴の確定判決で判断された権利・法律関係が後訴において再び問題となったときに作用するものである。民事訴訟法では，既判力の内容そのものについては触れていないものの，確定判決に既判力があることを前提として，その客観的範囲（民訴114条）及び主観的範囲（民訴115条）を定めている。

　以上のとおり，既判力は，紛争の蒸し返しを禁じ，後訴裁判所での再審理を許さないという強力な効力であるから，その限界・範囲について法がどのように規定し，また，実務において既判力がどのように取り扱われているかを理解することは極めて重要である。

Ⅱ 既判力について問題となるのはどのような点か

1．既判力の作用

　既判力の当事者及び後訴裁判所に対する拘束力ないし通用力は，具体的にはどのように作用するのか，既判力に抵触するような後訴の提起があった場合，裁判所はどのような判断をするのか。これが既判力の作用の問題である。

2．既判力の客観的範囲

　民事訴訟法114条では，1項において，「確定判決は，主文に包含するものに限り，既判力を有する。」と規定し，2項において，「相殺のために主張した請求の成立又は不成立の判断は，相殺をもって対抗した額について既判力を有する。」と規定している。これらの規定は，裁判所が終局判決で示した判断のうち，どの部分に既判力が生ずるものであるのかを定めたものであり，これが既判力の客観的範囲の問題である。

3．既判力の時的限界

　確定した終局判決における裁判所の判断に既判力が生ずるとしても，民事上の権利・法律関係は時の経過に従って時々刻々と変化していくものである以上，既判力で確定された権利・法律関係の存否も，将来に向かって変化することは避けられないから，確定判決について生ずる既判力も，一定のある時点を基準として権利・法律関係を確定するものでしかない。このような権利・法律関係の存否の判断の基準となる時点を既判力の基準時又は標準時という。そこで，民事訴訟において，どの時点を既判力の基準時とすべきか，また，当事者が基準時前に主張することができたにもかかわらず，裁判において主張することがなかった事情は，既判力によりどのような影響を受けるのか。これが既判力の時的限界の問題である。

4．既判力の主観的範囲

　民事訴訟法115条1項では，確定判決の効力が及ぶ者の範囲を定めている。これが，既判力の主観的範囲の問題である。

Ⅲ　既判力について実務はどう取り扱っているか

1．既判力の作用について

　一般に，既判力の作用により，確定裁判で判断された事項が将来係属する別の訴訟の対象として，又は間接的な先決事項として，再び問題となったとき，当事者は，既判力に反した主張や立証をすることは許されず，裁判所も既判力に反した当事者の主張や証拠の申出を排除することとなる。これを既判力の消極的作用という。また，裁判所も，既判力の生じた前訴判決の判断を前提として判決をしなければならないとされる。これを既判力の積極的作用という。

　後訴に対して前訴の既判力が及んでいるのかどうかは，後訴裁判所が職権で調査すべき事項であるから，当事者の指摘がなくても，裁判所は職権で調査して判決の基礎とする。前訴の既判力が及んでいる場合，後訴裁判所がとるべき措置は，次のとおりである（なお，後訴に前訴の既判力が及んでいるかどうかの判断は，後記2の既判力の客観的範囲の問題と関連するものである。）。

(1)　後訴の訴訟物が前訴の訴訟物と同一である場合

　(a)　土地の所有権確認訴訟で敗訴した原告が，その被告に対し，再び同一の土地についての所有権確認訴訟を提起した場合，前訴判決の既判力により，基準時後の新事由（売買，取得時効の完成等）が認められなければ，後訴裁判所は請求を棄却する。

　(b)　貸金返還請求訴訟で勝訴した原告が，その被告に対し，再び同一の貸金についての返還請求訴訟を提起した場合，時効中断の必要など特別の事情がなければ，後訴裁判所は，訴えの利益がないものとして，これを却下す

る。

(2) 前訴の訴訟物が後訴請求の先決問題である場合

土地所有権確認訴訟で勝訴した原告が、その被告に対し、所有権に基づく土地明渡請求をするような場合、後訴裁判所は、前訴判決の既判力の積極的作用により、基準時に原告が所有権を有するとの前訴判決の判断を前提として、後訴について審理する。

(3) 後訴の訴訟物と前訴の訴訟物とが矛盾する関係にある場合

土地の所有権確認訴訟で敗訴した被告が、その原告に対し、同一の土地についての所有権確認訴訟を提起するような場合、前訴と後訴では訴訟物が異なるものの（前訴では原告の当該土地に対する所有権の存否、後訴では被告の当該土地に対する所有権の存否がそれぞれ訴訟物となる。）、前訴における原告が所有者であるとの判断は、一物一件主義（ここでいう一物一件主義は、一つの物の上には一つの所有権しか成立しないという意味である。）からすると、その時点で被告が所有権者でないことを明らかにしたものということができるから、後訴裁判所は、前訴判決の既判力の積極的作用により、前訴判決の判断を前提として、後訴について審理することとなる。

2．既判力の客観的範囲

(1) 原則（民訴114条1項）

(a) 主文における判断

判決の主文には、原告が請求の内容とした訴訟物たる権利・法律関係の存否に対する裁判所の結論的判断部分が示されている。したがって、既判力が生ずるのは、訴訟物たる権利又は法律関係の存否に対する裁判所の判断部分であり、このことは、判決の理由中の判断には既判力が生じないことも意味する（もっとも、判決主文の表現は簡潔であるため、実際には、何が訴訟物であるかは、判決の事実及び理由を参照して判断することになる。）。→【判例①】参照

そして、訴訟物に関する旧訴訟物理論では、訴訟物は実体法上の請求権ごとに異なるものとなるから、既判力が及ぶ客観的な範囲も各請求権ごとに画

されることになる。→【判例①】参照

したがって，例えば，甲が乙に対し，売買契約に基づく土地引渡請求をした裁判において，売買契約の意思表示は錯誤により無効であるとの乙の抗弁が認められ，原告の請求を棄却した判決が確定したとする。この場合に，後に，再び甲が乙に対し，売買契約によってその土地の所有権を取得したとして，土地の所有権確認請求訴訟を提起したとても，前訴の訴訟物は売買契約に基づく土地引渡請求権であり，後訴の訴訟物は当該土地の所有権の存否であって，前訴と後訴では訴訟物を異にするから，前訴判決の理由中において売買契約の無効が判断されていたとしても，理由中の判断に既判力が生じない以上，後訴には前訴の既判力は及ばないこととなり，後訴裁判所が原告の請求を認容することも，前訴の既判力によっては排除されないこととなる。

(b) **一部請求後の残部請求**

(ア) 原告が，金銭等数量的に可分な給付を目的とする請求権を分割して，その給付の一部のみを請求する場合がある。この場合，一部であることを明示して訴えを提起すれば，その部分だけが当該訴訟の訴訟物となるから，既判力が生ずるのは，請求された部分についての訴訟物の存否ということになる。したがって，後に残部請求をした場合でも，前訴の訴訟物と後訴の訴訟物とは異なるものであるから，前訴判決の既判力は後訴には及ばないこととなる。→【判例②】参照

ただし，一部請求棄却判決後に残部を請求した場合には，既判力そのものには抵触しなくても，信義則により制限されることがある。→【判例③】参照

(イ) 他方，一部請求であることを明示しなかった場合は，その訴訟における訴訟物となるのは債権全部の存否であるから，前訴で全部勝訴しても，残額請求は既判力に抵触し，許されないこととなる。→【判例④】参照

(c) **基準時後の事情変更**

(ア) 例えば，不法行為による身体障害について損害賠償請求の訴えを提起し，その判決が確定した後に後遺症のあることが判明した場合，あらためて後遺症による損害について賠償を求める訴えを提起することが許されるかが問題となる。この場合において，一部請求と同様の考え方を援用して，前

訴における請求は，不法行為に基づく損害のうち，前訴の口頭弁論終結時までに支出された治療費を損害として主張し，その賠償を求めるものであるのに対し，後訴における請求は，前訴の口頭弁論終結後に判明した後遺症により支出を余儀なくされた治療費であると把握すれば，前訴は1個の債権の一部であることを明示した請求であり，他方，後訴はその残部請求であるとみることができるから，前訴と後訴では訴訟物を異にするものとなり，前訴の確定判決の既判力は，後訴には及ばないものとなる。→【判例⑤】参照

　(イ)　また，不動産の明渡しを求める訴訟では，不動産の明渡しのほかに，その明渡しに至るまでの賃料相当損害金（1か月当たり〇〇円という認定がされることが多い。）の支払が請求されることがある。この賃料相当損害金の請求のうち，事実審の口頭弁論終結時以降に生ずる部分は，将来の給付の訴えとなるが，加害状態が将来にわたって継続するような場合には，将来の事象を予測的に認定するものとなるから，必然的に不確定な要素が介在する結果，確定判決後の事情の変更により，前訴で認定された賃料相当損害金の額が著しく不相当となる場合もある。このような場合に，判決の既判力との関係で，適正賃料額との差額の追加請求が可能であるかという問題がある。ここでも一部請求と同様の考え方を援用して，前訴における賃料相当損害金に係る原告の請求は，土地の明渡しが近い将来に履行されることを予定したものであり，判決確定後にも長期にわたってその履行がされず，その間に適正賃料額が高騰して，原告が前訴で主張している賃料相当損害金がその後の適正賃料額と比較して不相当なものとなった場合に生ずる差額については除外する趣旨であったと把握することができれば，前訴と後訴では訴訟物を異にするものとなり，前訴の確定判決の既判力は，後訴には及ばないものとなる。→【判例⑥】参照

(2)　**例外**（民訴114条2項）
　(a)　**判決の理由中の判断に既判力が生じない理由**
　前記(1)(a)のとおり，主文に包含された判断だけが既判力を有するということは，反面において，判決理由中の判断は生じないことを意味する。したがって，当事者が請求原因又は抗弁として主張した事実や法律効果についての

判決理由中の判断は，既判力を有しない。既判力の客観的範囲については異なる規制をする立法例もあり，その範囲をどこまでのものとするかは立法政策の問題であるが，我が国の民事訴訟法において判決の理由中の判断に既判力が生じないものとした根拠としては，①当事者が判決を求めているのは，請求の当否についてであること，②理由中の判断に既判力が生じなければ，裁判所は，当事者の訴訟追行の態度を計算に入れつつ，実体法の論理的な順序にこだわらず，自由で弾力的に，かつ迅速に結論に到達することができるという審理の機動性を確保することができること，③当事者が攻撃防御方法として主張する事実や法律効果は，請求に関して有利な判断を得るための手段にすぎないのに，これについての判断にまで既判力を認めると，経済的価値を異にする他の請求に関する訴訟にも拘束力を及ぼし，当業者に不測の不利益を及ぼすおそれがあること，などが挙げられている。

(b) **相殺の抗弁に既判力が生ずる理由**

これに対し，相殺の抗弁は，弁済等の他の抗弁と異なり，訴訟において原告が主張する債権（受働債権）の存在と，この債権とは発生原因において無関係に存在し得る反対債権（自働債権）とを対当額で消滅させる効果を有するものであるから（民505条1項），その判断について既判力を認めないと，反対債権が初めから存在しないとして原告の請求が認容されたのに，被告が，後になって，反対債権の存在を主張して別訴で請求したり，あるいは，反対債権との相殺により，原告の請求が棄却されたのに，上記同様，被告が，後になって，反対債権の存在を主張して別訴で請求するなど，訴求債権の存否についての争いが反対債権の存否の争いとして蒸し返され，前訴判決における紛争解決が実質的に意味のないものとなってしまうからである。

(c) **相殺の抗弁について既判力が生ずる範囲**

相殺の抗弁に対する判断の既判力は，訴求債権と対当額の部分に限られる。→【判例⑦】参照

すなわち，相殺の抗弁が排斥された場合には，被告の主張する反対債権が，相殺をもって対抗した額に関する限り，存在しなかったことが確定される。

他方，相殺の抗弁が認容された場合には，反対債権が原告の受働債権と対

当額で相殺により消滅し，口頭弁論終結時に不存在であることが確定される。

(d) **一部請求と相殺の既判力**

原告が一部請求をした訴訟において，被告による相殺の抗弁に理由がある場合，裁判所は，請求されている部分から差し引いて認容額を決定（内側説）したり，被告の主張する反対債権の額を当該訴訟において請求されている部分と請求されていない部分に案分し，請求されている部分からそこに案分された反対債権の額を差し引いて認容額を決定する（案分説）のではなく，請求の基礎となっている債権の総額から認められた反対債権の額を差し引いて残存額を確定したうえで，原告の訴求した一部請求の額がその残存額の範囲内であるときは，原告の請求をそのまま認容し，残存額を超えるときは，残存額の限度で認容する（外側説）。→【判例⑧】参照

したがって，この場合に前記(c)の考え方を当てはめると，①一部請求の枠外の部分に相当する自働債権の存否については既判力は生じず，②残存額が一部請求の額を減額させるときは，当該自働債権による対抗額が存在したが，相殺によって消滅し，「口頭弁論終結時に不存在であること」が既判力によって確定され，③残存額が一部請求の額を超えるときは，対抗額がもともと不存在という意味で，自働債権の不存在が既判力によって確定されることとなる。

(3) **争点効について**

学説上，判決理由中の判断については，争点効が生ずるとするものがある。ここでいう争点効とは，「前訴で当事者が主要な争点として争い，かつ，裁判所がこれを審理して下したその争点についての判断に生じる通用力で，同一の争点を主要な先決問題とした異別の後訴請求の審理において，その判断に反する主張・立証を許さず，これと矛盾する判断を禁止する効力」とされている。この見解は，当事者が主要な争点について争い，裁判所がこれについて実質的な判断をしている場合には，その判断を関連請求の当否の基礎として通用させる方が当事者間の公平に合致することを根拠とするものであり，学説上では支持を集めている。しかし，争点効理論に対しては，判

決理由の既判力を否定し，訴訟の進行中に争いとなっている法律関係の存否に裁判が依存する場合には，その法律関係の確認のために中間確認の訴えを設けている民事訴訟法の建前に反するのではないかとの批判が可能であり，判例も争点効には消極的である。→【判例⑨】参照

(4) 信義則について

　前訴と後訴の訴訟物が異なり，前訴の既判力によっては後訴を遮断することができない場合であっても，既に前訴の確定判決があり，後訴がその単なる蒸し返しであるとみるべき事情等があるときは，信義則により許されないとして後訴を排除することができる場合もある。→【判例③⑩】参照

　なお，上記【判例⑩】において，後訴の提起が信義則上許されないと判断された理由は，①後訴と前訴は訴訟物を異にするとはいえ，訴えによって原告が得ようとする目的が同じものであり，後訴が実質的には前訴の蒸し返しであること，②原告は，前訴で，後訴と同じ請求をすることに支障がなかったのに，それをしなかったこと，③後訴提起時に既に買収処分から20年も経過しており，後訴の提起を認めた場合，相手方の地位を不当に長く不安な状態に置くことになることであり，単に後訴が実質的に前訴の蒸し返しであることのみを根拠としているものではないことについては注意が必要である。信義則を理由とする後訴の遮断は，原告の裁判を受ける権利を失わせるものである以上，その適用には慎重な検討が必要である。

3．既判力の時的限界

(1) 既判力の基準時

　終局判決は，事実審の口頭弁論終結時までに提出された訴訟資料に基づくものであるから，既判力はこの時点を基準として生ずる。この時点を既判力の基準時ないし標準時という（民執35条2項参照）。

(2) 既判力の遮断効

　既判力は基準時における権利関係を確定するものであるから，当事者は，基準時までに発生した事由に基づく主張を遮断され，以後，当該事由を主張

して確定された権利関係の存否を争うことができなくなる。例えば，給付判決が確定すると，基準時（口頭弁論終結時）における給付義務の存在が確定するから，被告である債務者は，契約の不成立や契約の無効だけでなく，基準時前に生じた弁済，免除，消滅時効などの事由に基づいて債務の不存在を主張することもできなくなる。→【判例⑪】参照

(3) 基準時後の形成権行使

これに対し，形成権（権利者の一方的意思表示によって法律関係の変動を生じさせることができる権利）の行使は，実体法上，権利行使の期間が規定されており，その期間内であれば，これをいつ行使するかは形成権者の自由とされている。また，形成権は，これを行使する旨の意思表示があってはじめて権利変動が生ずるものである。そこで，前訴で主張しなかった形成権を基準時（口頭弁論終結時）後に行使することによって，前訴で確定された権利関係の変更・消滅を主張することが許されるかが問題となる。以下，具体的に検討する。

(a) 取消権について

取消権は，前訴の訴訟物である権利の発生障害事由であるから，その請求権自体に内在・付着する瑕疵に係る権利であり，前訴の判決によって請求権の存在が確定されている以上，既判力の遮断効により，後になって取消権を行使して当該請求権の存在を争うことはできないものと解される。→【判例⑫⑬】参照

(b) 相殺権について

相殺権は，前訴の訴訟物である請求権とは別個の反対債権を犠牲に供するものであるから，前訴の請求権自体に内在・付着する瑕疵に係る権利とはいえない。また，相殺の結果，自己の債権の消滅という不利益を生ずるものであり，相殺権を行使するか否かは債権者の判断に委ねられるべきであり，前訴の基準時前に当然に行使すべき防御方法であるということはできない。したがって，基準時前に相殺適状にあったことを知っていたか，知っていなかったかにかかわりなく，前訴の確定後に相殺権を行使し，その効果を主張することはできるというべきである。→【判例⑭】参照

(c) 建物買取請求権について

借地借家法上の建物買取請求権（借地借家13条・14条）は，社会政策上借地人又は建物所有者の投下資本の回収の利益を保護するとともに，建物の社会的効用を維持する目的のために認められた権利である。相殺権と同様，前訴の訴訟物である建物収去土地明渡請求権に内在・付着する瑕疵を基礎とするものではないし，建物所有権の喪失という不利益を伴う防衛方法であるから，前訴の既判力によって遮断されることはなく，後から建物買取請求権を行使して，その効果を請求異議の事由等として主張することは許されるものと解される。→【判例⑮】参照

4．既判力の主観的範囲について

(1) 既判力が及ぶ主体について

既判力は，対立当事者間に相対的に生ずるのが原則である（民訴115条1項1号）。民事訴訟は，処分権主義・弁論主義という当事者の自律的な訴訟活動を基本とする手続構造の下で，当事者として対立的弁論に関与した者の間で相対的に紛争を解決するのであり，当事者以外の第三者には手続保障が与えられているものではないから，当事者以外の第三者に既判力を及ぼすにはこれを正当化する根拠が必要となる。

他方で，当事者間で行われた訴訟による紛争解決の実効性を確保するためには，訴訟物たる権利関係に利害関係を有する第三者に対し既判力を及ぼす必要が生ずる場合があり，また，当事者間の相対的解決の原則を貫くと法律関係の複雑さを招くおそれがあるため，法律関係の画一的処理の観点から，広く第三者に対しても既判力を及ぼす必要が認められる場合もある。そこで，民事訴訟法115条1項2号ないし4号において，訴訟の当事者以外で既判力の及ぶ者を定めているほか，民事訴訟法48条（訴訟脱退），民事執行法157条（取立訴訟）等の個別の規定でも既判力の拡張を認めている。以下では，その代表例について検討する（なお，「**46** 形成力」では，形成判決による形成の結果が有する対世効についての記述があるので，こちらも参照されたい。）。

(a) **訴訟担当の場合の利益帰属主体**（民訴115条1項2号）

訴訟物である権利又は法律関係の実体法上の帰属主体である他人のため

に，訴訟追行権を有する担当者が追行した訴訟における確定判決は，その利益帰属主体に対しても効力を有する。この場合，訴訟担当者には当該請求との関係で当事者適格が認められ，利益帰属主体の攻撃防御の地位と機会が代替されているとみることが判決効拡張の根拠とされている。訴訟担当には，法律上の根拠があって他人間の権利義務について訴訟追行をする資格・権限が認められている法定訴訟担当と，法律上の根拠がないが権利，義務の帰属者から訴訟追行の授与があって訴訟追行をする任意的訴訟担当があるが，民事訴訟法115条1項2号による判決効の拡張は，そのいずれかを問わない。なお，任意的訴訟担当の許容性については本項目では立ち入らない。以下では，法定訴訟担当のうち，債権者代位権と取立訴訟についてみる。

　㋐　**債権者代位訴訟について**　民法423条に基づく債権者代位権は，責任財産保全のために債権者に対して債務者の財産に対する実体法上の管理権を付与するものであり，代位の目的物が金銭債権であるときには，第三債務者に対して代位債権者自身に対する給付を求める権能も，この管理権の中に含まれる。訴訟上は，この管理権を基礎として代位債権者に当事者適格が認められる。したがって，代位債権者を当事者とする確定判決の既判力は，その内容が請求認容であっても，請求棄却であっても，本人である債権者に拡張される。→【判例⑯】参照

　なお，債権者代位訴訟では，債権者が債務者の財産管理権に介入することにより，両者の利害が鋭く対立する関係にあるから，先に述べた判決効拡張の根拠が妥当しない余地もあるとして，債権者が受けた判決効が債務者に拡張されるのは勝訴判決の場合に限るとする見解や，債務者の訴訟参加を保証することを前提に敗訴判決の既判力も及ぶとする見解もある。

　㋑　**取立訴訟について**　民事執行法155条1項に基づいて差押債権者がその取立権を行使して，取立訴訟を提起する場合に，差押債権者が法定訴訟担当とみなされ，その者を当事者とする判決の既判力が本人たる債務者に拡張される。

(b)　**口頭弁論終結後の承継人**（民訴115条1項3号）

　㋐　**意　義**　口頭弁論終結後の承継人は，既判力の基準時後に訴訟物である権利・法律関係における地位を当事者から承継した者である。この

承継には、当事者の死亡等による包括承継と特定物の移転を理由とする特定承継がある。

既判力の基準時後に訴訟物たる権利・法律関係についての地位が当事者から第三者に移転した場合、当該第三者に対し、前主とその相手方当事者との間に出された判決の効力が及ばないとすると、勝訴した当事者がその目的を達成するためには、第三者に対してあらためて訴えを提起しなければならなくなり、勝訴した当事者だけでなく、審理を行った裁判所にとっても、費やした費用、労力、時間が無意味となるという不都合が生ずる。この不都合を避けて判決の実効性を確保するため、口頭弁論終結後の承継人は、前主とその相手方当事者との間でなされた判決の効力を受けるものとされている。

　(イ)　**承継の対象**　承継人に対する判決効の拡張は、被承継人を当事者として追行された訴訟の成果を承継人に及ぼすことにより、紛争解決の実効性を確保しようとするものであるから、訴訟物たる権利関係自体を承継した場合だけでなく、当事者適格を原告又は被告から伝来的に取得した場合、あるいは、紛争主体たる地位の移転がある場合にも承継が認められる。

訴訟物たる権利・法律関係が債権に基づく請求権か、物権に基づく請求権かによって、承継人の範囲に差違を生じ、物権に基づく請求権の場合には、基準事後に物権を譲り受けた者は承継人に該当するが、債権に基づく請求権の場合には、当該債権の目的物について基準事後に占有の移転があっても、新占有者は承継人に該当しないというテーゼが古くから主張されている。なお、この見解によっても、例えば、建物賃貸人が賃料不払に基づいて賃貸借契約を解除したと主張して、賃借人に対して建物明渡請求訴訟を提起し、これを認容する判決が確定した後、被告が第三者に当該建物を転貸したという事案において、旧訴訟物理論の立場から、訴訟物は債権的請求権であるが、背後に物件が存在する場合（賃貸人が同時に所有権者である場合）には、既判力が転借人に及ぶなどと説明されることもある。

これに対し、上記例における転借人は、前訴における被告の実体的な利益である建物の占有を承継しているのであるから、後訴において、原告と前訴被告との間で前訴の口頭弁論終結時に賃貸借関係が存在していたとの主張を許すのは合理的でなく、この場合には、前訴被告から転借人に対し、紛争主

体たる地位の移転があったとみることができ，紛争解決の実効性を確保する観点から，転借人は承継人に該当すると解すべきであって，訴訟物理論での立場の相違は，この論点の結論に直接影響を及ぼすものであるとは解されないとの見解も有力に主張されている。

　裁判例では，裁判上の和解の例ではあるが（裁判上の和解は，確定判決と同一の効力を有する〔民訴267条〕。），建物を収去しその敷地を明渡すべき義務を負った被告から建物を借り受けた第三者（→【判例⑰】参照），建物の所有権保存登記の抹消を命ずる判決の確定後，その被告から所有権移転登記を得た第三者（→【判例⑱】参照）等について承継人であることが肯定されている。

　(ｳ)　**承継人の実体法的地位と承継人の範囲**　　例えば，所有権移転登記手続請求訴訟で敗訴した売主から土地の二重譲渡を受けて基準時後に登記を備えた第三者，虚偽表示を理由とする所有権移転登記抹消登記手続請求訴訟の基準事後に善意で目的不動産を譲り受けた第三者，基準事後に目的動産の占有を取得した第三者が民法192条の要件を具備する場合など，第三者に固有の防御方法が認められる場合には，これらの第三者は承継人には該当しないとする見解（実質説→【判例⑲】参照）がある。他方，承継原因事実がある限り，承継人として既判力の拡張を受けるが，それは口頭弁論終結時を基準時として確定された権利関係を前提としなければならないというにとどまり，固有の防御方法の提出は妨げられないとする見解（形式説）もある。前者は，承継人たる第三者の実体法上の地位を審理して，相手方当事者との関係で固有の抗弁が成立しない場合のみ承継人として既判力の拡張を認めるものであり，承継人に対する既判力拡張の根拠を当事者と同視すべき第三者として位置づける理解を基礎とする。これに対し，後者は，確定判決の不可争性を前提として第三者固有の立場を是認しようとするものである。もっとも，両説は，第三者が固有の防御方法を主張する機会を有するという結論において相違はなく，主として執行手続上の違いが生ずるにすぎない（この点については，「**47**　執行力」を参照されたい。）。

　(c)　**請求の目的物の所持人**（民訴115条1項4号）

　請求の目的物の所持人とは，特定物の占有につき固有の利益をもたず，もっぱら当事者との委任契約等によってその目的物を所持するものである。こ

れらの者は、その特定物の所持につき固有の利益をもたず、当事者と同視して既判力を及ぼしても所持者の実体的利益を害するおそれはないことから、当事者の受けた判決に拘束されるものである。請求権は物権であると債権であるとを問わない。また、所持の時期は、口頭弁論終結の前後を問わない。

(d) **訴訟脱退者**

独立当事者参加（民訴47条）又は訴訟承継（民訴49条・51条）があって従前の当事者が訴訟を脱退した場合、残存当事者間の判決の効力は、脱退当事者に及ぶ（民訴48条）。

(e) **法人格否認の法理について**

いわゆる法人格否認の法理により、法人格がまったくの形骸にすぎない場合、又は、それが法律の適用を回避するために濫用されているような場合においては、実体法上の法律関係の当事者以外の法人格に対しても法律効果が及ぶことがあるが、既判力や執行力など訴訟法上の効果については、訴訟手続の明確性、安定性の観点から、同法理は適用されるべきではない。→【判例⑳㉑】参照

なお、法人格否認の法理により既判力及び執行力の拡張が認められるかという問題と、第三者異議の訴えにおいて同法理が適用されるかという問題は、区別されるべきである。すなわち、第三者異議の訴えは、強制執行の目的物について原告が強制執行による侵害を受忍する地位にないことを異議事由として強制執行の排除を求めるものであるから、原告の法人格が執行債務者に対する強制執行を回避するために濫用されている場合には、原告は、執行債務者と別個の人格であることを主張して強制執行の不許を求めることは許されないというべきである。→【判例㉒】参照

(2) **反射効について**

訴訟外の第三者も、訴訟当事者との実体法上の関係により、当事者間の確定判決の影響を受ける場合があるかが問題となる。例えば、債権者と主債務者との間の訴訟で主債務者が勝訴すると、保証人は、主債務者と債権者との間の判決の既判力を受けるわけではないが、保証契約の附従性から、債権者に対し主債務者の勝訴判決を援用することができるとし、このような保証人

に対する判決の効力を反射的効力（反射効）と呼ぶ見解がある。この見解によれば，上記の例において反射効が認められない場合，保証人が債権者に対し保証債務を履行することによって，求償権をめぐる紛争として再燃する余地があり，その結論によっては，主債務者は債権者に対する関係では債務を負わないのに，保証人に対しては求償義務を負うという実体法上矛盾した結果になるという。しかし，反射効の理論に対しては，反射効を否定した結果生じるとされる実体法上の矛盾は，当該法律関係についての争いに個別訴訟を認めることから不可避的に生ずるものであり，主債務者が債権者に勝訴したにもかかわらず，債権者に敗訴した保証人から求償請求に応じなければならないのも，自己が保証人からの求償請求訴訟に敗訴した結果であり，手続的に不当な結果とはいえないなどの批判がある。従前の最高裁の判例において，反射効を採用した例は見当たらない。→【判例㉓～㉕】参照

Ⅳ　既判力について注意しておくのはどのような点か

　民事訴訟法の分野において，既判力の作用・効果等に関する論点は，最も難解なものの一つである。学説上の論争も多岐に及んでいるが，実務家として民事訴訟に関与するのであれば，判例で示されている考え方を理解するのは必要不可欠である。

〔齋藤　巌〕

参照判例

【判例①】
　大判昭12・7・10民集16巻1177頁は，原告が前訴においてその主張に係る賃貸借の合意解除が認められないとの理由で賃貸物返還請求棄却の判決を受け，その判決が確定した場合でも，被告の不法占有を理由として，所有権に基づきその返還を請求した後訴において，前訴の口頭弁論終結前既

に賃貸借が終了していた事実を主張することは妨げられないとする。

【判例②】
　　最二小判昭37・8・10民集16巻8号1720頁は，一個の債権の数量的な一部についてのみ判決を求める旨を明示して訴えが提起された場合に，この一部請求についての確定判決の既判力は残部の請求に及ばないとする。

【判例③】
　　最二小判平10・6・12民集52巻4号1147頁は，金銭債権の数量的一部請求訴訟で敗訴した原告が残部請求の訴えを提起することは，特段の事情がない限り，信義則に反して許されないとする。

【判例④】
　　最二小判昭32・6・7民集11巻6号948頁は，ある金額の支払を請求権の全部として訴求し勝訴の確定判決を得た後，別訴において，この請求を請求権の一部であった旨主張してその残額を訴求することは，許されないとする。

【判例⑤】
　　最三小判昭42・7・18民集21巻6号1559頁は，不法行為による損害のうち，前訴の最終口頭弁論期日までに支出された治療費の賠償を請求する前訴の確定判決の既判力は，上記期日後に再手術を余儀なくされるに至ったことによる治療費の賠償を求める後訴に及ばないとする。

【判例⑥】
　　最一小判昭61・7・17民集40巻5号941頁は，従前の土地の所有者は，仮換地の不法占拠者に対し，将来の賃料相当損害金の請求を認容する確定判決を得た場合においても，その事実審口頭弁論終結後に，公租公課の増大，土地の価格等の昂騰により，又は比隣の土地の賃料に比較して，認容額が不相当となったときは，新訴により，認容額と適正賃料額との差額に相当する損害金の支払を求めることができるとする。

【判例⑦】
　　大判昭10・8・24民集14巻1582頁は，相殺のため主張した債権の成立を認めた判決の既判力は，原告の債権と対当額の部分についてのみに限られ，その他には及ばないとする。

45　既判力

【判例⑧】
　最三小判平６・11・22民集48巻７号1355頁は，特定の金銭債権の一部を請求する訴訟において相殺の抗弁に理由がある場合には，当該債権の総額を確定し，その額から自働債権の額を控除した残存額を算定したうえ，請求額が残存額の範囲内であるときは請求の全額を，残存額を超えるときは残存額の限度でこれを認容すべきであるとする。

【判例⑨】
　最三小判昭44・６・24判時569号48頁は，被上告人の請求原因は，上記本件不動産の売買契約が詐欺によって取り消されたことを理由として，本件不動産の所有権に基づいて，既に経由された前叙の所有権移転登記の抹消登記手続を求めるというにあるから，仮に，本件訴訟において，被上告人の上記請求原因が認容され，被上告人訴の判決が確定したとしても，訴訟物である上記抹消登記請求権の有無について既判力を有するにすぎず，本件不動産の所有権の存否については，既判力及びこれに類似する効力（いわゆる争点効）を有するものではないとする。

【判例⑩】
　最一小判昭51・９・30民集30巻８号799頁は，農地の買収処分を受けた甲が，その売渡しを受けた乙に対し，乙から上記農地を買い戻したことを原因として所有権移転登記手続請求訴訟を提起し，請求棄却の判決を受け，これが確定したのち，さらに，買収処分の無効を原因として，乙及びその承継人に対し，所有権移転登記の抹消に代わる所有権移転登記手続請求の訴を提起した場合において，甲が，前訴においても，買収処分が無効であり，上記買戻しの契約は買収処分の無効による農地返還を実現する方法として締結したものであると主張していて，後訴が実質的に前訴の蒸し返しであり，かつ，前訴において後訴の請求をすることに支障はなく，さらに，後訴提起時は買収処分後訴20年を経過していた等判示の事情があるときは，甲の後訴の提起は，信義則に反し許されないとする。

【判例⑪】
　最二小判昭49・４・26民集28巻３号503頁は，被相続人に対する債権につき，債権者と相続人との間の前訴において，相続人の限定承認が認められ，相続財産の限度での支払を命ずる判決が確定しているときは，債権者は相続人に対し，後訴によって，上記判決の基礎となる事実審の口頭弁論終結時以前に存在した限定承認と相容れない事実を主張して上記債権につき無留保の判決を求めることはできないとする。

【判例⑫】
　最三小判昭36・12・12民集15巻11号2778頁は，書面によらない贈与による権利の移転を認める判決が確定した後は，既判力の効果として民法550条による取消権を行使して贈与による権利の存否を争うことは許されないとする。

【判例⑬】
　最一小判昭55・10・23民集34巻5号747頁は，売買を請求原因とする所有権確認の判決が確定した後は，後訴において詐欺を理由にこの売買を取り消して所有権の存在を争うことは許されないとする。

【判例⑭】
　最二小判昭40・4・2民集19巻3号539頁は，債務名義たる判決の基礎となる口頭弁論の終結前に相殺適状にあったとしても，口頭弁論終結後になされた相殺の意思表示により債務が消滅した場合には，この債務の消滅は，請求異議の原因となり得るとする。

【判例⑮】
　最二小判平7・12・15民集49巻10号3051頁は，土地の賃借人が賃貸人から提起された建物収去土地明渡請求訴訟の事実審口頭弁論終結後に建物買取請求権を行使した場合，その行使の効果は，建物収去明渡請求を認容する確定判決に対する請求異議の訴えにおける異議の事由となるとする。

【判例⑯】
　大判昭15・3・15民集19巻586頁は，債権者が民法423条により債務者に属する権利を行使して第三債務者に対し訴えを提起し勝訴の判決を受けたときは，その判決は，債務者に対しても効力を生じ，その債務者の第三債務者に対する債権につき時効中断の効力を生ずるものとする。

【判例⑰】
　最二小判昭26・4・13民集5巻5号242頁は，裁判上の和解により，建物を収去してその敷地たる土地を明け渡すべき義務のある者から建物を借り受け，その敷地を占有する者は，承継人に当たるとする。

【判例⑱】
　最三小判昭54・1・30判時918号67頁は，建物の所有権保存登記の抹消を命ずる判決の確定後，その被告から当該建物を買い受け，所有権移転登

記を経由したが，買受け当時，被告が無権利者であったことにつき善意であったものということはできない第三者は，口頭弁論終結後の承継人に当たり，前訴の判決の効力が及ぶことは明かであるとする。

【判例⑲】
　　最一小判昭48・6・21民集27巻6号712頁は，通謀による虚偽の登記名義を真正なものに回復するための所有権移転登記手続請求訴訟における被告敗訴の確定判決は，口頭弁論終結後被告から善意で当該不動産を譲り受けた第三者に対してその効力を有しないとする。

【判例⑳】
　　最一小判昭44・2・27民集23巻2号511頁は，①社団法人において，法人格がまったくの形骸にすぎない場合又はそれが法律の適用を回避するために濫用される場合には，その法人格を否認することができる，②株式会社の実質がまったく個人企業と認められる場合には，これと取引をした相手方は，会社名義でされた取引についても，これを背後にある実体たる個人の行為と認めて，その責任を追求することができ，また，個人名義でされた取引についても，商法504条によらないで，直ちにこれを会社の行為と認めることができるとする。

【判例㉑】
　　最一小判昭53・9・14判時906号88頁は，乙会社の設立が甲会社の債務の支払を免れる意図の下にされたものとして法人格の濫用と認められる場合には，法人格否認の法理により甲会社に対する債権者は自己と甲会社間で得た確定判決の内容である損害賠償請求を乙会社に対してすることができるが，この場合においても，訴外会社に対する上記判決の既判力ないし執行力の範囲を乙会社にまで拡張することは許されないとする。

【判例㉒】
　　最二小判平17・7・15民集59巻6号1742頁は，第三者異議の訴えについて，法人格否認の法理の適用を排除すべき理由はなく，原告の法人格が執行債務者に対する強制執行を回避するために濫用されている場合には，原告は，執行債務者と別個の法人格であることを主張して強制執行の不許を求めることは許されないとする。

【判例㉓】
　　最二小判昭31・7・20民集10巻8号965頁は，土地の適法な転借人及び

その者からその所有の地上建物を賃借する者等は，賃借人の土地明渡義務が判決により確定されている場合においても，これがために当然賃貸人の土地明渡の請求を拒み得ないものと解すべきではないとする。

【判例㉔】
　　最一小判昭51・10・21民集30巻9号903頁は，債権者から保証人に対する保証債務履行請求訴訟における保証人敗訴の判決が確定した後に債務者から主債務者に対する主債務履行請求訴訟における主債務者勝訴の判決が確定しても，主債務者勝訴の判決が保証債務履行請求訴訟の事実審口頭弁論終結の時までに生じた事由に基づいてされているときは，保証人は，上記の主債務者勝訴の確定判決を保証人敗訴の確定判決に対する請求異議の事由にすることはできないとする。

【判例㉕】
　　最一小判昭53・3・23判時886号35頁は，不真正連帯債務者の一人甲と債権者との間の訴訟で，甲の提出した相殺の抗弁が採用され，訴求債権の一部消滅を肯定した判決が確定した場合でも，他の債務者乙と債権者との間の訴訟において，上記債権の消滅を認めて判決の基礎とするためには，上記相殺が実体法上有効であることを認定判断することを要し，上記確定判決が存在するからといって右認定判断を省略することはできないとする。

◆3　判決の効力

46　形 成 力

I　形成力について学ぶのはどうしてか

　形成力は，既判力や執行力と並ぶ，確定判決が有する効力である。身分関係訴訟や会社関係訴訟など，民事訴訟において確定判決の形成力が作用する場面は少なくない。私法上の紛争の解決手段である確定判決についての理解を深めるには，形成力の意義，効果等について考察することは不可欠である。

II　形成力について問題となるのはどのような点か

　形成力の意義，効果等を理解するためには，まず，形成の訴えについてあらためて確認しておく必要がある。また，形成の訴えは，通常，確定判決の形成力を広く一般に及ぼす必要のある場合に規定されているものであるが，確定判決の形成力の効果，すなわち，法律関係の変動がいつの時点で生じたものとするかについては，実体法の定めるところによって異なる。さらに，形成力と既判力との関係，確定判決の形成力により変動した法律関係が対世的通用性を有することの理論的根拠等についても争いがある。以下では，これらの事項について順次検討する。

III　形成力について実務はどう取り扱っているか

1．形成の訴えについて

　物品の購入による代金債務の負担やその支払，あるいは，交通事故が起き

たときの損害賠償債務の負担など，私法上の権利関係の発生・変更・消滅は，通常，法律行為やその他の法律要件事実があれば当然に生ずるものであり，権利関係の変動自体を求める訴えをわざわざ提起する必要はない。

　これに対し，裁判上の離婚（民770条），株主総会等の決議の取消しの訴え（会社831条1項），社員総会等の決議の取消しの訴え（一般法人266条1項）など，法律関係の変動について実体法上で一定の法律要件を規定し，その要件に基づく変動が判決によって宣言されたときに，当該法律関係の変動が生ずると規定されることがある（なお，離婚の場合には，当事者間で任意に離婚協議が成立するとか，家庭裁判所の調停手続において離婚の合意に至るなどすれば，訴えを提起することなく離婚が成立することになり，合意の形成に至らない場合の最終手段として離婚訴訟がある。）。

　以上のように，原告の請求が一定の法律要件に基づく特定の権利又は法律関係の変動の主張と，これを宣言する形成判決の要求を内容とする訴えを，形成の訴えという。形成の訴えは，権利関係の変動について判決による宣言を要することによって，権利関係の変動の有無を確定的かつ画一的に定め，その法律関係をめぐる無用の紛争を防止するものであるが，事実上，権利関係の変動自体を困難にするという側面もある（なお，形成の訴えについての詳細については，「**14**　訴えの種類（確認・給付・形成）」の該当個所を参照されたい。）。

2．形成力の意義・効果について

　形成の訴えの訴訟物は，実体法が定める形成原因であり，形成の訴えに対する請求認容判決（形成判決）は，その判決の内容どおりに新たな法律関係が生ずるなど，既存の法律関係に一定の変動を生じさせる効力を生ずる。この効力が形成力である。

　例えば，「原告（甲）と被告（乙）とを離婚する。」との離婚判決により，原告と被告との間の婚姻関係を解消させるのがこれに当たる。当事者としては，それ以前は法律関係の変動を前提とした主張をすることができない。形成力は，給付判決や確認判決にはなく，形成判決に特有の効力である。

　また，形成の訴えの大部分は，実体法上，形成力によって生じた形成の結果を広く一般に通用させる作用（対世効）があると規定されている（例えば，

離婚訴訟についての人事訴訟法24条，株主総会等の決議の取消しの訴えについての会社法838条，社員総会等の決議の取消しの訴えについての一般社団法人及び一般財団法人に関する法律273条等がある。）。したがって，上記の裁判上の離婚の例でみると，甲と乙との間で離婚判決があった場合には，以後，甲と乙との間の婚姻関係の存否を前提問題とする訴訟においては，甲と乙との間であっても，甲又は乙と第三者との間であっても，裁判所は，離婚判決によって甲と乙との間の婚姻関係が解消していることを前提とした判断をしなければならない。このように，形成判決では，判決の効力が第三者にも及ぼされることにより，多数の利害関係人間の法律関係を画一的に処理することが可能となる。

3．法律関係の変動の時期

　形成判決の確定によって生ずる権利関係の変動を将来に向かってのみ生じさせるか，あるいは，過去の一定時期まで遡らせるかは，当該法律関係の安定性の要請と変動の効果を徹底させることの必要性との観点から，立法論・解釈論の選択の問題であり，個々の実体法が定めるところによる。遡及的形成を認めることは，形成判決が確定するまで権利関係の変動は生じないとして変動のないことを前提として営まれた法律関係を形成判決の確定を機会に遡って覆すことになるから，変動の効果を徹底させる必要のある場合に限られる。これに対して，変動自体を画一的に扱うこととすれば足り，それまでの法律関係はむしろそのまま認めてその間の利害関係人の地位の安定を図る方が重要であるような場合には，将来に向かっての形成で足りることとなる。

　例えば，嫡出否認（民775条），認知（民784条），婚姻無効（民742条），株主総会等の決議の取消しの訴え（会社831条）等の確定判決は，権利関係の変動の効果を徹底させる必要があるから，遡及的形成を生ずるものとされる。他方で，離婚（民770条），婚姻取消し（民748条1項），会社設立無効（会社834条1号）等の確定判決は，権利関係の変動自体を画一的に生じさせれば足りるから，形成判決が確定したときから将来に向かってのみ効果を生ずるものとされている。

4．既判力との関係について

　形成判決の機能は形成力にあり，形成訴訟の審判の対象となるべき形成権は，形成判決とともに目的を達成して消滅するから，再度その存否が訴訟で問題となることはないとして，形成判決には既判力なる観念を容れる余地はないとする見解がある。しかし，形成判決によって形成権が消滅した後も，基準時（口頭弁論終結時）における形成原因の存否が確定されていれば，例えば，形成判決が確定した後に，形成原因の不存在を主張して不法行為に基づく損害賠償を求めるようなことを排斥することができるから，形成判決は，形成力だけでなく，既判力をも有するものであると解するのが相当である。

5．対世的通用性の理論的根拠について

　前記のとおり，形成判決の形成力によって生じた結果は，広く一般に通用させる作用（対世効）があるものとされているが，その根拠については，形成判決を1個の形成的処分行為とみて，形成力は国家の処分的意思表示の効力であり，形成判決がこのような処分行為として有効である限り，その意欲した法律関係が発生し，その効果は特に実体法上例外が定められていなければ，何人との関係でも生ずるとする見解や，形成力を実体法が形成判決の存在に結び付けた一種の構成要件的効力であるとする見解があるほか，そもそも，判決の本質は意思表示ではなく判断作用であり，形成力は形成要件の存在が既判力によって確定されることに基づく効果と認めるべきであって，形成の結果は既判力の及ぶ者に対してだけ生ずるものであると解する見解もある。いずれにしても，実体法上，身分関係，会社関係の訴訟をはじめとする大多数の形成判決について，対世効の存在が肯定されているから，この議論の実務への影響は現実的には大きなものではなく，本項目ではその詳細に立ち入ることはしないが，形成力の背景としてこうした議論のあることを承知しておくのは，その意義を理解するうえで大切である。

Ⅳ 形成力について注意しておくのはどのような点か

　前記のとおり，形成力は，形成の訴えに特有の効力であり，身分関係訴訟や会社関係訴訟など，法律関係の安定を図る場合や多くの利害関係人に対して画一的な権利関係の変動を必要とする場合に規定されたものである。そのため，形成の訴えには，出訴する資格を有する者や出訴期間を定めたものもあり（例えば，株主総会等の決議の取消しの訴えでは，出訴する資格を有する者を株主〔議決権のない株主を除く。〕，取締役，監査役，清算人，執行役とし，出訴期間を株主総会等の決議の日から3か月以内としている〔会社法831条1項〕。)，また，法律関係の変動がいつの時点で生ずるものとするかも実体法の規定によって異なるから，形成の訴えを提起するに当たっては，これらの実体法上の要件・解釈を確認する必要があり，注意を要する。

〔齋藤　巖〕

47 ◆3 判決の効力
執 行 力

I 執行力について学ぶのはどうしてか

　民事訴訟の原告にとって，判決において訴訟で主張した自らの私法上の権利の存在が認められることはもとより重要であるが，自らの権利を実現するために訴訟を提起している以上，勝訴判決を受けるだけでなく，実際に当該権利の実現ができなければ，訴訟を提起した最終的な目的を達成することにはならない。例えば，不法行為に基づく損害賠償請求など，金員の支払を求めた訴訟においては，判決主文で自らが求めた金員の全額について支払が命ぜられたとしても，実際に被告からその支払を受けることができないのであれば，勝訴判決も絵に描いた餅になりかねない。債務者（被告）が任意に債務の履行に応ずればそれでよいが，任意の履行がない場合，債権者（原告）は黙っていてはいつまでも権利が実現できないこととなり，現実にもそうした例は少なくないと思われる。しかし，そのような場合でも，我が国では，自力救済は認められていないから，勝訴した原告が実力によって確定判決で認められた権利の実現を図ることは許されるものではなく，国家の執行機関の関与を通じて，自己の権利実現を図っていくこととなる。これが確定判決の執行力の問題である。民事訴訟を学ぶ者にとっては，とかく判決までの手続に目がいきがちであるが，勝訴した原告の最終的な目的は執行の終了により達成されるものであることを考えると，確定判決の執行力についての理解を深めることの実務上の意義は大きなものである。

II 執行力について問題となるのはどのような点か

　執行力には，2つの意義がある。狭義には，債権者（原告）が，国家の執

行機関を通じて，民事執行法が規律する強制執行の方法により，判決において債務者（被告）に命じられた給付義務の内容を実現させる効力をいう。強制執行を発動させる効力をもつ文書を債務名義と呼ぶが（民執22条），確定した給付判決は，債務名義の代表的なものである（同条1号）。狭義の執行力は，終局判決の中でも，給付判決のみが有する。判決が確定したときに執行力をもつに至るが，仮執行の宣言が付されたときには，未確定の判決も執行力を有する（同条2号）。確定判決の執行力の根拠は，確定判決を債務名義とし，これに基づいて強制執行をすることを認めた法律に求めることができる。

狭義の執行力に対し，強制執行手続以外の方法で，広く判決を利用してその内容に適合した状態を実現することができる効力を，広義の執行力という。広義の執行力は，給付判決に限らず，確認判決や形成判決にも認められる。例えば，執行機関に対し，執行の停止を申し立てる場合（民執39条1項・2項），親子関係存否確認判決に基づき戸籍簿の記載の抹消・変更をする場合（戸116条），所有権確認判決によって未登記不動産の保存登記をする場合（不登74条1項2号）などである。広義の執行力は，法律により，一定の裁判があるときに国家権力が一定の取り扱いをすべき旨定めていることに基づくものであり，判決本来の効力に基づくものではない。

以上のとおり，確定判決の執行力は，勝訴判決を受けた当事者の権利を実現するための効力として，実務上の意義は大きなものがある。

確定判決の執行力に基づく強制執行手続全般については，多岐の論点があるが，本項目では，判決の効力としての執行力をテーマとしているから，強制執行手続の個別の論点については民事執行法の文献に譲ることとし，以下では，債務名義の概要，執行力の客観的範囲及び主観的範囲等を取り上げることとする。

Ⅲ　執行力について実務はどう取り扱っているか

1．債務名義の概要

前記のとおり，執行力を有する証書一般を債務名義といい，これは民事執行法22条に列挙されている。どのような文書を債務名義とするかは，立法者の政策的考慮による。債務名義の作成機関と執行機関とは制度的に分離されており，執行機関は，提出された債務名義に基づき迅速に強制執行を実施すべく，執行債権の存否について実質的な調査・判定を要しない。すなわち，債務名義が作成されてもそこに表示されている給付請求権は，その後に変更・消滅する可能性はあるが，いったん債務名義が作成された以上，執行機関は実体関係の変動を顧慮することなく執行を開始すれば足り，他方，執行の排除を求める側において債務名義成立後の権利変動を理由とする異議を主張しない限り，執行は排除されないという手続構造が構築されることによって，執行の迅速性が確保される。

　また，債務名義の執行力の存在及び範囲を公証する文書を執行文といい，債務名義の正本の末尾に，債権者が債務者に対しその債務名義により強制執行をすることができる旨を付記する方法で付与される。執行証書以外の債務名義については，事件記録の存する裁判所の書記官が，執行証書については原本を保存する公証人が付与するものであり（民執26条1項）。この点も，執行機関を実体関係の調査・判定から解放することによって，執行の迅速・効率化を図ろうとするものである。

2．執行力を有する判決

　前記のとおり，確定判決に執行力が生ずるのは，給付判決だけであるが，給付判決であっても，命じられた給付義務が性質上強制執行の許されないものであるときは，執行力がないとされる。→【判例①】参照

3．執行力の客観的範囲

　執行力の客観的範囲は，債務名義に表示された給付請求権の内容と一致する。したがって，執行機関は，債務名義の記載自体について通常の解釈に従ってその内容を理解し，請求権の範囲を確定することになる。解釈の資料は，債務名義及び執行文に限られ，原則として，それ以外の資料（例えば，訴訟記録中の主張書面や証拠，当事者の説明等）に基づくことはできない。債務名

義の機能は，執行手続を債務名義作成手続から分離し，執行機関をして実体上の給付義務の存否，内容を調査することなく執行を実施させることにあり，債務名義の解釈のために債務名義の記載以外の事実や証拠の収集を要するというのでは，執行要件として債務名義を要求した趣旨が没却される結果となるからである。基本的には，文理に従って解釈することになるが，個々の文字に拘泥することなく，執行正本の全体の記載に照らして，合理的に解釈することが必要である。確定判決に関しては，訴訟物が特定されているから，主文と理由を併せ読むことにより理解が容易なことが多い。

4．執行力の主観的範囲

(1) 意　義

　執行力の主観的範囲は，強制執行を行い又はその相手方となる者の範囲の問題である。これも債務名義の表示が基本となって定まる。民事執行法は，執行証書以外の債務名義については，その主観的範囲は，①債務名義に表示された当事者（民執23条1項1号），②債務名義に表示された当事者が他人のために当事者になった場合のその他人（同項2号），③上記①及び②の者の債務名義成立後（確定判決の場合は口頭弁論終結後）の承継人（同項3号），④上記①ないし③の者のために請求の目的物を所持する者（同条3項）とする。

(2) 承継執行文

　前記のとおり，確定判決を債務名義とした場合には，執行文の付与を必要とする。債務名義に表示された当事者以外の者を債権者又は債務者とする執行文は，承継執行文と呼ばれ，その者に対し，又はその者のために強制執行することができることが執行文付与機関（裁判所書記官）に明白であるとき，又は債権者がそのことを証明する文書を提出したときに限り，付与することができる（民執27条2項）。承継執行文の付与を求める債権者がその根拠条文に規定されている要件の存在を証明することができる文書を提出できない場合，債権者は，債務者を被告として，執行文付与の訴えを提起し，付与要件の存在を主張・立証することになる（民執33条）。

　反対に，承継執行文が付与された場合には，それに異議のある債務者は，

その執行文の付された債務名義に基づく強制執行の不許を求めるため，執行文付与に対する異議の訴えを提起することができる（民執34条）。なお，執行文付与に対する異議の訴えにおいて，被告が債務名義に表示された実体法上の請求権の不存在等の請求異議の事由を抗弁して主張することができるかについては争いがあるが，この訴訟における審理の対象は，付与要件の存否のみに限られること，他方で，請求異議の事由を主張するには訴えの方法によるべきであり，数個の異議事由は同時に主張しなければならないとされていること（民執35条3項・34条2項）からすると，債務者がこれを抗弁として主張することは許されないというべきである。→【判例②】参照

(3) 口頭弁論終結後の承継人の固有の抗弁

　口頭弁論終結後の承継人に固有の抗弁（虚偽表示の善意の第三者，動産の即時取得等）がある場合，執行文付与の段階では，承継人に固有の抗弁事実は審査の範囲に属さず，固有の抗弁事実は執行文付与に対する異議の訴え（民執34条，論者によっては同法35条の請求異議の訴え）によって主張すべきという見解と，執行付与機関が承継執行文を付与し得るためには，承継人に対する請求権の存在が少なくとも蓋然的に推認されることを要し，その限度で固有の抗弁を基礎づける事実の存否も審査の対象に含まれ，承継執行文の付与が得られない場合には，執行文付与の訴え（民執33条）を提起すべきという見解がある。なお，既判力の拡張が第三者も当事者間の確定判決の主文に包含された判断を争うことができないことを意味するものであるのに対し，執行力の拡張は，訴訟当事者間でなされた確定判決に基づき第三者に対する，又は第三者のための給付請求権を，実際に強制執行によって実現し得ることを意味するものであるから，既判力の拡張については形式説に立っても，執行力の拡張の場面では後者の見解を採用する論者もいる。

　裁判例には，前訴（真正な登記名義回復のための土地所有権移転登記手続請求訴訟）において，登記原因たる行為が虚偽表示であったと認定された場合，前訴被告からの譲受人が善意であれば，前訴原告は通謀虚偽表示による無効を譲受人に対抗することができず，このことは前訴確定判決の存在によっても左右されないとし，譲受人は前訴被告の前訴原告に対する所有権移転登記義

務を承継するものではないから，譲受人に対して承継執行文の付与を得て執行することは許されず，前訴原告が承継執行文の付与を得て登記を経由したことは違法であり，同登記は無効であるとしたものがある。これは，承継者の固有の攻撃防御方法の存否が執行文付与機関の審査の対象となることを前提とした判断であると位置付けることができる。→【判例③】参照

(4) 法人格否認の法理

確定判決の執行力に関しては，法人格否認の法理との関係も問題となるが，この問題については，「45 既判力」の既判力の主観的範囲に関する記述を参照されたい。

Ⅳ 執行力について注意しておくのはどのような点か

確定判決で認容された権利を絵に描いた餅に終わらせないためには，執行手続の詳細を知ること，とりわけ実務での取扱いに習熟することは不可欠である。執行手続は全国の裁判所でおおむね統一的な運用が行われており，知識が増えればそれだけ代理人としての武器が増えることとなる。また，最高裁の判決により実務の取扱いが影響を受けることもあるから，最高裁判例の動向にも怠りなく注意を払う必要がある。

〔齋藤　巖〕

参照判例

【判例①】
　　最大判昭31・7・4民集10巻7号785頁は，新聞紙に謝罪広告を掲載することを命ずる判決は，その広告の内容が，単に事態の真相を告白し陳謝の意を表明する程度のものにあっては，代替執行をなし得るとする。

【判例②】
　　最一小判昭52・11・24民集31巻6号943頁は，執行文付与の訴えにおいて，請求に関する異議の事由を抗弁として主張することは，許されないとする。

【判例③】
　　最一小判昭48・6・21民集27巻6号712頁は，通謀による虚偽の登記名義を真正なものに回復するための所有権移転登記手続請求訴訟における被告敗訴の確定判決は，口頭弁論終結後被告から善意で当該不動産を譲り受けた第三者に対してその効力を有しないとする。

第 4 章

上　訴

- ◆1　上訴の利益
- ◆2　上訴の効力
- ◆3　執行停止

48 上訴権者

◆1　上訴の利益

I　上訴権者について学ぶのはどうしてか

　上訴とは，自己に不利な裁判を受けた当事者が，裁判が確定する前に，自己に不利な裁判を取り消し，自己に有利な裁判に変更することを上級裁判所に対して求める不服申立てである。上訴には，控訴，上告，抗告及び再抗告の4種類があり，控訴及び上告は，終局判決に対する上訴であり，抗告及び再抗告は決定及び命令に対する上訴であるが，以下では，控訴及び上告について取り上げる。

　上訴の提起があると，判決の確定が遮断され，事件は上級裁判所に移り，更に審理・裁判されることになる（上訴の確定遮断効，移審効）が，自己に不利な内容の判決といっても，その内容は様々であり，自己に不利な内容の判決を受けた場合に常に上訴をすることが許されているわけではない。原判決に不服を有する当事者が，その不服につき上級審における審判を求める権利を上訴権というが，以下では，誰がどのような判決を受けた場合に原判決に対する上訴権を有するかについて考察することとする。

II　上訴権者について問題となるのはどのような点か

1．上訴当事者適格

　原判決に対して上訴をすることができるのは，原則として原審の当事者及び補助参加人である（補助参加人につき民事訴訟法45条1項参照）。

2．上訴における不服（上訴の利益）

上訴をするためには，原判決に対する不服（上訴の利益）を有していることが必要である。この原判決に対する不服とは，原則として，判決の主文に関するものであることが必要である。なぜなら，判決主文には既判力が生ずるため（民訴114条1項），判決主文において敗訴した当事者は，その判断に既判力が生ずることを妨げるために上訴をすることが必要であるが，判決理由中の判断には原則として既判力が生じないため，判決主文において勝訴していれば，その理由中の判断に不服があったとしてもその判決を上訴により取り消す必要がないと考えられるからである。→【判決①】参照

　訴訟費用の負担の裁判は，本案の裁判に付随してされるものであるから，訴訟費用の裁判に対して独立して上訴をすることはできない（民訴282条・313条）。

3．上訴における不服（上訴の利益）の有無の判断基準

　原判決に対する不服の有無は，原審における当事者の申立てと比較して，既判力をもち得る判決の内容が上訴権者の申立てに達しているか否かにより判断される。原判決が原審における当事者の申立てに達していない場合には，その当事者は不服（上訴の利益）を有することになる（形式的不服説）。したがって，原則として，①全部認容判決に対しては，被告のみが上訴をすることができ，②全部棄却判決に対しては，原告のみが上訴をすることができ，③一部認容判決に対しては，原告及び被告の双方が上訴をすることができ，④主位的請求を棄却し，予備的請求を認容する判決に対しては，原告は主位的請求を棄却した部分について，被告は，予備的請求を認容した部分について，それぞれ不服を主張して上訴をすることができる。

Ⅲ　上訴権者について実務はどう取り扱っているか

1．上訴当事者適格

　補助参加人の訴訟行為は，被参加人の訴訟行為と抵触する場合にはその効力を有しない（民訴45条2項）が，そうでない限り，被参加人の意思にかかわ

らず，被参加人のために上訴をすることができる。したがって，補助参加人は，被参加人が有効な不上訴の合意又は上訴権の放棄をしていない限り，被参加人のために上訴をすることができる。→【判例②】参照

2．上訴における不服（上訴の利益）

判決理由中の判断であっても，例外的に不服の利益が認められるものがある。

相殺の抗弁に関する判断には既判力が生ずるとされているため（民訴114条2項），被告が予備的に相殺の抗弁を主張してそれが認められたために判決主文において勝訴したとしても，例外的に上訴をすることが認められている。

控訴審で勝訴した者が，理由中の判断に不服があるとして上告したとしても，理由中の判断には既判力を生じないから上告をすることは許されないが，差戻し判決の理由中の判断には下級審を拘束する効力が生ずるため，控訴審で勝訴して第1審判決を取り消して事件を第1審へ差し戻す判決を得た者も，その理由中の判断に不服があるときは上告をすることができる。→【判例③】参照

3．上訴における不服（上訴の利益）の有無の判断基準

(1) 給付訴訟について

訴え却下の訴訟判決に対しては，原告に上訴の利益が認められることはもちろんであるが，被告が請求棄却の答弁をしたにもかかわらず，原判決が訴え却下判決である場合には，原審における被告の申立てと原判決を比較すると，既判力をもち得る判決の内容が被告の申立てに達していないから（被告にとっては，訴え却下判決よりも請求棄却判決の方が既判力の点で有利である。），被告は，本案請求の当否について判断を求めるため，控訴の利益を有する。→【判例④】参照

第1審で全部勝訴した当事者による控訴は，本来であれば控訴の利益がないものとして控訴を不適法却下すべきであるが，控訴審が誤って控訴棄却の判断をしたとしても，それにより控訴した者は何の不利益も受けないから上

告をすることはできない。→【判例⑤】参照

なお，原告が金銭債権の一部請求をする場合，一部請求であることが明示されていれば，後に残部請求をすることは許されるが，金銭債権の黙示の一部請求をしている場合には，原判決が全部勝訴判決であったとしても，後に別訴を提起して残部請求をすることはできないため，控訴審において請求を拡張するため，全部勝訴判決を受けた原告には控訴の利益が認められるとする裁判例がある。→【判例⑥】参照

(2) 形式的形成訴訟について

境界確定訴訟は，いわゆる形式的形成訴訟であり，裁判所は，当事者の主張に拘束されずに境界を定めることができることとされているが，当事者が主張する境界よりも不利益に境界を定める判決がされた場合には，控訴の利益が認められる。→【判例⑦】参照

Ⅳ 上訴権者について注意しておくのはどのような点か

原判決の当事者であっても，上訴の利益を有していない場合には上訴権者とはならないことに留意する必要がある。また，補助参加人の上訴申立期間は，被参加人の上訴申立期間に限られるため，補助参加人のする上訴については，上訴申立期間を徒過しないよう注意することが必要である。→【判例⑧⑨】参照

〔日 暮 直 子〕

参照判例

【判例①】
　　最三小判昭31・4・3民集10巻4号297頁は，不動産は譲渡担保に供せられたものであるから，被担保債権がまだ消滅していない以上，登記も被

告たる担保権者の名義のままでよいという理由で，原告の所有権移転登記請求を排斥する判決に対しては，同不動産は譲渡担保に供せられたものでなく，被告が原告から単純に買い受けたものであるのに，これを理由とせずに判決したことは不当であるとして，被告が上告をすることは許されないとする。

【判例②】

最三小判昭46・6・29判時639号78頁は，補助参加人のした控訴が被参加人の意思に反するものであったとしても，控訴の提起前に，被参加人が控訴権の放棄又は不控訴の合意をしたなどの事由が認められない限り，補助参加人のした控訴は被参加人の訴訟行為に抵触するものとはいえず無効とはならないとする。

【判例③】

最一小判昭45・1・22民集24巻1号1頁は，控訴審において第1審判決を取り消し，事件を第1審に差し戻す旨の判決があった場合に，差戻しを受けた第1審は，裁判所法4条の定めるところにより，同判決の取消しの理由となった法律上及び事実上の判断に拘束されるから，同条所定の拘束力が生ずる取消しの理由となった控訴審判決の判断に不服のある控訴人は，同判決に対して上告をする利益を有するとする。

【判例④】

最二小判昭40・3・19民集19巻2号484頁は，第1審裁判所が訴えの利益がないとして原告の請求を排斥した場合には，請求棄却の判決を求めた被告は，本案請求の当否について判断を求めるため，控訴の利益を有するとする。

【判例⑤】

最二小判昭32・11・1民集11巻12号1832頁は，第1審において上告人に対する全部勝訴の判決があるため，上告人は控訴の利益を有さないから，本来であれば控訴を不適法却下すべきところ控訴を棄却した原判決は違法であるが，上告人は控訴棄却の判決により何ら不利益を受けるものではないから上告の利益を有しないとする。

【判例⑥】

名古屋高金沢支判平元・1・30判時1308号125頁は，一部請求であることを明示せずにされた金銭債権の一部請求訴訟の第1審で全部勝訴した原

告は，別訴を提起して残部請求をすることが許されないから，控訴審において請求を拡張するために控訴の利益を認めるのが相当とする。

【判例⑦】
　　最三小判昭38・10・15民集17巻9号1220頁は，自己に不利な境界を定められた原告がした控訴を適法なものとする。

【判例⑧】
　　最二小判昭37・1・19民集16巻1号106頁は，補助参加人は，補助参加の性質上，当該訴訟状態に照らし被参加人のなし得ないような行為はもはやできないから，被参加人のために定められた控訴申立期間内に限って控訴することができるとする。

【判例⑨】
　　最二小判昭25・9・8民集4巻9号359頁は，前掲【判例⑧】最二小判昭37・1・19と同様の理由により，補助参加人は，被参加人の上告申立期間内に限って上告することができるとする。

◆2 上訴の効力

49 上訴不可分の原則

I 上訴不可分の原則について学ぶのはどうしてか

1. 上訴の意義と効力

　上訴とは，裁判の確定前に，その裁判を，当該訴訟の手続において，自己に有利に取り消し又は変更することを上級裁判所に求める申立てである。ある事件についてされた裁判に対し上訴が提起されると，当該裁判の確定は遮断され（確定遮断の効力）（民訴116条2項），当該事件は原審への係属を離脱し上訴審に係属する（移審の効力）。判決の確定が遮断されると，確定判決の効力である既判力，形成力や執行力が生じない（民訴114条1項，民執22条1号参照）（ただし，判決に仮執行宣言が付されている場合には執行力は生ずる〔民執22条2号〕）。このように，上訴（控訴，上告）には，確定遮断及び移審の効力がある。

2. 上訴の効力と上訴審の審判の対象との関係

　控訴裁判所は，当事者が第1審判決の変更を求める限度においてのみ口頭弁論をし（民訴296条1項），第1審判決の取消し及び変更は，不服申立ての限度においてのみすることができる（民訴304条）。上告裁判所は，上告の理由に基づき，不服の申立てがあった限度においてのみ調査をし（民訴320条），控訴審判決の破棄及び変更は，不服申立ての限度においてのみすることができる（民訴313条・304条）。これらの定めによれば，上訴審の審判の対象は当事者の不服申立ての範囲に限られるものと解されるところ，控訴審において，被控訴人は，自らの控訴権が消滅した後であっても，口頭弁論の終結に至るまでは，附帯控訴をすることができ（民訴293条1項），控訴人も，口頭弁論の終結に至るまで，控訴の趣旨を変更（拡張）することができる。また，

控訴審においても，相手方の同意があれば反訴を提起することができる（民訴300条1項）。上告審において，被上告人は，自らの上告権が消滅した後であっても，附帯上告をすることができる（民訴313条・293条1項）。このように，控訴審の審判の対象は附帯控訴，控訴の趣旨の変更（拡張）及び反訴の提起により，上告審の審判の対象は附帯上告により，それぞれ拡張され得るものであるが，その拡張は当該審級に現に係属している事件の範囲内でのみ許されるというべきであるから，上訴による確定遮断及び移審の効力が生ずる範囲は上訴審における審判の対象の拡張の外延を画するものであるということができる。

また，上記のとおり，上訴審の審判の対象は当事者の不服申立ての範囲に限られるものと解されるが，専属管轄の有無，訴えの対象適格の有無，当事者適格の有無，訴えの利益の有無，出訴期間遵守の有無等の職権調査事項については，これらの事項は当事者の処分権に服さないため，裁判所は，当事者の不服申立ての限度を超えて調査をし，審判の対象とすることができる（上告審について民訴322条）ところ，その調査は当該審級に現に係属している事件の範囲内でのみ許されるというべきであるから，上訴による確定遮断及び移審の効力が生ずる範囲は上訴審における職権調査事項の調査が許される範囲を画するものであるということもできる。

3．上訴不可分の原則について学ぶ理由

上訴による確定遮断及び移審の効力が生ずる範囲については，一般に上訴不可分の原則が妥当するとされている。そして，上訴による確定遮断及び移審の効力が生ずる範囲に上記機能があることからすれば，上訴不可分の原則について学ぶことは，上訴審における審判の対象の拡張が許される範囲及び職権調査事項の調査が許される範囲について学ぶことでもあるということができる。

Ⅱ 上訴不可分の原則について問題となるのは
どのような点か

1．上訴不可分の原則の意義

　上訴の効力すなわち確定遮断及び移審の効力は，当該上訴が提起された判決の全部について不可分に生じ，上訴人の不服申立ての範囲に限定されない。このことを一般に「上訴不可分の原則」という。

2．判決の個数

　上訴不可分の原則がこのようなものであることによれば，確定遮断及び移審の効力が生ずる範囲は，具体的には，当該判決のどこからどこまでを「一個の判決」とみるかによって決定されることとなるところ，原告1名が被告1名に対し実体法上1個の請求権を訴訟物として提起した給付の訴えに対する判決については，これが全体として一個の判決であることには疑問の余地がないが，数人が共同訴訟人として訴え又は訴えられる共同訴訟（民訴38条）の場合や，数個の請求を一の訴えでする請求の併合（民訴136条）の場合には，当該判決が全体として一個の判決であるのか，それとも数個の判決であるのかは，必ずしも自明ではない。

3．上訴不可分の原則について問題となる点

　このようにして，上訴不可分の原則については，上訴による確定遮断及び移審の効力が生ずる範囲の単位となる判決の個数が問題となる。そこで，以下では，まず，各種併合形態ごとに，上訴不可分の原則を具体的な事例に適用した場合の帰結について実務はどう取り扱っているかをみたうえで，判決の個数について考えることとする。なお，上訴による確定遮断及び移審の効力が生じたものの中で上訴審の審判の対象となるのは何であるかという点については，「50　不利益変更禁止の原則」の項目で詳しく検討されるが，本項目においても必要に応じ簡単に付記しておく。

III 上訴不可分の原則について実務は
どう取り扱っているか

1. 原告1名が被告1名に対し実体法上1個の請求権を訴訟物として提起した給付の訴えの場合

　原告から被告に対する甲請求（150万円の貸金請求）についてされた全部認容判決に対し，被告から100万円についてのみ上訴が提起された場合であっても，上訴による確定遮断及び移審の効力は150万円の甲請求全部について生ずる。また，上記請求についてされた100万円の一部認容判決に対し，原告から50万円の敗訴部分について上訴が提起された場合であっても，上訴による確定遮断及び移審の効力は150万円の甲請求全部について生ずる。その中で上訴審の具体的な審判の対象は上訴人の不服申立ての限度内のものとなる。

2. 原告1名が被告1名に対し実体法上複数の請求権を訴訟物として提起した給付の訴えの場合（請求の併合の場合）

(1)　単純併合の場合

　原告から被告に対する甲請求及び乙請求（単純併合）についてされた判決に対し，甲請求についてのみ上訴が提起された場合であっても，上訴による確定遮断及び移審の効力は甲請求及び乙請求の両方について生ずる。その中で上訴審の具体的な審判の対象は甲請求のみとなる。

(2)　予備的併合の場合

　(a)　主位的請求認容の場合

　原告から被告に対する甲請求及び乙請求（予備的併合）についてされた甲請求（主位的請求）を認容する判決に対し，被告から上訴が提起された場合，上訴による確定遮断及び移審の効力は甲請求（主位的請求）及び乙請求（予備的請求）の両方について生ずる。その中で上訴審の具体的な審判の対象は甲請

求（主位的請求）及び乙請求（予備的請求）の両方となる（ただし，乙請求は，甲請求が棄却すべきものとされる場合に初めて現実の審判の対象となる。）。→【判例①】参照

(b) **主位的請求棄却・予備的請求認容の場合**

原告から被告に対する甲請求及び乙請求（予備的併合）についてされた甲請求（主位的請求）を棄却し乙請求（予備的請求）を認容する判決に対し，原告及び被告の双方から上訴が提起された場合はもちろん，原告又は被告の一方のみから上訴が提起された場合も，上訴による確定遮断及び移審の効力は甲請求（主位的請求）及び乙請求（予備的請求）の両方について生ずる。その中で上訴審の具体的な審判の対象は，原告及び被告の双方から上訴が提起された場合並びに原告のみから上訴が提起された場合には甲請求（主位的請求）及び乙請求（予備的請求）の両方となり（ただし，乙請求は，甲請求が棄却すべきものとされる場合に初めて現実の審判の対象となる。），被告のみから上訴が提起された場合には原告が附帯控訴をしない限り乙請求（予備的請求）のみとなる。→【判例②】参照

(c) **主位的請求棄却・予備的請求棄却の場合**

原告から被告に対する甲請求及び乙請求（予備的併合）についてされた甲請求（主位的請求）及び乙請求（予備的請求）をいずれも棄却する判決に対し，原告から上訴が提起された場合，上訴による確定遮断及び移審の効力は甲請求（主位的請求）及び乙請求（予備的請求）の両方について生ずる。その中で上訴審の具体的な審判の対象は，甲請求（主位的請求）及び乙請求（予備的請求）の両方となる（ただし，乙請求は，甲請求が棄却すべきものとされる場合に初めて現実の審判の対象となる。）が，原告が甲請求（主位的請求）についてのみ又は乙請求（予備的請求）についてのみ不服申立てをした場合には甲請求（主位的請求）のみ又は乙請求（予備的請求）のみとなる。

(3) **選択的併合の場合**

(a) **請求認容の場合**

原告から被告に対する甲請求及び乙請求（選択的併合）についてされた甲請求を認容する判決に対し，被告から上訴が提起された場合，上訴による確定

遮断及び移審の効力は甲請求及び乙請求の両方について生ずる。その中で上訴審の具体的な審判の対象は甲請求及び乙請求の両方となる（ただし，各請求は，他の請求が認容されることを解除条件として審判の対象となっている。）。

(b) 請求棄却の場合

原告から被告に対する甲請求及び乙請求（選択的併合）についてされた甲請求及び乙請求をいずれも棄却する判決に対し，原告から上訴が提起された場合，上訴による確定遮断及び移審の効力は甲請求及び乙請求の両方について生ずる。その中で上訴審の具体的な審判の対象は，原告が全部について不服申立てをした場合には甲請求及び乙請求の両方となる（ただし，各請求は，他の請求が認容されることを解除条件として審判の対象となっている。）が，原告が例えば甲請求についてのみ不服申立てをした場合には甲請求のみとなる。

(4) 本訴請求と反訴請求の場合

原告から被告に対する甲請求（本訴請求）及び被告から原告に対する乙請求（反訴請求）についてされた判決に対し，甲請求（本訴請求）についてのみ又は乙請求（反訴請求）についてのみ上訴が提起された場合，上訴による確定遮断及び移審の効力は甲請求（本訴請求）及び乙請求（反訴請求）の両方について生ずる。その中で上訴審の具体的な審判の対象は甲請求（本訴請求）のみ又は乙請求（反訴請求）のみとなる。

3．共同訴訟の場合

(1) 通常共同訴訟の場合

通常共同訴訟の共同訴訟人の一人から又は共同訴訟人の一人に対して上訴が提起された場合，通常共同訴訟の共同訴訟人の一人の訴訟行為及び共同訴訟人の一人に対する相手方の訴訟行為は他の共同訴訟人に影響を及ぼさない（共同訴訟人独立の原則）（民訴39条）から，上訴による確定遮断及び移審の効力は当該共同訴訟人との間の請求についてのみ生じ，当該共同訴訟人との間の請求以外の請求については生じない。

(2) 必要的共同訴訟の場合

(a) 合一確定の必要と上訴の効力

訴訟の目的が共同訴訟人の全員について合一にのみ確定すべきときである必要的共同訴訟の共同訴訟人の一人から又は共同訴訟人の一人に対して上訴が提起された場合，必要的共同訴訟の共同訴訟人の一人の訴訟行為は全員の利益においてその効力を生じ，その共同訴訟人の一人に対する相手方の訴訟行為は全員に対してその効力を生ずる（民訴40条1項・2項）から，上訴による確定遮断及び移審の効力はその共同訴訟人との間の請求のすべてについて生ずる。→【判例③】参照

(b) 類似必要的共同訴訟の場合

類似必要的共同訴訟も，訴訟の目的が共同訴訟人の全員について合一にのみ確定すべきものであり，その共同訴訟人の一人の訴訟行為は全員の利益においてその効力を生じ，その共同訴訟人の一人に対する相手方の訴訟行為は全員に対してその効力を生ずるから，上訴による確定遮断及び移審の効力はその共同訴訟人との間の請求のすべてについて生ずる。→【判例④】参照

なお，類似必要的共同訴訟の中でも，複数の住民が提起した住民訴訟や，複数の株主が追行する株主代表訴訟については，各訴訟制度の性質上，自ら上訴をしなかった共同訴訟人は上訴人とはならないものと解される。→【判例⑤⑥】参照

(3) 独立当事者参加の場合

訴訟の結果によって権利が害されることを主張する第三者又は訴訟の目的の全部若しくは一部が自己の権利であることを主張する第三者が，その訴訟の当事者の双方又は一方を相手方として，当事者としてその訴訟に参加する独立当事者参加の場合にも，合一確定が必要とされる（民訴47条4項・40条1項・2項）ため，敗訴の当事者から上訴が提起されると，上訴による確定遮断及び移審の効力は原告，被告及び参加人の間の請求のすべてについて生じ，上訴の申立人とならず，その相手方ともされなかった者は被上訴人たる地位を取得する。→【判例⑦～⑨】参照

Ⅳ　上訴不可分の原則について注意しておくのは どのような点か

　以上にみてきたところによれば，数個の請求を一の訴えでする請求の併合の場合については，その形態（単純併合，予備的併合，選択的併合）に関わりなく，判決は全体として一個であると解されており，本訴請求と反訴請求の場合についても，これらに対する判決は一個のものと解されている。また，数人が共同訴訟人として訴え又は訴えられる共同訴訟の場合のうち，通常共同訴訟については，共同訴訟人独立の原則により，判決は各当事者ごとに別個であると解されているが，必要的共同訴訟については，合一確定の必要から，判決は全体として一個であると解されており，このことは，独立当事者参加についても異ならないということができる。そして，類似必要的共同訴訟の中には，自ら上訴をしなかった共同訴訟人は上訴人とはならないものがあり，独立当事者参加において，上訴の申立人とならず，その相手方ともされなかった者は被上訴人たる地位を取得することには，注意が必要であるし，その他，上訴不可分の原則があることから，控訴の取下げ及び上告の取下げは全部取下げに限りその効力を有し（ただし，通常共同訴訟の場合には，共同訴訟人独立の原則により，控訴又は上告の主観的な一部取下げもその効力を有する。），控訴又は上告の一部取下げは不服申立ての範囲を減縮する趣旨であると解すべきことにも，注意が必要である。

〔内　野　俊　夫〕

参照判例

【判例①】
　最三小判昭33・10・14民集12巻14号3091頁は，予備的併合の場合，第1審裁判所が主位的請求を認容したのみで予備的請求についての判断をしな

かったときであっても，控訴審裁判所において，主位的請求を排斥したうえ，予備的請求について判断をすることができるとする。

【判例②】
　大阪高判昭40・6・22下民集16巻6号1099頁は，原告（被控訴人）は，被告（控訴人）に対し，主位的請求として不当利得返還請求をし，予備的請求として特約に基づく保険金の返還請求をしているところ，原審は，主位的請求を棄却し予備的請求を認容する判決をし，この判決に対し，被告（のみ）が控訴したのであるが，この場合，主位的請求については，全部敗訴の原告が附帯控訴をしない限り，控訴審に移審していても，控訴裁判所としては，不利益変更の原則から，これを認容する判決をすることができないとする。

【判例③】
　最三小判昭38・3・12民集17巻2号310頁は，必要的共同訴訟の共同訴訟人の一人であるY_1は，自らの申し立てた控訴は控訴期間徒過の理由で却下されたが，他の共同訴訟人であるY_2の控訴の効果により，控訴人たる地位を有するものであるとする。

【判例④】
　最二小判昭58・4・1民集37巻3号201頁は，本件訴訟のように普通地方公共団体の数人の住民が当該地方公共団体に代位して提起する地方自治法242条の2第1項4号（当時）所定の訴訟は，その一人に対する判決が確定すると，同判決の効力は当該地方公共団体に及び，他の者もこれに反する主張をすることができなくなるという関係にあるのであるから，「訴訟の目的が共同訴訟人の全員について合一にのみ確定すべき場合」に当たるものと解するのが相当であり，そうすると，本件訴訟を提起した15名の第1審原告らのうち本件上告人ら5名がした第1審判決に対する控訴は，その余の第1審原告らに対しても効力を生じたものであるとする。

【判例⑤】
　最大判平9・4・2民集51巻4号1673頁は，共同訴訟人である複数の住民の一部の者が上訴すれば，原判決の確定が妨げられ，当該訴訟は全体として上訴審に移審し，上訴審の判決の効力は上訴をしなかった共同訴訟人にも及ぶものと解されるが，合一確定のためには上記の限度で上訴が効力を生ずれば足りるものであるうえ，普通地方公共団体の財務行政の適正な運営を確保し住民全体の利益を守るために当該普通地方公共団体の住民に

対しいわば公益の代表者として訴えを提起する権能を与えたという住民訴訟の性質にかんがみると，公益の代表者となる意思を失った者に対しその意思に反してまで上訴人の地位に就き続けることを求めることは相当でないから，自ら上訴をしなかった共同訴訟人は上訴人とはならないものと解すべきであるとする。

【判例⑥】
　　最二小判平12・7・7民集54巻6号1767頁は，複数の株主が追行する株主代表訴訟について，【判例⑤】と同様に解している。

【判例⑦】
　　最一小判昭36・3・16民集15巻3号524頁は，独立当事者参加の被告（控訴人）である上告人の参加人に対する上告の申立ては原告（被控訴人）のためにも効力を生じ，同人は被上告人たる地位を取得したものと解すべきであるとする。

【判例⑧】
　　最二小判昭43・4・12民集22巻4号877頁は，独立当事者参加に基づく訴訟関係にあっては，参加人のした控訴，上告はその相手方とされなかった被告に対しても効力を生じ，被告は控訴審，上告審における訴訟当事者となり，本件訴訟は原告，被告及び参加人について全体として控訴審，上告審に移審して審理の対象となっているものと解すべきであるとする。

【判例⑨】
　　最一小判昭50・3・13民集29巻3号233頁は，独立当事者参加のされた訴訟においては，原告，被告及び参加人の三者間にそれぞれ対立関係が生じ，かつ，その一人の上訴により全当事者について移審の効果が生ずるものであるところ，このような三当事者間の訴訟において，そのうちの一当事者が他の二当事者のうちの一当事者のみを相手方として上訴した場合には，この上訴の提起は残る一当事者に対しても効力を生じ，この当事者は被上告人としての地位に立つものと解するのを相当とするとする。

50 不利益変更禁止の原則

◆2 上訴の効力

I 不利益変更禁止の原則について学ぶのはどうしてか

　原告が200万円の貸金返還請求をしたのに対して100万円の支払を命ずる一部認容一部棄却の判決がされた場合，①原告のみが控訴をしたところ，控訴審の審理の結果，貸金債権の存在は認められないとの判断に至ったとき，裁判所はどのような判断をすべきか。逆に，②被告のみが控訴をしたところ，控訴審では200万円全額の貸金債権の存在が認められるという判断に至ったときはどうか。

　民事訴訟法304条は，「第1審判決の取消し及び変更は，不服申立ての限度においてのみ，これをすることができる。」と定めており，上記のような場合につき，控訴審は第1審判決を控訴人の不利益に変更することはできないという不利益変更禁止の原則を定めたものと解される。したがって，控訴審裁判所は，他方当事者からの控訴又は附帯控訴がない以上，上記の①の場合，第1審判決を取り消して請求全部を棄却する判決をすることはできず，②の場合，第1審判決を取り消して請求全部を認容する判決をすることはできず，いずれの場合も，控訴棄却の判決をするにとどめるしかない。このような不利益変更禁止の原則により，控訴人は，第1審判決よりも不利益な控訴審判決を受けることはないため，安んじて控訴をすることができる。不利益変更禁止の原則は，控訴等の上訴に関して重要な原則であり，訴訟代理人，裁判所は，常に念頭に置くべきものであるから（代理人としては，相手方が控訴した場合に，自らの依頼者側としてもより有利な裁判を求めて控訴又は附帯控訴をしておかなければ，有利な判断がされても，原判決よりも有利な判決を得ることはできないことを説明する必要がある。），その適用場面，不利益か否かの基準等について正

確な理解をしておく必要がある。

　なお、民事訴訟法304条は、例えば、上記の例において、原告が、少なくとも150万円の債権はあるはずであるとして、棄却された100万円のうち50万円の部分についてのみ不服を申し立てて控訴をしたところ、控訴審が200万円全額の債権の存在が認められるという判断に至ったとしても、200万円全額を認容する判決（第1審判決の原告敗訴部分である100万円を棄却した部分を全部取り消して100万円を第1審判決に加えて認容する判決）をすることはできず、原告の請求を150万円の限度で認容する判決（第1審判決の原告敗訴部分のうち50万円の部分を取り消して第1審判決に加えて50万円を認容する判決）をするしかないという利益変更禁止の原則をも定めているが、本項目では不利益変更禁止の原則のみを取りあげることとし、不利益変更禁止の原則は上告や抗告についても当てはまるが、ここでは控訴を念頭に論述することとする。

II　不利益変更禁止の原則について問題となるのはどのような点か

　控訴審における口頭弁論は、当事者が第1審判決の変更を求める限度においてのみ行われ（民訴296条1項）、第1審判決の取消し及び変更は、不服申立ての限度においてのみこれをすることができる（民訴304条1項）。このように控訴審の審判の対象を控訴人の不服申立ての範囲に限定するのは、処分権主義に由来するもの又は共通の趣旨（同一の精神）によるものと解される。そのため、不利益変更禁止の原則の適用範囲については、このことに由来する例外がある。また、この原則の具体的な適用に当たって実務上問題となるのは、2以下に掲げるような点である。

1．不利益変更禁止の原則の適用範囲（例外）

　不利益変更禁止の原則は、異論はあるものの、上記のとおり、処分権主義に由来するものと考えられるところ、処分権主義の適用がない事件等についても不利益変更禁止の原則が適用になるのか、いかなる場合が例外となるのかが問題となる。

2．不利益か否かの判断基準

不利益変更禁止の原則において問題とされる「不利益」とはどのようなものをいうのかを正確に理解する必要がある。不利益変更禁止の原則は，不服申立ての限度を超えて不利益に変更することができないという原則であるから，控訴において不服申立てができる事項（控訴の利益）とも関連する問題である。不服（控訴の利益）は，判決の既判力の及ぶ事項を基準として判断される。不利益変更禁止原則にいう「不利益」か否かも，既判力を有する判断の比較によって判断されることになる。

3．相殺の抗弁と不利益変更禁止

判決の既判力は主文に包含されるものに限って生ずるのが原則であるが（民訴114条1項），相殺のために主張した請求の成立又は不成立の判断は，相殺をもって対抗した額について既判力を有する（同条2項）。このため，相殺の抗弁については，不利益変更禁止の原則の適用上，特別な考慮が必要となる。

4．複数の請求が併合されている場合と不利益変更禁止

主位的請求と予備的請求が提起されている場合等，複数の請求が併合提起されている場合の不利益変更禁止の原則の適用については，慎重な考慮が必要となる。

III 不利益変更禁止の原則について実務はどう取り扱っているか

1．不利益変更禁止の原則の適用範囲（例外）

不利益変更禁止の原則は，処分権主義に由来し，又は共通の趣旨（同一の精神）に出るものであるから，処分権主義の適用のない裁判や裁判所の職権調査事項に関する判断については，不利益変更禁止の原則は適用されない。

(1) 処分権主義の適用のない裁判

(a) 境界確定訴訟

　境界確定訴訟は公法上の境界の画定を目的とした形式的形成訴訟であり，その性質は非訟事件であって処分権主義が適用されないから，これと同一の精神に出る不利益変更禁止の規定は適用されないと解されている。→【判例①】参照

(b) 離婚訴訟における財産分与

　離婚訴訟に附帯してされた財産分与の申立てに対する裁判は非訟事件であり，裁判所は申立人の主張に拘束されることなく自ら正当と認めるところに従って分与の有無，その額及び方法を定めるべきものであって，裁判所が申立人の主張を超えて有利に分与の額等を認定しても処分権主義に違反するものではないから，控訴の場合においても不利益変更禁止の原則は適用されない。→【判例②】参照

(2) 職権調査事項

(a) 訴訟要件

　訴訟要件，特に，裁判権，当事者能力，訴えの利益その他公益性の高い職権調査事項に当たるような訴訟要件については不利益変更禁止の原則の適用はないものとされ，原告の請求を一部認容した判決に原告のみから控訴がされた場合であっても，訴訟要件を欠くと判断されるときには，訴えを却下することができる。→【判例③】参照

　一方，訴訟要件を欠き不適法であるとして訴えを却下した判決に対して原告から控訴がされた場合に，控訴審が訴訟要件は具備しているものと認めたときは，原則として，第１審判決を取り消し，事件を差し戻さなければならない（民訴307条本文）。第１審で実体的審理が尽くされ，併合事件との関連で当該請求についても実体判断が示されているとみられるような場合など，事件につき更に弁論をする必要がないときは，差戻しをせずに自判することもできるとされているが（同条ただし書），仮に，控訴審が請求に理由がないと判断したとしても，請求棄却の判決は訴え却下判決よりも控訴した原告に不利益であると解されているから，被告から控訴がされていない限り，第１審

判決を取り消して請求を棄却する判決をすることはできず，控訴棄却の判決をするしかない。→【判例④】参照

(b) 判決手続の法令違反

判決の基本となる口頭弁論に関与しない裁判官が判決をした（直接主義違反）場合など，判決手続に当事者の責問権放棄により治癒し得ない違法がある場合，控訴裁判所は，不服申立てのない部分を含めて，第1審判決を取り消し，事件を差し戻さなければならず，不利益変更禁止の原則は問題とならない。→【判例⑤】参照

(3) 合一確定の要請

固有必要的共同訴訟や各請求が合一にのみ確定すべき当事者参加訴訟（いわゆる三面訴訟）における合一確定の要請は，紛争の一挙的かつ矛盾なき解決を図るという公益に由来する職権調査事項であり，不服申立ての有無にかかわらず調査すべきであって，不利益変更禁止の原則の適用はなく，上訴審が原判決を取り消すべきときは，当事者の不服申立ての範囲に拘束されずに，合一確定のために必要な変更をすることができる。→【判例⑥⑦】参照

2．不利益か否かの判断基準

不利益であるか否かは，第1審判決の既判力を生ずる判断と控訴審判決の既判力を生ずる判断とを比較することによって決定される。したがって，原則として，訴訟物についての既判力を有する主文に包含された判断が基準となり，既判力の生じない判決理由中の判断は基準とはならない。

例えば，1つの請求を基礎づける請求原因として主位的主張と予備的主張がある場合，主位的主張を排斥し，予備的主張を採用して請求を認容した第1審判決に対して被告が控訴をしたときに，控訴審が主位的主張を採用して控訴棄却の判決をしたとしても，第1審判決の主位的主張の排斥は理由中の判断にすぎない（したがって，そのことを理由に原告は控訴等をすることもできない。）から，不服申立ての限度を超えて第1審判決を被告の不利益に変更したということはできず，不利益変更禁止の原則に違反しない（2つの請求を主位的予備的に併合した場合〔後記4(1)参照〕とは異なることに留意されたい。）。→【判

例⑧】参照

　また，債権の存在は認めたうえで消滅時効の抗弁や弁済の抗弁を認めた判断を債権の存在自体が認められないという判断に変更しても問題とはならない。

　これに対し，前記のとおり，相殺の抗弁については既判力を生ずるから，3で述べるように，不利益変更禁止が問題となる。

3．相殺の抗弁と不利益変更禁止

　相殺の抗弁を採用して請求を棄却した第1審判決に対して原告のみが控訴したのに対して，控訴審が，訴訟物たる請求債権（受働債権）が存在しないという理由で第1審判決を取り消し，改めて請求棄却の判決をすると，相殺の基礎となる反対債権（自働債権）の不存在（相殺によってもはや存在しないこと）の既判力が失われ，原告にとっては既判力の面で第1審判決より不利益が生ずるから，不利益変更禁止の原則に違反して許されず，相殺の抗弁を採用した第1審判決を維持して原告の控訴を棄却するにとどめなければならない。
→【判例⑨】参照

4．複数の請求が併合されている場合と不利益変更禁止

(1) 主位的請求と予備的請求との併合

　予備的併合とは，主位的請求が認容されないことに備えて，主位的請求が認容されることを解除条件として予備的請求についてあらかじめ審判を申し立てる場合の併合である。

(a) 主位的請求を認容する判決に対する控訴

　主位的請求を認容する第1審判決（当然，予備的請求については判断がされていない。）に対する被告からの控訴について，控訴審が，主位的請求に理由がなく，予備的請求に理由があるという判断に至った場合，控訴裁判所が，第1審判決を取り消して，主位的請求棄却，予備的請求認容の判決を言い渡しても不利益変更禁止の原則に違反することにはならない。原告としては，上記のような第1審判決に対しては控訴も附帯控訴もできなかったのであるから，このように解さないと，予備的請求に対する判断を得る機会を失うこと

になってしまうため，やむを得ないものと考えられる。→【判例⑩】参照

(b) 主位的請求を棄却し予備的請求を認容した判決に対する控訴

主位的請求を棄却し予備的請求を認容した第1審判決に対し，被告のみが控訴し，原告は控訴も附帯控訴もしない場合に，控訴審が，主位的請求に理由があると判断したとしても，原告は主位的請求を棄却した部分に対して控訴等をすることができたのにそれをしていないのであるから，主位的請求に対する第1審の判断の当否は控訴審の審判の対象とはならず，主位的請求を認容する判決をすることはできない。→【判例⑪】参照

逆に，上記のような第1審判決に対し原告のみが控訴した場合には，予備的請求に対する第1審の判断の当否は控訴審の審判の対象とはならないから，控訴審が，主位的請求及び予備的請求のいずれも理由がないという判断に至ったとしても，予備的請求を棄却する判決をすることはできず，控訴棄却の判決をするほかないことになる。

(2) 選択的併合

選択的併合とは，複数の請求のうち一つが認容されることを解除条件として審判を申し立てる場合の併合である。

原告が甲請求と乙請求とを選択的併合として申し立てている場合，原告の意思は，一方の申立てが認容されれば他方の申立ては撤回するが，一方の申立てが棄却されるときは他方の申立てについても審判を求めるというものであり，この意思は原告が併合形態を変更しない限り，全審級を通じて維持されているものというべきであるから，甲請求を認容した第1審判決に対し被告のみが控訴した場合であっても，控訴審は，甲請求を棄却すべきであり第1審判決を取り消すべきであると判断するときは，乙請求の当否についても審理判断しなくてはならず，乙請求に理由があると認めるときには第1審判決の甲請求の認容額の限度で乙請求を認容すべきであり，乙請求を全部理由がないと判断したときに初めて原告の請求を全部棄却することになる。→【判例⑫】参照

Ⅳ 不利益変更禁止の原則について注意しておくのはどのような点か

　以上，不利益変更禁止の原則に関して，その適用範囲や実務上問題となる基本的な判断事例を紹介解説したが，注意を要するのは，不利益変更禁止の原則の適用として述べたところは，一方当事者からのみ控訴がある場合を念頭に置いた議論であって，相手方からの控訴や附帯控訴がある場合には，適用されないという点である。また，実際の事件においては，複数の請求（訴訟物）が提起され，本訴・反訴の形で争われるなど複雑な形態をとることも多い。したがって，具体的な事案においては，いかなる請求について，どの当事者から控訴，附帯控訴がされ，どのような範囲で不服が申し立てられているのかを確認したうえで，不利益変更禁止の原則の適用の有無を検討する必要がある。

〔川　神　裕〕

参照判例

【判例①】
　　最三小判昭38・10・15民集17巻9号1220頁は，境界確定訴訟の控訴裁判所は，第1審判決の定めた境界線を正当でないと認めたときは，第1審判決を変更して，正当と判断する線を境界と定めるべきものであり。その結果が実際上控訴人に不利であり，附帯控訴をしない被控訴人に有利である場合であっても，いわゆる不利益変更禁止の原則の適用はないものと解すべきであるとする。

【判例②】
　　最二小判平2・7・20民集44巻5号975頁は，離婚訴訟において財産分与を命じた判決に対して控訴の申立てがされた場合，財産分与を命じた裁判については，いわゆる不利益変更禁止の原則の適用はないとする。

【判例③】

　最三小判平15・11・11民集57巻10号1387頁は，本案判決に対して控訴がされた後に，不服申立ての対象とされなかった部分につき訴えの利益が失われた場合には，控訴審は，同部分につき職権で第1審判決を取り消して訴えを却下すべきであるとする。

【判例④】

　最二小判昭35・3・25裁判集民事40号669頁は，訴え却下の第1審判決に対し原告からのみ控訴があり，被告から控訴・附帯控訴がなかった場合，控訴審が，訴え却下の第1審判決は違法であり，かつ，原告の請求には理由がないと判断したとしても，第1審判決を取り消して請求を棄却することは原告に不利益に第1審判決を変更することになるから，控訴審裁判所が，被告からの附帯控訴がないという理由で原告の控訴を棄却したのは正当であるとする。

【判例⑤】

　最二小判昭25・9・15民集4巻9号395頁は，基本たる口頭弁論に臨席しない判事が関与してされた判決は旧民事訴訟法187条1項（現行民訴249条1項）に違背した不法のある判決であって，この判決に一部上訴がされた場合には，上訴裁判所は不服申立てのない部分をも破棄することができるとする。

【判例⑥】

　最三小判平22・3・16民集64巻2号498頁は，原告甲の被告乙及び丙に対する訴えが固有必要的共同訴訟であるにもかかわらず，甲の乙に対する請求を認容し，甲の丙に対する請求を棄却するという趣旨の判決がされた場合には，上訴審は，甲が上訴又は附帯上訴をしていないときであっても，合一確定に必要な限度で，上記判決のうち丙に関する部分を丙に不利益に変更することができるとする。なお，これは，甲の乙及び丙に対する請求を棄却する第1審判決に対する控訴を受けた控訴審が，乙に対する関係で第1審判決を取り消し，甲の請求を認容する一方，丙に対する控訴を棄却したため，乙が上告した事案（固有必要的共同訴訟であるため，丙も上告人の地位に立つことになる。）に関する判断である。

【判例⑦】

　最二小判昭48・7・20民集27巻7号863頁は，原告甲の被告乙に対する請求並びに参加人丙の甲及び乙に対する各請求が合一にのみ確定すべき当

事者参加訴訟において，甲の乙に対する請求を棄却し，丙の甲及び乙に対する請求をそれぞれ一部認容する旨の第1審判決に対し，甲がその敗訴部分の取消し，甲の乙に対する請求認容及び丙の甲に対する請求中第1審認容部分の棄却を求めて控訴したにとどまり，乙が控訴又は附帯控訴をしない場合であっても，控訴審は，合一確定に必要な限度で，第1審判決中丙の乙に対する請求を認容した部分を丙に不利に変更することができるとする。

【判例⑧】
　最三小判昭23・10・12民集2巻11号365頁は，1個の請求を理由あらしめる攻撃方法として第一次主張と第二次（予備的）主張がされたのに対し，第1審が原告の第一次主張を排斥し，第二次主張だけを採用して原告勝訴の判決をした場合，これに対する被告の控訴に基づき，控訴審が第1審で排斥された第一次主張を採用して控訴棄却の判決をしても不利益変更禁止の原則に違反するものではないとする。

【判例⑨】
　最一小判昭61・9・4判時1215号47頁は，原告の訴求債権の存在を認めながら被告の相殺の抗弁を容れて原告の請求を棄却した第1審判決に対し，原告のみが控訴し被告が控訴も附帯控訴もしなかった場合において，控訴審が，被告の相殺の抗弁について判断するまでもなく，訴求債権の不存在を理由に原告の請求を棄却すべきときは，不利益変更禁止の原則に従い，第1審判決を維持して，原告の控訴を棄却するにとどめなければならないとする。

【判例⑩】
　最三小判昭33・10・14民集12巻14号3091頁は，いわゆる請求の予備的併合の場合，第1審裁判所が主たる請求を認容したため予備的請求につき判断をしなかったときといえども，第2審裁判所は主たる請求を排斥したうえ，予備的請求につき判断をなし得るものと解すべきであるとする。

【判例⑪】
　最二小判昭54・3・16民集33巻2号270頁は，主位的請求を棄却し予備的請求を認容した控訴審判決に対し，第1審被告のみが上告し，第1審原告は上告も附帯上告もしない場合には，主位的請求に対する原審の判断の適否は上告審の調査の対象とならず，第1審被告の上告に理由があるときは，上告審は，原判決中予備的請求に関する部分についてのみを破棄すべ

きであるとする。最三小判昭58・3・22判時1074号55頁も同旨。

【判例⑫】
　最一小判昭58・4・14判時1131号81頁は，選択的に併合された甲乙請求のうち甲請求の一部を認容しその余を棄却した第1審判決に対し，被告のみが控訴した場合，控訴審は，甲請求の認容部分を取り消すべきであるとするときは，乙請求の当否につき審理判断し，これに理由があると認めるときには第1審判決の甲請求の認容額の限度で乙請求を認容すべきであり，乙請求を全部理由がないと判断すべきときに至って初めて原告の請求を全部棄却することができるとする。

◆3 執行停止

51 執行停止の裁判

I 執行停止の裁判について学ぶのはどうしてか

　給付の訴えを提起する原告の主たる目的は，執行力のある給付判決を得て，被告に対して強制執行をすることのできる地位を得ることにある。
　判決の執行力は，判決の確定（民訴116条）により生ずることが原則であるが，勝訴当事者の早期の権利の救済を図り，副次的に濫訴を防止することを目的として，仮執行の宣言により未確定の給付判決に対して暫定的な執行力が付与されることがある（民訴259条，民執22条2号）。
　その一方で，敗訴当事者には，上訴の提起による権利救済の手段が用意されており，原判決が取り消され又は変更されることへの期待，上訴審による判断がされるまで執行を受けないという敗訴当事者の期待も一定の限度で保護に値する。
　このような，勝訴当事者の利益（迅速な権利救済の要請）と敗訴当事者の利益（執行排除の要請）という2つの相反する利益の調和を図るという観点から，民事訴訟法は，上訴の提起等に伴う執行停止の裁判（民訴403条）の制度を設け，一定の要件を満たす場合には，敗訴当事者の申立てにより，裁判所が仮執行の宣言が付された判決の効力を一時的に停止することを可能としている。
　民事訴訟の最終的な目的である紛争の解決は，公平かつ迅速に行われなければならないが（民訴2条），仮執行の宣言の付された給付判決の言渡しがされた後の局面において，勝訴当事者と敗訴当事者の利益を適切に調整するために機能する執行停止の裁判の仕組みを正確に理解しておくことは，民事訴訟による紛争解決の仕組みの全体像を理解するうえでも重要であり，特に，社会経済活動の複雑化や国民の権利意識の向上等を背景として複雑困難な事

案が増加し、仮執行をめぐる紛争の増加も予想される現在では、その必要性は高まっている。

II 執行停止の裁判について問題となるのはどのような点か

　上訴の提起等に伴う執行停止の裁判には、①特別上告又は再審の訴えの提起に伴う執行停止の裁判（民訴403条1項1号）、②仮執行の宣言を付した判決に対する上告の提起又は上告受理の申立てに伴う執行停止の裁判（同項2号）、③仮執行の宣言を付した判決に対する控訴の提起又は仮執行の宣言を付した支払督促に対する督促異議の申立てに伴う執行停止の裁判（同項3号）、④手形又は小切手による金銭の支払の請求等に関する仮執行の宣言を付した判決又は支払督促に対してされた控訴又は督促異議の申立てに伴う執行停止の裁判（同項4号）、⑤仮執行の宣言を付した手形・小切手判決に対する異議の申立て又は仮執行の宣言を付した少額訴訟判決に対する異議の申立てに伴う執行停止の裁判（同項5号）、⑥定期金賠償の確定判決の変更を求める訴えの提起に伴う執行停止の裁判（同項6号）がある。

　以下では、実務上、問題となることが多いと考えられる控訴の提起に伴う執行停止の裁判を中心に考察することとし、必要に応じて、他の執行停止の裁判にも触れることとする（なお、執行関係訴訟の執行停止の裁判〔民執37条1項・38条4項〕は、考察の対象とはしていない。）。

1．執行停止の裁判の要件

　仮執行の宣言を付した判決に対して敗訴当時者が適法に控訴を提起したことに加えて、①原判決に取消し若しくは変更となるべき事情がないとはいえないこと（取消要件）又は②執行により著しい損害を生ずるおそれがあること（損害要件）が発令の要件となる（民訴403条1項3号）。なお、控訴の提起に伴う執行停止の裁判では、①の取消要件と②の損害要件はいずれかの要件を満たすことで足りる。

2．執行停止の裁判の内容

裁判所が命ずることのできる執行停止の裁判は，①強制執行の一時の停止，②停止とともにする強制執行の開始又は続行，③停止とともにする既にした執行処分の取消しである（民訴403条1項本文）。

3．執行停止の裁判の手続

執行停止の申立てについての裁判は決定でされる（民訴403条1項本文）。執行停止の裁判につき正確に理解するには，申立てから決定に至るまでの手続を把握しておく必要がある。

4．担保の提供

裁判所が執行停止の裁判を命ずるときは，申立人に対し，担保を立てさせることが多い。そのため，担保提供の方法や担保物に対する相手方の権利，担保が取り消された場合の法律関係などにつき正確に理解しておく必要がある。

Ⅲ　執行停止の裁判について実務はどう扱っているか

1．執行停止の裁判の要件

(1)　申立ての利益等

判決に仮執行免脱宣言（民訴259条3項）が付されている場合には，敗訴当事者は，同宣言に従った担保の提供をすれば，仮執行を免れることができるため，同宣言の付された判決に対しては，執行停止の裁判の申立ての利益を欠くとの見解が有力であるが，仮執行免脱宣言と執行停止の裁判とは別個の性質を有しており，執行停止の裁判は無担保で命じられることなどの理由から，実務上，申立ての利益が肯定されている。もっとも，仮執行免脱宣言に関する原判決の判断は，執行停止の裁判の判断をする際の一つの考慮要素になり得る。

(2) 実質的要件

執行停止の申立書には，適法に控訴を提起したことのほか，取消要件や損害要件について具体的に記載することを要する。取消要件に関しては，原判決の証拠評価の誤り，重要な証拠の看過，経験則の適用の誤りなどについて具体的な根拠を示して主張する必要があり，単に原判決の事実認定を概括的に攻撃するだけでは十分な主張を尽くしたとはいえない。原判決の結論を覆す新たな事情を主張するときは，控訴審で予定している立証方法についても具体的に明らかにすべきであり，特に，原審で提出されていない新たな証拠の存在を理由とするときは，それを明示すべきである。

控訴の提起に伴う執行停止の裁判においては，取消要件と損害要件とは別個の選択的な要件とされているが（前記Ⅱ1参照），上告の提起又は上告受理申立てに伴う執行停止の裁判においては，取消要件（原判決の破棄の原因となるべき事情があること）と損害要件（執行により償うことのできない損害が生ずるおそれがあること）とをいずれも満たす必要がある（民訴403条1項2号）。

仮執行の宣言の付された欠席判決（民訴254条）に対して控訴の提起がされ，執行停止の裁判の申立てがされた場合にも，取消要件又は損害要件を満たすときは，裁判所は，執行停止を命ずることができる。もっとも，被告が口頭弁論において原告の主張した事実を争わなかったことにより原告の請求が認容されたような場合には，取消要件を満たす可能性は低い。

2．執行停止の裁判の内容

(1) 執行の停止等

執行停止の裁判のうち，実務上は，強制執行の一時停止の申立てがされることが多い。なお，停止を命ずるとともに担保を立てさせてする強制執行の開始又は続行をすべき旨の命令は，①特別上告又は再審の訴えの提起に伴う執行停止（民訴403条1項1号），②仮執行の宣言を付した判決に対する上告の提起又は上告受理の申立てに伴う執行停止（同項2号）の裁判では命ずることができないとされている（同条1項ただし書）。これらの裁判では，いずれも，執行により償うことのできない損害が生ずるおそれがあることが発令の要件となっているため，そのような事実の疎明があると判断して強制執行の

停止を認めたにもかかわらず，停止とともに強制執行の開始又は続行を命ずることは，判断に矛盾を生ずると考えられるためである。

なお，執行停止の裁判を命ずる裁判所は，執行停止の裁判に期限や条件を付すことができる。→【判例①】参照

(2) 担保の要否・程度

執行停止の裁判のうち，強制執行の一時の停止を命ずる裁判は，担保を立てさせて，又は立てさせないですることができるが，実務上，無担保で発令される例は少ない。

担保（保証金）の額は，本案判決が言い渡されるまでの期間と本案訴訟で申立人が勝訴する可能性，その疎明の程度などを考慮要素として，裁判所の裁量によって決定される。実務上，訴訟物が金銭債権の場合には，原判決における認容額を基準とし（400万円の認容判決に対して300万円〔認容額の約8割〕の担保の供託を命じた決定〔→【判例②】参照〕，約1億7500万円の認容判決に対して1億円〔同6割〕の担保の供託を命じた決定〔→【判例③】参照〕などが法律雑誌で紹介されており，実務上，認容額を基準として，その6割から8割程度の額が担保とされる例が多いようである。），また，建物退去・明渡しの場合には，賃料相当額や目的物の価格を基準とするなどの方法により，事案に応じた適正な金額が定められているものと思われる。

担保額を定め，申立人に担保提供を命ずる方法としては，①立担保を執行停止の裁判の発令の前提条件とする場合（この場合には，担保決定は独立の決定としてされることになる。）と，②執行停止の裁判の中で執行の条件とする場合（この場合には，担保額及び担保の方法が決定中に記載されることになる。）があり，事案に応じて使い分けがされている。

(3) 裁判の効力等

執行停止の裁判がされても，当然に強制執行の手続は停止されないため，申立人において，執行機関に対して執行停止の裁判の正本を提出し（執行停止の裁判の中で立担保が条件とされた場合には，担保を立てたことの証明も要する。），執行の停止・取消し等を求める必要がある（民執39条・40条）。そのため，執

行停止の裁判の告知は，実務上，申立人に対して裁判の正本を送達する方法で行われている。

執行停止の裁判の効力は，本案判決の言渡しの時まで存続するが，本案の審理の状況などにより，執行停止の裁判を発令した際に基礎とした事情が変化することもあり得る。その場合には，受訴裁判所において，本案の審理の状況に応じて執行停止等の裁判の内容を変更し，あるいはいったんした執行停止等の裁判を取り消して申立てを却下することも可能である。

3．執行停止の裁判の手続

(1) 執行停止の裁判の申立て

申立ては書面ですることを要する（民訴規238条）。民事訴訟における申立てその他の申述は，特別の定めがある場合を除き，書面によるほか，口頭ですることができるが（民訴規1条），執行停止の申立ては，その例外（特別の定め）とされている。

申立てには，民事訴訟費用等に関する法律別表第1の17項イの手数料（500円）を納めることを要する。

申立ては，必ずしも控訴の提起と同時にしなければならないわけではなく，控訴の提起後，事件終局までの間は申立てをすることができる。

(2) 管　　轄

訴訟記録が原裁判所に存するときは，原裁判所が執行停止等の裁判をする（民訴404条1項）。控訴状は第1審裁判所に提出されるため（民訴286条1項），執行停止の裁判は第1審裁判所において処理されることが多い。

申立てを受けた裁判所に訴訟記録が存しないときは，その裁判所は，速やかに申立書を訴訟記録の存する管轄裁判所に送付すべきであるが，いったん申立てを取り下げて，管轄裁判所に提出する方が迅速に執行停止の裁判を受けることが可能な場合も多いと考えられるため，申立てを受けた裁判所と申立人との間で，その取扱いを協議することが望ましい。

(3) 審　　理

執行停止の申立てについての裁判は決定でされる。

口頭弁論をすべきか否かは，裁判所の裁量により定められるが（民訴87条1項），実務上，口頭弁論が開かれることは少ない（なお，口頭弁論を経ないで裁判をすることは憲法82条・32条に反しない。→【判例④】参照）。

口頭弁論をしない場合には，裁判所は，当事者を審尋することができる（民訴87条2項）。審尋の形式は定まっていないから，裁判所は，電話会議やテレビ会議による方法で当事者を審尋することもできる。

(4) 不服の申立て

執行停止の申立てについての裁判に対しては，当事者は，不服を申し立てることはできない（民訴403条2項）。申立てを排斥する裁判に対して申立人がする不服申立て，申立てを認容する裁判に対して相手方がする不服申立てのいずれも禁止される。

ただし，執行停止の裁判は既判力を生じないから，申立てを排斥する裁判を受けた申立人が，主張及び疎明を追加して，改めて執行停止の申立てをすることは禁止されない。同様に，執行停止の申立てを認容する裁判を受けた後に，申立人において，事情が変更したことを具体的に主張・立証して従前の裁判の内容と異なる裁判を求めることもできる。

4．担保の提供

(1) 担保提供の方法

担保は，①金銭又は裁判所が相当と認める有価証券を供託する方法，②最高裁判所規則で定める方法（支払保証委託契約〔ボンド〕を締結する方法），③当事者が特別な契約をする方法のいずれかでする（民訴405条2項・76条，民訴規29条）。実務上，供託か，支払保証委託契約を締結する方法でされることが多い。

供託をするには，担保を立てることを命じた裁判所又は執行裁判所の所在地を管轄する裁判所の管轄区域内の供託所にする（民訴405条1項）。

(2) 担保物に対する相手方の権利

相手方は，担保物に対して他の債権者に先立ち弁済を受ける権利を有する（民訴405条2項・77条）。相手方が担保から優先弁済を受けるためには，申立人に対して損害賠償請求権を有することが特定された確認判決が必要となる。

この場合の担保の被担保債権は，債務者がした執行停止の申立てが不法行為となる場合の損害賠償請求権である。→【判例⑤】参照

例えば，債権執行であれば，仮執行の停止により債権の回収，満足が得られなくなったことで生じた損害のほか，執行の遅延により債権の回収，満足が遅延したことで生じた損害などが賠償の対象となる。

執行停止の申立てが相手方に対する不法行為を構成するか否かについては，執行停止の申立て前後の事情などを踏まえて判断される。

仮処分命令が異議若しくは上訴手続において取り消され，又は本案訴訟において原告敗訴の判決が確定した場合には，他に特段の事情のない限り，仮処分債権者に過失があったものと推定される。→【判例⑥】参照

これに対し，控訴の提起に伴う執行停止の申立てをした当事者が控訴審で敗訴しても，その当事者に過失があったものとは推定されない。→【判例⑤】参照

控訴の提起に伴う執行停止の場合には，第1審で当事者双方に争う機会が与えられていること，また，控訴審で敗訴したことをもって，その当事者に過失があったものと推定すると，控訴を提起して裁判所に紛争解決を求めることを実際上拒否することにもなりかねないからである。

(3) 担保の取消し

裁判所は，①担保を立てた者が担保の事由が消滅したことを証明したとき，②担保を立てた者が担保の取消しについて担保権者の同意を得たことを証明したときは，申立てにより，担保の取消しの決定をしなければならない（民訴405条2項・79条）。

「担保の事由が消滅した」とは，担保供与の必要性が消滅したこと，すなわち，被担保債権が発生しないこと又はその発生の可能性がなくなったことをいい，上訴に伴う執行停止の場合については，その後の訴訟手続において担保提供者の勝訴判決が確定した場合又はそれと同視すべき場合をいう。

仮執行の宣言を付した判決に基づく強制執行の後，その判決確定前に債務者が破産手続開始決定を受けた場合において，強制執行停止・取消しのために債務者が立てた担保については，担保の事由が消滅したものとは認められない。→【判例⑦】参照

担保の取消しの決定に対しては，担保権利者は，即時抗告をすることができる（民訴405条2項・79条4項・81条）。即時抗告は，担保権者の同意を得たことを取消事由として取消しの決定がされた場合でもすることができる。そのため，当事者間の和解により紛争が解決された場合には，早期の担保取戻しを可能とするため，実務上，担保の取消しの同意と併せて，裁判所がする担保の取消決定に対して抗告しないという趣旨の不抗告の合意がされることが多い。

Ⅳ　執行停止の裁判について注意しておくのはどのような点か

以上，執行停止の裁判について実務的な見地から考察したが，特に注意しておく必要があるのは，執行停止の裁判の申立ての時期である。

仮執行の宣言が付された判決の執行力は判決の言渡しと同時に発生する。また，執行が開始されている場合には，申立人が執行機関に執行停止決定の正本（民執39条1項7号）を提出するまでの間，その執行は適法に進行し，仮執行であっても，最終段階である債権の満足にまで進む。そのため，執行停止の裁判を求める申立人は，申立ての要否につき検討し，必要があると判断したときは，速やかに管轄の裁判所に申立てをする必要がある。事件を担当する裁判所においても迅速な処理が求められることはいうまでもない。

〔富澤　賢一郎〕

参照判例

【判例①】
　大阪高決昭50・12・8判時797号90頁は，上告に伴う強制執行停止の申立てに対し，期限及び条件付きで強制執行の停止を認めている。

【判例②】
　大阪地決平17・11・9判例集未登載（判タ1278号322頁〔大阪高判平20・2・28判タ1278号320頁〕の「前提事実」欄参照）は，預託金返還請求訴訟の仮執行宣言付判決の中で396万5750円及びこれに対する遅延損害金の支払を被告に命じたところ，控訴を提起した被告から執行停止の裁判の申立てがされ，同申立てに基づき，被告に300万円の担保を供託させて，強制執行を停止する旨の決定をしている。

【判例③】
　大阪地決平21・6・5判例集未登載（判タ1331号265頁〔大阪高決平22・4・28判タ1331号264頁〕の「前提事実となる事実関係」欄参照）は，否認権使請求訴訟の仮執行宣言付判決において，1億7500万円及びこれに対する遅延損害金の支払を被告に命じたところ，控訴を提起した被告から執行停止の裁判の申立てがされ，同申立てに基づき，被告に1億円の担保を供託させて，強制執行を停止する旨の決定をしている。

【判例④】
　最二小決昭59・2・10判時1109号91頁は，憲法82条にいう裁判とは，当事者の実体的権利義務の存否の終局的確定を目的とする純然たる訴訟事件の裁判のみを指すが，旧民事訴訟法511条1項に基づく強制執行停止命令の申立てを却下する裁判はこれに該当しないから，公開法廷における口頭弁論を経ないでも憲法に反しないとする。

【判例⑤】
　大阪高判平20・2・28判時2030号20頁は，仮執行宣言を付した判決に対して控訴の提起があった場合，民事訴訟法403条1項3号所定の事由につき疎明があったとして裁判所が立てさせた担保によって担保されている損害賠償請求権は，執行停止によって債権者に生ずべき損害の賠償を求めるものであり，債権者が損害賠償を請求できるのは，債務者がした執行停止の申立てが不法行為となる場合であるとする。また，控訴を提起して執行

停止を申し立てた当事者が，控訴審で敗訴し，その判決が確定したとしても，執行停止の申立てにつき過失があったと推定することはできないとする。

【判例⑥】
　　最三小判昭43・12・24民集22巻13号3428頁は，仮処分命令が異議又は上訴手続で取り消され，あるいは本案訴訟で原告が敗訴した場合，他に特段の事情のない限り申請人に過失があったものと推定すべきであるとする。

【判例⑦】
　　最一小決平13・12・13民集55巻7号1546頁は，仮執行宣言付判決に対する上訴に伴い担保を立てさせて強制執行の停止又は既にした執行処分の取消しがされた場合において，債務者が破産宣告を受けたことの一事をもって，「担保の事由が消滅したこと」に該当するということはできないとする（旧破産法下の事案）。

第 5 章

特別手続

- ◆1 再審手続
- ◆2 手形訴訟手続
- ◆3 少額訴訟手続
- ◆4 督促手続

52 再審事由

◆1 再審手続

I 再審事由について学ぶのはどうしてか

　民事訴訟法は、三審制度を採用しており、各審級における確定未了の裁判に対しては、それぞれ控訴、上告及び上告受理申立てという不服申立て手段が用意されている。このような慎重な手続を経たうえで判決が確定した以上、確定判決には実質的確定力及び形式的確定力が認められ、その効力を争うことができないことになる。確定判決に対し、更に争う余地を残すことは、訴訟経済上の観点からも、攻撃防御を尽くして勝訴した当事者との衡平の観点からも、裁判所という紛争解決機関による判断の安定性の観点からも、好ましいものではない。

　もっとも、確定した判決（決定及び命令を含む。以下、同じ。）の基礎となる訴訟手続や訴訟資料等に重大な誤りや瑕疵が存在する場合にまで、不服申立てを認めず、確定判決について争う余地を封じると、民事訴訟の理念ないし目的である適正な裁判の実現や裁判を受ける権利の保障を害するのみならず、ひいては司法に対する信頼を害する結果となる。そこで、再審制度が設けられたものである（民訴338条〜349条）。

　なお、請求異議訴訟（民執35条）も、確定判決に対する不服申立てないし救済手段であるが、口頭弁論終結後に生じた事由に基づくものである点で、再審制度とは異なる。また、終局判決の準備のための中間的裁判である中間判決（民訴245条）等については、再審の訴えは認められていない。

II　再審事由について問題となるのはどのような点か

1．再審事由

再審事由は，民事訴訟法338条1項各号の規定するところによる。制限列挙であると一般的には解されている。

2．再審の補充性

当事者が控訴若しくは上告によりその事由を主張したとき，又はこれを知りながら主張しなかったときは，再審事由として主張することはできない（民訴338条1項ただし書）。不服申立ての機会を与えられ，実際にそれを活用した者に対し，再度の不服申立ての機会を与える必要はないし，機会を与えられたにもかかわらず，これを活用しなかった者も，同様である。

なお，ここにいう，「これを知りながら主張しなかったとき」とは，再審事由のあることを知ったにもかかわらず，上訴を提起しながら上訴審においてこれを主張しない場合のみならず，上訴を提起しないで判決を確定させた場合も含むものである。不服申立ての機会を自ら放棄したことには変わりはないからである。→【判例①】参照

III　再審事由について実務はどう取り扱っているか

1．再審事由に係る民事訴訟法338条1項の規定

(1)　1号（裁判所の構成の違反）

判決をした裁判所の構成について，裁判所法や民事訴訟法の規定に違反する場合である。受訴裁判所の裁判官の構成自体が不適法であるという根源的な問題に関する事由である。裁判官の交代後，弁論の更新（民訴249条2項）を失念したまま判決がされた場合などが考えられる。絶対的上告理由（民訴312条2項1号）と同様の事由を定めるものである。

52　再審事由

(2)　2号（判決に関与できない裁判官による判決関与）

　法律により判決に関与できない裁判官が，判決に関与した場合である。除斥原因（民訴23条）が認められる場合，忌避が認められる場合（民訴24条），上告審で破棄差戻しされた原判決に関与した場合（民訴325条4項）が該当するものである。絶対的上告理由（民訴312条2項2号）と同様の事由を定めるものである。

(3)　3号（代理権の欠缺）

　代理人として訴訟行為をした者が代理権を有していなかった場合，未成年者本人や被後見人本人が自ら訴訟行為を行った場合等である。いわゆる氏名冒用訴訟においては，自らの関知しない訴訟手続において判断されたことになるから，自らが適法に選任した代理人によって代理されていなかったものと解して，民事訴訟法338条1項3号に該当するものとされている。当事者に対する実質的な手続保障が欠けている場合といえる。→【判例②】参照

(4)　4号（裁判官による犯罪）

　判決に関与した裁判官が，収賄罪などを犯した場合，再審事由となる。司法の廉潔性の観点に基づく事由である。当該犯罪と確定判決の結論との間の因果関係の存在は要件とはされていない。

(5)　5号ないし7号（犯罪行為の介在等）

　刑事上罰すべき他人の行為により，自白に至ったり，判決に影響を及ぼすべき攻撃防御方法の提出を妨げられた場合（民訴338条1項5号），判決の証拠となった文書等が偽造又は変造された場合（同項6号），証人等の偽証が判決の証拠となった場合（同項7号）である。いずれも，他人の違法行為により公正な裁判が害されたことに基づく事由であると解される。→【判例③】参照

　5号ないし7号の場合，当該事由と確定判決の結論との間に因果関係が要求される。→【判例④⑤】参照

　なお，再審の訴えの濫用を防止する観点から，4号ないし7号において，

当該犯罪行為について有罪判決の確定等が必要となる（民訴338条2項）。

(6) 8号（判決の基礎となった裁判又は行政処分の変更）

判決や行政処分が，既判力や公定力に基づいて判決の基礎となった場合に，当該裁判等が変更された場合である。当該変更が判決の結論に影響を及ぼす必要がある。なお，特許法104条の4は，例外を定めるものである。

(7) 9号（判断遺脱）

職権調査事項か否かを問わず，当事者の主張について裁判所が判断せず，そのことが判決に影響を及ぼすような場合である。→【判例⑥】参照

(8) 10号（確定判決との抵触）

前に確定した判決の既判力に，再審の対象となる判決が抵触する場合である。

2．再審手続について

再審の訴えは，不服申立てに係る判決をした裁判所の専属管轄（民訴340条1項）であるが，上級裁判所が併合して管轄することも認められている（同条2項）。

また，代理権欠缺（民訴338条1項3号）及び既判力との抵触（同項10号）の場合を除き，出訴期間の制限（再審事由を知ったときから30日間又は原則として判決確定日から5年間）がある（民訴342条）。→【判例⑦】参照

再審の訴えが不適法である場合，決定で却下され，理由がない場合，決定で棄却される（民訴345条）。再審の訴えに理由がある場合には，裁判所は再審開始の決定をする（民訴346条1項）。なお，開始決定をする場合，相手方の審尋が必要となる（同条2項）。このように，民事訴訟法では，再審事由の存否に関する審査について，決定手続で行うという2段階構造を採用している。

Ⅳ 再審事由について注意しておくのはどのような点か

　判決内容に対する不服申立て及び判決の誤りの是正は，上訴手続においてされるのが大原則である。

　他人の犯罪行為が介在した場合や行政処分の変更など，やむを得ない事由もあるが，再審の訴えは，確定判決に対する例外的な救済手段であり，その要件も厳格であることに留意し，各審級においてすべき攻撃防御を尽くすことが肝要であることはいうまでもない。

　そのうえで，再審事由を発見した場合には，出訴期間に注意し，直ちに再審の訴えを提起すべきであろう。

〔荒井　章光〕

参照判例

【判例①】
　　最一小判昭41・12・22民集20巻10号2179頁は，「これを知りながら主張しなかったとき」とは，再審事由があることを知りながら上訴しなかった場合を含むとする。

【判例②】
　　最一小判平4・9・10民集46巻6号553頁は，訴状の有効な送達がないため，被告とされた者が訴訟に関与する機会が与えられないまま判決がされて確定した場合には，旧民事訴訟法420条1項3号（現行民訴338条1項3号）の再審事由があるとする。

【判例③】
　　最二小判昭47・4・28判時667号29頁は，旧民事訴訟法420条1項5号（現行民訴338条1項5号）における「他人」には，当事者本人の同居の妻も含まれるとする。

【判例④】
　最二小判昭43・3・15判時517号57頁は，養子縁組無効確認請求事件の判決において，証拠である戸籍謄本が縁組の有効，無効の判断に用いられていないときは，同謄本が偽造の届出書に基づいて不実の記載がされたものであっても，再審事由に該当しないとする。

【判例⑤】
　最二小判昭33・7・18民集12巻12号1779頁は，「判決の証拠となった」とは，証人が真実の供述をしたならば，当該判決と異なる判決がされたであろうという見込み，可能性があることを要するとする。

【判例⑥】
　大判昭7・5・20民集11巻1005頁は，判断の遺脱とは職権調査事項であると否とを問わず，当事者の主張があるのにかかわらず，判断を脱漏した場合をいうとする。

【判例⑦】
　前掲【判例①】最一小判昭41・12・22は，判断遺脱を再審事由として再審の訴えを提起した者は，特段の事情のない限り，判決の送達を受けたときに再審事由を知ったものと推定されるとする。

53 手形判決

◆2 手形訴訟手続

I 手形判決について学ぶのはどうしてか

　手形は，その振出人（約束手形）又は引受けをした支払人（為替手形）が受取人その他手形の正当な所持人に対し，満期に一定の金額を支払うことを約束する有価証券である。手形は，信用取引における支払（決済）手段として活用することが想定されており，手形法において，手形取引の安全を確保し，流通の容易化を徹底するための諸規定が設けられている。

　例えば，手形は，権利内容が手形の記載（証券上の記載）によって定まる文言証券であって，手形を取得しようとする者は，法定された記載事項を確認することにより，手形に化体された権利関係を把握することが可能となる（要式証券）。

　また，手形上の権利は，手形を振り出すに至った原因関係（法律関係）からは切り離されており，原因関係に係る事由に影響されるものではない（無因証券）から，手形を取得しようとする者は，当該手形自体が手形法の要件を充足しているか，手形の取得に問題がないかについて注意を払えば足りることになる。手形の無因性は，人的抗弁の制限（手17条・77条1項1号）と併せて，手形の高度の流通性を確保するものである。

　このように，手形法は，手形が簡易，迅速，確実に金銭に替えられることを保障し，手形が金銭支払手段として活用されるように，手形の高度の流通性を確保することや手形債権の確実な実現のための工夫をこらしている。

　もちろん，手形債務者がその債務の履行を怠った場合，手形債権者は，最終的には訴訟により手形債権の実現を図ることになる。そうすると，いかに手形法が手形債権の迅速な権利実現を目的として種々の規定を設けたとしても，訴訟手続に長時間を要すると，これらの規定は無意味なものとなり，手

形取引の安全を確保することができない。

そこで，民事訴訟法は，手形訴訟及び小切手訴訟に関する特則（民訴350条～367条）を設け，手形債権の実現のため，特に簡易，迅速な手続を定めたものである（なお，小切手訴訟についても，手形訴訟に関する規定が準用される〔民訴367条〕ため，以下の記述については，小切手訴訟については特に触れない。）。

II 手形判決について問題となるのはどのような点か

手形訴訟は，支払（決済）手段として手形の機能が十分に発揮されることを目的とし，簡易，迅速な手続とされているものである。そこで，通常の民事訴訟手続と対比しつつ，具体的にどのような特則が設けられているかについて検討する必要がある。

また，手形訴訟によりされる手形判決についても，同様に特則が設けられているものであるから，その点についても留意する必要がある。

III 手形判決について実務はどう取り扱っているか

1．手形訴訟の要件

手形訴訟は，手形による金銭支払請求と附帯する商事法定利率年6分（商501条4号・514条）による損害賠償を目的とする訴えについて，利用することができる（民訴350条1項）。手形訴訟を利用することを求める旨は，訴状に記載する必要がある（同条2項）。手形権利者は，手形訴訟を選択せず，通常の民事訴訟手続によることも自由である。

手形による金銭支払請求としては，手形の所持人による約束手形の振出人又は為替手形の引受人に対する手形金支払請求権（手28条1項・78条1項）や，約束手形の裏書人又は為替手形の振出人，裏書人に対する遡求金額についての支払請求権（手43条・48条・77条1項4号），再遡求金額の支払請求権（手49条・77条1項4号）が挙げられる。

もちろん，手形の原因関係に係る請求権については，手形法に係る請求権

53 手形判決

ではないから，手形による金銭支払請求ということはできないことは明らかである。

2．手形訴訟の特色

(1) 反訴の禁止

通常の民事訴訟手続では，本訴の目的である請求又は防御の方法と関連する請求を目的とする場合には，反訴を提起することが許される（民訴146条）が，手形訴訟においては，反訴は禁止される（民訴351条）。

(2) 証拠方法の制限

手形訴訟においては，当事者が提出できる証拠方法は，即時に取調べ可能なものに制限される（民訴352条1項）。すなわち，証拠調べは原則として書証に限られ，「文書の成立の真否又は手形の提示に関する事実」に限り，当事者の申立てにより，本人尋問が可能となる（同条3項）。文書提出命令や文書送付嘱託，人証，鑑定，検証などは認められない。一般的に，手形訴訟において提出される書証としては，手形のほかは，契約書類，帳簿，印鑑証明書，登記簿謄本等が挙げられる。

前述した手形訴訟の目的（支払手段としての手形の機能の確保）を実現するために，裏書が連続する手形を所持する原告には，請求原因事実を容易に主張・立証することを可能とするとともに，被告が明白な証拠に基づいて原告の権利を否定することができない以上，原告を正当な権利者と認めるものである。これにより，被告が人的抗弁を濫用することを防止することが可能となる。民事訴訟法352条に違反する証拠調べの申立ては，不適法として却下される。

(3) 仮執行宣言に関する特則

手形金の支払を命ずる手形判決には，職権により必ず，原則として無担保で仮執行宣言が付される（民訴259条2項）。手形訴訟，ひいては手形制度の目的からすると，手形権利者である原告が迅速に支払を受けるべきであるし，手形法の要件を満たした手形の所持人による請求であれば，正当な権利者で

ある蓋然性が高く，被告に損害を被らせる危険性は比較的に少ないと解されるからである。

(4) 控訴の禁止

手形訴訟の本案判決（手形判決）に対しては，控訴が許されず（民訴356条本文），異議申立てによる通常訴訟手続への移行，手形判決の認可，取消しの制度が設けられている（民訴357条・361条・362条）。

手形訴訟の特別訴訟要件を欠くとして訴えが却下された場合（民訴355条）には，控訴も異議も許されないが，一般的訴訟要件を欠くことを理由とする却下判決に対しては，控訴が許される（民訴356条ただし書）。

大正15年改正前の民事訴訟法における複雑な制度を廃止するとともに，上訴審においても特別な審理方式が用いられることを回避するために，手形判決に対する不服申立て手続を簡略化，統一化したものである。

手形判決の終局判決のうち，本案判決に対して異議が申し立てられると，口頭弁論終結前の状態に戻り，通常訴訟手続によって審理が続行されることになる（民訴361条）。証拠調べの制限（民訴352条）等，手形訴訟の特則に服することなく，被告による十分な防御活動が保障されることになる。

異議訴訟における訴訟物は，手形訴訟の請求それ自体であると解するのが一般的であり，異議申立て後の審理は，原告の請求自体について行われる点で，控訴審（民訴296条）とは異なる。

なお，異議訴訟における訴えの変更も，許される。

(5) 異議後の判決

手形判決に対する異議申立て後の通常訴訟手続において，手形判決の判断を是認する場合には，裁判所は手形判決を認可するが，手形訴訟の判決手続が法律に違反した場合及び手形判決を是認できない場合には，手形判決自体を取り消さなければならない。

手形判決は，前述のとおり，必ず仮執行宣言が付される（民訴259条2項）ものであるため，異議訴訟においては，この債務名義（民執22条2号）の存在を前提として，認可制度を採用したものである。手形判決の一部について是

認する場合，一部認可，一部取消しの判決がされる場合と，手形判決を変更する旨の判決がされる場合とがある。

　異議訴訟において，原告勝訴の手形判決を認可した場合，債務名義となるのは，原告勝訴の第１審判決について控訴がされ，控訴棄却となった場合の債務名義が第１審判決であることと同様に，手形訴訟における本案判決であると一般的には解されている。

　異議後の通常訴訟手続における判決に対しては，控訴が可能である（民訴281条）。控訴審において，異議を不適法として却下した第１審判決を取り消す場合には，原則として第１審裁判所に差し戻す必要がある（民訴364条）。

　なお，異議訴訟を審理するのは手形判決をした裁判所であることから，当該裁判所は，自らした手形判決の内容を変更することができるか否かについて，いわゆる手形判決の拘束力が問題となるが，異議訴訟は再度の考案（民訴333条）と同様の性質を有しており，異議により手形訴訟が口頭弁論終結前の状態に復する以上，拘束力を否定するのが一般的である。

Ⅳ　手形判決について注意しておくのはどのような点か

　手形判決においては，手形取引の安全を確保し，流通の容易化を徹底するための手形法の諸規定を実現するために，種々の特則が設けられている。

　近年，手形取引自体が減少傾向にあることに伴い，手形訴訟も同様に減少しているが，原告として手形訴訟を提起する場合には，証拠調べの制限などの特則について十分留意し，迅速な権利実現を目指すことになろう。

　他方，手形法自体，人的抗弁の制限など，被告にとって厳しい制度を採用しているものであり，手形訴訟の制度設計も，原告による簡易，迅速な権利実現を前提としたものである。被告としては，手形法の諸規定に精通したうえで，必要に応じて異議申立てをして，原告に対抗可能な抗弁事由の主張・立証に努めるべきことになろう。

〔荒井　章光〕

◆3 少額訴訟手続
54 少額訴訟判決

I 少額訴訟判決について学ぶのはどうしてか

　民事訴訟のみならず，およそ訴訟手続は，迅速，適正，公正に審理，判断されることが望ましいものである。

　そして，140万円以下という比較的少額の民事訴訟については，これを簡易迅速に審理，判断するために，簡易裁判所の管轄とされている（裁33条1項1号）。

　もっとも，簡易裁判所が取り扱う民事訴訟の中には，一定程度，特に少額の事案が存在している。このような少額の金銭債権について，その実現に要する人的，物的コスト（手続費用，手続に要する時間など）が高ければ，費用倒れとなるおそれがあるから，権利者としては，訴訟手続を活用することを躊躇する危険性がある。このような少額の事案についてまで，常に民事訴訟法が予定する通常の訴訟手続を用いることを余儀なくされると，かえって事案の迅速な解決を阻害することになりかねない。

　そこで，民事訴訟法は，60万円以下の金銭の支払の請求を目的とする訴訟について，その簡易，迅速な実現を確保すべく，少額訴訟に関する特則（民訴368条〜381条）を設けている。

II 少額訴訟判決について問題となるのはどのような点か

　少額訴訟制度は，少額の金銭債権を有する債権者が，紛争額に見合った時間的，金銭的，労力的な負担の限度でその債権を実現することを目的とするものである。

もっとも，その目的を強調するあまり，被告の防御の機会を不当に奪ってはならないことは当然である。

そのため，少額訴訟手続について，通常の民事訴訟手続と対比しつつ，具体的にどのような特則が設けられているかについて検討する必要がある。

また，少額訴訟手続によりされる少額訴訟判決についても，同様に特則が設けられているものであるから，その点についても留意する必要がある。

Ⅲ　少額訴訟判決について実務はどう取り扱っているか

1．少額訴訟の要件

少額訴訟手続は，60万円以下の金銭の支払の請求を目的とする訴えについて，利用することができる（民訴368条1項）。訴訟の目的の価額は，一般的な算定方法（民訴8条・9条）によるものであり，例えば，遅延損害金や利息は算入されない。少額訴訟手続の要件を欠いたものであることが審理中に明らかになった場合，裁判所は職権で通常訴訟手続に移行させることになる（民訴373条3項1号）。

原告は，少額訴訟手続を用いるか否かの選択権を有しているが，被告も，口頭弁論期日における弁論をするまでは，通常手続への移行を申述することができる（民訴373条1項）。当事者間の衡平を確保するための規定である。少額訴訟手続は，後述のとおり，様々な特則が設けられており，円滑な審理の実現には被告の協力が必要であるから，被告の意思に反して行うことは不可能である。なお，裁判所も，職権により通常手続に移行させることができる（同条3項）が，この決定に対しては，不服申立てはできない（同条4項）。不服申立てを認めることにより，かえって迅速な事案の解決に反することになるからである。

少額訴訟手続は，訴訟手続をより利用しやすいものとすることを目的とする以上，特定の者が多数回にわたって利用することは，他の利用者による制度利用の機会を失わせるおそれがあることから，同一の簡易裁判所において

は，年間10回の利用に制限される（民訴368条1項，民訴規223条）。

少額訴訟手続においても，一部請求に関する特別の定めはされていないが，これを認めるのが一般的である。

もっとも，少額訴訟手続を利用するために，高額の金銭債権をあえて少額に分割して請求するなど，濫用的な場合や試験訴訟の意図がうかがわれる場合については，職権により通常訴訟手続に移行すべきである（民訴373条3項4号）。

2．少額訴訟手続の特色

(1) 1期日審理の原則

少額訴訟手続においては，特別の事情がない限り，最初にすべき口頭弁論期日において審理を終えるものとされている（民訴370条1項）。それに伴い，当事者は，当該期日前又は当該期日において，すべての攻撃防御の方法を提出しなければならない（同条2項）。

少額訴訟手続は，少額の金銭債権の迅速かつ簡易な実現を目的とするものであるから，当事者の出頭の負担を軽減するために，1回だけ出頭すれば足りることとしたものである。「最初にすべき」期日とは，実際に弁論が行われた期日を意味する。もっとも，少額訴訟手続は，訴訟に関する十分な知識及び経験を有していない当事者が利用することを想定しているから，当事者において，1回の期日で裁判所が一定の結論を出すことが可能となる程度に，十分な準備をすることが困難である場合も当然に予想される。そこで，事案の内容や当事者の準備状況等を総合考慮して，少額訴訟手続による適切な審理を行うことが可能であるならば，特別な事情を認め，期日を続行することも可能であると解することになる。裁判所としては，期日外釈明（民訴149条）等を活用し，口頭弁論期日までに可能な限り事案解明のための整理を行うことが必要となろう。

(2) 反訴の禁止

通常の民事訴訟手続では，本訴の目的である請求又は防御の方法と関連する請求を目的とする場合には，反訴を提起することが許される（民訴146条

が，少額訴訟手続においては，手形訴訟（民訴351条）と同様，反訴は禁止される（民訴369条）。原告が反訴に対応することを余儀なくされることなどにより，1期日審理の原則に反する可能性が高いものであるし，事案が複雑化することにより，少額訴訟の目的である簡易，迅速な解決を阻害するおそれがあるからである。被告としては，反訴としてではなく，別訴として提起すべきことになる。

(3) **証拠方法の制限**

少額訴訟手続においては，当事者が提出できる証拠方法は，手形訴訟（民訴352条）と同様に，即時に取調べ可能なものに制限される（民訴371条）。もっとも，1期日審理の原則に基づく規定であるから，疎明の即時性（民訴188条）と必ずしも同義に解する必要はなく，期日までに嘱託結果が到着する可能性が高い文書送付嘱託や，出頭が確実な呼出し証人の取調べを認めることも可能であると解されている。

(4) **証人等の尋問に関する特則**

少額訴訟手続は，訴訟に関する十分な知識及び経験を有していない当事者が利用することを想定していることから，証人尋問等に関する諸規定を厳格に適用することを要求せず，事案ごとに柔軟な対応を可能とするための特則（民訴372条）が設けられている。これにより，宣誓を省略したり，尋問の順序について裁判官が定めることが可能とされている。なお，裁判所が相当と認める場合には，電話会議システムを用いることが可能とされているが，それ以外の場合には，即時取調べの観点からも，証人の在廷が必要となる。

(5) **判決に関する特則**

少額訴訟判決は，原則として，口頭弁論終結直後に言い渡される。判決書の原本に基づくこと（民訴252条）を要しない（民訴374条）（調書判決が用いられる。）。少額訴訟の簡易，迅速性を確保するためには，判決も速やかに言い渡されることが望ましいからである。和解を試みる場合，当事者の納得を得るために一定の期間が必要である場合，計算が複雑な場合等が例外となるもの

と解される。

　裁判所は、請求を認容する場合、被告の資力その他の事情を考慮して、特に必要がある場合には、判決言渡しの日から3年を超えない範囲内において、分割払いの定めや期限の利益を喪失することなく分割金を支払った場合等における訴え提起後の遅延損害金の支払義務を免除する旨の定めをすることができる（民訴375条1項・2項）。支払猶予等の措置に対して、独立して不服申立てをすることはできない（同条3項）。原告勝訴の少額訴訟判決を得ても、その内容を実現するために強制執行手続を利用することになると、結局のところ簡易、迅速な権利実現を図ることができない可能性が高い。そこで、被告による任意の履行を促すためなどの理由から、支払猶予等に関する特則が設けられたものである。

(6) 仮執行宣言に関する特則

　少額訴訟手続で請求を認容する判決には、職権により必ず、仮執行宣言が付される（民訴376条）。早期の権利実現を目的とするものである。なお、同様の観点から、少額訴訟判決の強制執行では、単純執行文は不要とされている（民執25条ただし書）。もちろん、判決に表示された当事者以外の者に対する強制執行については、承継執行文が必要となる（民執27条2項）。

(7) 控訴の禁止

　少額訴訟の終局判決に対しては、控訴が許されず（民訴377条）、異議申立てによる通常訴訟手続への移行、少額訴訟判決の認可、取消しの制度が設けうれている（民訴378条・379条）（手形判決の規定が準用されているため、前項目〔53 手形判決〕と重複する点についての記述は省略する。前項目の解説を参照のこと）。

　異議申立て後の手続において、1期日審理の原則や証拠方法の制限は適用されないが、反訴は禁止され、証人尋問等も、裁判所が相当と認める順番で行われる（民訴379条2項）。

　異議訴訟の対象は、原告の請求の当否であり、異議申立て前の手続とその後の手続は一体であるから、担当裁判官が交代しない限り、弁論の更新（民訴249条2項）は不要である。

なお，手形判決とは異なり，少額訴訟判決に対しては，口頭弁論を経ずに却下されたものであったとしても，控訴が禁止される（民訴380条1項）。少額異議判決は，通常の第1審手続における判決であるといえるが，これに対する控訴を認めると，少額訴訟手続の簡易，迅速性を害するおそれがあるからである。もっとも，憲法違反が問題となる場合には，特別上告を行うことができる（民訴380条2項・327条）。

Ⅳ　少額訴訟判決について注意しておくのはどのような点か

　少額訴訟手続においては，少額の金銭債権を簡易，迅速に実現するために，また，法律や訴訟手続に対する知識及び経験に乏しい当事者にとって利用しやすい制度とするために，種々の特則が設けられている。

　少額訴訟手続を利用する際には，証拠調べの制限や不服申立て制度に関する特則を理解し，口頭弁論期日において充実した審理を行うことができるよう，事前に十分準備することが必要となろう。

　また，被告においては，これらの諸制度を十分考慮したうえで，通常の手続に移行するか否かについて判断すべきことになろう。

〔荒井　章光〕

55 ◆4 督促手続　支払督促

I 支払督促について学ぶのはどうしてか

　民事訴訟は，訴訟物である権利関係の存否について，審理，判断するものである。民事訴訟法は，迅速，適正，公正な訴訟手続を実現するために，種々の規定を設けているところ，これらの厳格な手続による慎重な判断を経ることから，権利の実現を目指す権利者に時間的，金銭的な負担が生じることがむしろ通常である。

　そのため，相手方が権利の存在自体は争わないものの，履行をしない金銭債権について，常に民事訴訟法が予定する通常の訴訟手続を用いることを余儀なくされると，権利者に無用な時間的，金銭的な負担を強いることになりかねず，事案の迅速な解決を阻害することになる。

　そこで，民事訴訟法は，金銭その他の代替物又は有価証券の一定の数量の給付を目的とする請求について，支払督促制度（民訴382条～402条）を設けている。

II 支払督促について問題となるのはどのような点か

　支払督促は，主として金銭債権の債権者が，訴訟手続によることなく，簡易，迅速な手続で債務名義を獲得することを目的とするものである。

　もっとも，債権者にとって利用しやすい制度は，当然，債務者の防御の機会の確保との間で緊張状態を生ずるものであって，債権者及び債務者の利害関係の対立を調整する必要性があることは当然である。

　そのため，支払督促について，通常の民事訴訟手続と対比しつつ，具体的にどのような規定が設けられているかについて検討する必要がある。

また，支払督促は，督促異議や仮執行宣言等について，特則を設けているものであるから，その点についても留意する必要がある。

Ⅲ 支払督促について実務はどう取り扱っているか

1．支払督促の要件

　支払督促は，金銭その他の代替物又は有価証券の一定の数量の給付を目的とする請求について，債権者の申立てにより，裁判所書記官が発する（民訴382条）。

　給付請求は，債務者の履行によって初めてその内容が実現されるものであるところ，金銭請求については，執行が容易であるし，仮に誤って執行されたとしても，損害の回復も比較的容易であるといえる。債務者が，異議の申立てにより，権利内容につき通常の訴訟手続において争うことが可能であれば，債務者の防御の機会を侵害するものでもない。支払督促は，このような制度趣旨に基づくものである。そのため，支払督促の申立ては，比較的少額の債権も多数存在することから，回収コストをできる限り低廉なものとすることを目的として，いわゆる信販業者，消費者金融業者によるものが相当数を占めている。

　支払督促は，主として一定の数量に係る金銭債権の簡易，迅速な実現を目的とするものであるから，将来の給付請求（民訴135条），期限又は条件付請求については，原則として発することはできない。

　なお，従来，簡易裁判所の裁判官が「支払命令」及び「仮執行宣言」の発付権限を有していたが，平成8年民事訴訟法改正により，裁判所書記官がこれらの権限を有するものとされ，名称も「支払督促」と変更されたものである。

2．支払督促手続

(1) 支払督促の申立て

　支払督促は，通常，請求の価額にかかわらず，債務者の普通裁判籍の所在

地を管轄する簡易裁判所の裁判所書記官に対して申し立てるものとされている（民訴383条1項）。

なお、司法へのアクセス容易化の観点から、オンラインシステムに係る電子情報処理組織による督促手続の特則（民訴397条～402条）が定められているが、以下、当該特則に係る記述は省略する。

(2) 支払督促の発付

支払督促は、債務者を審尋することなく発付される（民訴386条1項）。簡易、迅速に支払督促を発付する趣旨に基づく。債務者は、異議申立て（同条2項）により、支払督促を失効させ（民訴390条）、通常の訴訟手続に移行させることができる（民訴395条）。異議申立てにより、督促異議に係る請求については、その目的物の価額に従い、支払督促の申立て時に、支払督促を発した裁判所書記官の所属する簡易裁判所又はその所在地を管轄する地方裁判所に訴え提起がされたものとみなされる。

支払督促には、民事訴訟法382条の給付を命ずる旨、請求の趣旨及び原因、当事者及び法定代理人が記載され（民訴387条）、債務者に送達された時に効力が生ずるものとされる（民訴388条2項）。

なお、申立てを却下する場合（民訴385条1項）には、相当と認める方法で告知することによって、その効力が生ずるものとされる（同条2項）。

(3) 仮執行の宣言

債務者が支払督促の送達を受けた日から2週間以内に督促異議を申し立てない場合、裁判所書記官は、債権者の申立てにより、手続費用額を付記したうえで仮執行の宣言をし、これを支払督促に記載し、当事者に送達しなければならない（民訴391条1項・2項）。もっとも、仮執行宣言前に督促異議の申立てがされた場合、支払督促は失効し、仮執行宣言を求める申立ては却下される（同条1項ただし書・3項）。

仮執行宣言の申立ては、債務者による督促異議の申立てを解除条件として、あらかじめ支払督促の申立てと同時にすることができると解されている。また、債権者が30日以内に仮執行宣言の申立てをしない場合には、不熱

心な債権者に支払督促制度の利用を認める理由はないことから、支払督促は失効する（民訴392条）。

(4) 仮執行の宣言後の督促異議

　仮執行宣言を付した支払督促の送達後、2週間経過すると、債務者は、督促異議を申し立てることができない（民訴393条）。支払督促は確定し、確定判決と同一の効力を有することになる（民訴396条）。2週間という期間は、債務者の利益を保護しつつ、迅速に支払督促を確定させるという趣旨に基づいて、不変期間とされたものである。

　債務者が異議申立てをすると、督促手続から通常の訴訟手続に移行し（民訴395条）、支払督促の確定が遮断されるが、失効するわけではないので、債務者は、強制執行を回避するためには、強制執行停止の裁判を受ける必要がある（民訴403条1項3号・4号）。

　なお、仮執行宣言付きの支払督促が発せられてから債務者に送達される間に督促異議の申立てをした場合、仮執行宣言後の支払督促に該当するか否かが問題となる。平成8年民事訴訟法改正前は、裁判官が裁判所書記官に支払命令の原本を交付した時に支払命令が成立したものと一般的に解されていたが、支払督促の発付権限を裁判所書記官に委ねた現行法においては、支払督促は送達時において成立するものと解し、仮執行宣言後の督促異議とはならないものと解するのが一般的であると思われる。

(5) 督促異議の却下

　督促異議の申立てが民事訴訟法393条の期間経過後にされた場合等、不適法である場合には、却下される（民訴394条1項）。却下決定に対しては、即時抗告が可能である（同条2項）。

　民事訴訟法394条は、異議訴訟の係属中に、督促異議が不適法であることが判明した場合の処理についてまで、定めるものではない。争いはあるものの、本来、不適法な異議に基づいて通常の訴訟手続を遂行することを余儀なくされた債権者の負担解消の観点からも、督促異議を適法とした簡易裁判所の判断の拘束力を否定し、異議訴訟を担当する裁判所が督促異議を不適法と

して終局判決で却下することを認めることも可能と解されよう。

(6) 督促異議申立てによる訴訟への移行

督促異議がされた場合，事物管轄に従い，従前の簡易裁判所かその所在地を管轄する地方裁判所に対し，支払督促の申立て時に訴え提起があったものとみなし，通常の訴訟手続に移行する（民訴395条）。

仮執行宣言後の督促異議の場合，異議申立て後の訴訟における審判の対象は，督促手続と同様に請求の当否であり，判決主文は，仮執行宣言付支払督促の取消し，変更又は認可を宣言するものとされる。→【判例①】参照

仮執行宣言前の支払督促に係る異議訴訟は，支払督促が失効（民訴390条）するため，通常の判決主文となる。

(7) 支払督促の効力

仮執行宣言を付した支払督促に対し，督促異議の申立てがされなかったとき又は督促異議の申立ての却下決定が確定したときは，支払督促は，確定判決と同一の効力を有するものとされる（民訴396条）ため，執行力が生じることになる。

平成8年改正前の民事訴訟法においては，支払命令の確定により，当該請求につき，仮執行宣言付支払命令の送達時を基準時として既判力が生じるものとされていた。現行法では，支払督促は債権者の主張についてまったく実体的な判断をしないまま，裁判所書記官により成立することにかんがみ，既判力は有しないものとされる。支払督促は，民事執行法35条1項後段の定める「裁判以外の債務名義」に該当するものであり，債務者は請求異議の訴えにより争うことが可能である。

もっとも，債務者に対しては，既に2度，異議申立ての機会が与えられていたにもかかわらず，争われることなく確定に至った以上，債務者が請求異議の訴えを提起する可能性は高くはないから，債権者に負担が生じるおそれは乏しいものとされる。

Ⅳ 支払督促について注意しておくのはどのような点か

　支払督促制度は，一定数量の金銭債権を簡易，迅速に実現するために，債務者による異議申立てがなければ，債権者の申立てに基づいて，実体審理をすることなく，手続が進められるものである。異議申立てについても，仮執行宣言が付される前後関係によって，移行後の通常訴訟手続における判決主文が異なるものである。

　支払督促については，異議申立ての期間制限等を含め，諸規定を十分把握するとともに，同様に通常手続の特則である手形訴訟，少額訴訟との共通点及び相違点について考察することが，民事訴訟の体系的理解にも資するものと思われる。

〔荒井　章光〕

参照判例

【判例①】
　最二小判昭36・6・16民集15巻6号1584頁は，仮執行宣言付支払命令に対する異議申立て後の訴訟における審判の対象は，督促手続におけると同一の請求の当否であり，異議申立て後の訴訟における判決は，仮執行宣言付支払命令の取消し，変更又は認可を宣言するのが相当であるとする。

判例索引

大 審 院

大判明29・12・10民録 2 輯11巻65頁	495, 500
大判明41・ 6・17民録14輯733頁	250, 253, 256
大判大元・12・16民録18輯1038頁	268, 273
大判大 2・ 3・26民録19輯141頁	496, 501
大判大 4・ 9・29民録21輯1520頁	311, 314
大判大 4・10・23民録21輯1761頁	58, 63
大判大 5・10・20民録22輯1939頁	494, 500
大判大 6・ 1・31民録23輯179頁	122, 126
大判大 6・ 3・ 7民録23輯342頁	252, 257
大判大 6・ 5・19民録23輯885頁	264, 270
大判大 7・ 2・12民録24輯142頁	53, 60
大判大 7・ 4・15民録24輯687頁	252, 255, 257
大判大 9・10・14民録26輯1495頁	57, 63
大判大10・ 3・15民録27輯434頁	55, 61
大判大11・ 2・20民集 1 巻52頁	234, 239, 311, 314
大判大11・ 4・ 6民集 1 巻169頁	58, 63
大連判大12・ 6・ 2民集 2 巻345頁	150, 155
大判大14・ 4・ 6民集 4 巻 3 号130頁	158, 161
大決大15・ 7・10民集 5 巻558頁	52, 60
大判昭 3・ 6・23民集 7 巻472頁	278, 283
大判昭 3・10・20民集 7 巻815頁	325, 328, 330, 331
大決昭 3・12・28民集 7 巻1128頁	20, 24, 26
大判昭 5・ 6・18民集 9 巻609頁	373, 378
大判昭 6・ 4・22民集10巻217頁	123, 127
大判昭 6・10・10新聞3326号 9 頁	278, 284
大判昭 6・11・24民集10巻1096頁	145, 151, 158, 161
大判昭 7・ 5・20民集11巻1005頁	598, 600
大判昭 7・ 6・ 1新聞3445号18頁	266, 272
大判昭 7・ 8・29民集11巻2385頁	265, 271
大判昭 7・ 9・22民集11巻1989頁	182, 189
大判昭 7・ 9・30民集11巻1859頁	253, 258
大判昭 8・ 2・ 7民集12巻159頁	294, 298
大判昭 8・ 2・ 9民集12巻397頁	232, 237, 310, 313
大判昭 8・ 5・ 9民集12巻1115頁	243, 246
大判昭 8・ 5・26民集12巻1353頁	256, 260

大判昭 8・7・4 民集12巻1752頁 ·· 493, 499
大判昭 8・7・7 民集12巻2011頁 ·· 264, 270
大判昭 8・12・5 民集12巻2818頁 ··· 266, 272
大判昭 8・12・15法学 3 巻563頁 ·· 494, 500
大判昭 9・4・4 民集13巻573頁 ·· 295, 299
大判昭 9・7・5 法学 4 巻224頁 ··· 492, 498
大判昭 9・12・28法学 4 巻731頁 ··· 262, 270
大判昭10・4・30民集14巻1175頁 ·· 210, 214
大判昭10・6・25民集14巻1261頁 ·· 253, 258
大判昭10・7・9 民集14巻1309頁 ··· 328, 331
大判昭10・8・24民集14巻1582頁 ··· 289, 290, 526, 536
大判昭10・12・1 民集14巻2053頁 ·· 480, 487
大判昭11・3・13民集15巻453頁 ·· 172, 175
大判昭11・11・8 民集15巻2149頁 ·· 52, 60
大判昭11・12・22民集15巻2278頁 ··· 123, 127, 186, 191
大判昭12・2・9 民集16巻33頁 ··· 251, 257
大判昭12・7・10民集16巻1177頁 ··· 523, 524, 535
大判昭12・10・29判決全集 4 巻20号15頁 ·· 252, 255, 257
大判昭14・2・13新聞4393号 7 頁 ··· 243, 246
大判昭14・5・16民集18巻557頁 ·· 180, 187
大判昭15・3・5 民集19巻324頁 ·· 496, 501
大判昭15・3・13民集19巻530頁 ··· 145, 152, 160, 162, 476, 482
大判昭15・3・15民集19巻586頁 ·· 531, 538
大判昭15・4・27新聞4572号 9 頁 ··· 243, 246
大判昭18・7・2 民集22巻574頁 ·· 347, 352

最高裁判所

最三小判昭23・6・13民集 2 巻 4 号71頁 ·· 319, 321
最三小判昭23・10・12民集 2 巻11号365頁 ······································· 576, 580
最三小判昭23・12・21民集 2 巻14号491頁 ······································· 348, 353
最二小判昭24・2・1 民集 3 巻 2 号21頁 ·· 371, 378
最二小判昭24・6・4 民集 3 巻 7 号235頁 ··· 243, 246
最三小判昭24・8・2 民集 3 巻 9 号291頁 ··· 449, 452
最三小判昭25・7・11民集 4 巻 7 号316頁 ······································· 234, 239, 311, 315
最二小判昭25・9・8 民集 4 巻 9 号359頁 ··· 558, 560
最二小判昭25・9・15民集 4 巻 9 号395頁 ··· 575, 579
最二小判昭25・11・17民集 4 巻11号603頁 ·· 67, 71
最二小判昭26・4・13民集 5 巻 5 号242頁 ··· 533, 538
最三小判昭26・10・16民集 5 巻11号583頁 ·· 496, 500
最大判昭27・10・8 民集 6 巻 9 号783頁 ··· 31, 35, 36
最三小判昭27・10・21民集 6 巻 9 号841頁 ·· 328, 331
最一小判昭27・11・27民集 6 巻10号1062頁 ······································· 243, 247
最二小判昭27・12・5 民集 6 巻11号1117頁 ···································· 320, 322, 346, 352

判例	頁
最二小判昭27・12・12民集 6 巻11号1166頁	147, 152
最一小判昭27・12・25民集 6 巻12号1255頁	95, 98, 428, 432
最一小判昭27・12・25民集 6 巻12号1271頁	415, 418
最一小判昭28・ 5 ・14民集 7 巻 5 号565頁	348, 353, 370, 377
最一小判昭28・10・15民集 7 巻10号1083頁	421, 424
最大判昭28・12・23民集 7 巻13号1561頁	480, 486
最一小判昭28・12・24民集 7 巻13号1604頁	304, 306
最一小判昭29・ 2 ・11民集 8 巻 2 号419頁	32, 36
最二小判昭29・ 2 ・26民集 8 巻 2 号630頁	172, 175
最三小判昭29・ 6 ・ 8 民集 8 巻 6 号1037頁	172, 175
最一小判昭29・ 7 ・22民集 8 巻 7 号1425頁	253, 258
最二小判昭29・ 8 ・20民集 8 巻 8 号1505頁	244, 247
最二小判昭29・11・ 5 民集 8 巻11号2007頁	350, 354
最二小判昭30・ 1 ・21民集 9 巻 1 号22頁	476, 482
最二小判昭30・ 1 ・28民集 9 巻 1 号125頁	477, 482
最三小判昭30・ 4 ・ 5 民集 9 巻 4 号439頁	294, 298, 349, 354
最一小判昭30・ 4 ・21裁判集民事18号359頁	165, 168
最大判昭30・ 4 ・27民集 9 巻 5 号582頁	295, 298, 350, 354
最二小判昭30・ 6 ・24民集 9 巻 7 号919頁	449, 452
最三小判昭30・ 7 ・ 5 民集 9 巻 9 号985頁	233, 237
最三小判昭30・ 7 ・ 5 民集 9 巻 9 号1012頁	115, 116
最二小判昭30・ 9 ・30民集 9 巻10号1491頁	421, 424, 477, 482
最三小判昭30・11・ 8 裁判集民事20号373頁	327, 329, 330
最三小判昭30・12・26民集 9 巻14号2082頁	478, 485
最二小判昭31・ 3 ・30民集10巻 3 号242頁	414, 417
最三小判昭31・ 4 ・ 3 民集10巻 4 号297頁	556, 558
最一小判昭31・ 5 ・10民集10巻 5 号487頁	96, 99
最二小判昭31・ 5 ・25民集10巻 5 号577頁	233, 238, 309, 313
最三小判昭31・ 6 ・19民集10巻 6 号665頁	174, 176
最三小判昭31・ 6 ・26民集10巻 6 号748頁	148, 153
最大判昭31・ 7 ・ 4 民集10巻 7 号785頁	548, 551
最二小判昭31・ 7 ・20民集10巻 8 号965頁	535, 539
最三小判昭31・ 9 ・18民集10巻 9 号1160頁	89, 91
最一小判昭31・10・ 4 民集10巻10号1229頁	479, 485
最一小判昭31・12・20民集10巻12号1573頁	171, 175
最一小判昭32・ 1 ・31民集11巻 1 号133頁	124, 129, 450, 453
最二小判昭32・ 2 ・22民集11巻 2 号350頁	266, 272
最一小判昭32・ 2 ・28民集11巻 2 号374頁	171, 175
最二小判昭32・ 3 ・ 8 民集11巻 3 号513頁	287, 290
最二小判昭32・ 5 ・10民集11巻 5 号715頁	231, 236
最二小判昭32・ 6 ・ 7 民集11巻 6 号948頁	445, 446, 524, 536
最大判昭32・ 7 ・20民集11巻 7 号1314頁	147, 152, 477, 478, 483
最一小判昭32・ 9 ・19民集11巻 9 号1608頁	126, 130
最一小判昭32・10・31民集11巻10号1779頁	374, 379

最二小判昭32・11・1民集11巻12号1832頁	558, 559
最三小判昭32・12・24裁判集民事29号555頁	280, 284
最大判昭33・3・5民集12巻3号381頁	414, 417
最二小判昭33・3・7民集12巻3号469頁	234, 238
最三小判昭33・3・25民集12巻4号589頁	182, 189
最二小判昭33・6・6民集12巻9号1384頁	451, 453, 454
最一小判昭33・6・14民集12巻9号1492頁	415, 417
最一小判昭33・6・19民集12巻10号1562頁	145, 151
最三小判昭33・7・8民集12巻11号1740頁	230, 235
最二小判昭33・7・18民集12巻12号1779頁	597, 600
最二小判昭33・9・19民集12巻13号2062頁	218, 222
最三小判昭33・10・14民集12巻14号3091頁	565, 568, 577, 580
最二小判昭34・2・20民集13巻2号209頁	123, 128
最一小判昭34・3・26民集13巻4号493頁	8, 13
最一小判昭34・6・25判時192号16頁	255, 260
最二小判昭34・8・28民集13巻10号1348頁	132, 140
最一小判昭34・9・17民集13巻11号1372頁	234, 238, 311, 314
最三小判昭34・9・22民集13巻11号1451頁	122, 127
最三小判昭34・9・22民集13巻11号1467頁	477, 483
最二小判昭35・2・12民集14巻2号223頁	232, 237, 310, 314
最二小判昭35・3・25裁判集民事40号669頁	575, 579
最三小判昭35・4・5民集14巻5号738頁	132, 140
最三小判昭35・4・12民集14巻5号825頁	450, 453
最三小判昭35・4・26民集14巻6号1111頁	350, 354
最三小判昭35・5・24民集14巻7号1183頁	173, 176
最大判昭35・6・8民集14巻7号1206頁	32, 36
最三小判昭35・6・28民集14巻8号1558頁	90, 92
最一小判昭35・9・22民集14巻11号2282頁	305, 306
最大判昭35・10・19民集14巻12号2633頁	19, 26, 34, 37
最三小判昭35・11・22判時242号26頁	350, 354
最大判昭35・12・7民集14巻13号2964頁	30, 35
最二小判昭35・12・23民集14巻14号3166頁	114, 116
最一小判昭36・3・16民集15巻3号524頁	567, 570
最二小判昭36・4・7民集15巻4号694頁	329, 332
最二小判昭36・4・7民集15巻4号716頁	114, 116
最三小判昭36・4・25民集15巻4号891頁	125, 129
最二小判昭36・4・28民集15巻4号1115頁	336, 338, 369, 377
最二小判昭36・6・16民集15巻6号1584頁	616, 617
最三小判昭36・8・8民集15巻7号2005頁	319, 322, 336, 338
最一小判昭36・10・5民集15巻9号2271頁	234, 238, 311, 314
最二小判昭36・11・24民集15巻10号2583頁	88, 91
最三小判昭36・12・12民集15巻11号2778頁	529, 538
最二小判昭36・12・22民集15巻12号2908頁	244, 247
最二小判昭37・1・19民集16巻1号76頁	149, 154, 479, 485

判例索引

最二小判昭37・1・19民集16巻1号106頁 ……………………………………… *558, 560*
最三小判昭37・2・13判時292号18頁 …………………………………………… *233, 237*
最一小判昭37・2・15裁判集民事58号645頁 …………………………………… *180, 188*
最大判昭37・3・7民集16巻3号445頁 …………………………………………… *19, 26*
最一小判昭37・3・15民集16巻3号548頁 ……………………………………… *415, 417*
最三小判昭37・3・27裁判集民事59号621頁 …………………………………… *294, 297*
最二小判昭37・4・6民集16巻4号686頁 ……………………………………… *427, 432*
最一小判昭37・5・24民集16巻5号1157頁 ………………………………………… *5, 11*
最二小判昭37・6・29裁判集民事61号435頁 …………………………………… *295, 298*
最二小判昭37・8・10民集16巻8号1720頁……… *123, 128, 183, 445, 446, 524, 536*
最二小判昭37・8・10裁判集民事62号123頁 …………………………………… *296, 300*
最三小判昭37・12・18民集16巻12号2422頁 ……………………………………… *83, 85*
最二小判昭38・1・25裁判集民事64号217頁 …………………………………… *414, 417*
最一小判昭38・2・21民集17巻1号182頁 ………………………… *115, 116, 415, 417*
最一小判昭38・2・21民集17巻1号198頁 ……………………………………… *166, 168*
最二小判昭38・2・22民集17巻1号235頁 ……………………………………… *450, 453*
最二小判昭38・3・8民集17巻2号304頁 ……………………………………… *469, 472*
最三小判昭38・3・12民集17巻2号310頁 ……………………………………… *567, 569*
最三小判昭38・10・1民集17巻9号1128頁 …………………………………… *185, 190*
最三小判昭38・10・1民集17巻11号1301頁 ……………………………………… *70, 73*
最三小判昭38・10・15民集17巻9号1220頁 ……… *150, 155, 456, 457, 558, 560, 574, 578*
最大判昭38・10・30民集17巻9号1266頁 ……………………………………… *114, 116*
最二小判昭38・11・15民集17巻11号1364頁 ……………………………………… *66, 70*
最二小判昭38・11・15裁判集民事69号243頁 ………………………………… *373, 379*
最二小判昭38・12・13裁判集民事70号249頁 ……………………… *295, 297, 298, 300*
最一小判昭39・1・23裁判集民事71号271頁 …………………………………… *105, 109*
最三小判昭39・3・24判タ164号64頁 ……………………………………………… *31, 36*
最二小判昭39・4・3民集18巻4号513頁 ……………………………………… *350, 355*
最三小判昭39・5・12民集18巻4号597頁 …………………………… *337, 339, 373, 379*
最二小判昭39・6・26民集18巻5号954頁 ……………………………………… *244, 247*
最三小判昭39・7・28民集18巻6号1241頁 ……………………………………… *231, 236*
最三小判昭39・9・8民集18巻7号1406頁 ……………………………………… *159, 161*
最三小判昭39・10・13判時395号50頁 …………………………………………… *124, 128*
最一小判昭39・10・15民集18巻8号1671頁 ……………………………………… *83, 85*
最一小判昭39・11・26民集18巻9号1992頁 …………………………………… *478, 484*
最二小判昭40・3・19民集19巻2号484頁 ……………………………………… *557, 559*
最二小判昭40・4・2民集19巻3号539頁 ………………………… *283, 284, 493, 499, 529, 538*
最大判昭40・4・28民集19巻3号721号 ………………………………………… *480, 487*
最一小判昭40・5・20民集19巻4号859頁 ………………………………………… *96, 98*
最一小判昭40・6・24民集19巻4号1001頁 ……………………………………… *109, 111*
最二小判昭40・8・2民集19巻6号1393頁 ……………………………………… *480, 486*
最二小判昭40・9・17民集19巻6号1533頁 …………………………… *124, 129, 461, 462*
最三小判昭40・9・21民集19巻6号1542頁 ……………………………………… *254, 259*
最一小判昭40・11・25民集19巻8号2040頁 …………………………………… *477, 483*

最一小判昭41・1・13裁判集民事82号21頁 ……………………………………………… *34, 38*
最二小判昭41・1・21民集20巻1号94頁 ………………………………………………… *427, 432*
最二小判昭41・1・21判時438号27頁 …………………………………………………… *326, 330*
最三小判昭41・2・8民集20巻2号196頁 ………………………………………………… *34, 38*
最一小判昭41・2・10裁判集民事82号327頁 …………………………………………… *57, 63*
最大判昭41・2・23民集20巻2号320頁 …………………………………………………… *158, 161*
最二小判昭41・3・18民集20巻3号464頁 ………………………………………………… *144, 151*
最三小判昭41・3・22民集20巻3号468頁 ………………………………………………… *251, 254, 257*
最三小判昭41・4・12民集20巻4号560頁 ………………………………………………… *210, 214, 370, 378*
最二小判昭41・4・22民集20巻4号803頁 ………………………………………………… *115, 116*
最二小判昭41・5・20裁判集民事83号579頁 …………………………………………… *414, 416*
最二小判昭41・7・8裁判集民事84号19頁 ……………………………………………… *350, 355*
最一小判昭41・7・14民集20巻6号1173頁 ……………………………………………… *8, 14*
最一小判昭41・9・22民集20巻7号1392頁 ……………………………………………… *233, 238, 309, 313*
最一小判昭41・11・10民集20巻9号1733頁 ……………………………………………… *167, 169*
最二小判昭41・11・25民集20巻9号1921頁 ……………………………………………… *96, 98, 209, 213*
最一小判昭41・12・22民集20巻10号2179頁 …………………………………………… *596, 598–600*
最一小判昭42・2・23民集21巻1号169頁 ………………………………………………… *106, 110*
最大判昭42・5・24民集21巻5号1043頁 ………………………………………………… *219, 222*
最二小判昭42・6・16判時489号50頁 …………………………………………………… *230, 236*
最一小判昭42・6・29判時494号41頁 …………………………………………………… *254, 259*
最三小判昭42・7・18民集21巻6号1559頁 ……………………………………………… *123, 128, 445, 447, 525, 536*
最一小判昭42・8・25判時496号43頁 …………………………………………………… *218, 222*
最一小判昭42・9・14民集21巻7号1791頁 ……………………………………………… *253, 258*
最大判昭42・9・27民集21巻7号1925頁 ………………………………………………… *106, 110, 297, 300*
最一小判昭42・10・19民集21巻8号2078頁 ……………………………………………… *83, 85*
最一小判昭42・11・16民集21巻9号2430頁 ……………………………………………… *308, 313*
最一小判昭42・11・30民集21巻9号2477頁 ……………………………………………… *268, 273*
最一小判昭42・11・30民集21巻9号2528頁 ……………………………………………… *158, 161*
最三小判昭42・12・26民集21巻10号2627頁 …………………………………………… *150, 155, 414, 416*
最一小判昭43・2・15民集22巻2号587頁 ………………………………………………… *415, 418*
最一小判昭43・2・22民集22巻2号270頁 ………………………………………………… *150, 154*
最三小判昭43・2・27民集22巻2号316頁 ………………………………………………… *25, 28*
最一小判昭43・3・8民集22巻3号551頁 ………………………………………………… *101, 103, 209, 213*
最一小判昭43・3・15民集22巻3号625頁 ………………………………………………… *221, 224*
最一小判昭43・3・15判時517号57頁 …………………………………………………… *597, 600*
最一小判昭43・4・12民集22巻4号877頁 ………………………………………………… *108, 111, 469, 472, 567, 570*
最一小判昭43・5・31民集22巻5号1137頁 ……………………………………………… *89, 91*
最一小判昭43・6・6裁判集民事91号237頁 …………………………………………… *328, 332*
最一小判昭43・6・21民集22巻6号1297頁 ……………………………………………… *114, 116*
最一小判昭43・9・12民集22巻9号1896頁 ……………………………………………… *95, 98*
最一小判昭43・11・1判時543号63頁 …………………………………………………… *166, 169*
最三小判昭43・12・24民集22巻13号3428頁 …………………………………………… *589, 592*
最一小判昭44・2・20民集23巻2号399頁 ………………………………………………… *66, 70*

最一小判昭44・2・27民集23巻2号511頁	534, 539
最三小判昭44・6・24民集23巻7号1109頁	132, 140
最三小判昭44・6・24判時569号48頁	528, 537
最一小判昭44・7・10民集23巻8号1423頁	41, 45, 88, 91
最一小判昭44・9・11判時572号23頁	124, 128
最二小判昭44・10・17民集23巻10号1825頁	429, 433
最二小判昭44・12・5判時581号40頁	350, 355
最一小判昭44・12・18民集23巻12号2495頁	268, 273
最一小判昭45・1・22民集24巻1号1頁	107, 111, 557, 559
最二小判昭45・1・23判時589号50頁	370, 377
最一小判昭45・3・26民集24巻3号165頁	405, 411
最一小判昭45・4・2民集24巻4号223頁	149, 153, 479, 485
最一小判昭45・5・21判時595号55頁	350, 355
最一小判昭45・6・18民集24巻6号527頁	267, 273
最大判昭45・6・24民集24巻6号587頁	265, 266, 268, 271, 272, 274
最大判昭45・7・15民集24巻7号861頁	147, 152, 478, 484
最一小判昭45・10・22民集24巻11号1583頁	105, 109
最大判昭45・11・11民集24巻12号1854頁	90, 92
最一小判昭45・11・26裁判集民事101号565頁	337, 339, 374, 379
最二小判昭46・4・23判時631号55頁	295, 299, 349, 354
最二小判昭46・6・25民集25巻4号640頁	429, 433
最三小判昭46・6・29判時639号78頁	557, 559
最一小判昭46・10・7民集25巻7号885頁	96, 97, 98, 100, 209, 213
最一小判昭46・11・25民集25巻8号1343頁	452, 454
最三小判昭47・2・15民集26巻1号30頁	147, 152
最二小判昭47・4・28判時667号29頁	597, 599
最一小判昭47・9・7民集26巻7号1327頁	254, 259
最一小判昭47・11・9民集26巻9号1513頁	147, 153, 477, 483
最一小判昭47・11・16民集26巻9号1619頁	451, 454
最三小判昭47・12・26判時722号62頁	132, 133, 140, 141
最二小判昭48・2・2金法677号48頁	254, 258
最三小判昭48・3・13民集27巻2号344頁	91, 93
最一小判昭48・4・5民集27巻3号419頁	123, 127, 450, 453
最三小判昭48・4・24民集27巻3号596頁	180, 188
最一小判昭48・6・21民集27巻6号712頁	533, 539, 551, 552
最二小判昭48・7・20民集27巻7号863頁	109, 111, 575, 579
最二小判昭48・7・20民集27巻7号890頁	8, 14
最一小決昭48・10・8刑集27巻9号1415頁	203, 204
最三小判昭48・10・9民集27巻9号1129頁	83, 85
最二小判昭48・10・26民集27巻9号1240頁	9, 16
最三小判昭49・2・5民集28巻1号27頁	51, 59, 132, 140
最二小判昭49・2・8金判403号6頁	182, 189
最二小判昭49・4・26民集28巻3号503頁	493, 499, 529, 537
最三小判昭49・6・28民集28巻5号666頁	268, 273

最一小判昭49・9・2民集28巻6号1152頁 ·· 254, 260
最二小判昭50・2・14金法754号29頁 ·· 427, 431
最一小判昭50・3・13民集29巻3号233頁 ······························ 109, 111, 567, 570
最一小判昭50・7・17判時792号31頁 ·· 254, 259
最二小判昭50・10・24民集29巻9号1417頁 ·············· 319, 321, 336, 338, 369, 377
最三小判昭50・11・28民集29巻10号1554頁 ·· 78, 80
最三小判昭50・11・28民集29巻10号1797頁 ···································· 430, 434
最一小判昭50・12・8民集29巻11号1864頁 ······································ 264, 271
最三小判昭51・3・23判時816号48頁 ······································ 8, 14, 164, 168
最一小判昭51・6・17民集30巻6号592頁 ··· 244, 247
最一小判昭51・7・19民集30巻7号706頁 ··· 89, 92
最一小判昭51・9・30民集30巻8号799頁 ································· 5, 11, 528, 537
最一小判昭51・10・21民集30巻9号903頁 ·· 535, 540
最三小判昭52・3・15民集31巻2号234頁 ··· 34, 38
最一小判昭52・3・24金判548号39頁 ·· 5, 12
最一小判昭52・4・15民集31巻3号371頁 ······························ 309, 313, 234, 238
最三小判昭52・7・19民集31巻4号693頁 ···················· 178, 185–187, 190, 430, 433
最一小判昭52・11・24民集31巻6号943頁 ·· 550, 552
最一小判昭53・3・23判時885号118頁 ·· 350, 355
最一小判昭53・3・23判時886号35頁 ·· 535, 540
最一小判昭53・3・30民集32巻2号485頁 ······························· 51, 59, 132, 140
最一小判昭53・7・10民集32巻5号888頁 ··· 4, 10
最一小判昭53・9・14判時906号88頁 ·· 534, 539
最一小判昭54・1・25判時917号52頁 ·· 504, 513
最三小判昭54・1・30判時918号67頁 ·· 533, 538
最一小判昭54・3・8民集33巻2号187頁 ·· 268, 273
最二小判昭54・3・16民集33巻2号270頁 ·· 577, 580
最二小判昭54・3・23判時924号51頁 ·· 319, 322
最三小判昭54・5・29判時933号128頁 ·· 319, 322
最三小判昭54・7・31判時942号39頁 ·· 310, 313
最一小判昭54・11・1判時952号55頁 ·· 478, 483
最三小判昭55・1・11民集34巻1号1頁 ······································ 41, 43, 45, 46
最二小判昭55・1・18判時961号74頁 ······································ 186, 191, 430, 434
最一小判昭55・2・7民集34巻2号123頁 ·· 230, 236
最一小判昭55・4・10判時973号85頁 ·· 43, 48
最三小判昭55・5・6判時968号52頁 ·· 67, 71
最一小判昭55・10・23民集34巻5号747頁 ·· 529, 538
最三小判昭56・4・7民集35巻3号443頁 ···································· 30, 35, 39, 45
最三小判昭56・4・14民集35巻3号620頁 ································· 404, 409, 410
最二小判昭56・4・24民集35巻3号672頁 ·· 126, 130
最一小判昭56・7・2民集35巻5号881頁 ·· 287, 290
最三小判昭56・7・14民集35巻5号901頁 ·· 125, 130
最二小判昭56・10・16民集35巻7号1224頁 ·· 74, 79
最大判昭56・12・16民集35巻10号1369頁 ············· 33, 36, 145, 152, 159, 161, 476, 481

最三小判昭57・1・19判時1032号55頁 ················· *254, 260*
最三小判昭57・3・9判時1040号53頁 ·················· *456, 457*
最三小判昭57・3・12民集36巻3号329頁 ················ *203, 205*
最一小決昭57・7・19民集36巻6号1229頁 ················ *67, 71*
最三小判昭57・9・28民集36巻8号1642頁 ······· *149, 154, 479, 485*
最二小判昭57・11・26判時1066号56頁 ················ *219, 223*
最二小判昭57・12・17民集36巻12号2399頁 ············· *264, 271*
最一小判昭58・2・3民集37巻1号45頁 ··················· *67, 71*
最三小判昭58・3・22判時1074号55頁 ················· *577, 581*
最二小判昭58・4・1民集37巻3号201頁 ················· *567, 569*
最一小判昭58・4・14判時1131号81頁 ················· *577, 581*
最二小判昭58・5・27判時1082号51頁 ················· *217, 222*
最三小判昭58・6・7民集37巻5号517頁 ················· *149, 154*
最三小判昭58・6・7民集37巻5号611頁 ················· *512, 519*
最一小判昭59・1・19判時1105号48頁 ····················· *5, 12*
最小小決昭59・2・10判時1109号91頁 ················· *588, 591*
最一小判昭59・2・16判時1109号90頁 ······················ *457*
最一小判昭59・3・29判時1122号110頁 ················· *67, 71*
最一小判昭59・5・17判時1119号72頁 ················· *219, 223*
最二小判昭59・10・26民集38巻10号1169頁 ············ *480, 486*
最二小判昭60・3・15判時1168号66頁 ········· *108, 111, 427, 432*
最二小判昭60・12・13判時1179号62頁 ··············· *345, 351*
最一小判昭61・3・13民集40巻2号389頁 ··············· *147, 153*
最二小判昭61・4・11民集40巻3号558頁 ··············· *173, 176*
最二小判昭61・5・30民集40巻4号725頁 ··············· *123, 127*
最一小判昭61・7・17民集40巻5号941頁 ······· *123, 128, 525, 536*
最一小判昭61・9・4判時1215号47頁 ················· *576, 580*
最三小判昭62・7・17民集41巻5号1381頁 ·············· *478, 484*
最三小判昭63・1・26民集42巻1号1頁 ···················· *7, 12*
最三小判昭63・3・15民集42巻3号170頁 ··············· *183, 189*
最二小判昭63・4・8判時1277号119頁 ················· *256, 260*
最一小判昭63・4・14判夕683号62頁 ······················ *9, 16*
最二小判昭63・10・21判時1311号68頁 ··············· *477, 482*
最三小判昭63・12・20判時1307号113頁 ················· *34, 37*
最一小判平元・1・19判時1353号18頁 ················· *337, 339*
最三小判平元・3・28民集43巻3号167頁 ········· *96, 99, 209, 213*
最二小判平元・9・8民集43巻8号889頁 ·················· *43, 46*
最二小判平元・9・8判時1329号25頁 ···················· *43, 47*
最二小判平元・9・22判時1356号145頁 ················ *219, 223*
最二小判平元・10・13判時1334号203頁 ··············· *219, 223*
最二小判平元・11・20民集43巻10号1160頁 ········ *19, 24, 26*
最二小判平元・12・8民集43巻11号1259頁 ············ *361, 367*
最二小判平2・7・20民集44巻5号975頁 ··············· *574, 578*

最二小判平 3 ・ 4 ・19民集45巻 4 号518頁 ……………………………………………*31, 36*
最二小判平 3 ・ 9 ・13判時1405号51頁 ……………………………………………*145, 151*
最三小判平 3 ・12・17民集45巻 9 号1435頁………………*177, 183, 187, 189, 269, 274*
最一小判平 4 ・ 1 ・23民集46巻 1 号 1 頁 ……………………………………………*42, 45*
最三小判平 4 ・ 2 ・18民集46巻 2 号77頁 …………………………………………*125, 130*
最一小判平 4 ・ 9 ・10民集46巻 6 号553頁 …………………………………………*597, 599*
最一小判平 4 ・10・29民集46巻 7 号2580頁 …………………………*149, 154, 479, 486*
最二小判平 5 ・ 2 ・18民集47巻 2 号632頁 …………………………………………*66, 70*
最三小判平 5 ・ 5 ・28訟月40号 4 号876頁 …………………………………………*126, 130*
最二小判平 5 ・ 6 ・25民集47巻 6 号4557頁 ………………………………………*221, 224*
最三小判平 5 ・ 7 ・20判時1503号 3 頁 ………………………………………………*43, 46*
最三小判平 5 ・ 7 ・20判時1508号18頁 ……………………………………………*337, 339*
最三小判平 5 ・ 9 ・ 7 民集47巻 7 号4667頁 …………………………………………*43, 47*
最二小判平 5 ・ 9 ・10民集47巻 7 号4955頁 ………………………………………*480, 486*
最二小判平 5 ・ 9 ・10判時1503号18頁 ………………………………………………*43, 46*
最一小判平 5 ・11・25判時1503号18頁 ………………………………………………*43, 48*
最三小判平 6 ・ 1 ・25民集48巻 1 号41頁 …………………………*97, 100, 428, 432*
最三小判平 6 ・ 4 ・19判時1504号119頁 ………………………………………………*5, 11*
最三小判平 6 ・ 5 ・31民集48巻 4 号1065頁 …………………………………………*90, 92*
最三小判平 6 ・ 6 ・21判時1502号96頁 …………………………………………………*34, 37*
最三小判平 6 ・ 9 ・27判時1513号111頁 ……………………………………………*106, 110*
最一小判平 6 ・10・13判時1558号27頁 ……………………………………………*478, 485*
最三小判平 6 ・11・22民集48巻 7 号1355頁…………………*287, 289–291, 527, 537*
最三小判平 7 ・ 3 ・ 7 民集49巻 3 号919頁 …………………………………………*150, 155*
最三小判平 7 ・ 5 ・30判時1554号19頁 ……………………………………………*337, 339*
最三小判平 7 ・ 7 ・18民集49巻 7 号2717頁 …………………………………………*42, 45*
最三小判平 7 ・ 7 ・18判時1570号60頁 ……………………………………………*262, 270*
最三小判平 7 ・10・24裁判集民事177号 1 頁 ……………………………………*244, 247*
最一小判平 7 ・11・ 9 判時1551号64頁 ……………………………………………*480, 486*
最一小判平 7 ・11・ 9 判時1557号74頁 ………………………………………………*8, 14*
最二小判平 7 ・12・15民集49巻10号3051頁 ………………………………………*530, 538*
最一小判平 8 ・ 2 ・22判時1559号46頁 ……………………………………………………*245*
最三小判平 8 ・ 5 ・28判時1569号48頁 ………………………………………………*24, 28*
最二小判平 8 ・ 6 ・24民集50巻 7 号1451頁 …………………………………………*74, 79*
最三小判平 9 ・ 1 ・28民集51巻 1 号40頁 ……………………………………………*88, 91*
最三小判平 9 ・ 2 ・14民集51巻 2 号337頁 ………………………………………*251, 257*
最三小判平 9 ・ 2 ・25民集51巻 2 号502頁 ………………………………………*337, 343*
最大判平 9 ・ 4 ・ 2 民集51巻 4 号1673頁 …………*96, 97, 99, 100, 209, 213, 567, 569, 570*
最一小判平 9 ・ 7 ・11民集51巻 6 号2530頁 …………………………………*504, 505, 513*
最二小判平 9 ・ 7 ・11民集51巻 6 号2573頁 ………………………………*510, 511, 515, 517*
最三小判平 9 ・ 7 ・15民集51巻 6 号2581頁 ………………………………………*288, 290*
最一小判平 9 ・ 7 ・17判時1614号72頁 ……………………………………………*244, 248*
最三小判平 9 ・11・11民集51巻10号4055頁 …………………………………………*74, 80*
最三小判平10・ 2 ・10金判1056号 6 頁 ……………………………………………*268, 274*

最二小判平10・2・27民集52巻1号292頁	89, 92
最二小判平10・3・27民集52巻2号661頁	96, 99
最三小判平10・4・28民集52巻3号853頁	506, 508–511, 514
最二小判平10・4・30民集52巻3号930頁	282, 284
最二小判平10・6・12民集52巻4号1147頁	6, 12, 524, 528, 536
最三小判平10・6・30民集52巻4号1225頁	6, 12, 184, 189, 269, 274
最三小判平10・12・18判時1680号13頁	337, 340
最一小判平11・1・21民集53巻1号1頁	147, 153
最三小判平11・3・9判時1708号38頁	337, 340
最三小判平11・4・13判時1708号40頁	337, 340
最一小判平11・4・22判時1681号102頁	7, 13
最二小判平11・6・11判時1685号36頁	147, 153
最三小判平11・9・28判時1689号78頁	43, 48
最三小判平11・11・9民集53巻8号1421頁	97, 99
最二小決平11・11・12民集53巻8号1787頁	383, 386, 390
最二小判平11・11・19民集53巻8号1862頁	125, 129
最二小決平11・11・26金判1081号54頁	390
最一小判平11・12・16民集53巻9号1989頁	89, 92
最二小判平11・12・17判時1707号62頁	220, 224
最一小判平12・2・7民集54巻2号255頁	337, 340
最一小判平12・2・24民集54巻2号523頁	31, 36
最一小決平12・3・10民集54巻3号1073頁	385, 386, 388, 392
最一小決平12・3・10判時1711号55頁	390
最二小判平12・3・24民集54巻3号1126頁	115, 117
最一小決平12・4・28判時1710号100頁	220, 224
最二小判平12・7・7民集54巻6号1767頁	567, 570
最三小判平12・7・18判時1724号29頁	377
最二小決平12・10・13判時1731号3頁	52, 59, 139, 141
最一小決平12・12・14民集54巻9号2709頁	386, 394
最一小決平12・12・14民集54巻9号2743頁	388, 396
最一小決平13・1・30民集55巻1号30頁	105, 109
最一小決平13・2・22判時1742号89頁	387, 396
最一小決平13・4・26判時1750号101頁	388, 396
最二小判平13・6・8民集55巻4号727頁	58, 64, 76, 77, 80
最二小判平13・7・13訟月48巻8号2014頁	33, 37
最一小決平13・12・7民集55巻7号1411頁	386, 394
最一小決平13・12・13民集55巻7号1546頁	590, 592
最三小判平13・12・18判時1773号13頁	278, 284
最三小判平14・1・22判時1776号67頁	105, 110
最一小判平14・1・29判時1778号56頁	337, 341
最三小判平14・1・29判時1779号28頁	43, 47
最一小判平14・2・22判時1779号22頁	43, 47
最一小判平14・4・12民集56巻4号729頁	21, 22, 24, 27
最二小判平14・6・7民集56巻5号899頁	83, 85

最一小判平14・6・13判時1816号25頁 ……………………………………………………337, 341
最三小判平14・7・9民集56巻6号1134頁 …………………………………………………33, 37
最二小判平15・2・21金判1166号13頁 ……………………………………………………267, 272
最三小判平15・11・11民集57巻10号1387頁 ………………………………………………574, 579
最二小判平15・11・14判時1859号19頁 ……………………………………………………337, 341
最二小決平16・2・20判時1862号154頁 ……………………………………………383, 384, 390
最三小判平16・2・24判時1854号41頁 ……………………………………………………219, 223
最一小判平16・2・26判時1853号90頁 ……………………………………………337, 342, 345, 351
最一小判平16・3・25民集58巻3号753頁 …………………147, 153, 168, 169, 181, 188, 478, 484
最一小決平16・4・8民集58巻4号825頁 ……………………………………………………53, 60
最三小決平16・5・25民集58巻5号1135頁 …………………………………………………383, 391
最三小判平16・7・6民集58巻5号1319頁 …………………………………………………96, 99
最二小決平16・10・1判時1877号70頁 ……………………………………………………221, 224
最三小判平16・10・26判時1881号64頁 ……………………………………………………8, 15
最二小決平16・11・26民集58巻8号2393頁 …………………………………………385, 386, 392
最三小判平16・12・7判時1895号38頁 …………………………………………337, 342, 345, 351
最一小判平16・12・16判時1895号40頁 ……………………………………………………337, 342
最二小判平16・12・24判時1809号46頁 ……………………………………………………477, 483
最二小判平17・1・17民集59巻1号28頁 …………………………………………………337, 343
最三小判平17・2・15判時1890号143頁 ……………………………………………………8, 15
最三小決平17・3・29民集59巻2号474頁 …………………………………………………139, 141
最二小判平17・7・15民集59巻6号1742頁 …………………………………………………534, 539
最二小判平17・7・19民集59巻6号1783頁 …………………………………………………382, 389
最二小決平17・7・22民集59巻6号1837頁 …………………………………………………383, 391
最二小決平17・7・22民集59巻6号1888頁 …………………………………………………385, 392
最二小決平17・10・14民集59巻8号2265頁 …………………………………………………385, 391
最一小決平17・11・10民集59巻9号2503頁 …………………………………………………386, 394
最二小判平18・1・24判時1926号65頁 ……………………………………………358, 361, 363
最二小判平18・1・27判時1927号57頁 ……………………………………………………337, 343
最二小決平18・2・17民集60巻2号496頁 …………………………………………………386, 394
最二小判平18・3・3判時1928号149頁 ……………………………………………………337, 343
最一小判平18・4・14民集60巻4号1497頁…………………184, 190, 282, 284, 423, 424
最一小判平18・6・16民集60巻5号1977頁 …………………………………………………337, 343
最一小判平18・7・7民集60巻6号2307頁 …………………………………………………5, 10
最一小判平18・7・7判時1966号58頁 ………………………………………………………5, 10
最一小判平18・7・21民集60巻6号2542頁 ………………………………………21, 27, 507, 516
最三小決平19・3・23民集61巻2号619頁 …………………………………………………511, 517
最三小判平19・4・3判時1969号57頁 ……………………………………………………337, 343
最三小決平19・4・27判時2012号7頁 ……………………………………………………386, 395
最三小判平19・5・29判時1978号7頁 ……………………………………………159, 161, 476, 482
最三小決平19・8・23判時1985号63頁 ……………………………………………386, 393, 395
最二小決平19・11・30民集61巻8号3186頁 ………………………………………………386, 395
最三小決平19・12・11民集61巻9号3364頁 ………………………………………………386, 394
最二小決平19・12・12民集61巻9号3400頁 ………………………………………………383, 391

最一小判平20・3・27判時2003号155頁 ……………………………………………8, 15
最一小判平20・4・24民集62巻5号1262頁 …………………………………296, 299
最三小判平20・6・10判時2042号5頁 ……………………………………358, 361, 363
最一小判平20・7・17民集62巻7号1994頁 ……………………………97, 99, 213
最小小決平20・7・18民集62巻7号2013頁 ……………………………………68, 72
最三小決平20・11・25民集62巻10号2507頁 ……………385, 386, 388, 393, 395, 396
最一小判平21・1・22民集63巻1号228頁 …………………………………382, 389
最二小判平21・4・17判時2044号74頁 …………………………217, 222, 479, 485
最二小判平21・7・17判時2056号61頁 ………………………………………254, 259
最三小判平21・9・15判時2058号62頁 …………………………………………43, 47
最二小判平21・10・16民集63巻8号1799頁 ……………………………………21, 27
最二小判平21・10・23判時2063号6頁 …………………………………………7, 13
最三小判平22・3・16民集64巻2号498頁 ……………………97, 100, 575, 579
最小小決平22・4・12判時2078号3頁 ………………………………………386, 395
最三小判平22・6・29民集64巻4号1235頁 ……………………………………83, 86
最小小判平22・7・9判時2091号47頁 …………………………………………7, 13
最小小判平22・7・16判時2094号58頁 ……………………………337, 343, 345, 352
最三小判平23・2・15判時2110号40頁 ……………………………87, 91, 157, 160
最小小判平23・2・18判時2109号50頁 …………………………………………8, 15
最小小判平23・3・1判時2114号52頁 ………………………………………450, 453
最小小決平23・4・13民集65巻3号1290頁 ………………………………388, 397
最小小決平23・5・18民集65巻4号1755頁 ……………………………………67, 71
最小小決平23・5・30判時2120号5頁 ……………………………………54, 60, 67, 71
最小小決平23・10・11判時2136号9頁 ………………………386, 388, 395, 400, 408
最一小判平23・12・8判時2142号79頁 …………………………………………27, 22
最三小判平24・1・31裁時1548号2頁 …………………………………………124, 129

高等裁判所

仙台高判昭33・4・8下民集9巻4号622頁 ………………………………414, 416
広島高岡山支判昭40・5・21高民集18巻3号239頁 ……………………186, 191
大阪高判昭40・6・22下民集16巻6号1099頁 ………………………………565, 569
札幌高判昭41・9・19判時470号45頁 ……………………………………………9, 16
東京高判昭41・10・13下民集17巻9・10号962頁 ………………………422, 424
東京高判昭42・3・1判時472号30頁 …………………………………………269, 275
東京高決昭42・4・21判時483号44頁 …………………………………………422, 424
大阪高判昭42・6・27判時507号41頁 …………………………………………266, 272
東京高判昭42・10・26判時507号34頁 …………………………………………52, 59
東京高判昭43・11・29判タ233号156頁 ………………………………………266, 272
大阪高決昭45・8・26判時613号62頁 …………………………………………56, 61
東京高判昭45・11・12高民集23巻4号518頁 …………………………………185, 190
大阪高決昭50・12・8判時797号90頁 …………………………………………586, 591
大阪高判昭51・12・21民集35巻3号647頁 ……………………………………404, 409
名古屋高中間判昭52・5・17下民集28巻5〜8号494頁 ……………………491, 498

東京高判昭52・7・15判時867号60頁	321, 322, 371, 378
東京高決昭53・7・25判時898号36頁	203, 204
大阪高判昭53・10・25判タ380号105頁	427, 432
東京高判昭53・10・30金法886号37頁	266, 272
東京高判昭54・10・8判タ402号78頁	429, 433
東京高判昭54・10・18判時942号17頁	389, 397
大阪高判昭56・6・23判時1023号65頁	266, 271
札幌高決昭56・11・30判タ456号111頁	58, 63
大阪高判昭59・10・5判タ546号142頁	327, 331
東京高判昭59・11・29判時1140号90頁	184, 190
東京高決昭60・8・29判時1163号69頁	400, 409
札幌高決昭62・7・7判タ653号174頁	55, 61
大阪高判昭62・7・16判時1258号130頁	181, 188
名古屋高金沢支判平元・1・30判時1308号125頁	558, 559
東京高判平2・2・27判時1344号139頁	518
東京高判平3・12・17判時1413号62頁	414, 417
東京高決平5・1・29判タ844号263頁	57, 62
東京高判平5・6・28判時1471号89頁	506, 515
東京高判平5・9・29判タ864号263頁	269, 274
東京高判平5・11・15高民集46巻3号98頁	506, 512, 515
高松高決平6・2・23判タ872号290頁	56, 61
大阪高判平6・12・16判タ909号265頁	422, 424
東京高判平8・4・8判タ937号262頁	184, 190
大阪高決平8・6・24金判1009号28頁	57, 63
東京高判平8・9・26判時1589号56頁	427, 431
広島高決平9・3・18判タ962号246頁	9, 17, 56, 62
札幌高判平9・5・25金判1056号9頁	274
東京高判平9・9・18高民集50巻3号319頁	506, 510, 515
東京高決平11・12・3判タ1026号290頁	400, 409
広島高岡山支判平12・5・25判時1726号116頁	404, 410
東京高判平13・2・8判タ1059号232頁	511, 517
東京高判平13・12・11判時1774号145頁	273
東京高決平15・7・15判時1842号57頁	386, 395
東京高判平15・7・29判時1838号69頁	451, 453
東京高決平16・2・3判タ1152号283頁	57, 62
東京高判平16・2・25判時1856号99頁	203, 205
大阪高中間判平16・10・15判時1912号107頁	490, 497
東京高決平18・3・30判タ1254号312頁	392
大阪高判平19・1・30判時1962号78頁	404, 410
東京高判平20・1・31判時2005号92頁	361, 366
大阪高判平20・2・28判時2030号20頁	589, 591
大阪高判平20・2・28判タ1278号320頁	591
東京高決平20・4・2民集62巻10号2537頁	387, 396
東京高判平21・2・24判タ1299号186頁	362, 367

東京高判平21・3・31金判1316号7頁 ……………………………… *361, 366*
知財高中間判平21・6・29判時2077号123頁 ……………………… *496, 502*
東京高決平22・1・26判タ1319号270頁 ……………………………… *56, 61*
大阪高決平22・4・28判タ1331号264頁 ……………………………… *591*
東京高決平22・7・27金法1924号103頁 ……………………………… *68, 72*
東京高判平22・9・29判時2105号11頁 ……………………………… *404, 410*
東京高判平23・8・3金法1935号118頁 ……………………………… *404, 410*

地方裁判所

東京地判昭30・12・7下民集6巻12号2569頁 ……………………… *160, 162*
大阪地判昭35・1・22判タ101号91頁 ………………………………… *421, 423*
大阪地判昭35・5・14下民集11巻5号1070頁 ……………………… *262, 270*
東京地判昭35・7・8判タ110号65頁 ………………………………… *347, 353*
東京地判昭35・7・21下民集11巻7号1535頁 ……………………… *506, 515*
東京地判昭35・10・8判タ109号45頁 ………………………………… *495, 500*
高松地判昭37・5・8判時302号27頁 ………………………………… *429, 433*
大阪地中間判昭37・12・1下民集13巻12号2417頁 ………………… *491, 498*
京都地決昭40・3・30訟月11巻6号877頁 …………………………… *405, 411*
横浜地中間判昭40・4・8判タ176号142頁 ………………………… *491, 498*
東京地中間判昭41・6・29判時462号3頁 …………………………… *491, 498*
東京地判昭42・3・28判タ208号127頁 ……………………… *347, 353, 371, 378*
東京地判昭43・10・17判時545号68頁 ……………………………… *492, 498*
東京地判昭44・9・6判時586号73頁 ………………………………… *512, 518*
東京地判昭45・3・18判時590号62頁 ………………………………… *495, 500*
東京地判昭45・10・24判時625号66頁 ……………………………… *512, 519*
東京地判昭46・2・22判時633号91頁 ………………………………… *421, 423*
東京地判昭46・4・26下民集22巻3・4号454頁 …………………… *347, 352*
岐阜地判昭46・12・20判時664号75頁 ……………………………… *404, 409*
東京地判昭50・2・24判時789号61頁 ………………………………… *405, 411*
大阪地中間判昭50・3・31判時779号26頁 ………………………… *496, 501*
大阪地判昭50・10・30判時817号94頁 ……………………………… *186, 191*
大阪地判昭52・12・22判タ361号127頁 ……………………………… *511, 518*
東京地判昭56・10・26判タ466号135頁 ……………………………… *415, 418*
東京地中間判昭57・9・27判時1075号137頁 ……………………… *491, 497*
横浜地判昭57・10・19判時1072号135頁 …………………………… *505, 513*
東京地中間判昭59・3・27下民集35巻1〜4号110頁 ……………… *491, 498*
東京地決昭61・1・14判時1182号103頁 ……………………………… *53, 60*
広島地決昭61・11・21判時1224号76頁 ……………………………… *400, 408*
大阪地判昭62・7・20判時1289号94頁 ……………………………… *404, 410*
東京地判昭63・11・11判時1315号96頁 ……………………………… *505, 513*
横浜地判平元・3・24判時1332号109頁 …………………………… *511, 518*
東京地判平2・3・26金判857号39頁 ………………………………… *510, 517*
東京地判平3・9・2判時1417号124頁 ……………………………… *181, 188*

東京地判平5・9・20判時1490号103頁 …………………………………… *203, 206*
大阪地判平5・10・29判時1499号92頁 …………………………………… *405, 411*
東京地判平6・1・31判時1509号101頁 …………………………………… *509, 516*
釧路地北見支判平8・7・19金判1056号10頁 ……………………………… *274*
東京地決平9・7・22判時1627号141頁 …………………………………… *388, 396*
東京地八王子支判平9・12・8判タ976号235頁 ………………………… *510, 517*
東京地判平10・2・24判時1657号79頁 …………………………………… *509, 516*
東京地判平10・2・25判時1664号78頁 …………………………………… *511, 518*
東京地判平10・5・29判タ1004号260頁 …………………………………… *347, 352*
東京地決平10・8・27判タ983号278頁 …………………………………… *400, 409*
奈良地判平11・10・20判1041号182頁 …………………………………… *361, 365*
水戸地龍ヶ崎支判平11・10・29判タ1034号270頁 ……………………… *511, 518*
東京地決平12・1・27金判1120号58頁 …………………………………… *220, 224*
東京地判平12・5・10判タ1054号202頁 …………………………………… *262, 270*
名古屋地判平12・7・14判例地方自治207号29頁 ……………………… *361, 365*
横浜地判平12・9・6判時1737号101頁 …………………………………… *360, 364*
東京地判平13・8・31判時1772号60頁 …………………………………… *181, 188*
東京地判平14・3・28判時1793号133頁 …………………………………… *360, 364*
東京地判平14・4・22判時1801号97頁 …………………………………… *360, 364*
東京地中間判平14・9・19判時1802号30頁 ……………………………… *496, 501*
東京地中間判平15・1・29判時1810号29頁 ……………………………… *496, 501*
東京地判平15・5・28金判1190号54頁 …………………………………… *268, 274*
東京地判平15・7・1判タ1157号195頁 …………………………………… *360, 365*
東京地判平15・7・31判タ1150号207頁 …………………………………… *360, 364*
東京地判平16・9・16金法1741号46頁 …………………………………… *269, 275*
大阪地決平17・11・9判例集未登載 ………………………………………… *586, 591*
東京地判平18・1・19判タ1229号334頁 …………………………………… *507, 516*
大阪地判平18・7・7判タ1248号314頁 …………………………………… *184, 190*
京都地判平19・1・24判タ1238号325頁 …………………………………… *404, 410*
東京地判平19・11・26判時1998号141頁 ………………………………………… *366*
東京地判平20・4・24判時2003号10頁 ………………………………………… *366*
東京地判平21・1・30金判1316号52頁 ………………………………………… *366*
大阪地決平21・6・5判例集未登載 …………………………………………… *586, 591*
名古屋地判平21・12・11判時2072号88頁 ………………………………… *361, 366*
東京地決平22・5・13判タ1358号241頁 …………………………………… *387, 396*
大津地判平22・7・1判タ1342号142頁 …………………………………… *361, 366*
岐阜地判平23・2・10判例集未登載 ………………………………………… *404, 410*
横浜地横須賀支判平23・4・25判時2117号124頁 ………………………… *360, 365*
福岡地判平23・9・15判時2133号80頁 …………………………………… *360, 364*
神戸地尼崎支決平23・10・14判時2133号96頁 …………………………… *56, 62*

家庭裁判所

東京家判平19・9・11判時1995号114頁 ……………………………… *505, 511, 513*

編集者紹介

滝澤　孝臣（たきざわ　たかおみ）

東京高等裁判所部総括判事（知的財産高等裁判所勤務）
〈略歴〉
　昭和50年東京地裁判事補，判事任官後，最高裁調査官，東京高裁判事，浦和地裁（現さいたま地裁）・東京地裁・千葉地裁部総括判事，山形地・家裁所長を経て，平成21年4月より現職。平成24年7月23日定年退官。
〈主要著書〉
　『不当利得法の実務』（新日本法規出版，2001年），『消費者取引関係訴訟の実務』（編著／新日本法規出版，2004年），『金融・商事判例50講―裁判例の分析とその展開』（編著／増刊金融・商事判例1211号，2005年），『判例展望民事法Ⅰ・Ⅱ・Ⅲ』（編／判例タイムズ社，2005年・2007年・2009年），『民事法の論点―その基本から考える』（経済法令研究会，2006年），『民事法の論点Ⅱ―その基本から考える』（経済法令研究会，2011年），『ＬＰ金融取引関係訴訟』（編著／青林書院，2011年）ほか

実務に学ぶ　民事訴訟の論点　　　　　論点・裁判実務Ｓ①

2012年7月20日　初版第1刷印刷
2012年8月15日　初版第1刷発行

　　　　　　　　　ⓒ編集者　　滝　澤　孝　臣
　　　　　　　　　　発行者　　逸　見　慎　一

発行所　東京都文京区本郷6丁目4の7　株式会社　青林書院
振替口座　00110-9-16920／電話03(3815)5897〜8／郵便番号113-0033

印刷・星野精版印刷㈱／落丁・乱丁本はお取替え致します。
Printed in Japan　　ISBN978-4-417-01568-0

JCOPY　〈(社)出版者著作権管理機構　委託出版物〉
本書の無断複写は著作権法上での例外を除き禁じられています。複写される場合は，そのつど事前に，(社)出版者著作権管理機構（電話 03-3513-6969，FAX 03-3513-6979，e-mail:info@jcopy.or.jp）の許諾を得てください。